米国租税政策・税制展開の財政学的考察

ブッシュ(子)、オバマ、トランプ、
バイデン政権下の税財政分析

Masatoshi Katagiri
片桐正俊

日本評論社

はしがき

　筆者は、世界経済の中心国アメリカにおいて、同国の福祉国家化の進展の中で、国家財政と国民経済の関係が大きく転換する時期を中心に、アメリカ財政と税制の動態変化を描くことを長年の課題としてきた。その研究の成果は、本書を含め3つの研究書に結実した。

　最初の研究書（博士学位論文）は、1993年に上梓した『アメリカ連邦・都市行財政関係形成論—ニューディールと大都市財政—』（御茶の水書房）である。これは、20世紀初頭以来のアメリカ国民経済の中枢地帯である主要7大都市の経済・財政の変容を実証分析したものである。特に、この分析によって、1930年代に大恐慌・大不況で大量失業と財政危機に見舞われた大都市に対して、連邦政府がニューディール政策を発動していく中で、連邦制度が二重連邦主義から協調的連邦主義へと転換され、連邦と都市がある程度一体となって、景気調整や所得再分配等の財政機能を果すシステムを形成していく過程を明らかにしている。

　2番目の研究書は、2005年に上梓した『アメリカ財政の構造転換—連邦・州・地方財政関係の再編—』（東洋経済新報社）である。これは、1980年代のレーガン政権以降ブッシュ（子）政権期までの時期を中心に、レーガン政権の「小さな政府」と「新連邦主義」の名の下福祉国家財政の再編が進められる中で、ニューディール以来の協調的連邦主義が崩れ、連邦制度が強制的連邦主義と競争的連邦主義の相克・併存という形に変容したことと、連邦補助金の削減、無財源マンデイト、メディケアからメディケイドへのコスト転嫁、福祉の分権化等、州・地方にかぶせられたコストを、州・地方財政の自主財源強化で対応せざるを得なくなり、自活型連邦主義に至ったことを明らかにしている。

　3番目の研究書は、今回上梓した『米国租税政策・税制展開の財政学的考察—ブッシュ（子）、オバマ、トランプ、バイデン政権下の税財政分析—』（日本評論社）である。これは、ブッシュ（子）、オバマ、トランプ、バイデ

i

ン政権下のアメリカ連邦政府の税財政とりわけ租税政策や税制が、分断化が進む米国の基底にある深刻な経済格差に対し、果して対応できているのかという問題意識からその実態解明に取り組んだものである。

本書の概要は、次の（1）〜（5）の通りである。

（1）低位とはいえ、アメリカも福祉国家化しており、給与税を主財源とする社会保障制度や医療保険制度などの「見える福祉国家」と福祉関連の租税支出（各種減免税）の「隠れた福祉国家」が存在する。個人所得税には累進税率も適用されている。本研究では、これらの巨大な税財政の装置が経済格差の是正にどう作動しているのかを解明するために、税財政総体と個別税制の所得再分配効果に焦点を当てつつ、個人所得税、給与税、法人税、遺産税・贈与税等の個別税制の特徴と問題点についても詳細な分析を行っている。

（2）共和党も民主党も、経済格差の拡大、中間層の衰退は認識しつつも、その経済戦略は完全に違っている。共和党の基本は、「トリクルダウン経済学」であり、政策手段は減税と規制緩和である。これらの誘因によって大企業や富裕層の投資は進み、高い経済成長が期待でき、その恩恵はやがて中間層や低所得層にも及ぶというものである。これに対し、民主党は大企業や富裕層への課税を強化し、その財源で中間層や低所得層への減税や給付を行い、また公共投資を増やすことで経済を下支えする「中間層経済学」を経済戦略としている。

（3）共和党のブッシュ（子）、トランプ両政権は大型減税法案を成立させた。ブッシュ減税は 2010 年までの時限立法であったが 2012 年まで延長され、民主党のオバマ政権第 1 期まで食い込んだ。また、個人所得税のトランプ減税は 2025 年までの時限立法なので、バイデン政権期に食い込んでいる。政権交代しているにも拘わらず、共和党の減税政策立法が長期にわたって連邦税制の骨格を形作っている。これに対し、オバマ政権は 2012 年アメリカ納税者救済法を成立させ、一部富裕層課税を強化したり、遺産税・贈与税を幾分強化したりしている。バイデン政権も部分的にはインフレ抑制法の中に一部増税を盛り込んだりはしている。

（4）ブッシュ減税やトランプ減税を組み込んでいるアメリカの税制は果して、共和党の標榜するような経済成長、経済格差是正、財政健全化を達成できたのか、本研究でその減税内容と効果を詳しく検証したが、結果は政権の期待通りのものではなかった。民主党のオバマ政権とバイデン政権は、前者

が2007-09大不況、後者が2020年新型コロナ不況という緊急の課題に取り組まねばならなかったが、評価できる不況克服の成果を挙げ、また中間層や低所得層を直接支援する政策を追求したために、税財政の所得再分配効果も一定程度高めた。議会多数派を維持できなかったこともあり抜本的税制改革は提起しつつも実現できていない。

　（5）結論的に言えば、ブッシュ減税とトランプ減税を通じて構造化された連邦税制の租税支出において、所得控除や優遇税率を多く利用する富裕層に租税便益（減税便益）の大半が帰着し、中・低所得層へあまり恩恵が及んでいないため、連邦税制の累進制と所得再分配効果を弱め、経済格差拡大に歯止めをかけることができなくなっているのである。

　さて、長年自らに課してきた研究課題に取り組んで、上記の3つの研究書としてその成果を世に問うたが、今回の3番目の研究書の取りまとめには、これまでにない苦労が伴った。これまでの2回の研究書の編集時は健康で体調を気にせず取り組むことができたが、以下の事情により今回はそうはいかなくなってしまった。

　研究書の編集作業に取り掛かろうとしていた矢先の2020年5月に、いつ脳梗塞や心筋梗塞を起こしてもおかしくないほどに心臓の状態が悪化し、急遽6時間に及ぶ冠状動脈バイパス手術と僧帽弁形成手術の複合手術を受け、1か月間入院生活を送ることになった。ただ、過激な手術であったためか、術後には右耳が難聴になってしまった。幸い心臓の手術自体は成功したが、心臓の状態は安定しているものの、経過観察のための定期検査はずっと続いている。さらに、身体の変調は心臓だけに留まらなかった。その後、鼠経ヘルニアの悪化と手術、右脚のしびれと坐骨神経痛の治療などで医者通いに追われるようになり、落ち着いて仕事をするのが難しくなった。とはいえ、基礎疾患があり新型コロナウイルスの感染を恐れつつも、病気にかまけずに3番目の研究書の編集を何としてもやり遂げたいという思いが強かったので、匍匐前進の気持ちで、時間がかかってしまったが何とか取りまとめることができた。そんなわけで、取りまとめに完全に満足しているわけではなく、内心忸怩たるものがある。

　それでも、上記3つの研究書を長年の研究成果として刊行できたのは、多くの方々にお世話になり、また多大の学恩を受けてきたおかげである。わけても、長年アメリカ財政の研究を続け、それなりに研究成果を世に問うこと

はしがき　iii

ができたのは、東京大学大学院で、4人の先生すなわち林健久先生、故加藤榮一先生、故佐藤進先生、故加藤三郎先生が財政学研究の厳しい指導をしてくださった賜物だと思っている。

　林健久先生と故加藤榮一先生は、大学院のジョイントゼミおよび両先生主宰の現代財政研究会を通じて、先進国における福祉国家財政展開過程の研究の重要性を説き、率先してそのプロジェクトを企画され、ご指導くださった。また、故佐藤進先生と故加藤三郎先生もともに先進国の財政・税制・金融に関する歴史と現状、および研究状況に精通しておられ、情熱をこめて研究に必要な問題意識と知識の涵養へと導いてくださった。大学院で財政学を直接ご指導いただいたこの4人の先生のうち3人の先生が故人となられて、本書をご覧いただけないのは誠に残念なことである。なお、これらの先生のゼミや研究会でともに学び、熱く議論を戦わせた諸賢とは、その後今日に至るまで交流し、常に学問的刺激を受けており、本書もそうした刺激の産物と言っても過言ではない。感謝を申し上げたい。

　また、中央大学に勤務するようになってからは、自己研鑽と多くの院生の研究指導を両立させることのできる場として、経済研究所財政研究部会の共同研究活動に力を入れるようになった。中央大学各学部には、財政学、公共経済論、経済政策論等財政学関連の教員が数多くいて、院生も参加させつつ、3年に1回共同研究の成果を研究叢書にするプロジェクトに取り組むことができたのは、大変幸いであった。プロジェクトに参加し、院生の指導にもご尽力いただいた教員の皆様には深く感謝申し上げる。加えて、中央大学定年退職後もここで客員研究員として、研究活動を続けられるのは大変ありがたいことである。

　学会活動としては、国内では日本財政学会、日本地方財政学会、国際公共経済学会の3つが中心であり、また国外では国際財政学会とアメリカ租税学会に参加してきた。これらの学会の年次大会行事等を通じて、国内外の多くの研究者と研究交流できたことは、大いなる財産として残っており、今でも交流のある研究者は多くおり、この場を借りてご交誼に厚く御礼を申し上げる。

　出版事情の厳しい中、本書刊行の意義を認めて、快く出版の手はずを整えて下さった日本評論社と懇切丁寧な対応をして下さった事業出版部の齋藤千佳様には、深甚の感謝を申し上げたい。

なお、本書刊行に当たり公益財団法人租税資料館より、幸いにも2024年度出版助成を受けることができた。大変ありがたく心から感謝申し上げる。

　最後に私事ながら、最初の研究書を刊行した時には、両親（優、静）が揃って大いに喜び祝ってくれた。そして、もう1冊書いてはどうかと激励してくれた。2番目の研究書を刊行した時には、父親は既に他界し、母親だけであったが、それでも大変喜んでくれた。この度の3番目の研究書は、両親ともに他界していて見てもらえず、誠に残念である。生前両親には、心配をかけるばかりであったので、高野山に眠る両親の所に行くときは、これを手向けようと思っている。

　さらに、病気ばかりしている私にとって、健康面を含めて妻和美の支えなしには上述の3つの研究書を決して完成できなかったと思うだけに、最大の謝意を表さねばならない。

2024年8月

片桐正俊

目 次

はしがき *i*

―― 序章 ――――――
ブッシュ（子）、オバマ、トランプ、バイデン政権下の
税財政分析の序論　　　　　　　　　　　　　　　1

第 1 節　はじめに ……………………………………………………………… 1
第 2 節　1970 年代以来続くアメリカの経済格差拡大の実態とその原因 …… 3
　　1.　アメリカの経済格差拡大の実態　　3
　　2.　アメリカの所得不平等化の原因　　6
第 3 節　アメリカの「見える福祉国家」と「隠れた福祉国家」 …………… 7
　　1.　「見える福祉国家」と「隠れた福祉国家」とは何か　　7
　　2.　福祉関連の義務的支出と租税支出の膨張　　8
第 4 節　トリクルダウン経済学と中間層経済学 ……………………………… 12
　　1.　ブッシュ（子）、トランプ両共和党政権のトリクルダウン経済学　　12
　　2.　オバマ政権の中間層経済学からバイデン政権の中間層（ボトムアップ・
　　　　ミドルアウト）経済学へ　　13
第 5 節　連邦税財政構造変化の実態と財政健全化策および税制改革 ……… 14
　　1.　連邦財政構造の変化と財政健全化策　　14
　　2.　連邦租税構造の変化と税制改革　　17
第 6 節　おわりに ……………………………………………………………… 21
　　1.　共和党と民主党の経済戦略の相克　　21
　　2.　本書各章の課題　　22

―― 第**1**章 ――――――
アメリカの税財政による所得再分配機能と
ブッシュ減税の経済政策効果　　　　　　　　　25

第 1 節　はじめに ……………………………………………………………… 25
第 2 節　アメリカの税財政による所得再分配効果と
　　　　連邦税制・個人所得税制の累進性 …………………………………… 26
　　1.　税財政による所得再分配機能　　26
　　2.　連邦税制・個人所得税制の累進性　　40

viii

第3節　レーガン、ブッシュ（子）政権の大型税制改革の特徴と結果 ……………53

　　1. レーガン政権以来の共和党政権のトリクルダウン経済学に拠る

　　　大型減税路線　53

　　2. レーガン政権の1981年経済再建税法（ERTA）と1986年税制改革法　53

　　3. ブッシュ（子）政権の2001年経済成長・租税負担軽減調整法（EGTRRA）

　　　と2003年雇用・成長租税負担軽減調整法（JGTRRA）　58

第4節　おわりに ……………………………………………………………………67

── 第**2**章 ──

アメリカの租税支出の実態と改革の方向
ブッシュ（子）、オバマ政権期を中心に　　　　　　　　　　　　　　73

第1節　はじめに ……………………………………………………………………73

第2節　租税支出の定義と測定方法 ………………………………………………74

　　1. 租税支出の定義　74

　　2. 租税支出のコストの測定　75

第3節　アメリカの租税支出の特徴 ………………………………………………76

　　1. 租税支出の国際比較　76

　　2. 租税支出の時系列的推移と特徴　78

第4節　アメリカの租税支出の所得階層別便益帰着 ……………………………82

　　1. 租税支出の所得階層別便益帰着　82

　　2. 中・低所得層にとっての租税支出の便益　88

第5節　アメリカの租税支出の論点と改革の方向性 ……………………………92

　　1. 租税支出の論点　92

　　2. 租税支出改革の方向性　94

　　3. 租税支出の改革案とその効果　97

第6節　おわりに …………………………………………………………………101

── 第**3**章 ──

連邦給与税の給付と負担の関係およびその税負担構造
ブッシュ（子）、オバマ政権期を中心に　　　　　　　　　　　　　111

第1節　はじめに …………………………………………………………………111

第2節　連邦給与税（社会保障税とメディケア税）の給付と負担の関係………114

　　1. 社会保障信託基金とメディケア入院保険信託基金の財政　114

目次　　ix

2. 社会保障税とメディケア税の給付と負担の関係　125
第3節　連邦給与税（社会保障税とメディケア税）の負担構造 ……………… 136
　　1. 世帯にとって所得税より負担の重い給与税　136
　　2. 累進的な所得税平均税率と逆進的な給与税平均税率　137
　　3. ほとんどの納税者が所得税より給与税に多く支払っている　138
第4節　おわりに …………………………………………………………………… 139

—— 第4章 ——

連邦遺産税・贈与税改革
ブッシュ（子）、オバマ政権期を中心に　　　　145

第1節　はじめに …………………………………………………………………… 145
第2節　連邦遺産税・贈与税 ……………………………………………………… 147
　　1. 連邦遺産税・贈与税の財政上の位置　147
　　2. 遺産税・贈与税の沿革　149
第3節　ブッシュ（子）政権下の2001年遺産税・贈与税改革 ………………… 154
　　1. 2001年遺産税・贈与税改革までの動き　154
　　2. 2001年遺産税廃止法の成立およびその内容と2011-12年の遺産税・贈与税
　　　の軽減措置　157
　　3. 2001年遺産税改革の課税実態　160
第4節　遺産税・贈与税に関する論争点と実態分析 …………………………… 164
　　1. 遺産税・贈与税に関する論争点　164
　　2. 遺産税・贈与税に関する実態分析　167
第5節　遺産税・贈与税改革の方向性 …………………………………………… 184
　　1. 遺産税廃止恒久化の挫折と負担軽減の追求　184
　　2. 遺産税・贈与税改革の選択肢　187
第6節　おわりに …………………………………………………………………… 190

—— 第5章 ——

グローバル化下の連邦法人税負担
ブッシュ（子）政権期を中心に　　　　193

第1節　はじめに …………………………………………………………………… 193
第2節　連邦法人税の推移と概観 ………………………………………………… 195
第3節　非法人事業体事業所得への個人所得税課税の拡大 …………………… 196

第4節　ブッシュ（子）政権の法人税改革の基本方向と
　　　　2001-03年企業減税の評価 ……………………………………………… 200

　　1.　『大統領経済報告書』にみる税制改革の基本方向　200

　　2.　ブッシュ（子）政権下の企業減税改革に対する経済諮問委員会の評価　202

　　3.　「租税公正を求める市民」というシンクタンクと税制・経済政策研究所の
　　　　ブッシュ（子）政権の企業減税に対する批判的研究　204

　　4.　予算・政策優先研究所のブッシュ法人税減税に対する批判的研究　208

第5節　法人税負担の国際比較 ……………………………………………………… 210

　　1.　法人税の法定税率の国際比較　210

　　2.　法人税の平均実効税率の国際比較　212

　　3.　法人税の限界実効税率の国際比較　214

　　4.　個人レベルの法人所得課税　218

　　5.　国際法人所得課税　219

第6節　法人税改革に関する大統領税制改革諮問委員会の報告書と財務省の報告書 …… 225

第7節　おわりに ……………………………………………………………………… 228

——第6章——

オバマ政権の経済復興・成長政策と医療保険制度改革　233

第1節　はじめに ……………………………………………………………………… 233

第2節　2007-09年大不況へのオバマ政権の対応 ……………………………………… 235

　　1.　経済復興の枠組み：金融・財政政策　235

　　2.　金融機関規制強化と金融規制改革法（ドッド＝フランク法）の
　　　　成立と問題　239

　　3.　金融機関、自動車産業、住宅2公社に投入した公的資金の回収完了　245

第3節　経済復興・成長政策の成果と課題 ……………………………………………… 248

　　1.　復興法・後続財政立法による財政出動の総括　248

　　2.　オバマノミクス8年間の経済復興・成長政策の成果と課題　251

第4節　医療保険制度改革 ……………………………………………………………… 253

　　1.　医療費負担適正化法（正式名「患者保護・医療費負担適正化法」、
　　　　略称「オバマケア」）の成立　253

　　2.　オバマケアの意義　256

　　3.　オバマケア実施の成果　257

　　4.　オバマケア成立後の問題　257

第5節　おわりに ……………………………………………………………………… 259

─第**7**章─
オバマ政権の財政健全化・税制改正の成果と課題　265

第1節　はじめに ……………………………………………………………… 265

第2節　財政赤字問題と財政健全化政策の成果と課題…………………………… 266

　　1.　財政赤字問題と財政再建への歩み　266

　　2.　2007-09年大不況以降の財政健全化状況　266

　　3.　財政健全化をめぐる民主・共和両党の対立と妥協の末の4つの重要法案
　　　　の成立　273

　　4.　連邦福祉財政の膨張と連邦財政赤字の構造化　276

第3節　オバマ政権のブッシュ減税継続の苦渋と脱却、税の公平化の成果事例、
　　　　中間層経済学に立った税制改革の展望………………………………… 282

　　1.　ブッシュ減税継続の苦渋と脱却　282

　　2.　税の公平化の成果事例：中間層減税と富裕層増税　283

　　3.　中間層経済学に立った抜本的税制改革の展望　284

第4節　おわりに ……………………………………………………………… 294

─第**8**章─
アメリカ中間層の衰退と
オバマ政権の中間層経済学、経済格差縮小政策　297

第1節　はじめに ……………………………………………………………… 297

第2節　ブッシュ（子）、オバマ政権期の所得格差の拡大、中間層の衰退…………… 299

　　1.　アメリカの所得格差の拡大と中間層の衰退　299

　　2.　所得税主要租税支出の所得再分配機能の検証　315

第3節　ブッシュ（子）、オバマ政権期の資産格差の拡大、中間層の衰退と
　　　　遺産税の弱い復活 ……………………………………………………… 322

　　1.　資産格差の拡大と中間層の衰退　322

　　2.　遺産税の弱い復活　327

第4節　オバマ政権の中間層経済学 ………………………………………… 329

第5節　オバマ政権の経済格差縮小政策の成果と課題………………………… 332

　　1.　オバマ政権の経済格差縮小政策の結果　332

　　2.　オバマ政権の経済格差縮小政策の取組み　333

第6節　おわりに ……………………………………………………………… 339

──第9章──

トランプ政権下の2017年減税・雇用法の概要と
個人・法人課税改革の内容検討　345

第1節　はじめに：2017年減税・雇用法（TCJA）の成立過程 ……………………345
第2節　TCJAの概要と同法による歳入変動の推計で見た特徴点 ………………347
 1. TCJAの概要　347
 2. TCJAによる歳入変動の推計で見た特徴点　349
第3節　TCJAの個人課税改革内容の検討 ……………………………………………349
 1. TCJA：方向性の定まらない税制改革　349
 2. 個人所得税率の引下げと平均限界実効税率の低下　352
 3. 標準控除の倍増、項目別控除の廃止または縮小、主要項目別控除の動向
  とTCJAによる影響　355
 4. 人的控除の廃止と児童税額控除の拡大　361
 5. 代替ミニマム税の控除額の増額　362
 6. 通り抜け（パススルー）事業所得に対する20％の所得控除制度の新設
  364
 7. 遺産税・贈与税の基礎控除の引上げ　366
 8. オバマケア罰則金の撤廃　367
第4節　法人税負担の実態とTCJAの法人課税改革内容の検討 …………………367
 1. アメリカの法人税負担の実態　367
 2. TCJAの法人課税改革内容の検討　372
 3. 国際課税の改革（領土主義課税への移行）　376
第5節　おわりに ………………………………………………………………………377

──第10章──

トランプ政権下の2017年減税・雇用法の
経済・財政効果と分配効果　383

第1節　はじめに ………………………………………………………………………383
第2節　TCJAによる経済・財政・租税（減税）便益効果 ………………………384
 1. トランプ政権のTCJAによる経済効果・財政収支影響予測　384
 2. 議会予算局（CBO）のTCJAによる経済効果・財政収支影響予測　385
 3. 税制・経済政策研究所（ITEP）のTCJAによる所得階層別租税負担の
  変化と租税（減税）便益分配効果の予測　391

目次　xiii

4. トランプ政権の TCJA による経済目標達成の困難　396

第3節　トランプ政権の主張とは違う実施結果となった TCJA ……………………397

1. 議会調査局（CRS）の報告書「2017年税制改正の経済効果：予備的観測」
の要点　397

2. ゲイル＝ホルデマンの TCJA の供給サイド効果に関する批判的研究　399

3. 議会合同租税委員会（JCT）の報告書「公法 115-97 号（TCJA）の
租税負担配分効果」　402

第4節　TCJA 下の個人所得税租税支出の分配効果と最大の非事業個人所得税
租税支出の特徴および便益の分布 ……………………………………………405

1. TCJA 下の個人所得税租税支出の分配効果　405

2. 最大の非事業個人所得税租税支出の特徴および便益の分布　412

第5節　おわりに：経済格差是正か否かに関わる主要法案 …………………………422

1. 2018年家族・中小企業保護減税法（PFSBTCA）の概要と
減税効果予測　423

2. 最低賃金引上げ法案の下院での可決　425

3. 各種連邦税額控除法案　425

4. 経済格差是正か否かに関わる主要法案のその後　426

────終章────

バイデン政権の経済・税財政政策の展開　　　　　　　429

第1節　はじめに：バイデン政権の中間層（ボトムアップ・ミドルアウト）経済学 ……429

第2節　バイデン政権と FRB のパンデミック不況およびインフレとの闘いの
実績の検証 ………………………………………………………………………431

1. 新型コロナウイルスと不況・インフレへの対応　431

2. バイデン政権下のアメリカ経済・財政の実績とその後の予測　437

第3節　バイデン政権の「より良き再建計画」提案を受けて成立した3つの法律
の特徴および問題点とそのマクロ経済効果の検証 …………………………443

1. バイデン政権の「より良き再建計画」提案を受けて成立した3つの法律
の特徴および問題点　443

2. 「より良き再建」立法3つ（アメリカ救済計画法（ARP）、
インフラ投資・雇用法（IIJA）、より良き再建法案（BBBA））
およびインフレ抑制法（IRA）のマクロ経済効果の検証　450

3. アメリカ救済計画法（ARP）とインフレ抑制法（IRA）の
所得再分配効果　455

第4節 2024年度予算教書とバイデノミクスの課題 ……………………………… 458
  1. 2024年度予算教書の政策提案：特徴と意義　458
  2. 2024年度予算教書の税制改革案による所得再分配効果と租税負担配分効果
  の予測　462
  3. バイデノミクスの推進方針と課題　464
第5節 おわりに：現代供給サイド経済学による理論づけと政策実施の
  政治的困難 ……………………………………………………………………… 474

参考文献 ……… 481
事項索引 …………… 511

図表一覧

【序章】

図 0-1　アメリカ全世帯の貨幣所得分布の不平等度

図 0-2　国内総生産の労働分配率（1947-2019 年）

図 0-3　連邦政府支出の内訳（1962-2019 年度）

図 0-4　裁量的支出規模に匹敵する租税支出（1989-2019 年度）

図 0-5　連邦歳入・歳出の対 GDP 比（1970-2030 年度）

図 0-6　連邦主要税の対 GDP 比（1946-2020 年度）

表 0-1　連邦政府の広義の福祉関連の主な歳出と租税支出のプログラム（2019 年度予算）

【第 1 章】

表 1-1　全世帯およびトップ 1％世帯のミーンズ移転前・課税前の所得源泉（1980-2018 年）

表 1-2　市場所得、ミーンズ移転前・課税前所得、ミーンズ移転後・課税後所得の分位別割合（1980-2018 年）

表 1-3　全世帯のジニ係数で見た所得格差と社会保険給付、ミーンズ移転、課税による平準化係数の推移（1979-2018 年）

表 1-4　所得分位別平均ミーンズ移転率（1980-2018 年）

表 1-5　全世帯についての連邦税の所得分位別平均税率（1980-2018 年）

表 1-6　連邦所得税の最高・最低限界税率の推移（1950-2022 年）

表 1-7　長期キャピタル・ゲイン支払税額と税率

表 1-8　現金所得水準別の長期キャピタル・ゲイン税率引下げの恩恵（2016 年）

表 1-9　勤労所得税額控除（EITC）の有無による連邦税率（2017 年）

表 1-10　2000 年代の主要税法・関連法の要点

表 1-11　年成長率比較

表 1-12　2001-2008 年減税法の個人所得税・相続税規定による連邦税の変化（2008 年、2010 年）

【第 2 章】

図 2-1　合計租税支出の対連邦歳入比と対 GDP 比（1974-2014 年）

図 2-2　租税支出を含む、利払費以外の総支出の内訳（1982-2015 年度）

図 2-3　主要租税支出の所得階層別シェア（2006 年）

図 2-4　年齢グループ別直接支出・租税支出の所得階層別シェア（2006 年）

表 2-1　正常税基準と参照税法基準の比較

表 2-2　租税支出の国際比較

表 2-3　アメリカの租税支出の対 GDP 比と内訳の推移（1994-2012 年）

表 2-4　アメリカの租税支出の対中央政府総収入比と対所得税収比（2002-2012 年）

表 2-5　全申告書、課税申告書、項目別申告書、租税負担の所得階層別分布（2000-

2009 年）

表 2-6 　主要項目別所得税租税支出額の所得階層別分布（2000-2009 年）

表 2-7 　所得税負担のある課税単位（納税者）とない課税単位（納税者）（2011 年）

表 2-8 　所得税を支払わない課税単位の原因（特定租税支出）別構成比（2011 年）

表 2-9 　所得税の租税負担ゼロの課税単位と負の租税負担の課税単位の割合（2011 年）

表 2-10 　代替ミニマム税がないケースで、租税支出を削減した場合の分配効果（2007 年）

表 2-11 　個人所得税収への租税支出便益制限の影響（2012-2021 年度）

表 2-12 　租税支出制限 3 選択肢毎の増税となる課税単位（2013 年）

表 2-13 　租税支出制限 3 選択肢毎の所得分配への影響（2013 年）

表 2-14 　1968 年以来制定された主要税法の収入効果

【第 3 章】

図 3-1 　連邦主要税の税収構成比（1950-2019 年度）

図 3-2 　社会保障信託基金：利子以外の経常収入の対コスト比率（1957-2033 年）

図 3-3 　メディケア入院保険信託基金財政収支：年次支出に対する年初基金残高比（1990-2030 年）

表 3-1 　老齢・遺族・障害年金保険（OASDI）の財政収支・資産（1960-2020 年）

表 3-2 　給与税率（社会保障税率とメディケア税率）（1966-2020 年）

表 3-3 　メディケア入院保険信託基金の財政収支と資産（1970-2020 年）

表 3-4 　給付タイプ別および信託基金別の給付総額とその個人所得比（1966-2020 年）

表 3-5 　年金の予定給付と支払可能給付についての退職労働者の当初代替率の中央値

表 3-6 　医療保険の所得分配への効果（1979 年、2007 年）

表 3-7 　生涯社会保障給付と給与税の中央値の生涯世帯所得分位別対比

表 3-8 　65 歳時の社会保障およびメディケアの期待給付額

表 3-9 　個人所得税ないし給与税の納税申告書の件数と金額（2019 年）

【第 4 章】

図 4-1 　連邦資産移転税収の連邦総税収に占める割合（1916-2015 年）

図 4-2 　租税負担のある遺産税申告数の成人死亡者数に対する割合と課税免除額の推移（1934-2009 年）

図 4-3 　遺産税の実効税率（1935-2009 年度）

表 4-1 　遺産税・贈与税・遺産取得税の合計と連邦・州・地方間配分割合（1975-2008 年）

表 4-2 　遺産税・贈与税・遺産取得税（全政府）の対総税収比の国際比較（2000 年、2008 年）

表 4-3 　連邦遺産税・贈与税の税率および課税免除遺産・贈与の推移（1916-2001 年）

表 4-4 　連邦遺産税・世代飛越移転税・贈与税の税率および課税免除遺産・贈与額（2001-2011 年）

表 4-5 　遺産税申告数と総遺産規模別課税遺産申告数の割合（2001-2010 年度）

表 4-6 　純遺産課税の総遺産規模別内訳（2001-2010 年度）

図表一覧　*xvii*

表 4-7	州遺産税と州遺産取得税の税収推計（2006 年度）
表 4-8	連邦諸税の分位別租税負担率と 1 世帯当たりの分位別平均租税負担額（2004 年）
表 4-9	連邦遺産税・贈与税の経済所得と現金所得に対する世帯負担率（2000 年、2008 年）
表 4-10	総遺産規模別の遺産税諸控除割合と純遺産に対する遺産税負担率（2004 年、2007 年）
表 4-11	資産移転タイプ別および資産移転者別の資産受贈者割合（1989-2007 年）
表 4-12	遺産税申告書の遺産タイプ内訳（2000-2009 年）
表 4-13	資産移転を受けた世帯の割合と世帯間不平等度（1989-2007 年）
表 4-14	農業・事業の遺産税支払額別遺産税分布（2008 年）
表 4-15	遺産税申告書の控除項目内訳（2000-2009 年）
表 4-16	結婚有無別・遺産税支払額別遺産税分布（2008 年）

【第 5 章】

図 5-1	アメリカと OECD21 カ国の法人税の法定税率（1981-2015 年）
図 5-2	OECD19 カ国の平均実効税率（1982 年、1994 年、2005 年）
図 5-3	アメリカの資本所得に対する限界実効税率（1953-2006 年）
図 5-4	OECD19 カ国の限界実効税率（1982 年、1994 年、2005 年）
表 5-1	事業体タイプ別納税申告数と構成比（1978-2005 年）
表 5-2	パートナーシップタイプ別納税申告数（1990-2005 年）
表 5-3	通り抜け事業所得と個人所得税（2006 年）
表 5-4	アメリカの各種法人税率の G7 諸国との国際比較（2006 年）
表 5-5	G7 諸国の法定法人税率、減価償却費の割引現在価値、限界実効税率（2005 年）
表 5-6	G7 諸国の住民の利子、配当、キャピタル・ゲイン受取収入にかかる最高法定税率（2006 年）
表 5-7	G7 諸国の最高限界所得税率適用階層の国内投資家に対する統合限界実効税率（2006 年）

【第 6 章】

表 6-1	アメリカの 2007-2017 年期の主要経済指標
表 6-2	復興法による財政支援の支出・減税タイプ別および事業機能別推移（2009-2013 年度）
表 6-3	復興法以後に制定された財政的経済支援立法（2009-2019 年度）
表 6-4	不良資産救済プログラム（TARA）の実施結果および予定（2014 年 4 月現在）
表 6-5	先進 5 カ国の主要経済指標の推移（2003-2018 年度）

【第 7 章】

図 7-1	連邦歳出（対 GDP 比）の推移（1947-2027 年度）
図 7-2	連邦歳入（対 GDP 比）の推移（1947-2027 年度）
表 7-1	連邦歳入・歳出、収支尻、連邦債残高（1997-2017 年度）
表 7-2	一般政府の財政収支、基礎的財政収支、債務残高の国際比較

【第 8 章】

図 8-1　4 種類の所得についてのジニ係数で見た所得不平等度（1979-2018 年）

表 8-1　所得源泉別および所得階層別に見た平均世帯所得（1981-2016 年）

表 8-2　所得階層別に見たミーンズ移転前・課税前所得源泉の内訳（1981-2016 年）

表 8-3　所得階層別に見た源泉別政府移転内訳（1981-2016 年）

表 8-4　課税前所得分位（五分位法、百分位法）で見た平均連邦税率（1981-2018 年）

表 8-5　ミーンズ移転前・課税前所得分位別の世帯当たり連邦税負担額（1981-2016 年）

表 8-6　10 個の主要租税支出の内訳、対課税前所得比、4 タイプの対課税前所得比（2013 年）

表 8-7　課税前所得分位で見た主要租税支出の分布（2013 年）

表 8-8　所得階層別の中位世帯純資産の推移（1983-2013 年）

表 8-9　世帯純資産の分布（1962-2013 年）

表 8-10　所得階層別保有資産内訳の推移（1983-2013 年）

表 8-11　資産階層別に見た世帯純資産の内訳（2013 年）

表 8-12　格差不平等の程度（1980 年、2016 年）

表 8-13　主な経済復興法、医療改革法、税法（2009-2015 年）

表 8-14　2009 年以来の租税政策の変化と医療費負担適正化法の所得再分配効果

【第 9 章】

図 9-1　事業体別事業所得の内訳（1980-2012 年）

図 9-2　非金融法人の税引き前と税引き後の利益率（1947-2015 年）

表 9-1　2017 年減税・雇用法（TCJA）の主な改正項目の概要

表 9-2　TCJA による歳入変動額の推計（2018-2027 年度）

表 9-3　賃金・給与所得および事業主所得の平均限界実効税率（2017-2026 年）

表 9-4　項目別控除を選択する納税者の分布推計（2017-2026 年）

表 9-5　納税申告者による項目別控除平均申請額（2014 年）

表 9-6　州・地方税控除の租税便益の分布（2017-2026 年）

表 9-7　住宅ローン利子控除の租税便益の分布（2017-2026 年）

表 9-8　G20 諸国の法人税率（2012 年）

表 9-9　連邦法人税の対連邦税収比と対 GDP 比および税引後利益の対 GDP 比（1952-2015 年度）

表 9-10　フォーチューン 500 社中 258 社の税率（2008-2015 年）

表 9-11　法人税租税支出と個人所得税租税支出（2016 年度）

【第 10 章】

図 10-1　実質国内総生産（GDP）の伸び（2013 年第 1 四半期-2018 年第 4 四半期）

表 10-1　2017 年 TCJA の実質 GDP 水準への経済効果の官民研究諸機関の推計値

表 10-2　CBO 調整ベースラインと 2019 年度大統領予算案における予想歳入、歳出、赤字（2019-2028 年度）

表 10-3　2017 年 TCJA の CBO のベースライン予算予測への影響（2018-2028 年度）

表 10-4　連邦・州・地方全体の実効税率の TCJA 実施前と実施後の比較

表 10-5	TCJA の 2018 年における影響と TCJA 時限規則恒久化の場合の 2026 年における影響
表 10-6	TCJA の租税負担配分への影響（2019 年）
表 10-7	TCJA による租税負担変化の規模別申告割合（2019 年）
表 10-8	非事業租税支出による租税負担減の推計に及ぼす税法規定の相互作用の影響（2019 年）
表 10-9	タイプ別個人所得税租税支出の租税便益分布（2019 年）
表 10-10	租税支出の全費用および主要な租税支出への TCJA の影響
表 10-11	タイプ別個人所得税租税支出の租税便益の課税前所得割合の変化（2015-2019 年度）
表 10-12	主な非事業個人所得税租税支出（2019-2022 年度）
表 10-13	主な非事業個人所得税租税支出の租税便益（2018 年）

【終章】

図 11-1	2018-2022 年期のアメリカ経済
表 11-1	新型コロナウイルス不況への財政的・金融的対応
表 11-2	新型コロナウイルス救済法による財政的支援（2020-2023 年度）
表 11-3	アメリカ経済の実績（2017-2022 年）と予測（2023-2033 年）
表 11-4	アメリカ財政の実績（2017-2022 年度）と予測（2023-2033 年度）
表 11-5	先進 5 カ国の主な経済指標
表 11-6	アメリカ救済計画法の予算概要（主な内訳）
表 11-7	インフラ投資・雇用法（新規支出）の概要
表 11-8	インフレ抑制法の概要
表 11-9	「より良き再建」立法 3 つのマクロ経済効果
表 11-10	インフレ抑制法の物価上昇と実質 GDP への影響
表 11-11	2022 年インフレ抑制法の財政赤字削減効果
表 11-12	アメリカ救済計画法の現金給付および減税の所得再分配効果
表 11-13	2022 年インフレ抑制法による連邦税変更の所得再分配効果および租税負担配分効果（2023 年）
表 11-14	2024 年度予算教書の政策提案（2024-2033 年度）
表 11-15	2024 年度予算教書の税制改革案による所得再分配効果および租税負担配分効果の予測（2024 年）
表 11-16	主要な個人所得税租税支出と給与税租税支出の金額と分位別割合（2019 年）

――――序章――――

ブッシュ(子)、オバマ、
トランプ、バイデン政権下の
税財政分析の序論

第1節　はじめに

　本書は、ブッシュ（子）、オバマ、トランプ、バイデン政権下のアメリカ連邦政府の税財政とりわけ租税政策、税制が、分断化が進むアメリカの基底にある深刻な経済格差に対し、果して対応できているのか、対応できていないとすればそれは何に拠るのか、またどう対応するべきかといった問題意識からその実態解明に取り組んだものである。

　この課題に第1章から終章までの本論において取り組むが、そのための序論として、この序章では分析の前提的問題について検討する。

　先進国の中でアメリカほど、新型コロナウイルスの感染拡大によって、その社会体制の構造的欠陥を白日の下にさらしてきた国はない。アメリカ社会の基底にある、1970年代から続く経済格差の拡大と極めて不備な公的医療制度が相俟って、アメリカを世界一の新型コロナウイルス感染大国にしてしまった。

　資本の競争原理に立つ市場経済がそのままでは、経済格差の拡大は避けられないが、先進国では程度の差こそあれ皆福祉国家化することによって経済格差を縮小させ、社会の安定化を図っている。アメリカといえども、西欧福祉国家と比べれば低位ながらも福祉国家化している。因みにアメリカ連邦歳出予算の大半は広義の福祉分野向けのものである。

　福祉国家において、経済格差を縮小させる主な手段としては、社会保障制

1

度（米国では給与税が主財源）と累進所得税制があり、いずれも毎年その財政活動が歳出・歳入予算の執行として行われ、所得（時に資産）の再分配機能が果される。歳出予算に計上される社会保障、メディケア、メディケイド、ミーンズ・テスト付福祉等の広義の福祉は、「見える福祉国家」と呼ばれる。これに対し歳入予算に計上される各種減免税の総体である租税支出の多くは広義の福祉関連のものであり、「隠れた福祉国家」と呼ばれる。なお歳入面でもう1つ所得（時に資産）の再分配機能を果たすものに、累進税制がある。

　さて、本研究の一番の問題意識は、アメリカには上述のように、「見える福祉国家」も「隠れた福祉国家」も、累進税制も存在するのに、何故それらによる所得（時に資産）の再分配機能が十分に機能せず、先進国の中で最も経済格差が拡大し続けているのかという点である。それを究明するために、アメリカの経済格差の拡大が一段と進む2000年代に入ってからの時期に絞って、ブッシュ（子）、オバマ、トランプ政権と任期途中のバイデン政権の税財政政策の実施実態を詳しく検討する。

　ただ、ここで注意しなければならないのは、いずれの政権も所得再分配に最重点を置いて税財政政策を展開したわけではない点である。ブッシュ（子）、トランプ両政権は、レーガノミックス以来共和党の伝統となったトリクルダウン経済学に立って、減税政策と規制緩和が主体の成長重視の税財政運営を行っており、「中間層向けの政策だ」と標榜することはあっても直接それをターゲットとしておらず、成長の果実として、結果的に中間層にもその恩恵が及び財政健全化も期待できるというものであったが、結果は伴ってこなかった。対するオバマ政権は、経済格差是正のために、金融規制改革法や医療費負担適正化法（オバマケア）を成立させ、またブッシュ減税の中の富裕者減税を増税に転換する等のことはしたが、標榜した中間層経済学は十分展開できず、2007-09年大不況からの復興が主体の税財政運営に終始した。バイデン政権もまずはパンデミック不況対策に乗り出さざるをえなかったし、「より良き再建計画」で中間層の底上げ・復活を目標に掲げているが、思うようには進んでいない。

　加えてもう1つ注意しなければならないのは、ブッシュ（子）、トランプ両共和党政権とオバマ民主党政権の拠って立つ経済思想は違うが、共和党の大型減税政策とそのための税制改革が、民主党が多少対抗的修正を加えたとしても、連邦税制の骨格を形造ってしまい、民主党政権もそれを実施せざる

をえない点である。ブッシュ減税は 2010 年までの時限立法であったが、2012 年まで延長されたためオバマ政権第 1 期目まで実施され、さらにブッシュ減税の富裕層減税は廃止されたものの、その多くはオバマ政権 2 期目から恒久化された。そして 2018 年からはトランプ政権の大型減税が加わり、そのための税制改革が行われた。法人税、国際課税の改革に時限はないが、個人所得税や遺産税の改革については 2025 年までの時限的措置として行われた。いずれであれ、バイデン政権期に食い込んで構造化しており、民主党はインフレ抑制法の中に一部増税を盛り込み、対抗的行動も取っているが、基本はトランプ減税を実施せざるをえないのである。

　したがって、本研究は、主要減税法の内容と基幹税構造（税体系、税率、課税ベース等）の変化、租税負担と租税支出便益の帰着による所得再分配効果等の客観的分析が中心となる。

　本章では、第 1 章以下終章までの本論展開の序論として、次のようなその前提的問題を検討する。

　第 1 に、1970 年代以来続くアメリカの経済格差拡大の実態とその原因である。

　第 2 に、アメリカの「見える福祉国家」と「隠れた福祉国家」の全体像である。

　第 3 に、税財政政策実行のベースとなる共和・民主両党の経済観の相違である。すなわちトリクルダウン経済学と中間層経済学の相違である。

　第 4 に、連邦財政構造変化の実態と財政健全化策、および連邦租税構造変化の実態と税制改革についてである。

　以下、第 2 節で第 1 の問題を、第 3 節で第 2 の問題を、第 4 節で第 3 の問題を、第 5 節で第 4 の問題を検討する。第 6 節では、まずこれらの問題の根底において共和党と民主党の経済戦略路線の対立が連綿と続いていることを指摘し、最後に第 1 章から終章までの各章の課題について簡単に紹介する。

第 2 節　1970 年代以来続くアメリカの経済格差拡大の実態とその原因

1. アメリカの経済格差拡大の実態

　経済のグローバル化に伴って先進国のいずれでも所得不平等化が進んでいるが、その中でもアメリカは他の先進国と比べてどうなのか。OECD のデ

序章　ブッシュ（子）、オバマ、トランプ、バイデン政権下の税財政分析の序論　　3

ータにより、先進 5 カ国の家計の政府移転後・課税後可処分所得のジニ係数を 2017 年について比較すると、アメリカ 0.390、英国 0.357、日本（2015年）0.339、ドイツ 0.289、フランス 0.292 となっており、アメリカの所得格差が一番大きい。また、所得階層トップ 10%の資産の占有率は、アメリカ（2016 年）79.47%、英国（2015 年）51.99%、日本（2014 年）41.02%、ドイツ（2014 年）54.96%、フランス（2014 年）50.59%となっており、アメリカの富裕層への富の集中が際立っている[1]。

では、アメリカの所得不平等化がどのように進んできているのか経年変化を図 0-1 で見てみよう。図 0-1 は、アメリカ全世帯の貨幣所得分布の不平等度の推移をジニ係数とタイル指数の変化としてグラフ化したものである。合衆国センサス局は、貨幣所得を個人所得税、社会保障税、組合費、メディケア税等を支払う前の定期的に受け取る所得と定義している[2]。

したがって、貨幣所得には不定期のキャピタル・ゲインや現物給付のようなものは含まれない。さて、ジニ係数は 1968 年 0.386 を、タイル指数は 1974 年 0.267 を最小値として、それ以降いずれも右肩上がりのグラフとなっている。ジニ係数は 2019 年 0.484、タイル指数は 2018 年 0.436 と最高値を示すに至り、アメリカ全世帯の所得不平等化が傾向的に進んできていることが分かる。Cashell（1993）によると、第二次世界大戦後ジニ係数はジグザグな動きを見せながらも 1968 年までは小さくなっていき、つまり所得の平等化が進んでいき、それ以降ジニ係数は大きくなり所得不平等化が進んでいる[3]。したがって、アメリカ全世帯の所得不平等化は 1968 年以降の傾向と言ってよい。タイル指数を見るとより明瞭であるが、1993 年以降所得不平等化のギアが一段と上っている。

では、所得階層別に実質年収入の累積的伸び率を比較するとどうなるか。Gould（2020）の計測によると、1979-2018 年期に実質年収入がトップ 0.1%は 340.7%、トップ 1%は 157.8%伸びているのに、下位 90%は 23.9%しか伸びていない[4]。

図 0-2 は 1947-2019 年期のアメリカの労働分配率の推移を示している。1970 年頃までは労働分配率は上昇傾向にあったが、それ以降右肩下がりのグラフとなり、特に 1990 年代以降下降が急となっている。

議会予算局（CBO）のデータによると、全家計の所得源泉中の労働所得のシェアは、1979 年 77.4%、2013 年 72.5%であるのに対し、トップ 1%所

図 0-1　アメリカ全世帯の貨幣所得分布の不平等度

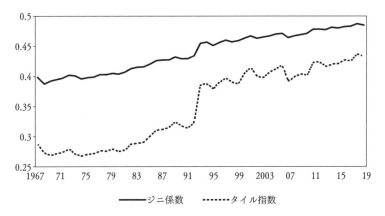

出所：U.S. Census Bureau（2020），Table A-4 より作成。

図 0-2　国内総所得の労働分配率（1947-2019 年）

注：労働分配率は、雇用者報酬の国内総所得に対する比率である。
出所：CEA（2020），p.41.

得層（最富裕層）の労働所得のシェアは、1979 年 33.1％、2013 年 36％と随分低い[5]。上述のような長期にわたる労働分配率の低下は、トップ 1％所得層は別にして、それ以外の所得階層、特に中・低所得の実質賃金を停滞させ、所得格差を広げることになった。因みに、Gould（2020）によると、1980-2020 年期 40 年間の賃金階層別の、労働者の時間当たり実質賃金の累

序章　ブッシュ（子）、オバマ、トランプ、バイデン政権下の税財政分析の序論　　5

積的伸び率は、低所得層である第10パーセンタイルでは、わずか3.3%に過ぎず、中所得層である第50パーセンタイルでも15.1%にとどまるのに対し、高所得層の第95パーセンタイルでは63.2%と前二者よりは大きいが、40年間の伸びとしては決して大きくはない[6]。

このように労働所得の伸びは極めて鈍い。その分資本所得の伸びは当然大きくなる。トップ1%所得層では、上記CBOの資料によれば、資本関連所得のシェアは、全家計平均で約20%であるのと違って、60%台と大変高くなっている。資本関連所得の主なものは、資本所得、キャピタル・ゲイン、事業所得であるが、特に事業所得のシェアが1979年の10.8%から2013年の23.2%へと上昇している。これは、1986年レーガン税制改革で個人所得税最高税率が法人税最高税率より低く設定されたため、法人税を納めていた多くのC（普通）法人が法人所得を株主に通り抜けさせるS（小規模事業）法人やパートナーシップに転換したことが契機となっている。すなわち、S法人やパートナーシップの利潤は毎年完全に株主に配分されるので、事業所得が伸びたのである[7]。ここに、アメリカの株主資本主義化の一端をみることができる。

2. アメリカの所得不平等化の原因

労働経済学の代表的研究者R.B.フリーマンは、Freeman（2007）で、所得不平等化の原因として次の7点を挙げている[8]。

第1に、クリントン政権期にコンピューターを核とした技術革新が起こり、これが低技能労働者、低教育の人から技能労働者、高教育の人への需要転換を引き起こし、前者に高賃金、後者に低賃金という格差を生み出した。

第2に、労働組合の組織率の低下が不平等を拡大した。労働組合が賃金交渉で賃金決定に関わっている場合は、組合員（ミドルクラス）の賃金格差が生じにくいが、労働組合の組織力が落ちて交渉力をなくし市場で賃金決定がなされるようになると、賃金格差が広がる。

第3に、最低賃金が1960年代後半以来物価上昇に追いつかず実質価値が大きく低下してきているために、低所得層特に低賃金の女性労働者や若手労働者の実質賃金が切り下げられている。

第4に、中国のような低賃金の開発途上国との交易の拡大といった形でのグローバル化もまた所得不平等を引き起こした。というのは、消費者は低賃

金のアメリカ人が作った高い生産物を買う代わりに低賃金国で作られた輸入品を購入し、その結果低技能労働者の需要を圧迫するために、またアメリカは高賃金の技能の高い労働者が作ったハイテクの財貨・サービスを輸出するために、所得不平等が拡大するのである。

　第5に、移民が高賃金労働者と低賃金労働者の需給バランスを崩している。特に大量の不法移民の流入は、低技能労働者の供給を増やし、低賃金化を促した。

　第6に、高卒までの学歴の労働者の数の増加に比べて、学士号を持つ労働者の数の増加が減速してきたために、大卒と高卒の所得格差が拡大してきた。

　第7に、アメリカの例外主義的な役員報酬の決め方が、所得分布の最上層の所得拡大に影響を与えてきた。

　議会調査局（CRS）も2020年の報告書で、不平等化と低所得労働者の所得の停滞について同様の要因を挙げている[9]。

　最近は、労働所得シェア低落を大企業の独占力の高まりから説明する理論も出てきている。Autor et al.（2020）や Manyika et al.（2019）等は、スーパースター企業の台頭が労働所得シェアの低落を招いたと説いている[10]。

第3節　アメリカの「見える福祉国家」と「隠れた福祉国家」

1.「見える福祉国家」と「隠れた福祉国家」とは何か

　上述のように1970年頃よりアメリカの労働所得は傾向的に低落し、反面資本所得が増加することになるが、それは所得と資産の不平等化を規定しているものである。この市場所得の不平等の拡大は、アメリカ全世帯の貨幣所得の不平等化を示した図0-1のジニ係数とタイル指数の右肩上がりのグラフに反映されている。

　市場経済だけに任せておくと経済の不平等度化が進み、ひいては社会が不安定化するので、それを緩和するために、先進国は皆程度の差こそあれ、社会保障制度や累進税制を使って所得再分配を行っている。福祉国家を経済学的に「所得再分配国家」と定義するならば、アメリカも低位ながらも福祉国家化している。

　連邦政府の所得再分配機能は、大きくは社会保障制度を軸とした福祉体系を支える広義の福祉歳出予算と累進税制に組み込まれている福祉関連の租税

支出予算を通して発揮される。福祉国家の前者側面は「見える福祉国家」と言われ、後者の側面は「隠れた福祉国家」と呼ばれる。なお、租税支出とは、納税者の特定の活動やグループに減税便益を与えるような、非課税、各種控除、繰延べ、税額控除、軽減税率等の租税特別措置のことである。

アメリカ財政を福祉国家論の視点から研究した代表的書物にW.C. ピーターソンの『移転支出、諸税、及びアメリカ福祉国家』(Peterson (1991)) とC. ハワードの『隠れた福祉国家』(Howard (1997)) がある。最初にアメリカ福祉国家における福祉関連の租税支出の重大性について指摘したのは前者であるが、それを「隠れた福祉国家」と名付けて、直接的福祉歳出プログラムである「見える福祉国家」と対比して本格的に研究したのは後者である[11]。「見える福祉国家」の点では、アメリカには現役世代向けの公的医療保険制度がないのに対し、西欧福祉国家は国民皆医療保険制度を採用している。「隠れた福祉国家」の点では、西欧福祉国家よりアメリカの方が租税支出を大規模に実施している。しかし、租税支出の中には勤労所得税額控除のように低所得層向けに所得再分配効果を発揮するものもあるが、多くは所得控除されるものなので、高所得層を優遇し、かえって所得不平等化を促してしまっているので、この実態を見過ごすべきではない。「隠れた福祉国家」の発達が、アメリカの真の福祉国家化を阻んでいるとも言える[12]。

2. 福祉関連の義務的支出と租税支出の膨張

連邦歳出は、大きくは義務的支出と裁量的支出と純利子の3つに分けられる。義務的支出は、年金、メディケア、メディケイド等の福祉給付プログラムのための支出から成る。これらのプログラムのための予算づけは、連邦議会が毎年歳出予算で決めるのではなく、受給資格、受給算式等の定められたルールに従って決定される。そのため、それらのプログラムは（福祉）エンタイトルメントプログラムとも呼ばれる。他方裁量的支出の方は、毎年歳出法の成立でもって予算づけされる。

CRS (2019) の報告書『支出と租税支出：区別と主要プログラム』は、連邦政府の活動分野を8つの主要分野に分け、それぞれの分野の2019年度予算における主な歳出と租税支出のプログラムを明らかにしている[13]。8つの主要活動分野のうち広義の福祉と関係のある①教育、職業訓練、雇用、社会サービス、②メディケアを含めた医療、③所得保障、④社会保障と退役軍人

給付の4つの分野の中から福祉関連の主要な歳出と租税支出のプログラムを選び出し、2019年度予算におけるその金額と構成比を示したのが表0-1である。

表0-1を見ると、2019年度連邦歳出4兆4070億ドルのうち、広義の福祉関連の歳出（4つの主要歳出合計）は3兆1169億ドルで全体の70.7％にもなる。中でもメディケアを含む医療の歳出規模は大きく、1兆2199億ドルで全体の27.7％にもなる。次に、2019年度の租税支出の規模は、1兆4850億ドルで連邦歳出の3分の1程度であるが、租税支出中の広義の福祉関連のプログラムは、9341億ドルで全体の62.9％にもなる。中でも年金拠出金・年金収入の純非課税は大きく、2358億ドルで全体の15.9％にもなる。このように米国政府の財政活動において歳出予算面でも税制面でも、いかに広義の福祉が重要な対象となっているかが理解され、「見える福祉国家」と「隠れた福祉国家」の存在を確認できるのである。次にアメリカの「見える福祉国家」と「隠れた福祉国家」の膨張過程を図0-3と図0-4で見ておこう。

図0-3は連邦政府支出の内訳の推移を見たものである。まず1971年度を境にそれまでの軍事費優勢から広義の福祉優勢に歳出構成が大きく転換した点を指摘しておきたい。さらに、メディケア、メディケイド、社会保障、連邦職員・軍人年金等、ミーンズ・テスト付福祉を広義の福祉として捉えるならば、広義の福祉の膨張は止らずに拡大し続けており、その構成比は1971年度の39.4％から2019年度の61.5％にまで拡大している。図0-4は、租税支出の推移を示しているが、2019年度現在裁量的支出（軍事費が中心）に匹敵する規模にまで膨らんでおり、その6割強が広義の福祉向けである。

さてここでアメリカは連邦歳出面でも税制面でも、大規模に財政資源を広義の福祉に投じているのに、何故先進国で最も経済格差の拡大した国であり続けているのかという疑問が湧いてくる。市場経済そのものが生み出す経済格差が大き過ぎるというのがその答えであり、その通りではあるが、財政的手段による格差是正が果してどの程度なのか、格差是正に歯止めがかけられないとすれば、どこに問題があるのか等を明らかにしなければならない。

経済格差是正に関する歴代政権のあり方が当然影響しているので後段で述べるが、経済格差の是正に歯止めがかけられない大きな要因は、アメリカに歳出面のプログラムとして国民皆医療保険制度がないのと税制特に租税支出に問題があるからだと考える。医療の問題は措いて租税支出に限定して問題

表 0-1 連邦政府の広義の福祉関連の主な歳出と租税支出のプログラム
（2019 年度予算）　　　　　　　　　　　　　　　　　　単位：10 億ドル、%

歳出プログラム	歳出額	租税支出プログラム	租税支出金額
1. 教育、職業訓練、雇用、社会サービス			
初等・中等・職業教育（裁量的支出）	41.3　（0.9）	児童・その他扶養家族税額控除	121.2　（8.2）
高等教育（義務的支出）	36.9　（0.8）	カフェテリアプラン給付の非課税	40.1　（2.7）
高等教育（裁量的支出）	28.8　（0.7）	教育・医療以外の慈善寄附金控除	30.5　（2.1）
その他	33.6　（0.8）	その他	68.3　（4.6）
小計	140.6　（3.2）	小計	260.1 （17.5）
2. メディケアを含む医療			
メディケア（義務的支出）	630.3 （14.3）	医療、医療保険料、長期医療保険料雇主負担非課税	164.1 （11.1）
医療サービス（裁量的支出）	516.3 （11.7）	医療保険エクスチェンジ購入補助金	53.2　（3.6）
医療研究・研修（裁量的支出）	36.6　（0.8）	医療・長期療養費控除	7.4　（0.5）
その他	36.7　（0.8）	その他	29.6　（2.0）
小計	1219.9 （27.7）	小計	254.3 （17.1）
3. 所得保障			
その他所得保障（義務的支出）	172.0　（3.9）	年金拠出金・年金収入の純非課税	235.8 （15.9）
連邦職員退職・障害（義務的支出）	149.6　（3.4）	勤労所得税額控除	71.4　（4.8）
食料・栄養扶助（義務的支出）	89.6　（2.0）	個人退職勘定	26.2　（1.8）
その他	105.2　（2.4）	その他	40.5　（2.7）
小計	516.4 （11.7）	小計	373.9 （25.2）
4. 社会保障と退役軍人給付			
社会保障（義務的支出）	1037.6 （23.5）	非課税の社会保障・鉄道退職給付の非課税	36.9　（2.5）
退役軍人のための所得保障（義務的支出）	98.5　（2.2）	退役軍人障害補償の非課税	7.4　（0.5）
退役軍人のための病院・医療（裁量的支出）	74.7　（1.7）	退役軍人生活調整給付の非課税	1.4　（0.1）
その他	29.6　（0.7）	その他	0.1　（0.01）
小計	1,240.0 （28.1）	小計	45.8　（3.1）
2019 年度連邦歳出	4,407.0(100.0)	2019 年度租税支出総額	1,485.0(100.0)

出所：CRS (2019), pp.1-2, pp.10-12 より作成。

図 0-3 連邦政府支出の内訳（1962-2019 年度）

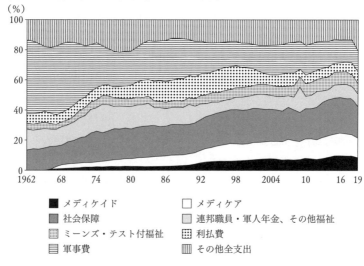

■ メディケイド　　　　□ メディケア
■ 社会保障　　　　　　□ 連邦職員・軍人年金、その他福祉
▦ ミーンズ・テスト付福祉　▦ 利払費
▤ 軍事費　　　　　　　▤ その他全支出

出所：OMB (2020), pp.34-35 より作成。

図 0-4 裁量的支出規模に匹敵する租税支出（1989-2019 年度）

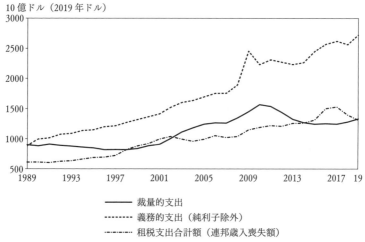

―― 裁量的支出
----- 義務的支出（純利子除外）
-・-・- 租税支出合計額（連邦歳入喪失額）

出所：GAO (2020) より作成。

を指摘すると、次の通りである。

　非課税、所得控除、人的控除等の租税支出は、累進所得税の場合、高所得
の納税者ほど軽減便益を多く受けられる。また軽減税率が利子、配当、キャ
ピタル・ゲインに適用されるとこれも高所得ほど減税便益を受ける。2021
年度予算では、非課税、所得控除、繰延べが個人所得税租税支出の63%、還
付付き税額控除が18%、軽減税率が11%、項目別控除が7%、非還付付き
税額控除が1%となっている[14]。アメリカの租税支出は、6割を超えて広義
の福祉分野に存在するが、その特別減税措置の形態は高所得層が多く減税便
益を受けられるものが大半なため、「隠れた福祉国家」として所得不平等化
を是正するよりも、むしろ累進税制を弱め、所得不平等化をかえって促して
しまう働きがあることに留意しなければならない。

第4節　トリクルダウン経済学と中間層経済学

1．ブッシュ（子）、トランプ両共和党政権のトリクルダウン経済学

　2000年代に入っても止まることを知らないアメリカの経済格差の拡大に
対して、ブッシュ（子）、トランプ両共和党政権は、これを深刻な問題と捉
えて正面から取り組むということはなく、経済成長と雇用拡大を重視した大
型減税政策を経済政策の柱に据えた。2001年経済成長・租税負担軽減調整
法（EGTRRA）と2003年雇用・成長租税負担軽減調整法（JGTRRA）がブッ
シュ減税の中心であり、2017年減税・雇用法（TCJA）がトランプ減税と
言われるものである。

　2001年EGTRRA、2003年JGTRRA、2017年TCJAは、いずれもレーガ
ン政権下の1981年経済再建税法（ERTA）と同様の大型減税で、それらの
バックボーンにあるのがトリクルダウン経済学である。共和党保守派が推進
するトリクルダウン政策を批判的に検討したものとして、Seip and Harper
（2016）等がある[15]。

　トリクルダウン経済学は、供給サイドを重視し、大企業や富裕層に対する
大規模減税や規制緩和等の政策で、投資や労働、企業に対するインセンティ
ブを高めれば、大企業や富裕層から富むようになり、やがてその恩恵は中小
企業や中・低所得層にも及ぶというものである。それを最初に実施したのが
レーガン政権の経済政策（レーガノミクス）である。それは①歳出の大幅抑

制、②大幅減税、③規制緩和、④安定的金融政策の4つの柱からなるが、最大の特徴は、個人・法人減税と歳出削減をパッケージにした点である。レーガノミクスでは、従来のような短期的な需要刺激策よりも自発的な労働や貯蓄意欲を刺激する中長期的な供給面の政策が必要と考え、また民間貯蓄を大きな政府の赤字補塡に回さないように、歳出削減を求めた。そして、レーガノミクス展開の切り札として成立させたのが、減税規模約7488億ドルの1981年経済再建税法（ERTA）である。

この巨額の減税は、個人所得税の税率引下げ（14〜70％、15段階→11〜50％、14段階）や法人税の課税ベースの縮小）等の形で5年間実施された。1981年から1986年までの経済・財政収支見通しと実績はどうであったのか[16]。その詳細は、第1章第3節第2項で明らかにされる。結論を先取りして言えば、トリクルダウン経済学に立ったレーガン政権の大型減税政策は、当初見通し通りの経済成長、財政健全化を果しえなかったし、所得不平等化にも歯止めをかけることができなかった。しかし、トリクルダウン経済学に立った大型減税政策は、その後共和党の経済政策の中心政策となり、ブッシュ（子）政権とトランプ政権の大型減税路線に引き継がれていくが、レーガノミクスと同様の結末になったことは、片桐（2012a）、片桐（2019）、片桐（2020）で明らかにされている。

2. オバマ政権の中間層経済学からバイデン政権の中間層（ボトムアップ・ミドルアウト）経済学へ

オバマは衰退した中間層の復活を訴えて2008年の大統領選挙に立ったが、その政権が2007-09年大不況の真只中に発足したために、大規模財政出動の中に込めてブッシュ政権の富裕者優遇の大型減税を引き継がざるをえなかった。それでも経済格差是正の具体的行動は取っている。2010年には金融規制改革法と医療費負担適正化法（オバマケア）を成立させ、また2013年1月にはアメリカ納税者救済法成立でブッシュ減税の富裕者優遇措置を廃止し、富裕者増税に舵を切った。そして同政権第2期目後半には中間層経済学を打ち出した[17]。

それによると、中間層所得は生産性向上、労働参加率上昇、結果の平等によって増えるという。特に、効果的に不平等を縮小するような政策に合せて包括的な成長を促すような経済政策を選ぶことが、決定的に重要であるとす

る。具体的には、総需要の強化、機会均等の促進、市場支配力集中やレント
シーキング行動の削減、移動性を促しながら不平等の結果から家族を護ると
いった諸政策を重視する。つまり、中間層経済学は、不平等の縮小が成長を
促すというトリクルアップ経済学である。

　オバマ政権は、オバマケアや貧困対策と一連の租税政策によって、政府移
転と連邦税制の累進性を強化し、財政の所得再分配機能を高め、経済格差の
縮小に少しは貢献したことは間違いない。しかし、上述のような中間層経済
学に立った諸政策を予算に反映させ、実行することは、共和党が議会上・下
院の多数派を形成している中では、十分な展開を見ることは望むべくもなか
った。だが、その機会が巡ってきた。2020年の大統領選挙の結果民主党バ
イデン政権が成立した。バイデン大統領はオバマ政権の「中間層タスクフォ
ース」の議長を務めていたこともあって、政権発足後まもなく中間層（ボト
ムアップ・ミドルアウト）経済学を経済戦略として、アメリカ経済の「より
良き再建計画」を具体的に提示し、実現に向けて動き出した。その成果と限
界、今後の見通しについては終章で詳しく説明される。

第5節　連邦税財政構造変化の実態と財政健全化策および
　　　　税制改革

1.　連邦財政構造の変化と財政健全化策

　図0-5は、連邦歳入・歳出の対GDP比を示したものである。これを見る
と、連邦歳出が1970-2019年度期の平均20.4％水準を超え、連邦歳入が同
期間の平均17.4％水準以下になった時に、連邦財政収支は特に悪化している。
連邦歳出と連邦歳入が1970-2019年度期の平均水準内に収まっている時期は、
財政状態は健全化されている。特に財政状態が悪い時期を摘出するとレーガ
ン政権期（1981-89年）、ブッシュ（父）政権期（1989-93年）、ブッシュ
（子）政権第1期（2001-04年）と末期（2008-09年）、オバマ政権第1期
（2009-13年）、トランプ政権期（2017-21年）である。逆に財政状態が改善
しているのは、クリントン政権期（1993-2001年）とオバマ政権第2期
（2013-17年）である。

　1980年代にレーガン政権は1期目に、大規模減税と軍事支出の拡大で財
政赤字を拡大した。2期目に、1985年グラム＝ラドマン＝ホリングス
（GRH）法と1987年新GRH法で財政健全化を目指したが、目標は達成で

図 0-5　連邦歳入・歳出の対 GDP 比（1970-2030 年度）

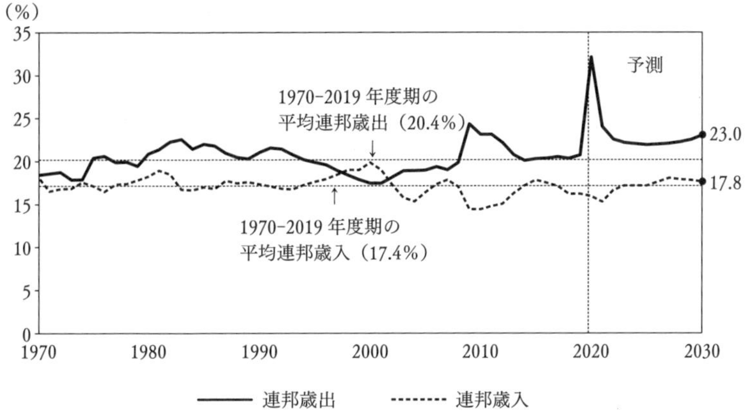

（%）

```
35
30                                                          予測
25      1970-2019 年度期の
        平均連邦歳出（20.4%）
20                                                              23.0
15                                                              17.8
10      1970-2019 年度期の
5       平均連邦歳入（17.4%）
0
1970   1980   1990   2000   2010   2020   2030
```

——— 連邦歳出　　…… 連邦歳入

出所：CBO (2020), p.18.

きなかった。1990 年代に入って、ブッシュ（父）政権期の後半に、湾岸戦争や不況で財政赤字は再拡大したために、90 年包括的予算調整法（OBRA90）において、キャップ（CAP）制とペイゴー（Pay-As-You-Go）原則という強力な歳出削減の手法を導入し、それに一定の増税策を加えて財政健全化に取り組んだが、その目標は達成できなかった。なお、キャップ制というのは、裁量的経費について、毎年の歳出法によって支出上限の設定を行うものである。またペイゴー原則とは、新たな義務的経費を増加させる場合、あるいは減税を行う場合、その財政負担に見合う義務的経費の削減または増税を行わなければならないというものである。

　後継のクリントン政権は、そのキャップ制とペイゴー原則を組み込んだ、93 年包括的予算調整法（OBRA93）と 97 年財政収支均衡法（BBA97）を成立させ、その歳出削減効果と一定の増税および情報通信産業に牽引された好景気による増収で、1998 年度に財政黒字化を達成した。

　しかし、連邦財政の黒字は 4 年間しか続かなかった。ブッシュ（子）政権になって 2002 年度には再び財政赤字に転落した。不況および大規模ブッシュ減税（2001 年 EGTRRA と 2003 年 JRTRRA）によって、大幅な歳入減となる一方、イラク・アフガン戦争を含む「テロとの戦い」のための経費やハリケーン・カトリーナ対策費等の経費が嵩んだ。しかも、キャップ制とペイゴー原則は 2002 年末で期限切れとなり、2006 年赤字削減法で義務的経費を

序章　ブッシュ（子）、オバマ、トランプ、バイデン政権下の税財政分析の序論　　15

小規模に削減するものの、ブッシュ（子）政権の歳出増、減税に歯止めがなくなってしまった。

　ブッシュ（子）政権2期目には、金融緩和政策と減税政策を背景にサブプライムローンによる住宅ブームが過熱化していき、歳入も増えて財政赤字も縮小の動きを見せた。しかし2008年秋に住宅バブルがはじけ、リーマン・ショックを契機に金融危機に直面し、大不況となっていった。ブッシュ（子）政権は、これに対し、金融機関からの不良債権の買い取りや金融機関への資本流入のために、緊急経済安定化法を成立させ、7000億ドルの財政資金を用意した。これを契機に財政赤字は急激に拡大しだした。

　オバマ政権の最大の課題は、2007-09年大不況からの復興であった。2009年2月にアメリカ復興・再投資法を成立させ、個人向け減税や公共事業等で7880億ドルの財政出動を行った。さらに、不良債権買取りプログラム（TARP）やファニーメイ、フレディマック等の政府支援機関（GSE）への支援等が加わった。2010年2月には減税・失業保険再認可・雇用創出法を成立させ、失業保険の期間延長や給与税減税、ブッシュ減税の延長等で8578億ドルの財政出動を行った。こうして連邦歳出の対GDP比は、1970-2019年度期の平均20.4%をはるかに超え、また連邦歳入の対GDP比も、1970-2019年度期の平均17.4%をはるかに下回り、結果連邦財政は第二次世界大戦後これまで経験したことのないほどの巨額の財政赤字を抱えることになった。

　ただオバマ政権は、上記のような経済対策によって経済が回復軌道に乗って税収も増えた上に、財政健全化に積極的に取り組み、2013年1月には「2012年アメリカ納税者救済法」を成立させ、富裕層減税を打ち切り、イラク、アフガン戦争からの撤退を図り、また2011年「予算管理法」による強制的歳出削減措置も得て、第1期中に、1970-2019年度期の平均的な歳出水準と歳入水準にまで連邦歳出・歳入を戻すことに成功し、財政赤字を大幅に削減できたのである。

　なお、オバマ政権下の財政赤字削減に、次のような制度的仕組みが発動されている点に注目しておくべきである。第1に、2010年ペイゴー法で、2002年に失効していた義務的経費の拡大を抑制するペイゴー原則を復活した点である。第2に、2011年予算管理法で、2021年度までの各年度予算の裁量的経費に上限を設ける強制歳出削減措置を定め、2002年に失効してい

たキャップ制を復活した点である。

　しかし、これまで歳出上限は、別に法律を定めることで引き上げられてきている。2012年アメリカ納税者救済法、13年および15年、18年、19年の超党派予算法の成立により13年および14年度、14年度および15年度、16年度および17年度、18年度および19年度の歳出上限が引き上げられている。

　また、連邦政府の債務については、1917年の第二自由公債法で連邦債務残高の上限額が決められているが、連邦財政赤字の拡大に伴って連邦債務残高も累積しているので、法定上限額の引上げや法定上限規定の停止等が幾度か行われてきている。

　トランプ政権下では、2017年減税・雇用法による大規模減税で、連邦歳入の対GDP比は減少して、財政赤字は拡大するが、トランプ政権の最後の年に発生した新型コロナウイルスの感染拡大による経済への深刻な打撃とそれに対する約3兆円規模の経済対策と追加経済対策、さらに次のバイデン政権の新型コロナ対策で、連邦財政赤字と債務残高は膨らんだ。ただ、強力な新型コロナ対策のおかげでアメリカ経済は急速に回復に向かい、財政赤字幅も2022年には急激に縮小した。とはいえ、2023年には債務残高が法定上限に達し、この問題の解決が喫緊の課題となった。なお、今や全連邦歳出の6割超にまで達している福祉エンタイトルメント支出が、今後ベビーブーマーが次々と退職していくため、大きな構造的財政赤字要因となっていくことも指摘しておかねばならない。

2. 連邦租税構造の変化と税制改革

　図0-5において、1970-2019年度期の平均連邦歳入の対GDP比は、17.4％水準であったことが示されている。ただ、連邦歳入を構成する主要税の対GDP比は、図0-6に示されるように、第二次世界大戦以後今日までの間に、変動幅が比較的小さいケースと比較的大きいケースがある。

　個人所得税は、第1基幹税であり、1970年代以降対GDP比に変動はあるものの8％前後で安定的に推移してきたが、2000年代に入ってやや落ち込みが大きくなっている。給与税（社会保障税等）の対GDP比は、第二次世界大戦後1990年代初めまで大きく伸び、その後横ばいとなっているが、今や第2の連邦基幹税である。社会保障（年金）やメディケア等の財源として重きをなしてきた。逆に、1950年代初め以降1980年代初めまでの間に、法人

図 0-6　連邦主要税の対 GDP 比（1946-2020 年度）

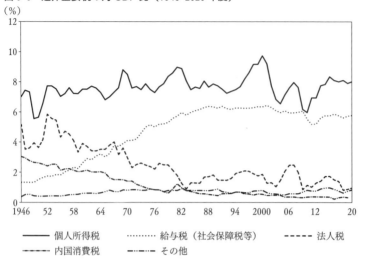

出所：OMB (2020), pp.36-37 より作成。

税の対 GDP 比は大きく下落し、それ以降今日まで、低い負担水準で推移している。国際的に企業間競争が激化し、法人税の負担を軽減する対応が取られてきた結果である。いずれにせよ OMB（2020）によれば、2019 年度現在、主要税の対総税収構成比は、個人所得税 49.6％、法人税 6.6％、給与税（社会保障税等）35.9％、内国消費税 2.9％となっている[18]。

　上述のような連邦租税構造の変化は、各政権期の租税政策と税制改革の帰結でもある。ただ 1986 年税制改革法（TRA86）のように、共和党と民主党とが超党派で成立させたものもあるが、多くは経済政策の中心に減税政策を据える共和党とそれに対抗する租税政策を掲げる民主党とがそれぞれの政権時の税制改革として成立させて、今日に至っている。ここでは、Graetz (2011)、Nellen and Porter (2016)、内閣府政策統括官 (2002) 等に拠りながら、主な税制改革を特徴づけてみよう[19]。

　レーガン政権の 1986 年税制改革法（TRA86）は、供給派経済学に拠って大規模減税で成長を目指した 1981 年 ERTA とは違って、歳入中立で、しかも所得税収減・法人税収増の形で行われた。1970 年代の石油危機を契機とするインフレで、累進所得税制のブラケット・クリープ問題が中間層で深刻化し、また高所得層や大企業向けの税の抜け穴（租税支出）が増殖し、所得

税・法人税の不公平を正すことが国民的要求になっていた。

1986年TRAは1981年ERTAが所得税について定めた11～15％の累進税率を15％と28％の2段階税率にフラット化した。また法人税の基本税率を46％から34％に、軽減税率を15～40％の4段階から15、25％の2段階に引き下げた。代わりに、所得税、法人税の高所得者と大企業向けの各種控除（租税支出）の縮減をはかり、課税ベースを拡大した。高所得層や大企業に対する優遇税制（各種控除等租税支出）を削減したい民主党と累進税率を軽減したい共和党との思惑を一つにまとめ上げたのが1986年税制改革である。税の公平性を重視した改革であったが、垂直的公平性より水平的公平性を重視した改革となった。これは包括的所得税論者からは高く評価される改革であったが、その後の税制改革でアメリカ税制は包括的所得税とは違う方向に歩んでいる。累進税率は強められ、優遇税制（各種控除等租税支出）は増殖している。

ブッシュ（父）政権は、財政再建を最優先に、そのための1990年包括的予算調整法（OBRA90）を成立させ、所得税の最高税率を31％に引き上げたので、税率はそれまでの15、28％から15、28、31％となり、累進性が強化された。

クリントン政権も、1993年包括的予算調整法（OBRA93）で財政再建を重要課題として位置づけ増税をするが、特に高所得者に対する累進税率の強化と法人税率の引上げで対応した。所得税率は15、28、31％から15、28、31、36、39.6％の5段階に引き上げられた。法人税率の最高税率は34％から35％に引き上げられた。クリントン民主党政権は、財政再建だけの目標ではなく、経済格差是正の観点から高所得者と大企業への課税を強化している。ただし、投資促進および福祉増進のために、勤労所得税額控除の拡充や中小企業の投資支出即時損金算入限度額の引上げ等租税支出の拡大をはかっている。1997年納税者救済法（TRA97）は減税立法で、さらに投資促進と福祉増進のために、長期キャピタル・ゲインの最高税率を28％から20％に引き下げ、遺産税・贈与税の統合および基礎控除の段階的引上げをする一方、児童税額控除やHOPE奨学税額控除等を創設し、新たな租税支出を生み出している。

いずれにせよ、1990年代の税制改革は、1986年の水平的公平性を重視した改革から、経済格差是正に気を配った、垂直的公平性を重視した改革に変

わり、それと共に租税支出も拡大していくことになった[20]。

　ブッシュ（子）政権は、財政黒字の国民への還元やITバブル崩壊後の景気対策のため、2001年経済成長・租税負担軽減調整法（EGTRRA）と2003年雇用・成長租税負担軽減調整法（JGTRRA）を成立させて、大規模な減税を実施した。

　2001-03年ブッシュ減税については、第1章第3節第3項で詳しく説明するが、ここで簡単に要点だけ述べると、ブッシュ減税は個人所得税率を引下げ（15〜39.6％、5段階→10〜35％、6段階）、配当・長期キャピタルゲインに係る税率の軽減、遺産・贈与税の縮減・廃止（最高税率55％→2010年廃止）、租税支出（児童税額控除、初年度特別償却等）の拡大などを行ったが、全体として連邦税制の垂直的公平性と水平的公平性を弱め、大企業や高所得層を優遇することになった。つまり、ブッシュ減税は経済格差を拡大し、連邦税制を包括的所得税から一段と離反させた。そして、1981年ERTA以来のトリクルダウン経済学に立った減税政策は、成長をもたらさず、財政赤字を拡大した。

　2007-09年大不況の最中に発足したオバマ民主党政権は2009年にアメリカ復興・再投資法を成立させた。同法は、約4990億ドルの歳出措置と約2880億ドルの減税措置から成り、減税措置としては、低・中所得者向けの定額の所得税減税や企業向け減税が含まれている。

　2010年末にブッシュ減税の期限が迫った際に、その恒久化をはかろうとする議会共和党と高所得者に対するブッシュ減税の廃止を訴えるオバマ政権との争いになったが、結局2年間の減税延長法である「2010年減税・失業保険再認可・雇用創出法」を成立させることで決着した。そしてブッシュ（子）政権下で廃止された遺産税を復活した。

　2012年11月の大統領選挙でオバマ大統領が再選された後、年末に向けてブッシュ減税の期限切れや強制歳出削減等が重なる「財政の崖」の懸念が高まっていた。「財政の崖」回避のために上院多数派の民主党と下院多数派の共和党が取引し、妥協の末に2012年アメリカ納税者救済法が成立した。これによって、後段で詳述するが、低・中所得層に対するブッシュ減税は延長しつつ、不十分ながらも富裕層に対する増税を実現した。

　以上のように、オバマ政権は経済復興過程における経済格差の拡大を懸念して、その是正のための租税政策を実施している。

トランプ政権は、2017年末に大規模減税のための減税・雇用法（TCJA）を成立させた。所得税率を従前の10〜39.6％の7段階から10〜37％の7段階に見直した。一部の租税支出の廃止や縮減も行っている。法人税率を35％から21％に大幅に引き下げている。また、法人の代替ミニマム税を廃止した。国際課税では、全世界所得課税から領土主義課税に原則的に移行することに伴い、海外子会社からの還流配当は全額益金不算入にした。加えてオバマケア保険加入義務に対する罰金が廃止された。

　このトランプ減税は1981年ERTAや2001年・2003年ブッシュ減税と同様に、トリクルダウン経済学に立つ、富裕層や大企業優遇の租税政策であり、経済格差を助長する結果となっている。

第6節　おわりに

1. 共和党と民主党の経済戦略の相克

　以上見てきたように、過去40年間のうち共和党政権であった時期に、レーガン、ブッシュ（子）、トランプ各政権は、基本的に富裕層と大企業優遇のトリクルダウン経済学に立った減税と規制緩和中心の経済政策を実行してきたが、その結果は喧伝するほどの経済成長にはならず、経済格差を広げ、財政赤字を拡大し、債務を累積させる結果に終わったといってよい。対する民主党政権であった時期には、中間層重視の経済学に立って、富裕層や大企業への増税も織り込んだ経済政策を実行し、共和党政権下以上の経済成長率を達成し、経済格差を是正し、財政健全化を進めた。

　2020年11月3日の大統領選挙では、いずれの路線を選択するのか、アメリカ国民が問われた。共和党のトランプは、相変わらず減税中心の経済政策を考えていて、2025年に期限切れとなる所得税減税の延長を企図していたことは間違いないとしても、減税政策の詳細は明らかにしていなかった。明言していたのは、①給与税の減税、②長期キャピタル・ゲイン税最高税率の20％から15％への引下げとキャピタル・ゲインの物価調整、③生産拠点を中国からアメリカに戻した企業に対する税額控除や経費控除等の優遇、④オポチュニティ・ゾーン拡大、旅費税額控除等である[21]。

　対する民主党のバイデンは、租税政策では富裕層や大企業への増税を主張した。主な内容は次の通りである[22]。①年収40万ドル以上の高所得者に対

序章　ブッシュ（子）、オバマ、トランプ、バイデン政権下の税財政分析の序論　　21

し、2017年 TCJA 前課税に戻す増税を行うために、所得税最高税率は現行の 37％から 39.6％に引き上げ、通り抜け（パススルー）事業体所得への 20％所得控除を廃止し、項目別控除を制限する、②法人税最高税率は現行 21％を 28％に引き上げる、③キャピタル・ゲイン最高税率現行 23.8％を 39.6％に引き上げる、④給与税は、現行 13 万 7700 ドル超所得非課税だが、40万ドル超には追加課税する、⑤児童税額控除を現行 2000 ドルから 8000 ドルに引き上げる、⑥海外生産の懲罰税、米国生産税控除新設、アメリカ企業の海外子会社への税控除の縮小等である。トータル 4 兆ドル規模の増税案である。これらを財源として、インフラ投資など雇用創出を賄い、オバマケアの拡充、最低賃金引上げ資金によって、経済成長を促し、経済格差を是正し、医療保障制度を強化し、財政健全化をはかることを企図している。これがそのまま実施されれば、トランプ減税よりはるかに中間層のための経済政策になると予想された。

　2020 年大統領選挙において、バイデン候補がトランプ候補に勝利し、2020 年 1 月にバイデン政権が発足した。バイデン政権は中間層（ボトムアップ・ミドルアウト）経済学を経済戦略とし、①アメリカ経済計画、②アメリカ雇用計画、③アメリカ家族計画の 3 つを柱とする、アメリカ経済の「より良き再建計画」を国民に提示し、その財源に上述の増税案を基本的に充てる用意をしていた。しかし、「より良き再建計画」の推進はまだ道半ばであり、財源公約はまだ実現していない。バイデン政権の経済・税財政政策の展開は、終章で詳細に検証される。

2．本書各章の課題

　第 1 章では、所得不平等と貧困の拡大が進行する中で、2000 年代ブッシュ（子）政権期を中心に、その税財政の再分配機能をどの程度働かせ、またその負担を国民諸階層間でどのように負担し合っているのかを実証的に明らかにする。

　第 2 章では、「見える福祉国家」の面で西洋福祉国家に遅れているが、反面租税支出を利用した「隠れた福祉国家」の面ではかなりの発展を見せているアメリカにおいて、所得不平等と貧困の拡大のなかで、租税支出がどのように機能しているのか、ブッシュ（子）政権期、オバマ政権期を中心にその特徴と問題点を明らかにする。

第3章では、ブッシュ（子）政権期、オバマ政権期を中心に、連邦給与税（社会保障税とメディケア税）の給付と負担の関係およびその税負担構造を考察する。

　第4章では、2001年成立の経済成長・租税負担軽減調整法（EGTRRA）に含まれる連邦遺産税・贈与税改革に関わる論争点とそれらの課税実態を、ブッシュ（子）政権期、オバマ政権期を中心に分析し、改革の方向性を検討する。

　第5章では、減税政策を推進したブッシュ（子）政権下で、実際にアメリカの企業課税の実態がどうであったのか、また法人税改革の方向性としてそれをどう理解すればよいのかについて、国際比較して考察する。

　第6章では、オバマ政権の2007-09年大不況に対応した経済復興・成長政策と医療保険制度改革について、その成果と課題を検証する。

　第7章では、2期8年間（2009年1月〜2017年1月）のオバマ政権の財政健全化、税制改正の成果と課題について検討する。

　第8章では、ブッシュ（子）政権・オバマ政権期における経済格差（所得・資産格差）拡大、中間層の経済的衰退とそれに対するオバマ政権の中間層経済学について検討する。

　第9章では、トランプ政権下の2019年減税・雇用法（TCJA：トランプ減税）の個人所得税課税改革と法人課税改革の内容を検討し、その問題性を明らかにする。

　第10章では、トランプ政権下の2018年1月1日から実施している、減税規模約1.5兆ドルの減税・雇用法（TCJA）の経済・財政効果と分配効果を検証する。

　終章では、中間層経済学を経済戦略とし、アメリカ救済計画、アメリカ雇用計画、アメリカ家族計画を3本柱に、「より良き再建計画」の実現を目指そうとして、未だ道半ばに止まっているバイデン政権の経済・税財政政策（バイデノミクス）の成果と課題について検証する。

【注】

1)　OECD Stat（2020）を参照。
2)　U.S. Census Bureau（2020）, Appendix を参照。

3) Cashell（1993）を参照。

4) Gould（2020）, p.25.

5) CBO（2016a）より算出。

6) Gould（2020）, p.26.

7) CBO（2016a）, p.16.

8) Freeman（2007）, pp.47-53.

9) CRS（2020a）を参照。

10) Autor et al.（2020）を参照；Manyika et al.（2019）, p.8.

11) Peterson（1991）；Howard（1997）を参照。

12) クリントン政権期およびブッシュ（子）政権期の税財政政策や税制改革を素材として、アメリカの租税支出を多用する「隠れた福祉国家」であることと、アメリカが付加価値税を導入していないこととの関連を明らかにした関口（2015）の研究を参照。

13) CRS（2019）を参照。

14) TPC（2020a）を参照。

15) Seip and Harper（2016）；マンキュー（2019）を参照。

16) 経済企画庁（1987）、第 2 章第 3 節を参照。

17) CEA（2015）, Chapter 1 を参照。

18) OMB（2020）, p.35.

19) 内閣府政策統括官（2002）；Graetz（2011）；Nellen and Porter（2016）；Slemrod and Bakija（2017）を参照。

20) 茂住（2019）は、共和党レーガン・ブッシュ（父）政権下の財政運営によって「中間層の危機」が醸成されたのを受けて、クリントン民主党政権は当初「共和党が蔑ろにしてきた中間層」向けの政策方針を掲げたが、その後大きく掘り崩されていった過程を詳細に分析している。すなわち、近年の租税支出に対する評価を踏まえて、クリントン政権期における 2 つの税制改革（OBRA93 と TRA97）の各所得階層の租税負担に与えた影響を分析し、なぜ中高所得層からの反発が予想される形（中間層減税の中間層増税への置き換え）で OBRA93 が実施され、さらに税負担増で低所得層を犠牲にする形で、中間層、高所得層、富裕層への租税支出を拡大してTRA97 が実施されたのかを明らかにしている。そして、当該期の税制改正について、1992 年大統領選挙から TRA97 成立までの過程は、中間層の支持調達を目的とした政策立案が、連邦財政を麻痺させ、連邦政府や連邦財政に対する人々の信頼を掘り崩し、「水没した国家」を形成する政策へと帰結した過程だったと評価することができるとしている。参照されるべきである。

21) CRFB（2020）, pp.13-14.

22) CRFB（2020）, pp.28-29；Mermin et al.（2020）, pp.2-3.

―――――第1章―――――

アメリカの税財政による
所得再分配機能と
ブッシュ減税の経済政策効果

第1節　はじめに

　本章は、1970年代以降先進国で進んできた所得不平等と貧困の拡大の中で、低位ながらも福祉国家化しているアメリカがその税財政の再分配機能をどの程度働かせ、またその負担を国民諸階層間でどのように負担しあっているのか、さらに共和党レーガン政権、ブッシュ（子）政権が実施した大規模減税政策の経済政策効果はどうであったのかについて実証的に明らかにする[1]。

　社会保険や公的扶助等の再分配制度といった「見える福祉国家」の面では、アメリカは、相当な再分配制度を有するようになっているとはいえ、西洋福祉国家に劣後しているが、反面租税支出を利用した「隠れた福祉国家」の面ではかなりの発展を示している[2]。ただ、問題は、租税支出を利用した「隠れた福祉国家」の再分配制度が、本当に所得再分配機能を果しているのかどうかである。

　前者の再分配制度としては、社会保障制度の中核であるOASDI（老齢・遺族・障害・年金保険）、65歳以上の高齢者を対象とした医療保険であるメディケア、公的扶助の主なものでは貧しい人のための医療扶助であるメディケイド、SSI（補足的保障所得）、TANF（貧困家族臨時扶助）/AFDC（要扶養児童家族扶助）、食糧切符、住宅扶助等がある。

　後者の租税支出による再分配制度としては、個人所得税に限定しても雇主提供医療保険料・医療費非課税、住宅借入金利子控除、年金拠出金・運用益

25

非課税（雇主プラン）、年金拠出金・運用益非課税（401（k）プラン）、州・地方税控除、慈善寄付金控除、州・地方債利子非課税、個人退職年金口座拠出金控除・運用益非課税、勤労所得税額控除（EITC）、児童税額控除等がある。ただ、これら租税支出の多くは、再分配によって所得格差を縮めるよりもむしろ拡大する機能を持つものが多く、所得格差を縮めるものが少ない点に大きな問題を内包していることが、本書の第2章は勿論のこと他章を含めて行論の中で明らかにされていく。なお、個人所得税制には、再分配機能を発揮するために累進税率が適用されている。したがって、場合によっては租税支出次第で法定税率の累進性効果が低下させられる。

　これらの制度に関わるデータを時系列で完全に掌握し、所得再分配の効果の変化を明らかにし、かつ同時期の先進国との国際比較でアメリカの特徴を明確化できれば、研究としては申し分ないが、そのような完璧な研究はどこにも存在しない。分析には主に租税政策研究所のデータや官庁データを使用するが、国内的には制度の変更や物価の変動等があり、国際的には制度の相違や為替レートの変動等があり、クリアな結論を得るのは容易ではない。しかし、今日グローバル化に伴って所得不平等化が進んできている中で、アメリカの所得再分配の効果とその国際的特徴を明らかにしていくことの意義は大きいと考える。

　以下、第2節では、アメリカの税財政による所得再分配効果と連邦税制・個人所得税制の累進性について検討する。第3節では、レーガン政権、ブッシュ（子）政権の大型税制改革の特徴と結果について明らかにする。第4節では、本章の要点について述べる。

第2節　アメリカの税財政による所得再分配効果と連邦税制・個人所得税制の累進性

1．税財政による所得再分配機能

（1）アメリカの所得格差問題をクローズ・アップさせたピケティとサエズの研究

Piketty and Saez（2007）は、「1913-2002年期のアメリカの所得及び賃金の不平等」について内国歳入庁（IRA）の納税申告統計を使って研究し、次のような重要な結果を得ている[3]。

　第1に、1913-2002年期には、クズネッツの逆U字型仮説とは違って、

むしろU字型の所得不平等が観測される。クズネッツの逆U字型仮説というのは、経済発展の初期段階では経済成長が所得分配の不平等化をもたらすが、さらに経済発展が続くと、ある時点から所得分配は平等化に転じるというものであり、ジニ係数を使ってグラフ化すると逆U字の形状となる。だが、第二次大戦後のアメリカの所得分布は1960年代末までは平等化が進むが、それ以降は不平等化が進むのでU字型の形状になっている。

　第2に、1970年代以降の所得不平等化の原因を説明するのに最富裕層の所得シェア増大に着目し、最富裕層の資本所得の増大もさることながら、彼らの賃金所得の増大が大きく影響しているとする。最富裕層の資本所得のシェアは1990年代後半になっても第一次世界大戦以前より低いが、それは強い累進税制が富の蓄積率を低下させ、大きな資本所得を生むのを妨げたからで、他方最富裕層の賃金所得のシェアは1970年代から増大し、第二次世界大戦前の水準より高くなってきた。つまり、1970年代以来最高賃金が大きく上昇したために、金利生活者が勤労富裕者に取って代わられてしまったのである。ただ、Piketty and Saez（2007）は、こうしたパターンはそれほど長く続くとは見ていない。というのは、1980年代初め以来税の累進性が低下してきているので、これがこれからの数十年間に高い富の蓄積と最富裕層の資本所得の増大を大いに刺激すると考えるからである。

　アメリカの所得不平等化の原因分析は今に始まったわけではなく、ピケティとサエズの研究成果も、Danzinger and Gottschalk（1995）、Bluestone（1995）、Auerbach and Belous（1998）、Aghion et al.（1999）、Ryscavage（1999）等　の先行研究を踏まえたものである[4]。

　ただ、ピケティとサエズのアメリカの所得格差研究ではIRAの納税申告統計を使っての研究であり、また納税申告統計の制約から、トップ1%所得層と税に偏った研究であり、歳出（社会保障支出）面での「見える福祉国家」と歳入（税制）面での「隠れた福祉国家」の全体を視野に入れた分析にはなっていない。政府の所得再分配機能は租税統計のみならず、社会保険やミーンズテスト移転等の財政統計も用いて解明しなければならないだけに、彼らの研究方法には限界がある。

　では、アメリカの所得格差や政府の所得再分配機能の実態を解き明かすためには、どのようなデータが利用できるのか、次に説明しよう。

（2）所得格差を測るための主な所得統計の長所・短所と議会予算局（CBO）の所得統計の選択

予算・政策優先研究所（CBPP）の研究員による解説を参考に、主な所得統計の長・短所と CBO の所得統計を選択する理由を説明する[5]。

アメリカの家計所得とその分布に関するデータや統計で最も広く使用されているのはセンサス局刊行の「最新の人口調査（CPS）」と内国歳入庁（IRA）の「所得統計（SOI）」がある。さらに、CBO は、CPS と SOI のデータを併せて、所得グループ別の平均的支払諸税だけでなく、課税前と課税後の家計所得をも推計するモデルを発展させている。また、ピケティとサエズは SOI のデータを使って 1913 年まで遡ってトップ所得階層への所得の集中を推計している。センサス局や IRA のデータで使われている所得概念には次のような問題があると CBPP の研究員の解説は指摘している[6]。

センサス局の報告書に特有の所得の基準は、家計を分析の単位とする課税前の貨幣所得である。この貨幣所得は、しばしば「現金所得」といわれるもので、賃金・給与、配当所得、個人事業主所得、賃貸所得、養育費・扶養手当、老齢・障害年金給付および失業手当、生活保護費、各種年金や退職所得等を含んでいるが、SNAP（かつての食糧切符）、メディケア、メディケイド、雇主提供医療保険のような非現金給付（現物給付）は含まれていない。また、センサス局の標準的な所得統計では、家計の規模や構成員について何も調整を行っていない。

ただ、最近の報告書では、センサス局は、家計の規模や構成員について調整した等価所得の推計を補足的に利用するようになっている。さらに、ある一定の職業については、1,099,999 ドル以上の収入についてセンサスデータに 1,099,000 ドルとして記録されるだけで、それ以上の情報を収集していない。

分配分析に欠かせない所得税のデータに関しては、IRS の納税申告者と報告されている所得部類は、ある種の所得を過少報告しがちな CPS の調査データより一般的にはずっと正確でより完全である。しかし必ずしも全ての人が納税申告を求められるわけではないので、IRS のデータは、低所得世帯を代表するような観察を提供してくれない。センサス局の「貨幣所得」と同様に、納税申告書の所得では、SNAP（従来の食糧切符）、住宅補助、メディケア、メディケイドなどの非現金（現物）給付と非課税の雇主提供医療給付

を除外している。非納税者を除外しているので、IRS の所得統計は分配分析には大きな限界がある。また、IRA のデータは申告納税単位に限定して利用できるもので、世帯や家族単位の分析には使えない。

Stone et al.（2020）の解説は、アメリカの所得格差の長期トレンドのデータ分析に先鞭をつけ名を馳せたピケティとサエズのデータ処理について、次のように評価する[7]。

Piketty and Saez（2003）は、1913 年まで遡れるデータを使って、所得分布のトップ 10%層への所得の集中化傾向が見られることを示す所得格差の統計を公表した[8]。彼らは、第二次世界大戦前には、潜在的な納税単位の約 10〜15%のみが、所得税の納税申告をせねばならなかったために、所得分布のトップ層に焦点を当てた。彼らの所得概念は、個人所得税課税前の市場所得である。彼らは、市場所得を、実現キャピタル・ゲインや課税失業手当を含む、納税申告書に記載される全ての所得源泉の総額と定義している。したがって、栄養扶助、雇主提供医療保険給付のような、その他の非課税・非現金所得源泉は含まれていない。

ピケティとサエズは、納税申告者の所得税データから貨幣所得を算出する一方、納税申告を求められていない市場所得について、非納税申告者の市場所得を推計し、両者を合計して全市場所得とした。彼らがトップ 10%、トップ 1%の所得層というのは、この全市場所得に関する所得分布割合を示している。なお、彼らは、彼らの研究において、家族規模の調整は行っていない。Stone et al.（2020）の解説は、ピケティとサエズのデータの主たる長所は、所得分布のトップ層の所得について歴史的に最も長い期間の連続した年次データを提供した点にあると評価するものの、次のような大きな短所があることを指摘している[9]。

彼らの方法の主たる限界は、納税申告データに専ら依拠していることだとし、その結果、非申告納税者のデータを含めておらず、また政府の現金移転あるいは公共・民間測定両部門の非現金給付も所得の計算に入れていないと批判する。ピケティとサエズの所得測定で抜けている、こうした公共・民間測定両部門の非現金給付は個人所得のますます大きな割合を占めることになっている。その結果、ピケティとサエズの所得測定では、国民所得生産勘定上の個人所得のシェアが次第に低下してきていると捉えられ、所得分布のトップ層に生じている所得増加全体に占めるシェアの推計を歪めている可能性

がある。

これに対し、CBO はセンサス局の CPS と IRA の所得統計の情報を組み合せて、家計所得と税の分布の年次推計を行っており、所得格差分析には現状では CBO の家計所得の分布推計を選択するのが最も適切であると考える[10]。なぜなら、CBO の推計には高所得世帯の所得や支払った税、また低所得世帯の所得や非現金給付に関する情報を含んでいるからである。また、CBO は、ランキング付けのための家計所得の推計を、家族の規模や構成を考慮した等価調整所得によって行っている。各家計の等価調整所得は家計構成人員の平方根で除したものである。

以上のことから、本書では、CBO の所得概念と統計を選択し、所得格差の分析に利用することとする。現在 CBO が出す報告書では、次の3つの所得基準を使っている[11]。

市場所得：労働所得（賃金、付加給付）、事業所得、資本所得（配当、利子、キャピタル・ゲイン）、過去の働きに対して退職時に受け取る所得（例えば企業年金）、その他非政府部門で発生した所得

ミーンズ移転前・課税前所得：市場所得プラス社会保険給付（社会保障（公的年金）、メディケア、失業保険、労働者災害補償保険）

ミーンズ移転後・課税後所得：ミーンズ移転前・課税前所得プラスミーンズ移転（相対的に低所得やわずかの資産しかない人々への連邦、州、地方政府の援助プログラムを通じて提供される現金給付や現物給付）マイナス連邦政府の個人所得税、法人税、給与税、内国消費税

なお、ミーンズ移転で最も大きいのはメディケイドで、他に児童医療保険（CHIP）、補助的栄養支援プログラム（SNAP）、補足的保障所得（SSI）が含まれる。

このように、CBO の所得概念にはメディケアやメディケイドのような政府の現物給付も含まれるために、それをどう処理するべきかという難問に行き当たる。CBO は、資格のある世帯へ医療保険を提供する政府にかかる平均的費用を家計所得として取り扱うこととしている。それは、基本的には雇主提供医療保険についても同じである。

（3）アメリカの税財政による所得再分配機能

税財政による所得再分配の構造を先に説明しておこう[12]。まず、出発点として政府による所得再分配が行われる前の市場機構の中で分配される「市場

所得」がある。市場所得を構成する主な所得としては、労働所得、事業所得、資本所得等上述の通りである。

　この市場所得に、「見える福祉国家」の主軸の1つである社会保険給付（メディケアや老齢年金の給付）が加えられると、ミーンズ移転前・課税前所得となる。ここでいうミーンズ移転前所得というのは、「ミーンズテスト付き政府移転」（本書ではミーンズ移転と略す）が行われる前の所得という意味である。ミーンズ移転前・課税前所得に、この政府によるミーンズ移転が加わると、ミーンズ移転後・課税前所得になる。

　さらに、このミーンズ移転後・課税前所得から課税（連邦税）が差し引かれると、ミーンズ移転後・課税後所得となる。課税される連邦税には、上述の4税が含まれる。

　以上の説明で分かるように、出発点の市場所得には、政府による再分配所得は入っていないが、社会保障給付、ミーンズ移転、課税という所得再分配の要素が加わって、それらが一体的にアメリカの税財政に所得再分配装置として作動することになる。

　表1-1は、市場所得とその内訳を主に示したものであるが、次のような点が指摘できる。

　第1に、全世帯の平均市場所得は1980年が6万1400ドルであったのが、2018年には10万3800ドルと1.69倍になっているが、トップ1%層の平均市場所得は、1980年が55万5200ドルであったのが、2018年には198万7500ドルと3.6倍にもなり、約40年間に両者の格差が顕著に拡大していることが分かる。

　第2に、全世帯では市場所得に占める労働所得の割合がトップ1%層の割合の約2倍位の高さながら、次第に低下してきている。これは序章の図0-2に示されるように労働分配率が低下してきたことが大きく影響している。特に労働所得の比重が小さいトップ1%層においては、資本所得とキャピタル・ゲインを合せた割合が80年代の50%台から近年では40%前後に低下しているものの、依然最も大きいのと事業所得の割合が高くなってきているのが特徴的である。

　第3に、ミーンズ移転前・課税前所得を見ると、全世帯では、市場所得が約9割で社会保障給付は近年でもせいぜい1割、以前は1割未満であった。トップ1%層では、近年市場所得が99%を超え、社会保障給付は1%にも満

表 1-1　全世帯およびトップ 1％世帯のミーンズ移転前・課税前の所得源泉 （1980-2018 年）

単位：2018 年ドル、％

分位	年	市場所得 (2018 年ドル)	社会保険給付 (2018 年ドル)	ミーンズ移転前・課税前平均所得 (2018 年ドル)	合計	小計	労働所得	事業所得	資本所得 キャピタル・ゲイン	その他 市場所得	社会保険 給付
全世帯	1980	61,400	5,100	66,500	100	92.3	71.3	3.8	13.7	3.5	7.7
	1985	66,600	5,900	72,500	100	91.9	68.8	3.3	15.7	4.1	8.1
	1990	71,800	6,400	78,200	100	91.8	68.5	5.1	13.0	5.2	8.2
	1995	75,500	7,400	82,900	100	91.1	68.5	5.4	11.6	5.6	8.9
	2000	94,800	7,500	102,300	100	92.7	65.0	5.5	15.5	6.7	7.3
	2005	96,600	8,600	105,200	100	91.8	64.4	7.0	14.2	6.2	8.2
	2010	89,100	11,000	100,100	100	89.0	65.3	6.3	9.5	7.9	11.0
	2015	99,300	11,100	110,400	100	89.9	65.9	7.3	11.2	7.6	10.1
	2018	103,800	11,400	115,300	100	90.0	63.5	7.0	11.6	7.9	9.9
トップ 1%	1980	555,200	5,900	561,000	100	99.0	35.3	9.3	52.5	1.9	1.0
	1985	756,200	7,900	764,400	100	99.0	30.8	9.1	56.6	2.5	1.0
	1990	897,800	7,400	905,300	100	99.2	38.4	16.7	40.7	3.4	0.8
	1995	1,002,000	7,700	1,009,800	100	99.2	39.3	17.7	39.3	2.9	0.8
	2000	1,752,100	8,200	1,760,400	100	99.5	36.3	13.3	47.2	2.7	0.5
	2005	1,903,400	9,300	1,912,800	100	99.5	30.1	19.2	47.8	2.4	0.5
	2010	1,586,500	9,400	1,595,900	100	99.4	36.2	21.6	37.7	3.9	0.6
	2015	1,939,100	10,800	1,949,900	100	99.4	33.8	21.8	40.9	3.0	0.6
	2018	1,987,500	11,700	1,999,200	100	99.4	32.7	21.5	42.0	3.2	0.6

出所：CBO (2021a), Table 5, Exhibit 5 より作成。

たない状態になっている。

　次に、表 1-2 で市場所得、ミーンズ移転前・課税前所得、ミーンズ移転後・課税後所得の分位別割合の推移を見てみよう。次の点が注目される。

　第 1 に、1980-2018 年の約 40 年間において、市場所得は、第 1 分位では 3％強の割合で推移し大きな変化はないが、中間層に当たる第 2-第 4 分位では大きくその割合が低下し、逆に第 5 分位では大きくその割合が上昇している。ただし、第 5 分位層の中で第 81-第 99 パーセンタイル層の割合の上昇は緩慢なのに対し、トップ 1％層の割合の上昇が顕著である。つまり、市場所得の所得最上位層への集中化と中間層の衰退という形で、所得格差が拡大したことを如実に示している。

　第 2 に、ミーンズ移転前・課税前所得の 1980-2018 年期の推移を見ると、ミーンズ移転や課税が行われていないのでそれらによる所得再分配効果は当然ないが、ミーンズ移転前・課税前所得には市場所得の他に社会保険給付が含まれるので、それによる所得再分配効果は幾分出ている。しかし、中間 3 分位層の割合について、大きく 2000 年代以前の水準に 2000 年代以降の水準を戻す程には所得再分配効果は出ておらず、第 5 分位層とりわけトップ 1％層への市場所得の集中を幾分緩和している程度である。

　第 3 に、ミーンズ移転後・課税後所得の 1980-2018 年期の推移を見ると、ミーンズ移転と課税による所得再分配効果は、ミーンズ移転だけで課税のない場合よりは、所得再分配効果は出ている。累進性のある課税により所得再分配効果が加味されているということである。それでもなお、中間 3 分位層の割合は 2000 年代以前の水準に 2000 年以降の水準が戻っていない。第 81-第 99 パーセンタイル層の割合は、1980-2018 年代を通して 35％前後に平準化されているが、トップ 1％層の割合の 2000 年代に入って以降の上昇は、課税の累進性による所得再分配効果によって幾分抑えられているとはいえ、なおその傾向は維持している。

　以上により、1980-2018 年の約 40 年間において社会保険給付、ミーンズ移転、課税は、市場所得の格差拡大に対しある程度是正効果をもったが、格差拡大を食い止めるほどの強力な作用をもつものではなかったといえる。

　では、社会保険給付、ミーンズ移転、課税が、どの程度の所得再分配効果をもったのか表 1-3 で考えてみよう。

　表 1-3 は全世帯のジニ係数で見た所得格差と社会保険給付、ミーンズ移転、

第 1 章　アメリカの税財政による所得再分配機能とブッシュ減税の経済政策効果　　33

表1-2　市場所得、ミーンズ移転前・課税前所得、ミーンズ移転後・
　　　　課税後所得の分位別割合（1980-2018 年）　　　　単位：%

	第1分位	中間3分位 （第2-第4分位）	第81-第99 パーセンタイル	トップ1%
市場所得				
1980	3.4	48.5	38.9	9.6
1985	3.1	46.3	39.3	12.2
1990	3.0	45.5	39.4	12.9
1995	3.2	44.3	39.9	13.4
2000	3.1	40.4	38.3	18.8
2005	3.0	39.6	38.8	19.4
2010	3.3	40.5	40.5	17.1
2015	3.2	39.4	40.5	18.4
2018	3.1	39.4	40.8	18.3
ミーンズ移転前・課税前所得				
1980	4.9	49.4	37.0	9.0
1985	4.1	47.7	37.5	11.3
1990	3.9	47.3	37.5	12.0
1995	4.0	46.7	37.9	12.3
2000	3.8	42.3	36.9	17.5
2005	3.7	42.0	37.1	17.9
2010	3.8	44.2	38.1	15.3
2015	3.7	42.6	38.4	16.6
2018	3.8	42.2	38.6	16.6
ミーンズ移転後・課税後所得				
1980	7.8	50.6	34.6	7.5
1985	6.6	48.4	35.6	10.3
1990	6.6	48.4	35.3	10.7
1995	7.3	48.4	35.4	9.9
2000	6.6	44.7	34.5	14.9
2005	6.6	44.4	34.6	15.1
2010	7.2	47.0	34.8	12.6
2015	7.5	45.8	35.0	13.2
2018	7.5	45.1	35.5	13.5

出所：CBO（2021a), Table 10 より作成。

課税による平準化係数の 1979-2018 年期の推移を示したものである。この表より次の重要点を指摘することができる。

　第 1 に、市場所得の格差は、ジニ係数で見て 1979 年の 0.472 から 2018 年の 0.600 へと 40 年間に 0.128 も増え、拡大の一途を辿っており、また政府の再分配装置作動後（ミーンズ移転後・課税後）所得の格差は、ジニ係数で見て 1979 年の 0.352 から 2018 年の 0.437 へと 40 年間に 0.085 も増え、これも拡大の一途を辿っている。しかも市場所得とミーンズ移転後・課税後所得のジニ係数の差が 1979 年には 0.120 であったのに、2018 年には 0.163 となり、新自由主義的資本主義下の市場所得格差拡大に政府の所得再分配機能が 40 年間に年々追いつかなくなってきている。

　第 2 に、社会保険給付およびミーンズ移転、および課税による全所得再分配装置が、拡大する市場所得の格差をどの程度縮めることができているのかという問題であるが、表 1-3 の右端の欄に示されるように、1979-2018 年において毎年概ね二十数パーセントほど市場所得のジニ係数を縮小させている。つまり、政府の所得再分配装置は、市場所得の格差をジニ係数で見て 2 割強程度毎年縮めているのである。その限りにおいて、「見える福祉国家」を代表する社会保険給付とミーンズ移転、それに累進課税制度（法定税率と「租税支出」の形を取る「隠れた福祉国家」）を合せた所得再分配装置は、全く不十分ではあるが一定程度有効に作動している。

　第 3 に、社会保険給付、ミーンズ移転、課税を合せての平準化係数は、1979-2018 年期を通して概ね二十数％ではあるが、政権毎に見ればかなり強弱の差がある。レーガン共和党政権は 1981 年だけ 25％を少し超えるが、他の 7 年間は 25％未満の低い数値となっているのに対し、オバマ民主党政権では 8 年間のいずれの年も 25％を超えていて極めて対照的である。クリントン民主党政権では第 1 期目はいずれの年も平準化係数が 25％を超えているが、2 期目は逆に IT 革命によるニューエコノミーの展開下で、いずれの年も 25％を割っている。ブッシュ（子）共和党政権期も第 1 期は 2001 年以外平準化係数が 25％を超えているが第 2 期になると、大不況の年の 2008 年だけが 25％を超えているが、他の 3 年間は 25％を割っている。

　こうして各政権の所得格差是正への対応を比較すると、オバマ政権が社会保険給付とミーンズ移転の拡充で最も積極的に対応していたことが分かる。トランプ政権は所得格差是正に消極的であったが、オバマ政権期に拡充した

第 1 章　アメリカの税財政による所得再分配機能とブッシュ減税の経済政策効果　　35

表 1-3　全世帯のジニ係数で見た所得格差と社会保険給付、ミーンズ移転、課税による平準化係数の推移（1979-2018 年）

政権名	年	ジニ係数				平準化係数（%）			
		市場所得 (A)	ミーンズ移転前・課税前所得 (B)	ミーンズ移転後・課税前所得 (C)	ミーンズ移転後・課税後所得 (D)	内訳（%）		課税 $\frac{C-D}{A}$	合計（%） $\frac{A-D}{A}$
						政府移転			
						社会保険給付 $\frac{A-B}{A}$	ミーンズ移転 $\frac{B-C}{A}$		
カーター I 期	1979	0.472	0.412	0.391	0.352	12.7 (50.0)	4.5 (17.7)	8.2 (32.3)	25.4 (100)
	1980	0.480	0.416	0.393	0.354	13.3 (50.6)	4.8 (18.3)	8.2 (31.1)	26.3 (100)
レーガン I 期	1981	0.484	0.419	0.396	0.361	13.4 (52.8)	4.8 (18.9)	7.2 (28.3)	25.4 (100)
	1982	0.493	0.425	0.402	0.373	13.8 (56.8)	4.7 (19.3)	5.8 (23.9)	24.3 (100)
	1983	0.505	0.437	0.413	0.387	13.5 (57.7)	4.7 (20.1)	5.2 (22.2)	23.4 (100)
	1984	0.505	0.443	0.421	0.396	12.3 (57.0)	4.3 (19.9)	5.0 (23.1)	21.6 (100)
レーガン II 期	1985	0.511	0.448	0.425	0.401	12.3 (57.2)	4.5 (20.9)	4.7 (21.9)	21.5 (100)
	1986	0.534	0.471	0.448	0.425	11.8 (57.8)	4.3 (21.1)	4.3 (21.1)	20.4 (100)
	1987	0.519	0.454	0.431	0.400	12.5 (54.6)	4.5 (19.7)	5.9 (25.7)	22.9 (100)
	1988	0.532	0.468	0.446	0.416	12.0 (55.0)	4.2 (19.3)	5.6 (25.7)	21.8 (100)
ブッシュ（父）I 期	1989	0.525	0.462	0.439	0.409	12.0 (54.3)	4.4 (19.9)	5.7 (25.8)	22.1 (100)
	1990	0.520	0.455	0.430	0.402	12.5 (55.1)	4.8 (21.1)	5.4 (23.8)	22.7 (100)
	1991	0.519	0.449	0.422	0.392	13.5 (55.1)	5.2 (21.2)	5.8 (23.7)	24.5 (100)
	1992	0.528	0.457	0.428	0.397	13.4 (54.0)	5.5 (22.2)	5.9 (23.8)	24.8 (100)
クリントン I 期	1993	0.529	0.455	0.425	0.390	14.0 (53.4)	5.7 (21.8)	6.5 (24.8)	26.2 (100)
	1994	0.531	0.458	0.427	0.389	13.7 (51.3)	5.9 (22.1)	7.1 (26.6)	26.7 (100)
	1995	0.532	0.460	0.430	0.390	13.5 (50.6)	5.7 (21.3)	7.5 (28.1)	26.7 (100)
	1996	0.541	0.472	0.444	0.403	12.8 (50.2)	5.1 (20.0)	7.6 (29.8)	25.5 (100)

期	年								
クリントンII期	1997	0.548	0.481	0.454	0.414	12.2 (49.8)	5.0 (20.4)	7.3 (29.8)	24.5 (100)
	1998	0.548	0.485	0.458	0.418	11.5 (48.5)	4.9 (20.7)	7.3 (51.5)	23.7 (100)
	1999	0.553	0.493	0.468	0.427	10.8 (47.4)	4.6 (20.2)	7.4 (32.4)	22.8 (100)
	2000	0.561	0.501	0.476	0.435	10.7 (47.6)	4.5 (20.0)	7.3 (32.4)	22.5 (100)
ブッシュ（子）I期	2001	0.548	0.482	0.454	0.413	12.0 (48.8)	5.2 (21.1)	7.4 (30.1)	24.6 (100)
	2002	0.546	0.474	0.443	0.403	13.2 (50.4)	5.7 (21.8)	7.3 (27.8)	26.2 (100)
	2003	0.556	0.483	0.451	0.413	13.2 (51.4)	5.7 (22.2)	6.8 (26.4)	25.7 (100)
	2004	0.569	0.498	0.466	0.427	12.5 (50.0)	5.6 (22.4)	6.9 (27.6)	25.0 (100)
ブッシュ（子）II期	2005	0.582	0.514	0.482	0.443	11.7 (49.0)	5.5 (23.0)	6.7 (28.0)	23.9 (100)
	2006	0.583	0.516	0.486	0.447	11.5 (49.4)	5.1 (21.9)	6.7 (28.7)	23.3 (100)
	2007	0.584	0.519	0.489	0.453	11.1 (49.6)	5.2 (23.2)	6.1 (27.2)	22.4 (100)
	2008	0.576	0.502	0.469	0.430	12.8 (50.6)	5.8 (22.9)	6.7 (26.5)	25.3 (100)
オバマI期	2009	0.575	0.488	0.451	0.413	15.1 (53.6)	6.5 (23.0)	6.6 (23.4)	28.2 (100)
	2010	0.587	0.500	0.461	0.421	14.8 (52.3)	6.7 (23.7)	6.8 (24.0)	28.3 (100)
	2011	0.586	0.500	0.462	0.423	14.7 (52.9)	6.5 (23.4)	6.6 (23.7)	27.8 (100)
	2012	0.606	0.523	0.485	0.445	13.7 (51.5)	6.3 (23.7)	6.6 (24.8)	26.6 (100)
オバマII期	2013	0.592	0.510	0.471	0.427	13.9 (49.8)	6.5 (23.3)	7.5 (26.9)	27.9 (100)
	2014	0.601	0.522	0.479	0.433	13.1 (46.8)	7.2 (25.7)	7.7 (27.5)	28.0 (100)
	2015	0.599	0.519	0.475	0.429	13.4 (47.2)	7.3 (25.7)	7.7 (27.1)	28.4 (100)
	2016	0.595	0.513	0.469	0.423	13.8 (47.8)	7.4 (25.6)	7.7 (26.6)	28.9 (100)
トランプI期	2017	0.602	0.521	0.476	0.434	13.5 (48.4)	7.4 (26.5)	7.0 (25.1)	27.9 (100)
	2018	0.600	0.521	0.479	0.437	13.2 (48.6)	7.0 (25.7)	7.0 (25.7)	27.2 (100)

出所：CBO（2021a），Exhibit 26 より作成。

社会保険給付やミーンズ移転の枠組みが残っているために、それらの平準化係数もなお高い値で残っている。

　第4に、市場所得の格差を縮める三者（社会保険給付、ミーンズ移転、課税）の平準化係数を比べた場合、次のようなことがいえる。社会保険給付の平準化係数は三者の中では一番大きいが、オバマ政権の第1期目の3年間は大不況対策の影響もあって平準化係数は14％を超えているが、それ以外の年はあまり政権の違いなく14％以内に収まっており、数値も比較的安定している。課税とミーンズ移転の平準化係数を比べた場合、カーター政権からブッシュ（子）政権までは、課税の平準化係数の方がミーンズ移転の平準化係数より大きいが、オバマ政権以降、両者の平準化係数は拮抗するようになっている。

　さて、アメリカの税財政による所得再分配機能は、具体的には社会保険給付、ミーンズ移転、税制によって上述のように作用しているが、もう少しその内実を明らかにする必要がある。社会保障年金給付やメディケア医療給付を中心とした社会保険給付については、給与税を主財源にしており、その受益と負担関係を明らかにする必要があり、別途第3章で詳しく検討する。連邦税制・個人所得税制の累進性については、第1章第2節第2項で考察する。さらに、連邦税制・個人所得税制の累進性の解明に避けて通れない「隠れた福祉国家」をなす租税支出については、別途第2章でその実態の詳細を明らかにする。したがって、残るミーンズ移転についてだけ、ここで少し詳しく検討しておきたい。

　表1-4は所得分位別平均ミーンズ移転率を示したものである。ミーンズ移転は、低所得でわずかの資産しかない個人や家族を支援するために、連邦、州、地方政府が出す現金給付および現物給付のことである。ここでいう平均ミーンズ移転率は、各所得分位におけるミーンズ移転前・課税前平均所得に対する平均ミーンズ移転の比率を示している。表1-4では、五分位法の第1〜第3分位の数値まで示してあるが、それは第4、第5分位の数値がネグリジブルだからである。表1-4より以下のような点が指摘できる。

　第1に、全ての分位において、平均ミーンズ移転率が1980-2018年期に約2倍になっているが、これは受給者の数が増え、また受給者当たりの受給便益のコストが増加したためである。ミーンズ移転の受給者の数が増えたのは、受給資格が拡大されてきたからである。特にそれは、第1分位層と第2分位

表 1-4　所得分位別平均ミーンズ移転率（1980-2018 年）　　　　　　　　　単位：%

分位	年	ミーンズ 移転全体	メディケイドと 児童医療保険	補助的栄養支援 プログラム	補足的保障 所得	その他 移転
全ての分位	1980	2.3	0.7	0.4	0.4	0.9
	1985	2.2	0.7	0.3	0.3	0.9
	1990	2.5	1.0	0.3	0.4	0.8
	1995	3.3	1.5	0.4	0.5	0.9
	2000	2.7	1.6	0.2	0.4	0.5
	2005	3.5	2.3	0.3	0.4	0.5
	2010	4.5	2.8	0.6	0.5	0.7
	2015	5.1	3.6	0.5	0.4	0.6
	2018	4.9	3.6	0.4	0.4	0.6
第 1 分位	1980	35.5	9.9	6.8	5.4	13.4
	1985	41.3	12.3	6.7	5.5	16.9
	1990	47.2	17.2	7.1	5.8	17.1
	1995	55.0	22.5	7.8	7.8	16.8
	2000	43.8	24.4	3.8	6.5	9.3
	2005	53.9	32.0	6.1	6.4	9.6
	2010	63.2	35.1	10.6	7.0	10.5
	2015	71.9	46.4	9.0	6.7	9.8
	2018	67.5	45.5	6.9	5.9	9.2
第 2 分位	1980	2.8	0.8	0.6	0.4	1.0
	1985	2.7	0.9	0.4	0.4	1.0
	1990	3.5	1.6	0.4	0.6	1.0
	1995	6.3	3.2	0.7	1.0	1.3
	2000	6.4	4.3	0.3	0.8	0.9
	2005	9.3	6.7	0.7	0.8	1.0
	2010	13.3	8.5	1.7	1.1	2.1
	2015	15.4	11.1	1.4	1.0	1.9
	2018	14.7	11.4	0.9	0.8	1.6
第 3 分位	1980	0.8	0.2	0.1	0.1	0.3
	1985	0.7	0.2	0.0	0.2	0.2
	1990	0.8	0.4	0.1	0.2	0.2
	1995	1.6	0.9	0.1	0.3	0.3
	2000	1.7	1.2	0.1	0.2	0.2
	2005	2.7	2.1	0.1	0.3	0.2
	2010	3.5	2.5	0.3	0.3	0.4
	2015	4.6	3.5	0.3	0.3	0.5
	2018	4.4	3.6	0.2	0.3	0.4

出所：CBO（2021a），Table 8 より作成。

第 1 章　アメリカの税財政による所得再分配機能とブッシュ減税の経済政策効果

層に当てはまる。平均ミーンズ移転率は、第1分位層では1980年の35.5%から2018年の67.5%まで上昇している。第2分位層では1980年の2.8%から2018年の14.7%にまで上昇している。

第2に、1980-2018年の約40年間におけるミーンズ移転率の上昇を牽引したのは、メディケイドの受給資格拡大と児童医療保険（CHIP）の創設（1998年）拡大である。メディケイドとCHIPは、第1分位では、1980年にミーンズ移転全体の27.9%であったが、2018年には67.4%にまで上昇しており、補助的栄養プログラム（SNAP）や補足的保障所得（SSI）、その他移転を圧倒している。そして第1分位のメディケイドとCHIPの平均給付は、2018年には移転前・課税前平均所得の45.5%を占めるに至っており、同年の第2分位の11.4%、第3分位の3.6%との間に大きな開きがある。

第3に、一般的には不況期に世帯の所得が減り、ミーンズ移転の受給資格者が増えるので平均ミーンズ移転率が上昇するが、それが顕著に見られたのが2007-09年の大不況期である。第1分位層の平均ミーンズ移転率は、2007年では46.6%であったが、2010年には63.2%まで上昇している。

第4に、メディケイドとCHIPを合せた平均ミーンズ移転率が突然2015年に46.4%という高い数値を示しているが、これは2010年にオバマ政権下で成立した医療費負担適正化法（ACA）が2014年から執行され、多くの州がメディケイド資格の拡大を図った影響が出たものである。

2. 連邦税制・個人所得税制の累進性

（1）連邦税制の累進性

ここでは連邦税制の累進性について検討する。対象となるのは、個人所得税、給与税、法人税、内国消費税で、これら4つの税で2018年では連邦税収の約93%になる。

CBO（2021a）の統計「全世帯の所得分位間の連邦税負担割合」で1980年から2018年への変化を見ると、第1分位2.0→0.0%、第2分位7.2→3.6%、第3分位13.6→8.9%、第4分位21.8→17.5%、第5分位55.3→69.8%、トップ1%13.2→25.9%となっている[13]。1980年から2018年へ連邦税負担割合は第1分位から第4分位までかなり減少し、逆に高所得層の第5分位と最富裕層で大幅な上昇が見られる。これでもって、1980-2018年期に連邦税制の累進性が高まったと言えるだろうか。

本書で問題にしているのは、アメリカの所得格差に対して税財政の再分配機能が働いて、格差を縮めているかどうかである。税制もその機能の一端を担っている。家計の所得が大きくなれば、それに比例する以上に税負担が増えてこそ、累進性が働き、税財政の再分配機能の一端を担いうる。この観点からすれば、上述のように全世帯の所得分位間連邦税負担割合を見るだけでは、適切な分析にはならない。なぜなら各所得階層の所得に対比しての税負担の推移を比較していないからである。そこで、全世帯についての連邦税の所得分位別の平均税率の推移（1980-2018 年）を見ることにする。それを示したのが、表 1-5 である。以下の点が指摘できる。

　第 1 に、1980 年から 2018 年までの約 40 年間に、連邦税の平均税率は、すべての分位で低下しているが、第 1 分位が一番大きく、次に中間分位（第 2-第 4 分位）へと続く。第 5 分位の中でも第 81-第 99 パーセンタイル層では平均税率が比較的安定的に推移しているのに対し、最富裕層であるトップ 1%層では、レーガン政権、ブッシュ（子）政権、トランプ政権期、つまり共和党政権期に減税政策の恩恵を一番受けて、平均税率が低下し、クリントン政権、オバマ政権つまり民主党政権期には富裕層増税政策の影響で平均税率が上昇している。

　第 2 に、①第 1 分位（貧困層）、②第 2-第 4 分位（中間層）、③第 5 分位（富裕層）として区分した場合に、平均税率は 1980 年では、③と①の差が 18 ポイント（26.9－8.9%）、③と②の差が 7.6 ポイント（26.9－19.3%）であるのに対し、2018 年では③と①の差が 24.4 ポイント（24.4－0.0%）、③と②の差が 10.7 ポイント（24.4－13.7%）となっており、全分位で平均税率が低下しつつも、第 1 分位、次いで中間 3 分位（第 2-第 4 分位）の順に低下幅が大きくなっている。これは特に 2007-09 年大不況で、還付付き税額控除の導入・拡大が行われ、低所得納税者の平均所得税率を引き下げたことが大きく影響している。1980-2018 年の約 40 年間に全体として平均税率は低下しつつも、分位間の累進性は高まってはいる。

　第 3 に、トップ 1%層において平均税率に上がり、下がりが見られるが、総じて共和党政権が法定限界所得税率や配当、キャピタル・ゲイン税率を引き下げ、民主党政権がそれらを引き上げたことに照応している。

　第 4 に、4 つの連邦税の平均税率の動きを見ておこう。個人所得税の平均税率が第 1 分位や第 2 分位ではマイナスの数値が含まれているが、これは低

第 1 章　アメリカの税財政による所得再分配機能とブッシュ減税の経済政策効果　　41

表1-5　全世帯についての連邦税の所得分位別平均税率（1980-2018年）　　　　単位：%

連邦税	年	第1分位	第2分位	第3分位	第4分位	第5分位	全ての分位	第81-第90パーセンタイル	第91-第95パーセンタイル	第96-第99パーセンタイル	トップ1%
全ての連邦税	1980	8.9	14.7	19.0	21.8	26.9	22.4	24.0	25.5	27.4	33.1
	1985	11.8	15.1	18.2	20.5	23.7	20.9	22.3	23.2	23.6	26.1
	1990	10.7	15.0	18.2	20.8	24.9	21.7	23.0	24.1	25.2	27.7
	1995	7.6	13.8	17.8	20.7	27.5	22.7	23.3	25.2	27.2	34.9
	2000	6.6	13.6	17.3	20.7	27.8	23.1	23.7	25.5	28.0	32.3
	2005	5.5	10.5	14.8	18.3	25.5	20.8	21.0	23.0	25.9	30.2
	2010	0.0	7.6	12.1	15.9	24.0	18.6	19.4	21.6	24.8	29.3
	2015	1.5	9.2	14.0	17.9	26.7	21.1	21.3	23.6	26.7	33.3
	2018	0.0	8.1	12.8	16.7	24.4	19.3	20.0	21.9	24.2	30.2
個人所得税	1980	0.0	4.5	7.9	10.7	16.6	11.8	13.1	15.1	17.9	22.9
	1985	0.6	4.1	6.5	8.8	14.0	10.2	10.8	12.4	14.6	19.1
	1990	-1.2	3.4	6.0	8.2	14.5	10.2	10.6	12.3	15.3	20.3
	1995	-5.7	2.1	5.4	7.8	15.6	10.3	10.4	12.4	15.9	24.4
	2000	-6.1	1.8	5.1	8.1	17.6	11.8	11.3	13.7	18.1	24.7
	2005	-7.5	-0.7	3.0	6.0	14.2	9.1	8.6	10.9	15.3	19.8
	5010	-13.0	-2.6	1.7	5.0	13.8	7.9	8.1	10.7	15.2	20.2
	2015	-11.6	-1.3	3.0	6.6	16.2	10.1	9.7	12.2	16.9	24.0
	2018	-12.0	-2.1	2.2	5.9	15.4	9.4	9.0	11.4	15.5	23.5
給与税	1980	6.0	7.6	8.5	8.5	5.6	7.0	7.9	7.0	4.7	1.1
	1985	7.8	8.7	9.4	9.5	6.5	7.9	9.3	8.4	6.0	1.4
	1990	8.6	9.2	9.8	10.1	6.9	8.4	10.0	9.1	6.5	1.6
	1995	9.2	8.8	9.6	10.1	7.3	8.5	9.9	9.5	7.0	2.4
	2000	9.3	9.2	9.7	10.1	6.3	8.0	9.9	9.0	6.4	2.0
	2005	9.4	8.7	9.3	9.7	6.2	7.7	9.7	8.9	6.3	1.7
	2010	9.8	8.3	8.7	9.2	6.8	7.9	9.6	9.0	7.2	2.2
	2015	9.8	8.5	8.9	9.3	6.5	7.8	9.4	8.9	6.6	2.2
	2018	9.5	8.6	9.0	9.3	6.4	7.8	9.4	8.8	6.5	2.2
法人税	1980	1.2	1.5	1.7	1.9	4.1	2.8	2.2	2.8	4.2	8.6
	1985	0.8	1.0	1.1	1.3	2.6	1.9	1.4	1.7	2.4	5.1
	1990	1.0	1.1	1.3	1.5	3.0	2.2	1.7	2.0	2.9	5.6
	1995	1.2	1.3	1.6	1.8	4.0	2.8	2.1	2.5	3.7	7.7
	2000	1.0	1.1	1.4	1.5	3.3	2.4	1.8	2.1	3.0	5.4
	2005	1.2	1.3	1.6	1.8	4.7	3.3	2.1	2.6	3.9	8.4
	2010	0.8	0.7	0.9	1.0	3.0	2.1	1.2	1.4	2.0	6.6
	2015	0.9	0.9	1.1	1.3	3.5	2.5	1.5	1.9	2.8	6.9
	2018	0.6	0.6	0.7	0.8	2.2	1.6	1.0	1.2	1.8	4.2
内国消費税	1980	1.6	1.1	0.9	0.8	0.6	0.8	0.7	0.7	0.6	0.4
	1985	2.6	1.4	1.1	0.9	0.7	0.9	0.8	0.7	0.6	0.4
	1990	2.3	1.2	1.0	0.9	0.6	0.9	0.8	0.7	0.6	0.3
	1995	2.8	1.6	1.3	1.1	0.7	1.0	0.9	0.8	0.6	0.3
	2000	2.4	1.4	1.1	0.9	0.5	0.9	0.8	0.7	0.5	0.2
	2005	2.4	1.3	1.0	0.8	0.5	0.7	0.7	0.6	0.5	0.2
	2010	2.4	1.1	0.8	0.6	0.4	0.6	0.5	0.4	0.4	0.2
	2015	2.4	1.2	1.0	0.8	0.4	0.7	0.7	0.6	0.4	0.2
	2018	2.0	1.1	0.9	0.7	0.4	0.6	0.6	0.5	0.4	0.2

注：平均税率は、各所得グループについて合計連邦税収を移転前課税前所得で割って計算した比率。
出所：CBO（2021a），Table 9 より作成。

所得者に配慮した還付付き税額控除によるものである。給与税は、第5分位、特にトップ1%層において平均税率が低いが、これは最富裕層世帯の所得の大部分が給与税に服する最大制限所得額を超えているからであり、またこの層の世帯の稼得所得の合計所得に占める割合が相対的に小さいためである。逆に低所得層の平均税率は、個人所得税のような税額控除がないため富裕層より平均税率が高くなっており、給与税は逆進的な税となっている。

　法人税の平均税率を見る場合、法人税負担の75%は資本の所有者に利子、配当、地代、調整キャピタル・ゲイン等の所得に比例して配分され、残りの25%は労働者にその労働所得に比例して配分されるものと仮定して[14]、CBOはその推計を行っていることを了解しておかねばならない。表1-5を見ると、全世帯の法人税の平均税率は、1980-2018年期に低下傾向にある。平均税率は第5分位とりわけトップ1%の最富裕層において高く、中・低所得層には低くなっている。

（2）個人所得税制の累進性

　表1-3に示されるように、市場所得の格差を平準化させる連邦政府の所得再分配装置として、課税は社会保険給付、ミーンズ移転と並んで重要な3本柱を形成しているが、平準化係数の推移を見れば分かるように、その値は過去から今日まで共和党政権下で低下、民主党政権下で上昇という傾向があるものの、長期に上昇傾向にあるわけではない。

　表1-5を見ても分かるように、税制の累進性によって市場所得の格差の平準化を最も期待できる連邦税を挙げるとすれば個人所得税である。しかし、現状は個人所得税制の累進性によって、市場所得の格差の平準化を大きく進めるものとはなっていない。その要因には法定限界税率の累進性の弱さと所得税の総合課税を妨げる租税優遇措置（租税支出）がある。ここでは、法定限界税率の推移を見ておこう。租税優遇措置（租税支出）については、第2章で詳しく検討する。また、連邦税制の中で、市場所得の格差平準化に大きな影響を与えた（と言っても累進性を強めるのではなく、それを弱める）逆進的な給与税については、第3章で詳しく検討する。

　さて、連邦個人所得税は個人所得に総合課税するものである。個人の課税所得に超過累進税率を適用して税額を算出し、そこから税額控除分を差し引けば支払税額が得られる。ただ、課税所得を算出するまでのプロセスはやや複雑なので、説明しておく。

第1章　アメリカの税財政による所得再分配機能とブッシュ減税の経済政策効果　　43

個人の所得のうち非課税扱いとなっている所得を取り除いた残りが、「総所得」と呼ばれる。非課税扱いの所得には、保険料の累積支払額までの生命保険の配当、医療保険の保険料、奨学金、免税債からの受取利子等税法上の優遇措置が取られているものもある。総所得には、賃金、給与、賞与、自営業者所得、預金・債券利子、受取配当金、実現キャピタル・ゲイン、賃貸所得、企業年金・退職金、社会保障給付金などが含まれる。そして、総所得から所得調整控除を除いたものが調整総所得（AGI）となる。AGI には、転居費用、個人退職年金口座への拠出金、自営業者退職年金基金への拠出金、教育ローン利子控除、自営業税および自営業者の医療保険料などがある。

　課税所得は調整総所得（AGI）から所得控除（標準控除ないし項目別控除）を差し引き、さらに人的控除、扶養控除を差し引いて得ることができる。少し説明しよう[15]。項目別控除（実額控除）は、税法で定められた個人の所得から控除できる費用項目であり、これが申告資格別に定められている標準控除額に達した場合には標準控除が選択される。2017 年現在個人納税者の約 7 割が標準控除を選択している。しかし、2017 年減税・雇用法が成立し、2018 年に個人納税者の 87％が標準控除を選択するようになった。標準控除は、2020 年で単身者 1 万 2400 ドル、特定世帯主 1 万 8650 ドル、夫婦合算申告 2 万 4800 ドル、夫婦個別申告 1 万 2400 ドルとなっている。項目別控除には、医療・歯科治療費、住宅ローン等の支払利子、慈善寄附金、州税・地方税等の支払税等がある。人的控除は人間として最低限の生活を保つために必要な所得を課税免除するもので、2017 年には納税者本人と配偶者に 1 人当たり 4050 ドルの控除額が認められていたが、2017 年減税・雇用法の成立で 2018 年からは利用が認められなくなった。同法により、2018 年から扶養控除の利用も認められなくなった。

　以上のように、各種非課税、所得控除の後に課税所得が導出されるが、課税額はその課税所得の規模に応じて超過累進税率が適用され算出される。したがって、所得が高ければ高い累進税率が、低ければ低い累進税率が適用されるが、そのことが当然所得再分配の機能を果すことになる。税の累進性による所得再分配機能を比較的重視する民主党と税の累進性が成長を阻害しないようにしようとする共和党との間で、連邦所得税の累進税率の設定を巡って繰り返し争われてきた。特に最高税率の設定が重要な争点となってきた。

　表 1-6 には、1950-2021 年期の連邦所得税の最高・最低限界税率の推移が

表 1-6　連邦所得税の最高・最低限界税率の推移（1950-2022 年）　　　　　　　　単位：%

	1950	1951	1952-53	1954-63	1964	1965-67	1968
最高税率（%）	84.36	91.00	92.00	91.00	77.00	70.00	75.25
最低税率（%）	17.40	20.40	22.20	20.00	16.00	14.00	14.00

	1969	1970	1971-80	1981	1982-86		1987	1988-90
最高税率（%）	77.00	71.75	70.00	69.13	50.00		38.50	28.00
最低税率（%）	14.00	14.00	14.00	14.00	82 年　　：12.00 83-86 年　：11.00		11.00	15.00

	1991-92	1993-2000	2001	2002	2003-12	2013-17	2018-22
最高税率（%）	31.00	39.60	39.10	38.60	35.00	39.60	37.00
最低税率（%）	15.00	15.00	10.00	10.00	10.00	10.00	10.00

出所：IRS（1913-2018）；TPC（2020b）；Tax Foundation（2021b）より作成。

示されている。第二次世界大戦後最高税率、最低税率ともに 1952-53 年が一番高く、それぞれ 92.00%、22.20% であった。それが 2022 年現在では、それぞれ 37.00%、10.00% にまで下がっている。最高税率の方が最低税率よりはるかに下げ幅が大きい。その結果、連邦所得税の累進性は低下し、ブラケットの数は減少する。1970 年代後半まではブラケットの数は、20 を下ることはなかったが、1986 年のレーガン税制改革で税率のフラット化が進められたため、ブラケットの数は一気に 16 から 2 にまで下がった。その後 30 年間に連邦所得税の累進性が回復するにつれ、ブラケット数も若干増えて 2022 年現在 7 つとなっている。いずれにせよ、連邦所得税の累進性は最高限界税率の設定の仕方が大きく影響していることは間違いない。

　そこで、連邦所得税の最高税率の歴史を簡単にふり返っておこう。過去最高税率が一番高かったのは、1944 年と 1945 年の 94.00% であった。そして 1940 年代後半は、80% 台で推移した。第二次世界大戦後、最高税率が最も高かったのは 1950 年代から 1960 年代初めまでの時期で、90% を超えていた。そして、1964 年に 77.00% にまで下がった後、1970 年代が終わるまで、70% より低くなることはなかった。

　1980 年代のレーガン政権下において、1981 年経済再建税法で最高税率は 70% から 50% に引き下げられた。さらに、先述のように 1986 年税制改革法で、課税ベースを拡大し、併せて税率のフラット化が図られ、15% と 28%

の二段階となり、1988年から施行された。しかし、二段階税率が続いたのは3年間に過ぎなかった。

1990年代になって、ブッシュ（父）政権の後半に最高税率は31%に引き上げられ、さらにクリントン民主党政権下においては39.60%にまで引き上げられた。しかし、ブッシュ（子）共和党政権下において、2001年経済成長・租税負担軽減調整法（EGTRRA）は、最高税率を35%に引き下げた。またオバマ政権下において、2010年減税・失業保険再認可・雇用創出法は、2012年まで最高税率35%を維持した。2012年アメリカ納税者救済法は最高税率を39.6%に引き上げた。さらに2010年医療費負担適正化法は3.8%の税率を上乗せしたために、連邦最高税率を43.4%に押し上げた。トランプ政権下で成立した2017年減税・雇用法で、最高税率は2018年から37%に引き下げられた。3.8%の追加税率はなお存続しているため、最高税率はそれを加えると40.8%となった。トランプ政権下の連邦所得税最高税率は、2022年現在バイデン政権下においても、なお続いている。

かつてと比べれば連邦所得税法定税率の累進性は、今日落ちたままであり、連邦基幹税である所得税の法定税率の累進性が弱体化していることが、所得格差の平準化機能を弱めていることは間違いない。

なお、連邦税制特に所得税の累進性を弱めている原因は、法定限界税率の累進性の低下だけではない。連邦税制には多数の非課税、所得控除、税額控除、優遇税率などの租税特別措置が導入されており、その多くがまとめて租税支出と呼ばれていて、低所得者への優遇も含むが多くは高所得者優遇になっており、連邦税制の累進性を弱めることとなっている。その詳細は、第2章で明らかにされる。この章では、次の（3）で高所得層の負担軽減を図るキャピタル・ゲイン減税と（4）で低所得者の負担軽減を図る勤労所得税額控除とを検討しておくことする。

（3）長期キャピタル・ゲイン減税と富裕層への恩恵

キャピタル・ゲインは、株式や土地・建物のような資産価値の増価分のことであり、それが売却されて価値が実現した時に課税される。キャピタル・ゲインを生む資産を持っている者は、その増価分が実現するまで課税が延期されることで恩恵を受ける。また、1年以上その資産を保有していてキャピタル・ゲインに低い税率が適用される場合も恩恵を受ける。さらに、その所有者が死亡した時にもキャピタル・ゲインは非課税となって恩恵を受ける。

1年未満しか保有していない資産に発生した短期キャピタル・ゲインは、通常の所得と同じ限界税率が適用される。ここで問題にするのは1年以上保有の資産に発生する長期キャピタル・ゲインについてである。

表1-7は、1980-2018年期における長期キャピタル・ゲインとそれへの課税の推移を見たものである。同表の最右端の欄に実現長期キャピタル・ゲインに適用される最高軽減税率の推移が示されている。表1-6に示されている通常の所得に対する最高限界税率と比べた場合、1988-1990年は両者が同じ税率28％であるが、他の年は皆、長期キャピタル・ゲインの最高軽減税率は、通常の所得に対する最高限界税率より低く設定されている。また、長期キャピタル・ゲインの軽減税率は1つだけでなく、2〜3段階の軽減税率が設定されている。例えば、1998年7月〜2000年期は10％と20％、2001年〜2003年5月は10％と20％、2003年5月〜2007年は5％と15％、2008年〜2012年は0％と15％、2013年〜2017年は0％と15％と20％となっている。

実現長期キャピタル・ゲインの増減は景気動向と適用される税率に大きく左右される。1981年の途中から適用税率が28％から20％に引き下げられ、また1981-82年不況を脱した後の景気回復もあって、1986年までは実現キャピタル・ゲインは急増する。

しかし、1986年レーガン税制改革で長期キャピタル・ゲインに対する優遇措置は廃止され、法定税率は28％に戻されたために、実現長期キャピタル・ゲインは急速に縮減した。その後財政赤字削減が大きな政治的課題となったために、ブッシュ（父）政権と第1期目のクリントン政権は、長期キャピタル・ゲインに対する法定最高率28％を継続した。1997年に、第2期目のクリントン政権と議会共和党との間で2002年の財政収支均衡に向けて合意ができ、それに基づき納税者救済法が成立した。

同法で5年間に約2700億ドルの歳出削減、約950億ドル減税が行われることとなったが、減税の対象の中にキャピタル・ゲイン減税が含まれていた。その内容は、18カ月超保有のキャピタル・ゲインに適用される税率を引き下げるもので、上の税率を28％から20％に、下の税率を15％から10％に引き下げた。この長期キャピタル・ゲイン税率の引下げと電気通信産業を中心としたニューエコノミーによる活況が相俟って、実現キャピタル・ゲインは大幅に増加するが、2001-02年の不況突入で大幅に減少した。

これに対し、ブッシュ（子）政権は2003年雇用・成長租税負担軽減調整

表 1-7　長期キャピタル・ゲイン支払税額と税率　　　　　　　　　　　単位：100 万ドル、％

	実現長期 キャピタル・ ゲイン （100万ドル）	長期キャピタル・ ゲインに対して 支払った税 （100万ドル）	平均実効 税率 （％）	実現キャピタ ル・ゲインの 対 GDP 比 （％）	長期キャピタ ル・ゲイン 法定最高税率 （％）	長期キャピタ ル・ゲイン 実効最高税率 （％）
1980	74,132	12,459	16.8	2.59	28.0	28.0
1981	80,938	12,852	15.9	2.52	28.0/20.0	28.0/20.0
1982	90,153	12,900	14.3	2.70	20.0	20.00
1983	122,773	18,700	15.2	3.37	20.0	20.00
1984	140,500	21,453	15.3	3.48	20.0	20.00
1985	171,985	26,460	15.4	3.96	20.0	20.00
1986	327,725	52,914	16.1	7.14	20.0	20.00
1987	148,449	33,714	22.7	3.05	28.0	28.00
1988	162,592	38,866	23.9	3.10	28.0	28.00
1989	154,040	35,258	22.9	2.72	28.0	28.00
1990	123,783	27,829	22.5	2.07	28.0	28.00
1991	111,592	24,903	22.3	1.81	28.0	28.93
1992	126,692	28,983	22.9	1.94	28.0	28.93
1993	152,259	36,112	23.7	2.21	28.0	29.19
1994	152,727	36,243	23.7	2.09	28.0	29.19
1995	180,130	44,254	24.6	2.35	28.0	29.19
1996	260,696	66,396	25.5	3.22	28.0	29.19
1997	364,829	79,305	21.7	4.24	28.0/20.0	29.19/21.19
1998	455,223	89,069	19.6	5.01	20.0	21.19
1999	552,608	111,821	20.2	5.72	20.0	21.19
2000	644,285	127,297	19.8	6.26	20.0	21.19
2001	349,441	65668	18.8	3.29	20.0	21.17
2002	268,615	49,122	18.3	2.45	20.0	21.16
2003	323,306	51,340	15.9	2.81	20.0/15.0	21.05/16.05
2004	499,154	73,213	14.7	4.07	15.0	16.05
2005	690,152	102,174	14.8	5.27	15.0	16.05
2006	798,214	117,793	14.8	5.76	15.0	15.70
2007	924,164	137,141	14.8	6.38	15.0	15.70
2008	497,841	68,791	13.8	3.38	15.0	15.35
2009	263,460	36,686	13.9	1.83	15.0	15.35
2010	394,230	55,017	14.0	2.63	15.0	15.00
2011	404,344	56,682	14.0	2.61	15.0	15.00
2012	647,073	91,178	14.1	4.01	15.0	15.00
2013	510,530	98,798	19.4	3.06	20.0	25.10
2014	716,162	139,127	19.4	4.02	20.0	25.10
2015	725,161	138,000		3.97	20.0	25.10
2016	641,100	129,000		3.42	20.0	25.10
2017	871,265	141,000		4.46	20.0	25.10
2018	943,963	170,000		4.53	20.0	23.80
2019					20.0	
2020					20.0	
2021					20.0	

注：長期キャピタル・ゲイン実効最高税率には法定最高税率に加えて、非課税、代替税率、ミニマ
　　ム税、代替ミニマム税等の影響が加えられている。
出所：Tax Foundation（2021a）；Wolters（2021）より作成。

法（JGTRRA）で長期キャピタル・ゲインの税率を、これまでの 20％と 10
％から 15％と 5％に引き下げた。またその優遇措置を適格配当にも拡げた。
この長期キャピタル・ゲイン法定最高税率 15％は、2005 年増税回避調整法
（TIPRA）で 2010 年まで延長され、さらに 2012 年まで延長された。これも
あって、2001-02 年不況脱出後、2008 年リーマン破綻までの金融バブルの進
行の中で、さらに 2007-09 年大不況後においても実現キャピタル・ゲインは
増殖する。

　オバマ政権下に成立した 2012 年アメリカ納税者救済法は、これまで時限
的に行ってきた適格配当に対するキャピタル・ゲイン優遇税率の適用を恒久
化し、また高所得ブラケットの所得には新たに 20％の長期キャピタル・ゲ
イン法定税率を適用することを定めた。それにより、2013 年から長期キャ
ピタル・ゲイン法定最高税率 20％が続いている。また、2013 年からは、
2011 年医療費負担適正化（オバマケア）の規定で、高所得の納税者のキャ
ピタル・ゲインに 3.8％のメディケア税が課されることになった。

　トランプ政権下に成立した 2017 年減税・雇用法では、個人所得税の各種
控除や税率の改正が行われたが、長期キャピタル・ゲイン法定税率には何も
変更を加えなかった。

　いずれにせよ、長期キャピタル・ゲインは 1986 年レーガン税制改革の結
果として一時期通常の所得と同一の税率が適用されたが、その後長期キャピ
タル・ゲインは表 1-7 のように軽減税率が適用されてきている。

　長期キャピタル・ゲインへの税率軽減をめぐる議論には主に以下のものが
ある[16]。長期キャピタル・ゲインへの軽減税率を主張する論拠の主なものは、
ロック・イン効果の軽減であり、またイノベーションや技術革新の促進、あ
るいは経済成長の誘発等である。ただ、ロック・イン効果を減らすためには、
軽減税率ではなくてもキャピタル・ゲイン把握に発生主義を適用したり、死
亡時まで先送りされたキャピタル・ゲインに課税する方法等が考えられる。
ただこれらの方法は技術的には難しく、死亡時キャピタル・ゲイン課税も不
評であった。また、キャピタル・ゲイン課税の軽減がイノベーションや技術
革新、経済成長を促すという確たる実証研究の結果が得られているわけでは
ない。

　長期キャピタル・ゲインへの軽減税率の適用を批判する者は、その論拠と
して、減税の恩恵が高所得層に偏ってしまい、所得格差を増幅することや将

表1-8　現金所得水準別の長期キャピタル・ゲイン税率引下げの恩恵
（2016年）

単位：2016年ドル、%

現金所得水準 （2016年ドル）	減税の恩恵を受ける 納税申告書の割合 （%）	減税の恩恵の課税後 所得に占める割合 （%）	減税の恩恵の割合 （%）	平均節税額 （ドル）
10,000 未満	0.0	0.0	0.0	0
10,000-19,999	0.6	0.0	0.0	―
20,000-29,999	1.6	0.0	0.1	10
30,000-39,999	3.2	0.0	0.2	10
40,000-49,999	5.5	0.1	0.3	30
50,000-74,999	10.4	0.1	1.4	70
75,000-99,999	18.6	0.2	2.2	170
100,000-199,999	26.8	0.3	6.8	300
200,000-499,999	48.6	0.4	6.7	830
500,000-999,999	77.5	1.4	6.6	6,830
1,000,000 以上	88.7	6.9	75.7	146,050
全体	12.6	1.1	100.0	740

出所：McClelland（2017), p.3 より作成。

来の予算への影響が懸念されることを挙げる。また、それがタックス・シェルターリング活動を助長し、税法を複雑化させるという批判もある。

　さて、長期キャピタル・ゲインに軽減税率が適用されることによって、どの所得階層がどの程度大きな減税便益を得ているのだろうか。表1-8は2016年の現金所得水準別の長期キャピタル・ゲイン税率引下げの恩恵を示したものである。これを見ても分かるように、現金所得水準100万ドル以上の層では、納税申告書の88.7%が減税の恩恵を受けられ、その減税の恩恵の課税所得に占める割合は6.9%で、全納税者が受け取る減税恩恵のうち、75.7%を占めている。かくして、長期キャピタル・ゲインへの軽減税率適用は、最富裕層に減税の恩恵の大半が偏って帰属してしまい、所得格差を拡大する要因の1つとなっている。

（4）勤労所得税額控除による低・中所得層の負担軽減

　勤労所得税額控除（EITC）は、アメリカの重要な貧困対策制度であるので、ここではEITCによる、低・中所得者の負担軽減状況について見ておこう[17]。

　EITCは1975年に創設されたが、その後40年以上の期間に、税額控除の金額とそれを受ける資格要件に数多くの変更が加えられて今日に至っている。

その規模の拡大の程度を TPC（2022a）の資料により紹介しよう[18]。EITC 申告件数：1975 年 622 万件→ 2019 年 2674 万件（4.3 倍化）、EITC 合計額：1975 年 12 億 5000 万ドル→ 2019 年 644 億 7800 万ドル（51.6 倍化）、EITC 還付額：1975 年 9 億ドル→ 2019 年 556 億 7200 万ドル（61.9 倍化）、EITC 額に対する還付額の割合：1975 年 72.0%→ 2019 年 86.3%（14.3 ポイント上昇）、1 家族当たり平均税額控除額：1975 年 201 ドル→ 2019 年 2411 ドル（12.2 倍化）となっており、EITC の長期に亘る拡大ぶりが理解できよう。

　長年に亘って幾度かの制度変更を伴いつつ拡大してきた EITC には、様々な評価の視点がありうるが、ここでは議会調査局（CRS）の報告書である Crandall-Hollick and Hughes（2018）に拠りつつ主要ポイントを挙げてみよう[19]。

　第 1 に、就労促進についてである。1975 年 EITC が創設されたときの EITC の主目的の 1 つは、子供を持つ非就労の貧困者に就労を促すことであった。EITC はシングルマザーに就労を促そうとしたが、一般的には彼らの就労時間にほとんど影響を与えなかった。

　第 2 に、貧困の削減についてである。EITC は、子供を持つ EITC 受給者の貧困を減らすのに顕著な効果を発揮してきた。しかし、子供を持たない人にはほとんど影響はなかった。CRS の「2017 年現在人口調査」の分析によれば、2016 年のデータで EITC は結婚しておらず、子供もいない貧しい労働者の割合を 19.9% から 19.6% へ引き下げた（1.5 ポイント削減）。それと比較して、EITC は非婚ながら 3 人の子供がいる貧しい家族の割合を 40.5% から 32.3% へ引き下げた（20.2 ポイント削減）。

　第 3 に、医療や教育への影響についてである。EITC は医療や教育への好影響を企図したものではないけれども、最近の研究の示すところでは、低所得者の医療や教育の実績を改善している可能性がある。

　第 4 に、子供がいるかいないかによる税法上の不公正についてである。EITC が子供のいる世帯を子供のいない世帯と比べて不釣り合いなほど優遇しているのは、両世帯に対する EITC の目的が違っていることに大きな原因がある。EITC は、最低賃金の職に就いている子持ちの労働者にとって、家族が貧困に陥らないように保障することが意図されていた。それと対照的に、子供のいない世帯向けの小規模な EITC は、子供のいない労働者がガソリン価格の高騰を相殺するのを支援することを狙ったものであって、彼らを貧困

表 1-9 勤労所得税額控除（EITC）の有無による連邦税率（2017 年）　単位：1000 ドル、%

課税単位の現金所得水準 （1000 ドル）	平均連邦税率		EITC による 平均連邦税 負担減少額 （ドル）	EITC による 税便益を受ける 課税単位の割合 （%）	EITC の 租税便益 受取割合 （%）
	EITC の ない場合 （%）	EITC の ある場合 （%）			
10 未満	10.4	7.4	170	23.5	3.5
10-20	7.4	3.5	580	26.4	22.0
20-30	9.1	5.4	910	25.3	31.6
30-40	10.8	8.4	800	26.1	20.8
40-50	12.2	10.9	580	24.0	12.2
50-75	13.9	13.5	230	12.2	8.6
75-100	16.0	16.0	30	2.2	0.8
100-200	19.0	18.9	10	0.2	0.2
200 超	24.3	24.3	0	0.0	0.0

出所：Crandall-Hollick and Hughes（2018), p.21.

から抜け出させるようにすることを意図したものではない。

　ところで、EITC は、所得階層別に見た納税者の租税負担の分布をどう変えるか見ておこう。表 1-9 は、2017 年の EITC がある場合とない場合の平均連邦税率について、元は TPC が推計したものである。EITC は、1 万ドル未満の所得の課税単位に対する平均税率を引き下げ、1 万～5 万ドルの間の所得のある課税単位に大きな割合の減税便益を与えている。特に注意すべきは、TPC の推計は、EITC があっても、それによって最も貧しい課税単位が最も低い平均税率で納税することにはならないことを示している。それは、最も低い所得層の多くの課税単位は EITC の資格がないか、あるいはわずかの EITC にのみ資格があるだけだからである。

　なお、1970 年代においては唯一 EITC が還付付き税額控除であったが、その後幾つも還付付き税額控除が設けられている。例えば 1998 年の児童税額控除や 2014 年医療費負担適正化法によって設けられた医療保険加入プレミアム税額控除等がそうである。結果として、EITC とその他還付付き税額控除を合せた、還付付き税額控除すなわち還付付き税額控除合計を移転前・課税前所得で割った値は、五分位法の第 1 分位所得層では、1979 年の 1.2%から 2018 年には 13.4%にまで上昇していること[20]にも留意しておかねばならい。

第3節　レーガン、ブッシュ（子）政権の大型税制改革の
　　　　特徴と結果

1. レーガン政権以来の共和党政権のトリクルダウン経済学に拠る
　 大型減税路線

　トランプ政権と議会共和党は、2018年11月の中間選挙まで1年を切った段階で、大幅減税を武器に景気と雇用の好調さを中間選挙で訴えるために、上・下両院の民主党全員と一部の州の共和党議員の反対を押し切って、2017年減税・雇用法（TCJA）を成立させた。レーガン政権の1986年税制改革以来約30年ぶりの大型税制改革と言われ、また、規模で史上最大の減税と言われた2001年ブッシュ減税が10年で約1兆3500億ドルであったが、トランプ減税はそれを上回る、10年で約1兆5000億ドルに達するものであった。

　1980年代以来共和党は、政権を奪取するたびに経済成長政策の柱に租税政策を据え、大規模減税とそれを実現するための税制改革を提起し、減税財源を捻出するために、小さな政府論に立って、福祉関連支出の削減に力を入れてきた。その経済成長政策の拠って立つ理論は、トリクルダウン経済学である。大規模減税で、景気と雇用の拡大が進み、その恩恵は大企業や富裕層に先に及ぶが、やがて中間層・低所得層にもトリクルダウンし、経済全体に恩恵が及んで税収も増え、財政健全化が進むというシナリオを必ず唱えてきた。大規模減税を実施してきた、レーガン政権、ブッシュ（子）政権、トランプ政権の基本的スタンスは皆同じである[21]。

　そこで、第2項ではレーガン政権、第3項ではブッシュ（子）政権の減税政策による経済効果を検証する。トランプ政権の大型減税政策の経済効果については、何が言えるのかを第10章で明らかにする。いずれの場合においても、①経済成長、②財政再建ないし財政健全化、③所得再分配ないし経済格差是正の視点からアプローチする。

2. レーガン政権の1981年経済再建税法（ERTA）と
　 1986年税制改革法

（1）レーガノミクスと1981年経済再建税法（ERTA）の概要

　トランプ政権の2017年TCJAは、レーガン政権の1986年税制改革以来の約30年ぶりとなる税制の抜本改革と言われる。しかし、10年で約1.5兆ド

ルの減税を行う 2017 年 TCJA と税収中立で行われた 1986 年税制改革とは性格は全く違う。むしろ 2017 年 TCJA は、企業に対する大型減税により成長を促そうとする点で、1981 年経済再建法（ERTA）の考えに近い。そこで、まず 1981 年 ERTA について述べる[22]。

この税法に基づく減税総額は約 7488 億ドルで、5 年間にわたって実施されることになる。当時史上最大の減税法と言われた[23]。個人所得税の最高税率を 70％から 50％に引き下げた。これは、従来から貯蓄率が高いと言われていた中・高所得者層の実質可処分所得を増加させ、全体の貯蓄増加を図ろうとしたものである。また同法は、企業に対して減価償却の加速化・簡素化（ACRS）および投資税額控除（ITC）の適用拡大等により投資インセンティブを与え、インフレ下に抑圧されていた企業の実質税引後収益率の回復と設備投資の活発化を図ろうとした。

さて、1981 年 ERTA や 1981 年一括調整法等によるレーガノミクスが展開されたが、1981 年から 1986 年までの経済・財政収支見通しと実績はどうであったのか[24]。

1981-86 年期の実質 GNP 成長率実績は 2.6％で、4.0％の見通しには届かなかった。失業率実績も同期間 8.1％で、6.5％の見通しには届かなかった。また連邦政府の財政収支実績も 1721 億ドルの赤字で、143 億ドルという見通しを達成できなかった。所得税の限界税率の引下げによる勤労意欲や貯蓄の促進は期待されたものの効果はほとんど認められなかった。加速度償却制度の導入や投資税額控除の拡大による設備投資の促進効果はかなりあったが、インフレ鎮静化に伴い過度の償却が発生し、不動産中心の非生産的な投資も発生した。そして貯蓄・投資バランスが投資超過の方向に移り、事後的に経常収支の赤字も大きく拡大した。こうして双子の赤字が深刻化していく。

また、こうした状況下で、序章の図 0-1 に示されるように、全世帯の貨幣所得分布の不平等化が是正されることなく進んでいく。

（2）1986 年レーガン税制改革の概要

ここで 1986 年税制改革について述べよう[25]。1986 年税制改革法は、簡素、公正、成長を理念とし、租税理論的には包括所得税理論に立ち、所得税と法人税ともに限界税率を引き下げ、フラット化をはかり、課税ベースを拡大することで全体として税収中立とする税制改革で、民主・共和両党が超党派で成立させた。この税制改革は世界の税制改革に影響を及ぼし、EC 型付加価

値税の普及と並んで、それ以降の世界の税制改革の潮流を形作っていくこととなる。

1986年税制改革法の中身はどうか。個人所得税の税率区分は従来11〜50％までの14段階であったが、15％と28％の2段階に簡素化された。法人税の税率区分は従来15％、18％、30％、40％、46％の5段階であったが、15％、25％、34％の3段階に簡素化された。また、優遇税制措置の廃止によって課税ベースの拡大がはかられた。個人所得税では、長期キャピタル・ゲインに対する特別軽減措置や州・地方売上税に係る項目別控除は廃止された。法人税では、投資税額控除（ITC）は廃止され、加速度減価償却制度（ACRS）は縮減された。

1986年税制改革法はなぜ必要とされたのか。通貨供給量をコントロールする抑制的な金融政策によって金利が上昇し、インフレが鎮静化したために、ITCやACRSが過度な償却を発生させ、不動産中心の非生産的な投資が目立つようになった。また財政赤字も深刻化していた。そこで、減税によって財政赤字を拡大することなしに、また税制が資源配分の歪みを生じさせずに生産的な投資を促し、経済を成長させる改革が必要とされた。そのため、1986年税制改革法は税収中立で所得税、法人税の税率フラット化で経済効率を上げて成長を促すものとなったのである。

1980年代中頃には連邦財政赤字は巨額となり、議会は85年にグラム＝ラドマン＝ホリングス法（GRH法）を制定して歳出削減による財政再建に取組み出したが、このGRH法は違憲判決を受けたので、87年に新GRH法を改めて成立させている。その内容は、①財政収支均衡目標を91年度から93年度まで延長するとともに、各年度の赤字目標額を緩和する、②88年度はベースライン赤字より230億ドル削減するというものである。

（3）レーガン税制改革を軸とするレーガノミクスの経済成長効果の判定

さて、1986年税制改革法の下でのアメリカ経済の成長はどうであったのか。実質GNP成長率は、アメリカが86年2.7％、87年3.4％、88年4.5％、89年2.5％で、日本が86年2.5％、87年4.6％、88年5.7％、89年4.9％で、EC諸国が86年2.7％、87年2.7％、88年3.9％、89年3.5％なので、先進国の中で総じて好調な日本は別にして、アメリカはEC諸国全体と比べて、89年を除き、85-88年期は高い成長を達成したといえる。ただし、製造業の稼働率は、アメリカが86年79.0％、87年81.4％、88年83.9％、89年83.9％

であり、日本が86年95.4％、87年95.5％、88年101.1％、89年103.3％であり、EC諸国が86年82.2％、87年82.6％、88年84.0％、89年85.6％なので、先進諸国の中でアメリカ製造業の稼働率が一番低い点には留意が必要である[26]。

（4）レーガン税制改革を軸とするレーガノミクスの財政再建効果の判定

次に連邦財政再建の実績はどうか。財政収支額（対GDP比）は、86年度△2212億ドル（△5.3％）、87年度△1497億ドル（△3.4％）、88年度△1552億ドル（△3.2％）、89年度△1521億ドル（△2.9％）と推移し、財政再建の方向にある程度は進んだとは言える[27]。しかし、1990年代に入りブッシュ（父）政権後半になると、湾岸戦争や不況で財政赤字は再び拡大し、92年は過去最大の2904億ドルの赤字を記録する。こうして、財政再建が1990年代の連邦における最重要課題となった。

これに対して、連邦議会は、1990年11月に包括的予算調整法（OBRA90）を成立させ、その中の予算執行法（BEA）においてキャップ制とペイゴー原則という強力な歳出削減の手法を導入し、それに一定の増税策を加えて財政再建路線を明確にした。この歳出削減と増税による財政再建の手法は、クリントン政権下において成立した93年包括的予算調整法（OBRA93）と97年財政収支均衡法（BBA97）に引き継がれ、それらの効果と90年代後半の情報通信産業に牽引された好景気に助けられ、ついに米国は98年度に財政黒字国に転換した[28]。

ここで、レーガン政権以来の経済成長と財政再建の関係をまとめてみよう。レーガン政権1期目の1981年ERTAは、特に個人所得税と法人税の大規模減税によって、個人と企業のサプライサイドを刺激して、アメリカ経済の再生をはかろうとする野心的租税政策を根拠づけたのであるが、経済は期待したほどには成長せず、財政赤字はかえって拡大してしまった。1986年税制改革法は、税収中立で所得税と法人税の税率の引下げと課税ベースの拡大で経済の活性化を期し、1985年GRH法および1987年改正GRH法で歳出削減による財政再建を目指したが景気はほどほどで、財政健全化はある程度進んだが、財政再建にまでは至らなかった。結局上述の通り、1990年代にキャップ制やペイゴー原則の導入と増税策によって、財政健全化を促し、金利も下がることによって90年代後半の好景気と財政再建を達成した。つまり、1980年代のレーガン政権が実施したような大型減税による経済成長とそれ

による増収での財政再建を期待する路線は、うまくいかないというのが歴史的教訓ではないか。

（5）レーガン税制改革を軸とするレーガノミクスの所得再分配効果の判定

　次に、レーガノミクス展開下の 1980 年代において、世帯所得の分布がどう変わったのか見ておこう。片桐（1995）によって、五分位法で課税後の調整家族所得各分位の 1980 年と 88 年の所得分布状況（全体 100%）を見ると、第 1 分位 5.1 → 4.2%、第 2 分位 11.5 → 9.9%、第 3 分位 16.7 → 15.2%、第 4 分位 23.0 → 21.8%、第 5 分位 44.2 → 49.4% となる。レーガノミクス下において、第 5 分位層（富裕層）の所得割合の上昇と他の中間・下位所得層の所得割合の低下が顕著に見られる[29]。

　さらに、1980 年代レーガン政権期の世帯所得の格差拡大とそれへの連邦税の影響を片桐（2017）で見ておこう[30]。市場所得のジニ係数は、1981 年度の 0.487 から 1989 年度の 0.528 へと大きくなり、不平等化が急速に進んでいる。それを社会保障給付と累進税制による所得再分配で、所得格差の縮小を図っているが、市場所得の格差拡大を是正しきれず、移転後課税後のジニ係数は 1981 年度の 0.370 から 89 年度の 0.418 へと大きくなり、不平等化が急速に進んでいる。社会保障給付と累進税制による所得再分配の所得格差是正効果を測る平準化係数は、1981 年度 24.0% で、それ以降数値は 86 年度の 19.2% にまで落ち、その後 89 年度の 20.8% へと上昇している。

　この平準化係数を政府移転（社会保障給付）と連邦税に分けてみると、政府移転は、レーガン政権の福祉削減政策もあって、1981 年度 17.0% → 86 年度 14.9% → 89 年度 15.3% と推移し、連邦税は 1981 年度 7.0% → 86 年度 4.3% → 89 年度 5.5% と推移する。勿論政府移転の方が連邦税より平準化係数は大きいが、1981 年度から 86 年度にかけての平準化係数の下落の程度は、連邦税の方が政府移転より大きい。言い換えれば、レーガン政権第 1 期の 1981 年経済再建法の減税が世帯間の所得格差を縮める連邦税の累進性を大きく低下させたのである。ただ、1986 年連邦税制改革は、連邦税の累進性回復に役立ったために、連邦税の平準化係数も改善傾向を示している。

　いずれにせよ、1981 年経済再建税法とレーガノミクスは、米国の所得格差拡大を決定的に方向づけたのである。

3. ブッシュ（子）政権の 2001 年経済成長・租税負担軽減調整法
（EGTRRA）と 2003 年雇用・成長租税負担軽減調整法（JGTRRA）

　ここでは、2001-03 年ブッシュ減税政策について、その経済成長効果、財政健全化効果、所得再分配効果の 3 効果に着目して検討するが、特にその所得再分配効果を重視して検討する。

　2001-03 年ブッシュ減税を含むブッシュ政権の財政政策に関する先行研究としては、岡本（2006）、河音（2008）、吉弘（2009）、片桐（2012a）、岡田（2013）等がある。ブッシュ減税の所得再分配効果に関しては、それらの研究の多くで検討されているが、Gale and Orszag（2004）、Leiserson and Rohaly（2008）ではより詳細な検討がなされている。これらの研究では、いずれもブッシュ減税の高所得層優遇効果を説いている。ここでは、それらの先行研究を踏まえつつも、やや視点を変えて、政府の『大統領経済報告書』におけるブッシュ減税の総括に対し、それが妥当かどうかを検討する。

　なお、ブッシュ（子）政権下に設置された超党派の「大統領税制改革委員会」が提案した 2 つの提案（簡素化した所得税案と成長・投資促進型税制案）を検討した論考に、片桐（2007）217-220 頁、林（2007）第 8 章、塚谷（2009）等がある。

（1）ブッシュ減税の概要

　ブッシュ（子）政権はレーガン政権以来の共和党の伝統にしたがって、減税を経済政策の中心に据えた。その大型減税の柱になったのが 2001 年 EGTRRA と 2003 年 JGTRRA である。ブッシュ（子）政権 8 年間に、これら 2 つの税法を補完する形で、表 1-10 に示されるように他にも多くの税法が制度化されているが、ブッシュ減税といえば、この 2001-03 年減税法を指す。ブッシュ減税はブッシュ（子）政権期を超えて 2010 年 12 月末までの時限立法であったが、2007-09 年大不況からの急回復に水を差しかねないとの超党派の合意で、さらに 2012 年 12 月末まで延長された。

　ブッシュ減税の主な内容は以下の通りである[31]。

　ブッシュ減税の規模は、2001 年から 2010 年までの 10 年間で、2001 年減税が 1 兆 3485 億ドル、2003 年減税が 3497 億ドルとなっている。

　ブッシュ（子）政権は、2001 年経済成長・租税負担軽減調整法（EGTRRA）で、所得税率を従来の 15〜39.6％から段階的に引き下げ、2006 年から 10〜35％にする。遺産税は 2009 年までに税率を 55％から 45％に引き下げ、統合

控除額を引き上げて 2010 年に廃止することとし、贈与税は税率を 35％に引き下げた。また児童税額控除、慈善寄附金控除等の増額をはかり租税支出を拡大した。2002 年雇用創出・労働者援助法（JCWAA）では、初年度特別償却枠 30％を創設している。2003 年雇用・成長租税負担軽減調整法（JGTRRA）では、2001 年 EGTRRA で 2006 年から所得税率を 10～35％（6 段階）にするとしていた予定を早め、2003 年から実施するとした。児童税額控除を引き上げ、配当や長期キャピタル・ゲインに対する税率を軽減するなど、ここでも租税支出の拡大が図られた。法人税に関しては、時限措置ながら初年度特別償却の拡大や中小企業の即時償却枠の拡大が図られている。

　2001-03 年ブッシュ減税の内容をまとめると、次の①～⑧のようになる。①個人所得税の税率を 2000 年現在の 15～39.6％（5 段階）から 2003-10 年期 10～35％（6 段階）に引き下げる、②児童税額控除を 2000 年現在の 500 ドルから段階的に引き上げ、2010 年には 1000 ドルにする、③代替ミニマム税の基礎控除を、夫婦共同申告の場合従来の 4 万 5000 ドルから、2001-04 年期に 4 万 9000 ドルに引き上げる、④配当に係る税率を 2000 年現在の 15 ～39.6％から 2003-07 年 5、15％、2008 年 0、5％に引き下げ、2009 年から通常税率に戻す、⑤長期キャピタル・ゲインに係る税率を 2000 年現在の 10、20％から 2003-07 年 5、15％に引き下げ、2009 年からは 1 年超保有 10％、20％、5 年超保有 8％、18％とする、⑥ 2002 年雇用創出・労働者援助法（JCWAA）で追加された 2001 年・2002 年適用の初年度割増（ボーナス）償却 30％を、2003 年・2004 年適用の初年度割増償却 50％に引き上げる、⑦遺産税・贈与の 2000 年現在最高税率 55％を縮減していき、2010 年には廃止する、⑧中小企業事業者の即時償却枠をこれまでの 2 万 5000 ドルから 2003-07 年期は 10 万ドルに引き上げる。

（2）ブッシュ減税の経済成長効果の判定

　さて、2001-03 年減税法は税法のタイトルに書かれている通り、限界税率の引下げ等によって就労と投資のインセンティブを高め、高税率と関わりのある経済的歪みを減らし全般的に税負担を減らし、経済成長の見通しを改善することを狙っている。ブッシュ（子）政権が終わりに近づいた 2008 年と 2009 年の『大統領経済報告書』は、いずれもブッシュ減税を総括して、「減税は労働供給、貯蓄、投資、企業ガバナンスの歪みを是正した」と述べている[32]が、実際にどれだけ経済成長に貢献したのか具体的数値を挙げて述べて

表 1-10　2000 年代の主要税法・関連法の要点

2001 年経済成長・租税負担軽減調整法（EGTRRA）
・従来の 15 ～ 39.6％の所得税率を段階的に引き下げ 2006 年から 10 ～ 35％にする。
・児童総額控除を従来の 500 ドルから段階的に引き上げ、2010 年には 1000 ドルにする。そして一定条件で還付可能とする。
・結婚ペナルティの解消。夫婦（共同申告）が独身者に対して不利な状態を解消するために、夫婦の標準控除と 15％ブラケット上限額の独身者に対する割合を段階的に引き上げ、2009 年から完全に 2 倍にする。
・代替ミニマム税の基礎控除を、夫婦共同申告の場合従来の 45,000 ドルから、2001-04 年期に 49,000 ドルに引き上げる。
・遺産税の最高税率を段階的に引き下げ、非課税枠を段階的に引き上げ、2010 年に同税を廃止する。
・高所得者の項目控除・人的控除の制限解除。
・退職貯蓄拠出金上限額の引上げ。
・各種教育控除の引上げ。
・新規設備費の 30％まで控除できる「ボーナス減価償却」の導入（2001-04 年）。

2002 年雇用創出・労働者援助法（JCWAA）
・初年度割増（ボーナス）償却 30％の追加を許可。
・欠損金の 5 年繰り戻し。
・一定の控除拡大。
・ニューヨーク市のための租税特別措置。

2003 年雇用・成長租税負担軽減調整法（JGTRRA）
・2001 年 EGTRRA の規定の実施時期を早める。2006 年から所得税率を 10 ～ 35％にする予定であったが、実施時期を早め 2003 年からとする。児童税額控除 2 倍化を 2010 年に実施する予定であったのを早め、2003 年から実施する。結婚ペナルティの解消措置の完全実施予定を早め、2003 年から完全実施する。2003-04 年の代替ミニマム税の基礎控除額を 2001 年を EGTRRA の予定より引き上げる。
・配当所得に対する税率を、2003-07 年 5％、15％、2008 年 0％、15％に引き下げ、2009 年から通常税率に戻す。
・長期キャピタルゲイン（1 年超保有）に対する税率を 2003-07 年 5％、15％に引き下げ、2009 年からは 1 年超保有 10％、20％、5 年超保有 8％、18％とする。
・初年度割増（ボーナス）償却を 2003-04 年につき、これまでの 30％から 50％に引き上げる。
・中小企業事業者の即時償却枠をこれまでの 25,000 ドルから 2003-07 年期は 100,000 ドルに引き上げる。

2004 年勤労家族減税法（WFTRA）
・EGTRRA と JGTRRA の期限切れ規定の延長。10％ブラケットの上限金額を JGTRRA は、2003-04 年 14,000 ドル、2005-07 年 12,000 ドル、2008-10 年 14,000 ドルとしていたのを、WFTRRA では 2004-10 年 14,000 ドルとした。夫婦共同申告の標準 WFTRA では 2004-10 年 14,000 ドルとした。夫婦共同申告の標準控除の 2 倍化の時期を 2008 年まで延長する。EGTRRA では児童税額控除 1000 ドルは、2003-04 年と 2010 年にだけ適用されたが、WFTRA では 2005-09 年の時期にも適用される。代替ミニマム税の 58,000 ドルへの引上げは、EGTRRA では 2003-04 年の適用であったが、WFTRA では 2005 年も適用される。

2004 年アメリカ雇用創出法（AJCA）
・輸出優遇税制である ETI（国外所得免税制度）の段階的廃止。

- 米国内で製造された動産、ソフト、音楽媒体等の販売等による所得の一定率の控除を認める。
- 中小企業事業者の即時償却枠拡大措置の延長。
- 小売売上税に係る控除の創設。
- 国内再投資目的の本国送金に係る控除：従属外国子会社より受領した配当について、その配当額の 85％の控除を認める。

2005 年増税回避調整法（TIPRA）
- 中小企業事業者に係る即時償却枠拡大措置を 2009 年末まで延長する。
- 長期キャピタル・ゲインおよび配当所得に係る個人所得税率の軽減措置が 2008 年末までであったが、2010 年末まで延長する。これにより、長期キャピタル・ゲインおよび配当については、2006-07 年は 5％、15％、2008-10 年は 0％、15％となる。
- 代替ミニマム税の軽減措置が 2005 年末に期限切れになったので、2006 年末まで延長し、夫婦共同申告の場合の基礎控除額も 62,550 ドルに増額する。

2006 年年金保護法（PPA）
- EGTRRA では、IRA への拠出限度額を 2005 年から 2007 年の間 4,000 ドルに、2008 年以降 5000 ドルに増額することとされたが、この規定を恒久化する。
- EGTRRA において定められた他の適格退職勘定に対する税額控除（2000 ドル上限）についても恒久化する。

2007 年増税防止法（TIPA）
- 代替ミニマム税の基礎控除額を単身者 44,350 ドル、夫婦共同申告者 66,250 ドルに増額し、この優遇措置を 2007 年まで延長する。

2008 年景気刺激法（ESA）
- 単身者の場合 600 ドルを上限として、夫婦の場合 1,200 ドルを上限として税額還付する。
- 2008 年新規設備投資に対し 50％の即時償却を認める。また中小企業事業者向け即時償却枠を拡大する。

2008 年緊急経済安定化法（EESA）
- ファニーメイ・フレディマックの優先株譲渡損失を通常損失として取り扱う。
- クリーン・エネルギーによる発電等に係る税額控除を拡大する。
- 代替ミニマム税の基礎控除額を単身者 46,200 ドル、夫婦共同申告者 69,950 ドルに増額し、この優遇措置を 2008 年まで延長する。
- 一定の所得控除、一定の税額控除を延長し、内容も修正する。

2009 年アメリカ復興・再投資法（ARRA）
- 2009-10 年に、勤労世帯の 95％を対象に、1 人当たり 400 ドル（夫婦の場合 800 ドル）の給付付き税額控除を源泉徴収時に実施する。
- 所得額が 400 ドル（夫婦の場合 800 ドル）に達しない世帯も対象となるが、給付付き税額控除の額は勤労所得の 6.2％で頭打ちとなる。
- 代替ミニマム税の基礎控除額を単身者 46,700 ドル、夫婦共同申告者 70,950 ドルに増額し、この優遇措置を 2009 年まで延長する。
- 児童税額控除は 12,550 ドル以上の所得がないと適用されないが、2009-10 年の時限措置として、3000 ドルまで最低所得要件を引き下げる。
- 新規設備投資に対する 50％特別償却措置を 1 年延長する。
- 中小企業事業者を対象に、欠損金の繰戻し還付を拡大する。
- クリーン・エネルギー発電を促進するための法人税等の優遇措置を拡充する。

出所：TPC（2010c）；財務省財務総合政策研究所編（2001-2010）

いない。

そこで、2001-03年ブッシュ減税は実際に経済成長効果があったのか、ま
た財政健全化（財政収支改善）効果があったのか、客観的に検証してみよう。

表1-11は、予算・政策優先研究所の調べたデータで、ブッシュ減税の行
われた2001-07年期と戦後期全般の平均と1990年代の3つの時期の年経済
成長率を比較したものである。上表は景気の谷から測った成長率であり、下
表は景気の頂上（ピーク）から測った成長率である。同表を見ると、ブッシ
ュ（子）政権が意気込んだほどに、減税が特に力強い経済的成長を生み出し
たと主張できるほどの証拠は見当たらない。GDP、消費、投資、賃金・給与、
雇用の伸びに関しては、2001-07年期は第二次世界大戦以降で最も弱いか最
も弱い部類に属する。賃金・給与と非住宅投資は特に過去の拡大期と比べて
緩慢であった。ブッシュ（子）政権は雇用増の記録を誇るが、2001-07年期
の雇用の伸びは戦後のどの拡張期よりも弱かった。また、2001-07年期の経
済実績は、クリントン政権による顕著な増税が行われた1990年代の経済実
績より全体的には劣っている。GDPの伸びは1990年代よりやや弱い。雇用
創出、投資、賃金・給与の伸びは皆相当劣っている[33]。勤労世帯の中位の所
得はその期間に下落した。2006年に65歳未満の人が世帯主である世帯の中
位の所得は、インフレ調整すると2001年不況期の水準より1300ドル低かっ
た。同時に2006年には貧困率や医療保険に加入していないアメリカ人の割
合が2001年不況期より高くなっている[34]。これを見れば、ブッシュ減税は、
所期の経済成長効果を上げていない。

（3）ブッシュ減税の財政健全化効果の判定

次に、ブッシュ減税の財政健全化（財政収支改善）効果について検証しよ
う。ブッシュ大統領は2006年2月8日に「減税すると税収は増える」と言
っている。つまりブッシュ減税は自償的だということになる。しかし、現実
はどうか。2001-07年間に様々な予算関連立法が成立し、約3兆ドル財政赤
字が増えた。予算・政策優先研究所は、議会予算局の資料を使って、この赤
字に貢献した予算項目の内訳を明らかにしている。それによれば、ブッシュ
減税48％、国防等安全保障35％、エンタイトルメント予算10％、国内裁量
プログラム7％となっている[35]。ブッシュ減税は2001-07年に約1兆4400
億ドル（3兆ドル×0.48）の財政赤字を加えており、しかもこれは国債発行
収入で賄われている。したがって、ブッシュ（子）政権が望んだ減税による

表 1-11　年成長率比較　　　　　　　　　　　　　　　　　　　　　　　　　　　　　単位：%

景気の谷から測った成長率（%）

	GDP （注1）	消費 （注1）	非住宅設備投資 （注1）	株主資本 （注1）	賃金と給与 （注1）	雇用 （注2）	法人利潤 （注1）
2001-07年期	2.8	2.9	3.9	3.5	1.8	0.9	10.8
戦後期平均	4.3	4.0	6.0	4.1	3.8	2.5	7.4
1990年代	3.3	3.2	7.6	4.1	2.7	1.9	8.0

景気の頂上（ピーク）から測った成長率（%）

	GDP （注3）	消費 （注3）	非住宅設備投資 （注3）	株主資本 （注3）	賃金と給与 （注3）	雇用 （注4）	法人利潤 （注3）
2001-07年期	2.5	2.9	2.0	3.2	1.2	0.6	9.5
戦後期平均	3.4	3.6	3.7	3.9	2.9	1.7	3.8
1990年代	2.8	2.8	6.4	4.3	2.3	1.5	8.1

注1：景気の谷から後の23四半期の平均成長率。ブッシュ（子）政権期：2001年IV-2007年III。
　　　1990年代：1991年I-1996年IV。戦後期平均には1990年代と1949年IV-1955年III、
　　　1954年II-1960年I、1958年II-1964年I、1961年I-1966年IV、1970年IV-1976年III、
　　　1975年I-1980年IV、1980年III-1986年II、1982年IV-1988年IIIを含む。
注2：景気の谷から後の70カ月の平均成長率。
注3：景気の谷から後の26カ月の平均成長率。ブッシュ（子）政権期：2001年I-2007年III。
　　　1990年代：1990年III-1997年I。戦後期平均には、1990年代と1948年IV-1955年II、
　　　1953II-1959年IV、1957年III-1964年I、1960年II-1966年IV、1969年IV-1976年II、
　　　1973年IV-1980年II、1980年I-1986年III、1981年III-1988年Iを含む。
注4：景気の頂上（ピーク）から後の78カ月の平均成長率。
出所：Aron-Dine, Stone and Kogan（2008），pp.5-6に加筆修正。

財政収支改善効果は見られず、むしろブッシュ減税は対テロ戦争、対イラク、アフガン戦争の軍事費と並んで財政赤字拡大の主因となっている。

（4）ブッシュ減税の所得再分配効果

　2001年・2003年ブッシュ減税は所得再分配の観点からも問題がある。ブッシュ減税は富裕者に過大に恩恵を与えた。経済政策研究所のデータを使って説明しよう[36]。

　2010年に、トップ1%の所得者（64万5000ドル以上の納税申告者）は、2001-08年減税額の38%を受け取り、減税額の55%は上位10%の所得者（17万ドル以上の納税申告者）のものになった。トップ0.1%の所得者（300万ドル以上の納税申告者）は平均約52万ドルの減税額を受け取ったが、それは平均的中間所得世帯が受け取った減税額の450倍以上にもなった。これらの減税には、キャピタル・ゲインや配当に対する軽減税率の適用、人的控

除の消失控除や項目別控除の制限の廃止、上位2つの課税ブラケットに対する限界税率の引下げや遺産税税率引下げ、遺産税基礎控除の引上げ等が含まれている。

2010年において、所得分布の最下位20%の納税申告者（2万ドル未満の納税申告者）はわずかに減税額の1%だけを受け取っており、これら低所得世帯の75%は全く減税の恩恵を受けていない。中間20%の所得者（1年に4万ドルから7万ドルの間の納税申告者）は、減税額のわずか11%だけを受け取っていた。下位60%の所得者（1年に7万ドル未満の納税申告者）は、減税額の20%足らずを受け取っているだけであった。

ブッシュ（子）政権の経済諮問委員会は、減税により連邦税の負担分布がどう変わったのか、言い換えれば連邦税の累進性はどう変わったのかを問題とするが、減税の結果所得分布がどう変わったのかまでは追及していない。『2005年大統領経済報告書』は公平性問題について2つの角度から論じている。

第1は、納税者の分位別負担割合を見るもので、2001年減税実施以後2004年までの減税の結果として、連邦税の約3分の2は、納税者の上位20％（第5分位）が負担しており、2001年減税法成立以前と比べてその割合は増加していると述べている。第2は、所得に占める連邦税の割合を見るもので、第5分位で減税前後ともその割合は高く、第1分位と第2分位の低所得層は、第4分位や第5分位の高所得層と比べて連邦税削減率が高いことを指摘している。第1と第2の公平性の検証結果として、2001年・2003年ブッシュ減税は、連邦税制の累進制全体を高めたと結論づける。『2007年大統領経済報告書』も同様の視点から2001-07年減税の2007年における連邦税の負担への影響について、高所得（上位20％）の納税者は、2007年に連邦税全体の73%を支払ったが、第2、第3分位所得層の納税者は9.5%だけを支払ったと推計されると述べている。2004年と同様ブッシュ減税が連邦税制全体の累進性を高めていると言いたいのであろう。

このようなブッシュ減税の公平性に関する見方に対して、上院財政委員会の証言で予算・政策優先研究所のR.グリーンスタイン所長は、痛烈に批判している。2001年・2003年減税でトップ所得層の支払う連邦税の割合が増えたのは、租税法により累進的になったからではなく、トップ所得層が得ている所得の全所得に占める割合が急激に増加したためであるという。さらに、

64

トップ所得層の所得増加は非常に大きいので、彼らが他の所得層より所得に対する割合としてより大きな減税を受けたとしても、また彼らが連邦税で支払う所得部分の所得全体に対する割合が他の所得層にとってそれが下落する以上に下落したとしても、連邦税の大きな部分を支払うのである。

　以上の議論を念頭において表1-12を見てみよう。表1-12は、2008年と2010年時点での2001-2008年減税法の個人所得税・相続税規定による連邦税の変化を示したものである。この表を見て次のような点を指摘することができる。

　第1に、「納税者の割合」の欄を見ると、2008年と2010年も第2分位〜第5分位までは納税者のほとんどが減税の恩恵を受けるが、第1分位はそうではない。また、わずかながらも増税となる分位がある。第2に、減税による所得再分配効果は、「税引後所得の変化率」を見ると、2008年、2010年のいずれにおいてもトップ1％、トップ0.1％の所得層の伸びが大きいことが分かる。つまり減税は所得分配の不平等を拡大する方向に作用しているのである。第3に、「連邦税変化額の分位別割合」の欄を見ると、2008年、2010年ともに富裕層である第5分位層が大きな恩恵を受けていることが分かる。中でもトップ1％とトップ0.1％の最富裕層の連邦税の平均減税額の大きさが際立っている。第4に、平均連邦税率の低下幅（パーセント・ポイント）で見ても、2008年と2010年ともに大きいのは、トップ1％とトップ0.1％の最富裕層である。第5に、AMT納税者数を考慮に入れた場合の平均連邦税率は所得層が上るにつれ高まっており、累進性を示している。

　財政赤字が深刻化し、所得不平等が拡大している時期に、そのような巨額の減税を継続することは許容しがたいと考えたオバマ政権は、「2012年アメリカ納税者救済法」を成立させ、ブッシュ減税をそのまま延長・恒久化することを許さず、45万ドル超の富裕層には減税を廃止し、事実上増税することになった。なお、オバマ政権の経済再生・財政健全化・経済格差縮小政策の成果と課題については、第8章で詳しく論じる。

　以上見てきたように、レーガン政権の2つの税制改革法もブッシュ（子）政権の税制改革法も、経済成長の点でも、また財政健全化の点でも、さらには所得再分配の点でも、望ましい成果を挙げることはできなかった。トランプ政権の2017年TCJAも、政権がアピールするような経済効果を挙げることができなかったことは、後段の第9章〜第10章で述べる。

表 1-12 2001-2008 年減税法の個人所得税・相続税規定による連邦税の変化
（2008 年、2010 年）

現金所得分位	納税者の割合		税引後所得の変化率（%）	連邦税変化額の分位別割合（%）	連邦税の平均変化額（ドル）	平均連邦税率	
	減税となる納税者	増税となる納税者				変化（%ポイント）	AMT納税者数を注(1)のように想定する場合
2008 年							
第 1 分位	78.7	0.1	4.3	4.7	-425	-4.1	1.1
第 2 分位	98.2	0.1	5.4	11.7	-1,272	-4.7	8.3
第 3 分位	99.5	0.0	4.7	16.0	-1,900	-3.8	15.1
第 4 分位	99.5	0.0	4.2	19.8	-2,819	-3.3	18.6
第 5 分位	97.1	0.0	4.0	47.8	-7,676	-2.8	26.2
全体	93.1	0.1	4.3	100.0	-2,379	-3.3	20.9
〈補遺〉							
80-90%	98.4	0.0	3.8	11.9	-3,777	-2.9	21.8
90-95%	96.6	0.0	2.6	5.4	-3,529	-1.9	24.0
95-99%	94.1	0.1	2.4	7.0	-5,622	-1.7	26.5
トップ 1%	99.1	0.0	6.0	23.5	-74,266	-4.0	30.0
トップ 0.1%	99.8	0.1	6.8	12.4	-387,345	-4.4	31.7
2010 年							
第 1 分位	25.1	0.5	0.7	1.0	-74	-0.7	4.6
第 2 分位	81.5	0.3	2.5	7.3	-642	-2.2	10.8
第 3 分位	94.8	0.2	2.5	11.2	-1,079	-2.0	17.1
第 4 分位	95.9	0.2	2.6	15.8	-1,826	-2.0	20.2
第 5 分位	93.1	0.0	4.0	64.6	-8,421	-2.9	25.7
全体	73.4	0.3	3.2	100.0	-1,934	-2.5	21.6
〈補遺〉							
80-90%	94.1	0.0	2.4	9.9	-2,534	-1.8	23.1
90-95%	89.9	0.0	1.9	5.3	-2,822	-1.4	24.6
95-99%	92.9	0.1	3.0	11.7	-2,670	-2.2	26.0
トップ 1%	99.0	0.0	7.3	37.7	-97,028	-4.9	27.9
トップ 0.1%	99.5	0.0	8.2	19.7	-501,517	-5.3	29.3

注：(1) AMT（代替ミニマム税）納税者の数を 2008 年は、ベースライン 1330 万人、想定 2680 万人とし、2010 年は、ベースライン 1820 万人、想定 3340 万人としている。
(2) ベースラインは EGTRRA 法以前である。この表の連邦税の変化は、2001 年 EGTRRA 法、2003 年 JGTRRA 法、2004 年 WFTRA 法、2006 年 TIPRA 法、2006 年 PPA 法、2007 年 TIPA 法、2008 年 ESA 法を反映している。
(3) 負の現金所得のある者は、第 1 分位から除かれているが、合計には含まれている。
(4) この表で使われている現金所得階層は、全人口についての所得分布に基づいていて、同じ人数の人を含んでいるが、同じ人数の納税者を含んでいるわけではない。
(5) 2008 年の各分位の境目は、2008 年ドルで、20% 18,726 ドル、40% 37,258 ドル、60% 65,634 ドル、80% 110,346 ドル、90% 159,187 ドル、95% 224,851 ドル、99% 601,906 ドル、99.9% 2,906,959 ドルである。
2010 年の各分位の境目は、2008 年ドルで、20% 19,264 ドル、40% 38,201 ドル、60% 67,715 ドル、80% 114,258 ドル、90% 165,007 ドル、95% 232,495 ドル、99% 620,442 ドル、99.9% 2,957,751 ドルである。
(6) 税引後所得は現金所得マイナス還付される税額控除を除いた正味の個人所得税、法人税、社会保障税、相続税である。平均連邦税率は、（個人所得税、法人税、社会保障税、相続税を含む）平均連邦税の平均現金所得に対する割合（%）である。
出所：TPC（2008, 2010）より作成。

（5）ブッシュ減税の延長

ところで、表1-10に載っているEGTRRA、JGTRRA、WFTRA、TIPRAといった減税法は2010年末に期限切れとなった。期限切れをそのまま放置すると2011年には数百億ドルの増税となる。ブッシュ（子）政権は、任期中にこれらの減税法の恒久化を図ろうとしたが実現できなかった。オバマ政権は、ブッシュ減税のうち25万ドル以下の所得層向け減税だけは残すが、25万ドル以上の富裕層向けの減税を廃止し、その税収を財政再建に充てることを主張してきた。しかし、2010年11月の中間選挙で共和党が下院を制する事態となり、オバマ政権はその方針を貫くことが困難となった。

結局オバマ政権は、議会における共和党との妥協の末に12月17日に個人所得減税である「ブッシュ減税」の2年間延長を柱とした「2010年減税・失業保険再認可・雇用創出法」を成立させた。減税規模は8580億ドルに上り、2009年2月に導入した大型の景気対策（7870億ドル）に続く景気対策となった。

2010年減税・失業保険再認可・雇用創出法の主な内容は、次の通りである。①富裕層を含む全所得層を対象に、所得や配当への減税（ブッシュ減税）を2年延長、②失業保険の給付期間を13カ月延長、③2011年に社会保障税（給与税）を2%幅引き下げ、④子育て世帯向け税控除の継続、⑤2011年中の設備投資の一括償却を容認、⑥企業の研究開発のための税優遇措置の延長、⑦再生エネルギー、省エネルギー対策への税優遇措置の延長等である。

この減税法は、雇用創出や景気下振れの回避を狙ったものであるが、必ずしも期待通りの成果は得られず、財政赤字は拡大している。また、オバマ政権は、中間層向けに社会保障税（給与税）の引下げや失業保険給付の期間延長を図ったとはいえ、富裕層へのブッシュ減税の継続を容認してしまった結果、連邦税制の所得再分配機能の低下に歯止めをかけることができなかった。

第4節　おわりに

G.エスピン-アンデルセンの「三つの福祉国家レジーム」の定義（G.エスピン-アンデルセン著、岡沢・宮本監訳（2001））に従えば、自由主義的レジームの福祉国家であるアメリカにおいて、1970年代以降世界的傾向となってきた所得不平等化が具体的にどのような形で現れてきているのか、そし

てそれに対抗するための税財政による所得再分配機能や租税負担配分がどのような特徴を持っているのか、また共和党レーガン政権、ブッシュ（子）政権が実施したトリクルダウン経済学に拠る大規模減税政策の経済政策効果はどうであったのかについて検討してきた。

アメリカの所得格差問題をクローズ・アップさせたピケティとサエズの研究（Piketty and Saez（2007））は、内国歳入庁（IRA）の納税申告書を使った研究で、所得分布のトップ1%層への所得の集中化傾向を明らかにして注目を集めた。しかし、彼らの方法は納税申告書データに専ら依拠しており、非申告納税書のデータや非現金給付等が含まれていないという限界がある。

これに対し、議会予算局（CBO）の推計には高所得世帯の所得や支払った税、また低所得世帯の所得や非現金給付に関する情報も含まれているので、また家計所得の推計を、家族の規模や構成を考慮した等価調整所得によって行っているので、CBOのデータを本書では採用している。CBOの報告書は、①市場所得、②ミーンズ移転前・課税前所得、③ミーンズ移転後・課税後所得の3つの所得基準を使っている。

本章第2節のアメリカの税財政による所得再分配機能の分析では、市場所得段階での所得格差の拡大に対して、社会保険給付、ミーンズ移転、課税がどの程度所得再分配効果を持っているのかを検証している。連邦税制全体の累進性および個人所得税制の累進性も再分配機能があるので、所得格差是正効果を発揮してよさそうなものだが、実際には累進性は弱体化している。その実態に迫るため、高所得層の負担軽減を図るキャピタル・ゲイン減税と低所得者の負担軽減を図る勤労所得税額控除を検討している。

第3節では、まずレーガン政権に始まって、ブッシュ（子）政権、トランプ政権と、歴代の共和党政権は、トリクルダウン経済学に拠る大型減税路線を経済戦略として推進してきたことを指摘している。共和党政権は、大規模減税で景気と雇用の拡大が進み、その恩恵は大企業や富裕層に恩恵が先に及ぶが、やがて中小企業や中間層・低所得層にもトリクルダウンし、経済全体に恩恵が及んで、税収も増え、財政健全化が進むというシナリオを必ず唱えてきた。

そこで、①経済成長、②財政再建ないし財政健全化、③所得再分配ないし経済格差是正、の観点からレーガン政権の1981年経済再建税法（ERTA）と1986年税制改正法、ブッシュ（子）政権の2001年経済成長・租税負担軽

68

減調整法（EGTRRA）と 2003 年雇用・成長租税負担軽減調整法（JGTRRA）について検証を行った。

　検証の結果、レーガン政権の 2 つの税制改革法もブッシュ（子）政権の 2 つの税制改革法も、①経済成長、②財政健全化、③所得再分配のいずれの点でも望ましい成果を挙げることができなかったことが判明した。ブッシュ（子）政権の減税政策について評価すれば、次のように言えよう。2001-03 年ブッシュ減税の所得再分配効果に関しては、政権側は富裕層の租税負担割合の高まりをもって累進性維持を強調するが、それは富裕層の税引前所得の拡大によるものであって減税政策の効果ではない。減税政策で大きな恩恵を受けたのは富裕層であり、ブッシュ減税は所得不平等化を一層促進したのである。また、ブッシュ減税は連邦財政赤字の中心要因であり、その上期待されたほどの経済成長をもたらさなかった。

　なお、トランプ政権の 2017 年減税・雇用法（TCJA）も、政権がアピールするような経済効果を挙げることができなかったが、それについては後段の第 9 章、第 10 章で明らかにする。

【注】

1) 1980 年代の研究としては、片桐（1995）、53-75 頁を参照。

2) 福祉国家の財政システムと所得再分配のパフォーマンスの関係について、代表的な先進諸国を事例に検討している研究として、関野（2015）がある。「隠れた福祉国家」については、片桐（1995）、57-63 頁；片桐（2005）、44-48 頁を参照。

3) Piketty and Saez（2007）, pp.141-225.

4) 国内の研究では、本田（2005a）、本田（2005b）、坂井（2007）等がある。これらの研究では、アメリカの所得不平等化の原因として技術革新が有力な説ないし通説として浮上してきていることを指摘しているが、これにも問題があり、またその他の原因説にも問題があることを詳細に検討している。

5) Stone et al.（2018）, pp.2-21；Stone et al.（2020）, pp.2-24.

6) Stone et al.（2018）, pp.2-3；Stone et al.（2020）, pp.3-4.

7) Stone et al.（2020）, pp.6-8.

8) Piketty and Saez（2003）.

9) Stone et al.（2020）, p.7.

10) *Ibid.*, pp.4-5.

11) *Ibid.*, p.5.

12) CBO（2021a）, p.1.

13) CBO（2021b）, Table 12.

14) Perese（2017）, p.36.

15) CRS（2020b）, pp.2-5；伊藤（2021）、229-302 頁、335-336 頁。

16) Gravelle（2018）, Summary, pp.105-106.

17) 勤労所得税額控除（EITC）に関する先行研究としては、根岸（1999a）；根岸（1999b）を参照。

18) TPC（2022a）, pp.113-114.

19) Crandall-Hollick and Hughes.（2018）, Summary.

20) CBO（2021b）, Supplement Data of CBO（2021a）, Exhibit 15.

21) Komlos（2018）は、レーガノミクスは、以下に述べるような理由で、歴史的な転換点になったという。同論文は、レーガノミクスが経済成長を加速化できず、供給サイド経済学のインセンティブは実現せず、人々がより働くようになったわけではなく、また貯蓄や投資を増やしたわけでもなく、成長の果実は専ら超富裕層にトリクルダウンしてしまったことを実証している。そして、レーガン政権は、それがニューディールの実績の多くを覆し、低技能労働者の賃金が長期にわたって低落し、労働者の GDP の分け前も減少し続ける時代の幕を切って落としたという意味で、アメリカの経済発展の転機となったとする。レーガンの本当の遺産は、二重経済に行きつくことになる急激な格差拡大、中間層の衰退、遂には金融危機を招くに至った企業に優しいウォール街のための規制緩和、財政赤字の正当化と国債の途方もない累積であり、またトランプ主義の台頭に寄与した反国家主義であり、超富裕層への減税の恩恵が生み出した寡頭制であり、ブルーカラー労働者に対するいんぎんな無視だという。レーガンは、結局、トランプ主義の勝利と経済の不調へと導く軌道にアメリカ経済を乗せたのだという。

22) 経済企画庁（1987）、第 2 章第 3 節。

23) 1981 年経済再建税法についての詳しい解説と注釈は、次の文献で行われている。ハードマン著／監査法人サンワ東京丸の内事務所訳（1982）を参照。

24) 経済企画庁（1987）、第 2 章第 3 節、第 2-3-3 表。

25) ベロウズ（2017）、1-5 頁；パールマン（2002）；経済企画庁（1987）、第 2 章第 3 節。

26) 経済企画庁（1990）、第 1 章第 1 節、第 1-1-1 表と第 1-1-2 表。

27) 経済企画庁（1989）、第 1 章第 4 節、第 1-4-2 表。

28) 片桐（2005）、90-98 頁。

29) 片桐（1995）、64 頁、表 2。

30) 片桐（2017）、224 頁、表 7。

31) 2001 年 EGTRRA、2003 年 JGTRRA と 2000 年代のその他税法の要点については、本書表 1-10 を参照。また、2003 年 JGTRRA の主要内容の 1 つに配当所得に対する税率を軽減する規定があるが、この配当所得減税を中心に資産性所得減税を詳細に検討した研究として、吉弘（2009）を参照。

32) CEA（2008）, p.121；CEA（2009）, pp.151-159, p.172.

33) Aron-Dine, Stone and Kogan（2008）, pp.1-6；Bivens and Irons（2008）, pp.1-9.

34) CBPP (2008), p.5.
35) *Ibid.*, p.2.
36) Fieldhouse and Pollack (2011), pp.1-2.

―――第**2**章―――

アメリカの租税支出の実態と
改革の方向

ブッシュ(子)、オバマ政権期を中心に

第1節　はじめに

　よく引用される C. ハワードの『隠れた福祉国家』(The Hidden Welfare State) はアメリカの租税支出を対象としているとはいえ、内容的には社会政策、行政学系統の書物であって財政学、経済学の書物ではなく、また考察対象時期も 1990 年代までである。本章は、財政学、経済学の観点から、アメリカの租税支出がどのように機能しているのか、2000 年代ブッシュ(子)政権期、オバマ政権期を中心にその特徴と問題点を明らかにする。

　なお、日本のこの分野の主な先行研究として、片桐 (1995)、片桐 (2005)、片桐 (2012a)、片桐 (2012b)、五嶋 (2006)、関口 (2007a)、関口 (2008)、渡瀬 (2008)、野村 (2010)、谷・吉弘 (2011)、岡田 (2016)、吉弘 (2018)、茂住 (2019)、Mozumi (2022) 等がある。

　以下、第 2 節では、租税支出の定義と測定方法について明らかにする。第 3 節では、アメリカの租税支出の特徴を、国際比較し、また時系列変化を追跡して明らかにする。第 4 節では、租税支出の所得階層別便益帰着について検証する。第 5 節では、租税支出の論点と改革の方向について検討する。第 6 節では、租税支出の便益の大半は富裕層に帰着しており、結果として累進所得税制を弱めていること、またブッシュ(子)政権やオバマ政権下で設けられた超党派の税制改革委員会では、主要租税支出は費用がかかり、逆進的で非効率的だとの認識がもたれ、特定租税支出の廃止や縮小が提案されたこ

73

と等が指摘される。

第2節　租税支出の定義と測定方法

1. 租税支出の定義

　そもそも租税支出の概念は、1968年にS.S.サリーの指導を受けて財務省で使用されるようになったものであり、1973年に刊行された彼の画期的な著書『税制改革への小道』（Surrey（1973））において詳しく述べられている。Surrey and McDaniel（1985）は1973年以来の租税支出の発展を分析している。

　1974年に議会予算・執行留保統制法が制定されたが、この法律によって財務省と合同租税委員会は租税支出に関する年次報告書を提出することを義務づけられた。この法律で租税支出は、総所得からの非課税、免税、控除を特別に認め、あるいは特別の税額控除や優遇税率、租税負担の繰延べを認める連邦税法上の諸規定に由来する収入喪失として公式には定義され、その定義が今日まで使用されている。財務省租税分析室と合同租税委員会は毎年租税支出項目のリストとその推計値を用意しなければならない。財務省の租税支出リストは、大統領の年次予算教書に掲載されている。

　さてここで、税法の規定が租税支出に該当するかどうかを決める尺度として使われてきた正常税基準と参照税法基準について説明しよう[1]。合同租税委員会は、税法の規定が租税支出に該当するかどうかを決める尺度として、正常税基準を使ってきた。正常税基準というのは、一定期間の消費プラス純資産の増加分として所得を定義する包括的所得税の現実的な変形体とされる。したがってそれは現在のアメリカの租税法よりも広い所得概念である。正常税基準は、人的控除、標準控除、所得を得るための必要経費の控除を認めている。キャピタル・ゲインは実現した時に正常所得に含められる。また正常税基準は、単身者と夫婦に別々の累進税率表を適用することを認めている。

　1982年までは、財務省と合同租税委員会は、ともに正常税基準を使っていたので両者の租税支出リストはほとんど同じであった。しかし、1983年以来財務省は正常税基準に加えて参照税法基準も使うようになっている。参照税法基準も包括的所得税を鑑としてはいるが、より現実の税法に近い。この参照税法基準では、租税支出は、国防、所得保障、教育といった支出プログラム機能を果すような特別例外措置に限定される。

表 2-1　正常税基準と参照税法基準の比較

項　目	正常税基準	参照税法基準
違った課税単位に別々の税率表適用	基準内	基準内
最高法定税率以下の法人税率	租税支出	基準内
キャピタル・ゲインに優遇税率	租税支出	基準内
政府からの移転支払の免税	租税支出	基準内
個人からの移転支払の免税	基準内	基準内
減価償却	定額法による減価償却費を超える減価償却費は租税支出	加速度償却も基準内
支配下外国法人からの受取所得の課税繰延べ	租税支出	基準内
研究開発費の費用化	租税支出	基準内

出所：OMB (2001a), pp.76-77 より作成。

　ところで、合同租税委員会が 1 つの基準できたのに対し、1983 年から財務省が 2 つの基準を使用してきたために、両者の租税支出リストの差異が次第に広がってきた。2006 年には 28 個の租税規定が合同租税委員会のリストに含まれているが、財務省のリストには含まれていない。特定の租税規定に対する正常税基準と参照税法基準の適用結果の相違、すなわち租税支出に含めるか否かの相違は表 2-1 に具体的に例示されている。

2. 租税支出のコストの測定

　さて租税支出のコストはどのように測定されるのだろうか。財務省は、2 つの方法を長年使用してきた。1 つは、徴収しなかった税収を単純に推計する方法である。もう 1 つは、支出相当額（便益受領者へ同等の便益を与える課税可能な直接支出額）を推計する方法である。この後者の方法は 2007 年度から実施されなくなっている。合同租税委員会は、前者の方法だけをずっと採用している[2]。

　前者の方法をもう少し詳しく説明すると、租税支出は、現在の税法下の租税負担と租税支出規定の便益をなくした場合の税の再計算から生じる租税負担との差額として測定される。その際租税支出推計目的のためには、納税者の行動に変化がないと想定する。この想定は、計算を単純化し、政府支出の表示に合わせるためになされる。租税支出測定のためのこうしたアプローチは、税収推計の際には納税者の行動予想も反映するアプローチを取るのとは対照的である。

第 2 章　アメリカの租税支出の実態と改革の方向　　75

その他租税支出のコストの測定には、時にキャッシュフローによるのか、割引現在価値を使うのかという問題も発生する。例えば、年金拠出金と運用益のような控除繰越しに関係する租税支出の場合には、財務省は割引現在価値を算出する方法を採用している。この場合、政府借入金利を割引率に使っている[3]。

その他、1974年の議会予算・執行留保統制法は求めていないが、「負の租税支出」を測定に含めるかどうかの問題もある。通常の所得税法より税の取扱いが優遇されておらず、直接累進性とも関係していない租税規定は、「負の租税支出」と呼ばれる。ある種のロビー活動経費控除の否認や一定の役員報酬控除の否認等がそうである[4]。

第3節　アメリカの租税支出の特徴

1. 租税支出の国際比較

ここではアメリカの租税支出の特徴を他の主要因と国際比較して明らかにしよう。租税支出を国際比較するためには、租税支出に含める租税優遇措置を各国共通にしなければならない。幸い2010年にOECDが出版した『OECD諸国の租税支出』（OECD（2010a））には、各国共通化が図られた租税支出の統計が、全ての国ではなくそれが可能な特定の国について掲載されている。

その特定の国々の中からアメリカ、イギリス、カナダ、ドイツ、オランダの5カ国を選び、租税支出の対GDP比と対所得税収比を国際比較したのが表2-2である。それら5カ国を選んだのは、G. エスピン-アンデルセン、岡沢・宮本監訳（2001）が福祉国家を3つの類型に分類したのにならい、アメリカ、イギリス、カナダを自由主義レジーム、ドイツを保守主義レジーム、オランダを社会民主主義レジームの代表として国際比較するためである。

表2-2で、所得税関連租税支出の対GDP比を国際比較してみると、イギリス8.32％、アメリカ5.97％、カナダ5.77％と自由主義レジームの国が高く、社会民主主義レジームのオランダが1.06％、保守主義レジームのドイツが0.29％と低い値を示している。次に所得税関連租税支出の対所得税収比を国際比較してみると、やはりイギリス38.84％、アメリカ58.59％、カナダ59.36％と自由主義レジームの国が高い値を示している。特にアメリカとカ

表 2-2　租税支出の国際比較

単位：％

租税支出の目的（所得税）	租税支出の対 GDP 比（％）					租税支出の対所得税収比（％）				
	カナダ(2004年)	ドイツ(2006年)	オランダ(2006年)	イギリス(2006年)	アメリカ(2008年)	カナダ(2004年)	ドイツ(2006年)	オランダ(2006年)	イギリス(2006年)	アメリカ(2008年)
一般的租税負担軽減	0.00	0.00	0.00	0.00	0.00	0.00	0.00	0.00	0.00	0.00
非就労関連、低所得者向	0.02	0.00	0.00	0.09	0.11	0.21	0.00	0.01	0.44	1.06
退職	1.68	0.00	0.06	2.32	1.02	17.23	0.14	0.55	10.83	10.04
就労関連	0.39	0.03	0.06	0.15	0.07	3.96	0.96	0.58	0.71	0.66
教育	0.12	0.00	0.06	0.00	0.13	1.25	0.00	0.58	0.01	1.32
医療	0.27	0.00	0.00	0.00	1.05	2.73	0.00	0.00	0.00	10.33
住宅	0.20	0.18	0.05	1.20	1.05	2.07	5.33	0.42	5.61	10.27
一般事業インセンティブ	0.41	0.00	0.48	0.77	0.41	4.25	0.12	4.32	3.59	3.99
研究・開発	0.24	0.00	0.07	0.04	0.09	2.48	0.00	0.67	0.17	0.87
特定産業租税負担軽減	0.05	0.01	0.18	0.11	0.23	0.49	0.36	1.63	0.53	2.26
政府間関係	1.55	0.03	0.00	0.00	0.63	15.97	0.80	0.00	0.00	6.16
慈善	0.21	0.00	0.09	0.09	0.33	2.13	0.00	0.78	0.42	3.27
その他	0.02	0.00	0.01	0.12	0.09	0.20	0.00	0.07	0.55	0.87
合計	5.16	0.26	1.06	4.90	5.21	52.97	7.71	9.60	22.86	51.10
資本所得課税										
加速度減価償却	0.00	0.00	0.00	1.40	0.35	0.00	0.00	0.00	6.56	3.40
利子	0.00	0.00	0.00	0.02	0.01	0.00	0.00	0.00	0.08	0.09
配当	0.27	0.04	0.00	0.00	0.02	2.73	1.10	0.00	0.00	0.17
キャピタル・ゲイン	0.35	0.00	0.00	1.65	0.33	3.59	0.00	0.00	7.72	3.21
小計	0.62	0.04	0.00	3.07	0.70	6.32	1.10	0.00	14.35	6.86
合計	5.77	0.29	1.06	7.97	5.91	59.30	8.81	9.60	37.22	57.97
就労支払規定	0.01	0.00	0.04	0.35	0.06	0.06	0.00	0.34	1.62	0.62
総計	5.78	0.29	1.10	8.32	5.97	59.36	8.81	9.95	38.84	58.59
非所得税関連	1.16	0.45	0.90	4.47	0.00					
総計	6.94	0.74	2.00	12.79	5.97					

注：(1) カナダは暦年、その他の国は会計年度が使われている。

(2) 租税支出の対所得税収比においては、個人所得税と法人所得税が考慮されている。イギリスでは、キャピタル・ゲイン税と国民保険拠出金も考慮されている。

(3) 所得税租税支出の目的別、タイプ別分類はある程度自由裁量で行ったものである。

出所：OECD (2010a), p.224, p.226 より作成。

ナダは所得税収の半分強に相当する租税支出が存在することに注目すべきである。イギリスの租税支出は、所得税収入をアメリカやカナダほどには侵食していない。もう1点アメリカやカナダとイギリスとが違うのは、イギリスの場合加速度減価償却とキャピタル・ゲインの租税支出の対所得税収比が、アメリカやカナダと比べて高い値を示していることである。つまりイギリスの場合、企業や投資関連の租税支出が他の国々と比較して大きな位置を占めているのである。

　では、アメリカとカナダの租税支出の重点は同じであろうか。アメリカもカナダも、イギリスと比べれば、企業や投資関連よりも、国民の広義の福祉に関わる社会的租税支出の割合が高いが、カナダの場合退職（年金）と政府間関係に重点があるのに対し、アメリカは退職（年金）、医療、住宅の3つに重点がある。

　このように見てくると、アメリカは政府支出面の「見える福祉国家」の評価では、「低位福祉国家」と言わざるをえないのは周知のところであるが、反面租税支出面の「隠れた福祉国家」が保守主義レジームや社会民主主義レジームの国々より発展しており、なおかつ同じ自由主義レジームの国々と比較しても、より発展しているということができる。

　とすれば、アメリカの支出面の「見える福祉国家」の機能を見るだけでは一面的で、この租税支出による「隠れた福祉国家」の機能もきちんと把握しなければならない。

2. 租税支出の時系列的推移と特徴

　連邦政府の租税支出の趨勢を図2-1で見てみよう。図2-1は合計租税支出の対連邦歳入比と対GDP比を示している。1970年代後半から1980年代前半にかけて合計租税支出は対連邦歳入比で30％強から五十数％に、対GDP比で5％強から9％水準に飛躍的に増大したが、1986年のレーガン税制改革（課税ベースの拡大と税率のフラット化）によって、2つの指標は1974年水準まで戻っている。その後は、租税支出の対GDP比は緩やかに上昇していく。他方、対連邦歳入比は1990年代末までは相対的にフラットな状態にあったが、2000年代に入って急上昇する。そして、2001-03年ブッシュ減税法制定後は、2つの指標がともに比較的高い水準に来ている。ただ、ブッシュ（子）政権2期目の2005-08年期に関しては、2つの指標の推移とOECDの

図 2-1 合計租税支出の対連邦歳入比と対 GDP 比（1974-2014 年）

注：合同租税委員会は 2007 年と 2013 年の租税支出推計値を公表していない。
出所：Marples (2015), p.7

推計結果とは違って見える。それは何故か。

OECD が算出したアメリカの租税支出の対 GDP 比を示した表 2-3 および租税支出合計の対中央政府総税収比や対所得税収比の 2000 年代の動向を示した表 2-4 を見ると、いずれも特にブッシュ（子）政権 2 期目の 2005-08 年期の数値が図 2-1 より低くかつ低下している。この相違は、アメリカの租税支出の推計に用いた租税支出項目が OECD（2010a）、OECD（2010b）と Marples（2015）とでは違っているためと考えるが、詳しい説明がないのでそれ以上のことは分からない。ただ、次のような点が両者の相違に影響しているかもしれない。

1 つは、2003 年ブッシュ減税で導入された配当とキャピタル・ゲインの税率軽減措置が、OECD（2010a）、OECD（2010b）のデータでは租税支出にカウントされていないことである。もう 1 つは、児童税額控除額の引上げ、代替ミニマム税の基礎控除額の引上げ、婚姻ペナルティ解消のための標準控除や 15％ブラケット上限金額の単身者に対する割合引上げといった個別の租税優遇措置が、2001-04 年期よりも 2005-08 年期に弱められていることである。

ところで、アメリカの租税支出の予算上の意味合いをここで考えておこう。図 2-2 は、利払費を除く連邦政府の直接支出に連邦租税支出を加えて、その

表 2-3　アメリカの租税支出の対 GDP 比と内訳の推移
（1994-2012 年）

単位：%

	1994	1996	1998	2000	2002	2004	2006	2008	2010	2012
租税支出の対 GDP 比（%）										
退職	1.15	1.14	1.37	1.37	1.47	1.19	1.00	1.02	1.04	1.11
医療	0.88	0.91	0.85	0.86	1.04	1.01	1.06	1.05	1.21	1.30
住宅	1.16	1.01	0.93	0.95	0.91	1.10	1.20	1.05	1.10	1.31
資本所得	0.87	0.98	1.21	1.12	1.30	0.81	0.92	0.70	0.30	0.36
政府間関係	0.74	0.78	0.82	0.90	0.91	0.79	0.67	0.63	0.48	0.73
合計	6.03	5.91	6.38	6.42	7.05	6.13	6.27	5.97	5.73	6.39
租税支出の内訳（%）										
退職	19.1	19.3	21.5	21.3	20.9	19.4	15.9	17.1	18.2	17.4
医療	14.6	15.4	13.3	13.4	14.8	16.5	16.9	17.6	21.1	20.3
住宅	19.2	17.1	14.6	14.8	12.9	17.9	19.1	17.6	19.2	20.5
資本所得	14.4	16.6	19.0	17.4	18.4	13.2	14.7	11.7	5.2	5.6
政府間関係	12.3	13.2	12.9	14.0	12.9	12.9	10.7	10.6	8.4	11.4
合計	100.0	100.0	100.0	100.0	100.0	100.0	100.0	100.0	100.0	100.0

注：（1）個人所得税と法人所得税の両方が考慮されている。
　　（2）2003 年度から始まる配当およびキャピタル・ゲインの税率軽減措置（ブッシュ減税）は、租税支出に含まれていない。
　　（3）資本所得には、利子、配当、キャピタル・ゲイン、加速度償却が含まれている。
　　（4）2010 年度と 2012 年度は予想値である。
出所：OECD (2010a), pp.212-213 より作成。

構成内訳の推移を見たものである。義務的経費支出は、年金、医療、福祉等のエンタイトルメント支出であり、「見える福祉国家」を端的に示すものであり、租税支出も後段で詳しく検討するように多くの福祉エンタイトルメント項目を含み「隠れた福祉国家」を示すものである。特に義務的経費支出の長期膨張傾向は止まるところを知らない状態である。

　他方の租税支出も、1982-2015 年度期において一定の枠内に収まっているとはいえ、非国防費支出と国防費支出を合わせた裁量的経費支出に匹敵するほどの規模にあり、かつ今後国防費支出が減少すれば、義務的経費支出とともに租税支出も比重を高める可能性がある。

　なお Burman and Phaup（2011）によると、2011 年度の連邦所得税の租税支出額推計は 1 兆 1770 億ドルなのに対し、所得税収そのものの推計は 1 兆 1121 億ドルで、前者が後者を上回る状態となっているのである[5]。

表 2-4 アメリカの租税支出の対中央政府総収入比と対所得税収比
（2002-2012 年）

単位：%

	2002	2003	2004	2005	2006	2007	2008	2009	2010	2012
租税支出の対中央政府総収入（税収＋税外収入）比（%）											
退職	8.24	9.10	7.29	5.89	5.39	5.42	5.77	7.01	6.58	5.93
医療	5.84	6.33	6.17	6.14	5.70	5.73	5.93	7.57	7.64	6.97
住宅	5.12	5.37	6.74	6.88	6.48	5.63	5.90	6.75	6.92	7.01
資本所得	7.28	5.08	4.97	3.59	4.97	4.48	3.94	1.39	1.90	1.95
政府間関係	5.10	5.46	4.86	3.80	3.63	3.12	3.54	3.79	3.04	3.93
合計	39.48	39.24	37.53	34.07	33.91	31.67	33.65	37.05	36.20	34.25
租税支出の対所得税収比（%）											
退職	15.17	17.53	13.72	10.53	9.28	9.08	10.04	13.75	12.48	10.38
医療	10.75	12.19	11.63	10.97	9.82	9.60	10.33	14.84	14.49	12.19
住宅	9.43	10.35	12.69	12.28	11.15	9.44	10.27	13.24	13.12	12.26
資本所得	13.41	9.78	9.36	6.41	8.56	7.50	6.86	2.72	3.60	3.40
政府間関係	9.38	10.52	9.15	6.80	6.25	5.23	6.16	7.43	5.77	6.87
合計	72.70	75.57	70.69	60.88	58.40	53.03	58.59	72.65	68.63	59.88

注：（1）個人所得税と法人所得税の両方が考慮されている。
（2）2003 年度から始まる配当およびキャピタル・ゲインの税率軽減措置（ブッシュ減税）は、租税支出に含まれていない。
（3）資本所得には、利子、配当、キャピタル・ゲイン、加速度償却が含まれている。
（4）2009 年度、2010 年度、2012 年度は予想値である。
出所：OECD（2010a），pp.216-217, pp.220-221 より作成。

図 2-2 租税支出を含む、利払費以外の総支出の内訳（1982-2015 年度）

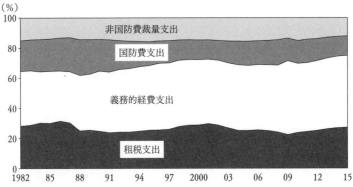

出所：Burman and Phaup（2011），p. 8.

第 2 章 アメリカの租税支出の実態と改革の方向　81

次に、アメリカの租税支出の主な分野の推移を表2-3の租税支出の内訳で見てみよう。退職（年金）分野は2000年代初めには20％強を占め第1位であったが次第にシェアを下げ、2010年度には18.2％で第3位に後退している。医療分野は逆に2000年代にシェアを高め、2010年度には21.1％で第1位に躍り出ている。住宅分野は1990年代初めのシェアは高かったが2000年代初めまでにシェアを下げ、その後再度シェアを高めて2010年度には第2位の19.2％となっている。資本所得や政府間関係は、2000年代に次第にシェアを下げている。

　いまアメリカの租税支出の主な分野の推移を見たが、もう少し詳しく個別の租税支出項目のうち規模の大きなものを、Committee on the Budget, United States（2008）より拾い出してみよう。2008年現在個人の租税支出合計は1兆1046億ドルに対し、法人の租税支出合計は1181億ドルと前者の10分の1程度に過ぎない。法人の租税支出で一番大きい（約3割）のは、選択的償却制度を超える設備の償却であるが、規模はそれ程大きくはない。そこで個人の10大租税支出項目を見ると、第1位は配当および長期キャピタル・ゲインに対する軽減税率の適用（13.6％）である。しかし、先のOECDの統計ではこれを除外していた。これを除外し、またリカバリー還付という一時的な租税支出を除くと、退職プラン拠出金・運用益非課税（10.8％）、雇主医療保険料非課税（10.6％）、住宅ローン利子控除（6.1％）が3大租税支出項目である。勤労所得税額控除（4.4％）がそれに次ぐ位置にある[6]。

　以上、租税支出の時系列的推移とその特徴について述べたが、果たして租税支出はどの所得階層に多くの便益をもたらしているのか、次に検討しよう。

第4節　アメリカの租税支出の所得階層別便益帰着

1. 租税支出の所得階層別便益帰着

　アメリカの連邦個人所得税は申告納税制度を採っており、納税者は原則的には様式1040という申告書を内国歳入庁に提出する。表2-5は全申告書、課税申告書、項目別申告書、租税負担の所得階層別分布の2000年代の推移を示している。納税者から申告書が提出されても、課税対象となる申告書（課税申告書）は低所得階層ほど少ない。納税者に課税対象となる課税所得

がある場合にのみ、課税が行われる。なお、課税所得の算出方法については、すでに第1章第2節第2項で詳しく説明してある。

　ここでもう一度表2-5に戻ろう。やはり項目別申告書は所得の高い方が、20万ドル以上層を除けば、高い割合となっている。租税負担であるが、2001年と2003年のブッシュ減税前（2000年）と減税後（2005年）を比較すると、後者で租税負担マイナスの所得階層が増え、かつマイナスの負担割合が大きくなっている。そして、2000年よりも2005年の方が10万ドル以上の高所得層の租税負担割合が高まっている。明らかにいずれもブッシュ減税の影響によるものである。

　次に表2-5で2009年の租税負担を見てみよう。3万ドル以下の層の租税負担の軽減と、20万ドル以上の高所得層の租税負担の増大が顕著になっている。これは、オバマ政権が2009年2月に成立させたアメリカ復興・再投資法の総額7870億ドル（約75兆円）の経済対策に含まれる3000億ドルの減税のうちの、所得税減税の影響によるものである。特に、最低賃金引上げのための勤労所得補填税額控除、初回住宅購入者税額控除、勤労所得税額控除拡充、児童税額控除の拡充、高等教育税額控除の拡充等の税額控除の影響が大きいと考えられる。

　さて、表2-5で見た所得階層別租税負担には、租税支出が大きく影響していることは言うまでもないが、表2-6で主要項目別所得税租税支出額の所得階層別分布を見てみよう。

　まず目につくのは、8つの租税支出項目の中で、2000-09年期に金額の伸びが一番大きいのは住宅ローン利子控除で、住宅バブルの一翼を担った結果でもある。この租税支出は高所得層に大きな便益を与えている。同じく住宅分野の租税支出である不動産税控除も高所得層に大きな便益を与えている。しかもその程度が次第に高まっている。州・地方所得税・動産税控除と慈善寄附金控除も高所得層に便益を与えているが、住宅分野の上記2つの租税支出以上に最富裕層（20万ドル以上層）に便益を与えている。医療費控除は中・高所得層に便益を与えている。非課税社会保障・鉄道退職給付は中所得層に、児童税額控除は中所得上層に比較的多くの便益を与えている。勤労所得税額控除は、低所得層に多くの便益を与えている。

　こうしてみると、表2-6の主な租税支出項目の中で、低所得者向けの租税支出は勤労所得税額控除だけで、残りは中・高所得層向けの租税支出である。

第2章　アメリカの租税支出の実態と改革の方向　　83

表 2-5 全申告書、課税申告書、項目別申告書、租税負担の
所得階層別分布（2000-2009 年）　　　　単位：1000 件、1000 ドル、%

所得階層	全申告書		課税申告書		項目別申告書		租税負担	
（1000 ドル）	件数	割合	件数	割合	件数	割合	金額	割合
2000 年								
10 以下	19,818	14.1	1,084	1.2	319	0.8	−5,363	−0.6
10-20	23,803	17.0	7,532	8.2	846	2.2	−6,738	−0.8
20-30	19,493	13.9	11,062	12.1	1,746	4.5	9,601	1.1
30-40	16,210	11.6	12,937	14.1	3,035	7.8	29,695	3.4
40-50	13,054	9.3	11,797	12.9	3,874	10	38,578	4.4
50-75	21,557	15.4	20,997	22.9	9,593	24.7	114,182	12.9
75-100	11,924	8.5	11,838	12.9	8,157	21	113,000	12.8
100-200	11,253	8.0	11,211	12.2	9,415	24.3	213,550	24.2
200 以上	3,101	2.2	3,096	3.4	2,817	7.3	377,329	42.7
合計	140,213	100.0	91553	100.0	38,805	100.0	883,834	100.0
2005 年								
10 以下	21,665	15.0	409	0.5	558	1.2	−6,385	−0.7
10-20	20,100	13.9	5,912	6.8	1,254	2.6	−14,505	−1.7
20-30	17,742	12.2	7,961	9.2	2,297	4.8	−5,406	−0.6
30-40	15,541	10.7	9,195	10.6	3,369	7.0	8,330	1.0
40-50	13,129	9.1	9,750	11.3	4,312	9.0	22,253	2.6
50-75	22,469	15.5	19,550	22.6	10,244	21.3	78,638	9.1
75-100	13,690	9.4	13,362	15.4	8,691	18.1	87,524	10.2
100-200	16,322	11.3	16,241	18.8	13,446	28.0	231,480	26.9
200 以上	4,227	2.9	4,219	4.9	3,906	8.1	458,779	53.3
合計	144,885	100.0	86,599	100.0	48,077	100.0	860,708	100.0
2009 年								
10 以下	28,755	18.3	23	0.03	714	1.4	−13,673	−1.8
10-20	23,161	14.8	3,292	4.4	1,332	2.7	−32,919	−4.3
20-30	18,175	11.6	6,756	9.0	2,383	4.8	−20,347	−2.6
30-40	15,405	9.8	8,151	10.8	3,565	7.1	89	0.01
40-50	12,770	8.1	8,498	11.3	4,501	9.0	13,512	1.8
50-75	23,017	14.7	16,983	22.5	10,711	21.4	58,057	7.5
75-100	14,349	9.1	12,334	16.4	8,941	17.9	71,065	9.2
100-200	16,546	10.5	14,802	19.6	13,511	27.0	197,660	25.7
200 以上	4,700	3.0	4,578	6.1	4,355	8.7	493,551	64.1
合計	156,877	100.0	75,416	100.0	50,014	100.0	768,995	100.0

出所：JCT (2001), p.70；JCT (2006a), p.43；JCT (2010), p.54 より作成。

表 2-6　主要項目別所得税租税支出額の所得階層別分布

（2000-2009 年）　　　　　　　　　　　　　　　　　　　　　　単位：1000 ドル、%

所得階層 （1000 ドル）	医療費 控除	不動産 税控除	州・地方所得税 ・動産税控除	慈善寄附 金控除	勤労所得 税額控除	非課税社会保障 ・鉄道退職給付	児童税 額控除	住宅ローン 利子控除
2000 年								
10 以下	0.4	0.005		0.02	18.7	0.1	0.1	0.002
10-20	1.1	0.2	0.03	0.4	43.5	6.4	1.8	0.2
20-30	2.9	0.8	0.2	1.1	30.6	18.6	8.5	0.6
30-40	7.7	2.1	0.7	2.1	6.6	21.0	13.6	2.0
40-50	8.9	4.0	1.8	3.5	0.5	21.3	14.6	4.3
50-75	25.3	13.3	7.4	12.0	0.1	26.5	30.3	13.5
75-100	17.7	18.9	12.7	13.8		3.6	19.4	20.5
100-200	25.8	34.5	27.7	21.3		1.8	11.7	36.5
200 以上	10.7	26.2	49.6	45.8		0.7		22.5
合計金額	4,825	20,237	38,690	28,431	30,002	23,803	19,994	31,809
2005 年								
10 以下			0.003		15.3	0.009	0.5	0.01
10-20	0.5	0.2	0.06	0.1	38.8	8.6	4.0	0.1
20-30	2.4	0.7	0.4	0.5	28.5	11.0	11.5	0.7
30-40	4.4	1.6	0.9	1.1	13.6	16.7	14.0	1.6
40-50	7.6	3.3	1.9	2.0	3.2	16.4	12.6	3.1
50-75	23.5	13.3	8.3	8.3	0.5	33.0	23.7	12.2
75-100	20.4	15.8	10.2	9.6	0.02	9.6	17.2	13.8
100-200	32.8	43.9	33.5	28.7	0.005	3.5	16.5	40.4
200 以上	8.5	21.0	44.7	49.7		1.2	0.02	28.1
合計金額	7,297	21,957	39,969	35,930	40,315	21,813	46,088	62,097
2009 年								
10 以下					14.8		3.6	
10-20	0.3	0.09	0.03	0.05	40.0	7.9	12.8	0.1
20-30	1.8	0.7	0.2	0.4	29.3	10.3	15.7	0.7
30-40	3.5	1.7	0.7	1.0	12.1	13.0	13.8	1.7
40-50	6.6	3.3	1.5	1.8	3.0	16.4	10.5	3.0
50-75	22.8	13.8	7.1	7.5	0.6	31.4	19.8	12.2
75-100	20.8	15.6	8.9	8.3	0.03	14.4	13.6	13.1
100-200	32.8	45.1	31.2	26.1	0.002	4.7	10.3	39.5
200 以上	11.3	19.7	50.2	54.9		1.8	0.01	29.7
合計金額	9,335	21,253	40,045	34,885	54,977	24,303	54,331	76,656
合計金額の2009年の 対2000年比（%）	193	105	104	123	183	102	272	241

注：(1) 合計金額の数値は実績金額（1000 ドル）を示している。

　　(2) 各租税支出項目の所得階層別の数値は、実績金額の構成比（%）を示している。

出所：JCT (2001), pp.24-29；JCT (2006a), pp.44-49；JCT (2010), pp.55-60 より作成。

図 2-3 主要租税支出の所得階層別シェア（2006 年）

出所：Gist and AARP (2007b), p.12.

表 2-6 の基になった合同租税委員会の租税支出推計には、長期キャピタル・ゲインに対する軽減税率や雇主医療保険料非課税等の大きな租税支出の所得階層別分布が載っていないので、表 2-6 だけでは租税支出の便益の帰着の全体的傾向を把握することができない。また公式の資料は他に公表されていない。

しかし幸い、AARP 公共政策研究所の研究論文 Gist and AARP（2007b）に、上記の最大項目を含めた租税支出の所得階層別便益分布の推計結果が掲載されているので、それを利用することにしよう。図 2-3 がそうである。

図 2-3 を見てみよう。譲渡益／配当軽減税率の便益は上位 10％の富裕層だけが得ている。住宅ローン利子控除の便益の約 80％と州・地方税控除の便益の約 90％が上位 20％の高所得層が得ている。雇主提供年金（退職プラン拠出金・運用益非課税）や雇主提供医療（保険料非課税）の便益は中所得層に広く及んでいるが、それでも便益の大半は上位 20％の高所得層に行っている。慈善寄附金控除の便益は上位 20％の高所得層に行っている。児童税額控除は比較的幅広く、第 3 分位から第 9 分位までの所得層に均等に行き渡っている。勤労所得税額控除（EITC）の便益だけは低所得層に集中的に配分されている。そして全体的には、9 大租税支出の累積便益の大半は上位

86

図 2-4　年齢グループ別直接支出・租税支出の所得階層別シェア（2006 年）

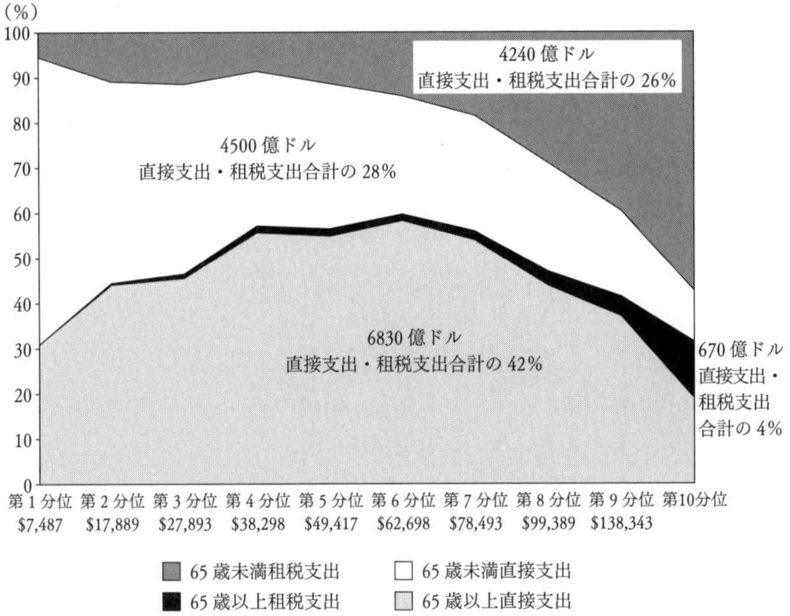

（％）

```
100
 90          4240 億ドル
             直接支出・租税支出合計の 26%
 80
        4500 億ドル
 70     直接支出・租税支出合計の 28%
 60
 50
 40
             6830 億ドル
 30          直接支出・租税支出合計の 42%        670 億ドル
                                              直接支出・
 20                                           租税支出
                                              合計の 4%
 10
  0
   第1分位  第2分位  第3分位  第4分位  第5分位  第6分位  第7分位  第8分位  第9分位  第10分位
   $7,487  $17,889  $27,893  $38,298  $49,417  $62,698  $78,493  $99,389  $138,343
```

■ 65 歳未満租税支出　　□ 65 歳未満直接支出
■ 65 歳以上租税支出　　▨ 65 歳以上直接支出

出所：Gist and AARP (2007b), p.16.

10％以上の富裕層に帰着しているのである[7]。

　Gist and AARP（2007b）にはもう 1 つ興味深い図が含まれているのでそれを利用する。図 2-4 がそうで、エンタイトルメント直接支出（社会保障（年金）、メディケア、メディケイド等）とエンタイトルメント租税支出（雇主医療保険料非課税、住宅ローン利子控除等）を合せて年齢別（65 歳以上と 65 歳未満）所得階層別にそれぞれのシェアを示したものである。ここでいうエンタイトルメントとは、直接的便益を自動的に与え、また法律による事前の歳出許可を必要としないものを指す[8]。

　図 2-4 を見てみよう。65 歳以上向け直接支出のシェアが一番大きいが、65 歳以上向け租税支出のシェアを加えても 46％で、65 歳未満の直接支出と租税支出のシェア合計 54％より小さい。直接支出合計シェアと租税支出合計シェアを比べると、前者 70％、後者 30％である。65 歳以上向け直接支出の便益は全所得階層に及んでいるが、特に中所得層に多く分配されている。65 歳未満の直接支出の便益は、所得階層が低下するにつれて大きくなって

いる。65歳未満向け租税支出も65歳以上向け租税支出も上位20%以上の高所得層がその便益の大半を得ている[9]。

　このように見てくると、エンタイトルメント直接支出は、中所得層、低所得層に便益配分を厚くした「見える福祉国家」を形成しているのに対し、エンタイトルメント租税支出は高所得層に便益配分を厚くした「隠れた福祉国家」を形成していることが分かる。アメリカでは当初所得の格差が広がっているが、もし非課税や所得控除が少なく課税ベースが広いと、所得税に累進税率が適用されるために、高所得層の租税負担の割合が高くなってしまうので、貯蓄＝投資増大による経済成長を名目にして、高所得者に対する非課税や所得控除を拡大し、彼らの租税負担を軽減してきた。租税支出は彼らのための「隠れた福祉国家」を形成してきた。結果として、累進所得税制では当初所得の格差を縮めえず、税引後所得格差は開いているのである。

　さて、Howard（1997）は租税支出を「隠れた福祉国家」と名付けたが、果して実態として高所得者にその便益が帰着するようなものを「福祉国家」と呼んでいいのかという疑問が生じる。もし、「福祉国家」を経済学的に所得再分配国家と定義するならば、「隠れた福祉国家」たる租税支出は、実態として全体的には逆所得再分配的に機能しており、定義と抵触することになる。それが実態であれば、「隠れた福祉国家」はアメリカの経済格差拡大に加担していることになり、格差是正のためには、租税支出のオーバーホールが必要になる。

2. 中・低所得層にとっての租税支出の便益

　Johnson et al.（2011）は、2011年に全ての課税単位（1億6387万世帯）の54%が連邦所得税を支払うが、残りの46%は連邦所得税を支払わないか、租税還付を受けることになることを明らかにした[10]。

　では、どの所得階層がどういう理由で連邦所得税を支払わないのだろうか。それを示したのが表2-7である。所得0-1万ドル層は99.2%が標準控除等規定により、また0.2%が租税支出規定により所得税を支払わない。1万-2万ドル層は35.3%が標準控除等、45.4%が租税支出規定により所得税を支払わない。2万-3万ドル層は11.7%が標準控除等、49.2%が租税支出規定により所得税を支払わない。3万-4万ドル層は2.3%が標準控除等、39.1%が租税支出規定により所得税を支払わない。4万-5万ドル層は0.7%が標準控除

表2-7　所得税負担のある課税単位（納税者）とない課税単位（納税者）
（2011年）

単位：1000世帯、％

現金所得階層 （2011年1000ドル）	全ての 課税単位 （1000世帯）	課税単位の内訳（％）		
		所得税負担の ある課税単位 （注1）	標準所得税規定 により所得税負担の ない課税単位 （注2）	租税支出規定に より所得税負担 のない課税単位 （注3）
10未満	24,457	0.6	99.2	0.2
10-20	28,266	19.2	35.3	45.4
20-30	20,763	39.1	11.7	49.2
30-40	17,188	58.7	2.3	39.1
40-50	13,691	69.4	0.7	29.9
50-75	19,752	85.6	0.2	14.2
75-100	13,684	94.7	0.07	5.2
100-200	18,322	98.0	0.09	1.9
200-500	5,366	99.0	0.09	0.9
500-1,000	907	98.5	0.1	1.4
1,000以上	433	99.0	0.2	0.7
全体	163,869	53.6	23.3	23.1

注1：通常の所得税プラス代替ミニマム税（AMT）マイナス全ての税額控除（外国税額控除除外）が少なくとも5000ドルの全ての課税団体。
注2：標準所得税規定は、標準控除、人的控除、過去に課税された拠出金の収益を表す（社会保障給付を含めた）退職所得の一部の非課税、所得を得るための必要経費（既定額超過控除ないし項目別控除としてのみ認められる経費を含めて）。
注3：表2-8に掲載の特定租税支出規定。
出所：Johnson, Nunns, Rohaly, Toder and Williams（2011）, p.6, Table 1より作成。

等、29.9％が租税支出規定により所得税を支払わない[11]。

　このように、所得0-1万ドル層でこそ標準控除等（標準控除、人的控除、扶養控除）が所得税を支払わない原因であるが、それ以上の所得階層では所得税を支払わない課税単位の割合が次第に減っていくものの、所得税を支払わない原因として租税支出が主になっていく。表2-7を見て明らかなように、特に1万-2万ドル層から4万-5万ドル層の中・低所得層で租税支出が、所得税を支払わない主因になっている点に注目すべきである。逆に高所得層は、租税支出が原因で所得税を支払わなくて済む課税単位の割合が少ないことにも注意を払う必要がある。

　次に租税支出規定が原因で所得税を支払わない課税単位が、どのようなタイプの租税支出によって所得税を支払わなくなるのかを示したのが表2-8で

表 2-8 所得税を支払わない課税単位の原因（特定租税支出）別構成比（2011 年）

単位：1000 世帯，%

現金所得階層 (2011 年 1000 ドル)	租税支出が原因で所得税を支払わない課税単位 (1000 世帯)	所得税を支払わない課税単位の原因（特定租税支出）別構成比（%）							
		高齢者のための租税支出便益 (注1)	子供や就労貧困者のための税額控除 (注2)	その他現金移転非課税 (注3)	AGI 超過控除許可・州地方賃貸利子免税 (注4)	項目別控除 (注5)	教育税額控除 (注6)	その他税額控除 (注7)	キャピタル・ゲインおよび配当への軽減税率 (注8)
10 未満	53	0.0	10.9	89.1	0.0	0.0	0.0	0.0	0.0
10-20	12,854	71.2	10.7	6.8	3.5	1.6	4.0	2.0	0.2
20-30	10,223	43.6	37.6	5.0	2.4	2.5	5.9	2.2	0.7
30-40	6,719	22.2	55.5	4.4	4.2	4.3	4.9	2.5	1.9
40-50	4,095	30.1	42.6	4.6	7.0	6.5	5.0	2.8	1.4
50-75	2,814	9.8	26.4	9.5	15.3	19.6	11.0	5.2	3.3
75-100	710	4.2	7.9	9.3	19.8	33.4	16.9	1.8	6.7
100-200	345	3.8	1.5	4.9	26.1	26.4	8.5	9.9	18.9
200-500	49	4.7	0.0	1.7	30.7	24.2	2.3	11.0	25.3
500-1,000	13	31.7	11.7	0.4	22.0	25.7	1.1	3.1	4.3
1,000 以上	3	0.0	0.0	0.0	49.5	23.1	0.0	2.2	25.1
全体	37,870	44.0	30.4	6.0	5.1	5.0	5.6	2.5	1.3

注1：高齢者のための超過標準控除、過去に課税された拠出金の収益を超す社会保障給付の非課税、高齢者税額控除。
注2：児童税額控除、児童・扶養者養育税額控除、勤労所得税額控除。
注3：SSI、TANF、労働災害補償、障害者扶助・エネルギー扶助を含めた現金移転（失業手当、社会保障給付以外）のための非課税措置。
注4：所得を得るための必要経費控除を除く、既定額超過控除の許可、州・地方賃利子免税。
注5：所得を得るための必要経費控除を除く、全ての項目別控除の許可。
注6：アメリカ機会・生涯学習税額控除。
注7：貯蓄者税額控除や一般企業税額控除を含めた、（外国税額控除以外の）その他の税額控除。
注8：本来10〜15%に課税されるキャピタル・ゲインや特別ゼロ税率適用、15%以上の税率で課税されるはずのキャピタル・ゲインと適格配当に15%の特別税率で課税することもまた上述の諸措置による超過税額控除と合さって税負担を削除する。

出所：Johnson, Nunns, Rohaly, Toder and Williams (2011), p.7, p.10 より作成。

表 2-9　所得税の租税負担ゼロの課税単位と負の租税負担の課税単位の割合（2011 年）

単位：1000 世帯，%

現金所得水準 (2011年1000ドル)	所得税負担のない課税単位の数 (1000世帯)	所得税負担のない課税単位の内訳 (%)			所得税負担のない課税単位のその原因別内訳 (%)				
					標準控除規定			租税支出	
		租税負担ゼロ(注1)の課税単位	負の租税負担(注2)の課税単位	合計	租税負担ゼロ(注1)の課税単位	負の租税負担(注2)の課税単位	合計	租税負担ゼロ(注1)の課税単位	負の租税負担(注2)の課税単位
10未満	24,300	70.4	29.6	99.8	70.2	29.6	0.2	0.2	0.0
10-20	22,834	66.6	33.4	43.7	20.6	23.2	56.3	46.0	10.2
20-30	12,652	46.0	54	19.2	3.9	15.3	80.8	42.2	38.6
30-40	7,106	31.2	68.8	5.4	1.3	4.1	94.6	29.9	64.7
40-50	4,186	36.6	63.4	2.2	0.6	1.6	97.8	36.0	61.8
50-75	2,852	31.0	69	1.3	0.4	0.9	98.7	30.6	68.1
75-100	720	34.3	65.7	1.4	1.4	0.0	98.6	32.9	65.7
100-200	361	60.4	39.6	4.5	2.8	1.7	95.5	57.6	37.9
200-500	54	78.3	21.7	8.8	7.6	1.2	91.2	70.7	20.5
500-1,000	14	76.1	23.9	5.8	5.6	0.2	94.2	70.5	23.7
1,000以上	4	87.3	12.7	23.5	22.8	0.8	76.5	64.5	12.0
全体	76,107	57.8	42.2	50.2	30.4	19.8	49.8	27.5	22.3

注1：通常の所得税負担プラス代替ミニマム税（AMT）負担マイナス全税額控除（外国税額控除以外）が -5 ドル～5 ドルの場合には、租税負担はゼロと考える。

注2：通常の所得税負担プラス代替ミニマム税（AMT）負担マイナス全税額控除（外国税額控除以外）が -5 ドル以下の場合には、租税負担は負であると考える。

出所：Johnson, Nunns, Rohaly, Toder and Williams (2011), p.9, p.10 から作成。

ある。5万ドル以下層では高齢者向け租税支出、児童税額控除や勤労所得税額控除が最も重要である。5万～10万ドル層では、児童税額控除、教育税額控除、項目別控除が大きな原因となっている。10万ドル以上層では、AGI（調整総所得）超過控除、項目別控除、キャピタル・ゲインと配当への軽減税率適用が大きな原因となっている。

　ところで、課税単位は標準控除等や租税支出規定によって租税負担を減らし、それがゼロになった所で所得税を支払わなくて済むようになる。しかしそれで終わりではない。3つの租税支出（児童税額、勤労所得税額控除、1つの教育税額控除）は、還付付き税額控除である。もしこれらの税額控除額が租税負担額を超える場合には、超過分が課税単位に支払われ、課税単位の租税負担は負の値を取る。所得税を支払わない課税単位（7610万世帯）のうち42.2%が2011年に負の租税負担を持つことになる。表2-9に示されるように、所得2万ドル以下層か10万ドル以上層で所得税を支払わない課税単位は、負の租税負担になる場合よりも租税負担ゼロになる割合の方が大きい。所得2万～10万ドル層で所得税を支払わない層は、負の租税負担になる割合が租税負担ゼロになる割合より大きい[12]。

　租税支出の便益の配分だけ見れば、Gist and AARP（2007b）の研究が示すように、高所得層に大半が配分されているのであるが、以上のように中・低所得層に対する租税支出の租税負担軽減効果に着目すれば、かなりの割合の課税単位が所得税を支払わなくて済む原因にもなっており、また中所得層では租税還付の恩恵にもかなり浴しており、逆に高所得層では租税支出が原因で所得税を支払わなくて済むという課税単位の割合は低いことが判明した。つまり、「隠れた福祉国家」はこのように機能しているのである。

第5節　アメリカの租税支出の論点と改革の方向性

1. 租税支出の論点

　租税支出の確定と測定をめぐって様々な論争が行われ、問題の指摘がなされている。Toder（2005）やTPC（2008）を参考に主な論点を整理してみよう[13]。

（1）課税ベースの選択に関わる問題

　現在の所得税が全体的にまたは部分的に消費税に代置された場合に、現在

租税支出として分類される規定がもはやそうとは認められなくなる。例えば現在の所得税の大きな租税支出には、退職プラン拠出金・運用益非課税、キャピタル・ゲイン軽減税率、州・地方債利子非課税等の資本所得優遇措置があるが、これらの項目は消費ベースに照らせば租税支出ではなくなる。しかし、食糧切符や公共住宅のような現物給付は、いずれの課税ベースでも租税支出として見なされる。

（2）OTA と JCT の租税支出判定の相違

ケースによっては同じ規定でも財務省租税分析室（OTA）と合同租税委員会（JCT）では租税支出として認めるかどうか判断が分かれることがある。また同じ機関でも一貫した基準を続けるわけでもない。例えば、財務省は加速度償却の租税支出計算の基準を変更している。

（3）消費税の場合の租税支出問題

財務省は、基準税が消費税になった場合に適用される租税支出のリストを作成した。資本所得はその基準に照らして課税されないということを前提にすれば、多くの項目がそのリストから除かれる。しかし、まだ租税支出に含められるのか否かはっきりしない項目もある。

例えば、住宅サービスは包括的消費税ベースにおいては課税されるという理由から、財務省は持家住宅の帰属家賃の免税を消費基準に反する租税支出項目としてリストに挙げている。しかし、住宅サービスが課税されるならば、住宅の購入は投資として課税されることはない。それは現在の法律では起こりえないことであるが、持家住宅の課税が消費税の下でいかに実行されるのかについて正確に知ることなしには、帰属家賃の免税は、それが住宅消費を免税とするために租税支出となるのか、税が事前に支払われているために適切な消費税の取扱いになるからなのか判断するのは難しい。

（4）租税支出の直接支出代替問題

民主・共和両党は、種々の減税が直接支出の規模を拡大せずに純税収の規模を引き下げるので、種々の減税の形で補助金を出し、支出を行うことを好む。このように、種々の減税は政府の規模を縮小させるという印象を与える。このために、租税支出は政治的に強くアピールする。しかしながら、租税支出は、ある程度までは納税者の行動に変化を起こさせるために、経済への政府の介入を現実には拡大することが可能となる。また、直接支出と同様に租税支出もまた他で増税によって支払われねばならない。

（5）種々の租税支出の同時廃止効果問題

単一の租税支出の価値は、その租税支出だけが原因で生じる税収喪失分として測定できる。しかし、種々の租税支出は相互作用するかも知れず、幾つかの租税支出を同時に変更した場合の実際の効果は、個々の租税支出の効果の単純総和とは違いうる。例えば、もし幾つかの租税支出が同時に廃止されるならば、人によっては高い租税ブラケットに押し込められるかも知れず、そのことによって各補助金の価値が変わりその結果その人たちの行動も変わるかも知れない。

（6）租税支出改革と直接支出政策の対立問題

租税支出による狭い目標への租税誘因は、同じ支払い能力を持った人たちに違った金額の税を払わせることになり、租税制度を不公平にする。またそれらの租税誘因は、相対価格を歪め、補助金を受ける製品の過剰生産あるいは生産の際の補助金を受けた財の過剰使用を引き起こすことによって効率性を減少させる。さらにそれらの租税誘因は、補助金を受ける活動と受けない活動の区別を税制に求めるために、またそうすることによって納税者の納税協力費や内国歳入庁（IRS）の税務費用を増やし、法令遵守率を低下させるために、税制をより煩雑なものにしてしまう。それ故、公平、効率、簡素といった目標を持った租税政策が、それらの租税誘因の利用を制限するために求められる。

しかし、支出政策の見地からすると別の見方が生じる可能性がある。もしある租税支出項目が廃止され、ある支出プログラムが代わりに実施されたとするならば、税制は簡素化され、公平に見えるようになるであろうが、正味の予算節約や税率軽減にならないかもしれない。さらに、税制の煩雑さの減少は、プログラム実施機関による規制を守る費用の増加によって相殺されるかも知れず、また政府組織と取引する国民にとっての全体的費用を変えないまま残すか増やしさえする可能性がある。

2. 租税支出改革の方向性

ブッシュ（子）政権からオバマ政権にかけて設けられた超党派の委員会において、主要租税支出は費用がかかり、逆進的で非効率的なことが共通の認識となり、租税支出の縮小によって生じる税収を、財政赤字削減や税率引下げに利用することを勧告するようになる。以下その間の主な勧告や提言を紹

介する。

（1）2005 年大統領税制改革諮問委員会報告書（PAPFTR（2005））の勧告

2005 年にブッシュ（子）政権によって設けられた大統領税制改革諮問委員会の報告書には、厳密に目標を決めた租税支出の見直しとなる多くの提案が含まれている[14]。

（ⅰ）租税支出の廃止項目

非事業州・地方税控除、生命保険貯蓄利子非課税、米国内生産活動控除、医療保険以外の全ての被用者フリンジ・ベネフィット控除、カレッジ授業料免税、多くの企業減税。

（ⅱ）租税支出の削減ないし実質的な再編

住宅ローン控除の 15％税額控除への転換、慈善寄付金控除を所得 1％超寄付金に限定、非項目別控除申告者の両控除（住宅ローン控除、慈善寄付金控除）の利用可、雇主医療保険料非課税のキャップ制、従業員医療保険料控除にもキャップ制、勤労所得税額控除を新規の簡素な就労税額控除に代置、企業投資のための減価償却ルールを資産分類数削減により簡素化。

（ⅲ）下記租税支出の再編あるいは拡充

個人向貯蓄の簡素・拡充化、簡素な所得税改革案（SIT）における中小企業投資費用化拡大。

（2）2010 年国家財政責任・改革委員会最終案（NCFRR（2010））の勧告

2010 年にオバマ政権によって設けられた国家財政責任・改革委員会は、全ての租税支出の廃止案がよいと考えているが、自らの租税支出改革では、一定の租税支出を残す選択は認めている。具体的には以下の通りである[15]。

（ⅰ）租税支出の廃止項目

項目別控除を廃止し、全ての個人に標準控除を許可、キャピタル・ゲインと配当の軽減税率廃止と通常税率への復帰、下記②以外のほぼ全ての租税支出の廃止。

（ⅱ）租税支出の削減ないし再編

①住宅ローン利子控除：12％の非還付付き税額控除を全ての納税者に利用可；住宅ローン 50 万ドル上限；第二住宅の住宅ローン税額控除利用不可、②雇主医療保険料非課税：2014 年に保険料水準の 75％に非課税限度設定；2018 年までそれを継続；それ以降非課税限度を逓減し 2038 年に廃止、③慈善寄附金控除：12％の非還付付き税額控除を全ての納税者に利用可；AGI

の2%水準超過分のみ利用可、④州・地方債利子控除：新規発行債について
は所得として利子課税、⑤個人退職勘定：退職勘定の統合、控除対象拠出金
を2万ドルないし所得の20%以下に制限；貯蓄者税額控除の拡充。

（3）Gale and Harris（2011）の租税支出改革の選択肢提言

Gale and Harris（2011）は、上述のPAPFTR（2005）やNCFRR（2010）
等の勧告を踏まえて、所得からの各種非課税、控除を減らし課税ベースを広
げる観点から、租税支出改革について次のような3つの選択肢を提言してい
る[16]。

（ⅰ）租税支出の廃止

租税支出を次々と取り出して廃止すれば、何十億ドルの追加税収を生み出
し、実質的に累進性を高めることができる。特にその経済的影響は、廃止さ
れる特定の租税支出次第である。例えば、住宅ローン利子控除の廃止と慈善
寄附金控除の廃止では、その経済的結果は全く違ったものとなる。

（ⅱ）所得控除や非課税タイプの租税支出の税額控除への転換

所得控除を廃止し、税額控除に置き換えるという提案の幾つかは、給付付
き税額控除案を提起している。この政策は、納税者が税優遇活動を利用でき
る機会を均し、また控除を利用していない納税者にも便益を広げることにな
る。

（ⅲ）控除に適用される税率の制限

控除に適用される税率に制限を設ければ、税法の水平的公平性、累進性、
経済的効率性を改善することになる。例えば、雇主医療保険料非課税にキャ
ップを設ければ、医療保険料コストの上限を抑え、その規定の逆進性を制限
するのに役立つ。

また諸控除を制限すれば、相当多くの税収入を上げることができる。例え
ば、議会予算局（CBO）の計算では項目別控除を28%に制限すれば10年間
で約3000億ドルの税収を上げることができ、それを15%にまで下げれば10
年間で1兆3000億ドルの税収入を上げることができる。住宅ローン利子控
除を15%の税額控除に転換すれば、10年間で約4000億ドルの税収入を上げ
ることができる。

3. 租税支出の改革案とその効果

(1) 租税支出廃止の分配効果

Burman et al. (2008) は、租税支出を廃止した場合に分配効果がどうでるかを試算している。ここではその内容を紹介しよう[17]。

表 2-10 は代替ミニマム税がないケースで租税支出を廃止した場合の分配効果（分位別税引後所得の変化率）を示している。同表の下から 2 行目に示されるように、租税支出の廃止は税引後所得を第 5 分位で 11.36%、第 1 分位で 6.52%、全所得層平均で 9.57% 減少させる。高所得層の税引後所得の減少率が一番大きいが、最富裕層（トップ 1%）では税引後所得の減少率は一層大きく、13.53% になっている。

しかし、租税支出の純分配効果は、政府が増えた税収をどう使うかにかかっている。増えた税収の使い方を 3 つのケースに分けて考える。

①全ての増収額を納税者に減税かあるいは全世帯所得の 9.6% 相当まで還付するときは、税引後所得は第 1 分位の世帯で 3.1% 増加するが、第 5 分位の世帯では 1.8%、トップ 1% の世帯では 3.9% 減少する。

②税収中立的に、全ての増収額を一律全ての限界税率の 44% 引下げ分の支払いに使うときは、第 5 分位の限界税率は 19.6%、第 1 分位の限界税率は 5.6% まで引き下げられる。この税収中立的な方法は、租税支出額の租税負担が低下するために最も高所得の納税者を最も助けることになる。表 2-10 の一番下の行に示されるように、税引後所得は第 5 分位で 1.74%、トップ 1% で 4.18% 増えるが、その他の分位では減少する。

③全ての増収額を政府支出増に充てるときは、結果はまた変わる。この支出の便益が全ての世帯にとって絶対額で等しければ、対所得の減税率が等しい場合よりも改革は一層累進的になる。

ところで、租税支出規定廃止の分配効果は租税支出のタイプ別に大きく異なる。全所得階層平均で見た場合、税引後所得の減少率が一番大きいのは、非課税の 4.19% で、項目別控除の 1.97%、キャピタル・ゲイン軽減税率の 1.26%…と続く。

非課税は、低所得納税者に対してよりも高所得納税者に対して税引後所得を引き下げるが、最も高所得層においてはその引下げの程度は下がる。主要な非課税項目は、雇主退職プラン拠出金・運用益非課税と雇主医療保険料非課税である。高所得者は一般に低所得者より非課税からより多くの便益を得

表 2-10　代替ミニマム税がないケースで、租税支出を削減した場合の分配効果
（2007 年）　　　　　　　　　　　　　　　　　　　　　　　　　　　　　　単位：%

	分位別税引後所得の変化（%）						
	第1分位	第2分位	第3分位	第4分位	第5分位	トップ1%	全体
非課税措置							
生命保険貯蓄利子非課税	-0.02	-0.08	-0.16	-0.29	-0.24	-0.14	-0.22
雇主退職プラン拠出金・運用益非課税	-0.09	-0.41	-0.71	-0.42	-2.34	-1.91	-1.57
免税債利子非課税	0.00	0.00	-0.01	-0.04	-0.24	-0.50	-0.15
雇主医療保険料非課税	0.07	-1.41	-2.03	-2.16	-1.51	-0.27	-1.65
社会保障・鉄道退職給付非課税	-0.13	-0.60	-0.71	-0.49	-0.09	-0.03	-0.29
軍人恩給非課税	0.00	-0.02	-0.06	-0.09	-0.06	-0.01	-0.06
所得税非課税措置小計（租税支出相互作用無）	-0.17	-2.51	-3.68	-3.49	-4.48	-2.86	-3.94
所得税非課税措置小計（租税支出相互作用有）	-0.54	-2.99	-3.79	-3.68	-4.74	-2.90	-4.19
調整総所得超過控除							
学生ローン利子控除	0.00	-0.01	-0.02	-0.02	-0.01	0.00	-0.01
自営業者医療保険料控除	0.00	-0.01	-0.03	-0.04	-0.06	-0.06	-0.05
視覚障害者・高齢者対象追加控除	0.00	-0.04	-0.03	-0.05	-0.01	0.00	-0.02
調整総所得超過部分の控除小計（租税支出相互作用無）	0.00	-0.06	-0.08	-0.11	-0.08	-0.06	-0.08
調整総所得超過部分の控除小計（租税支出相互作用有）	-0.01	-0.06	-0.09	-0.11	-0.08	-0.06	-0.08
キャピタル・ゲインと配当の税率軽減							
キャピタル・ゲイン税率軽減	0.00	-0.01	-0.02	-0.07	-1.85	-5.33	-1.10
配当税率軽減	0.00	-0.01	-0.01	-0.05	-0.22	-0.44	-0.14
小計：特別軽減税率措置（租税支出相互作用無）	0.00	-0.02	-0.03	-0.12	-2.07	-5.77	-1.24
小計：特別軽減税率措置（租税支出相互作用有）	0.00	-0.01	-0.04	-0.12	-2.11	-5.87	-1.26
項目別控除制度							
所有者占有住宅ローン利子控除	-0.01	-0.06	-0.27	-0.78	-1.44	-0.72	-1.03
州・地方税控除	0.00	-0.03	-0.12	-0.43	-1.51	-1.92	-0.98
慈善寄附金控除	0.00	-0.02	-0.09	-0.26	-0.74	-1.04	-0.49
災害損失控除	0.00	0.00	0.00	0.00	-0.01	-0.01	0.00
医療費控除	0.00	-0.04	-0.07	-0.11	-0.06	-0.02	-0.07
項目別控除小計（租税支出相互作用無）	-0.01	-0.15	-0.55	-1.58	-3.76	-3.71	-2.57
項目別控除小計（租税支出相互作用有）	-0.02	-0.11	-0.38	-1.09	-2.91	-3.24	-1.97
非還付税額控除制度							
HOPE 税額控除	-0.01	-0.09	-0.10	-0.08	-0.02	0.00	-0.05
生涯学習税額控除	-0.01	-0.05	-0.06	-0.04	0.00	0.00	-0.02
児童・扶養者養育費税額控除	0.00	-0.03	-0.08	-0.06	-0.03	0.00	-0.04
低・中所得貯蓄者税額控除	-0.03	-0.11	-0.07	-0.03	0.00	0.00	-0.02
非還付税額控除（租税支出相互作用無）	-0.05	-0.28	-0.31	-0.21	-0.05	0.00	-0.13
非還付税額控除（租税支出相互作用有）	-0.05	-0.28	-0.33	-0.23	-0.06	0.00	-0.14
還付付き税額控除制度							
児童税額控除	-0.05	-0.96	-1.31	-0.98	-0.25	0.00	-0.57
勤労所得税額控除	-5.35	-3.99	-0.88	-0.02	0.00	0.00	-0.56
還付付き税額控除（租税支出相互作用無）	-5.40	-4.95	-2.19	-1.00	-0.25	0.00	-1.13
還付付き税額控除（租税支出相互作用有）	-5.49	-5.00	-2.20	-0.99	-0.25	0.00	-1.14
合計：全租税支出規定（租税支出相互作用無）	-5.63	-7.97	-6.84	-6.51	-10.69	-12.40	-9.09
合計：全租税支出規定（租税支出相互作用有）	-6.52	-8.16	-6.76	-6.79	-11.36	-13.53	-9.57
合計：全租税支出規定（租税支出相互作用有）＋税収中立減税	-5.93	-5.85	-2.30	-0.07	1.74	4.18	0.13

出所：Burman, Toder and Geissler（2008），p.11.

ている。なぜなら、高所得者の方が雇主年金保険や雇主医療保険により多く
カバーしてもらえそうであり、また非課税は高所得者にとっての方が価値が
大きいからである。適格年金プラン拠出金には制限があり、医療保険支出は
トップ1％層では所得ほどには増えないので、最も高所得の納税者は、それ
に見合って非課税の便益受取りは少ない。

　調整総所得超過控除（学生ローン利子、高等教育費、自営業者医療保険
料）は、中所得層の納税者には最も大きな便益を与えるが、最低所得層（第
1分位）の納税者にはほとんど便益を与えない。キャピタル・ゲインや配当
への軽減税率の適用はトップ1％の納税者に偏って便益を与えるが、その他
の所得層の納税者にはほとんど便益を与えない。項目別控除は、低所得納税
者に対してよりも高所得納税者に大きな便益を与える。低所得納税者のほと
んどは標準控除を利用する。非還付付き税額控除（児童養育税額控除、高等
教育のための授業料税額控除、貯蓄者税額控除）は中所得納税者に最も大き
な割合の便益を与えるが、第5分位（高所得でほとんど控除が消失するため
に）と第1分位（彼らは税額が還付されないので）には便益を与えない。児
童税額控除とEITCは第1分位と第2分位の低所得納税者に最も大きな便益
を与えるが、児童税額控除の非還付部分もまた、中所得納税者にある程度の
便益を与える。

（2）高所得世帯向け租税支出便益制限の選択肢

　Baneman et al.（2011）は、高所得世帯に対する租税支出便益を制限する
3つの選択肢の収入面と分配面での影響を推計しているので、それを紹介し
よう[18]。

　高所得世帯向け租税支出便益を制限する3つの選択肢とは次の3つである。

　第1は、オバマ政権の提案を受けたもので、高所得納税者の項目別控除の
便益をその28％に制限するものである。

　第2は、高所得納税者に少なくとも所得の一定割合を支払わせる実効ミニ
マム税（EMT）である。すなわち、決められた限度額（夫婦合算申告の場
合は25万ドル、その他の場合は20万ドル）を超える修正調整総所得
（AGI）を有する納税者に対して、「現行法」の下では修正AGIの27％を
EMTとして支払わせ、「現行政策」の下では修正AGIの21％をEMTとし
て支払わせるものである。「現行法」と「現行政策」の違いは後で説明する。
なお修正AGIとは、AGIプラス免税利子所得のことである。

第2章　アメリカの租税支出の実態と改革の方向　　99

第 3 は、Feldstein et al.（2011）が特定の租税支出の便益を AGI の 2％に制限する提案をしたのを受けた案ではあるが、対象を高所得納税者に限定した案である。すなわち、決められた限度額（夫婦合算申告の場合 25 万ドル、その他の場合 20 万ドル）以上の AGI を有する納税者に対象を限定する。また特定の租税支出は、項目別控除、雇主医療保険料控除、児童税額控除・児童養育税額控除、一般事業税額控除の便益を納税者の AGI の 2％に制限する。この制限は、AGI が 25 万ドルから 50 万ドルの夫婦と AGI が 20 万ドルから 40 万ドルの単身者および世帯主に対して段階的に実施される。

　これら 3 つの選択肢の収入と分配への影響を測定するために、「現行法」と「現行政策」の 2 つの基準が考慮される。「現行法」は、合同租税委員会（JCT）の正式の収入査定官が租税提案の評点をつけるのに使う。それは、税法が現在書かれたかの如く役目を果し切ることを想定している。最も重要なのは、2001-10 年の所得税と相続税の減税が 2012 年末で満了となり、代替ミニマム税（AMT）の臨時救済措置が 2011 年末に満了となることである。「現行政策」基準は、議会が AMT 救済と並んで 2011 年税法の全ての規定を恒久的に延長することを想定している。ただし 2011 年以降物価調整はする。

　表 2-11 は、租税支出便益制限の 3 つの選択肢の個人所得税収への 10 年間の影響予測を現行法と現行政策の 2 つのケースに分けて示したものである。現行法と現行政策のいずれのケースにおいても、選択肢 3（租税支出を AGI の 2％に制限）が他の選択肢 1 と 2 よりも大きな収入を上げることができるが、現行法のケースの方が現行政策のケースより大きな収入を上げる。選択肢 1 において、現行法が現行政策より多く税収を上げるのは、現行法ではトップ税率が 36％、39.6％なのに対し、現行政策では 33％、35％と低下するからである。選択肢 2 の現行法と現行政策の税収差は、税率が前者 27％、後者 21％によるものである。選択肢 3 の現行法と現行政策の差は、基準の限界税率が前者より後者の方が低くなるからである。

　次に表 2-12 で、租税支出制限 3 選択肢の増税となる課税単位（世帯）の所得階層を現行法と現行政策の 2 つのケースについて比較してみよう。総じて現行政策のケースの方が、3 つのいずれの選択肢においても少ない課税単位数で多くの平均増税額を負うことになる。

　現行政策のケースの 3 つの選択肢それぞれについて詳しく見てみよう。第 5 分位がいずれの選択肢でも影響を受けているが、第 1 選択肢は影響を受け

表 2-11　個人所得税収への租税支出便益制限の影響
（2012-2021 年度）

単位：10 億ドル

3 つの選択肢	現行法	現行政策
選択肢 1：項目別控除の便益をその 28％に制限	287.9	164.2
選択肢 2：実効ミニマム税	258.4	169.0
現行法下の税率 27％、現行政策下の税率 21％		
選択肢 3：租税支出を AGI の 2％に制限	592.3	519.7

出所：Baneman, Nunns, Rohaly, Toder and Williams（2011），p.3.

る世帯数が一番多い反面、平均増税額は一番小さい。逆に第 2 選択肢は影響
を受ける世帯数が一番少ない反面、平均増税額は一番大きい。特に第 2 選択
肢の場合、トップ 1％の課税世帯数が 24.3 万で平均増税額が 109,056 ドル、
トップ 0.1％の課税世帯数が 3.8 万で平均増税額が 401,513 ドルと、他の選
択肢の同一分位と比べ断然少ない課税世帯で多くの平均増税額を担うことと
なる。

　さらに表 2-13 で、租税支出制限 3 選択肢について所得分位間の全増税額
のシェアと所得分位別の税引後所得の変化率を、現行法と現行政策の 2 つの
ケースについて比較してみよう。現行法のケースと現行政策のケースとも、
3 つの選択肢のいずれにおいても第 5 分位に全増税額のシェアが集中し、税
引後所得の変化率も変わらない。しかし、トップ 1％層やトップ 0.1％層で
現行法のケースと現行政策のケースを比較すると、現行政策のケースの方が
現行法のケースよりも、3 選択肢のいずれにおいても、総じて全増税額のシ
ェアが高く、税引後所得の変化率は低くなっている。

　現行政策のケースの 3 つの選択肢それぞれについて詳しく見てみよう。ト
ップ 1％層やトップ 0.1％層では、第 2 選択肢、第 3 選択肢、第 1 選択肢の
順に、全増税額のシェアが大きい。税引後所得の変化率はトップ 0.1％層が
一番大きく、その中では第 3 選択肢、第 2 選択肢、第 1 選択肢の順に大きく
なっている。

第 6 節　おわりに

　福祉国家の自由主義レジームに分類されるアメリカは、確かに「見える福
祉国家」の評価では、保守主義レジームや社会民主主義レジームの西洋福祉

表 2-12　租税支出制限 3 選択肢毎の増税となる課税単位（2013 年）

現金所得分位	全課税単位 (1000 世帯)	項目別控除の28％制限 課税単位数 (1000 世帯)	平均増税額 (ドル)	実効ミニマム税（現行法 27％、現行政策 21％）課税単位数 (1000 世帯)	平均増税額 (ドル)	特定租税支出をAGI の 2％に制限 課税単位数 (1000 世帯)	平均増税額 (ドル)
現行法のケース							
第 1 分位	43,362	0	0	0	0	0	0
第 2 分位	37,681	0	0	0	0	0	0
第 3 分位	32,699	0	0	0	0	0	0
第 4 分位	27,208	784	203	0	0	0	0
第 5 分位	24,067	10,400	2,788	489	68,046	2,932	18,864
全体	166,272	11,183	2,605	489	68,046	2,932	18,864
〈補遺〉							
80-90	12,130	1,579	529	0	0	13	435
90-95	5,919	3,919	660	0	0	44	1,477
95-99	4,805	3,874	2,173	129	17,784	1,993	5,490
トップ 1%	1,213	924	18,252	324	88,096	807	53,167
トップ 0.1%	124	103	75,640	36	419,250	74	277,578
現行政策のケース							
第 1 分位	43,362	0	0	0	0	0	0
第 2 分位	37,681	0	0	0	0	0	0
第 3 分位	32,699	26	156	0	0	0	0
第 4 分位	27,208	93	301	0	0	0	0
第 5 分位	24,067	5,268	2,917	394	80,473	2,851	16,521
全体	166,272	5,387	2,857	394	80,473	2,851	16,521
〈補遺〉							
80-90	12,130	283	447	0	0	13	396
90-95	5,919	985	678	0	0	42	1,262
95-99	4,805	3,207	1,570	113	19,313	1,883	3,762
トップ 1%	1,213	697	13,283	243	109,056	828	46,575
トップ 0.1%	124	96	53,632	38	401,513	84	240,673

出所：Baneman, Nunns, Rohaly, Toder and Williams (2011), p.4, p.11 より作成。

表 2-13　租税支出制限 3 選択肢毎の所得分配への影響（2013 年）

現金所得分位	全課税単位（1000世帯）	項目別控除の28％制限		実効ミニマム税（現行法 27％、現行政策 21％）		特定租税支出を AGI の 2％に制限	
		全増税額のシェア（％）	税引後所得の変化率（％）	全増税額のシェア（％）	税引後所得の変化率（％）	全増税額のシェア（％）	税引後所得の変化率（％）
現行法のケース							
第 1 分位	43,362	0.0	0.0	0.0	0.0	0.0	0.0
第 2 分位	37,681	0.0	0.0	0.0	0.0	0.0	0.0
第 3 分位	32,699	0.0	0.0	0.0	0.0	0.0	0.0
第 4 分位	27,208	0.0	0.0	0.0	0.0	0.0	0.0
第 5 分位	24,067	0.6	-0.6	100.0	-0.7	100.0	-1.2
全体	166,272	99.4	-0.3	100.0	-0.3	100.0	-0.6
〈補遺〉							
80-90	12,130	2.9	-0.1	0.0	0.0	0.0	0.0
90-95	5,919	9.0	-0.3	0.0	0.0	0.1	0.0
95-99	4,805	29.2	-0.7	7.4	-0.2	20.3	-0.9
トップ 1％	1,213	58.4	-1.2	92.6	-2.1	79.6	-3.1
トップ 0.1％	124	27.1	-1.3	49.7	-2.6	38.4	-3.5
現行政策のケース							
第 1 分位	43,362	0.0	0.0	0.0	0.0	0.0	0.0
第 2 分位	37,681	0.0	0.0	0.0	0.0	0.0	0.0
第 3 分位	32,699	0.0	0.0	0.0	0.0	0.0	0.0
第 4 分位	27,208	0.2	0.0	0.0	0.0	0.0	0.0
第 5 分位	24,067	99.8	-0.3	100.0	-0.6	100.0	-0.9
全体	166,272	100.0	-0.2	100.0	-0.3	100.0	-0.5
〈補遺〉							
80-90	12,130	0.8	0.0	0.0	0.0	0.0	0.0
90-95	5,919	4.4	-0.1	0.0	0.0	0.1	0.0
95-99	4,805	33.3	-0.4	7.6	-0.2	15.5	-0.6
トップ 1％	1,213	61.2	-0.6	92.4	-1.8	84.4	-2.6
トップ 0.1％	124	34.3	-0.8	53.0	-2.4	44.5	-3.2

出所：Baneman, Nunns, Rohaly, Toder and Williams（2011），p.5, p.12 より作成。

国家に劣位した「低位福祉国家」ながら、反面租税支出面の「隠れた福祉国家」の評価では、保守主義レジームや社会民主主義レジームの国々より発展し、また同じ自由主義レジームの国々と比較しても発展しているところに大きな特徴がある。

このアメリカの大きな「隠れた福祉国家」の内実はいかなるものであったか。1986年レーガン税制改革で一旦は大幅に圧縮された租税支出も、その後再び拡大傾向を辿るが、2000年代ブッシュ政権期にややその拡大が抑えられたような外観を呈する。しかし、それはブッシュ減税の中心である所得税率の引下げが所得控除の価値を引き下げるので、租税支出は縮小し、またキャピタル・ゲインや配当に対する優遇措置がOECDの資料では租税支出にカウントされないからである。いずれにせよ、今後とも何の対策も取られなければ、租税支出は拡大すると思われるが、それは財政赤字が嵩む中で、政治家は直接的歳出増で政策目標を追求することが難しくなり、一見支出規模を拡大しないかの錯覚を与える租税支出のインセンティブにより、政策目標を追求するようになって来ているからである。今や直接支出にした方がよいものまで租税支出に代行させていて、しかもその全体的規模は、裁量的支出に匹敵する程の大きさにまでなって来ているのである。

租税支出の中で規模の一番大きいのは、ブッシュ減税の柱であるキャピタル・ゲインや配当への軽減税率の適用による便益であるが、これを租税支出にカウントしなければ、退職プラン拠出金・運用益非課税、雇主医療保険料非課税、住宅ローン利子控除が三大租税支出項目となる。

退職プラン拠出金・運用益非課税の拡大は、アメリカの高齢化社会への対応であろうが、こうした貯蓄性資金の非課税措置は、アメリカの所得税を消費税化し、事実上所得税と消費税のハイブリッドなものにしていくことになり、これについては賛否両論、意見が分かれるところである。

また、雇主医療保険料非課税は、現役世代に公的医療保険がなかったアメリカで、それを補完する役割を担った企業による従業員への医療保険の提供を事実上支えるシステムとなっていた。オバマ政権下の2010年の医療保険改革も、企業に従業員のための医療保険加入を強制するものだけに、雇主医療保険料非課税措置はその後も維持されている。

住宅ローン利子控除は、低所得者に住宅所有の夢を与え、最後には金融機関の破綻に至ったサブプライム・ローンの普及発展を支え、住宅バブルの温

床的役割を果したと言われている。

　さて、租税支出の便益はどの所得階層に帰着したのであろうか。主な租税支出の中で、キャピタル・ゲインや配当への軽減税率適用、住宅ローン利子控除、州・地方税控除、慈善寄附金控除等の便益は高所得層に帰着している。退職プラン拠出金・運用益非課税や雇主医療保険料非課税の便益は、高所得層中心であるが中所得層にも広く便益は及んでいる。児童税額控除は、広く中所得層に便益が及んでいるが、勤労所得税額控除は低所得層に便益が集中している。

　総じて言うならば、エンタイトルメント直接支出は、中所得層、低所得層に便益配分を厚くした「見える福祉国家」を形成しているのに対し、エンタイトルメント租税支出は高所得者に便益配分を厚くした「隠れた福祉国家」を形成している。貯蓄＝投資増大による経済成長を名目にして、高所得層に対する非課税や所得控除を拡大し、彼らの租税負担を軽減してきた。租税支出は彼らのための「隠れた福祉国家」を形成してきた。結果として、累進所得税制では、当初所得の格差を縮めえず税引後格差は開いているのである。

　しかしながら、租税支出の便益の大半が高所得層に帰着しているとしても、租税支出が低所得層、中所得層に便益を何ももたらしていないかというとそうでもない。中・低所得層に対する租税支出の租税負担軽減効果を見ると、かなりの割合の世帯（課税単位）が所得税を支払わなくて済む原因にもなっており、中所得層では租税還付の恩恵にもかなり浴している。逆に高所得層では、租税支出が原因で所得税を支払わなくて済む世帯の割合は低い。したがって、租税支出の内訳だけを見れば、便益の大半は高所得層に帰着しているが、中・低所得層は、彼らの所得水準に照らせば、それなりに租税支出の便益を受け、所得税を支払わなくて済む世帯も存在する。

　ブッシュ（子）政権第2期目からオバマ政権へと時間が経過するにつれ、アメリカの財政赤字問題は深刻さを増し、政権は財政再建目標を掲げざるをえなくなってくるが、そんな中で膨張圧力の強いエンタイトルメント福祉支出の抑制、軍事費の削減と並んで、税制改革も課題となってくる。

　税制改革に対しては、民主党と共和党では考え方に相当違いがあるが、ブッシュ（子）政権期に設けられた超党派の大統領税制改革委員会やオバマ政権下の超党派の国家財政責任・改革委員会では、租税支出が改革の俎上に上り、かなり共通して、主要租税支出は費用がかかり、逆進的で非効率的だと

第2章　アメリカの租税支出の実態と改革の方向　　105

の認識が持たれ、具体的に特定租税支出の廃止や縮小が提案されている。

前者の委員会は 2005 年に、後者の委員会は 2010 年にそれぞれ報告書を出している。キャピタル・ゲインや配当への軽減税率廃止と通常税率への復帰に関して、両報告書に相違も見られるが、主要租税支出項目に関して大幅な見直しを勧告している点ではかなり共通性がある。

表 2-14 は、1968 年以来制定された主要税法の収入効果を示したものである。2010 年医療費負担適正化法を除いて、2000 年代のブッシュ（子）、オバマ両政権下の制定税法は、1980 年代、90 年代の大半とは違って、2 年平均、4 年平均で見て、皆収入効果がマイナスとなっている。つまり、大半が減税を主体とした税法である。その中で、多くの租税支出の拡充が行われている（表 1-10 も参照）。

オバマ政権は、2008 年の大統領選挙の時から、2010 年末で期限の切れる富裕層優遇のブッシュ減税を終わらせることを唱えていたが、実際にはアメリカの景気回復の遅れに配慮して 2010 年末には、「2010 年減税・失業保険再認可・雇用創出法」を成立させ、ブッシュ減税を 2 年間延長した。

2011 年に入ってからも景気の回復は遅れ失業率が 9％台に高止まりし、他方で財政赤字見通しは悪化した。7 月には債務上限引き上げが喫緊の課題となり、その際財政赤字削減の方法をめぐって、歳出増と富裕層優遇税制の廃止・縮小による増税を主張するオバマ民主党政権と、歳出削減と富裕層増税反対にこだわる共和党との間でなかなか折り合いがつかず、何度も協議は決裂した。最終的に 8 月 2 日に 2.4 兆ドルの財政赤字削減と債務上限引上げの合意をみたが、共和党の反発を恐れ富裕層の増税案は引っ込めざるをえなかった。

9 月に入って、オバマ政権は悪化する景気・雇用状況に対応するために「アメリカ雇用法案」を提出する一方、先に共和党との間で合意に達した 10 年間 2.4 兆ドルの赤字削減計画のうちのすでに法制化した歳出削減 0.9 兆ドルを除いた 1.5 兆ドルを倍増して、10 年間で 3 兆ドルの財政赤字削減策を打ち出した。その柱は念願の年間所得 100 万ドル以上の富裕層への増税である。さらに、富裕層向けブッシュ減税の廃止や金融商品の譲渡益課税拡大、石油・ガス企業向け優遇税制の廃止等が含まれている。

もう一つ重要なことは、Burman and Phaup（2011）でも指摘されているように、現在のアメリカの予算手続において、直接支出対象となる経費は歳出

106

表 2-14　1968 年以来制定された主要税法の収入効果

主要税法	各税法制定後の年数					最初の2年間	4年平均
	0	1	2	3	4		
1968 年歳入歳出管理法		16	4.7	NA	NA	10.4	NA
1969 年税制改革法		3.8	2.4	NA	NA	3.1	NA
1971 年歳入法		-4.4	-6.9	NA	NA	-5.7	NA
1975 年減税法		-9.8	0.4	NA	NA	-4.7	NA
1976 年税制改革法		-15.3	-11.9	-7.1	NA	-13.6	NA
1977 年減税・簡素化法		-17.8	-13.7	-5.8	NA	-15.8	NA
1978 年歳入法		-11.5	-22.8	-26.7	-30.6	-17.2	-22.9
1980 年石油たなぼた利潤税法		13.0	18.4	18.8	21.0	15.7	17.8
1981 年経済再建税法		-38.3	-91.6	-139.0	-176.7	-65.0	-111.4
1982 年租税公平・財政責任法		17.3	38.3	42.2	52.1	27.8	37.5
1983 年社会保障改正法		6.2	8.8	9.3	11.4	7.5	8.9
1984 年赤字削減法		9.3	15.9	21.6	24.6	12.6	17.9
1986 年税制改革法		18.6	0.9	-11.7	-9.0	9.8	-0.3
1987 年包括的予算調整法		9.1	14.3	16.2	15.6	11.7	13.8
1990 年包括的予算調整法		23.2	35.0	31.9	36.5	29.1	31.7
1993 年包括的予算調整法		24.3	45.3	52.5	65.9	34.8	47.0
1997 年納税者救済法		-9.4	-3.8	-18.6	-20.9	-6.6	-13.2
2001 年経済成長・租税負担軽減調整法	-73.8	-34.4	-85.5	-104.0	-103.7	-54.1	-74.4
2002 年雇用創出・労働者援助法	-42.6	-46.0	-27.3	3.8	20.8	-44.3	-28.0
2003 年雇用・成長租税負担軽減調整法	-53.1	-136.6	-78.0	-8.9	-1.4	-94.8	-69.2
2004 年勤労家族減税法	0.0	-27.2	-40.3	-20.4	-15.7	-33.8	-25.9
2005 年増税回避調整法	-10.7	-35.4	-4.8	-39.6	-7.9	-23.1	-22.6
2008 年景気刺激法	-112.1	-45.6	14.0	8.9	8.9	-78.9	-33.7
2008 年銀行救済法	0.0	-100.3	-2.4	-3.0	-0.8	-51.4	-26.6
2009 年アメリカ復興・再投資法	-84.4	-188.7	-39.9	6.5	-0.4	-136.6	-76.6
2010 年患者保護・医療費負担適正化法	-1.0	8.1	12.0	30.1	76.8	10.1	31.8
2010 年減税・失業保険再認可・雇用創出法	0.0	-407.8	-340.5	-88.1	13.2	-374.1	-205.8

注：(1) NA は利用不可。
　　(2) 2 年平均、4 年平均は、上記 2005 年増税回避調整法以外は、各税法制定後の年から始まる。
　　(3) 2005 年増税回避調整法の 2 年平均、4 年平均は、その税法の制定された年から始まる。
出所：Tempalski (2011), Table 2.

予算に計上されねばならないのに、租税支出の方は政府の予算書に今後の推計値だけが示されるだけで、還付される税額控除以外は現実の歳出予算に計上されることはない。つまり、租税支出は議会の予算統制に服していない点である。

　しかし、租税支出は目立つ直接支出を避けた、その代替措置として目立たない形で行われているのが実態である。今後は、租税支出を通常の歳出予算に組み込んで、議会の統制下に置き、直接支出と租税支出を対比することができるようにすれば、連邦財政を大いに効率化し、租税支出の削減にもつながり、連邦所得税の課税ベースを広げ、限界税率を引き下げる形で税制が簡素化され、税収増も期待できるものとなる。また、高所得層に傾斜した特定租税支出を廃止・縮小すれば、残った租税支出便益はより大きな割合で中所得層、低所得層に帰着するものとなる。やはり、高所得層に傾斜した「隠れた福祉国家」が中・低所得層に傾斜した「見える福祉国家」を圧倒するようなことにならないようにしなければならない。そのような傾向をオバマ政権時とトランプ政権時にどのように是正できたのか、あるいは悪化させたのかを、それぞれ第8章、第10章で検証する。

【注】

1) OMB（2011）, p.240, p.256；Hungerford（2006）, pp.2-3；Sunley（2004）, pp.158-163；渡瀬（2008）、15-16 頁。

2) JCT（2011）, p.10；Hungerford（2006）, p.3；Carasso and Steuerle（2003）, p.287；渡瀬（2008）、16-17 頁。

3) Sunley（2004）, pp.164-165.

4) JCT（2011）, p.3.

5) Burman and Phaup（2011）, pp.6-8.

6) Committee on the Budget, United States Senate（2008）, pp.7-8, p.13 を参照。

7) Gist and AARP（2007b）, pp.11-12.

8) *Ibid.*, p.2.

9) *Ibid.*, pp.15-16.

10) Johnson, Nunns, Rohaly, Toder and Williams（2011）, p.1.

11) *Ibid.*, p.3, p.6, Table 1.

12) *Ibid.*, pp.4-5.

13) Toder（2005）, pp.5-10；TPC（2008）, pp.I-8-8.

14) Toder（2005）, pp.12-13 ; PAPFTR（2005）.

15) NCFRR（2010）, pp.29-31.

16) Gale and Harris（2011）, pp.16-18.

17) Burman, Toder and Geissler（2008）, pp.10-13.

18) Baneman, Nunns, Rohaly, Toder and Williams（2011）, pp.1-12.

———— 第3章 ————

連邦給与税の給付と負担の関係
およびその税負担構造

ブッシュ（子）、オバマ政権期を中心に

第1節　はじめに

　本章では、2000年代に入ってからのブッシュ（子）政権期およびオバマ政権期を中心に、アメリカの連邦給与税（社会保障税とメディケア税）の給付と負担の関係およびその税負担構造を考察する。連邦税が家計（世帯）や企業の租税負担にどのような影響を与え、またどのような所得再分配機能を果しているのか、といった問題関心からである。

　給与税は、社会保障年金給付、メディケア入院保険給付、失業手当、および種々の退職年金の財源となる、賃金・給与に課される租税のことである。社会保障給付とメディケア入院保険給付の財源根拠法は連邦保険拠出金法で、同法は社会保障給与税（以下社会保障税と略す）とメディケア給与税（以下メディケア税と略す）の徴収を命じているので、両税は連邦保険拠出金法の頭文字を取って FICA 税とも呼ばれる。被用者と雇主はともに社会保障税とメディケア税を支払わねばならない。自営業者の場合は、被用者負担分と雇主負担分の両方を、社会保障税とメディケア税として支払うことが自営業者拠出金法（SECA）によって義務づけられている。

　社会保障プログラムは、退職者、障害者、その家族に対して、また病気の労働者の家族に現金給付を行うものである。このプログラムは、主としては給与税（社会保障税とメディケア税）収入で賄われている。社会保障プログラムの会計は、社会保障法タイトルⅡに基づき、1939年創設の老齢・遺族

年金保険（OASI）信託基金と 1956 年創設の障害年金保険（DI）の 2 つに分けて行われている。

メディケアは、1965 年に決定、1966 年から実施された連邦医療プログラムで、65 歳以上の人を対象としているが、1972 年社会保障法改正で一定の障害者にも適用されている。メディケアは発足当初パート A とパート B の 2 つだけであったが、その後パート C とパート D が加わり、現在はパート A、パート B、パート C、パート D の 4 つで構成されている。

パート A は、入院、在宅医療機関、高度看護施設、ホスピスのサービスを行うプログラムで、その支払財源としてメディケア税が充てられ、入院保険（HI）信託基金として独立して会計が行われる。パート B は、医者、外来診察、在宅医療機関、その他のサービスを行うプログラムで、その支払財源として患者の保険料と連邦政府の一般財源が充てられ、補足的医療保険（SMI）信託基金として独立して会計が行われる。パート D もこの補足的医療保険（SMI）信託基金に含まれて会計が行われる。パート D は、2003 年に成立したメディケア処方薬改善・近代化法に基づいて設けられたプログラムで、保険料を支払っている全ての給付対象者に処方薬保険へ自由意思で加入しやすくなるように補助をしたり、低所得加入者に保険料や負担金の補助をしたりする。

パート C は、メディケア・アドバンテージ・プログラムで、もともとは 1997 年財政収支均衡法によって創設されたメディケア＋チョイスがその後 2003 年メディケア処方薬改善・近代化法によって内容が修正され、現在の名称に変更されたものである。このプログラムは、民間の医療保険プランに加入しようとするメディケア給付対象者の選択肢を拡大したものである。したがって、その財源は給付対象者の保険料であって連邦税ではない。

本章が対象とする給与税は、社会保障年金給付、メディケア入院保険給付以外に、失業手当や種々の退職年金の財源にも充てられるが、ほとんどが社会保障年金給付とメディケア入院保険給付に充てられるので、ここでは社会保障税とメディケア税を給与税として考察の対象とする。社会保障税もメディケア税も目的税として徴収されており、連邦政府の一般会計とは区別して、連邦老齢・遺族・障害年金保険信託基金と連邦入院保険信託基金で経理される。

ただし、これらの信託基金は、毎年の議会予算過程に含まれるプログラム

とは関係ないのでオフバジェットとして扱われる。他方、メディケア入院保険信託基金の場合は、毎年の議会予算過程に含まれるプログラムに関わるものなのでオンバジェットとして扱われる。ただ、社会保障税もメディケア税も目的税の性格を有するので、その受益と負担の関係が問題となる。

　さて、本章の主題と関わって、どのような先行研究があるだろうか。社会保障信託基金に関わるものとしては、片桐（2005）第1章、中川（2010）、吉田（2010）、山本（2012）等がある。メディケア入院保険信託基金に関わるものとしては、片桐（2005）第1章、中川（2011）、小林（2011）、石田（2012）、徐（2012）、石橋（2013）等がある。だがこれらは、社会保障年金やメディケアを中心とした医療の制度的由来や、財政的困難、オバマケアを含めた将来展望の問題について論じたものがほとんどであって、本章が主題とする連邦給与税（社会保障税とメディケア税）の受益と負担の関係および世帯所得階層別の負担構造について、部分的に触れていることがあっても正面からそれを論じているわけではない。給与税そのものに焦点を当てた研究は少なく、赤石（2005）、関口（2015）がある。赤石（2005）では、Dilley（2000a）、Dilley（2000b）、Geier（2002）、Geier（2003）、Mitrusi and Poterba（2000）、Mitrusi and Poterba（2001）等の給与税に関する議論や実証を踏まえて、給与税と所得税の歴史と負担の実態、給与税と所得税の二重課税問題、社会保険税（社会保障税のこと）と所得税の統合問題について論じている。関口（2015）は、社会保障税（給与税）と所得税との関連として、1つは社会保障年金給付時課税の問題を、もう1つは勤労所得税額控除（EITC）を通じての低所得層の租税負担軽減問題を論じている。

　英語文献の先行研究もそれほど多くない。本章の主題に関わりがあるような論文としては、赤石（2005）が援用している、上述のような研究がある。そのうち、Dilley（2000a）、Dilley（2000b）、Geier（2002）、Geier（2003）は、税法学的議論を行っており、本章で試みようとする給与税負担の実証分析としては、Mitrusi and Poterba（2000）、Mitrusi and Poterba（2001）がある。その後の研究としては、Favreault and Mermin（2008）、Office of Tax Policy（2011）、Hungerford（2013）、Kopcke, Zhenyu and Webb（2014）等がある。Favreault and Mermin（2008）は、何故社会保障が高齢の低賃金労働者やマイノリティを貧困から抜け出させたり、拠出額より多い便益を与えたりすることができていないのかを検討している。また、人種、ジェンダー、所得水

準別社会保障の結果について何が分かるのかを検討している。さらに、死亡率、収入、障害、育児、移民、婚姻形態が、いかに人種を跨いで著しく相異なっているのかを描いている。Office of Tax Policy（2011）は、中間層家族に対する 2011 年給与税減税と 2012 年へのその延長の効果を州ごとに見たものである。本章の主題と関係して、給与税の在り方を検討している論文は、管見の限り Hungerford（2013）、Kopcke, Zhenyu and Webb（2014）だけである。Hungerford（2013）は、社会保障最大課税限度額の引上げを含む 4 つの政策の租税負担所得階層別分布の変化を検討している。Kopcke, Zhenyu and Webb（2014）は、給与税が課税される賃金・給与収入の割合が、1982 年～2009 年期に相当程度低下してきていることを明らかにしている。それは、同じ世代内で給与税課税上限を超える高所得者の収入が課税上限以下の者の収入より急速に増加して収入格差が拡大しているためだということを実証している。

　以下、第 2 節では、社会保障信託基金とメディケア入院保険信託基金の財政悪化の状況を検証した上で、連邦給与税の給付と負担の関係を明らかにする。第 3 節では、連邦給与税の負担構造を検証する。第 4 節では、まず第 2 節と第 3 節の分析の要点をまとめている。その上で、社会保障年金保険とメディケア入院保険の財政を持続可能なものにする方策として、連邦給与税の強化について一定の考察を行う。

第 2 節　連邦給与税（社会保障税とメディケア税）の給付と負担の関係

1. 社会保障信託基金とメディケア入院保険信託基金の財政

（1）連邦政府収入における給与税の重大化：2 番目の基幹税

　まず、本章が対象とする給与税および退職拠出金（2013 年度の連邦財政統計で見ると 99%[1]が給与税なので以下給与税と略す）が連邦政府収入の中でどのように位置づいて推移してきているのか、序章の図 0-6 と図 3-1 で見ておこう。給与税は、1950 年度時点では、個人所得税、法人税、内国消費税の次に来る 4 番目の大きさの税目であり、法人税収の半分にも満たなかった。1960 年度時点では、給与税は内国消費税の規模を上回って 3 番目の基幹税となった。さらに 1970 年度には、法人税の規模を上回って 2 番目の基幹税となった。そして、総収入の対 GDP 比は 2000 年度に 19.9% とピーク

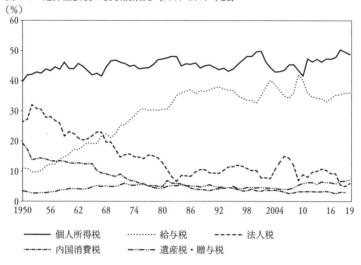

図3-1 連邦主要税の税収構成比（1950-2019年度）

出所：OMB（2020），pp.34-35 より作成。

に達した後、2000年代にはブッシュ減税の影響もあって低下するが、その中にあって給与税は構成比を高め、2003年度、2009年度、2010年度には40％台に乗せ、2番目の基幹税ながら、個人所得税とほぼ肩を並べる状態にまでになっている。

給与税はこれほど大きな基幹税になっているので、当然所得税と同様に国民にとっても大きな負担となっており、また所得の再分配にも大きな影響を及ぼしているはずであるが、所得税ほどには研究はされていない。また、所得税や法人税のような一般財源ではなく、年金や医療（入院）のための財源であるので、事実上目的税だといってもよい。目的税であれば、単に給与税の負担の側面だけではなく、その給付（便益）との関係をも考察せねばならない。既述のように、社会保障（年金）給付のために社会保障税（2013年度で給与税の71％[2]）が徴収され、老齢・遺族年金保険信託基金と障害年金信託基金の形で一般会計とは区別して会計が行われている。またメディケア入院保険給付のために、メディケア税（2013年度で給与税の22％[3]）が徴収され、メディケア入院保険信託基金の形で一般会計とは区別して会計が行われている。そこで、以下これら基金の財政収支状況を（2）、（3）と順に検

討する。

（2）社会保障信託基金の財政悪化の状況

まず、社会保障信託基金とは何かを簡単に説明しよう。正確にいうと、社会保障信託基金という単一の信託基金ではなく、社会保障税（給与税）を財源とする2つの信託基金つまり老齢・遺族年金保険（OASI）基金と障害年金保険（DI）基金をあわせたもの（OASDI）を、そのように称する。2021年6月現在OASDIによる社会保障の受給者は、ベビーブーム世代の退職もあって増加し6500万人になっており、そのうち約72%が退職労働者で12%が障害労働者となっている[4]。

表3-1は老齢・遺族・障害年金保険（OASDI）の財政収支・資産の推移を示したものである。OASDI基金は、1960-90年期が90%以上、2000-20年期が80%以上（ただし、2011年と2021年は後述の理由により70%程度）給与税で賄われている。

この表だけだと毎年キャッシュ・フローの収入と支出を示していないので、1975年と1980年だけ社会保障（OASDI）信託基金の財政収支が赤字になっているように見える。だが、社会保障信託基金の財政状態は決してよくない。それには、当年度のキャッシュ・フロー収支と資産を見なければならない。キャッシュ・フロー支出とはコスト（社会保障給付費と管理費）の支払いであり、キャッシュ・フロー収入とは基金の全体収入から純利子を差し引いたもので、具体的には給与税純拠出、財務省一般会計からの償還金、社会保障給付課税からの連邦所得税収入を指している。もしキャッシュ・フロー支出がキャッシュ・フロー収入を上回る時、キャッシュ・フロー赤字は、社会保障給付費と管理費の支弁のために信託基金保有資産の一部を売却して埋め合わせされることになっている[5]。

図3-2は、社会保障信託基金のキャッシュ・フロー収支を示したものである。1973年から1982年までの10年間は、キャッシュ・フロー収支に大きな赤字を記録しており、また2010〜12年の3年間は大きな赤字を記録しているばかりでなく、2033年に向けて大きく赤字幅を拡大していき、準備金（資産）は2033年に涸渇する見通しである。ただし、この図3-2の収入には、表3-1の収入と違って「純利子」収入は含まれていない。

1983年には社会保障信託基金はまもなく枯渇し年金財政の大きな赤字が長く続く見通しとなったので、次の①〜⑥のような大きな改正が行われた[6]。

表3-1 老齢・遺族・障害年金保険 (OASDI) の財政収支・資産 (1960-2020年)

単位：100万ドル、%

	収入						支出					資産	
	合計金額	構成比（%）					合計金額	構成比（%）				金額（100万ドル）	
	（100万ドル）	合計	純給与税拠出	年金給付課税収入	一般会計からの償還金	純利子	（100万ドル）	合計	年金給付	管理費	鉄道退職年金への移転	年間純増額	年末残高
1960	12,445	100	95.4			4.6	11,798	100	95.3	2.0	2.7	647	22,613
1966	23,381	100	96.6		0.4	3.0	20,913	100	95.9	1.9	2.2	2,467	22,308
1970	36,993	100	93.9		1.3	4.8	33,108	100	96.3	1.9	1.8	3,886	38,068
1975	67,640	100	95.0		0.8	4.2	69,184	100	96.9	1.7	1.4	-1,544	44,842
1980	119,712	100	97.5		0.6	1.9	123,550	100	97.6	1.2	1.2	-3,838	26,453
1984	186,637	100	93.8	1.6	2.8	1.8	180,429	100	97.4	1.3	1.3	6,028	31,075
1990	315,443	100	93.4	1.6	-0.4	5.5	253,135	100	97.9	0.9	1.2	62,309	225,277
2000	568,433	100	86.6	2.2	-0.1	11.3	415,121	100	98.2	0.9	0.9	153,312	1,049,445
2010	781,128	100	81.6	3.1	0.3	15.0	712,526	100	98.4	0.9	0.6	68,602	2,608,950
2011	805,057	100	70.1	3.0	12.8	14.2	736,083	100	98.5	0.9	0.6	68,975	2,677,925
2012	840,190	100	70.2	3.2	13.6	13.0	785,781	100	98.6	0.8	0.6	54,409	2,732,334
2013	855,021	100	84.9	2.5	0.6	12.0	822,925	100	98.7	0.7	0.6	32,096	2,764,431
2015	920,157	100	86.4	3.4	0.04	10.2	897,123	100	98.8	0.7	0.5	23,034	2,812,510
2020	1,118,096	100	89.6	3.6	—	6.8	1,107,214	100	99.0	0.6	0.4	10,881	2,908,286

出所：SSA (2021), Table 4. A3 より作成。

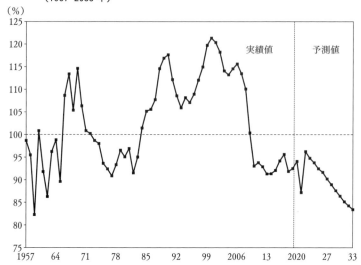

図 3-2　社会保障信託基金：利子以外の経常収入の対コスト比率
（1957-2033 年）

注：年次収入には連邦債保有に係る利子収入は含んでいない。
　　100％を超える比率はその年のキャッシュ・フロー黒字を示す。
　　100％未満の比率はその年のキャッシュ・フロー赤字を示す。
出所：Huston（2021），p.9.

①1980 年代後半に予定していた社会保障税率の引上げを繰り上げ実施する、②富裕な家計に対する社会保障給付の一部に課税する、③自営業者の社会保障税の税率を他の労働者と均衡が取れるように引き上げる、④自動物価スライドを 6 ヵ月間遅らせることで短期的な支出削減を行う、⑤新たな連邦職員や非営利団体職員をプログラムに加入させる、⑥通常の退職年齢を 65 歳から 67 歳に 2027 年までに徐々に引き上げていく。この改正によって社会保障信託基金の収支は改善し、以後積立金が累積していく。

　この改正の①と②によって給与税率は、表 3-2 に示されるように、1990 年にまで順次引き上げられていく。併せて最大課税所得も引き上げられていく。しかし、1990 年以降今日に至るまで、被用者と雇主、自営業者の最大課税上限所得は引き上げられてくるが、給与税率は 2011 年と 2012 年の引下げ（後述）以外全く据え置かれたままである。

　1983 年改正の上記②の内容に関しては、表 3-1 に示されるように年金給

付課税収入は 1984 年以来増加し、収入構成比も 2012 年には当初の 2 倍にも
なっている。社会保障年金給付時課税は、単身申告納税者 2 万 5000 ドル、
夫婦合算申告納税者 3 万 2000 ドルを超える修正調整総所得（社会保障給付
の半分を含む）があれば、社会保障給付の 50％に連邦所得税を課すもので
ある。修正調整総所得は、物価上昇や賃金上昇の調整がなく固定されている
ので、社会保障給付に連邦所得税を課せられる受給者が増えてくる。2005
年では、社会保障受給者 1690 万人（全体の 39％）が、社会保障給付に所得
税を課せられるようになっていた[7]。

　もう一度序章の図 0-6 を見ると、2011 年度と 2012 年度に給与税の対
GDP 比が落ち込んでいるのが分かる。図 3-1 においても給与税の構成比が
2010 年と比べて 2011 年と 2012 年に落ち込んでいる。これは、オバマ政権が、
2008 年リーマン・ショックによる大不況への景気対策として、2010 年減
税・失業保険再認可・雇用創出法を成立させ、給与税率を引き下げた結果で
ある[8]。オバマ政権は、2011 年に被用者と自営業者の給与税率を 2％ポイン
ト引き下げた。ただし、雇主に対する給与税率は引き下げなかった。同政権
はこの税制措置を 2012 年に延長した。この給与税率引下げは、表 3-2 に示
されている。給与税率を引き下げると当然給与税収は落ち込むので、その税
収ロスを補って社会保障信託基金を守るために、一般会計から資金移転が行
われた。それは、表 3-1 に示されているように社会保障信託基金収入の約
12〜13％程度の割合を占めたのである。なお、表 3-2 の給与税率表は 2014
年までしか掲載されていないが、その後最大課税所得は増額されて行くもの
の、被用者と雇主、自営業者にとっての給与税率（社会保障税率とメディケ
ア税率）は 2014 年の税率と基本的に同じまま 2024 年現在も使用されている。
2013 年からは、2010 年医療費負担適正化法（オバマケア）で定められた高
所得者への税が実施されている。単身申告納税者は 20 万ドル、夫婦合算申
告納税者は 25 万ドル以上を稼いでいる場合には、メディケア給与税が 0.9
％ポイント引き上げられることになった。

　さて、社会保障信託基金財政の将来見通しはどうであろうか。オバマ政権
期 2014 年の連邦社会保障信託基金理事会年次報告書により、基金の将来見
通しを見ておこう。同理事会は、75 年間という長期の同基金の財政収支見
通しを立てるにあたり、高コスト、中コスト、低コストの 3 つのタイプにつ
いて推計している。ここでは中コストの推計結果を紹介するが、その際次の

表 3-2　給与税率（社会保障税率とメディケア税率）(1966-2020 年)

単位：ドル、%

	最大課税所得（ドル）		被用者、雇用者と雇主の給与税率（%）				自営業者の給与税率（%）		
			被用者と雇主の各給与税率			被用者と雇主の合算税率			
	社会保障	メディケア	社会保障 (OASDI)	メディケア (HI)	合計		社会保障 (OASDI)	メディケア (HI)	合計
1966	6,600	6,600	3.85	0.35	4.2	8.4	5.8	0.35	6.15
1970	7,800	7,800	4.2	0.6	4.8	9.6	6.3	0.6	6.9
1980	25,900	25,900	5.08	1.05	6.13	12.26	7.05	1.05	8.1
1984	37,800	37,800	5.7	1.3	7.0	14.0	11.4	2.6	14.0
1986	42,000	42,000	5.7	1.45	7.15	14.3	11.4	2.9	14.3
1988	45,000	45,000	6.06	1.45	7.51	15.02	12.12	2.9	15.02
1990	51,300	51,300	6.2	1.45	7.65	15.3	12.4	2.9	15.3
1993	57,600	135,000	6.2	1.45	7.65	15.3	12.4	2.9	15.3
2000	76,200	1994 年以降 制限なし	6.2	1.45	7.65	15.3	12.4	2.9	15.3
2005	90,000		6.2	1.45	7.65	15.3	12.4	2.9	15.3
2008	102,000		6.2	1.45	7.65	15.3	12.4	2.9	15.3
2009	106,800		6.2	1.45	7.65	15.3	12.4	2.9	15.3
2010	106,800	→	6.2	1.45	7.65	15.3	12.4	2.9	15.3
2011	106,800		5.2	1.45	7.65	13.3	10.4	2.9	13.3
2012	110,100		5.2	1.45	7.65	13.3	10.4	2.9	13.3
2013	113,700		6.2	1.45	7.65	15.3	12.4	2.9	15.3
2014 以降	毎年増額		6.2	1.45	7.65	15.3	12.4	2.9	15.3

注：2011 年と 2012 年に、被用者と自営業者の賃金にかかる OASDI 給与税率は 6.2％から 4.2％に減らされた。
出所：TPC (2019), p.8 より作成。

ような前提を置いている。合計特殊出生率 2.0（2038 年以降）、2013 年から2088 年までの老齢・性別調整済全体死亡率の年平均減少率 0.79％、2014 年から 2088 年までの年平均純移民数 112 万 5000 人、2026 年以降の生産性の年平均変化率 1.68％、2025 年から 2088 年までの平均賃金の年平均変化率3.83％、2020 年以降の消費者物価指数の年平均変化率 2.70％等詳細な前提を置いている。

　同理事会の推計結果はこうである[9]。OASDI プログラムの年コストは、2014 年純利子を除く収入を上回り、以後長期にわたって高くなり続ける。OASDI 信託基金と DI 信託基金を合せた理論上の予想資産積立金は、2019年まで増えて行き、2020 年から減少し始め、2033 年には枯渇して予定給付をきちんと満額支払うことができなくなる。積立金が枯渇した時点で、両方の信託基金に引き続き入ってくる収入だけでは予定給付の 77％しか払えない。しかしながら、DI 信託基金積立金は 2016 年に枯渇するので、その時点でDI 信託基金に入ってくる収入だけでは DI 給付の 81％しか払えない。したがって、できるだけ早く DI プログラムの資金不足に取り組む議会の対応が必要とされている。

　同理事会は、OASI と DI の両信託基金を 75 年の予定期間中に完全な支払能力を保ち続けるには、次の①～③のようなアプローチが必要だと言っている[10]。①給与税を直ちに且つ恒久的に 2.83％ポイント引き上げるに匹敵する額だけ収入を増やさねばならない、②予定給付の削減が 2014 年以降給付資格者に初めてなる人にのみ適用されるのであれば、75 年の予定期間中の予定給付は、全ての現在および将来受給者に適用される場合には、直接的・恒久的に 17.4％削減するのに匹敵するくらいの金額を、また予定給付の削減が 2014 年以降給付資格者に初めてなる人にのみ適用される場合には 20.8％減らされねばならない、③これらのアプローチを幾つか組み合わせたアプローチが採用されねばならない。

　なお、社会保障（OASDI）信託基金の今後の持続可能性について、2021年連邦 OASDI 信託基金理事会年次報告書では、中間的な仮定だと、OASDI信託基金の資産は 2034 年に涸渇し、それ以降予定していた給付の 78％しか支払えなくなると述べている[11]。その背景には、ベビーブーマーの退職で社会保障受給者が増えコスト増となり、他方で少子化世代が退職世代に代わって勤労者となり、収入減となってきている事情がある。

第 3 章　連邦給与税の給付と負担の関係およびその税負担構造　　121

社会保障改革の議論は、1990年代から2000年代にかけて連綿と続いているが、大きな改革は実施されていない。片桐（2005）や中川（2010）等に社会保障改革についての議論の詳しい紹介がある[12]。

（3）メディケア入院保険（HI）信託基金の財政悪化の状況

　メディケアパートＡ（入院保険）は2012年に5000万人以上の人々（高齢者約4200万人と障害者900万人）に医療給付を行い、給付総額は2629億ドルであった。2019年では、パートＡは6090万人（高齢者5220万人と障害者870万人）に医療給付を行い、給付総額は3228億ドルであった[13]。

　表3-3は、メディケア入院保険の財政収支・資産の推移を示したものである。給与税が主財源で給付費を支弁している。同表だけでは、2010年代になってから財政収支が赤字になったように見えるが、実際にはそうではない。図3-3に示されるように、1990年代にも財政収支が悪化していたのである。

　1984年以来、一定水準以上の社会保障給付は連邦所得税が課税されるようになり、その税収は社会保障基金に繰り入れられていることは既に述べた。1993年包括的予算調整法によって単身申告者3万4000ドル、夫婦合算申告者4万4000ドルを超える修正調整総所得があれば、社会保障給付の85%まで連邦所得税を課すことになり、1994年から実施されることになった。

　ところがその税収入は、社会保障信託基金ではなく、財政状態の悪化しているメディケア入院保険信託基金に繰り入れられることになったのである。その推移が表3-3の給付課税収入の欄に示されている[14]。表3-2に示されるように、2011年と2012年には大不況対策としてオバマ政権によって社会保障税の2%ポイントの税率引下げが行われたが、メディケア税の税率引下げは行われなかったので、給付課税収入の構成比は1994年の1.5%から2012年の7.7%へと次第に高まってくる[15]。

　2000年代に入ってからのHI信託基金の財政状態を表3-3とDavis（2021）でやや詳しく追跡してみよう[16]。

　2008年には、パートＡの支出が合計所得（税収入プラス他の全ての収入源）を超え始め、HI信託基金資産が収入を超えた支出部分を埋め合わせるために使われた。2008年から2015年までは毎年支出が収入を上回っている。2016年と2017年には、HI信託基金は少しばかりの剰余金を生んでいる。しかし、2018年と2019年には赤字に陥っている。2020年には同信託基金は、新型コロナウイルスの感染拡大した時期に医療供給者への支払いを急いだり、

表 3-3　メディケア入院保険信託基金の財政収支と資産（1970-2020 年）　　単位：10 億ドル

	収入					支出			資産	
	給与税	給付課税収入	鉄道退職勘定からの移転等	投資利子等	合計	給付支払	管理	合計	純増減	年末残高
1970	4.9		1.0	0.2	6.0	5.1	0.2	5.3	0.7	3.2
1975	11.5		0.7	0.7	13.0	11.3	0.3	11.6	1.4	10.5
1980	23.8		1.0	1.1	26.1	25.1	0.5	25.6	0.5	13.7
1985	47.6		0.5	3.4	51.4	47.6	0.8	48.4	4.8	20.5
1990	72.0		-0.1	8.5	80.4	66.2	0.8	67.0	13.4	98.9
1995	98.4	3.9	5.9	10.8	115.0	116.4	1.2	117.6	-2.6	130.3
2000	144.4	8.8	2.4	11.7	167.2	128.5	2.6	131.1	36.1	177.5
2005	171.4	8.8	3.1	16.1	199.4	180.0	2.9	182.9	16.4	285.8
2006	181.3	10.3	3.5	16.4	211.5	189.0	2.9	191.9	19.6	305.4
2007	191.9	10.5	3.8	17.5	223.7	200.2	2.9	203.1	20.7	326.0
2008	198.7	11.7	4.0	16.4	230.8	232.3	3.3	235.6	-4.7	321.3
2009	190.9	12.4	3.7	17.1	225.4	239.3	3.2	242.5	-17.1	304.2
2010	182.0	13.8	3.7	16.1	215.6	244.5	3.5	247.9	-32.3	271.9
2011	195.6	15.1	4.1	14.2	228.9	252.9	3.8	256.7	-27.7	244.2
2012	205.7	18.6	4.2	14.5	243.0	262.9	3.9	266.8	-23.8	220.4
2013	220.8	14.3	4.2	11.8	251.1	261.9	4.3	266.2	-15.0	205.4
2014	227.4	18.1	4.1	11.7	261.2	264.9	4.5	269.3	-8.1	197.3
2015	241.1	20.2	4.0	10.1	275.4	273.4	5.5	278.9	-3.5	193.8
2016	253.5	23.0	4.4	10.1	290.8	280.5	4.9	285.4	5.4	199.1
2017	261.5	24.2	4.2	9.4	299.4	293.3	3.2	296.5	2.8	202.0
2018	268.3	24.2	4.3	9.8	306.6	303.0	5.2	308.2	-1.6	200.4
2019	285.1	23.8	4.6	9.0	322.5	322.8	5.4	328.3	-5.8	194.6
2020	303.3	26.9	4.7	6.7	341.7	397.7	4.5	402.2	-60.4	134.1

出所：The Board of Trustees, Federal Hospital Trustees, Federal Hospital Insurance and Federal Supplementary Medical Insurance Trust Funds（2021），p.56, Table III. B4；CMMS（2021）より作成。

前払いをしたりしたために、通常の赤字以上に大きな赤字を被った。

　さて、メディケア入院保険信託基金財政の将来見通しはどうであろうか。2014 年の連邦入院・補足医療保険信託基金理事会報告書により、基金の将来見通しを見ておこう[17]。予想される支出をメディケア税でカバーできる割合は、2030 年の 85％から 2045 年の 75％にまで下がって行き、それ以降 2088 年まではその状態で安定すると想定している。ただし、このメディケア税で予想入院コストを埋めることができない不足分は、2030 年に至るま

図 3-3　メディケア入院保険信託基金財政収支：年次支出に対する年初基金残高比（1990-2030 年）

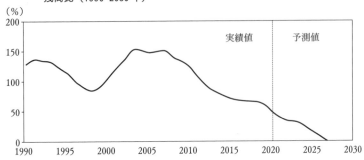

注：基金残高には連邦債で保有している積立金の利子は含んでいない。
　　100％を超える比率はその年のキャッシュ・フロー黒字を示す。
　　100％未満の比率はキャッシュ・フロー赤字を示す。
出所：The Board of Trustees, Federal Hospital Trustees, Federal Hospital Insurance and Federal Supplementary Medical Insurance Trust Funds（2021）, p.28.

では、信託基金資産として保有している連邦債の利子とその償還費等で埋めることができるので、予想入院コストの100％をカバーでき、支払い不能にはならない。しかし、2030年以降は、2029年に連邦債の償還費でカバーできるのは入院コストの13％までなので、入院保険赤字を解消する立法措置が講じられない限り、入院保険信託基金は支払い不能に陥ることになる。

同理事会は、2010年にオバマ政権下で成立した医療費負担適正化法にはコスト・コントロール規定があり、医療費節約が達成可能だと予想している。予算・政策優先研究所は、入院保険信託基金が、医療費負担適正化法が制定される前と比べて制定によって、13年支払可能期間が延びると予想している。また、医療費負担適正化法制定前に同理事会が入院保険の75年間の資金不足が給与税の3.88％になると推定していたのと比べて、給与税の0.87％の資金不足になると予想している[18]。

なお、2021年現在のHI信託基金財政の将来見通しはどうであろうか。2021年の連邦入院・補足医療保険信託基金理事会報告書によると、HI信託基金資産は、中程度のコスト増が続くと仮定して、毎年の支出に対する割合で見た場合に、絶えず減少するとの見通しである。因みに、その割合は、2021年39％、2022年34％、2023年32％、2024年23％、2025年15％、2026年以降0％である。もし準備金（資産）が涸渇すると、メディケア・パ

ートＡは、医療プランやパートＡサービスの供給者にまだ得られている税収入で支払えるところまで支払うことはできるが、それが完全にできなくなれば支払い不能に陥る[19]。

　メディケア改革を含めた医療改革の議論は、1990年代から2000年代にかけて連綿と続いているが、片桐（2005）、片桐（2015）、中川（2011）、徐（2012）等に議論の詳しい紹介がある[20]。

2. 社会保障税とメディケア税の給付と負担の関係

（1）社会保障年金給付と医療保険給付および両者の所得再分配効果

　現在の年金制度の形成過程を振り返ってみよう。1935年社会保障法タイトルⅡは65歳以上の高齢者に年金を支給する老齢年金保険（OAI）制度を創設し、さらに1939年社会保障法改正で、労働者個人から家族保護に発想を転換し、支給対象を遺族と扶養者にも拡大する老齢・遺族年金保険（OASI）制度となった。1956年にはさらに障害年金保険（DI）制度が創設された。他方公的医療保険は、1965年に65歳以上の高齢者を対象にメディケア・パートＡ（入院保険）とパートＢ（補足医療保険）として創設された。この時併せて貧困者のための医療扶助としてメディケイドも創設されている。

　表3-4を見ると、公的年金保険制度と公的医療保険制度が不完全ながらも一通り揃った1966年からの年金および医療の総給付額の伸びは急速で、2010年までの45年間に57.8倍にもなっている。個人所得に対する総給付比は同じ期間に、3.4％から9.7％へ2.9倍になっている。そして年金の現金給付と医療の現物給付を比べた場合、医療の現物給付の方が割合を高め、年金の現物給付の割合が落ちてきて、近年前者が5割台半ば、後者が4割台半ばとなっている。

　次に社会保障年金給付と医療保険給付の所得再分配効果について検討することにしよう。まず社会保障年金給付の所得再分配効果について表3-5を使って考察する。表3-5は、年金の予定給付と支払可能給付についての退職労働者の当初代替率の中央値を出生年代別コホートでどう変化しているのか見たものである。男女を合せた退職者全員のケースで見てみよう。3点指摘することができる。第1に、全退職労働者で見ても、生涯世帯所得のどの分位で見ても、予定給付の当初代替率（中央値）は、出生年代別コホート間ではそう大きな変化が見られないのに、支払可能給付の当初代替率（中央値）は、

表 3-4 給付タイプ別および信託基金別の給付総額とその個人所得比 (1966-2020 年)

単位：100 万ドル、%

	総給付額	現金給付		現物給付		リハビリテーション・サービス		個人所得	個人所得に対する総給付比 (%)
		老齢・遺族年金保険	障害年金保険	入院保険	補足的医療保険	老齢・遺族年金保険	障害保険		
1966	21,070	18,267	1,781	891	128		3	620,339	3.4
1970	38,982	28,796	3,067	5,124	1,975	2	18	865,045	4.5
1980	156,298	105,074	15,437	25,064	10,635	8	78	2,323,645	6.7
1990	356,536	222,993	24,803	66,239	42,468	…	32	4,913,791	7.3
2000	625,060	352,706	54,938	128,458	88,893	…	63	8,652,601	7.2
2005	850,717	435,373	85,394	180,013	149,888	58	-9	10,598,246	8.0
2010	1,217,587	577,448	124,191	244,463	271,429	2	54	12,551,597	9.7
2015	1,524,829	742,939	143,282	273,423	365,076	2	107	15,724,240	9.7
2020	2,012,435	952,388	143,487	397,668	518,783	13	95	19,727,921	10.2
構成比 (%)									
1966	100	86.7	8.5	4.2	0.6		0.01		
1970	100	73.9	7.9	13.1	5.1	0.01	0.05		
1980	100	67.2	9.9	16.0	6.8	0.01	0.05		
1990	100	62.5	7.0	18.6	11.9		0.01		
2000	100	56.4	8.8	20.6	14.2	0.01			
2005	100	51.2	10.0	21.2	17.6	0.01			
2010	100	47.4	10.2	20.1	22.3				
2015	100	48.7	9.4	17.9	23.9				
2020	100	47.3	7.1	19.8	25.8				

出所：SSA (2021), Table 4. A4. より作成。

1970年代生れコホートで大きく低下し、1980年代生れコホートから2000年代生れコホートにかけて、緩やかに低下する傾向にある。これは、社会保障信託基金の財政が次第に悪化していくことを反映したものである。

第2に、年金の予定給付および支払可能給付のいずれにおいても、生涯世帯所得の分位の低い方が当初代替率（中央値）が高く、また男女を比較すると、女性の当初代替率の方が男性の当初代替率より生涯世帯所得のいずれの分位においても高い。つまり生涯世帯所得の低い方が高い方よりも当初代替率（中央値）が高いのである。これは、年金給付に所得再分配効果があることを示している。この場合には男性から女性への所得再分配が全体として生じている。

第3に、全体として見た場合、若年世代から高齢世代への所得再分配が生じている。これは、年金保険が賦課方式を取っているからである。

では、年金給付の所得再分配機能は、年金制度の中にどのようにビルト・インされているのか[21]。社会保障退職者給付資格を得るためには一般的に最低でも社会保障適用雇用歴が10年あって、すなわち1年に4クレジット、10年で40クレジットの要件を満たし、給与税を支払っていることが必要である。老齢年金の基本給付額（PIA）は、賃金スライド調整済み平均月収額（AIME）（最も高い35年間の平均）に次の公式（2013年現在）を適用し算出する。

PIA＝AIMEの最初の791ドルまでの90％＋AIMEの791ドル超4768ドルまでの部分の32％＋AIMEの4768ドル超の部分の15％

例えば、2013年現在5000ドルのAIMEの退職者は、この式から計算すると2019.30ドルの老齢年金の給付を受けることができる。もっとも実際の給付額は、支給開始年齢や家族構成によって異なってくる。現在66歳から老齢年金を受給できるが、66歳以上の配偶者や18歳未満の子供がいる場合には、老齢年金の50％相当が家族年金として加えて支給される。

いずれにせよ、PIAの算出に当たってAIMEの3つのブラケットに3つの累進的代替率（90％、32％、15％）が適用されるので、老齢年金は所得再分配機能を持っているのである。これは2021年現在も変わっていない。

今度は、医療保険給付の所得再分配効果について考察する。ただし、アメリカにある公的医療保険は、65歳以上の高齢者向けのメディケアと貧困者向けのメディケイドが中心で、現役世代向けの公的医療保険がない。このた

表3-5　年金の予定給付と支払可能給付についての退職労働者の当初代替率の中央値

単位：％

出生年代別コホート	全退職労働者		生涯世帯所得									
			第1分位		第2分位		第3分位		第4分位		第5分位	
	予定給付	支払可能給付	予定給付	支払可能給付	予定給付	支払可能給付	予定給付	支払可能給付	予定給付	支払可能給付	予定給付	支払可能給付
全員												
1940年代	46	46	77	77	51	51	45	45	40	40	32	32
1950年代	44	44	70	71	49	49	43	43	38	38	29	29
1960年代	43	41	71	65	49	47	42	40	37	35	27	26
1970年代	45	34	76	57	52	39	43	33	38	28	27	20
1980年代	46	35	74	57	52	40	44	33	38	29	28	22
1990年代	45	33	74	54	51	37	43	31	37	27	26	19
2000年代	45	31	73	51	50	35	43	30	37	26	26	19
男性												
1940年代	41	41	65	65	45	45	40	40	35	35	26	26
1950年代	40	40	63	63	45	45	40	40	34	34	24	24
1960年代	40	38	66	61	45	44	39	38	33	31	22	21
1970年代	42	31	70	53	48	36	41	31	34	26	22	17
1980年代	43	32	69	53	49	37	42	31	36	27	23	18
1990年代	41	30	68	49	48	34	40	29	34	25	21	16
2000年代	42	29	67	47	48	33	40	28	34	24	22	15
女性												
1940年代	54	54	83	83	60	60	52	52	47	47	42	42
1950年代	49	49	78	78	54	54	47	47	42	42	38	38
1960年代	47	45	76	67	53	51	45	43	40	38	35	33
1970年代	50	37	77	58	56	42	47	35	41	31	35	26
1980年代	51	38	77	58	57	43	47	36	41	31	36	27
1990年代	49	36	76	55	55	40	46	33	40	29	35	25
2000年代	49	34	76	53	54	38	46	32	40	28	35	24

注：当初代替率とは、労働者の生涯所得の年平均額に対する労働者の当初給付額の比率を示している。代替率は、62歳になった時に退職給付を請求する資格があり、まだ他に何も給付請求をしていない全ての個人について計算されている。全ての労働者は、65歳で給付を請求すると仮定している。給付にかかる所得税を除く全ての金額が社会保障信託基金に預託されている。

出所：CBO (2013b), Exhibit 9 より作成。

め、大企業等は企業福祉として被用者に民間医療保険を提供している。そこ
で、ここでは公的医療だけでなく雇主スポンサーの民間医療保険を含めて、
それらが世帯の所得再分配にどのように貢献しているのか、表 3-6 を使って
考えてみたい。表 3-6 は議会予算局が医療保険の所得分配への効果を試算し
たデータを筆者がまとめたものである。ただし、メディケアの数値は入院保
険に限定した数値ではなく、メディケア全体の数値である。

　表 3-6 の上表で各所得尺度の分位別構成比を見てみよう。1979 年と 2007
年のどちらでもメディケイドと児童医療保険（CHIP）が平均コストと代替
可能価値のいずれで見ても、第 1 分位と第 2 分位の構成比がその他の分位と
比べて高くなっている。貧困者向プログラムなので当然かもしれない。また、
メディケアも 65 歳以上の高齢者向プログラムで、退職して年金生活を送っ
ている人が多いので、比較的低所得層（第 1 分位や第 2 分位）の構成比が高
くなっている。ただし、1979 年と 2007 年を比較すれば、メディケイドと
CHIP、およびメディケアの平均コストと代替可能価値のいずれでみても、
第 1 分位の構成比が 2007 年に低下しているが、逆に第 2 分位、第 3 分位の
構成比は 2007 年の方が高くなっている。雇主スポンサー医療保険は、メデ
ィケアやメディケイドと違って中間層（第 3 分位と第 4 分位）の構成比が高
くなっているが、1979 年と 2007 年で構成比にさほどの相違は認められない。
そして、雇主スポンサー医療保険、メディケア、メディケイド、CHIP を合
せて代替可能価値で見てみると、医療保険の所得分配効果は 5 つの所得分位
にかなり平準化されているものの、相対的には高所得層の第 5 分位が有利な
分配（1979 年 27.3%、2007 年 27.2%）を受けている。

　しかし、これだけでは医療保険の所得再分配効果を正しく見ることができ
ない。表 3-6 の下表は、分位別に見た医療保険の市場所得に対する比率であ
る。1979 年と 2007 年の両方において、雇主スポンサー医療保険（ESI）で
は第 2 分位以上に、メディケアでは第 1 分位と第 2 分位に、メディケイドと
CHIP では第 1 分位に、そして ESI とメディケア、メディケイド、CHIP を
合せた場合では第 1 分位と第 2 分位に高い数値が出ており、医療保険の所得
再分配効果を確認することができる。しかも、1979 年と比べてそれらの数
値が 2007 年の方が高く、医療保険の所得再分配効果が高まっているという
ことができる。さらに、民間の医療保険である雇主スポンサー医療保険は、
中高所得層に有利な所得分配効果があるのに対し、メディケア、メディケイ

第 3 章　連邦給与税の給付と負担の関係およびその税負担構造　　129

表 3-6　医療保険の所得分配への効果（1979 年、2007 年）

単位：%

	市場所得（医療保険除外）	雇主スポンサー医療保険（ESI）	メディケア		メディケイドと CHIP		ESI＋メディケア、メディケイド、CHIP の代替可能価値
			平均コスト	代替可能価値	平均コスト	代替可能価値	
各所得尺度の分位別構成比（%）							
1979 年							
第 1 分位	7.7	2.9	57.5	47.7	73.5	56.8	19.0
第 2 分位	10.9	13.3	16.6	20.3	14.2	23.9	16.0
第 3 分位	14.8	20.4	9.0	11.0	5.6	9.1	17.0
第 4 分位	21.1	27.3	7.2	8.8	3.7	5.7	20.7
80-90（百分位）	14.7	17.1	3.6	4.2	1.2	2.3	12.6
90-95（百分位）	9.8	10.0	2.0	2.3	0.6	1.1	7.3
95-99（百分位）	11.6	7.5	2.7	3.4	0.6	1.1	5.9
トップ 1%	9.6	1.7	1.3	1.7	0	0	1.6
全分位	100.0	100.0	100.0	100.0	100.0	100.0	100.0
2007 年							
第 1 分位	5.7	2.2	46.1	30.1	64.6	31.5	15.5
第 2 分位	8.6	10.1	20.2	25.1	18.1	33.0	17.8
第 3 分位	12.7	19.5	13.7	18.1	8.7	17.6	18.8
第 4 分位	18.6	28.2	9.5	12.7	4.9	10.4	20.7
80-90（百分位）	13.6	18.2	4.4	5.8	2.0	3.7	12.2
90-95（百分位）	9.8	10.6	2.5	3.4	0.9	1.5	7.0
95-99（百分位）	13.0	8.9	2.7	3.6	0.8	1.5	6.2
トップ 1%	18.6	2.3	0.9	1.2	0.2	0.5	1.7
全分位	100.0	100.0	100.0	100.0	100.0	100.0	100.0

分位別にみた医療保険の市場所得に対する比率（%）

1979年						
第1分位	1.0	10.7	7.1	4.9	2.1	10.1
第2分位	4.1	2.7	2.6	0.8	0.8	7.4
第3分位	4.1	1.0	0.9	0.2	0.2	5.2
第4分位	3.7	0.5	0.5	0.1	0.1	4.3
80-90（百分位）	3.3	0.4	0.3	0	0	3.7
90-95（百分位）	2.9	0.3	0.3	0	0	3.2
95-99（百分位）	1.8	0.3	0.3	0	0	2.2
トップ1%	0.5	0.2	0.2	0	0	0.7
全分位	3.1	1.6	1.3	0.6	0.3	4.7
2007年						
第1分位	1.4	29.1	14.1	20.9	3.2	18.6
第2分位	6.3	12.5	11.5	5.8	3.3	21.0
第3分位	6.9	4.8	4.7	1.6	1.0	12.6
第4分位	6.4	2.1	2.1	0.6	0.4	8.8
80-90（百分位）	5.4	1.3	1.3	0.3	0.2	6.9
90-95（百分位）	4.3	1.0	1.0	0.2	0.1	5.4
95-99（百分位）	2.6	0.8	0.8	0.1	0.1	3.5
トップ1%	0.5	0.2	0.2	0	0	0.6
全分位	4.3	4.3	3.2	0.2	0.7	8.1

注：(1) 所得は、世帯人員の平方根で所得を割って、世帯人員の差を調整してある。1世帯の人員は住居を同じくする人であって、姻戚は関係ない。

(2) 市場所得は、移転前、課税前所得のことである。

(3) メディケアの代替可能価値、メディケイドとCHIPの代替可能価値とは、世帯にとって食料や住居のような基本需要を満たす所得を超える所得で、メディケア、メディケイド、CHIPの医療給付の平均コストまでの所得を指す。

(4) CHIPとは、児童医療保険のことである。

出所：Alford, and Reilly eds.（2012）, pp.75-76 より作成。

ドと CHIP といった公的医療保険は低所得層に有利な所得分配効果がある
ことも読み取ることができる。

(2) 社会保障（年金）およびメディケアの受益（給付）と負担（給与税）の関係

まず、社会保障給付と給与税の受益と負担の関係を表 3-7 で検討してみよう。表 3-7 は、出生年代別コホート毎に、生涯社会保障給付と給与税の中央値を生涯世帯所得分位別に対比したものである。

2 点指摘することができる。第 1 に、予定給付額と給与税との関係（（A）/（C））を分位間で見比べると、いずれの出生年代別コホートにおいても、第 5 分位と第 4 分位の比較的高所得層では予定給付額が給与税額を下回っており、また（A）/（C）の数値にコホート毎の変動も少ない。逆に第 1 分位の低所得層では、予定給付額が給与税額を上回っており、（A）/（C）の値は次第に高まっている。これらのことは、老齢年金制度の所得再分配機能が作動していることと、老齢年金財政が悪化していることを示している。第 2 に、支払可能給付額と給与税との関係（（B）/（C））を分位間で見比べると、いずれの出生年代別コホートにおいても、第 5 分位と第 4 分位の比較的高所得層では支払可能給付額が給与税額を下回っており、また（B）/（C）の数値にコホート毎の変動も少ない。逆に第 1 分位の低所得層では、支払可能給付額が給与税額を上回っており、（B）/（C）の値は次第に低下してきている。これらのことは、老齢年金制度の現実の給付においても、特に第 1 分位に所得再分配機能が強く作動しているものの、この低所得層に対する所得再分配効果は次第に弱まっていることを示している。

なお、第 2 分位と第 3 分位の世帯では、（A）/（C）の値が 1980 年代出生コホートから 2000 年代出生コホートにかけて 100 を超えて上昇していくが、（B）/（C）の値は出生年代別コホート間では第 1 分位を除いて 100 以下の数値でほとんど変わっておらず、特に比較的低所得の第 2 分位が所得再分配の恩恵に浴していないことは注目に値する。

次に、退職年齢を 65 歳として、その時までにいくら社会保障税とメディケア税を支払い、その時にいくら給付として取り戻すことができるのか、それを 65 歳になる年のコホート毎に見たのが表 3-8 である。社会保障およびメディケアの給付額はあくまで期待値であって、実績値ではない。65 歳時点での年金給付・医療給付と社会保障税・メディケア税とを比較して退職者

表 3-7　生涯社会保障給付と給与税の中央値の生涯世帯所得分位別対比

単位：1000ドル（2013年ドル）、%

出生年代別コーホート	予定給付額 (A)	支払可能給付額 (B)	給与税 (C)	給付額の対給与税割合 (%) A/C	B/C
			全世帯		
1940年代	189	186	205	92	91
1950年代	211	196	233	91	84
1960年代	241	199	245	98	81
1970年代	269	205	242	111	85
1980年代	312	230	256	122	90
1990年代	382	271	304	125	89
2000年代	451	311	352	128	88
			第2分位		
1940年代	181	178	200	91	89
1950年代	199	186	224	89	83
1960年代	216	178	223	97	80
1970年代	235	178	219	107	81
1980年代	272	202	237	115	85
1990年代	338	239	289	117	83
2000年代	400	275	335	119	82
			第4分位		
1940年代	286	281	397	72	71
1950年代	316	290	461	69	63
1960年代	362	289	483	75	60
1970年代	404	305	503	80	61
1980年代	461	338	530	87	64
1990年代	561	401	652	86	61
2000年代	660	462	748	88	62

出生年代別コーホート	予定給付額 (A)	支払可能給付額 (B)	給与税 (C)	給付額の対給与税割合 (%) A/C	B/C
			第1分位		
1940年代	85	84	56	150	149
1950年代	101	96	70	145	138
1960年代	124	103	79	157	131
1970年代	137	105	85	162	124
1980年代	166	123	99	166	123
1990年代	201	143	115	174	125
2000年代	244	168	134	182	125
			第3分位		
1940年代	237	232	296	80	79
1950年代	262	239	336	78	71
1960年代	288	234	343	84	68
1970年代	318	241	340	93	71
1980年代	362	268	359	101	75
1990年代	443	313	445	100	70
2000年代	529	361	512	103	70
			第5分位		
1940年代	340	334	525	65	64
1950年代	374	338	642	58	53
1960年代	433	345	711	61	49
1970年代	503	380	765	66	50
1980年代	576	424	811	71	52
1990年代	691	491	983	70	50
2000年代	809	562	1,127	72	50

注：(1) 生涯所得稼得者の分布には、少なくとも45歳まで生きる人だけを含んでいる。
(2) 給与税は、雇主負担分と被用者負担分を合わせたものである。
(3) 現在価値を出すために、金額はインフレ調整をしてあり、また62歳まで割り引いてある。

出所：CBO (2013b), Exhibit 8, Exhibit9 より作成。

表3-8 65歳時の社会保障およびメディケアの期待給付額

単位：ドル（2012年ドル）

65歳になる年のコホート	年間社会保障給付	生涯社会保障給付 (A)	生涯メディケア給付 (B)	合計生涯給付 (C)	生涯社会保障税 (D)	生涯メディケア税 (E)	合計生涯税 (F)	生涯給付と生涯税の差		
								A－D	B－E	C－F
平均賃金（2012年ドルで44,600ドル）を稼ぐ単身男性の場合										
1960	9,500	115,000	16,000	131,000	18,000	0	18,000	97,000	16,000	113,000
1980	15,400	207,000	64,000	271,000	98,000	9,000	107,000	109,000	55,000	164,000
2010	17,900	277,000	180,000	457,000	300,000	61,000	361,000	-23,000	119,000	96,000
2020	18,900	304,000	232,000	536,000	350,000	77,000	427,000	-46,000	155,000	109,000
2030	20,600	339,000	311,000	650,000	404,000	90,000	494,000	-65,000	221,000	156,000
平均賃金（2012年ドルで44,600ドル）を稼ぐ単身女性の場合										
1960	9,600	149,000	26,000	175,000	18,000	0	18,000	131,000	26,000	157,000
1980	15,400	254,000	87,000	341,000	98,000	9,000	107,000	156,000	78,000	234,000
2010	17,900	302,000	207,000	509,000	300,000	61,000	361,000	2,000	146,000	148,000
2020	18,900	328,000	267,000	595,000	350,000	77,000	427,000	-22,000	190,000	168,000
2030	20,600	364,000	353,000	717,000	404,000	90,000	494,000	-40,000	263,000	223,000
平均賃金（2012年ドルで44,600ドル）を稼ぐ片稼ぎ夫婦の場合										
1960	14,200	214,000	41,000	255,000	18,000	0	18,000	196,000	41,000	237,000
1980	23,100	377,000	151,000	528,000	98,000	9,000	107,000	279,000	142,000	421,000
2010	26,900	467,000	387,000	854,000	300,000	61,000	361,000	167,000	326,000	493,000
2020	28,400	508,000	499,000	1,007,000	350,000	77,000	427,000	158,000	422,000	580,000
2030	30,800	564,000	664,000	1,228,000	404,000	90,000	494,000	160,000	574,000	734,000

平均賃金と低い賃金（2012 年ドルで 44,600 ドルと 20,000 ドル）を稼ぐ共稼ぎ夫婦の場合

1960	16,000	228,000	41,000	269,000	26,000	0	26,000	202,000	41,000	243,000
1980	25,000	394,000	151,000	545,000	142,000	13,000	155,000	252,000	138,000	390,000
2010	31,000	490,000	387,000	877,000	435,000	88,000	523,000	55,000	299,000	354,000
2020	33,000	534,000	449,000	1,033,000	507,000	111,000	618,000	27,000	388,000	415,000
2030	38,000	593,000	664,000	1,257,000	585,000	131,000	716,000	8,000	533,000	541,000

平均賃金（2012 年ドルで各自 44,600 ドル）を稼ぐ共稼ぎ夫婦の場合

1960	19,000	264,000	41,000	305,000	36,000	0	36,000	228,000	41,000	269,000
1980	30,800	461,000	151,000	612,000	196,000	17,000	213,000	265,000	134,000	399,000
2010	35,800	579,000	387,000	966,000	600,000	122,000	722,000	-21,000	265,000	244,000
2020	37,800	632,000	499,000	1,131,000	700,000	153,000	853,000	-68,000	346,000	278,000
2030	41,200	703,000	664,000	1,367,000	808,000	180,000	988,000	-105,000	484,000	379,000

高い賃金と平均賃金（2012 年ドルで 71,400 ドルと 44,600 ドル）を稼ぐ共稼ぎ夫婦の場合

1960	20,000	278,000	41,000	319,000	42,000	0	42,000	236,000	41,000	277,000
1980	35,000	534,000	151,000	685,000	230,000	21,000	251,000	304,000	130,000	434,000
2010	45,000	693,000	387,000	1,080,000	765,000	156,000	921,000	-72,000	231,000	159,000
2020	48,000	756,000	499,000	1,255,000	909,000	199,000	1,108,000	-153,000	309,000	147,000
2030	55,000	840,000	664,000	1,504,000	1,050,000	234,000	1,284,000	-210,000	430,000	220,000

注：全ての金額は 2012 年恒常ドルで示しており、実質利子率 2% を使って 65 歳での現在価値になるように調整してある。各合計算は、65 歳まで生存すると想定し、それ以降は死の可能性について調整してある。また、法律で予定されている給付は、信託基金が枯渇したとしても支払われることを想定している。労働者は 22 歳から通常の退職年齢まで働くものと想定している。平均的な賃金労働者は、社会保障庁の毎年の平均年の平均賃金指標（AWI）、2012 年では推定 44,600 ドルを稼ぐ。高賃金労働者は平均賃金の 160% を稼ぐが、低賃金労働者は平均賃金の 45% を稼ぐ。最大課税労働者は毎年 OASI 最大課税賃金（2012 年で 110,100 ドル）を稼ぐ。メディケアの数値は、パート A、パート B、パート D を含んでおり、何人かの高所得者に対する新しい保険料以外の保険料は除いてある。

出所：Steuerle and Quakenbush (2012) より作成。

の損得を考えようとすれば、正確にはそれらの生涯給付の割引現在価値と生涯支払税の割引現在価値を対比せねばならない。表3-8はその値を示したものであるが、実質2%の利率で生涯の社会保障給付およびメディケア給付と生涯の社会保障税とメディケア税の割引現在価値が算出されている。なお、生涯の社会保障給付およびメディケア給付と生涯の社会保障税とメディケア税を比較すると言っても、その世帯が単身者なのか夫婦なのか、また生涯の稼ぎがどのくらいなのかによって退職者の損得の有様が随分と違ってくる。そのため、表3-8ではケースを6つに分けて検証している。

　以上のことを前提に表3-8を見てみよう。第1に、生涯社会保障給付（A）と生涯社会保障税（D）の差を6つのケースについて見比べてみると、平均賃金（44,600ドル）を稼ぐ片稼ぎ夫婦の場合と、平均賃金と低い賃金（20,000ドル）を稼ぐ共稼ぎ夫婦の場合には、いずれのコホートにおいても生涯社会保障給付額が生涯社会保障税額を上回っている。ただし、コホートが後になるほど上回る金額が減少している。また、平均賃金を稼ぐ単身男性の場合、平均賃金を稼ぐ単身女性の場合、平均賃金を稼ぐ共稼ぎ夫婦の場合、高い賃金（71,400ドル）と平均賃金を稼ぐ共稼ぎ夫婦の場合には、2010年コホートまでは大体生涯社会保障給付額が生涯社会保障税額を上回っているが、それ以降のコホートになると、逆に生涯社会保障税額が生涯社会保障給付額を上回って、しかも後のコホート程その傾向が強くなっている。

　第2に、生涯メディケア給付（B）と生涯メディケア税（E）の差を6つのケースについて見比べてみると、社会保障の場合と違って、いずれのケースでも生涯メディケア給付額が生涯メディケア税額を上回っている。しかも、6つのいずれのケースにおいても、コホートが後になる程生涯メディケア給付額が生涯メディケア税額を上回る金額が増えている。

　第3に、社会保障給付およびメディケア給付の合計生涯給付額と社会保障税およびメディケア税の合計生涯税額を見比べた場合、合計生涯給付額が合計生涯税額を全てのコホートで上回っている。

第3節　連邦給与税（社会保障税とメディケア税）の負担構造

1. 世帯にとって所得税より負担の重い給与税

　連邦税を課税する場合に、どの税が各分位の世帯にとって、どのような負

担になっているのか、第4章の表4-8を利用して考えてみよう。2004年ブッシュ（子）政権下の数値であるが、各分位においてどの税目が一番負担になっているかと言えば、第1～第4分位では給与税で、第5分位において初めて所得税となっている。第1～第4分位において給与税は連邦税負担の5割前後を担っているのである。

　所得税は所得が上るにつれ世帯負担が重くなるよう、課税所得と税率面で調整され累進的な構造になっているので、高所得層と比べて低・中所得層の税負担は軽減されている。これに対し、給与税は労働所得に課税され、所得税のように人的控除、項目別控除、標準控除、税額控除がなく、また利子・配当などの資本所得に課税されず、かつ税率はフラット（表3-2）で、その上課税限度が設けられているため、低・中所得層にとっては、所得税より負担が重くなっている。つまり逆進的な構造となっている。

2. 累進的な所得税平均税率と逆進的な給与税平均税率

　第1章の表1-5の連邦税の所得分位別平均税率表を利用して説明する。まず所得税であるが、2001年以降ブッシュ減税とその延長やオバマ政権第1期の2007-09年大不況に対する追加的減税によって、平均税率は全ての分位で低下し、オバマ政権2期目で上昇に転じかけているが、トランプ政権の2017年大規模減税で再度幾分低下している。表1-5を見れば分かるように、所得税の平均税率は第1分位や第2分位の低所得層において低く、第5分位とりわけトップ1％層において高くなっており、完全に累進的になっている。特に2000年代に第1分位と第2分位において、勤労所得税額控除（EITC）等の給付付き税額控除の拡充によって、実際に所得税の平均税率が負の値を拡大しているのが注目される。

　ところが、給与税の平均税率は、分位間の差がわずかで、第5分位の方が第1分位から第4分位までより低く、かつ最富裕層のトップ1％層が大変低くなっている。トップ1％の給与税平均税率が低いのは、この層の世帯の所得の多くが社会保障税（給与税）に服する最大制限枠を超えているからであり、またこの層の世帯の稼得所得に占める割合が相対的に小さいためである[22]。言い換えれば、給与税は大変逆進的な税となっている。

表 3-9　個人所得税ないし給与税の納税申告書の件数と金額
（2019 年）　　　　　　　　　　　　　　　　単位：100 万件、10 億ドル、%

| 所得階層 | 申告件数
（100万件） | 個人所得税
（10億ドル） | 給与税
（10億ドル） | 給与税が
所得税より
少ない場合
申告数
（100万件） | 給与税が所得税より
多い場合 | |
					申告数 （100万件）	全申告者に 占める割合 （%）
1 万ドル未満	17.2	-8.6	6.8		9.2	53.6
1 万 -2 万ドル	17.6	-38.6	29.2	0.1	14.5	82.8
2 万 -3 万ドル	19.6	-34.3	45.1	0.2	14.4	73.3
3 万 -4 万ドル	16.5	-16.9	50.8	0.4	12.4	75.1
4 万 -5 万ドル	14.3	-3.9	56.5	1.1	10.7	74.9
5 万 -7.5 万ドル	27.8	41.4	146.4	3.9	20.6	74.2
7.5 万 -10 万ドル	17.3	73.7	127.2	4.2	12.3	71.6
10 万 -20 万ドル	31.1	330.1	403.3	10.2	20.8	66.9
20 万 -50 万ドル	10.3	381.7	239.8	7.5	2.7	26.7
50 万 -100 万ドル	1.3	187.0	45.1	1.3		1.5
100 万ドル以上	0.7	582.9	43.3	0.7		1.3
全納税者数	173.7	1,494.6	1,193.6	29.7	117.8	67.8

出所：JCT（2019a), Table 7.

3．ほとんどの納税者が所得税より給与税に多く支払っている

　表 3-9 は、2019 年における所得税ないし給与税の納税申告書の件数と金額、および所得税より給与税を多く支払っている納税者の割合を示したものである。全体で 1 億 7370 万人の納税者のうち 1 億 1780 万人（全体の 67.8%）の納税者が、所得税より給与税に多く支払っている。1 万ドル未満〜20 万ドル未満の所得層では、最も低い割合の所得層で 53.6%、最も高い割合の所得層で 82.8% が所得税より給与税に多く支払っている。2 万ドル以上 20 万ドル未満の所得層では、70% の納税者が所得税より給与税に多くを支払っている。

　20 万ドル以上の所得層では、50 万ドル未満までの所得層の納税者の 26.7 %、50 万ドル以上の所得層の納税者では、所得税より給与税に多くを支払っているものはわずか 1% 強でしかない。逆に言えば、中・低所得層の納税者は、所得税より給与税に多くを支払い、高所得層の納税者は、給与税より所得税に多く支払っているのである。

第4節　おわりに

　本章では基幹税の1つである連邦給与税（社会保障税とメディケア税）について、その税負担分析を行った。ただ、所得税や法人税のような連邦税は一般財源として一般会計（General Fund）の収入になるのに対し、給与税は社会保障（年金保険）とメディケア（高齢者医療・入院保険）の特定財源として社会保障信託基金とメディケア入院保険信託基金の収入になる目的税的性格の税であるので、世帯にとっての税負担分析を行う前に、目的に照らして両信託基金の財政状態と両信託基金における受益と負担の関係を検討する必要があった。

　第2節においてこの課題に取り組んだが、結論を要約すれば次の4点となる。

　第1に、社会保障信託基金とメディケア入院信託基金の財政状態は近年とみに悪化し、前者は2035年以降、後者は2027年以降、予定給付額を満額支払えない状態に陥る恐れがある。

　第2に、社会保障年金給付（現金給付）とメディケア医療給付（現物給付）を比べた場合に、1960年代には規模で前者が後者を圧倒していたものの、2020年現在前者（5割台半ば）、後者（4割台半ば）となっているが、両者とも所得再分配機能を有し、低所得者に給付が厚くなっている。ただし、社会保障年金給付の所得再分配機能は弱まる傾向にあるが、メディケアの所得再分配機能は強まっている。

　第3に、老齢年金制度の現実の給付において、特に第1分位（低所得層）に所得再分配機能が強く作動しているものの、この低所得層に対する所得再分配効果は次第に弱まってきている。

　第4に、生涯社会保障給付と生涯社会保障税を対比し、また生涯メディケア給付とメディケア税を対比した場合に、世帯が単身者か夫婦かまた稼ぎ手が片稼ぎか共稼ぎかによって、前者の場合には、65歳になる年のコホートが2010年以降、生涯社会保障給付より生涯社会保障税が上回るケースも出てくるが、後者の場合は生涯メディケア給付が常に世帯事情に関係なく生涯メディケア税を上回っている。

　第3節においては、連邦給与税（社会保障税とメディケア税）の負担構造

について検討を行った。その結論を要約すれば3点になる。

第1に、連邦税の中で第1分位から第4分位までの世帯で所得税より給与税が一番負担の重い税（連邦税負担の5割前後）となっている。給与税は労働所得に課税され、所得税に認められているような各種の所得控除や税額控除がなく、利子配当などの資本所得には課税されず、比例税率でかつ課税限度額が設けられているので、逆進的な税となっている。

第2に、ブッシュ減税やオバマ政権の2007-09年大不況に対する追加的減税によって、所得税平均税率は全ての分位でかなり大幅に低下しているが、給与税の平均税率は分位間の差がわずかで、かつ第5分位の方が第1分位から第4分位までより低く、最富裕層のトップ1％で大変低くなっている。給与税は大変逆進的な税となっている。

第3に、中・低所得層の納税者（2019年現在全体の67.8％）が所得税より給与税に多く支払い、高所得層の納税者は給与税より所得税に多く支払っている。

社会保障信託基金は2034年に、メディケア入院保険信託基金は2026年に基金資産が枯渇して予定給付ができなくなると、両信託基金理事会は2021年の年次報告書で警告している。しかし、両信託基金の財政収支は、図3-2と図3-3のようにすでにキャッシュ・フロー赤字となっている。両信託基金のこのような財政悪化の背景には、ベビーブーマー（1946〜59年生れ）の世代が次々と退職年齢に入り、高齢者層が膨らみ、給付支出額が拡大してきている事情がある。しかし、社会保障税は年金に、メディケア税は入院保険に充てられる目的税として、位置づけられるにしても、例えば年金受給者の給付額は、所得にリンクして決定されるのであって、支払った給付税にリンクしているわけではない。このように、年金や入院費の支出が拡大しつつも、それに合わせて給付税が増徴されるわけではない。

社会保障年金改革に関しては、1990年代以降クリントン政権やブッシュ（子）政権において、積立金の市場運用論や任意の個人勘定による公的年金の一部民営化論が提案されたが、実現をみていない。医療保険改革に関しては、クリントン政権下のパートC創設、ブッシュ（子）政権下のパートD創設、オバマ政権下の医療費負担適正化法制定による米国民の医療保険加入の拡大が、行われている。このように、社会保障年金保険の抜本改革は全く行われておらず、むしろ医療保険の方でかなり抜本改革がなされているとい

う違いがあるものの、医療保険改革によってメディケア入院保険の財政破綻の恐れが消えたわけではなく、それを2017年から2029年まで遅らせるという見通しになっただけである。

　いずれにしても、社会保障年金保険もメディケア入院保険も長期財政収支を安定化させ、それを持続可能なものにする抜本改革の見通しが立っていない。結局のところ、給付を抑制し、財源を強化するしか方法がないのかもしれない。給付抑制の方法としては、退職年齢の引上げ、生計費調整の切下げ、給付算式の変更等がある。財源強化の方法としては、給与税率の引上げや課税上限所得の引上げ等が考えられる[23]。

　本章が関心の対象としているのは連邦給与税なので、年金保険と入院保険の財源強化の方向として、連邦給与税（社会保障税とメディケア税）の強化について考えておこう。給与税を財源として強化すると言っても、ただ税率を引き上げれば済むわけではない。本文中で何度も検証したように、給与税は非常に逆進性の強い税である。しかも、アメリカでは市場所得の世帯間格差が拡大している。

　そこで、社会保障税に関してではあるが、次のような提案が出されている[24]。1つはカバーされる所得の90％が課税されるように、社会保障税の課税ベースを広げるという案である。これだと、高所得勤労者が支払う社会保障税を増やし、現在の社会保障最大課税上限以下の勤労所得には影響を与えない。もう1つは、社会保障税の課税ベースを引き上げ、税率を引き下げるという案である。これだと高所得勤労者が支払う税は増え、中・低所得勤労者が支払う税を減らすことになる。この提案では、社会保障のための財源を増やすか、あるいは税収中立となる。その他にも、最大課税上限を廃止し、新たに課税される所得を給付の計算に入れるという提案もある[25]。これらの提案について、Hungerford（2013）、CBO（2014b）等で試算が行われている。メディケア税に関しては、課税所得の上限がなく、2010年医療費負担適正化法成立によって、2013年から20万ドル以上の単身申告者と25万ドル以上の夫婦合算申告者は0.9％の税率が追加され、これまでの2.9％から3.8％で課税されることになった。また、これらの高所得者の投資所得に3.8％の付加税を課すことになった。しかし、この付加税は給与税として源泉徴収されるものでもなく、また入院保険信託基金に留保されるものでもない。

　財源面での対策として、社会保障税とメディケア税を高所得者課税負担強

化、低所得者課税負担軽減に向けていくだけで不十分だとすれば、年金の最低給付制度を強化するなり、高所得者の年金給付を減らしたりする方法もある[26]。

いずれにせよ、社会保障とメディケアの給付における累進性と、給与税（社会保障税とメディケア税）の逆進性、さらに所得税の累進性と給与税の逆進性という関係性を世帯間の所得格差の拡大とベビーブーマーの大量退職という時代環境の中で、いかにバランスを取りながら社会保障信託基金とメディケア入院保険信託基金の財政的持続可能性を高めて行くのかが問われている。

トランプ政権期には、社会保障信託基金とメディケア入院保険信託基金の財政持続可能性について何の改革もなかった。バイデン政権下でも何の改革もなされていないが、その必要性は認めており、2024年度予算教書において、メディケア入院保険信託基金の財源確保のための高所得者増税を提案している。終章第4節第3項（4）でそれを検討する。

【注】

1) OMB（2014a）, p.47 より算出。
2) *Ibid.*, p.47 より算出。
3) *Ibid.*, p.47 より算出。
4) Huston（2021）, p.1.
5) *Ibid.*, p.4.
6) Patashnik（2000）, p.75；CBO（2001）, p.16.
7) Nuschler（2013）, p.4.
8) Nuschler and Sidor（2013）, pp.2-3.
9) The Board of Trustees, Federal Old-Age and Survivors Insurance and Federal Disability Insurance Trust Funds（2014）, p.4.
10) *Ibid.*, pp.4-5.
11) The Board of Trustees, Federal Old-Age and Survivors Insurance and Federal Disability Insurance Trust Funds（2021）, pp. 3-4.
12) 片桐（2005）、59-62頁；中川（2010）、50-53頁。
13) CMMS（2013）, p.9；CMMS（2020）, p.9.
14) Nuschler（2013）, p.4.
15) SSA（2014）, p.8.1 より算出。
16) Davis（2021）, p.8.

17) The Board of Trustees, Federal Hospital Trustees, Federal Hospital Insurance and Federal Supplementary Medical Insurance Trust Funds（2014）.

18) Van de Water（2014）, p.2.

19) CMMS（2021）, pp.27-28.

20) 片桐（2005）、63-65 頁、69-75 頁；片桐（2015）、272-273 頁；中川（2011）、6-8 頁、22-24 頁；徐（2012）、182-185 頁。

21) Nuschler（2013）, p.8.

22) CBO（2014b）, p.10.

23) Rosen and Gayer（2014）, pp.243-245.

24) Hungerford（2013）, Summary；CBO（2014b）.

25) CBO（2014b）, pp.4-6.

26) Gleckman（2011）.

――――第**4**章――――

連邦遺産税・贈与税改革
ブッシュ(子)、オバマ政権期を中心に

第1節　はじめに

　本章は、ブッシュ（子）政権下で成立した2001年経済成長・租税負担軽減調整法（EGTRRA）に含まれる遺産税・贈与税改革に関わる論争点とそれらの課税実態を分析し、改革の方向性を検討する。2001年EGTRRAは、この法律の実施を加速するために制定された2003年雇用・成長租税負担軽減調整法（JGTRRA）とともに、ブッシュ減税と呼ばれている。2001年EGTRRAには所得税率の引下げ、キャピタル・ゲイン税率引下げ等と並んで、遺産税・贈与税の負担軽減と遺産税の一時廃止条項が盛り込まれている。したがって、2001年の遺産税・贈与税の改正条項の理解は、ブッシュ減税の経済政策的意義を問うものとして行われなければならない。

　2001年EGTRRAの遺産税・贈与税改革に関わる日本の先行研究には、渋谷（2002）、横田（2002）、川端（2004）、五嶋（2005）、神山（2010）、佐古（2016）等がある。このうち、渋谷（2002）、川端（2004）、神山（2010）、佐古（2016）は税法学の観点からの研究である。横田（2002）、五嶋（2005）は財政学の観点からの研究である。本章では、2001年遺産税・贈与税改革の実施結果の経済実態分析を行い、遺産税・贈与税廃止論を巡る論争点について筆者なりの見解を提示する。なお、アメリカにおける先行研究の主なものは、参考文献のところに掲載してあるが、代表的な研究については行論の中で触れる。

ブッシュ政権の閣僚や共和党議員の多くは、レーガン政権以来の「トリクルダウン理論」の考えを信奉していたことは間違いないし、2012年の大統領選挙におけるロムニー候補と議会共和党議員にもその思想が連綿と引き継がれている。

　しかし、ブッシュ政権の経済政策を主導した経済諮問委員会の委員長や委員がどこまで、「トリクルダウン理論」を理論として考えていたのかは分からない。ただ、ブッシュ政権下の経済諮問委員会は、成長のための経済政策として租税政策を極めて重視しており、毎年の『大統領経済報告書』において、租税改革、租税理論、税制改革を1つの柱に据えた報告を行っている。その基本認識は一貫している。アメリカの連邦税制は、所得税、法人税、社会保障税等の所得課税に偏っていて、配当、キャピタル・ゲイン、貯蓄等に対する二重課税が存在し、また国際課税上は全世界所得課税原則に立っているために、消費型付加価値税を税制の柱に据え、投資財控除や仕向地原則を適用でき、また国際課税上は領土主義課税原則に立っているEU諸国等との国際競争において著しく不利な立場にあるとの認識である。ブッシュ減税の支持・推進やその他の租税改革の提案もこの認識から、所得ベース課税から消費ベース課税へ、全世界所得課税原則から領土主義課税原則へと近づけていこうとする意図が強く感じられる。遺産税・贈与税改革（特に廃止の恒久化）の議論も以上のような認識を背景に展開されるのである。本章では、こうした経済政策観を念頭において、実施された遺産税・贈与税改革の実態を主な論点について解明していきたい。

　以下、第2節では、連邦遺産税・贈与税の財政上の位置やその沿革について明らかにする。第3節では、ブッシュ（子）政権下の2001年遺産税・贈与税改革の内容について検討し、さらに2011-12年の遺産税・贈与税の軽減措置にも言及する。第4節では、遺産税・贈与税に関する論争点と課税実態について明らかにする。第5節では、遺産税・贈与税改革の方向性について論ずる。第6節では、2001年EGTRRA、2010年減税・失業保険再認可・雇用創出法、2012年アメリカ納税者救済法の遺産税・贈与税改革の要点をまとめた上、背後の共和党と民主党の角逐に言及する。

第2節　連邦遺産税・贈与税

1. 連邦遺産税・贈与税の財政上の位置

　図4-1は、連邦資産移転税収（遺産税・贈与税収入）の連邦総税収に占める割合を示したものである。第二次世界大戦以前とりわけ1930年代の大不況期には、その割合は高いが、これは財政難の連邦政府が財源確保のために増税を行った結果である。しかし、第二次世界大戦後のその割合は、せいぜい1〜2％の間にあって、もはや財源としては補完的な役割しか果していない。しかし、この連邦税収としての補完的な役割を肯定的に見るか、否定的に見るかは、連邦資産移転税の経済政策的意義の評価と深く関わっている。

　ところで、連邦政府の資産移転税の連邦財政における長期的な位置は上記の通りであるが、アメリカにおいて資産移転税を課税しているのは連邦政府だけではない。州・地方政府も資産移転税を課税している。そこで、連邦、州、地方政府間で資産移転税収がどのような配分割合で推移してきているのか、表4-1で見ておこう。1975年から2000年までは、連邦70％台、州20％台、地方0.1％といった割合であったが、2001年連邦遺産税・贈与税改革の影響で、2008年には、連邦80％台、州10％台、地方0.7％といった割合に変化している。特に州が大きな影響を受けており、この点に関しては後段で詳しく述べる。

　次に、資産移転税収の対総税収比を表4-2で国際比較してみよう。表4-2に示されている先進6カ国の中で、中央政府も地方政府も資産移転税を課税しているのは、アメリカだけで、ドイツで州政府が課税しているのを除けば、他は皆中央政府が課税している。資産移転税収の対総税収比は、対全政府税収比で見ても、また対中央政府税収比で見ても、アメリカより高いのは、日本とフランスだけである。しかしまた、イギリスとスウェーデンはいずれの比率で見てもアメリカより低い。どの国でも、資産移転税に税収のわずかしか依存していないが、先進6カ国の中ではアメリカは真ん中くらいの位置にある。

　ほとんどのOECD諸国は何らかの形の資産移転税を有しているが、遺産取得税が一般的である。アメリカの連邦遺産税と同じく、遺産税を課しているのは他にイギリスだけである。またアメリカは、連邦政府が遺産税と贈与

図 4-1 連邦資産移転税収の連邦総税収に占める割合（1916-2015 年）

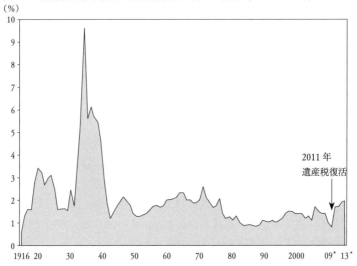

＊：予測
出所：Fleenor et al. (2006), p.8.

表 4-1 遺産税・贈与税・遺産取得税の合計と
連邦・州・地方間配分割合（1975-2008 年）　　単位：100 万ドル、%

	遺産税・贈与税・遺産取得税の全政府税収合計金額（100 万ドル）	連邦割合（%）	州割合（%）	地方割合（%）
1975	6,029	76.5	23.5	
1985	8,750	73.4	26.6	
1995	20,039	74.6	25.3	0.1
2000	35,640	78.9	21.0	0.1
2008	33,888	83.4	15.9	0.7

出所：OECD (2010c), p.281 より作成。

表 4-2 遺産税・贈与税・遺産取得税（全政府）の対総税収比の
国際比較（2000 年、2008 年）　　　　　　　　　単位：%

国名（課税政府）	対政府総税収比（%）	2000 年	2008 年
アメリカ（連邦・州・地方政府）	対全政府税収比	1.6	1.2
日本（中央政府）	対全政府税収比 対中央政府税収比	2.0 3.4	1.7 3.7
イギリス（中央政府）	対全政府税収比 対中央政府税収比	0.76 0.79	0.78 0.83
ドイツ（州政府）	対全政府税収比 対中央政府税収比	0.6 1.7	0.8 2.3
フランス（中央政府）	対全政府税収比 対中央政府税収比	2.0 2.5	1.9 2.6
スウェーデン（中央政府）	対全政府税収比 対中央政府税収比	0.2 0.4	0.001 0.002

出所：OECD（2010c），pp.249-281 より作成。

税の他に世代飛越税を課している点でも特徴的である。なお、OECD 諸国
の中で、オーストラリアやカナダが例外的に資産移転課税を廃止している。
その経緯は篠原（2009）第 4 章において詳らかにされている。ただし、資産
移転課税を廃止したと言ってもカナダでは、個人所得税のみなし譲渡規定に
よって死亡時の未実現キャピタル・ゲインに課税している。JCT（2007）に
おいて、合同租税委員会（JCT）が 2003 年に行った 38 カ国の遺産税、遺産
取得税、贈与税の調査結果が簡潔にまとめられている[1]。

2．遺産税・贈与税の沿革

2001 年遺産税・贈与税改革に至るまでのアメリカの遺産税・贈与税の沿
革について述べよう。

アメリカの連邦資産移転税制は、大きくは第 I 期：1916 年以前、第 II 期：
1916～75 年、第 III 期：1976～2000 年、第 IV 期：2001 年以降に時期区分でき
る。このように時期区分するのは、第一次世界大戦中の 1916 年に今日に繋
がる遺産税が制定されており、1976 年には連邦資産移転税制の全面的なオ
ーバーホールと簡素化が行われており、さらに 2001 年には遺産税の一時廃
止を含む大きな連邦資産移転税制の改革がブッシュ減税の一環として行われ、

第 4 章　連邦遺産税・贈与税改革　　149

2010 年に一時廃止されるものの 2011 年からまた復活し、軽減税率での課税が続いているからである。なお第 II 期は第一次世界大戦から第二次世界大戦までの時期と第二次世界大戦から 1975 年までの時期にさらに小区分することができる。

以下、上記の時期区分にしたがって、第 I 期から第 III 期までの連邦資産移転税制の変化について概括的に述べる。主に参考にするのは、JCT（2007）、Luckey（2009b）、IRS（2012）、神山（2010）である[2]。第 IV 期については、第 3 節で述べる。

（1）第 I 期：1916 年以前

連邦政府は、1797 年にフランスとの交易関係が緊張状態になって海軍力を増強するために、遺産に対し印紙税を課したが、これは 1802 年まで実施された。

1862 年には、連邦政府は南北戦争の戦費調達のために、従来の遺産に対する印紙税とは違って、相続に対する遺産取得税を新たに課税した。この遺産取得税は 1870 年に廃止されている。

1894 年の所得税法は、贈与や相続（遺贈）を所得とみなして所得税を課した。しかし、1895 年に連邦最高裁判所はそれを憲法違反と判決したために、廃止されている。

1898 年の戦時歳入法は、米西戦争の戦費調達のために、初めて遺産税を課税している。この遺産税は 1902 年に廃止されている。ここに初めて遺産税が登場するのは、当時産業革命が進んでいて、産業資本家に富が集中するようになっているのに、連邦政府の財源は、関税や不動産課税が主となっていて、彼らの富が手つかずの状態になっていることに対する農民の反撥を背景としていたことにある。この遺産税を巡っては、ノールトン対ムーア裁判が起こったが、連邦最高裁判所は、これを間接税だとして合憲判決を下している。さらに、遺産税（死亡税）は、州の特権であるという主張を認めず、遺言と遺産分割は州の問題であるけれども、遺産税や遺産取得税の課税は、州政府も連邦政府も行うことができるという判断を示している。

ここで、Luckey（2009b）は第 I 期（1789-1915 年）の連邦死亡税（遺産税）の根拠について総括し、次のようなコメントをしている[3]。「1797 年から 1915 年までの合衆国の連邦死亡税は、戦時期にのみ採用された補足的収入源として役立ってきたように思える。資産移転税が莫大な遺産の移転を阻

んだり、富の再分配を行おうとして課税されたという説を支持する根拠はほとんどない」と。

(2) 第II期前期：1916～40年

19世紀末から第一次世界大戦までの時期に、製造業において、株式会社化によって資本の集積・集中が急激に進むが、これが所得や富の格差を生み、この所得や富の不平等に取り組むための手段として累進所得税や遺産取得税を標榜する革新主義運動が盛り上がり、セオドア・ローズベルトがその先頭に立った。こうした動きを背景に、1916年に連邦政府は、第一次世界大戦の戦費調達のために、死亡時に故人が所有していた全ての財産（純資産）に累進税率を適用する遺産税を導入した。この遺産税が今日のアメリカの連邦資産移転税の起源となっている。連邦最高裁判所は、ニューヨークトラストカンパニー対アイスナー裁判において1916年導入の遺産税に合憲判決を下している。

戦間期の遺産税改正の主なものを挙げてみよう。1924年には遺産税と同一の税率で課税する贈与税が導入されている。しかし、1920年代中頃には、遺産税や贈与税に対する強い反対が起こり、1926年には贈与税が廃止されている。これに刺激されて連邦最高裁判所は、ブロムレイ対マッコーン裁判で贈与税に合憲判決を下している。贈与税も合憲的間接税の一種である内国消費税だとの判断を示している。1930年代の不況期には連邦税収が落ち込んだために新たな財源が必要となり、遺産税の増税だけでなく、1932年に贈与税が再導入されている。これは、富裕者が生涯を通じて富を移転することで遺産税を回避できることを連邦議会が理解したからできたのである。この時贈与税の税率は遺産税の4分の3に設定されたが、その税率水準は1976年まで続いた。

1940年には、第二次世界大戦直前で軍事増強の必要から追加収入を得るために所得税と遺産税および贈与税に10%の付加税が課せられている。1942年に連邦議会は、遺産税と贈与税に2つの大きな変更を加えた。1つは、遺産税の非課税枠を6万ドルに設定し、贈与税の生涯非課税枠を3万ドル、単年度非課税枠を3000ドルに設定したことである。前二者の非課税枠は1976年税制改革法まで維持された。もう1つは、夫婦共有財産制の州においても夫婦別有財産制の州においても、各配偶者は夫婦共有財産の獲得のために費用を負担した財産部分に課税されると決めることによって、夫婦共有

財産制州の財産と夫婦別有財産制州の財産を同等に扱おうとしたことである。

（3）第II期後期：1945～75年

1942年に決めた夫婦共有財産問題の解決方法は複雑と見なされ、議会は1948年に別の解決方法を決めた。それは、遺産税と贈与税に配偶者控除を認めるものである。遺産税では、遺言によろうが他の方法によろうが、生存配偶者に移転された全遺産額を控除することができる。

被相続人の調整総所得の最大半分まで控除が認められる。しかし、夫婦共有財産には遺産税の配偶者控除が認められないので、これによって夫婦共有財産制州の住民と夫婦別有財産制州の住民の税の扱いの公平化を図ったのである。

（4）第III期：1976～2000年

1976年租税改革法は、これまでの連邦財産移転税制を全面的にオーバーホールし、遺産税と贈与税を統合した。すなわち、生涯贈与と遺言による遺贈に対し、単一の累進税率を適用する形で、遺産税と贈与税を統合した。また、この法律は遺産税の非課税枠と贈与税の生涯非課税枠を統合し、単一の統合遺産・贈与税額控除を創設した。このように遺産税と贈与税の税率と非課税枠の統合を図ったのは、表4-3に示されるように、1942年から76年まで遺産税の非課税枠が6万ドル、贈与税の非課税枠が3万ドルと大きな差があり、また最高税率も遺産税が77％、贈与税が58％とかなりの差があり、遺産税の負担を逃れるために、贈与税へのシフトがかなり横行していたので、これを封ずる必要があったからである。また贈与税へのシフトを封じても、重い遺産税や贈与税の負担を逃れるために、世代飛越しの相続が行われてもいたので、今後その利用を抑えるために、1976年租税法は世代飛越移転税を新たに導入している。

さらに、小規模事業者や農業者からの家族事業経営への連邦資産移転課税に対する強い反対の動きに配慮して、1976年租税法は、遺産に含まれる家族農業や小規模事業の資産評価に優遇措置を講じている。特に同法は、同族経営の事業で使われている農業資産やその他の不動産は、相続人が被相続人の死後15年間に亘って財産を使用し続ける限り、最高利用価値よりもむしろ通常の使用価値で評価されうると定めた。

1981年経済再建税法では、表4-3に示されるように、82年から遺産税や贈与税の非課税枠の引上げと最高税率の引下げが行われている。またこの法

152

表 4-3　連邦遺産税・贈与税の税率および課税免除遺産・贈与額の推移
（1916-2001 年）　　　　　　　　　　　　　　　　　　　　単位：ドル、%

	遺産税課税 免除遺産額	贈与税課税 生涯免除贈与額	贈与税課税 年免除贈与額	遺産税 最高税率	贈与税 最高税率
1916	50,000	無し	無し	10	0
1917-23	50,000	無し	無し	25	0
1924-25	50,000	50,000	500	40	25
1926-31	100,000	無し	無し	20	0
1932-33	50,000	50,000	5,000	45	34
1934	50,000	50,000	5,000	60	45
1935-37	40,000	40,000	5,000	70	53
1938-40	40,000	40,000	4,000	70	53
1941	40,000	40,000	4,000	77	58
1942-76	60,000	30,000	3,000	77	58
1977	120,000	120,000	3,000	70	70
1978	134,000	134,000	3,000	70	70
1979	147,000	147,000	3,000	70	70
1980	161,000	161,000	3,000	70	70
1981	175,000	175,000	3,000	70	70
1982	225,000	225,000	10,000	65	65
1983	275,000	275,000	10,000	60	60
1984	325,000	325,000	10,000	55	55
1985	400,000	400,000	10,000	55	55
1986	500,000	500,000	10,000	55	55
1987-97	600,000	600,000	10,000	55	55
1998	625,000	625,000	10,000	55	55
1999	650,000	650,000	10,000	55	55
2000-01	675,000	675,000	10,000	55	55

出所：Ahern (2010), p.2 より作成。

律は、配偶者への資産移転に対して無制限の控除を認めている。1986 年税
制改革法は、100 万ドル超の全ての世代飛越移転税について、これまでの累
進税率に代えて、遺産税の最高税率と同じ 55% の単一税率を適用し、また
祖父から孫への直接移転を世代飛越移転の定義に含め、これまでのものを廃
止して 1976 年に遡って実施した。

　1997 年納税者救済法は、3 つの資産移転税を全て改正した。統合税額控除
は 1981 年以来初めて増額された。統合税額控除という用語を適用非課税額
に変更した。この適用非課税額は 1997 年の 60 万ドルから 100 万ドルに毎年
段階的に引き上げられていくことになる。また、適用非課税額には物価スラ

第 4 章　連邦遺産税・贈与税改革　　153

イド制が適用されないが、贈与税の単年度非課税枠や世代飛越移転税の非課税枠等には物価スライド制が適用されるようになった。さらに、適格同族企業に対しては、遺産税の非課税枠を130万ドルまで引き上げた。しかしながら、この規定は、全ての遺産の適格非課税額が150万ドルにまで増加し、130万ドルの非課税枠を凌ぐようになった2004年には廃止されている。

第3節　ブッシュ（子）政権下の2001年遺産税・贈与税改革

1. 2001年遺産税・贈与税改革までの動き

　1990年代末から2000年代初めにかけて、遺産税廃止を巡って激しい政策論争が政界のみならず学界を巻き込んでヒートアップする。そんな中で、2000年5月初めにミシガン大学租税政策研究所とブルッキングス研究所は、経済学者や弁護士を招いて、遺産税・贈与税に関するコンファレンスを開いた。その成果を収録した書物の第1章の冒頭で、遺産税に対する賛否両論とこうした論争が盛り上がった背景について説明しているので、それを参考にまとめると次のようになる[4]。

　反対論者は、遺産税は人が死んだ時に課税されるが、これはどうみても筋の通らないことで、しかも道徳的に見てもとても不快だと主張する。さらに、彼らはこの税は経済成長を阻害し、小規模企業や家族経営農家を破壊し、金銭浪費を助長し、大きな納税協力費を招き、巧妙な租税回避戦略を導くことになると論じる。そして、不効率で、不公平で、かつ複雑な徴税なので、「死亡税」は優良な租税政策のあらゆる規範を破壊してしまうと考えられている。

　これに対し、賛成論者は遺産税批判は大げさで誤っているという。彼らは、遺産税は死んだアメリカ人の約2%が有していた遺産にかかるだけだという。彼らは、ループホールにつぎをあて、機会の平等を与えるのを助ける高度に累進的な税が富の集中を減じ、慈善寄附行為が必ずしも皆悪いものにならないよう促すと信じている。

　このような遺産税をめぐる政策論争がヒートアップしたのは、1990年代末頃、電気通信業を中心とするニューエコノミーを背景に株式市場は活況を呈し、それを受けて連邦財政が黒字転換したこと、反面経済成長から取り残された分野や雇用の格差、貧富の格差が広がり、また人口の高齢化も進んで

きたこと等が影響していると考えられる。

　ところで、川端（2004）によると、「1990年代後半、当時のクリントン民主党政権下で連邦遺産税の廃止を巡る議論が活発化し、①小規模事業者、農家その他流動性の低い資産を有する者の遺産税負担の困難さ、②結果としての税負担の過重さ、③制度の複雑さ、④効率の悪さといった点が、批判の対象として連邦議会で議論されるようになった」と説明されている[5]。

　連邦議会で遺産税廃止論が盛り上がり、1999年と2000年に上・下両院は遺産税廃止法案を可決しているが、二度ともクリントン大統領の拒否権発動によって廃案となっている。連邦議会で可決された遺産税廃止法案の中身は次の通りである。1999年8月5日に税制改正案の両院協議会修正案が共和党主導で上・下両院を通過したが、この法案には遺産税、贈与税の減税：税率を漸次引き下げ、2009年度までに廃止することが明記されていたのである[6]。また、遺産税段階的廃止法案は2000年7月14日に連邦議会で可決されている。この法案には、次のような内容が明記されている[7]。

　①2001年から2009年にかけて税率を段階的に引き下げ、2010年以降廃止する。

　②統合税額控除を統合控除に改める（2009年までの措置）。

　③廃止後は贈与・相続資産の簿価（取得価額）の引継ぎを原則とする。ただし、相続時においては合計130万ドルの簿価（取得価額）の引上げ、配偶者への相続資産については更に300万ドルの簿価（取得価額）の引上げを認める（2010年以降）。

　以上のように、遺産税廃止は二度も連邦議会で可決されているのであるが、それを後押しする報告書が1998年12月に両院合同経済委員会から「遺産税の経済学」というタイトルで出されている。この報告書は結論としては、遺産税は納税者、経済、環境に対して、おそらく生み出すことが期待される潜在的便益をはるかに超えるコストを生み出しているとしている。主な要点は次の通りである[8]。

　①この国の遺産税の存在は経済上の資本ストックを約4970億ドル、すなわち3.2%減少させてきた。

　②遺産税は家族経営企業の破綻の主たる原因である。遺産税のプラニングは投資や雇用に使える資源を他に逸らしてしまう。

　③大きな遺産税を支払う必要からしばしば家族経営者は、環境的に問題の

ある土地を開発せざるをえなくなる。

　④遺産税は、あったとしても、非常にわずかしか連邦政府のための純収入を生まない。遺産税の歪み効果は、大体遺産税収入と同じくらいの規模の所得税の損失をもたらす。

　この報告書「遺産税の経済学」を出した合同経済委員会の委員長は、共和党サクソン議員であり、同じく共和党のソルンベリー議員と連名でこの報告書を提出している。つまり連邦議会における遺産税廃止論を主導したのは共和党であり、それを根拠づける「遺産税の経済学」を主導したのも共和党である。したがって 2000 年 11 月の大統領選挙で共和党のブッシュ候補が勝つと空気は一変した。ブッシュ候補は大統領選挙期間中に遺産税の廃止に賛成を表明していた。そして大統領に就任して間もない 2001 年 2 月 28 日に『新しい始まりのためのブループリント：アメリカの優先事項に対する責任のある予算』を発表している。その第 5 章第 2 節「アメリカの家庭に対する租税負担軽減」で大統領の租税プランの最重要点の 1 つとして死亡税（遺産税）の廃止を明記している。

　本文では次のように説明されている[9]。

　「大統領が死亡税を廃止することになれば、リスクを取ることや富の創出を後押しすることになる。現在の制度は不公正である。この税はすでに所得が発生した時に課税されているのにまた所得に課税するものであり、多くの家族がその事業や農業を次の世代に継承させるのを困難にしている。死亡税は公平性および経済的観点の両方から言って間違っている。死亡税を廃止すれば、家族経営を助け、高齢者が自分の子供のため貯蓄したいという気持ちに改めてさせるであろう。」

　さらに、2001 年 4 月 9 日に発表された 2002 年度予算教書では、遺産税等の段階的廃止の内容が次のようにより具体的に書かれている[10]。

　贈与財産および被相続人の遺産に対して、現在 18〜55％（贈与・遺産額によりさらに 5％の追加税）の税率で贈与税・遺産税が課税されているが、これを① 2002 年から 2008 年にかけて税率を段階的に引き下げ、2009 年以降廃止する、②遺産税等の廃止後は、贈与・相続資産の簿価（取得価額）の引継ぎを原則とする。ただし、相続時においては合計 130 万ドルの簿価（取得価額）の引上げ、配偶者への相続資産についてはさらに 300 万ドルの引上げを認める。

2. 2001年遺産税廃止法の成立およびその内容と
2011-12年の遺産税・贈与税の軽減措置

(1) 2001年遺産税廃止法の成立およびその内容

2001年3月14日に遺産税廃止法案（H.R.8）が下院に提出された。これは、2000年に連邦議会で成立したもののクリントン大統領の拒否によって廃案となった遺産税段階的廃止法案（H.R.8）とほぼ同じ内容のものであるが、下記の通り、全く同じというわけではない[11]。

①2002年から2010年にかけて税率を段階的に引き下げ、2011年以降廃止する。

②統合税額控除を統合控除に改める（2010年までの措置）。

③贈与・相続資産の簿価（取得価額）の引継ぎを原則とする。ただし、相続時においては合計130万ドルの簿価（取得価額）の引上げ、配偶者への相続資産については更に300万ドルの簿価（取得価額）の引上げを認める（2011年以降）。

2001年遺産税廃止法案は、3月29日に下院歳入委員会で可決、4月4日に下院本会議で可決された。その後この遺産税廃止法案を含む包括的な減税法案である2001年経済成長・租税負担軽減調整法案（H.R.1836）が、共和党のW.M.トーマス議員によって5月5日に下院に提出された。この法案は、5月16日に下院で、5月23日に上院で可決され、6月7日にブッシュ大統領が署名して法律となった[12]。

ところで、この2001年経済成長・租税負担軽減調整法（EGTRRA）は2010年末までの時限立法として成立した。したがって全ての減税措置が2010年末に期限が来るのであり、遺産税は2010年に廃止されるが、2011年以降は改正前の規定にある、18～55％までの17段階の超過累進税率に復帰する予定となったのである。では何故2001年EGTRRAが時限立法となったのであろうか。それは法案審議の最終段階で、財政破綻への懸念を示す民主党の合意を得るためにサンセット条項が減税法案全体に付されたからである[13]。

(2) 2001年経済成長・租税負担軽減調整法（EGTRRA）における遺産税廃止内容

Luckey（2009b）によって、2001年EGTRRAにおける遺産税廃止内容を整理してみよう[14]。主に次の（ⅰ）～（ⅳ）の内容が含まれている。

（ⅰ）遺産税と世代飛越移転税の廃止

連邦遺産税と世代飛越移転税は、2009年12月31日以降になされた、故人の資産移転や世代飛越移転に適用されるべきではない。

（ⅱ）遺産税と世代飛越移転税の段階的廃止

遺産税の段階的廃止は、表4-4に示されるように、主に3つの税の取り扱い方によって順次実行される。最高税率は漸次引き下げられる。適用非課税額は、漸次引き上げられる。州に支払われる死亡税（遺産税や相続税）の税額控除は、漸次引き下げられ、連邦遺産税の遺産額からそれらの税を控除する方法に置き換えられる。

また、累進税率の効果を段階的に除去するために、1000万ドルから1718.4万ドルの課税遺産額に適用されていた5％の付加税は廃止された。その他、適格非課税額が同族企業を保護するために使われた130万ドルを超えると、同族会社控除は取り消された。

世代飛越移転税の段階的廃止は、表4-4に示されるように、主に税率引下げと生涯控除の拡大を通じて順次実現していった。世代飛越移転税は、遺産税のトップ税率で課税された。生涯非課税枠は、遺産税の適用非課税額と同等になるまで拡大された。

（ⅲ）贈与税の修正

贈与税はもともと所得税の完全性を守るために提案されたものなので、廃止されなかった。表4-4に示されるように、贈与税は修正され、税率引下げと適格非課税額が増額された。贈与税のトップ税率は遺産税のトップ税率と一緒に低下する。遺産税廃止後、贈与税の最高税率は50万ドル超過分の35％に引き下げられた。適格非課税額は2002年には100万ドルに引き上げられた。この金額は、遺産税の段階的廃止期間も廃止後も同じままである。かくして、統合適格非課税額が段階的廃止期間中の遺産税について増える時、100万ドルだけが生涯移転をカバーするために使用されたかもしれない。

（ⅳ）故人から受け取った財産についての基礎価額ルール

技術的に新しい基礎価額ルールは所得税ルールであって、遺産税ルールではない。基礎価額は所得税目的のために資本資産の売却によって発生するキャピタル・ゲインを決める時に使われる。現在故人から受け取った財産の基礎価額は、「引き上げられた（stepped up）取得価額」だとされている。遺産の相続人が、受け取った財産に関し被相続人（故人）のその簿価（取得額）

表 4-4　連邦遺産税・世代飛越移転税・贈与税の税率および
　　　　課税免除遺産・贈与額（2001-2011 年）　　　　単位：100 万ドル、%

	税率		課税免除遺産・贈与額 (100 万ドル)			州資産移転税控除 (%)	
	最低税率	最高税率	遺産税	世代飛越移転税	贈与税	税額控除	資産額控除
2001	18	55	0.675	0.675	0.675	100	0
2002	18	50	1.0	1.1	1.0	75	25
2003	18	49	1.0	1.12	1.0	50	50
2004	18	48	1.5	1.5	1.0	25	75
2005	18	47	2.0	1.5	1.0	0	100
2006	18	46	2.0	2.0	1.0	0	100
2007	18	45	2.0	2.0	1.0	0	100
2008	18	45	2.0	2.0	1.0	0	100
2009	18	45	3.5	3.5	1.0	0	100
2010	廃止	廃止	無制限	NA	NA	0	100
2011	18	35	1.0	1.0	1.0	100	0

出所：CBO（2009），p.2；TPC（2012a），Ⅱ-9-2 より作成。

を基礎価額とする代わりに、被相続人死亡時の財産公正市場価額（時価）を
遺産の基礎価額とするのである。引き上げられた取得価額ルールの目的は、
二重課税の回避である。つまり、遺産税を課すので、相続財産のキャピタ
ル・ゲインには所得税を課さないという含意である。ところが、もし遺産が
引き上げられた取得価額を有していて、相続後に売却された場合に、売却価
格と引き上げられた取得価額の差が生じてキャピタル・ゲインが発生した場
合に、所得税が課せられる。もし遺産税が廃止されれば、こうした引き上げ
られた取得価額の必要性もなくなる。

　新しい法律は、遺産税が廃止される 2009 年末に引き上げられた取得価額
を廃止する。新しい基礎価額は、被相続人（故人）から受け取った遺産の基
礎価額が、故人がその遺産を取得した時の簿価（取得価額）を引き継いだ
（carry-over）価額（ただし一定の引上げ調整の認められる取得価額）か、あ
るいは故人の死亡時の遺産の公正市場価額（時価）のいずれか低い方となる。

（3）2011-12 年の遺産税・贈与税の軽減措置

　2010 年 11 月の中間選挙において民主党は上院で過半数議席を維持できた
ものの、下院は共和党が過半数の議席を得て、連邦議会にねじれ状態が生じ

た。オバマ民主党政権はブッシュ減税が2010年末に期限切れとなるので、2010年2月の2011年予算教書では、高所得者に対するブッシュ減税の廃止と増税による財政再建を考えていたが、議会における不利な状況の発生や依然として景気の下支えの必要性に鑑みて、ブッシュ減税を2年間延長することになった。2010年12月17日オバマ大統領が署名して、ブッシュ減税等の延長や失業保険給付の延長等を目的とした「2010年減税・失業保険再認可・雇用創出法」が成立した。

この法律には遺産税・贈与税の軽減措置が盛り込まれているので、それについて説明する[15]。

遺産税は2010年に廃止されたので、2011年から2001年遺産税改革前の2000年の課税措置に戻る予定であった。すなわち、遺産税と贈与税の最高税率はともに55％に、課税免除額は100万ドルに戻される予定であった。しかし、上記の法律で決まった内容は、遺産税と贈与税の最高税率を35％に引き下げ、課税免除額を500万ドルにするというものであった。なお、2010年に死亡した者の遺産については、遺産税廃止時の制度か、遺産税復帰後の制度か、いずれかを選択できる。遺産は原則時価評価されるが、2010年に関する評価額は、簿価（取得価額）に原則130万ドルを加えた金額に制限された。

3. 2001年遺産税改革の課税実態

ここでは、遺産税段階的廃止の課税実態について検討する。まず、長期的視点に立って図4-2を見てみよう。実線で示した、租税負担のある遺産税申告数の成人死亡者数に対する割合は、ほとんどの期間2％以下の水準にある。ただ、1954年以降急激に上昇して1976年に8％に近いところでピークを打ち、それ以降は2％以下の水準まで急落する。この急落はどう説明すればよいのか。それは1976年の税制改革で、1954年以来6万ドルのまま変わらなかった遺産税の基礎控除額（課税免除遺産額）が2倍になったためである[16]。その後この割合は、1986年のレーガン税制改革の頃を下限として上昇に転じ、1990年後半から2000年にかけて、2％をやや超える水準にまで至る。他方、点線で示される基礎控除額は、表4-3に示されるように、1976年税制改革で倍増となって以降1986年までかなりのテンポで増額されていくが、1987年以降1997年までは全く増額されず、1998-2000年期に幾分の増額となっ

図 4-2　租税負担のある遺産税申告書数の成人死亡者数に対する割合と
　　　　 課税免除額の推移（1934-2009 年）

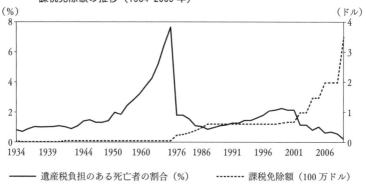

出所：Williams (2009b), p.1353.

ている。また表 4-3 に示されるように、1986 年以降 2000 年まで遺産税の最高税率は 55％のまま変わっていない。したがって、こうした事情が、実線で示される遺産税負担のある死亡者の割合を、1986-2000 年期にじりじりと引き上げたものと思われる。そして、この 90 年代後半における、遺産税負担のある死亡者の割合の上昇が、2001 年遺産税改革を促進した客観的背景であったと考えられる。

　2001 年遺産税段階的廃止改革は、表 4-4 に示されるように、基礎控除額を 2001 年の 67.5 万ドルから 2009 年の 350 万ドルに増額し、最高税率を 55％から 45％に引き下げた。基礎控除額の急増の様子は図 4-2 の点線に示されているが、こうしたことを要因として遺産税負担のある死亡者の割合は図 4-2 において急落していき、2010 年に底を打つのである。

　次に、2001 年遺産税改革実施後の課税実態を表 4-5 と表 4-6 を使ってもう少し詳しく見てみよう。

　表 4-5 は、遺産税の申告数と総遺産規模別に見た遺産税申告数に対する課税遺産申告数の割合（％）を示している。2001 年度と 2010 年度を比較してみると、2001 年度の総遺産規模 350 万ドル未満の申告数は合わせて 9 万 8632 件であるが、2010 年度には 3306 件と激減している。これに対し、総資産規模 350 万ドル以上の 4 つのどの階層においても遺産税申告数を 2001 年度と 2010 年度を単純に比較すれば、2010 年度の方がかえって増えている。では、

第 4 章　連邦遺産税・贈与税改革　　161

表 4-5　遺産税申告数と総遺産規模別課税遺産申告数の割合
（2001-2010 年度）　　　　　　　　　　　　　　　　　　　　単位：100 万ドル、%

総遺産規模	申告数	割合(%)	申告数	割合(%)	申告数	割合(%)
	2001		2003		2005	
合計	108,071	47.9	73,128	45.5	45,070	44.9
200 万ドル未満	85,937	45.6	50,116	41.7	19,545	36.1
200 万ドル以上 350 万ドル未満	12,695	54.2	13,136	51.1	14,842	49.3
350 万ドル以上 500 万ドル未満	3,980	54.0	4,130	53.3	4,445	51.3
500 万ドル以上 1000 万ドル未満	3,550	61.0	3,732	57.8	4,122	55.3
1000 万ドル以上 2000 万ドル未満	1,282	67.7	1,293	63.7	1,358	60.5
2000 万ドル以上	628	74.7	720	70.0	760	65.5
	2007		2009		2010	
合計	38,031	45.8	33,515	43.9	15,191	44.2
200 万ドル未満	3,945	35.7	1,304	42.6	3,306	40.1
200 万ドル以上 350 万ドル未満	19,806	42.8	17,830	39.3		
350 万ドル以上 500 万ドル未満	5,943	48.1	6,141	46.6	5,027	38.0
500 万ドル以上 1000 万ドル未満	5,429	53.5	5,336	49.6	4,439	47.4
1000 万ドル以上 2000 万ドル未満	1,892	58.4	1,857	54.7	1,526	54.1
2000 万ドル以上	1,017	64.3	1,045	61.0	892	60.9

出所：TPC（2012b）より作成。

　遺産税申告数に対する課税遺産申告数の割合について、2001 年度と 2010 年度を比較すれば、どうだろうか。総遺産規模別に見て、上位階層ほど同割合は高いが、総遺産規模のどの階層においても、同割合は低下している。その中でも、総遺産規模 500 万ドル層未満の階層の同割合の方がやや大きくポイントを下げている。言い換えれば、総遺産規模が大きい程遺産税申告しても課税を免除される程度はそう大きく下がらず、1000 万ドル以上の総遺産規模の階層では、遺産申告数の半分以上の申告において、それが課税の対象となっている。

　表 4-6 は、純遺産課税の総遺産規模別内訳を見たものである。2001 年度と 2010 年度を比較すると、総遺産規模 500 万ドル以上の階層の課税申告数の割合が上昇し、500 万ドル未満の階層の課税申告数の割合が低下している。中でも、2000 万ドル以上の課税申告数の割合が 20.7% から 50.5% にまで高まっている。

表 4-6　純遺産課税の総遺産規模別内訳（2001-2010 年度）　　　　単位：100 万ドル、%

総遺産規模	申告数	割合(%)	申告数	割合(%)	申告数	割合(%)
	2001		2003		2005	
合計	23,531	100.0	20,794	100	21,672	100.0
200 万ドル未満	4,516	19.2	2,562	12.3	768	3.5
200 万ドル以上 350 万ドル未満	4,028	17.1	3,516	16.9	3,043	14.0
350 万ドル以上 500 万ドル未満	2,676	11.4	2,372	11.4	2,283	10.5
500 万ドル以上 1000 万ドル未満	4,313	18.3	4,222	20.3	4,477	20.7
1000 万ドル以上 2000 万ドル未満	3,133	13.3	2,944	14.2	3,276	15.1
2000 万ドル以上	4,865	20.7	5,179	24.9	7,825	36.1
	2007		2009		2010	
合計	22,508	100.0	20,644	100.0	13,217	100
200 万ドル未満	136	0.6	69	0.3		
200 万ドル以上 350 万ドル未満	2,353	10.5	1,616	7.8	267	2
350 万ドル以上 500 万ドル未満	2,371	10.5	2,052	9.9	719	5.4
500 万ドル以上 1000 万ドル未満	5,174	23.0	4,321	20.9	2,682	20.3
1000 万ドル以上 2000 万ドル未満	4,446	19.8	3,832	18.6	2,871	21.7
2000 万ドル以上	8,028	35.7	8,754	42.4	6,677	50.5

出所：TPC（2012c）より作成。

　上で見たように、総遺産規模の大きい申告階層において遺産税がかかる申告の割合が高いが、2001 年遺産税改革の実施結果を含めて、遺産税の実効税率がどのように推移してきたのか、図4-3 で見ておこう。ただし、ここでいう遺産税の実効税率とは、税額控除後の遺産税額を故人（被相続人）死亡時点での総遺産額で割って算出したものである。図4-3 を見ても分かるように、遺産税の実効税率は、第二次世界大戦直後から 1976 年税制改革までは、12〜13％程度であったが、それ以降徐々に上昇傾向を辿って、2000 年の19.1％にまで至る。2001 年遺産税改革が行われて、遺産税の実効税率は2001 年と 2002 年はやや低下するが、2003 年と 2004 年には上昇に転じ、20％を超える。しかし、2005 年度以降は再び低下に転じ、2009 年度現在では20％を切っている。とはいえ、依然として高い水準を示している。

第 4 章　連邦遺産税・贈与税改革　　163

図 4-3 遺産税の実効税率（1935-2009 年度）

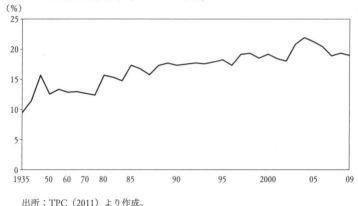

出所：TPC（2011）より作成。

第 4 節　遺産税・贈与税に関する論争点と実態分析

1. 遺産税・贈与税に関する論争点
（1）遺産税・贈与税に対する肯定論と批判論

ここで、Gravelle and Maguire（2007）によって、これまでに様々な論者から出されている遺産税に対する主な肯定点と批判点を挙げてみよう[17]。

（ⅰ）遺産税・贈与税に対する主な肯定点

①遺産税・贈与税は富裕者に課税することによって税制の累進性の維持に役立つ。

②遺産税・贈与税は富の集中とそのことによって想定される社会に対する悪影響を減らす。

③遺産税・贈与税は財源としては比較的少ないが、取るに足らない金額とまではいえない程の収入は上げる。この収入は、株式市場が好調となったり、ベビーブーム世代の世代間移転が増えれば、増える可能性がある。

④遺産税・贈与税を廃止ないし減税すれば、何か他の税を増やすか、支出プログラムを削減するか、国債を増やすか、このいずれかが必要になる。

⑤相続した資産が受贈者にとって、たなぼた利益とみなされる限り、遺産税・贈与税は人によっては、労働や努力の結果である収入に課税するよりも公正であるとみなされるかもしれない。

⑥相続人は遺産を時価を基準価額として受け取るので、未実現キャピタル・ゲインが税逃れしており、それが遺産税を課税し続ける根拠となっていることを多くの経済学者が暗に示している。遺産の資産評価を通して大きなキャピタル・ゲインを発生させる家族は、もし遺産税・贈与税がなければ遺産を相続人に相続させることによって、これらのキャピタル・ゲインにかかる税を逃れることができる。

（ⅱ）遺産税・贈与税に対する主な批判点

①遺産税・贈与税は貯蓄と投資を阻害する。

②遺産税・贈与税は、農業を含めた同族経営に不当な負担を課す。これは、同族企業が遺産税を支払うための適当な流動性がないために、遺産税によって同族企業が破産に追いやられるという議論である。

③遺産税・贈与税は累進性を導入する方法としては欠陥がある。というのは、非常に富裕な家族が利用できるような、多くの租税回避の方法があるからである。もっともこの批判は、遺産税・贈与税廃止論者だけではなく改革論者からも支持を受けている。

④遺産税・贈与税の税務コストや納税協力費は、その収入と比べて負担である。この議論は、これらの税の廃止よりも改革を支持するために提案されてよい。

⑤死亡は、税を課すのに望ましい時ではないという感情が一般的にある。

⑥遺産の中に入り込んだ資産の幾つかは、一般的にはすでに資本所得課税を受けている。

連邦議会の租税論議に影響力を持つシンクタンク Tax Foundation も同様の批判点を挙げている[18]。

（2）「遺産税の経済学」からの遺産税批判

上述の遺産税・贈与税に対する批判点と重複する点もあるが、1990年代末から現在に至るまで遺産税廃止論に大きな影響を与え続けている「遺産税の経済学」の系譜の代表的見解として、2001年遺産税廃止法に大きな影響を与えた連邦議会合同経済委員会の批判、同法を推進したブッシュ（子）政権の経済諮問委員会の批判、同委員会委員長 N.G. マンキューの批判を次に挙げておく。

（ⅰ）連邦議会合同経済委員会（JEC）の遺産税批判

JEC の 1998年の報告書「遺産税の経済学」は次のように、批判的結論を

第4章 連邦遺産税・贈与税改革　165

下している[19]。

　「遺産税は、そこそこの税収を上げるが、それとは割が合わないくらいに非常に有害な影響が出る。遺産税は経済活動の大量の浪費を招く。遺産税がかかっていると、資本に約5000万ドルの経済的コストを負わせる。さらに、遺産税は家族経営の最弱点の1つである世代間の事業継承のところで経営を不安定にする。遺産税を支払うために大きな流動性が必要となり、それが何千もの小経営を破綻させ、環境的に敏感な土地の破壊を生む。こうした結果をもたらすので、遺産税は優良な税制の基本原理である、簡素性、公正性、効率性を侵害することになる。」

（ⅱ）ブッシュ（子）政権経済諮問委員会の批判点

　ブッシュ（子）政権のN.G.マンキューを委員長とする経済諮問委員会は『2004年大統領経済報告』において、次のように遺産税を批判している[20]。少し長いが引用しよう。

　「故人（被相続人）に遺産税を負担させることは、この税が遺産の最大でもせいぜい2％に適用されるだけなので、この税が非常に累進的だという一般的な見方を支えることになる。しかしながら、遺産税の経済的負担は、ほとんど故人によってなされないのは実際確かである。遺産税が故人に生涯消費を減らし、大きな遺産を蓄積させ、相続人に残された税引後遺産を減らすことなしに、この税が支払われる場合にのみ、遺産税の負担は故人によってなされるのである。言い換えれば、遺産税は、それが故人によって負担されるには生涯消費を減らし、遺産税が故人によって負担されるように、遺産蓄積を促さねばならないのである。

　こうした状況は続きそうにない。遺産税は遺産形成を魅力的なものではないようにし、おそらくは遺産の規模も減らしてしまう。実証研究によって遺産税は故人が蓄積し、相続人に残す遺産額を減らすことが確認されている。第一歩として、それは故人よりも相続人に租税負担を負わせることになることをなるほどと思わせるものである。

　人が何を期待しようが、富裕な故人の相続人は必ずしも富裕とは限らない。経済学者たちは、相続人世代間の長期的労働所得の相関係数は大体0.4か0.5くらいであることを知っている。相続人世代間の長期的所得（遺産を含む）あるいは長期的消費水準との相関係数は、大体0.7と推定されている。相関関係は完全なものではない。したがって、故人の所得と相続人の所得と

の相関係数がずっと低い場合においては、かなりの遺産が孫あるいは甥や姪に残されることはある。相続人は故人より裕福ではないことがありうるので、遺産税負担は相続人にかかりそうだということを認めれば、遺産税は富裕者によって少ししか負担されていないことを明かすことになる。

　しかし、一層重要な点は、遺産税による遺産形成の減少は、資本蓄積の減少という形を取りそうだということである。遺産税や贈与税は資本にかかる税であるために、その長期的な負担の一部は、上で述べたように、賃金率の低下を通して労働者に転嫁されそうである。かくして負担の一部は、遺産税や課税される贈与を受け取らない通常の労働者によって担わされそうである。」

（ⅲ）N.G. マンキューの批判点

　N.G. マンキューはこれと全く同じ趣旨のことを、2003 年 11 月 4 日にナショナル・プレスクラブでの租税政策と経済に関する会合で述べている。その結論は次の通りである[21]。

　「遺産税は不公正にも倹約を罰し、経済成長を阻害し、実質賃金を切り下げ、たとえあるにしても連邦収入をほとんどもたらさない。この税を支持するような優れた租税政策の原則は何もない。私は大統領が恒久的遺産税廃止を求めるのを支持する。」

2．遺産税・贈与税に関する実態分析

　ここでは、2001 年遺産税・贈与税改革による課税実態を、上記両税肯定論・批判論の中に含まれていた論争点を中心に検討する。ただし、上記両税肯定論・批判論の中で州遺産税への影響や過大な配偶者控除、慈善寄附控除等が議論されていないので、それを含めて検証する。

（1）州遺産税・贈与税の税額控除問題

　連邦遺産税の廃止は、連邦遺産税が初めて制定された 1916 年以来長い間連邦政府と州との間で到達していた妥協を否認することになったのである。1916 年までは遺産税と遺産取得税は州の特権だったのである。州は連邦遺産税の制定に反対した。というのは、州にはそれが州の伝統的な課税ベースの 1 つを侵すと考えたからである。妥協の結果、連邦遺産税に州遺産税額控除を組み入れ、それによって州に対して州遺産税の課税ベースの一部を保証したのである。2001 年連邦遺産税・贈与税改革までに、多数の州は自州の

遺産税・遺産取得税を最大限の連邦税額控除に等しいピックアップ遺産税
（後段で説明）に依存するように変えてきたのである。これが裏目に出た。
ピックアップ遺産税を持つほとんどの州においてもし連邦遺産税が廃止され
れば、したがって連邦遺産税税額控除が廃止されれば、その行為は自動的に
州遺産税を廃止することになる[22]。

　2000年時点で、50州中35州が連邦遺産税における州遺産税税額控除に等
しい遺産税を有していたが、それ以外の州遺産税や州相続税は有していなか
った。これらの州において州法は、特に連邦遺産税に対して認められる州遺
産税の税額控除額について言及している。これが一般的にいわれるピックア
ップ遺産税である。ピックアップ遺産税は州に収入を提供するが、相続人が
なす連邦遺産税支払いを増やすことはない。代わりに、遺産財団の連邦遺産
税負担額が州税支払額だけ減らされるのである[23]。

　ところで、2000年時点では全ての州が遺産税か遺産取得税かあるいはそ
れら両方の税を有していた。2001年遺産税・贈与税改革によって、表4-4
に示されるように州資産移転税の税額控除は2002-04年の間に逓減し、2005
年には連邦遺産税の課税遺産額からの控除に代置された。多くの州は自州の
資産移転税を連邦遺産税の税額控除に等しいものと定めているために、連邦
遺産税における州遺産税の税額控除廃止で、多くの州は資産移転税を廃止せ
ざるをえなくなった。しかし、州資産移転税収を依然確保し続けたい州は、
連邦遺産税法と州資産移転税の関係を切断した。連邦遺産税から独立した独
自の州資産移転税を課税しているのは表4-7に示されるように、2006年現
在24州とコロンビア特別区である。合計約47.4億ドルの収入を上げている。

　D. ブルノリによれば、2010年現在州遺産税だけを課税しているのが17州、
州遺産取得税だけを課税しているのが5州、この両方の税を課税しているの
が3州である。この他に州贈与税を課税している州が2州ある。これらの州
遺産税、州遺産取得税、州贈与税を合せても38億ドルを少し超える程度で
州税収全体の1％にも満たない[24]。

（2）連邦遺産税・贈与税の負担と再分配問題

（ⅰ）連邦遺産税・贈与税の負担

　ここでは、連邦遺産税・贈与税をどういった階層が負担しているのか検討
してみよう。表4-8は、2004年現在の連邦諸税の分位別租税負担率と1世
帯当たりの分位別平均租税負担額について見たものである。遺産税・贈与税

表 4-7 州遺産税と州遺産取得税の税収推計
（2006 年度） 単位：100 万ドル

州名	税収推計額 （2006 年度、100 万ドル）	税のタイプ
コネチカット	155.0	遺産税
イリノイ	285.0	遺産税
インディアナ	140.0	遺産取得税
アイオワ	70.9	遺産取得税
カンザス	53.0	遺産税
ケンタッキー	47.0	遺産取得税
メーン	30.6	遺産税
メリーランド	245.9	遺産税プラス遺産取得税
マサチューセッツ	218.0	遺産税
ミネソタ	210.0	遺産税
ネブラスカ	68.7	遺産税プラス遺産取得税
ニュージャージー	580.0	遺産税プラス遺産取得税
ニューヨーク	855.0	遺産税
ノースカロライナ	154.3	遺産税
オハイオ	310.5	遺産税
オクラホマ	64.1	遺産税
オレゴン	59.0	遺産税
ペンシルヴェニア	725.5	遺産取得税
ロードアイランド	28.0	遺産税
テネシー	84.0	遺産取得税
ヴァーモント	26.1	遺産税
ヴァージニア	144.0	遺産税
ワシントン	39.9	遺産税
ウィスコンシン	124.0	遺産税
コロンビア特別区	21.4	遺産税
合計	4,740.0	

出所：McNichol（2006）, p.3.

の世帯現金所得に対する負担率は決して高くないが、他の連邦諸税と著しく違うのは、他の連邦諸税はいずれも、どの所得階層でも負担しているのに対し、遺産税・贈与税を負担しているのは第 5 分位で、高所得層のみが負担していることが分かる。

　表 4-9 の左欄は、2001 年遺産税・贈与税改革実施前（2004 年）と実施後（2008 年）との間で、所得分位別に見た連邦遺産税・贈与税の経済所得に対する世帯負担率に変化が生じているのか見たものである。あまり大きな変化

第 4 章 連邦遺産税・贈与税改革 169

表 4-8 連邦諸税の分位別租税負担率と 1 世帯当たりの分位別平均租税負担額（2004 年）

単位：%、ドル

	第 1 分位	第 2 分位	第 3 分位	第 4 分位	第 5 分位	第 1 分位	第 2 分位	第 3 分位	第 4 分位	第 5 分位
	分位別租税負担率（%）					1 世帯当たりの分位別平均租税負担額（ドル）				
全連邦税	38.90	55.70	61.50	64.40	70.20	1,684	6,644	13,028	22,719	57,512
所得税	4.00	12.00	17.60	22.60	35.70	171	1,431	3,720	7,973	29,257
給与税	21.20	30.60	32.00	30.40	22.50	917	3,656	6,788	10,737	18,470
法人税	6.30	8.40	8.20	8.20	8.10	271	999	1,734	2,894	6,597
ガソリン税	1.60	1.20	1.00	0.80	0.60	69	138	202	286	493
酒税	0.80	0.40	0.30	0.30	0.20	34	52	75	102	141
タバコ税	1.20	0.60	0.30	0.20	0.10	51	67	73	68	59
ディーゼル燃料税	0.20	0.30	0.30	0.30	0.30	10	38	65	109	248
航空税	0.50	0.40	0.40	0.40	0.40	22	51	81	147	312
その他国内消費税	1.00	0.60	0.40	0.40	0.20	43	66	89	124	177
関税	2.20	1.20	0.90	0.80	0.50	96	147	200	279	396
遺産税・贈与税	0.00	0.00	0.00	0.00	1.70	0	0	0	0	1,362

注：この表の五分位法は、世帯現金所得に関するものである。
出所：Prante and Chamberlain (2007), p.43, p.46 より作成。

表 4-9　連邦遺産税・贈与税の経済所得と現金所得に対する世帯負担率
（2000 年、2008 年）

経済所得分位	2004 年	2008 年	現金所得分位	2008 年
第 1 分位	0.0	0.0	第 1 分位	0.0
第 2 分位	0.0	0.0	第 2 分位	0.6
第 3 分位	0.0	0.0	第 3 分位	1.4
第 4 分位	0.8	0.0	第 4 分位	4.5
第 5 分位	99.2	99.7	第 5 分位	93.0
合計	100.0	100.0	合計	100.0
〈補遺〉			〈補遺〉	
トップ 10％	96.2	99.5	トップ 10％	89.2
トップ 5％	91.0	97.3	トップ 5％	85.8
トップ 1％	64.2	81.1	トップ 1％	60.7
トップ 0.1％		46.6	トップ 0.1％	33.4

注：ここでいう経済所得とは、実現していようが未実現であろうが、資本に発生した収益
　　を含む幅広い所得概念である。この所得概念は財務省が 1980 年代以来使っている。
出所：Burman and Gale（2001）, p.4 ; Burman, Lim and Rohaly（2008）, pp.11-12 より作成。

はないが、2004 年では第 4 分位層が全体の 0.8％を負担していたが、2008 年
にはその負担が完全になくなっており、遺産税・贈与税は第 5 分位層がもっ
ぱら負担するところとなっている。しかし、第 5 分位の中をもっと詳しく見
て、変化が見られないのだろうか。分位を細かくして 100 分位にすると、
2004 年よりも 2008 年においてトップ 1％層が 64.2％から 81.1％へと負担率
が大きく高まっている。2004 年のトップ 0.1％の負担率は分からないが、
2008 年では、この所得層で全体の 46.6％も負担している。

　表 4-9 の右欄は所得概念が経済所得より狭い現金所得に対する世帯負担率
を示している。遺産税・贈与税の世帯負担は、現金所得概念を使ってみても
極めて累進性が高いが、経済所得を使った場合よりも累進性は低くなってい
る。これを Burman, Lim and Rohaly（2008）は、遺産税・贈与税は資産にか
かる税だからだと説明している。つまり大きな資産を有する人にとって使え
る現金所得が少ないことが遺産税・贈与税の負担の累進性をやや下げたもの
にしていると説明している[25]。それでも遺産税・贈与税の累進性が非常に高
いことには違いない。

　表 4-10 は、総遺産規模別の遺産税諸控除割合と純遺産に対する遺産税負
担率を 2004 年と 2007 年について見たものである。純遺産に対する遺産税負

第 4 章　連邦遺産税・贈与税改革　171

表 4-10　総遺産規模別の遺産税諸控除割合と純遺産に対する遺産税負担率
（2004 年、2007 年）

単位：100 万ドル、%

総遺産規模 （100 万ドル）	総遺産額に対する割合（%）			純遺産に対する遺産税負担率（%）		
	諸費用	配偶者への 遺贈	慈善寄附	税額控除前	統合税額 控除後	全ての税額 控除後（＊）
2004 年						
1.0-2.5	5.41	19.58	3.35	27.88	3.21	5.53
2.5-5.0	5.54	33.28	5.57	25.15	13.59	13.31
5.0-10.0	5.61	36.65	6.76	25.27	19.6	17.75
10.0-20.0	5.28	38.57	8.12	24.47	21.67	19.01
20.0 以上	6.20	41.93	17.63	17.76	17.08	14.37
合計	5.62	31.11	7.77	24.51	12.11	11.83
2007 年						
2.0-3.5	5.07	19.14	3.85	30.39	0.47	4.81
3.5-5.0	5.31	28.20	4.85	27.48	8.72	10.23
5.0-10.0	5.98	32.58	6.02	26.49	14.82	14.96
10.0-20.0	5.67	37.17	6.53	25.12	19.34	18.36
20.0 以上	5.78	38.92	21.24	16.99	15.64	14.60
合計	5.56	30.56	9.70	24.96	10.69	11.74

注：これには遺産が負う贈与税も含んでいる。
出所：Gravelle and Maguire (2007), p.201；Marples and Gravelle (2009), pp.10-11 より作成。

担率は、総遺産規模が大きくなるにつれて次第に上昇し、緩やかな累進性を示しているが、総遺産規模 2000 万ドル以上のところでは低下している。この低下の原因は、この階層のところで慈善寄附の割合が急激に高くなっているからである。この割合は 2004 年には 17.63％であったが、2007 年には 21.24％にもなっている。

　富裕層は様々なタックス・プランニングの方法を使って遺産税・贈与税負担の軽減化を図っているので、表 4-10 に示されるように、これらの税の累進性が弱くなっているが、再分配の目的からすれば、故人の中の最も裕福な資産家（人口のわずかな層）に負担が限定されるが、それでも一定の役割を果しているのではないか。

（ii）資産移転の内容と遺産税・贈与税の再分配効果
　ここで、資産移転内容を表 4-11 で検討してみよう。表 4-11 の上欄には資産移転タイプ別資産受贈者割合が出ている。相続単独で 8 割前後の割合を占

表 4-11　資産移転タイプ別および資産移転者別の資産受贈者割合
（1989-2007 年）　　　　　　　　　　　　　　　　　　　　　単位：%

	1989	1998	2001	2004	2007
資産移転タイプ別資産受贈者割合（%）					
全移転資産受贈者	100.0	100.0	100.0	100.0	100.0
相続のみ	85.2	76.2	78.0	80.7	77.7
贈与ないし移転のみ	3.5	17.2	14.3	11.6	14.2
信託ファンドないしその他のみ	7.7	3.0	3.1	2.2	3.1
相続と贈与	0.6	2.2	3.2	3.5	3.6
相続と信託	2.9	1.3	1.2	1.7	1.0
贈与と信託	0.1	0.1	0.3	0.3	0.4
相続、贈与、信託	0.0	0.0	0.1	0.0	0.0
資産移転者別資産受贈者割合（%）					
全移転資産受贈者	100.0	100.0	100.0	100.0	100.0
両親のみ	49.2	60.8	62.2	55.9	61.6
祖父母のみ	15.7	12.6	15.4	15.9	14.8
その他親族のみ	13.8	11.2	11.1	14.6	10.2
友人とその他のみ	5.4	2.9	2.2	2.3	1.7
2 人以上の親族	11.9	10.7	7.8	10.3	10.8
親族と友人ないしその他	3.9	1.7	1.3	1.0	1.0

出所：Wolff and Gittleman（2011），pp.30-31 より作成。

め、その他相続、贈与絡みのものも合せると 9 割を超えてしまう。では、相続や贈与によって移転される資産は、誰からの移転なのか。表 4-11 の下欄には資産移転者別資産受贈者割合が示されている。これを見ると、資産移転者の内訳は年によって多少変化があるが、そう大きな時系的変化というものはない。2007 年を例にとると、両親からが 61.6%、祖父母から 14.8%、その他親族から 10.2%等となっている。世代飛越移転税があるにもかかわらず、祖父母からの移転が多いのが目につく。

　次に、表 4-12 を見てみよう。表 4-12 の上欄には、2000 年代の総遺産のタイプ内訳の推移が示されている。公開株がいずれの年でも一番大きな割合を占めているが、2000 年代に割合を低下させているのが大きな特徴である。2005 年から 2009 年へのその割合の低下は、リーマンショックによる株価の暴落を反映しているかも知れない。表 4-12 の下欄は 2005 年の全申告書および全課税申告書における、総遺産規模別の遺産タイプ内訳を示している。全

第 4 章　連邦遺産税・贈与税改革　　173

申告書および全課税申告書のいずれにおいても、公開株の割合が高いが、やはり総遺産規模が大きくなるにつれて、公開株の割合が高くなっていく。全課税申告書において、総遺産規模 2000 万ドル以上では、公開株が実に 40.7％の割合にもなっている。総遺産規模が小さい 200 万ドル未満の場合には、個人住宅やその他不動産、現金、退職遺産等の割合が他の大きな総遺産規模の割合と比べて相対的に大きい。

　今度は、表 4-13 の左欄で資産移転を受けた世帯の割合を見てみよう。所得水準で見ても資産水準で見ても、高所得層、高資産層になる程資産移転を受けた世帯の割合が高くなっている。人種では非スペイン系白人、年齢層では 55 歳以上、教育年数では 16 年以上の場合に資産移転を受けた世帯の割合が他と比べて大きくなっている。時系列的に見て、2001 年遺産税・贈与税改革前（1998 年）と改革後で、資産移転を受けた世帯の割合が、全世帯についても、その他 A、B、C、D、E のどれを指標にしても、大きく変わったことはない。しかし、少し遡った 1989 年と 2007 年を比較すると、資産移転を受けた世帯の割合は全世帯、その他 A、B、C、D、E のどれを指標にしても、2007 年に低下している。

　表 4-13 の右欄は、1989-2007 年期の資産移転の世帯間不平等度（ジニ係数）とその変化を示したものである。所得水準で見ると高所得層で、非スペイン系白人で、教育年数では 16 年以上でジニ係数が高いが、年齢層で見ると年によってジニ係数が高い年齢層が異なっている。2001 年遺産税・贈与税改革によって資産移転の世帯間不平等度に大きな変化が見られたのであろうか。1998 年と 2007 年を比較してみよう。世帯間不平等度は、全世帯では悪化、所得水準別では中・低所得層で悪化、高所得層で改善、人種別では全人種で悪化、年齢層別では 75 歳以上以外全年齢層で悪化、教育年数別では、16 年以上以外全ての教育年数グループで悪化となっている。つまり、2001 年遺産税・贈与税改革が 2000 年代の資産移転の世帯間不平等度の悪化にどの程度影響を与えたか分からないが、全体的に見て世帯間不平等の改善にあまり貢献しなかったのは確かである。

（3）家族経営農家および同族企業への遺産税・贈与税改革の影響

　小規模な家族経営農家と同族企業はどの程度遺産税を支払っているのだろうか。表 4-14 を使って検討してみよう[26]。租税政策研究所（TPC）は、遺産額の半分以上が農業や事業にあり、その農業や事業の資産価値が 500 万ド

表4-12　遺産税申告書の遺産タイプ内訳（2000-2009年）

単位：100万ドル、%

全遺産申告書の年別区分と規模別区分	課税目的の総遺産	個人住宅	その他不動産	未公開株	公開株	州・地方債	現金	退職遺産	その他全て
全申告書									
2000年　金額（100万ドル）	217,402	16,134	21,445	14,612	68,304	21,186	14,709	17,410	43,602
構成比（%）	100	7.4	9.9	6.7	31.4	9.7	6.8	8.0	20
2005年　金額（100万ドル）	184,696	15,694	24,015	11768	50,994	18,862	11,035	12,209	40,119
構成比（%）	100	8.5	13.0	6.4	27.6	10.2	6.0	6.6	21.7
2009年　金額（100万ドル）	194,575	14,320	22,378	14407	43,224	18,860	21,024	13,894	46,468
構成比（%）	100	7.4	11.5	7.4	22.2	9.7	10.8	7.1	23.9
2005年遺産税申告書の遺産規模別遺産タイプ内訳（%）									
全申告書	100	8.5	13.0	6.4	27.6	10.2	6.0	6.6	21.7
150万ドル未満	100	16.2	18.2	2.6	14.8	6.4	10.2	10.1	21.5
150万ドル以上200万ドル未満	100	14.8	15.8	1.6	20.4	8.2	10.2	10.8	18.2
200万ドル以上350万ドル未満	100	12.4	16.1	2.8	23.2	8.6	7.2	10.4	19.3
350万ドル以上500万ドル未満	100	9.7	14.2	4.4	25.7	10.5	6.3	8.4	20.8
500万ドル以上1000万ドル未満	100	7.8	14.6	5.1	27.9	12.0	5.5	6.9	21.2
1000万ドル以上2000万ドル未満	100	6.0	13.3	7.6	29.1	12.6	4.8	4.2	22.4
2000万ドル以上	100	2.4	7.2	12.8	36.0	10.9	3.1	1.4	26.2
全課税申告書	100	7.2	10.5	5.7	33.1	12.0	6.5	4.3	20.7
150万ドル未満	100	14.7	14.9	1.3	18.6	6.7	12.7	10.5	20.6
150万ドル以上200万ドル未満	100	14.4	13.2	1.1	23.2	9.5	12.8	8.4	17.4
200万ドル以上350万ドル未満	100	12	14.7	2.2	26.2	10.0	9.3	7.5	18.1
350万ドル以上500万ドル未満	100	8.5	11.5	3.3	30.9	12.4	7.8	5.7	19.9
500万ドル以上1000万ドル未満	100	7.7	12.6	4.0	32.3	13.4	6.1	5.0	18.9
1000万ドル以上2000万ドル未満	100	6.1	11.1	5.3	33.4	14.2	5.3	3.0	21.6
2000万ドル以上	100	2.3	6.1	10.3	40.7	12.6	3.4	1.1	23.5

出所：TPC（2000-2009b）より作成。

表 4-13　資産移転を受けた世帯の割合と世帯間不平等度（1989-2007 年）

単位：％、ジニ係数

区分	資産移転を受けた世帯の割合（％）							資産移転の世帯間不平等度（ジニ係数）			
	1989	1998	2001	2004	2007	1987-2007 年期の非加重平均	1989-2007 年期の変化	1989	1998	2007	1989-2007 年期の変化
全世帯	23.5	20.4	17.9	20.3	21.1	20.7	-2.5	0.959	0.959	0.961	0.002
A　所得水準（1998 年ドル）											
15,000 未満	16.2	13.7	9.7	15.5	17.3	14.7	1.1	0.730	0.730	0.760	0.030
15,000-24,999	21.0	21.9	14.4	14.1	18.4	18.7	-2.6				
25,000-49,999	22.4	19.9	17.4	20.9	19.0	20.1	-3.4	0.740	0.746	0.742	0.002
50,000-74,999	28.1	21.5	20.1	24.9	21.6	23.3	-6.5				
75,000-99,999	30.3	20.5	27.2	24.2	25.3	26.2	-5.0	0.808	0.663	0.747	-0.061
100,000-249,999	32.1	32.2	27.0	23.8	30.6	31.1	-1.5	0.790	0.769	0.813	0.023
250,000 以上	47.6	38.9	35.7	35.7	39.0	38.4	-8.6	0.837	0.897	0.829	-0.008
B　資産水準（1998 年ドル）											
25,000 未満	8.4	9.9	6.3	10.0	8.7	9.0	0.3				
25,000-49,999	24.9	20.0	17.3	17.8	21.9	20.2	-3.0				
50,000-99,999	26.3	19.6	16.4	20.9	19.9	21.0	-6.3				
100,000-249,999	33.1	26.0	22.6	21.4	24.3	26.0	-8.8				
250,000-499,999	37.6	31.7	27.6	32.7	27.6	33.7	-10.0				
500,000-999,999	46.2	35.5	34.0	41.8	36.4	41.7	-9.7				
1,000,000 以上	47.9	44.9	40.4	38.4	47.3	44.7	-0.6				
資産の上位 1%	57.3	42.0	43.9	32.8	45.5	44.3	-11.7				
C　人種											
非スペイン系白人	27.6	23.8	21.3	24.2	25.6	24.6	-2.0	0.815	0.812	0.817	0.002
非スペイン系アフリカ系アメリカ人	10.4	10.8	8.2	12.3	9.1	10.2	-1.2	0.794	0.729	0.754	0.010
スペイン系	5.8	4.2	3.0	5.3	4.2	5.5	-1.5	0.939	0.526	0.690	0.249

アジア人とその他	16.8	9.1	9.9	8.6	14.8	12.2	-2.0	0.782	0.791	0.833	0.051
D 年齢層											
35歳未満	15.4	11.8	10.7	10.8	12.2	12.4	-3.2	0.800	0.759	0.796	-0.005
35-44歳	18.7	15.5	14.0	15.9	16.4	16.5	-2.3	0.744	0.748	0.821	0.077
45-54歳	24.4	19.4	19.8	20.4	20.8	21.4	-3.7	0.772	0.755	0.783	0.011
55-64歳	26.4	27.7	24.8	27.3	28.1	27.4	1.7	0.882	0.754	0.811	-0.071
65-74歳	34.9	34.5	25.7	28.8	27.7	30.1	-7.2	0.769	0.870	0.754	-0.014
75歳以上	34.4	28.4	21.2	29.8	30.3	29.1	-4.0				
E 教育年数											
12年未満	17.7	13.5	8.2	13.9	13.2	13.6	-4.5	0.701	0.665	0.734	0.033
12年	19.8	17.8	14.7	17.9	17.6	18.0	-2.2	0.762	0.777	0.809	-0.053
13-15年	22.2	20.9	17.4	22.4	20.4	20.6	-1.8	0.779	0.730	0.773	-0.006
16年以上	34.4	27.3	27.3	24.1	29.1	28.8	-5.2	0.850	0.835	0.824	-0.026

出所：Wolff and Gittleman (2011), p.32, p.38 より作成。

ル未満の場合に、これを小規模農業・事業と定義している。この定義による小規模農業・事業の遺産税負担状況は表 4-14 の①に示されている。これを見ると、該当するのはわずか 2000 件の遺産であるが、そのうちの 73％は何も遺産税を負担していない。残り 550 件の小規模農業・事業遺産は何がしかの負担を負っているが、そのうちの 4 分の 3 以上は 50 万ドル未満の租税負担を負うだけである。

表 4-14 の②に示されているのは、農業・事業資産が総資産の半分以上を占めている全ての農業・事業の遺産税負担状況である。約 2500 件が遺産税申告が必要であるが、そのうちの 70％は遺産税を支払っていない。全農業・事業遺産の評価遺産税額の約 80％を支払うのは最大 90 の遺産であって、遺産 1 件につき 500 万ドル以上の遺産税を支払う。

表 4-14 の③に示されているのは、何らかの農業・事業資産のある約 1 万6000 件の遺産である。これらの遺産を合せると、150 億ドルの遺産税を支払うことになる。

以上のように、小規模農業・事業が遺産税をわずかしか支払っていないのは、幾つかの特別措置が取られているからである[27]。

第 1 に、小規模農業者・事業者は、彼らの不動産を公正市場価格ではなく現在使用価格で評価することができる。この現在使用価格は、現在使用中の財産の賃貸価格をグロスアップしたものである。すなわち、5 カ年平均の市場賃貸価格を連邦土地銀行の新規貸出に対する利率で割った値がそれになる。現在使用価格で評価した財産の価額が物価調整して 2008 年で最大 96 万ドルまで、控除が認められる。

第 2 に、同族企業の資産が総遺産額の少なくとも 35％になるような遺産の執行人は、優遇利率で遺産税負担額を 15 年間に亘って分割支払いすることが選択できる。最初の 5 年間は利払いだけで、その後 10 年間に元金と利子の支払いを行う。これを使えば、農業遺産の不動産価格を市場価格より40〜70％引き下げることができると言われる。2001 年 EGTRRA は、同族企業の定義を緩め拡大している。

第 3 に、2004 年までは小規模農家・同族企業は 67 万 5000 ドルまで適格家族所有事業関連（QFOBI）控除に資格があった。QFOBI 控除と総合税額控除で認められている遺産額控除とを合わせると、130 万ドルほど総遺産額から控除できた。2003 年に遺産免除額が 100 万ドルに引き下げられた時に、

表 4-14　農業・事業の遺産支払税額別遺産税分布 (2008 年)

単位：件、100 万ドル、%

純遺産税 (1000 ドル)	① 資産 500 万ドル未満農業・事業の遺産税申告書				② 総遺産の半分以上農業・事業の遺産税申告書				③ 何らかの農業・事業資産のある遺産税申告書			
	件数	割合 (%)	税額 (100 万ドル)	割合 (%)	件数	割合 (%)	税額 (100 万ドル)	割合 (%)	件数	割合 (%)	税額 (100 万ドル)	割合 (%)
0	1,490	73.0	0.0	0.0	1,730	70.0	0.0	0.0	9,760	60.0	0.0	0.0
100 未満	150	7.4	6.2	2.8	150	6.1	6.3	0.3	1,030	6.3	66.0	0.4
100-500	280	13.7	70.2	31.7	290	11.7	72.5	3.4	2,010	12.4	569.2	3.9
500-1,000	60	2.9	38.1	17.2	70	2.8	45.5	2.1	1,090	6.7	822.9	5.6
1,000-2,000	20	1.0	32.1	14.5	60	2.4	87.0	4.1	830	5.1	1,132.2	7.7
2,000-5,000	40	2.0	74.9	33.8	0	3.6	244.9	11.6	990	6.1	2,959.7	20.0
5,000 以上	0	0.0	0.0	0.0	90	3.6	1662.2	78.5	540	3.3	9,215.8	62.4
全体	2,040	100.0	221.4	100.0	2,470	100.0	2118.5	100.0	16,260	100.0	14,765.8	100.0

注：①は、農業・事業の資産が総遺産の少なくとも半分で、これらの資産が 500 万ドル以上ではない場合の遺産税申告書。
　　②は、農業・事業資産が総遺産の少なくとも半分である場合の遺産税申告書。
　　③は、何らかの農業ないし事業資産の届出のある全ての遺産税申告書。
出所：Burman, Lim and Rohaly (2008), p.16.

QFOBI 控除の最高額は 30 万ドルに制限された。この控除を得るためには、相続人は故人の死後 10 年間は小規模農家ないし事業を継続することに同意せねばならなくなった。

遺産税廃止ないし軽減論者は、遺産税が小規模農業・経営の流動性問題を惹起すると主張していたが、これは根拠があるのだろうか。CBO の研究はこれが根拠のないことを明らかにしている[28]。

遺産税支払い義務が生じるほど十分な資産を残した農業者の遺産の中で、138 件の遺産（約 8％）が流動性資産を超える程の税の支払いに直面していた。これは、納税義務のある全ての遺産の約 5％と比較すれば若干割合が高い。しかし、遺産税申告書で使われている流動性資産の定義では、信託に保管されている資金は除外されているが、これらを用いれば遺産税を支払うことができる。

（4）配偶者の遺産控除、慈善寄附控除等過大控除問題

表 4-15 の上欄は遺産税申告書の控除項目の内訳を示している。全申告書で 2000-09 年期の主な控除項目を見てみよう。配偶者への遺産が全体の 6 割強を占めている。その次に大きな控除項目は慈善目的の寄附で、十数％〜20％強の構成比となっている。

表 4-15 の下欄は、2005 年遺産税申告書の遺産規模別控除項目内訳である。まず、この表の全申告書の方を見てみよう。どの遺産規模の遺産申告書においても控除項目として配偶者への遺産の割合が非常に高い。しかも課税申告書における配偶者への遺産の割合が大きく低下している（特に小規模遺産においては）ことから判断すると、多くの遺産申告書（特に小規模遺産申告書）は、配偶者への遺産によって課税を免れていることが分かる。次に、この表の全課税申告書の方を見てみよう。配偶者への遺産と慈善目的の寄附のいずれも、遺産規模が大きい程これらの控除項目の割合が高くなっている。遺産規模 2000 万ドル以上では、慈善目的の寄附の割合が実に 6 割近くにまでなっている。高資産家がこれを多く利用していることが分かる。なお課税申告書の遺産規模が中小の場合には、債務・不動産抵当借入の割合が比較的高い。

ここでは、控除項目として大きな配偶者への遺産と慈善目的の寄附を取り上げる。

180

表4-15 遺産税申告書の控除項目内訳（2000-2009年）

単位：100万ドル、%

全遺産申告書の年別区分と規模別区分		許可控除合計	葬儀費用	遺言執行人手数料	弁護士料	その他費用・損失	債務・不動産抵当借入	配偶者への遺産	慈善目的の寄附	州死亡税控除
全申告書										
2000年	金額（100万ドル）	95,042	695	1,664	1,370	1,206	7,820	65,481	16,092	0
	構成比（%）	100	0.7	1.8	1.4	1.3	8.2	68.9	16.9	0
2005年	金額（100万ドル）	85,084	364	1,126	930	1,059	6,598	54,835	19,782	121
	構成比（%）	100	0.4	1.3	1.1	1.2	7.8	64.4	23.3	0.1
2009年	金額（100万ドル）	93,447	363	1,057	902	1,063	8,840	62,207	16,020	2,949
	構成比（%）	100	0.4	1.1	1.0	1.1	9.5	66.6	17.1	3.2
2005年遺産税申告書の遺産規模別控除項目内訳（%）										
全申告書		100	0.4	1.3	1.1	1.2	7.8	64.4	23.3	0.1
150万ドル未満		100	2.0	2.4	3.2	1.9	15.2	61.3	11.6	0.06
150万ドル以上200万ドル未満		100	1.6	2.3	2.5	1.9	10.6	65.7	14.5	0.2
200万ドル以上350万ドル未満		100	0.8	2.0	1.7	1.4	10.3	70.6	12.3	0.2
350万ドル以上500万ドル未満		100	0.5	1.5	1.3	1.2	9.2	72.4	13.5	0.1
500万ドル以上1000万ドル未満		100	0.3	1.5	1.2	1.3	9.2	71.3	14.7	0.2
1000万ドル以上2000万ドル未満		100	0.2	1.2	0.9	1.2	7.5	72.4	16	0.2
2000万ドル以上		100	0.1	0.7	0.4	1.0	4.8	54.5	38.5	0.1
全課税申告書		100	0.6	3.4	2.5	3.2	11.3	31.1	47.2	0.4
150万ドル未満		100	7.4	13.6	14.2	9.2	31.4	7.8	6.5	0
150万ドル以上200万ドル未満		100	6.5	17.3	15.1	11.6	27.4	7.6	8.5	1.2
200万ドル以上350万ドル未満		100	2.9	12.6	19.8	8.7	28.8	15.7	16.8	1.3
350万ドル以上500万ドル未満		100	1.4	8.1	6.4	5.1	24.7	30	22	0.6
500万ドル以上1000万ドル未満		100	0.8	6.5	4.4	5.6	21.2	32.3	27.1	0.9
1000万ドル以上2000万ドル未満		100	0.4	3.7	2.3	3.8	13.8	41.3	30.4	0.7
2000万ドル以上		100	0.1	1.1	0.6	1.7	5.8	31.3	59.2	0.1

出所：TPC（2000-2009a）より作成。

表 4-16　結婚有無別・遺産税支払額別遺産税分布
（2008 年）

単位：1000 件、100 万ドル、%

純遺産税 (1000 ドル)	既婚者遺産税申告書				未婚者遺産税申告書			
	件数 (1000 件)	割合 (%)	税額 (100 万ドル)	割合 (%)	件数 (1000 件)	割合 (%)	税額 (100 万ドル)	割合 (%)
0	14.7	86.6	0.0	0.0	4.8	26.6	0.0	0.0
100 未満	0.3	2.0	15.9	0.4	1.7	9.4	104.0	0.5
100-500	0.8	4.9	232.4	6.4	5.7	31.6	1556.1	8.0
500-1,000	0.5	2.7	329.2	9.0	2.1	11.9	1564.5	8.1
1,000-2,000	0.3	1.6	379.6	10.4	1.7	9.3	2277.8	11.7
2,000-5,000	0.2	1.4	722.7	19.8	1.4	7.9	4304.1	22.2
5,000 以上	0.1	0.8	1963.8	53.9	0.6	3.3	9585.3	49.4
全体	17.0	100.0	3643.5	100.0	18.1	100	19391.8	100.0

出所：Burman, Lim and Rohaly（2008），p.15.

（ⅰ）配偶者の遺産控除

　配偶者が受け取った遺産を遺産額から無制限に控除するのは、配偶者同士が年齢が近いために、配偶者間で移転された資産に課税することは1つの世代において二重課税することになるからであり、生存する配偶者に対する適切な遺産の提供を妨げることになるからである[29]。

　しかし、無制限の配偶者の遺産控除は、かなりの歪みを生じさせているのではなかろうか。表 4-16 は、結婚している場合と結婚していない場合に分けて、支払遺産税額の規模別に遺産税の分布を見たものである。配偶者への遺産の無制限の控除のために、遺産税の分布は、既婚の故人にとって非常に歪んだものになっている。すなわち遺産税申告書を提出した 1 万 7000 人の既婚の故人のほぼ 87%が遺産税を全く支払っていない。反対に、申告書を出す 1 万 8000 人の独身の故人の約 4 分の 3 は、2008 年に遺産税を支払わねばならない[30]。これを見ても分かるように、無制限の「配偶者への遺産」の控除は、この制度がない時よりも故人に生存配偶者へ遺産をより多く残させることになり、望ましいことではない。

（ⅱ）慈善目的の寄附控除

　上で述べたように、全課税申告書を見た場合に大規模遺産になるほど（特に遺産規模が最大の 2000 万ドル以上では）慈善目的の寄附が控除項目として大きな位置を占めている。

Gravelle and Maguire（2007）によると、高資産家は生涯に亘って慈善目的の寄附をすると所得税と遺産税の両方で控除が受けられ、大きな租税便益を得るという。もちろん所得税には、慈善目的の寄附控除は所得の50％に制限されており、評価財産もフルバリューで控除することも制限を受けている。こういうことがあっても、相当額の慈善目的の寄附が遺贈によって行われている。特に、所得税の場合と違って、民間財団への遺贈には特別の制限がないので、遺産プラニング技術として慈善目的の寄附控除が役割を果していると言われている[31]。

（5）所得税の補強問題：遺産キャピタル・ゲイン課税

遺産税課税に賛成する議論の1つに、所得税だけでは未実現のキャピタル・ゲインを捕捉できないので、死んだ時に遺産に課税することで所得税を補強できるというものがある[32]。

2001年EGTRRAの下において、相続人に遺贈される遺産は簿価（元々の取得価格）ではなく、故人が死んだ時の時価で評価されるので、相続人がその遺産を売却して仮にキャピタル・ゲインを得ても、遺産を相続してから売却までに発生したキャピタル・ゲインには課税されるが、元々故人がその財産を入手した時から故人が死んだ時までに発生したキャピタル・ゲインには遺産税はかからない。

では、この故人が元々取得し、死亡するまでに発生した未実現のキャピタル・ゲインを遺産税や贈与税で課税することができるのだろうか。遺産税・贈与税は無制限の配偶者への遺産控除を含め、大きな課税控除額を認めているので、キャピタル・ゲインの多くは税の網から漏れてしまう。

したがって、遺産に含まれるキャピタル・ゲインに課税しようと思えば、相続人に遺贈される遺産は故人の死んだ時の市場価格ではなく、故人の遺産を故人が取得した時の価格（簿価）で評価される必要がある。そうすれば、相続人がその遺産を売却した時に実現する故人の生涯キャピタル・ゲインに課税することができる。

（6）遺産税・贈与税の貯蓄への影響問題

遺産税廃止論者は、遺産税・贈与税を廃止すれば人々の貯蓄が促され、それによって投資に利用できる資本を増やすことができるという。しかし、Gravelle and Maguire（2007）によれば、それを実証した研究は事実上存在しないという。その理由は、ほとんど研究者がこれらの税を小さくてあまり重

第4章　連邦遺産税・贈与税改革　　183

要でないとみなしてきたからであり、また生涯を終える時に発生する遺産
税・贈与税と毎年の貯蓄行動とを結びつける試みには著しい困難が伴うから
である。合理的に予測すれば、遺産税・贈与税削減の影響は大きくはなく、
かつ貯蓄を増やすことには必ずしもならないと結論づけている[33]。

第5節　遺産税・贈与税改革の方向性

1.　遺産税廃止恒久化の挫折と負担軽減の追求

　2001年EGTRRAに含まれる遺産税・贈与税改革では、遺産税と世代飛越
移転税を2009年まで段階的に廃止し、2010年に完全に廃止するが、贈与税
は廃止しないということになった。2001年EGTRRAが2010年までの時限
立法なので、2011年には2001年EGTRRAの課税条件である課税免除額
100万ドル、最高税率55%に戻る予定であった。しかし、既述の通り、2001
年EGTRRA期限切れ直前の2010年12月に取られた、2001年EGTRRAの
2012年末までの2年間の延長措置によって、遺産税は課税免除額500万ドル、
最高税率35%と、2009年よりも負担軽減された形で課税が行われることに
なった。

　ところで、2001年EGTRRAが共和党政権と民主党との妥協の産物として、
遺産税廃止を2010年だけに留めたのであるが、ブッシュ（子）政権自体遺
産税廃止を2001年EGTRRA実施後も絶えず求めていたし、議会において
もその実現を目指す動きは絶えず存在していた。例えば、ブッシュ（子）政
権の2006年度予算案はEGTRRAのサンセット条項を廃止することによって、
2010年から遺産税・贈与税を恒久的に廃止する提案を含んでいた。そうし
た提案が実施されると2006-15年度に2561億ドルの税収喪失が発生するこ
とになる。税収喪失の97%（2490億ドル）は、2011-15年度に発生する見
通しであった。また2005年4月13日に下院で可決されたH.R.8法案は、
EGTRRAのサンセット条項を破棄し、遺産税廃止を恒久化しようとするも
のである[34]。

　しかし、遺産税を廃止した場合に、2012年から2021年までの10年間に、
廃止に伴う遺産税収8080億ドルとその穴埋めのための国債利子負担2220億
ドル、両方合わせて1兆ドル以上の費用がかかるとの推計が合同租税委員会
から出たこともあって[35]、上院では遺産税廃止法案可決の見通しが立たなく

なった。上院は 2006 年 6 月 8 日に遺産税を恒久的に廃止するための法案審議に入ることを拒否している[36]。

　遺産税の恒久的廃止が困難な状況になったのを受けて、2001 年 EGTRRA の期限切れとなる 2011 年以降の遺産税廃止論に立つ議員たちは、遺産税廃止ではないもののそれに近い遺産税軽減法案を成立させようとやっきになる。その 1 つは、下院歳入委員会委員長トーマスの提案した遺産税法案（H.R.5638）で 2006 年 6 月 22 日に下院で可決されている。その法案は、課税免除額を 500 万ドルにし、しかも 2010 年以降それに物価スライド制を導入すること、2500 万ドル未満の遺産額には 2010 年以降 20％のキャピタル・ゲイン税率が適用され、2500 万ドル以上の遺産額には 40％キャピタル・ゲイン税率が適用されるといった内容を含んでいる。合同租税委員会は、このトーマス法案が実施されると 2007 年から 2016 年までに 2680 億ドルのコストがかかり、2016 年では 622 億ドルのコストがかかり、恒久的に遺産税を廃止した場合にかかるコストの 76％になるという推計を出している[37]。

　上院議員キールは本来遺産税廃止論者ながら、遺産税完全廃止ではなく、廃止に近いような妥協案を繰り返し出している。当初のキール案では遺産税免除額 500 万ドル、最高限界税率 15％であった。その後のキール案は、2010 年から遺産税免除額 500 万ドル、それに物価スライド制を適用、課税遺産額 3000 万ドル未満 15％と 3000 万ドル以上に 30％のキャピタル・ゲイン税率を適用するというものである。合同租税委員会は、このキール案だと 2016 年に 600 億ドル遺産税収の喪失が生じ、その年に遺産税を恒久的に廃止した場合の税収喪失額の 74％になるという推計を出している[38]。

　2008 年に上院の予算決議の修正案としてキール議員は、遺産税免除額 500 万ドル、最高限界税率 35％という遺産税改革を出している。合同租税委員会は、遺産税を恒久的に廃止した場合のコストの少なくとも 77％がかかる。すなわち 2012 年から 2021 年までの 10 年間に約 7500 億ドル以上のコストがかかると推計している[39]。

　この間もブッシュ（子）政権は遺産税の恒久的廃止を訴え続けてきたが、実現しなかった。代わったオバマ政権は、遺産税を恒久的に廃止すれば大きな財源を失うのと資産家優遇になるため、2009 年遺産税ルールを恒久化することを提案した。この提案では課税免除額は 350 万ドル、最高限界税率 45％となる。これだと、2010 年から 2019 年までの期間に 2530 億ドルのコ

ストがかかる。オバマ提案と同様の2009年に遺産税に適用していた課税免除額350万ドル、最高限界税率45%を恒久化する法案がポメロイ議員によって、2009年12月に提案され下院で可決されたが、上院では遺産税反対派議員によって成立が阻止された。2010年4月には、上院でリンカーン議員とキール議員が、課税免除額500万ドル、最高限界税率35%という2009年遺産税ルールより条件緩和した法案を提出している。その後さらに、キール、ボーカス、グラスレイ、リンカーンの4人の上院議員は、リンカーン＝キール提案を修正した案を出している[40]。

　結局2001年EGTRRAの2010年末期限切れ直前まで、遺産税廃止をめぐる論争は続いていくのである。遺産税を恒久的に廃止すると、2011年から2020年までに2001年EGTRRA以前の遺産税課税条件に戻った場合と比べて6980億ドル財政赤字が膨らむが、少なくともこの大きなコストが原因で、これまでブッシュ大統領による再三の遺産税の恒久的廃止の呼びかけや共和党議員を中心としたそれに同調する法案提出もあったが、連邦議会としては繰り返し遺産税の恒久的廃止を拒否してきた。代わってオバマ大統領が2009年遺産税課税ルールの恒久化を提案したのをきっかけに、議員たちは、課税免除額200万ドルから500万ドル、最高限界税率35〜55%の範囲内であれこれ遺産税改革案を絶えず提示するようになった。そして、オバマ民主党政権と議会共和党指導者は、2001年EGTRRA期限切れ直前に妥協を成立させ、遺産税は2011年と2012年の2年間課税免除額500万ドル、最高限界税率35%という2009年よりも軽い負担で課税が行われることになったのである[41]。

　以上見てきたように、共和党を中心とした遺産税を恒久的に廃止しようとする動きは成功しなかった。連邦政府が巨額の財政赤字を抱えているのに、議会はさらに赤字を加えるような遺産税恒久的廃止を結局は認めなかったのである。2010年に終了するはずであった減税の2年間延長も終了する2012年に、当然遺産税の2年間負担軽減措置も終了する。遺産税・贈与税改革の方向性を決めねばならない時が迫っていた。

　遺産税・贈与税改革の大きな方向性としては3つの選択肢が考えられる。第1は、遺産税・贈与税を恒久的に廃止する方向である。第2は、遺産税・贈与税の負担を軽減する方向である。第3は、遺産税を遺産取得税に変更する方向である。さらに遺産取得税と贈与税を一体化させて累積型の相続税に

する方向も考えられる。ただこれまでの議会における遺産税・贈与税改革の動きを見ていると、財政赤字を増やすことになる第1の方向は採用されそうにない。また、相続税における富の再分配という機能をもっと強めようというのなら第3の方向が最も適切であるが、遺産税の廃止論が根強くあるアメリカ連邦議会において、第3の方向に向かう余地はあまりない。とすれば、2013年以降採用される選択肢としては、第2の方向が一番現実的であるように思われる。

　第2の方向を選ぶとして、遺産税・贈与税負担軽減制度を恒久的なものにすると仮定すると、① 2009年遺産税法を恒久化するケース、② 2011年遺産税法を恒久化するケース、③ 2001年EGTRRA直前の遺産税法を恒久化するケース、④それ以外のケースに分けられる。④は未定なので、①②③が行われた場合に遺産税負担がどのようになるのかについて、租税政策研究所の試算を紹介しておこう[42]。

　① 2009年遺産税法（課税免除額350万ドル、最高限界税率45％）が恒久化される場合

　遺産税負担額は2011年から2020年の期間で2760億ドルとなる。それは2011年遺産税法の下での遺産税負担額の約57％である。もし、課税免除額に物価スライド制が適用されると、遺産税負担額は2590億ドルとなり、2011年遺産税法下の遺産税負担額の53％となる。

　② 2011年遺産税法（課税免除額500万ドル〔物価スライド制適用〕、最高限界税率35％）が恒久化された場合

　遺産税負担額は、2011年から2020年の期間において、2011年遺産税法の下での遺産税負担額1610億ドルの3分の1に激減する。

　③ 2001年EGTRRA直前の遺産税法（課税免除額100万ドル、最高限界税率55％）が恒久化された場合

　遺産税負担額は2011年遺産税法の下での遺産税負担額より約10％程増え、5320億ドルになる。

2. 遺産税・贈与税改革の選択肢

　今後遺産税・贈与税改革が行われる場合、どのような方向を目指し、どのように改革を進めるのが、最も現実的でかつ租税理論的に見て妥当な方法なのであろうか。上でも述べたように遺産税・贈与税を恒久的に廃止する方向

やいきなり遺産税を遺産取得税に転換する方向は現実的ではないので、実際には遺産税・贈与税の負担を軽減する方向で今後も改革が進められると思われる。その際の租税理論的に見て妥当な方法は、公正で簡素な制度改革を目指すものでなければならないであろう。Burman and Gale（2001）は、ベストの方法は1986年レーガン税制改革の時のようにループホールを塞ぎ、税率を引き下げ、課税免除額を大きく引き上げることだという。以下彼らの考えを紹介しよう[43]。

「課税免除額を引き上げると、最富裕層課税はなお続けつつも、遺産税を払う人の数を減らすことになり、富の集中を少しずつ削り取って行くことなる。またそれは、事業資産のための優遇税制につきものの煩雑さや不公平性を回避しながら、小規模農業・自営業者を助けることにもなる。遺産税の税率引下げは遺産税回避地への投資インセンティブを鈍らせ、貯蓄や勤労へのペナルティを減少させることになる。2001年EGTRRAは課税免除額を増やし、税率を引き下げたが、まだループホールは残っている。様々な資産をもっと首尾一貫した形で取り扱うことによってループホールを塞げば、そのことで所有者が資金を税金逃れさせることを困難にさせることによって税制をより簡素で公正なものにする。課税免除額や課税ブラケットに物価スライド制を導入するようなさらなる方法を加えれば、自動的に特定の実質資産水準の租税負担をいつも安定的な状態にすることができる。」

では、遺産税・贈与税のループホールを塞ぐためには、これら税制の規定をどのようにすればよいか、Gravelle and Maguire（2007）を参考に、考えられる改正点の幾つかを挙げてみよう[44]。

①大遺産額のための統合税額控除の段階的廃止

この規定では税率引下げも認める。そうすると、大きな遺産の中の全ての資産が47％の最高限界税率で課税されることになる。

②一貫した資産評価ルールの設定

ここで一貫した資産評価ルールというのは、資産評価の仕方を遺産税課税目的に対しても、所得税課税目的に対しても同じにするということである。所得税の負担軽減には、資産を過大評価した方が、将来キャピタル・ゲイン税負担を軽減できるので有利である。逆に、資産を過小評価した方が遺産税負担を小さくするのに有利である。

③非事業資産評価割引規定の削除

市場化される資産は、公正市場価額で評価されなければならない。例えば、家族パートナーシップで保有している資産の処分特売のような評価割引は認められない。

④個人住宅の留保利子を贈与税ルールで非課税扱い

一般的に留保利子を贈与の市場価額から控除することが認められるのは、それが客観的に評価される場合に限られる。すなわち年金の支払いをするようなある種のタイプの信託には認められる。しかし、個人住宅の場合には、留保利子は保険数理表に基づいて評価される。客観的実体がないので、個人住宅の留保利子の例外的控除許可（客観的評価がある場合）は贈与税規則から削除する。

⑤クラミー信託（若干の引き出し権が認められている）にある贈与にかかる年贈与税の不許可

クラミー信託は、受贈者が個人の場合にのみ信託にある贈与は年贈与税から控除することができる。もし個人が死ぬ前に信託が終結すれば、資産は受贈者の遺産になる。これらのルールは、世代飛越移転税と同じである。こうした世代飛越移転を阻むために、クラミー信託にある贈与にかかる年贈与税を不許可にする。

⑥年贈与税非課税額の削減

年贈与税非課税制度は、相当の金額の移転が免税になることを認めており、保険料を支払うための年贈与税非課税枠を使用することによって、また保険を遺産の外に移すのに一定の役割を果たしている。ある程度の贈与税非課税枠は簡素化のためには望ましいが、遺産税回避という役割からすれば1万2000ドルという非課税枠はもっと規模を減らすことができる。租税回避の方法として年非課税枠の使用を制限するようなその他の変更としては、幾人かの子供やその子供の配偶者への贈与によって非課税額を操作することやクラミー信託のような抜け穴テクニックを使うことを禁じるために、贈与者当たりの単一の総非課税額が考えられる。

⑦生命保険収入の遺産税課税ベースへの組入れ

生命保険収入を他の所有者に移すことによって遺産税課税ベースから外すことに関連した租税回避行動が時に行われるので、生命保険料収入を遺産税課税ベースに組み入れる必要がある。

第6節　おわりに

　2001年EGTRRAによって、遺産税の基礎控除額は2001年の67.5万ドルから2002年には100万ドルに引き上げられ、さらに2009年の350万ドルまで徐々に引き上げられた。その結果、遺産税を納める遺産の数は急激に減少していく。しかし、EGTRRAは2010年に贈与税だけを別にして、遺産税と世代飛越移転税を廃止し、それ以降は元の遺産税ルールに戻る予定であった。

　2010年減税・失業保険再認可・雇用創出法は、遺産税と世代飛越移転税を再導入したが、これによって遺産税、贈与税と世代飛越移転税の基礎控除額が統一された。これら3税の基礎控除額は合わせて500万ドル（2011年以後は物価調整有り）で最高税率は35％であった。2012年アメリカ納税者救済法は、基礎控除を恒久化し、最高税率を40％に引き上げた。

　減税政策の中間所得層にターゲットを絞って続行するのか、ブッシュ減税のように富裕層をターゲットとした減税にするのかでは大分スタンスが違うが、財政再建が喫緊の課題となっている中で、遺産税・贈与税の恒久的廃止による税収喪失を議会が受け入れることはなかった。しかし、遺産税課税を弱め恒久的廃止を目指そうとする共和党とその再建・強化を図ろうとする民主党との角逐はその後も続く。

　なお、オバマ政権下の2011年遺産税復活後の動きについては、第8章第3節第2項で検討する。さらに、トランプ政権下の2017年減税・雇用法（TCJA）による遺産税・贈与税の基礎控除の引上げについては、第9章第3節で検討する。

【注】

1)　JCT（2007）, pp.30-31.

2)　*Ibid*., pp.4-11；Luckey（2009b）, pp.1-25；IRS（2012）, chapter 1, pp.1-19；神山（2010）、32-66頁。

3)　Luckey（2009b）, p.5.

4)　Gale, Hines and Slemrod（2001）, pp.1-2.

5)　川端（2004）、34頁。1990年代以降の連邦遺産税に対する改革案ないし廃止論については、五嶋（2005）、38-40頁で詳しく紹介・検討がなされている。

6) 花尻（2000）、1-2 頁。

7) 中村（2001）、1-2 頁。

8) JEC（1998), Executive Summary.

9) OMB（2001b), p.35.

10) 中村（2001）、2 頁。

11) 中村（2001）、4-5 頁。

12) Wikipadia, "Economic Growth and Tax Relief Reconciliation Act of 2001" による。

13) 新発田（2002）、2 頁。

14) Luckey（2009b), pp.22-25.

15) 村井（2011）、3 頁。

16) IRS（2012), p.15.

17) Gravelle and Maguire（2007), pp.195-196.

18) Chamberlain, Plante and Fleenor（2006), pp.1-4.

19) JEC（1998), p.35.

20) CEA（2004), pp.114-115.

21) Mankiw（2003), p.10.

22) McNichol, Lav and Tenny（2000), p.2.

23) *Ibid.*, p.1.

24) Brunori（2011), pp.122-123.

25) Burman, Lim and Rohaly（2008), pp.11-12.

26) *Ibid.*, pp.15-16.

27) *Ibid.*, p.7.

28) CBO（2005a), p.6.

29) Gravelle and Maguire（2007), p.209.

30) Burman, Lim and Rohaly（2008), p.15.

31) Gravelle and Maguire（2007), p.211.

32) *Ibid.*, p.210.

33) *Ibid.*, p.203.

34) *Ibid.*, p.193.

35) Friedman（2006), p.1.

36) Friedman and Aron-Dine（2006a), p.1.

37) *Ibid.*, p.1.

38) Friedman and Aron-Dine（2006b), pp.1-2.

39) Aron-Dine（2008a), p.1.

40) Marr and Brunet（2010), pp.1-5.

41) CBPP（2010), p.1.

42) TPC（2012a), II-9-2.

43) Burman and Gale（2001), p.6.

44) Gravelle and Maguire（2007), pp.218-221.

第5章

グローバル化下の
連邦法人税負担

ブッシュ(子)政権期を中心に

第1節　はじめに

　アメリカの法人税は、財源としてますます頼りにできない存在になってきているにもかかわらず、法人税率が高いためにアメリカの国際競争力が削がれ不利になっているという見方が、2000年代に入ってアメリカの有識者や研究者のみならず、政治家、官僚の間でも広がり、その中でブッシュ(子)政権の企業減税が実施され、また様々な法人税改革の提案が行われた。

　本章の課題は、2000年代減税政策を推進したブッシュ(子)政権の下で、実際にアメリカの企業課税の実態がどうであったのか、また法人税改革の方向性としてそれをどう理解すればよいのかについて国際比較して考察することである。

　経済のグローバル化は1990年代のクリントン政権下において相当強く意識され、毎年の『大統領経済報告書』においても、経済諮問委員会からそれに対応するための諸々の経済政策が勧告されている。しかしながら、『大統領経済報告書』を構成する各章の経済政策のタイトルに租税政策は全く含まれていない。これに対し、2000年代のブッシュ(子)政権下の『大統領経済報告書』においても当然経済のグローバル化が強く意識されているが、報告書を構成する各章の経済政策のタイトルには、2002年を除き2003年から2009年までの7年間毎年租税政策が含まれている。

　このクリントン民主党政権とブッシュ(子)共和党政権の鮮やかなコント

193

ラストを見れば明らかなように、ブッシュ（子）政権は経済のグローバル化に対応するための経済政策として租税政策を極めて重要視していたのである。そして、どの『大統領経済報告書』にも一貫しているのは、グローバル競争に勝ち抜き経済成長するためには、アメリカの税制を抜本的に改革せねばならないという視点である。

『大統領経済報告書』以外にも重要な税制改革関連の報告書がある。大統領税制改革諮問委員会が2005年11月に提出した同委員会の報告書『簡素・公平・経済成長促進』と、財務省が2007年12月に公表した『21世紀に向けたアメリカの企業課税制度の競争力向上のためのアプローチ』が特に重要である。後者は、2007年7月26日に財務省が企業を一層競争的にするために、企業税制をいかに改善するべきかを論ずるべく、民間有識者や専門家を集めて、「グローバル競争と企業税制改革」という会議を開催したが、その時の内容をまとめたものである。財務省はこの会議に先立つ7月23日に「企業課税とグローバル競争」というバックグランド・ペーパーを発表している。

『大統領経済報告書』や大統領税制改革諮問委員会報告書や2007年の財務省の報告書は、アメリカの企業税制がEU諸国等と違って、国レベルで投資財を一括控除できる付加価値税を有しておらず、また国際課税面でも全世界所得課税原則を取っていて、積極的外国源泉所得を所得控除できる領土主義課税原則を採用していないために、国際競争においてアメリカは不利な立場にあることを強く意識している。

そして、そのことと関わってアメリカの現行資本所得課税は、アメリカ経済の効率性と生産性を損なう多数の歪みを引き起こしていると考えている。その歪みというのは、①投資所得に対する課税によって引き起こされる、貯蓄・投資への税の通例のディスインセンティブ、②法人利潤に対する二重課税によって引き起こされる、法人部門への投資に対する税のディスインセンティブ、③企業の利子控除は認めるが配当控除は認めない租税規定によって引き起こされることだが、株式金融よりも社債金融を選択してしまうような税のインセンティブ、④ただ選択的にだけ利用できる租税特別措置によって引き起こされるのだが、特定の経済活動にだけ従事するような税のインセンティブ、⑤外国で得た所得を送金することに対する税のディスインセンティブ等である[1]。それらの報告書には、こうした歪みを引き起こす租税制度は

改革しなければならないとの共通の問題意識があり、ブッシュ（子）政権の取った減税政策もこうした問題意識を背景としている。

　なお、この分野の主な先行研究としては、片桐（2010a）、関口（2007b）、関口（2009）、西野（2005）、本庄（2007）、吉弘（2018）等がある。

　以上の点を予め念頭に置いて、ブッシュ（子）政権期の企業課税の実態に迫ってみよう。以下、第2節では、連邦法人税収の推移、法人税率、課税ベースを概観する。第3節では、法人課税の拡大ではなく、非法人事業体所得への個人所得税課税の拡大の実態を明らかにする。第4節では、ブッシュ（子）政権の法人税改革の基本方向を明らかにし、2001-03年企業減税を評価する。第5節では、法人税負担の国際比較を行う。第6節では、法人税改革に関する大統領税制改革諮問委員会の報告書と財務省の報告書を検討する。第7節では、ブッシュ（子）政権時の法人税改革の対立する見解を整理する。

第2節　連邦法人税の推移と概観

　連邦政府のオン・バジェットとオフ・バジェットを合せた統合予算の財政赤字が過去30年間で一番大きかったのは、1983年度で対GDP比6.0％の赤字であった。この年度の財政支出の対GDP比は23.5％で、財政収入の対GDP比は17.5％であった。これ以降アメリカは巨額の赤字に苦しみ、幾度となく試みた財政再建努力によってようやく黒字転換できたのは、1998年度である。だが財政黒字を維持できたのはわずか4年間で、2002年度以降再度アメリカは赤字国家に転落した。

　財政支出は、ピーク時の1983年度に記録した対GDP比23.5％から2000年度の18.4％まで5ポイント近く低下した後、再び2000年代に入って膨張の一途を辿っている。その経費膨張の主要因は福祉エンタイトルメント費と軍事費にある。他方財政収入は、1990年代前半までは最低時の1983年度に記録した対GDP比26.6％を少し上回る程度の水準にしか増加しなかったが、90年代後半にはニューエコノミーの恩恵を受けて急増し、2000年度には対GDP比20.9％まで達した後、2000年代初頭不況で急減し、2004年度には対GDP比16.3％まで低下した。その後幾分回復したものの、2008年度から再度急減少に転じた。

　こうした連邦の財政収支の動きの中で、連邦法人税はどのような推移を辿

第5章　グローバル化下の連邦法人税負担　　195

ってきたのであろうか。序章の図 0-6 に示されるように、連邦法人税収入は
対 GDP 比で長期低下傾向にあり、また第 3 章の図 3-1 に示されるように対
連邦総税収比でも長期低下傾向にある。それらの図の出所に記載した原資料
で確認すると、2008 年度の法人税収の対 GDP 比は 2.1％、対連邦総税収比
は 12.1％程度に過ぎなくなっている。法人税であるから、税収が景気の変
動に左右させられるのは避け得ないところであるが、長期的趨勢として、連
邦法人税収の対 GDP 比や対連邦総税収比が低下してきているのは何故であ
ろうか。

　まず法定税率であるが、レーガン政権発足時の 1981 年度では最高税率 46
％、最低税率 17％、5 段階税率であったが、その後 6 回の変更を経て 1993
年度以降最高税率 35％、最低税率 15％、4 段階税率となっている。この間
に最高税率は 9 ポイントも低下している。ただし、ここでいう最高税率 35
％というのは基本税率であって、課税所得が 10 万ドルから 33.5 万ドルまで
は追加税がかかるので 39％の税率が適用される。また、課税所得が 1500 万
ドル超 1833 万 3333 ドルまでは 38％の税率が適用される。

　次に法人税の課税ベースであるが、多くの租税支出によって侵食されてい
る。所得税、法人税を含めての租税支出は、1986 年レーガン税制改革直前
の 1985 年には対 GDP 比で約 8％程度[2]に達していたが、86 年税制改革によ
り大きく圧縮された。しかし、その後再び租税支出は増加傾向にある。管理
予算局の 2006 年度連邦租税支出額は 8470 億ドルで、その対 GDP 比は 6.5
％まで戻している[3]。連邦租税支出のうち企業向租税支出は、Burman（2003），
p.625 の図から推し量ると 2 割程度かと考えられる。しかし、これも法人税
収の比重低下の大きな要因である。ちなみに 2008 年現在の法人税の主要優
遇措置（租税支出）は、向こう 10 年間続いた場合、課税ベースを 25％まで
減らすと財務省は推計している。そして、もしこれらの租税優遇措置が法人
税率引下げに使われるならば、ほぼ同じ税収を生みながら税率を 35％から
27％まで引き下げることができるという[4]。

第 3 節　非法人事業体事業所得への個人所得税課税の拡大

　法人税の負担が重いか軽いかという問題は、法人税が事業収入に課せられ
て問題になる。ところが、事業収入全てに法人税がかかるわけではない。法

人税がかかるのはC法人に対してである。非法人事業部門やある種の法人（すなわち個人事業主、パートナーシップ、S法人のような通り抜け（パススルー）事業体）はその所有者やパートナーの事業所得に個人所得税がかかる。財務省の推計では、全ての事業税の約30％は通り抜け事業体の所有者が取得した事業所得にかかる個人所得税で支払われている。

内国歳入法は、異なった形態の事業体に異なった税制を適用している。C法人は、法人分配金の法人と株主の取扱いおよび調整に関するルールを定めた内国歳入法のサブチャプターCに服する法人のことであり、一般的には、内国歳入法のセクション11に設けられた法人段階の税率が課せられる。C法人は、長い間投資家に有限責任を負う主な事業体であった。C法人は、株主への配当金課税に加えて法人段階でも課税される。パートナーシップは、1つの段階すなわち投資家段階で課税できる有利な機会を提供したが、長い間パートナーシップの連邦課税は、一般パートナーを通して少なくともある程度企業責任を公表することを要求していた。また議会は、投資家段階でのみ課税する機会を与える有限責任企業形態を認めるために、S法人を創設した。その後、州法は新しい事業体すなわち有限責任会社（LLC）を認めるようになってきている。LLCは、投資家に有限責任を与えるが、財務省規則の下では、投資家段階でのみパートナーシップとして課税することが認められている[5]。

表5-1を見ると、非農業個人事業主が納税申告数の圧倒的部分を占めており、かつその構成比も増加傾向にあることが分かる。S法人は、その構成比が1978年当時わずか3.1％であったのに、2005年には11.6％にまで高まっている。特に、C法人が1987-93年期に毎年減少しているが、その間にS法人は86年直後から急速に増加している。C法人の申告数は1990年代中頃に増加した後、再度毎年減少している。パートナーシップの申告数は、1980年代には増加しているが、1990年代には低減し、2000年代に再度増加に転じている。農業事業者の申告数も全般的には28年間を通じて減少している[6]。

表5-1に掲げられている各種タイプの事業体のうち、C法人とS法人とパートナーシップは公式の法的事業体であるが、事業体自身に税がかかるのはC法人だけで、S法人とパートナーシップは個人所有者やパートナーに所得が通り抜けし、そこで課税される。C法人の申告数が通り抜け事業体（S法人とパートナーシップ）の申告数を上回るのは1986年で、それ以降通り抜

表 5-1　事業体タイプ別納税申告数と構成比（1978-2005 年）　　　　単位：1000 件、%

	個人事業主		C 法人		S 法人	
	申告数 （1000 件）	割合 （%）	申告数 （1000 件）	割合 （%）	申告数 （1000 件）	割合 （%）
1978	8,908	58.5	1,898	12.5	479	3.1
1980	9,730	59.2	2,165	13.2	545	3.3
1985	11,929	61.0	2,552	13.1	725	3.7
1990	14,783	66.0	2,142	9.6	1,575	7.0
1995	16,424	66.5	2,321	9.4	2,153	8.7
2000	17,903	66.1	2,185	8.1	2,860	10.6
2005	21,468	67.3	1,987	6.2	3,684	11.6

	パートナーシップ		農業者		合計	
	申告数 （1000 件）	割合 （%）	申告数 （1000 件）	割合 （%）	申告数 （1000 件）	割合 （%）
1978	1,234	8.1	2,705	17.8	15,224	100
1980	1,380	8.4	2,608	15.9	16,429	100
1985	1,714	8.8	2,621	13.4	19,540	100
1990	1,554	6.9	2,321	10.4	22,374	100
1995	1,581	6.4	2,219	9.0	24,698	100
2000	2,058	7.6	2,087	7.7	27,092	100
2005	2,764	8.7	1,981	6.2	31,883	100

出所：JCT（2008c），p.8 より作成。

け事業体の申告数が C 法人の申告数を圧倒的に上回るようになっている[7]。

　表 5-2 は、1990-2005 年期におけるパートナーシップのタイプ別の申告数の推移を見たものであるが、内国有限責任会社（LLC）が急激にその数を増やしている。

　ところで、通り抜け事業体の所得は個人段階で個人所得税が課せられる。ちなみに 2006 年には、2700 万人が（シェデュール D で通り抜けたキャピタル・ゲインを含めて）個人事業主、S 法人、パートナーシップからの推定所得 9380 億ドルを自らの申告書に記載し、推定 1590 億ドルを所得税で支払っている。それと対比して C 法人は、2006 年に約 1 兆 2000 億ドルの純所得に対して 3590 億ドルの法人税を支払ったと推定される[8]。つまり、C 法人は所得 1000 億ドルに対し約 299 億ドルの法人税を支払っているのに、通り抜け事業体は所得 1000 億ドルに対し約 170 億ドルの個人所得税しか支払っていないのである。

表 5-2　パートナーシップタイプ別納税申告数（1990-2005 年）　　　　　単位：1000 件

	内国一般 パートナーシップ （1000 件）	有限 パートナーシップ （1000 件）	内国有限 責任会社 （1000 件）	内国有限責任 パートナーシップ （1000 件）	外国 パートナーシップ （1000 件）
1990	1,267	285	NA	NA	NA
1995	1,167	295	119	NA	NA
2000	872	349	719	53	3
2005	729	414	1,465	100	5

注：NA は統計利用不可を意味する。
出所：JCT（2008c），p.12 より作成。

　さて、2006 年現在連邦所得税 6 段階ブラケット（基本税率 15、25、34、35％の 4 段階に追加税 38、39％の 2 段階）のうち、どのブラケットが通り抜け事業体の所得に対する税を支払っているのであろうか。それを示した表 5-3 を見てみよう。トップ・ブラケットの納税者（全納税者数の 4％）が通り抜け事業所得の 61％を受け取り、それにかかる税では、全体の 71％の割合を支払っている。上位 2 つのブラケットの納税者は、通り抜け事業所得を受け取った全ての納税者の 8％を占めているが、彼らは通り抜け事業純所得の 72％を受け取り、この通り抜け事業純所得にかかる税の 82％を支払っている。

　通り抜け事業所得は、トップ・ブラケットに集中しているために、2001 年と 2003 年のブッシュ減税で高い方の 2 つの限界税率が引き下げられたことにより、こうした通り抜け事業所得を受け取った納税者（典型的には小規模事業主）が大きな恩恵を受けることになった。2007 年に財務省は、個人所得税最高限界税率の 39.6％から 35％への引下げにより恩恵を受けた納税者の約 75％は、通り抜け事業の所有者であり、最高限界税率引下げによる減税額の 84％は通り抜け事業の所有者のものとなったと推定している[9]。

　ここで、非法人事業体の存在の程度を国際比較してみよう。OECD 諸国と比べて、アメリカでは非法人事業体が重要な役割を果たしている。2004 年の OECD15 カ国の調査では、事業体数合計に占める非法人事業体の割合で見て、アメリカ（82％）を上回るのはメキシコ（88％）だけである。非法人事業体といってもその規模が問題である。アメリカの場合、100 万ドル以上の利益を計上している大きな事業体の 66％が非法人事業体であるのに対し、メキシコ 27％、イギリス 26％、ニュージーランド 17％とその割合が低い[10]。

第 5 章　グローバル化下の連邦法人税負担　　199

表 5-3　通り抜け事業所得と個人所得税（2006 年）　　　　　　単位：100 万人、10 億ドル、%

	通り抜け事業所得 / 損失のある納税者		通り抜け事業所得 / 損失		通り抜け事業所得 / 損失にかかる租税	
	人数 (100 万人)	割合 (%)	金額 (10 億ドル)	割合 (%)	金額 (10 億ドル)	割合 (%)
全ての通り抜け事業所得						
全納税者	27.5	100	938	100	159	100
上位 2 つの租税階層	2.1	8	671	72	131	82
最上位租税階層	1	4	573	61	113	71
能動的で積極的な通り抜け事業所得						
全納税者	18.3	100	762	100	143	100
上位 2 つの租税階層	1.4	7	433	57	109	75
最上位租税階層	0.7	4	349	46	92	64
通り抜け事業所得＞賃金の 50%						
全納税者	11.9	100	880	100	156	100
上位 2 つの租税階層	1.1	9	608	69	127	81
最上位租税階層	0.6	5	527	60	110	70

注：通り抜け事業所得 / 損失には、個人事業主、S 法人、パートナーシップが得た通常の純所得と
　　パートナーシップ、S 法人、遺産財団、信託が得た長期および短期の純利得が含まれている。
出所：Department of the Treasury（2007）, p.15.

第 4 節　ブッシュ（子）政権の法人税改革の基本方向と 2001-03 年企業減税の評価

1.『大統領経済報告書』にみる税制改革の基本方向

　第 1 節で述べたように、ブッシュ（子）政権下の経済諮問委員会は、経済のグローバル化に対応する経済政策の重要な柱として租税政策を位置づけてきた。経済諮問委員会はアメリカの現行税制をどう見ているのであろうか。結論的に言えば、現行税制は所得と消費の両方を課税ベースに持つハイブリッド型だと捉えている。貯蓄と投資に対する収益の全てではないにしても、一部は課税ベースから除外されている。具体例として、『2007 年大統領経済報告書』は、「個人退職勘定（IRA）、企業退職貯蓄プラン、キャピタル・ゲインや配当に対する軽減税率、特定のタイプの投資に対する加速度減価償却は、少なくとも部分的には、現行法に定められている消費課税ベースの規定

である。最近の推計によると、家計金融資産の収益の約65％が所得課税ベースとして課税され、残りは消費課税ベースとして扱われていることが分かる」[11]と述べている。

　同報告書では、成長を促進する租税政策の目的は、家計や企業の投資決定に対する税の歪みの影響を最小限にするように、課税ベースを明確化し、適切な税率を選択しなければならないと述べている。適切な税率の選択というのは、投資に対する限界税率の影響を見るのに、法定税率よりも実効税率で見ることが大事だと述べている[12]。

　課税ベースの選択に関しては、同報告書は、所得税は課税ベースに貯蓄と投資が含まれるが、それは潜在的消費に課税することに等しく、これは人々が経済に投入するあらゆる資源に課税することになり、歪みをもたらすとする。それに対し消費ベースの課税は、貯蓄と投資を課税から除外しているので、経済に歪みをもたらすことはなく中立で効率的だとする。このようなことから、理論的には消費ベース課税が優れており、一度に消費ベース課税に持っていくかどうかは別にしても、現行所得税を消費ベース課税の方向へ近づけることがより成長促進的であると考えていることは明らかである。

　また同報告書は、実効税率に関して次のように述べている。「投資収益に対する実効税率を引き下げれば、今日ますますグローバル化する経済においてアメリカの競争的地位を高める。これは、実効税率の引下げが外国で投資する場合よりもアメリカ国内で投資する場合の方が税引後利益を増やし、国内外の投資家によってアメリカへの投資を比較的魅力的なものにするためである。」[13]

　国際課税については、『2003年大統領経済報告書』で検討されている。所得の国際的フローに課税する方法には、領土主義課税制度と全世界所得課税制度の2つがある。領土主義課税制度では、個人と企業はその居住地に関わりなく、その所得の源泉地でのみ課税される。全世界所得課税制度では、全ての所得はその源泉地に関わりなく、納税者の居住国の課税に服する。そしてアメリカの国際課税制度は原則的には全世界所得課税制度であるが、事実上はこれらの2つの課税制度のハイブリッド型になっているという[14]。というのは、多国籍企業の従属外国子会社は、その所得が本国の親会社に配当として送金された時初めて課税されるため、本国へのその所得の送金を繰り延べることができるので、アメリカの国際課税は既に純粋な全世界所得課税

制度ではなくなっている。とはいえ多くの国では、領土主義課税制度を採用し、外国所得全部または一部を非課税としているので、アメリカが原則全世界所得課税制度を採っていることは不利な立場にあることには違いない。結局 2017 年減税・雇用法で領土主義課税へと移行することになる。

2. ブッシュ（子）政権下の企業減税改革に対する経済諮問委員会の評価

ブッシュ（子）政権最後の『2009 年大統領経済報告書』は、第 5 章で同政権 8 年間の租税政策について総括している[15]。同政権は、これまでの 8 年間投資の拡大、雇用の創出、長期的な経済成長を促進する目的で企業の税負担を軽減するために一貫して働いてきたとし、この目的を達成するために、2 つの主な戦略を追求してきたという。第 1 は、税制が投資収益を減らすという長年の問題に取り組んできたことである。第 2 は、企業に新たな投資インセンティブを与えて投資拡大を刺激することである。その具体的事例として、法人所得の二重課税緩和、加速度減価償却、中小企業の経費化の拡大、研究開発税額控除の 4 つを挙げている。以下順に紹介する[16]。なお、2007 年と『2008 年大統領経済報告書』でもブッシュ減税について言及されているので、それらの記述も参照しつつ上記 4 点について解説する。

（1）法人所得の二重課税緩和

従来、アメリカの法人所得課税と配当所得課税の調整は全くなされていなかったが、2003 年 2 月 3 日に議会に提出された 2004 年度予算教書では、株主段階での配当所得の全額控除が提案されている。法人段階と株主段階の二重課税の解消は、法人の留保所得に係る法人所得課税と株式のキャピタル・ゲイン課税の調整にも拡張し、留保所得をみなし配当として、株式取得価額を嵩上げすることを認めている。しかし、上・下両院での審議の結果、2003 年 5 月 28 日に最終的にまとまった、雇用・成長租税負担軽減調整法（JGTRRA）では、配当二重課税の完全廃止は実現せず、配当所得とキャピタル・ゲイン（1 年超保有）に係る税率について、2003 年から 2007 年まで、5、15％（2008 年には 0、15％）の 2 段階に軽減されるだけの措置となった。しかもこれは、2008 年末までの時限措置であった。しかしその後、2005 年増税回避調整法（TIPRA）が成立したことによって、この措置は 2010 年末まで延長された。

『2007 年大統領経済報告書』は、JGTRRA が成立以降 13 四半期の間に、実質民間非住宅投資は平均年率約 6.9％で増大し、年間実質成長率は平均 3.6％の伸びを示したが、もしこの減税がなければ、雇用は 300 万人ほど少なく2004 年末で 3.5～4％少なくなっていたであろうという。特に JGTRRA の成立以来、法人配当支払いの平均額と配当を支払う企業の割合が増加したことをもって、法人利潤に対する二重課税緩和による投資と経済成長に対するインセンティブ効果を強調している[17]。

『2009 年大統領経済報告書』は、この減税の他に、法人の税負担の軽減に資するように法人の法的構造の改正が行われたことを指摘している。すなわち、2004 年と 2007 年の法律改正により、企業が S 法人になることに対する制限をある程度緩和したのである。企業が S 法人になれれば、S 法人は法人税のかからない通り抜け企業なので、法人利潤の二重課税を回避して C 法人の株主より低い実効税率で済ますことができる。その目的は、C 法人と S法人のそれぞれが生み出す所得にかかる税率の格差を縮めることによって、競争条件をならそうとするものである[18]。

（2）加速度減価償却

『2009 年大統領経済報告書』は、ブッシュ（子）政権の一貫した目標は、企業に税制上のインセンティブを与えて新規の施設・設備への投資をさせることであったとし、その目標に向かって進む方法の 1 つが企業の減価償却を加速化することであったと述べている[19]。

『2007 年大統領経済報告書』は、次のようにそれを詳述している[20]。

2002 年雇用創出・労働者援助法（JCWAA）には臨時ボーナス償却規定が含まれていて、納税者に初年度課税所得からの 30％追加減価償却を認めている。2003 年 JGTRRA では、JCWAA のボーナス規定に修正が加えられて、納税者に初年度課税所得からの 50％追加減価償却を認めている。これら両規定は臨時的なもので 2004 年末に期限切れとなった。しかし 2008 年景気刺激法で再導入され、同年に新規設備投資を行う場合、調整済み価格の 50％が追加的に控除可能となった。経済諮問委員会は、JCWAA や JGTRRA の加速度減価償却規定により、投資家は取得時に課税所得から投資コストの多くの部分を控除できたので、適格投資に対する限界実効税率を半分以上軽減できたと評価している。こうした高い評価を背景に、2008 年景気刺激法でそれを再導入したのである。

(3) 中小企業の経費化の拡大

　ブッシュ（子）政権は、減価償却可能な資産を利用する際に中小企業が経費化できる金額を増やす成長促進企業課税政策を支持してきた。すなわち、内国歳入法セクション 179 は個人および中小企業が即時費用化できる限度額を定めているが、その限度額の拡大を進めてきた。2003 年 JGTRRA では、中小企業を対象とした即時償却額は 2005 年までの時限措置として 2 万 5000 ドルから 10 万ドルに引き上げられた。この限度額は再度 2007 年に 12 万 5000 ドルまで引き上げられ、2008 年から 2010 年までは物価スライドもされることになった。2008 年景気刺激法では、その限度額は 2008 年につき 25 万ドルまで引き上げられた[21]。

(4) 研究開発税額控除

　ブッシュ（子）政権は代替エネルギー分野で、研究開発税額控除を上手に拡大してきたが、2005 年と 2006 年にそれをさらに拡大し、適格なエネルギー研究に対して 20%追加的な税額控除を与え、税額控除資格のある研究開発費の割合を高めた。それによって 2005 年と 2006 年に、民間産業の研究開発は著しく拡大したと経済諮問委員会は評価している[22]。

3.「租税公正を求める市民」というシンクタンクと税制・経済政策研究所のブッシュ（子）政権の企業減税に対する批判的研究

　政府の経済諮問委員会のブッシュ減税に対する評価とは違って、2 つのシンクタンクの共同論文（McIntyre and Nguyen（2004））はブッシュ（子）政権の企業減税政策に対して完全に批判的である。

　この共同論文が調査したのは、2004 年のフォーチュン・リストに載っているアメリカの 500 の大会社のうちの 275 社である。これら 275 社は、2001-03 年期に 1.1 兆ドルの税引前利潤を国内で上げていた。これら 275 社の税引前利潤は、平均実効税率が 2001 年の 21.4%から 2002-03 年の 17.2%へと低下したので、この 3 年間に 26%と飛躍的に増加した。平均実効税率 17.2%は法定税率 35%の半分未満である。この共同論文は 275 社の課税実態について詳細に明らかにしているので、要点を整理しておこう[23]。

(1) 多くの会社が税を支払っていない

　275 社のうち 82 社すなわち全体の 3 分の 1 の会社は、2001 年から 2003 年までの 3 年間のうち少なくとも 1 年間は連邦税を支払っていないかあるいは

逆に連邦から税の還付を受けている。その金額は合計126億ドルになる。この期間に税の還付を受けた会社の数は28社である。最も還付率の高いペプシコの平均実効税率は実に−59.6%である。2003年だけで見ると、46社が連邦税を支払っていないかあるいは逆に連邦から税の還付を受けていた。

(2) 法人税の租税支出の規模は大きい

ループホールやその他の租税支出は、275社に対して、2001年で434億ドル、2002年で608億ドル、2003年で710億ドル、3年間の合計で1752億ドル税負担を軽減した。この3年間の減税合計の約半分（871億ドル）が丁度25社に配分され、各社は15億ドル以上の減税の恩恵に浴した。中でもGEは最大の減税の恩恵を受けた会社で、3年間で950億ドル税負担を軽減された。実際、2002年と2003年で275社は、利潤の半分以上を免税にすることができた。275社が株主に説明したところでは、この2年間（2002-03年）に7390億ドル稼いだが、税として支払ったのはその半分以下のたった3630億ドルだけであった。

(3) 大会社の法人税の平均実効税率は、租税支出の拡大により大きく低下した

1986年レーガン税制改革で法人税の法定税率は46%から34%に軽減されたが、課税ベースの拡大で大企業の法人税の平均実効税率は、改革前約14%から1988年には26.5%にまで上昇した。しかしながら、90年代には、大きな会計会社の作り出したタックス・シェルター計画に乗せられて1986年税制改革の抜け道を見つけ出した結果、1996-98年に250社を調査した結果では、平均実効税率は21.7%にまで下落した。その後同じ位の水準で推移し、2001年では21.4%であった。

ところが、2002年と2003年の法人税減税で、275社の平均実効税率は2002-03年期に17.2%にまで下落した。275社の租税支出合計額は、2001年434億ドル→2002年608億ドル→2003年710億ドルと増大した。法人税減税のお陰で275社は、法定税率35%がそのまま適用された場合と比べて半分以上税を支払わないで済ませることができた。

(4) 大企業の支払い税額が少ない理由

(i) 加速度減価償却

275社の加速度減価償却制度利用による租税支出は、2001年の150億ドルから2002年の226億ドル、2003年の333億ドルと増え、3年間の合計で

第5章　グローバル化下の連邦法人税負担　　205

709億ドルにもなった。こうした巨額の新規減価償却減税にもかかわらず、財産、工場、設備への新規投資は、275社全体で2002年に12%程度、2003年に3%程度減少した。加速度減価償却による税負担軽減分の3分の2は275社中の25社に行った。上位25社は3年間で465億ドル（全体の）加速度減価償却利用による税負担の軽減を受けたが、一社平均で約19億ドルとなる。

（ii）ストック・オプション

ほとんどの大会社は、役員やその他従業員に将来有利な価格で会社の株を買うことを選択権付き（オプション）で認めている。これらのオプションが実施されると、会社は従業員が権利行使時に株式に支払う金額とその株式の時価との差額を課税所得から控除できる。しかし、株主への利益報告では、ストック・オプション取引の結果を企業の経費として取り扱わない。というのは、会社の株式の市場価格は収益と緩やかな関係があるだけなので、株式を割引価格で発行することは実際に利益を減らすわけではない、という議論の余地のある理論に基づいてそう判断しているからである。ストック・オプションの償却で企業が得る租税便益は全くもって大きい。

275社中269社が2001-03年期にストック・オプション減税の恩恵に浴したが、その税負担軽減額は3年間の合計で320億ドルになる。これは275社の平均実効税率を3年間に亘って3.0ポイント引き下げたことになる。また275社のうち上位25社は、ストック・オプション減税の恩恵のうち207億ドル（全体の84%）を受けていたことになる。

（iii）税額控除

研究投資、ある種の石油掘削事業、輸出、低賃金労働者の雇用、安価な住宅といった事業活動に従事する会社に税額控除が認められた。中には予想以上に税額控除の恩恵を受けた会社もある。

（iv）オフショア・タックス・プランニング

過去10年間に法人と会計会社は、租税負担回避のために帳簿上の利益をオフショア・タックス・ヘイヴンに移すのにやっきとなっている。法人のオフショア・タックス・シェルタリングは年間300億ドルから700億ドルに上るものと思われる。

（5）法人租税インセンティブの失敗

2001年以降、275社の平均実効税率は5分の1程下落した。この下落の原

因の大半は、2002年と2003年に制定された法律を反映している。

2001年から2003年に商務省は、アメリカの民間非住宅固定投資が名目約7%下落したと発表した。275社は、同期間に全世界でのそれらの会社の財産、工場、設備への投資が約15%下落したと報じた。

加速度減価償却の減税恩恵に注目してみよう。総じて加速度減価償却の減税恩恵の3分の2を得たトップ25社は、2001-03年期に財産、工場、設備への投資を全体として27%ほど減らした。対照的に残りの250社はその投資を約8%だけ減らしている。

次に企業に対する租税補助金全体の減税便益に注目してみよう。企業向け租税補助金で最大の減税便益を得ている25社は、設備投資を2001-03年期に22%ほど減らした。ところが、残り250社は13%ほど設備投資を減らしたに過ぎない。

最後に275の企業を5つの産業グループに分けて見てみよう。2001-03年期に5つの業種（産業）（電気通信、石油・パイプライン、運輸、ガス・電力、エレクトロニクス・電子機器）は設備投資を22%減らした。残り15業種（産業）は設備投資を9%だけ減らした。

以上より、3年間の減税額1750億ドルが、投資のインセンティブとしてうまく働いたとは思われない。

（6）ブッシュ減税による損失

（ⅰ）一般大衆

2000-03年度にかけて連邦法人税収は2070億ドルから1380億ドルに減った。対GDP比で2.1%から1.3%に低下した。これによって一般大衆につけが回る。公共サービスのための負担が増えるかサービスの切り下げにあうか、将来債務に直面するかのいずれかである。

（ⅱ）不利益を受ける会社

減税の恩恵は業種や会社ごとに違っており、不利益を受ける業種・会社も出てきた。

（ⅲ）米国経済

ワシントンDCで盛んにロビースト活動をした会社が益を受けたが、長期経済成長を犠牲にしてのことであった。

（ⅳ）州政府と州の納税者

一般的に州法人税の課税ベースは連邦法人税のそれにリンクしているので、

連邦法人税減税の結果、252社が支払った州法人税は、2001年の税引前利益の2.8%から2003年には2.3%に下落した。2003年の2.3%の州法人税実効税率は、州が平均的に表面上会社に要求している公式の法人税率6.8%の3分の1に過ぎない。州法人税収入の低下は、州の他の納税者の負担を増やすか、あるいは州・地方の公共サービスを削減することを意味する。

　（ⅴ）税制度に対する大衆の信任
　企業減税は大衆の不信を招く。

4. 予算・政策優先研究所のブッシュ法人税減税に対する批判的研究

　予算・政策優先研究所の研究も、ブッシュ（子）政権の減税政策に対して批判的である。2001年と2003年のブッシュ（子）政権の減税政策は、所得税の限界税率の引下げ（39.6%、36%、31%、28%→35%、33%、28%、25%）、キャピタル・ゲインと配当への税率引下げ、相続税の2010年までの段階的廃止、児童税額控除の拡大、代替ミニマム税の基礎控除の拡大、法人税の初年度特別償却、小規模事業者の即時償却枠の拡大等が主なものである。ブッシュ減税は全体として、次の点で評価されていない[24]。

　第1に、2001年と2003年の減税は2001年から2008年までの間に約17兆円赤字を膨らませた。しかも、減税の財源は公債を発行することによって賄われた。

　第2に、減税額の大半は高所得者を潤すことになった。事実、家計のトップ1%層（2008年に45万ドル以上の所得のあるグループ）は、もしブッシュ減税が2010年以降恒久化されると、次の10年間に減税の恩恵の31%を受け取ることになる。

　第3に、7つの景気指標中6つについて2001-07年期の平均的伸び率は、ブッシュ減税があったにもかかわらず、戦後の拡張期の平均的伸び率よりも低かった。全般的経済成長と非住宅投資の伸びについては、第二次世界大戦後のどの拡張期と比べても、2001-07年期が最も弱かった。労働市場も2001-07年期は弱含みであった。雇用の伸びも賃金・給与の伸びも全体として第二次世界大戦以来のいずれの拡張期よりもこの拡張期の方が弱かった。ただ、法人利潤だけは、2001-07年期の拡張期の方が第二次世界大戦後の拡張期の平均を上回る伸びを示した。

　次に、予算・政策優先研究所の研究では、企業課税に関わるブッシュ減税

についても以下の点で評価されていない[25]。

　第1に、新規配当は必ずしも通常のベースでの通常の支払いといった形になっていない。むしろ、配当支払いの一部は、一時的な特別配当の形でなされている。約150社が減税後配当を支払い出して、合計四半期配当を15億ドル以上に増やしたが、その約40％は一時的な特別配当であった。通常の配当とは違って、これらの一時的な特別配当は会社の将来計画の指標にはならない。また会社は、配当支払いに代えて株式の買戻しをしているかもしれない。減税に反応して配当を始めたり増やしたりしそうな会社は、会社のトップがその会社の株式の相当部分を持っていることもある。

　第2に、配当、キャピタル・ゲイン減税は最高所得層に圧倒的に恩恵をもたらしている。租税政策研究所の分析によると、2005年では配当、キャピタル・ゲイン減税の恩恵の約53％が100万ドル以上の所得を持つ、0.2％家計層に入り込む。これらの家計は、平均3万7962ドルの減税額を得ることになる。20万ドル以上の所得を有する家計は、配当、キャピタル・ゲイン減税の4分の3以上を受け取っている。10万ドル以上の所得を有する家計は、それら減税の恩恵の90％を受け取っている。それら減税の恩恵の10％だけが10万ドル未満の所得を有する86％の家計に入る。

　高所得家計は、税のかからない退職勘定に貯蓄の大半を預けている中所得家計よりも、税のかかる口座で株式を保有している傾向が強い。上位5％所得層の家計は全株式の50％を、また税のかかる口座で保有全株式の約60％を所有している。ところが、税のかかる口座にある株式のみがそれら減税から直接的恩恵を受けるのである。

　配当の二重課税の程度は誇張されているばかりか、配当の二重課税は公平性問題として不適切に表されている。しかし、賃金もまた、所得税と給与税（社会保障税）として二重に課税されている。一般に所得が課税される回数は、適切な公平性問題とは言えない。公平性というのは、租税理論上は税負担が異なった所得グループにどのように担われるのか、また同じ条件の納税者が同じ額の税を支払うかどうかを問うものである。したがって、適切な公平性問題は、配当、キャピタル・ゲイン減税が、それに見合う税収入を得るための負担を賃金に転嫁し、株式によって生み出される所得からはずれていくかどうか、またそれが株式の大半を所有する高所得層に対し、実質的減税を与えることによって租税法の累進性を弱めるかどうかを問うことである。

第5章　グローバル化下の連邦法人税負担　　209

第3に、ブッシュ（子）政権下の財務省は、配当、キャピタル・ゲイン減税は法人所得二重課税の負担を軽くして、資本を法人部門に移させ、全般的な経済的営みの改善を促すと述べているが、こうしたことがいえるのは、減税のコストが大部分赤字に影響しないと想定しているからであって、減税のコストが赤字を増やす限り、減税は国民貯蓄を減らし、それによって投資を低下させ、長期的な成長を抑えることになる。

第4に、企業向加速度減価償却に1ドル使うと27セントの追加需要を生み出すが、失業保険給付、食料スタンプ給付の臨時の拡大、諸州への財政的救済の配分は追加1ドル以上を創出する。要するに、加速度減価償却制度は有効な経済的刺激を与えそうにない。

第5節　法人税負担の国際比較

1. 法人税の法定税率の国際比較

図5-1は、1981-2015年期におけるアメリカとOECD21カ国の国と地方を合せた法人税の法定税率を示している。見ての通り、2000年代初頭からアメリカの法定税率は、G7諸国とOECD諸国の法定税率の加重平均を超え、しかもその差が年とともに拡大している。

連邦と州平均を合せたアメリカの法人税の法定税率は、1980年代中頃まではほぼ50％という高い水準にあった。1986年のレーガン税制改革で連邦法人税率は34％にまで引き下げられたため、連邦と州平均とを合せた法定税率は38％にまで落ちた。これは当時のOECD諸国の法人税の法定税率よりかなり低かった。ところが、OECD諸国の法人税の法定税率は1980年代後半から下がり続け、遂に1990年代末頃にアメリカの法人税の法定税率以下にまで低下し、その後もさらに下がり続けている[26]。

様々な要因が法人税率の引下げ競争に拍車をかけているが、2007年時点でアメリカ財務省は次の3つを要因として挙げている[27]。

第1に、過去20年間の国際的資本移動の急拡大が法人税率の相対的な差に法人の投資を敏感にさせてきたという。特にEUの市場統合が顕著に進んできたが、その中で進んだ加盟国の法人税率の引下げは、かなりの程度まで東欧の低い法人税率に反応したものであったという。

第2に、アメリカは本国に送金する一定の法人所得に対する課税の繰り延

図 5-1 アメリカと OECD21 カ国の法人税の法定税率 (1981-2015 年)

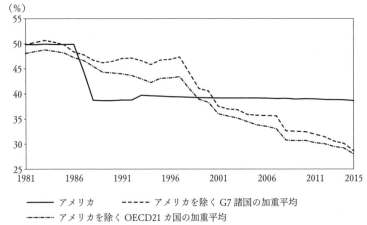

注：法人税の法定税率は中央政府と地方政府の税率を合せたものである。
出所：The White House and Department of the Treasury (2016), p.14.

べを認めているけれども、イギリスや日本と同様に世界所得ベースで法人所得に課税している。したがって、アメリカの法人子会社は所得を本国に送金する時に本国政府に、本国の法人税率と進出先国（受入国）の法人税率との差を支払うので、諸外国はアメリカの法人子会社の税負担を全く増やすことなしに、アメリカ（あるいはイギリスあるいは日本）の法人子会社にそれらの本国によって課せられている法人税率まで、やすやすと課税することができる。

第 3 に、社債と株式のハイブリッド形の企業金融の発展やオフショア・タックス・ヘイヴンの増大のような洗練されたタックス・プランニングの展開もまた、OECD 諸国間の租税競争の高まりの一因となっているかもしれない。

なお、2007 年の OECD の報告書では、GDP の規模で見て、大規模諸国（米、日、独、英、仏、伊）、中規模諸国、小規模諸国の法定法人税率の変化を比較し、2000-06 年期に大規模諸国で 3.6%ポイント、中規模諸国で 4.5%ポイント、小規模諸国で 6%ポイント低下したことを明らかにしている[28]。すなわち、経済規模の大きな国々の方が小さな国々よりなお高い法定法人税率で課税し続けていることを意味する。

しかしながら、2007 年の OECD の報告書は、法定法人税率が 2000-06 年

期に OECD 諸国で大きく低下したにもかかわらず、法人税収は多くの国で
GDP の伸びと同じかそれを上回るペースで増えたことも明らかにしている。
これは、法人税の課税ベースを広げたことに一部起因することでもあろう。
例えば、これまでの寛大な減価償却規定を見直し、厳しくすることによって、
また租税特別措置を廃止することによって課税ベースの拡大が図られたとも
考えられる。法人税収の増加は、さらに、グローバル化に伴う、税引前の企
業の利潤構造に大きな変化が起こったことにも起因することが考えられるが、
これにもいろいろな要因が考えられ、確定的な解答は見出されていない[29]。

2. 法人税の平均実効税率の国際比較

　図 5-2 は、国と地方を合せての法人税の平均実効税率の国際比較を示した
ものである。この平均実効税率は、課税前法人利潤に対する国と地方の法人
課税額の比率を表している。ただし、この平均実効税率は次のような条件の
下で計算されたものである。使われているデータは製造部門の投資に関する
ものである。投資は、設備と機械への 1 期間の投資であり、資金は社債によ
らず株式又は留保利潤で賄われる。期待利潤率は 10%、実質割引率 10%、
インフレ率 3.5%、減価償却率 12.25% と仮定する。

　さて、企業は、最も高い税引後利潤の得られそうな立地を選択しようとす
る。この意志決定に対する税のインパクトは、平均実効税率で計ることがで
きる。図 5-2 を見ると、OECD19 カ国の平均実効税率の非加重平均は、
1982 年から 2005 年までの間に 10% ポイント程下がっていることが分かる。
しかし、アメリカの平均実効税率は、1982 年では 19 カ国平均より低かった
のに、2005 年では 19 カ国平均を上回ったままとなっている。つまり、税率
だけではあるが企業の立地条件としては、アメリカは国際的に不利な状態に
置かれていると読める。

　ところが果してそうか。表 5-4 では法人の経常剰余金に対する法人税収入
の比率を平均実効税率として、G7 諸国の法人税の平均実効税率を国際比較
している。これを見ると、アメリカの法人税の平均実効税率は、OECD 平
均より低く、主要国の中でも 2 番目に低い。その値は 2001 年・2003 年ブッ
シュ減税をなくしても変わらない。したがってアメリカは、G7 の中では国
際競争上ブッシュ減税があろうがなかろうが不利というわけではない。図
5-2 の平均実効税率は種々の仮定の上に計算されているのに対し、表 5-4 の

図 5-2　OECD19 カ国の平均実効税率（1982 年、1994 年、2005 年）

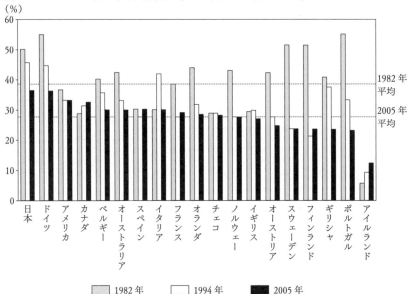

出所：OECD（2007), p.28.

　平均実効税率は実績値を使っているだけに、この方が実態に近いと言える。そして、図 5-2 に示されるようにアメリカの法人税の法定税率が非常に高いのに、なぜ平均実効税率がこのように低いのかという疑問が起こる。それはアメリカが法人税優遇措置を OECD の平均以上に利用しているからであろう。

　なお平均実効税率は、法人負担の尺度としては不十分な点がある。というのは、税は新規投資の耐用期間に亘る期待収益率を引き下げることによって資本所得に負担を課すが、平均実効税率は、企業の 1 年間の税負担のスナップショットに過ぎないからである。加えて、投資にかかる税負担は、割引現在価値で算出するために、税が投資期間に亘ってどのように配分されるのかに部分的には依存している。一定額の税はその支払いが早ければ早いほど企業には重大事となる。同じことは控除にも当てはまる。しかし、逆に一定額の控除は、その請求が早ければ早いほど価値が増す[30]。

第 5 章　グローバル化下の連邦法人税負担　　213

表5-4 アメリカの各種法人税率のG7諸国との国際比較（2006年）　　　　　　単位：%

	法定税率	法人平均実効税率	法人・個人統合平均実効税率	法人限界実効税率	法人・個人統合限界実効税率
カナダ	36	18	25	14	56
フランス	35	20	26	11	40
ドイツ	39	7	16	24	60
イタリア	33	14	27	-1	14
日本	42	16	18	33	49
イギリス	30	27	38	15	47
アメリカ					
現行法	39	13	24	14	44
2001/2003年減税のない場合	39	13	NA	14	56
G7平均	36	17	25	16	44

出所：Carroll（2006），p.30.

3. 法人税の限界実効税率の国際比較

　一般に法人税の限界実効税率は、課税前投資収益と課税後投資収益の差を課税前投資収益で割った値である。限界実効税率は、平均実効税率とは違って、加速度減価償却規定のインパクトを組み込んでおり、またインフレと租税規則との相互作用、法定税率、投資税額控除のような投資補助金も計算に入れている[31]。

　図5-3は1953-2006年期の5種類の資本所得にかかる限界実効税率を示している。1953年時点で見て一番上の線は、法人投資にかかる合計限界実効税率の推計を示している。それは、減価償却や租税補助金（租税優遇措置）と並んで、企業段階の利子控除や個人段階の利子、配当、キャピタル・ゲイン課税を計算に入れた合計税率を表している。上から二番目の線は、法人企業段階での法人所得にかかる限界実効税率を示している。もし減価償却が経済合理的な割合で行うことが認められ、かつ租税補助金（租税優遇措置）が全くないと仮定すれば、この税率は法定法人税率に等しい。上から三番目の線は、法人、非法人、個人、持ち家住宅の資本所得にかかる限界実効税率を加重平均した税率を示している。上から四番目の線は、非法人事業（個人事業主や各種パートナーシップ）の推定限界実効税率を示している。上から五番目の線は、持ち家住宅（所有者居住持家住宅）の推定限界実効税率を示している。この税率は、純帰属家賃が所得から除外されるために、通常はゼロ

図 5-3 アメリカの資本所得に対する限界実効税率（1953-2006 年）

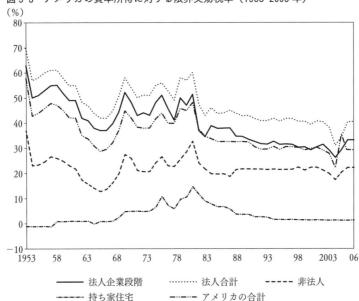

出所：Gravelle（2004），p.2 ; Steuerle（2008），pp.282-283 より作成。

に近づく。

　さて、図 5-3 の資本所得にかかる限界実効税率の推移について説明しよう。上から五番目の線を除く、上から一番目から四番目までの線は、1950 年代初めから 1960 年代中頃にかけて下落を示している。これは、加速度減価償却、投資税額控除の導入、法定税率の引下げの結果そうなったのである。その後、1960 年代後半に上昇し、1970 年代に変動している。これは、インフレと並んで、投資税額控除の廃止と再導入の結果である。これらの線は、1981 年に急激に下落している。それは、1981 年経済再建税法の加速度減価償却規定を反映している。これらの線は、株主段階の税の軽減（配当とキャピタル・ゲインにかかる税率の軽減を含む）が限界実効税率の低下を引き起こす 2000-03 年までは比較的安定的である[32]。ただ、2005 年、2006 年にはややリバウンドしている。

　次にもう 1 つ指摘しておくべきは、図 5-3 を見て分かるように、1953-2006 年期を通じて法人投資の合計限界実効税率（一番上の線）が、他の投

第 5 章　グローバル化下の連邦法人税負担　　215

資の限界実効税率よりずっと高い位置にあった点である。

　図 5-4 は、国と地方を合せての法人税の限界実効税率の国際比較を示した
ものである。19 カ国のうち 15 カ国で 1982-2005 年期に限界実効税率が下が
っている。逆にそれが上がっているのは、カナダ、アイルランド、アメリカ
だけである。イタリアは上った後下っている。限界実効税率の非加重平均は、
1982 年の 27.9％から 2005 年の 20.3％まで下がっている[33]。アメリカは、図
5-4 の限界実効税率を見れば、国際競争上不利な立場に立たされている。

　しかし果してそうか。法人所得課税は、法人段階と個人投資家段階の両方
が考えられる。表 5-4 では法人段階の課税と、法人段階および個人を統合し
た場合の法人課税の限界実効税率をアメリカと G7 諸国と比較して示してい
る。法人段階での限界実効税率を見ると、アメリカは 2001 年・2003 年のブ
ッシュ減税があろうがなかろうが G7 の平均より低い値を示している。統合
限界実効税率を見ると、アメリカは 2001 年・2003 年ブッシュ減税がある場
合（現行）G7 の平均値と同じ値であるが、ブッシュ減税をなくすとかなり
高い値になるという結果が出ている。その限りでアメリカが国際競争上不利
だと言えるかもしれない。

　さて、減価償却費は、法人の課税ベースの中心的決定因子であり、法定税
率と限界実効税率を区別する重要な要因をなしている。表 5-5 は、OECD
諸国についての法人課税ベース（と限界実効税率）の差を説明するには減価
償却費が重要なことを示している。OECD 諸国の減価償却費の割引現在価
値が示されている。割引現在価値ゼロは投資が全く償却されないことを意味
するが、割引現在価値が 1 の場合は、投資の即時償却（費用化）に等しい。
ほとんどの OECD 諸国は、設備投資を株式金融で賄った場合の限界実効税
率が法定税率より低くなるように、その設備投資にある種の加速度償却を適
用している。アメリカは高い法定税率とは対照的に、設備に比較的寛大な減
価償却費を適用している。割引現在価値で測った減価償却率は 79％である。
OECD 諸国の過去 20 年間の傾向は、寛大な減価償却率を次第に厳しくして
きたことである[34]。

　ところで、限界実効税率は、企業金融が社債によるのか株式によるのかに
よっても変化する。というのは、利子は控除されるが、配当は控除されない
からである。したがって、社債金融の場合の予定投資収益率は、株式金融の
場合の予定期待投資収益率より法定税率だけ低くなる。この低い割引率はま

図5-4　OECD19カ国の限界実効税率（1982年、1994年、2005年）

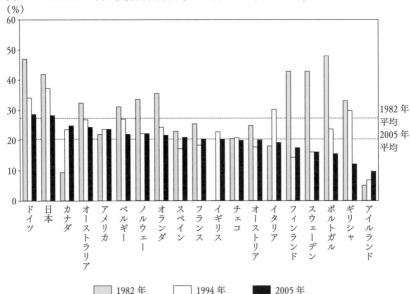

出所：OECD（2007），p.27.

た、社債金融による投資についての減価償却費の割引現在価値を増加させる。実際、利子控除と加速度減価償却のおかげで、社債金融による投資に対する限界実効税率は全てのOECD諸国で負の値を示しており、それは社債金融による投資に対する税制面からの補助金であることを意味する[35]。

　株式金融による設備投資と社債金融による設備投資のそれぞれの限界実効税率は、表5-5の第3欄と第4欄に示されている。株式金融による設備投資の場合のアメリカの限界実効税率24％は、OECDの平均である20％より高いが、G7の平均に等しい。社債金融による設備投資の場合のアメリカの限界実効税率−46％は、G7平均の−39％やOECD平均の−32％より低い。これらの数値は、株式や社債による企業金融それぞれの場合の、限界実効税率に対する法定税率の様々な影響を例証している。高い法定税率は、株式金融の場合に高い限界実効税率を生み出し、社債金融の場合に低い限界実効税率を生み出す。というのは、利子控除額は、法人税率とともに上昇するからである。なるほどアメリカは、OECD諸国の中で社債による場合の限界実

表 5-5　G7 諸国の法定法人税率、減価償却費の割引現在価値、限界実効税率
（2005 年）　　　　　　　　　　　　　　　　　　　　　　　　　　　　単位：%

	中央・地方を合せた法定法人所得税率	割引現在価値で測った減価償却率（設備投資を株式金融による場合）	限界実効税率（設備投資を株式金融による場合）	限界実効税率（設備投資を社債金融による場合）
カナダ	36	73	25	-37
フランス	34	77	20	-36
イギリス	30	73	20	-28
ドイツ	38	71	29	-37
イタリア	37	82	19	-48
日本	40	73	28	-40
アメリカ	39	79	24	-46
G7 諸国非加重平均	36	76	24	-39
OECD19 カ国非加重平均	31	75	20	-32

出所：Department of the Treasury（2007），p.35 より作成。

効税率と株式による場合の限界実効税率の間に最も大きな格差を生じさせている。おそらく、OECD 諸国よりもアメリカで企業金融の決定に顕著な税の歪みを生じさせている[36]。

4.　個人レベルの法人所得課税

　企業段階の課税を捉えるだけでは、法人に対する税負担を完全には捉ええない。なぜなら、利子、配当、キャピタル・ゲインの形で分配される法人利潤は、しばしば投資家段階での課税に服するからである。利子は法人によって控除されるために、社債金融による投資は、投資家段階での税にのみ服するからである。しかし、配当や留保所得（それはキャピタル・ゲインを生み出す）は、法人によって控除されない。だから、株式金融による投資は、二重課税されることになる。ほとんどの国は、この二重課税を緩和するために、何らかのタイプの統合方式を採用している[37]。

　配当課税の部分的なし完全なインピューテーションを実施している OECD 諸国の中には、イギリス、カナダ、メキシコが含まれる。アメリカ、日本、インドは長期キャピタル・ゲインに軽減税率を適用している。2007年現在アメリカは配当にも軽減税率を適用している。他方、ドイツ、フランスは配当所得の 50％を非課税扱いにしている。イタリアや中国は稼得所得

にかかる最高限界税率より充分低いが利子、配当、キャピタル・ゲインに一律課税するスカジナビアン制度を採用している[38]。

　表5-6は、G7諸国について、個人の収入である利子、配当、キャピタル・ゲインにかかる最高法定税率を示している。アメリカは、利子課税ではG7諸国平均より高く、配当課税ではG7諸国平均以下で、長期キャピタル・ゲイン課税ではG7諸国の平均の位置にある。表5-7は、最高限界税率適用ブラケットにいる国内課税対象投資家の統合限界実効税率をG7諸国について示している。アメリカは、社債金融あるいは留保金金融で設備投資を行う場合には、G7平均を超える限界実効税率を有し、株式の新規発行で設備投資を行う場合には、大体G7平均の限界実効税率を有することを示している[39]。

5. 国際法人所得課税

　アメリカが国際課税において、特にEU諸国との企業競争上不利な立場に置かれてきた問題が2つ存在する。1つは、アメリカとEU諸国との国境税調整をめぐる問題である。アメリカは州売上税は別にして、連邦レベルでは付加価値税（VAT）を有していないのに対し、EU諸国はVATを導入して国境税調整に仕向地原則を適用できる点で優位に立っている問題である。もう1つは、多国籍企業の所得の課税において、アメリカは全世界所得課税原則を採用しているのに対し、EU諸国には領土主義課税を採用しているために、アメリカの多国籍企業が国際競争上不利だとされる問題である。順に検討しよう。

（1）アメリカとEU諸国との国境税調整をめぐる問題

　Hufbauer and Grieco（2005）に依りながら説明しよう[40]。

　1971年以来輸出課税をめぐって、アメリカとヨーロッパは争ってきた。GATTの規定では、間接税は消費者に負担が帰着するので輸出に際し国境税調整の対象になるが、直接税は生産者に負担が帰着するので輸出に際し国境税調整の対象とされていなかった。アメリカ政府は、この判断そのものの当否を争うことはしなかった。代わりに、1971年時のアメリカ政府は、意欲的な議会を説得して、輸出業者の負担を軽減するために法人税制に対し一連の法改正を行っていった。

　1971年に内国国際販売会社制度（DISC）が制定された。これによって法

第5章　グローバル化下の連邦法人税負担　　219

表 5-6　G7 諸国の住民の利子、配当、キャピタル・ゲイン受取収入にかかる
　　　　最高法定税率（2006 年）　　　　　　　　　　　　　　　　　　単位：%

	利子 最高法定税率	配当 最高法定税率	キャピタル・ゲイン 最高法定税率
カナダ	46.4	30.0	23.2
フランス	27.0	23.0	26.0
ドイツ	47.5	23.7	23.7
イタリア	12.5	12.5	20.0
日本	16.3	30.0	10.0
イギリス	40.0	25.1	10.0
アメリカ	37.9	18.8	18.8
7 カ国非加重平均	32.5	23.3	18.8

注：最高法定税率には中央政府と地方政府の税率が含まれている。
出所：OTP（2007）, p.12.

表 5-7　G7 諸国の最高限界所得税率適用階層の国内投資家に対する
　　　　統合限界実効税率（2006 年）　　　　　　　　　　　　　　　単位：%

	社債	新規株式発行	留保所得
カナダ	51.8	63.4	51.8
フランス	12.6	49.9	43.7
ドイツ	56.8	64.0	58.7
イタリア	−29.7	29.0	28.3
日本	−49.0	49.9	25.3
イギリス	46.1	55.8	38.8
アメリカ	31.0	51.8	46.1
7 カ国非加重平均	17.1	52.0	41.8

注：(1) 新規株式発行に適用される税率は配当にかかる税である。
　　(2) 留保所得に適用される税率は長期キャピタル・ゲインにかかる税である。
　　(3) 留保所得にかかる限界実効税率は、10 年の猶予期間を想定している。つまり、長期キャ
　　　　ピタル・ゲインの実現に 10 年かかることを想定している。
出所：OTP（2007）, p.13.

人税は輸出収入に対し約 12% ポイント程軽減された。ヨーロッパ委員会は
1974 年、それは輸出補助金を扱っている GATT 第 16 条に違反するとして
提訴した。それに対抗してアメリカはベルギー、フランス、オランダの領土
主義課税は同条項に違反するとして提訴した。その後両者が休戦状態に入っ
た後、1981 年に休戦協定が結ばれた。

　1984 年に連邦議会は、GATT の義務を完全履行するために DISC を廃止し、

代わりに外国販売会社制度（FSC）を設けた。FSC は、輸出収入の約 5.25%
ポイントほど法人税を軽減した。これに対し、EU は 1997 年に、FSC は補
助金と対抗措置に関するウルグアイ・ラウンド規約（SCM）違反だと提訴
したが、1999 年に WTO 控訴機関はこれを認める報告書を公表した。

　2000 年 11 月には超党派の支持を得て、連邦議会は国外所得免除制度
（ETI）を制定した。ETI は、FSC の便益の内実を維持しつつ、WTO パネル
の報告書に挙げられた技術的な問題点に答えようとしたものであった。2000
年 12 月に EU は ETI について訴え、2002 年 1 月に WTO 提訴機関は ETI
は以前の FSC と同様に、ウルグアイ・ラウンドの SCM 規約違反だとの判
断を下した。2002 年 8 月に WTO 紛争処理委員会は、EU がアメリカの輸出
に対して対抗措置として年間 40 億ドルを課すことを許可した。

　その後連邦議会は、法人税法に優遇措置を盛り込むために年間約 50 億ド
ルの財源を使いながら FSC/ETI の廃止の道を模索した。2004 年 3 月に EU
は、アメリカの議会の審議を促進させるために、アメリカからの個々の輸入
品に 5% の報復関税を課し始め、FSC/ETI が廃止されなければ 12 ヵ月間、
月に 1% 報復関税を引き上げると警告した。2004 年 10 月に、アメリカの
上・下両院は 2004 年アメリカ雇用創出法（AJCA）として知られる、FSC/
ETI 廃止法を成立させた。ブッシュ（子）大統領は 2004 年 10 月 22 日に
AJCA に署名し、それは法律となった。EU はその法律が発効する 2005 年 1
月 1 日にその制裁を解くことに同意した。

　こうした経過にもかかわらず、アメリカと EU との間の輸出課税をめぐる
基本的な対立は全く解決していない。アメリカが法人税に依存し続ける限り
この問題は続く。アメリカの企業は、アメリカ市場では EU 等の VAT を支
払わない国々からの競争に曝されながら、EU 等への輸出には 15% VAT が
上乗せさせられることについて不満を抱き続けている。ただもし合衆国が法
人税に代えて連邦売上税や企業活動税のような消費ベース課税を導入すれば、
GATT/WTO の輸出に関する国境税調整ルールが適用でき、その問題は解
決される。しかしながら、アメリカ政府や財務省からは、消費ベース課税が
1 つの選択肢として示されつつも、それを選択するという最終判断まで下せ
ないでいる。

（2）サブパート F 条項廃止か否かの問題

　一般的にアメリカの法人は、その所得がアメリカ国内で稼得されたもので

あるか外国で稼得されたものであるかを問わず、その全ての所得に課税される。すなわち法人は全世界所得ベースでその所得に課税される。しかしながら、従属外国子会社を持つアメリカの親会社は、その所得が配当として本国へ送金されるまでは、アメリカ政府からその外国子会社の積極的事業所得に一般的には課税されない。その時まで、そうした外国源泉所得へのアメリカの課税は、一般的には繰り延べられる。外国所得の二重課税を緩和するために、アメリカは、既に払われた外国税のアメリカの税負担からの税額控除を認めてきた[41]。

　従属外国子会社収入に対するアメリカの課税の繰り延べは、サブパートF（内国歳入法でそう名付けられている）のような一定の反課税繰延制度によって制限されている。サブパートFは、一定の外国法人が得たある種の所得に通常のアメリカの課税を適用するものである。サブパートFは、従属外国子会社（CFC）とそのアメリカの株主に適用される。CFCは、法人株式の議決権ないし価値の50％以上が、少なくとも法人の議決権株の10％を所有するアメリカ人（アメリカの株主）によって、所有されている外国法人のことである。アメリカの各株主は、その所得がCFCによって分配されているかどうかにかかわらず、CFCのサブパートF所得の比例配分部分をアメリカの課税目的の所得に含めなければならない。サブパートF所得は、受動的所得や一般的に所謂「外国ベースの会社所得」を含め、流動性の高いタイプの所得を含んでいる。その外国ベースの会社所得としては、関係取引相手との一定の販売・サービス取引からの収入と並んで、配当、利子、地代、ロイヤルティを含んでいる[42]。

　アメリカの多国籍企業の海外所得課税は1962年歳入法で導入された従属外国子会社（CFC）ルールとサブパートF条項によって執行されてきた。1950〜60年代にアメリカの法人は外国子会社を設立して課税の繰り延べを図ったのに対し、これを阻止しようとして1961年にケネディ政権が途上国を除き、CFCが得た所得についてアメリカの株主に繰り延べを認めることなく課税しようとした。しかし、連邦議会は政府の提案は反競争的だとして、代わりにサブパートF条項を導入したのである。すなわちアメリカの親会社は、その外国子会社が稼得した利子、配当、ロイヤルティのような受動的所得や流動性の高い所得については、課税繰延できず、アメリカの課税に服さねばならなくなった。その趣旨は、CFCの受動的所得の課税繰延阻止で

ある。そしてその後もサブパートF所得の範囲は拡大されて大変複雑なものになってきた。とはいえ、サブパートF条項から除外されるCFCの能動的所得には課税繰延が認められており、アメリカは多国籍企業の海外事業展開を建前としての全世界所得課税主義にこのような形で風穴を開けつつ、EU諸国の領土主義課税に対抗してきたのである。このような租税政策は本庄（2007）によれば、2002年「ETI除外制度が違法な輸出補助金である」というWTO決定によって、行き詰ることになったということである[43]。

　こうしたことを背景に、ブッシュ（子）政権下においても、アメリカの多国籍企業強化の観点からサブパートFを廃止して、領土主義課税で外国所得控除方式に移行した方が良いという意見も登場して、国際租税制度改革の議論が活発化し、ブッシュ大統領税制改革諮問委員会も一定の提案を行った。そうした改革論議の重要なものについては、本庄（2007）第7章で紹介されているので、ここでは改革論議の仔細については触れない。

　しかし、民主党オバマ政権に代わってから新たな動きも出てきているので、それについてのみ触れておくこととする。2009年2月26日に公表した「今後10年間の予算の青写真」において、オバマ政権は、今後10年間に法人課税の強化で約3540億ドルを捻出するが、そのうち2100億ドルは国際課税の強化や課税繰延の改革等で捻出するとしている。こうしたことを受けて、連邦議会は課税繰延制度の制限ないし廃止を審議する構えを見せていた。これに対し、国際課税の代表的論者たちはどのような反応を示したのか。

　Hufbauer and Kim（2009）は、課税繰延を廃止すれば、アメリカ本拠の多国籍企業は、海外で稼いだ所得について本国から一般的には課税されない他国の多国籍企業より実質的に税を多く払うことになり、国際的競争バランスが崩れることになり、自分の従属外国子会社を売却するところが出てくるかもしれないという。また、課税繰延制度を廃止するよりもアメリカ本拠の多国籍企業が海外活動で稼いだ「積極的所得」を課税することを止める領土主義課税を行うべきだという[44]。他に、Shapiro and Mathur（2009）は、課税繰延制度の廃止やその制限強化は、提案者の意図に反して、それによって従属外国子会社の税引後収入が突然且つ急激に落ちるので、何百億ドルの国内投資と何十万人もの雇用に相当するコスト負担をアメリカにかけることになるという。それはまた、海外市場においてアメリカ企業の競争力を著しく損ない、さらにアメリカ国内の投資と雇用を減らすことになるという。課税繰

延制度を廃止ないし顕著に制限していくと、グローバル企業にとって、本社活動をずっと税率が低く領土主義的課税制度を有する国々に移した方がはるかに有利になっていくともいう[45]。

(3) 2004 年アメリカ雇用創出法

上記（1）と（2）に関わって、ブッシュ（子）政権期に成立した法律は、2004 年アメリカ雇用創出法（AJCA）である。アメリカの輸出および多国籍企業の対外直接投資における国際競争力強化の視点からその内容は構成されている。以下、Hufbauer and Kim（2009）、Hufbauer and Grieco（2005）、西野（2005）、本庄（2007）等を参照しつつ、重要点について述べる[46]。

AJCA の内容は大きくは①輸出優遇税制の段階的廃止および国内製造活動に係る控除の創設、②事業活動に係るインセンティブ税制、③その他国内再投資目的の本国送金に係る控除等の 3 つに分かれる。ここでは、アメリカの国際競争力強化の観点から、①と③について述べる。

まず、国外所得免除制度（ETI 税制）という輸出優遇税制の段階的廃止について述べよう。アメリカは、EU との輸出課税をめぐる争いで、WTO から ETI 税制（輸出優遇税制）に対し協定違反と判定され、2004 年 AJCA を成立させて輸出優遇税制を段階的に廃止することになった。ETI 税制は、外国に対する販売、リースにより獲得した所得の 30%、外国との貿易に係る総収入の 1.2%、外国との貿易に係る総収入に対応する所得の 15% の 3 つのうち、最も金額の大きいものを課税所得から除外する制度であるが、AJCA では所得から除外される金額を、2005 年には 80%、2006 年には 60% とし、2007 年より完全廃止とした。そしてこの輸出優遇税制廃止の代替措置として、国内の製造活動に係る所得の一部を減額する措置が導入された。

この国内製造活動に係る控除の創設について説明しよう。適格製造活動に係る所得または課税所得（当該規定を考慮しないで計算した課税所得）のいずれか低い方の金額に対し、「一定率」を乗じた金額を課税所得金額の計算の際に控除することを認めるものである。ここにいう「適格製造活動に係る所得」とは、アメリカ国内において製造された動産、ソフト、音楽媒体等の販売等により生じた所得を指す。また、上記にいう一定率とは課税所得金額からの控除割合のことであり、それは 2005-06 年 3%、2007-09 年 6% であり、2010 年以降 9% となる。これによって製造業の法定税率 35% は、実質的に 32% まで引き下げられたことになる。これは製造業に対する輸出優遇税制廃

止に代わる新たな優遇税制である。

　次に、AJCAのもう1つ重要な柱である国内再投資目的の本国送金に係る控除制度の創設について述べよう。この制度は、従属外国子会社（CFC）より受領した配当について、その配当額の85％の控除を認めるものである。この制度の適用用件は、配当のうち、通常の期間における配当等の金額を超える部分のみを対象とし、また配当がアメリカ国内における再投資目的のものであることとなっている。この制度の狙いは、これらの条件に合った配当金を使ってアメリカ国内での投資と雇用を促そうとするものである。これらの控除は、配当所得に適用される連邦法人税率を最高35％から5.25％まで引き下げる効果があったといわれている。

　この制度の利用についてみると、企業の約70％が2007年末までに、また95％が2009年末までに、支出計画の実施を完了しようと計画していた。そしてこの制度利用の結果、約3120億ドルの配当が余分に本国アメリカに送金され、そのうちの80％は製造業企業における送金であったとされている。

　ただ、この制度利用の効果については、研究者の間で意見が割れているが、Hufbauer and Kim（2009）は、AJCAの経験を重ねることは領土主義課税の恒久的採用に向けた道程の中間駅のようなもので有益だと評価している[47]。

第6節　法人税改革に関する大統領税制改革諮問委員会の報告書と財務省の報告書

　最後に、グローバル化の下でのアメリカの法人税制改革の方向性を示した、大統領税制改革諮問委員会の報告書『簡素・公平・経済成長促進』と財務省の報告書『21世紀に向けたアメリカの企業税制の競争力改善のためのアプローチ』について、その要点を見ておこう。

　先に、前者の報告書から見てみよう。2005年11月に、ブッシュ政権下の税制改革諮問委員会は、2つの税制改革案を検討するよう政府に勧告した。1つは簡素な所得税制案（SIT）と呼ばれる所得税制改正案であり、もう1つは成長・投資税制案（GIT）である。SITは、課税ベースを広げ、税率を引き下げる所得税改革案である。GITは、企業へのキャッシュフロー税と個人への賃金所得累進税を含む直接税として課税される。

　まず、簡素な所得税改革案（SIT）の主なポイントを説明しておこう[48]。

　SITは、租税優遇口座への貯蓄や持家住宅への投資に影響を与える改正だ

第5章　グローバル化下の連邦法人税負担　　225

けでなく、資本所得の現行措置を大きく改正しようとするものである。主な改正ポイントは次の通りである。

・法人税率を現行の35％から31.5％に引き下げる。

・配当への課税を取り除き（法人の国内事業に係る受取配当非課税）、株式のキャピタル・ゲインへの税を多少ともネグリジブルな水準に引き下げる。

・小規模企業、中規模企業への現金主義会計を認めると同時に、設備投資額のかなりの部分の費用化を認める。

・法人代替ミニマム税を廃止する。

・新しい、簡素な減価償却制度を許可する。大規模企業、中規模企業については4類型に簡素化する。小規模企業については、土地・建物を除き即時償却を認める。

・既存の租税優遇措置のほとんどを廃止する。

・海外の能動的事業活動による所得に対する課税は止め、無形資産からの収入には経常的に課税する。つまり能動的所得には領土主義課税原則を適用し、受動的所得には従来通り世界所得課税原則を適用する。

　次に、GITの主なポイントについて説明しよう。GITは、開発・投資に対する無形の支出のような、現在費用化されている投資の取扱いが今後も続けられるように、企業段階でキャッシュフロー税を導入するものである。主な改正ポイントは次の通りである。

・法人税率を現行の35％から30％に引き下げる。

・土地・建物を含めて全ての投資および購入は費用化される（支払時に即時償却）。そして、古い減価償却の控除は漸次消失する。

・支払利子は企業によって控除されない。また利子所得は課税されない。現存の債務の利子に対する課税の控除や支払いは、漸次消失する。

・法人の受取配当は非課税とする。

・支払われた税は国境で還付される（付加価値税と同じ仕向地課税方式）。

・金融資本所得（配当、キャピタル・ゲイン、利子）は15％で課税される。

　これら2つの税制改革案について、それが実施された場合の効果を検討した、議会図書館調査局のJ.G.グラヴェルは、次のように述べている[49]。

　「両方のプランは資本配分の効率性を高めそうであるが、その効果はSITについては全く小さく、またGITについては金融所得課税があるため減少してしまう。SITは資本配分の歪みを世界中に拡大するかもしれない。全般

的に経済成長への効果は、SITについては限界税率の変更が限られたものであるためネグリジブルである。GITの場合には新規投資への限界税率は相当軽減されるけれども、この案について成長効果は不確かで、かつ効果があっても全く緩やかなものであるかもしれない。ともかく、それらの税制改革案は、予算見通しに相当影響する程には大きくない。」

　これら評価はともかく、SITとGITはともに大統領によっても連邦議会によっても正式に取り上げられて提案されることはなかった。とはいえ、これらの報告書にはアメリカ企業の国際競争力強化を意識して、消費ベース課税や領土主義課税へ誘おうとする意図があることを読み取ることができる。

　今度は、財務省の報告書の方を見ることにしよう。この報告書では、3つの大きな企業税制改革案が提示されている。第1は、企業所得税制を企業活動税（BAT）に代置する案である。この企業活動税は消費税タイプの税である。第2は、租税優遇措置を廃止し、企業所得課税ベースを拡大し、代わりに法定税率を引き下げる案である。第3は、現行税制上の主要な問題点を洗い直す案である。

　もう少し詳しく3つの企業税制改革案の重要ポイントを挙げておこう[50]。

（1）第1案について

　①企業活動税の課税ベースは、財貨・サービスの販売粗収益から他企業からの財貨・サービスの購入額（資本財購入を含む）を差し引いたものとなる。

　②賃金やその他の従業員報酬（フリンジ・ベネフィットのような形態）は課税されない。

　③利子は課税ベースから除外される。それは、所得に含まれもしなければ、控除もされない。

　④配当とキャピタル・ゲインにかかる個人段階レベルの税は維持される。個人が受け取る利子所得は、現在の配当およびキャピタル・ゲインに対する15％の税率と同じ税率で課税される。

　⑤このアプローチにより経済業績が改善し、最終的には経済規模を大体2％から2.5％程拡大することになるであろう。

　⑥この種の改革には、大きな実施上、行政上の問題が伴いそうである。

（2）第2案について

　①全ての租税特別措置規定を廃止することによって企業課税ベースを広げれば、最高連邦法人税率は28％まで低下する（できる）。もし加速度減価償

第5章　グローバル化下の連邦法人税負担　　227

却が維持されるならば、税率は31％までにだけ低下する。代わりに、新規
投資財の購入は部分的に費用化される（35％は即時償却される）。財務省の
分析では、歳入中立での税率軽減はほとんど経済的影響を持たず、費用化は
特定の産業にのみ便益を与える。

②経済とアメリカの競争力にとって著しい便益を与えられるのは、相当の
法人税率の引下げ（例えば20％）や費用化の拡大（例えば65％）を通して
であろう。そのような法人税率の引下げは、企業税制の非歳入中立の改革を
要求することになる。

③現在のアメリカの国際課税制度は、外国に拠点を置くアメリカの会社が
競争上の不利益を被ることになるかもしれない。

④現在の国際課税制度は、外国所得を本国に送金することによって、また
重要なタックス・プランニングを促進することによって経済的行為を歪める。

（3）第3案について

現在の法人税制の洗い直しをする際に、特にその対象とすべき領域には次
のようなものがある。

①法人利潤の多重課税問題
②借入れによる資金調達を優遇する租税バイアス問題
③国際課税問題
④損失の取り扱い
⑤企業会計と税務会計の税の取扱いの不一致問題
⑥その他税務行政改善問題

第7節　おわりに

ブッシュ（子）政権の経済諮問委員会の租税政策、ブッシュ減税の基礎に
ある租税思想、大統領税制改革委員会報告書、財務省の報告書等に共通して
いる問題意識は、アメリカの現行法人税制が法人企業に大きな租税負担を強
いる、非常に複雑で、非効率的で不公正な規定を張り合わせたパッチワーク
になっており、そのことが製造業におけるアメリカ企業の競争力の弱体化を
もたらしているのではないかという点である。さらに、アメリカは連邦レベ
ルで所得税、法人税、社会保障税等の所得課税が基幹税をなしていて、EU
諸国の付加価値税のような消費ベース課税をしておらず、また国際課税にお

いても EU 諸国のように外国所得控除ができる領土主義課税原則を採用しておらず、こうした税制を採用している EU 諸国と比べて国際競争上著しく不利だという認識がある。

　したがって、まずは現行法人税制の枠内で最大限歪みが少なく公平で簡素な税制を目指そうという主張をする一方、他方では抜本的税制改革案としては消費ベース課税と領土主義課税の採用が選択肢として提示されることになる。しかし、2 期目のブッシュ（子）政権は、抜本的税制改革どころか、ブッシュ減税の恒久化さえも実現できなかった。

　ところで、現行法人税制の枠内の中での有力な改革案の 1 つに、1986 年レーガン税制改革と同様にループホールを塞ぎ、法定法人税率を引き下げるという考え方がある。これに近い発想から、下院歳入委員長 C.B. ランジェルは、2007 年 10 月 25 日に「減税および 2007 年改革法」（H.R.3970）を議会に提案した。この法案では、多くのループホールを塞ぎ、法人税に関しては税率を 35% から 30.5% に引き下げることが提案されている。今まで法人税のループホールやタックス・シェルターリングを何年も促進したり、無視したりしてきたブッシュ（子）政権は、当初賛成するかに見えた。財務省も法人税改革の 1 つとして、ループホールを塞ぎ税率を引き下げる考えを2007 年 7 月の報告書で示している。しかし、財務省は 2007 年 12 月の報告書では、やや懐疑的なコメントを示している。ブッシュ（子）政権の元経済諮問委員会の委員長であった G. ハバードは、経済に打撃を与えずに課税ベースを広げることによって望ましい程度の法人税率軽減を実現するのはできそうにないことであるとの見解を表明している[51]。結局のところ、上記H.R.3970 法案は議会で成立しなかった。

　オバマ大統領も、大統領選挙期間中は、収入中立で法人税のループホールを塞ぎ、税率を引き下げる改革に賛意を表明していたが、2009 年 5 月に公表した 2010 年度予算教書ではそのような考えは出していない。

　法定法人税率の引下げ問題に関しては、OECD の中でアメリカの法定法人税率は最も高い方にランクされ、国際競争上不利だから引き下げるべしという意見と、引き下げてもアメリカ経済の成長につながらず、かえってマイナスの影響が出るという意見が真っ向から対立している。

　前者の意見を代表するのは Hufbauer and Kim（2009）である。要約すると次のようになる[52]。

第 5 章　グローバル化下の連邦法人税負担　　229

アメリカは OECD の中で第 2 番目に高い法定法人税率を有する国、換言すれば第 2 番目に高い限界税率を有する国であるが、法人税の平均実効税率は、減価償却、加速償却、税額控除等の寛大な規則のために低くなっている。投資の意志決定をする際には、低い平均実効税率は低い限界税率程重要ではない。法定法人税率は、将来所得に適用される限界税率として当然解釈される。この税率は、多国籍企業が事業をどこに決めるかを決定する時に事業がうまくいくための最も実際に意味のある税率である。多くの国々が世界経済の中で競争的地位の向上を目指して、税率を下げ税制を簡素化する政策を採っているのに、一人アメリカだけが反対方向を向いている。アメリカは、ループホールをなくし、法定法人税率を 25％以下に引き下げて、競争的な税制度を採用すべきである。

　こうした見解に対し、後者の意見を代表するのは、Aron-Dine et al.（2008）である。要約すると次のようになる[53]。

　法人税のループホールを塞ぐといっても、現実にそれだけで法人税率の大きな引き下げを賄えるほどの税収が得られるわけではない。そうすると、どうしても他の税の増税かあるいは借金による法人税率引下げということになる。しかし、借金による法人税率引下げということになれば、税率軽減による便益が多少発生しても、それ以上に借金は国民貯蓄を食うので長期的には経済成長を阻害することになる。したがって現実には、現行法人税法では投資のタイプ毎に減免税の差異が存在するので、ループホールを塞ぐことでその差異を無くし、投資にとって税の影響を平準化する方が、借金による税率引下げより有効である。

　「税の公正のための市民」という団体も、同様の見解を表明している。法定法人税率を引き下げるよりも、連邦の歳入不足問題に取り組むべきで、それには投資の意志決定を歪めているループホールを塞ぐことによって税収を確保した方が、アメリカ経済の発展に資することになるという[54]。

　さて、オバマ政権が、本章で述べたようなブッシュ政権下の企業課税の実態とそれに対する改革提案を念頭に置きつつも、中間層経済学に立った税制改革という視点から、どう判断して国際競争力を高め、それによる税収も確保しようとしたかについては、第 8 章第 3 節第 3 項（4）で検討する。さらに、トランプ政権下のアメリカの法人税負担の実態、2017 年減税・雇用法の改革内容、国際課税の改革（領土主義課税への移行）については、第 9 章

第4節で詳しく検討する。

【注】

1) OTP（2007）, p.4.
2) Burman（2003）, p.625.
3) OMB（2007）, Table 19.1.
4) Department of the Treasury（2007）, pp.10-11.
5) JCT（2008c）, p.2.
6) *Ibid.*, pp.6-8.
7) *Ibid.*, pp.8-9.
8) Department of the Treasury（2007）, p.17.
9) *Ibid.*, p.16.
10) *Ibid.*, pp.16-17.
11) CEA（2007）, p.65.
12) *Ibid.*, pp.64-65, p.84.
13) *Ibid.*, p.66.
14) CEA（2003）, p.209.
15) CEA（2009）, pp.151-173.
16) *Ibid.*, pp.162-165.
17) CEA（2007）, pp.73-74.
18) CEA（2009）, pp.163-164.
19) *Ibid.*, p.163.
20) CEA（2007）, p.75.
21) CEA（2009）, p.164.
22) *Ibid.*, p.165. ブッシュ（子）、オバマ両政権下における法人向け租税支出の中で規模最大の加速度減価償却制度およびその時限的拡張であるボーナス償却制度に関し、制度変更、効果、政策過程における議論を詳細に検討した研究として、吉弘（2018）を参照。
23) Mclntyre and Nguyen（2004）, pp.1-68.
24) CBPP（2009b）, p.1 ; Aron-Dine（2008b）, pp.1-2 ; CBPP（2008）, pp.1-10.
25) Friedman（2005）, pp.1-13 ; Huang and Stone（2008）, pp.1-4.
26) OTP（2007）, p.6.
27) Department of the Treasury（2007）, pp.36-37.
28) OECD（2007）, p.22.
29) *Ibid.*, pp.33-34.
30) Brumbaugh（2005）, p.7.
31) *Ibid.*, pp.7-8.

第5章 グローバル化下の連邦法人税負担 231

32) *Ibid.*, p.8.

33) OECD（2007）, p.11.

34) Department of the Treasury（2007）, p.35, p.37.

35) OTP（2007）, pp.8-9.

36) *Ibid.*, p.9.

37) Department of the Treasury（2007）, p.39.

38) *Ibid.*, p.40.

39) OTP（2007）, p.12.

40) Hufbauer and Grieco（2005）, pp.87-89.

41) OTP（2007）, p.84.

42) *Ibid.*, p.85.

43) Hines Jr.（2009）, pp.1-50：Hufbauer and Grieco（2005）, p.30；本庄（2007）、161-162頁。

44) Hufbauer and Kim（2009）, p.37.

45) Shapiro and Mathur（2009）, p.37.

46) Hufbauer and Kim（2009）, pp.6-7：Hufbauer and Grieco（2005）, p.30, pp.56-58, p.89；西野（2005）、4頁；本庄（2007）、第4章～第7章。

47) Hufbauer and Kim（2009）, pp.6-7.

48) Gravelle（2006）, pp.3-4.

49) *Ibid.*, "Summary".

50) Press Room, U.S. Department of the Treasury（2008）.

51) Aron-Dine et al.（2008）, pp.1-3.

52) Hufbauer and Kim（2009）, p.3.

53) Aron-Dine et al.（2008）, pp.1-21.

54) CTJ（2007）, p.1.

第 **6** 章

オバマ政権の
経済復興・成長政策と
医療保険制度改革

第1節　はじめに

　本章では、オバマ政権の 2007-09 年大不況に対応した経済復興・成長政策と医療保険制度改革について、その成果と課題を検証する。

　バラク・オバマは、2008 年秋の金融危機がその後のアメリカの実体経済にまで及んで、何もしなければ 1929 年大恐慌のような事態を招きかねない大不況の中で大統領に就任した。大恐慌に陥らないために、オバマ大統領は次々に経済・財政・金融政策を打っていかざるをえなかった。その中でも最も重要なのが、2009 年 2 月 17 日に署名して成立させた 2009 年アメリカ復興・再投資法（以下復興法と略す）である。

　この法律が成立するまでに 460 万人の民間雇用が失われ、2009 年 2 月だけでも 69.8 万人の職が失われた。また何兆ドルもの家計資産が消失し、実質 GDP は第二次世界大戦後で最も厳しい下落を示していた。復興法の目的は、勿論この大不況からの復興を果すことであったが、さらに将来経済を強靭化するための基盤を作り出すことでもあった。オバマ大統領は、雇用創出を加速化させるために、復興法だけに留まらず、多くの財政立法を成立させた。これらの追加立法は、2012 年末までに復興法の経済への財政的支援の規模と効果をほぼ倍増させた。復興法と後続立法に含まれる雇用対策の約半分すなわち 6890 億ドルは減税—そのほとんどが家計向け—であった。残りの半分は、橋梁・道路の再建、教職支援、大不況の影響で失業してしまって

233

いる人々に臨時的に救済を与えることといった重要な分野への投資に充てられた[1]。

　オバマ政権の第1期と第2期を通じての課題は上述のように、リーマン・ショック後の大不況からの経済復興と今後の成長基盤の醸成にあったが、それだけではない。第1期と第2期の各大統領選挙期間中および大統領当選後において、終始一貫して訴えているのはアメリカにおける経済的格差の拡大による中間層の崩壊を食い止め、復活を果すことである。

　民主党とオバマ政権は、この課題に最優先で取り組むことはできなかったが、大不況からの復興を最優先に取り組みながらも、経済格差の縮小、中間層の復活問題にも向き合い、評価できる成果も上げている。とはいえ、議会共和党の抵抗もあって、それが依然大きな課題として残っていく。

　以下、第2節では、2007-09年大不況へのオバマ政権の対応として、経済復興の枠組み、金融機関規制の強化と金融規制改革法の成立、金融機関・自動車産業と住宅2公社への公的資金の注入等について検討する。第3節では、経済復興・成長政策の成果と課題について、第4節では医療保険制度改革について検討する。第5節では、まとめとして、オバマ政権下において、2007-09年大不況からの経済復興は概ね達成し、財政再建も大分進んだが、大統領就任前から最大の課題としてきた経済格差の是正と中間層の復活の点では、評価できる事柄もあるが、必ずしも十分な成果を挙げることができず、大きな課題として残ったことを述べる。

　なお、オバマ政権の財政健全化・税制改正については第7章で、オバマ政権の中間層経済学と経済格差縮小政策については第8章で検討する。

　オバマ政権の経済政策に関する先行研究として、全般的に論じているものとしては、岡田（2013）、岡本（2011）、片桐（2009）、片桐（2010b）、片桐（2010c）、片桐（2012c）、片桐（2015）、河音・藤木（2016）、坂井（2012）、坂井（2014）等がある。金融規制改革については、松尾（2010）、島畑（2011）、若園（2013）、横山（2014）等がある。医療保険改革については、長谷川（2010）、天野（2013）、山岸（2014）等がある。

第2節　2007-09 年大不況へのオバマ政権の対応

1. 経済復興の枠組み：金融・財政政策

(1) 連邦準備制度理事会（FRB）の非伝統的金融政策

　アメリカの 2007-09 年大不況からの経済復興とその後の経済成長は、連邦準備制度理事会（FRB）の金融政策とオバマ政権の財政政策のポリシーミックスの成果として評価されなければならない。FRB は連邦公開市場委員会（FOMC）の判断を踏まえて、金融政策を決めている。

　FRB の金融政策について述べる[2]。FRB は 2008 年の金融危機とその後の大不況に対抗するために、事実上のゼロ金利政策と量的緩和政策という 2 つの非伝統的金融政策を実施した。FRB は、同年 12 月に政策金利 FF レートの誘導目標を年 0〜0.25％に引き下げ、事実上のゼロ金利政策を実施した。加えて、QE1〜QE3 と三度にわたる量的緩和政策で市場に資金を供給し続けた。量的緩和第 1 弾（QE1）は、同年 11 月から 2010 年 3 月末まで実施された。その間 FRB は 3000 億ドル分の米長期国債、5000 億ドル分の住宅ローン担保証券（MBS）等を購入した。第 3 弾（QE3）は 2012 年 9 月以来 2014 年 10 月まで実施された。FRB は毎月 400 億ドル分の MBS を購入し、2013 年 1 月から毎月 450 億ドル分の米長期国債も購入してきた。こうして FRB の資産は、金融危機前は 0.9 兆ドル程度であったものが、2014 年 10 月 29 日現在 4 兆 4070 億ドルにも上っている[3]。

　景気が緩やかに回復してきていると判断した FRB は、2013 年 12 月の FOMC で量的緩和の縮小を決断し、2014 年 1 月から毎月 100 億ドルずつのペースで証券購入の規模を縮小してきた。同年 9 月 17 日の FOMC 決定で FRB は、経済の回復が順調であれば、2014 年 10 月に量的緩和を終了すること、また 08 年 11 月以来のゼロ金利については量的緩和終了後も相当期間続けることを明らかにした。そして遂に FOMC は 10 月 29 日に、約 6 年にわたって続けてきた金融の量的緩和の終了を決めた。

　2014 年になると、FRB は出口戦略に踏み出し、それらの債券購入を減らしていく。そして、同年 12 月には、それら債券の購入計画を終了した。それでも、FRB の資産は、金融危機前の約 9000 億ドルから約 4 兆 5000 億ドルにまで膨らんでいた。FRB は、この大量の資産をいきなり縮小すると、

第 6 章　オバマ政権の経済復興・成長政策と医療保険制度改革　　235

表 6-1 アメリカの 2007-2017 年期の主要経済指標

	実質 GDP （2009 年 恒常ドル） （10 億ドル）	実質 GDP 対前年度比 （%）	実質個人 消費支出 （2009 年 恒常ドル） （10 億ドル）	民間 賃金・給与 （経常ドル） （10 億ドル）	実質 1 人当たり 可処分所得 （2009 年恒常ドル） （ドル）
2007	14,873.7	1.8	10,041.6	6,395.2	35,866
2008	14,830.4	-0.3	10,007.2	6,531.9	36,078
2009	14,418.7	-2.8	9,847.0	6,251.4	35,616
2010	14,783.8	2.5	10,036.3	6,477.5	35,685
2011	15,020.6	1.6	10,263.5	6,633.2	36,307
2012	15,354.6	2.2	10,413.2	6,930.3	37,180
2013	15,612.2	1.7	10,565.4	7,116.7	36,433
2014	16,013.3	2.6	10,868.4	7,476.8	37,441
2015	16,471.5	2.9	11,264.3	7,858.9	38,702
2016	16,716.2	1.5	11,572.1	8,085.2	38,954
2017	17,096	2.3	11,890.70	8,351.20	39,155
第Ⅰ四半期	16,903.2	1.2	11,758.0	8,230.0	39,041
第Ⅱ四半期	17,010.7	2.6	11,839.7	8,319.0	38,286

	労働参加率 （%）	対人口 雇用者比率 （%）	失業率 （%）	民間 非農業部門 週当たり 労働時間 （時間）	民間 非農業部門 週当たり 平均所得 （経常ドル）
2007	66.0	63.0	4.6	33.8	589.2
2008	66.0	62.2	5.8	33.6	607.4
2009	65.4	59.3	9.3	33.1	616.0
2010	64.7	58.5	9.6	33.4	636.2
2011	64.1	58.4	8.9	33.6	652.9
2012	63.7	58.6	8.1	33.7	665.7
2013	63.2	58.6	7.4	33.7	677.7
2014	62.9	59.0	6.2	33.7	694.9
2015	62.7	59.3	5.3	33.7	708.9
2016	62.8	59.7	4.9	33.6	723.3
2017	62.9	60.1	4.4	33.7	742.6
第Ⅰ四半期	63.0	60.0	4.7	33.6	734.6
第Ⅱ四半期	62.8	60.1	4.4	33.7	741.3

出所：CEA (2017b), pp.2-31；CEA (2018), pp.2-31 より作成。

税引後法人利潤（経常ドル）（10億ドル）	実質民間設備投資（2009年恒常ドル）（10億ドル）	実質民間住宅投資（2009年恒常ドル）（10億ドル）	民間雇用者数（1000人）	失業者数（1000人）
1,302.9	898.3	654.8	146,047	7,078
1,073.3	836.1	497.7	145,362	8,924
1,203.1	644.3	392.2	139,877	14,265
1,470.1	746.7	382.4	139,064	14,825
1,427.7	847.9	384.5	139,869	13,747
1,683.2	939.2	436.5	142,469	12,506
1,688.4	982.3	488.3	143,929	11,460
1,743.8	1,047.8	505.2	146,305	9,617
1,651.1	1,084.5	556.9	148,834	8,296
1,687.9	1,047.8	587.4	151,436	7,751
1,781.00	1,098.10	597.9	153,337	6,982
1,810.5	1,059.4	605.5	152,536	7,455
…………	1,080.4	594.9	153,082	6,965

消費者物価指数（1982-84年＝100）	マネタリーベース（経常ドル）（10億ドル）	FFレート（%）	普通株株価（ダウジョーンズ平均）（ドル）
207.3	837.2	5.02	13,170
215.3	1,666.4	1.92	11,253
214.5	2,026.2	0.16	8,876
218.1	2,017.0	0.18	10,663
224.9	2,619.6	0.10	11,966
229.6	2,675.9	0.14	12,967
233.0	3,717.5	0.11	15,000
236.7	3,934.5	0.09	16,774
237.0	3,835.8	0.13	17,591
240.0	3,531.6	0.39	17,908
245.1	3,851.0	1	21,742
243.4	3,732.7	0.70	20,385
244.7	3,786.3	0.95	20,980

復興してきた経済に対する打撃が大きいと考え、量的緩和終了後も満期を迎えた保有債券に再投資して4兆5000億ドルの資産規模を維持してきた。景気拡大が9年目に突入した2017年7月以降、FRBは資産縮小に向けて動いた。9月20日の連邦公開市場委員会（FOMC）で、これまで実施してきた量的金融緩和政策を完全に終結し、大量に膨らんだ保有資産の縮小を10月から始めることを決めた。10月から満期を迎えた債券や証券への再投資を止め、保有資産の圧縮を図ることになった。

　もう一方のFF金利の誘導目標についてであるが、FRBは、2015年12月まで歴史的に低い年0〜0.25％の金利を維持していた。しかし、2015年12月にゼロ金利政策を放棄して、FF金利の誘導目標を年0.25〜0.5％に引き上げた。さらに、2016年12月にそれを0.5〜0.75％へ、2017年3月には0.75〜1.0％へ、2017年6月には1.0〜1.25％へと引き上げている。

　オバマ政権は、2009年の政権発足以来、このようなFRBのゼロ金利・低金利政策（表6-1のFFレート参照）と金融の大規模な量的緩和政策（表6-1のマネタリーベース参照）とタイアップする形で、経済復興・成長政策を多くは2009年復興法や2012年アメリカ納税者救済法等の財政関係の法律を成立させることで推進した[4]。

（2）復興事業のための財政政策：復興法と後続の財政諸立法

　オバマ政権は、FRBが用意したこのような超金融緩和環境の中で復興事業のための財政政策を展開することになる。復興事業のための財政政策は、復興法によるものと復興法以後の財政立法によるものの2つに大きく分けることができる。前者による財政支援内容は、表6-2に示されている。2009-13年度の5年間に8046億ドルの事業が行われており、特に2009-11年度の3年間にその89％（7162億ドル）が使われており、中でも2010年度だけでその48％（3858億ドル）が使われている。この復興事業の財政的支援が支出によるものか減税によるものかを表6-2の上表で見ると、支出が63.7％、減税が36.3％となっている。支出と減税の内訳を表6-2の下表で見ると、主に支出に該当するのが、州財政救済、個人直接支援、公共投資支出であり、減税に該当するのが、個人減税、AMT救済、企業優遇税制である。全体では公共投資支出の割合が33.6％と一番大きく、続いて個人減税の割合が22.6％となっている。

　表6-3には復興法以後に制定された復興諸立法による財政的支援額が示さ

表 6-2 復興法による財政支援の支出・減税タイプ別および
事業機能別推移（2009-2013 年度）　　　　　　単位：10 億ドル、%

	2009	2010	2011	2012	2013	2009-13	
						合計金額	同構成比(%)
復興法による財政支援の支出・減税タイプ別推移							
支出	110.7	197.1	112.7	56.8	35.0	512.4	63.7
支出義務	256.3	196.1	41.2	21.8	18.5	533.8	
減税	69.8	188.7	37.2	-5.4	1.9	292.2	36.3
支出と減税の合計	180.5	385.8	149.9	51.4	37.0	804.6	100.0
復興法による財政支援の事業機能別推移							
個人減税	42.9	91.3	46.6	0.4	0.4	181.7	22.6
AMT 救済	13.8	69.6	-14.4	0.0	0.0	69.0	8.6
企業優遇税制	23.1	18.2	-5.9	-3.7	-2.9	28.8	3.6
州財政救済	43.8	63.3	26.0	6.0	4.0	143.0	17.8
個人直接支援	31.8	49.5	15.5	8.8	5.9	111.5	13.9
公共投資支出	25.1	94.0	82.0	39.9	29.6	270.5	33.6
合計	180.5	385.8	149.9	51.4	37.0	804.6	100.0

出所：CEA (2014a), p.99, Table 3-2, Table 3-3 より作成。

れている。事業規模は 2009-12 年度の 4 年間で 6740 億ドル、2009-19 年度
で 7090 億ドルと全て合せると巨額の事業規模となっている。オバマ政権は
復興法に基づいて、表 6-2 に示されるような財政的支援を行ったが、なかな
か景気回復が進まず雇用創出のテンポが遅く、失業率が高かったために、雇
用促進や失業補償、生活支援といった内容の支援事業が多く行われているこ
とが分かる。

2. 金融機関規制強化と金融規制改革法（ドッド＝フランク法）の
　　成立と問題

（1）金融機関規制強化
（ⅰ）資産査定（ストレス・テスト）の実施

　2008 年 9 月のリーマン・ブラザーズの経営破綻を契機に崩壊の危機に陥
ったアメリカの金融システム（後段（2）で詳述）を安定化させるために、
ブッシュ（子）政権下で同年 10 月 3 日に緊急経済安定化法が制定され、
7000 億ドルの支出権限が財務省に与えられた。財務省はその公的資金で破

表 6-3　復興法以後に制定された財政的経済支援立法 (2009-2019 年度)

単位：10 億ドル、%

	2009-12 年度		2009-19 年度		備考
	金額 (10 億ドル)	構成比 (%)	金額 (10 億ドル)	構成比 (%)	
2009 年制定					
労働者、住宅所有、事業援助法	35	5.2	24	3.4	失業保険給付期間延長（20 週まで）。最初の住宅取得税額控除拡張
2009 年補正予算法	3	0.4	3	0.4	エコカー買い替え補助金
2010 年国防予算法	18	2.7	18	2.5	総合包括予算調整法の失業保険給付 2 カ月延長
2010 年制定					
2010 年臨時延長法	9	1.3	9	1.3	総合包括予算調整法の失業保険給付 1 カ月延長
雇用回復促進法	13	1.9	15	2.1	雇用税額控除、再生エネルギー免税債
2010 年延長継続法	16	2.4	16	2.3	総合包括予算調整法の失業保険給付 2 カ月延長
2010 年失業補償法	33	4.9	34	4.8	失業保険給付 6 カ月延長、最初の住宅取得税額控除拡張
連邦航空安全改善法	26	3.9	12	1.7	教育職基金、連邦医療負担率引上げ
中小企業雇用法	68	10	10	1.4	中小企業融資基金、中小企業減税、全企業割償却
2010 年減税・失業保険再認可・雇用創出法	309	45.8	237	33.4	2011 年給与税減税、2011 年まで失業保険給付延長、拡大 AOTC、EITC、CTC の延長
2011 年制定					
臨時給与税減税継続法	28	4.2	29	4.1	2012 年 2 月まで、給与税と失業保険給付が対象
退職軍人雇用促進法	0	—	0	—	復員兵・傷病兵税額控除
2012 年制定					
2012 年中間層租税負担軽減・雇用創出法	98	14.5	123	17.3	2012 年末まで、給与税と失業保険給付が対象
2012 年アメリカ納税者救済法	17	2.5	178	25.1	2013 年まで失業保険給付延長、拡大 AOTC、EITC、CTC の延長、中小企業減税、割増償却の延長
合計	674	100.0	709	100.0	

出所：CEA (2014a), p.101, Table 3-4, p.140, Table 3-11 より作成。

綻に瀕する金融機関に資本注入を実施し、金融システムの安定化を図ろうとした。しかし金融機関の財務の悪化と貸し渋りが深刻化してきたために、オバマ政権は新たに包括的な金融安定化案を 2009 年 2 月 10 日に発表した。その規模は約 2 兆ドルで、対策の柱として①資本注入、②不良資産買い取り、③貸し渋り対策、④住宅ローン対策を設け実施した[5]。

この①資本注入を行う前提として、政府と FRB は資本規模 1000 億ドル超の 19 の大手金融機関を対象に資産査定を実施した。自己増資が困難な場合、公的資金で普通株に転換可能な優先株を購入すること、必要に応じて普通株に転換し 7 年後には強制転換すること、貸出増加計画を提出すること等が金融機関に義務づけられた。さらに、経営者報酬は大幅に制限され、普通株配当も制限された。

2009 年 5 月 7 日に資産査定の結果が公表された。今後 2 年間で経済環境が一段と悪化することも想定した上で、潜在的な損失や自己資本の不足額が 2010 年末までに計 6000 億ドル弱になると予想している。資本不足を指摘された 10 社は、6 月 8 日を期限に資本増強計画の提出を求められた[6]。

（ⅱ）金融機関の報酬制度改革提案

2009 年 10 月の G20 の報酬制限の合意を踏まえて、金融機関の短期的な成果を奨励する報酬慣行が過剰なリスク行動を助長し金融の安定を損ねたとの判断から、長期的な業績への貢献度に基づく報酬体系への移行を目指し、3 つの報酬制度改革の枠組を提示している[7]。

（ⅲ）金融危機責任料の徴収

政府の財政赤字拡大という事情に加えて、業績回復が遅れている中での大手金融機関の高報酬復活等に対する国民の根強い反感に配慮して、2010 年 1 月に金融危機への対応に投入した公的資金の損失を埋め合わせるために、資産規模に合わせ、外資系を含む約 50 社から今後 10 年間に少なくとも 900 億ドルの「金融危機責任料」を徴収する計画を発表している[8]。

その後司法省は、米国民が金融機関に対する不信から厳しい規制を支持していることを背景に、金融危機の引き金となったサブプライムローンを組み込んだ住宅ローン担保証券を、高リスクを知りながら十分情報提供せずに販売した大手金融機関に罰金の支払いを命じた。司法省は、企業が裁判に訴えずに済み、司法省側が有罪の証明の必要のない和解金の形で罰金を支払うことを求め、3 行が和解金の支払いに応じた。司法省は、2013 年 11 月に JP モ

第 6 章　オバマ政権の経済復興・成長政策と医療保険制度改革　　241

ルガン・チェースと 130 億ドルで、2014 年 7 月にはシティグループと 70 億ドルで、同年 8 月にバンク・オブ・アメリカと 166 億ドルで和解している[9]。

（2）金融規制改革法（ドッド＝フランク法）の成立と問題

アメリカでは既に、1933 年に大恐慌の教訓を踏まえ、銀行業務と証券業務を分離する銀行法（グラス・スティーガル法）が成立し、株式等の相場の上げ下げから銀行の経営を遮断しやすくする仕組みを整えていた。ところが、1999 年 11 月クリントン政権下において、1980 年代以降行政裁量や裁判判決等を通じて進んだ規制緩和を追認して、銀行・証券・保険の業務の垣根を撤廃する金融制度改革法（グラム・リーチ・ブライリー法）を成立させた。ブッシュ（子）政権は、業務を自由化し市場の選別に委ねるやり方を一層推進した。

ブッシュ（子）政権下、2001 年 9 月 11 日の同時多発テロ後の FRB の低金利政策や低所得者向けサブプライムローンの基準緩和等が下地となって 2003 年頃から住宅ブームが過熱化していき、住宅価格の上昇を背景に、金融機関はサブプライムローンを証券化し販売した。しかし、2006 年の住宅価格の下落をきっかけに住宅バブルははじけ、2007 年にはサブプライムローンの不良債権化が問題となり、2008 年にサブプライムローンの証券化商品を大量に購入していた大手投資銀行が軒並み経営不振に陥り、その中のリーマン・ブラザーズは、9 月 15 日に多額の損失を抱え込んで経営破綻した。これにより、アメリカの金融システムに対する不安が広がり、世界的な信用収縮と株価の暴落となって金融危機が発生し、その後の世界同時不況に至るのである。オバマ政権はブッシュ政権下で一段と進んだ金融自由化の流れを転換し、金融の進化に対応した規制の組み換えを目指すことになった。

金融危機の再発を防ぐために、オバマ政権のテコ入れで金融規制改革法（ドッド＝フランク法）が 2010 年 7 月 15 日に連邦議会で成立した。この法律の目的は、この法律の正式タイトルに明確に示されている。正式のタイトルは少し長いが、「金融システムにおける説明責任および透明性を改善することによって合衆国の金融の安定性を促進するための、『大き過ぎてつぶせない』ことを終わらせるための、財政的救済措置を終わらせることによってアメリカの納税者を保護するための、行き過ぎた金融サービスの営業から消費者を保護するための、ならびにその他の目的のための法律」となっている。

この法律が成立するまでの政府の当初（2009 年 6 月 15 日）の金融規制改

革案、それを受けての上・下両院の金融規制改革案の内容、さらには 2010
年 1 月 21 日に政府が発表した「新金融規制改革案」については別稿[10]で論
じているので、ここでは繰り返さないが、この新金融規制改革案がベースと
なって同年 7 月 15 日に金融規制改革法が成立している。この法律には、金
融危機の再発を防ぐため、銀行によるリスクの高い取引を制限する「ボルカ
ー・ルール」が盛り込まれている。

　この法律の主な内容は次の通りである。

　①銀行が自己の利益拡大のため行う自己勘定取引（米国債取引除く）は原
則禁止する。

　②銀行本体によるリスクの高いデリバティブ取引を禁止する。

　③公的資金での金融機関の救済を止め、円滑に破綻処理する。

　④ FRB に大手金融機関の監督を一元化する。

　⑤金融システムの安定化を監視する評議会を設置する。

　⑥一定規模以上のヘッジファンドはアメリカ証券取引委員会に登録を義務
づける。

　⑦金融取引の消費者保護を強化する。

　ただ、この金融規制は、2012 年 7 月から本格運用の予定であったが、規
制を受ける金融業界や海外金融当局からの反発で、実施のための細かいルー
ル作りが遅れた。しかし、2013 年 12 月 10 日にようやく連邦準備制度理事
会（FRB）、連邦預金保険公社（FDIC）、通貨監督庁（OCC）、証券取引委
員会（SEC）、商品先物取引委員会（CFTC）の 5 つの金融規制当局が、ボ
ルカー・ルールに関する詳細規則を公表した。その詳細を明らかにしている
横山（2014）によれば、その規則の要点は次のようなものである[11]。

　①ボルカー・ルールの下で、銀行等に対して禁止される自己勘定取引を、
短期の転売などを目的とする「取引勘定」における金融商品の売買等に、当
事者として関与することと定義している。また、銀行等による保有期間が
60 日未満の売買等については、その銀行等が反証できない限り、その金融
商品の売買等は、取引勘定として行われたものと推定するものとしている。

　②外国会社による専ら米国外での活動は、原則自己勘定取引禁止規制の対
象とはならない。ただし、米国の銀行等の支配下にない、業務の大部分を米
国外で行っている、自己売買の実行・決定を行う銀行等が米国内に所在しな
い、米国内に所在する支店・関係会社からファイナンスが提供されていない

第 6 章　オバマ政権の経済復興・成長政策と医療保険制度改革　　243

等の要件を満たす必要がある。

③ボルカー・ルール遵守のため、当局への報告、記録作成などの義務も課されている。

④2011年の原案と比較すると、外国政府機関債等の売買についての例外措置が講じられた、外国銀行が米国の法人との間で行う自己勘定取引について一定の要件の下で認められた、などの変更が行われている。

⑤規則は、2014年4月1日から施行される。ただし、（銀行等による）遵守の期限は、2015年7月21日とされている。また、トレーディング・資産・負債に関する報告義務については、銀行等の規模に応じた段階的な適用が予定されている。

金融規制改革法のアメリカ金融システムや経済全般にとっての便益やこの法律に基づく改革のコストについては、Sanders（2013）が詳しい。金融規制強化の狙いは、金融システムを安定化させ、バブルの再発を防止することであるが、それだけでない。不正な金融商品取引によって巨額の利益を上げ、法外な役員報酬を与えていた大手金融機関にそうさせないよう規制を強化することは、オバマ政権の経済格差是正の方針を貫くことにもなることを強調しておきたい。

なお、金融規制改革法のその後について、鳥毛（2023）と谷口（2023）を参考に、少し付言しておこう[12]。2023年3月以降、アメリカの中堅銀行であるシリコンバレー銀行、シグネチャー銀行、ファースト・リパブリック銀行が相次いで経営破綻した。その破綻の原因は、トランプ政権下の2018年に成立した経済成長・規制緩和・消費者保護法（EGRRCA）とそれに基づくFRBの金融規制改革法の緩和にあるとされている。EGRRCAは、中小金融機関に対する規制を緩和して、地域企業への融資を拡大し、地域経済の活性化を図ることを狙いとして、銀行持株会社の総資産をこれまでの500億ドル以上から2500億ドル以上に引き上げたのである。

FRBやFDIC（連邦預金保険公社）は、銀行破綻の原因や問題点を調査し、規制や監督のあり方について提言を行っているが、焦点は監督機関の権限強化と資産規模1000億〜2500億ドルの中堅銀行への資本規制強化や預金保険制度の見直し等である。ただ、新しい金融規制案の最終案がまとまれば、現行のEGRRCAを修正するため、連邦議会の承認が必要である。

244

3．金融機関、自動車産業、住宅 2 公社に投入した公的資金の回収完了

　2008 年 9 月のリーマン・ブラザーズの経営破綻を契機に崩壊の危機に陥ったアメリカ金融システムを安定化させ、また経営破綻の淵にある基幹産業である自動車産業を復活させる等のために、不良資産買取りプログラム（TARP）を実施するべく、同年 10 月 3 日に緊急経済安定化法が制定され、7000 億ドルの支出権限が財務省に与えられた[13]。その後金融規制改革法に財務省の支出権限は最大 4750 億ドルにまで減らされている。TARP の開始から 2014 年 4 月までの実施結果については表 6-4 に示してある。TARP の中では（1）金融機関救済と（2）自動車産業救済が大きな事業なので後で詳しく述べる。

　ただここで注意しなければならないのは、TARP の枠外で 2 つの住宅公社の救済にも 1800 億ドル以上の公的資金が投入されていることである。2 つの住宅公社とは正式には連邦住宅抵当公社（ファニーメイ）と連邦住宅貸付抵当会社（フレディマック）のことである[14]。後段の（3）で詳しく述べる。

（1）金融機関救済

　表 6-4 を見ながら、金融機関救済について説明する[15]。TARP 開始から 5 年余りの間に、連邦政府は金融機関を救済するために 3130 億ドルを投じたが、そのほとんどは回収されている。議会予算局（CBO）は、救済資金投入と回収の結果として 90 億ドルの純利益が政府に発生したと推定している。つまり、銀行やその他金融機関救済資金投入からの回収金純利益が約 240 億ドルで、アメリカン・インターナショナル・グループ（AIG）救済資金のための費用が 150 億ドルなので、約 90 億ドルが政府の純利益となる。

　財務省は TARP 資産購入プログラムにより、707 の金融機関から優先株を 2050 億ドル購入した。TARP の中核であった大手銀行 9 行への出資は、2014 年のシティグループを最後に終了した。同年 3 月 12 日現在、購入した優先株のうち 20 億ドル分が残っている。CBO は、資産購入プログラムによる政府の純利益は 170 億ドルに上ると推定している。

　シティグループとバンク・オブ・アメリカの 2 つの金融機関は、資産購入プログラムから救済資金を受け取ったのに加えて、財務省の目標投資プログラム（TIP）からも追加の救済資金を合せて 400 億ドル受け取っている。この追加救済はそれ以来全額返済され終了しているが、結果的には連邦政府に 80 億ドルの純利益が生じている。

表 6-4　不良資産救済プログラム（TARA）の実施結果および予定
（2014 年 4 月現在）

単位：10 億ドル

	TARA 現金投入の実績と予定					TARA 現金投入・回収の累積差額		
	現金投入額	TARA 現金投入累積額			今後の予定額	議会予算局推計値	管理予算局推計値	両推計値の差
		返済額	償却額	残高				
金融機関支援								
資産購入プログラム	205	198	5	2	0	-17	-16	—
シティバンクとバンカメへの追加支援	40	40	0	0	0	-8	-8	**
地域開発資本プログラム	1	*	*	*	*	**	**	**
アメリカン・インターナショナル・グループ（AIG）への支援	68	54	13	0	0	15	15	**
小計	313	293	18	2	0	-9	-9	**
自動車産業支援	80	59	15	6	0	14	14	**
投資パートナーシップ								
資産担保満期債貸付供与制度	*	*	0	0	0	-1	-1	**
官民投資プログラム	19	19	0	0	0	-3	-2	-1
中小企業庁 7（a）購入プログラム	*	*	*	0	0	**	**	**
小計	19	19	*	0	0	-4	-3	**
住宅抵当プログラム	11	0	11	0	15	26	37	-11
合計	423	371	44	8	15	27	39	-12

注：(1) ＊印は 0 ドル～5 億ドルの間。
　　(2) ＊＊印は -5 億ドル～5 億ドルの間。
出所：CBO (2014a).

　アメリカ政府は、2008 年 9 月に金融危機の戦犯とされたリーマン・ブラザーズには金融支援を見送ったのに、AIG に対しては、「破綻すれば国際的金融システムに甚大な影響を与える」とみて、政府管理下に置いた。AIG はデリバティブ型の保険契約の急激な解約で資金繰りが悪化したが、海外資産を売却し、解約も落ち着いたので、2012 年春までに全ての公的資金を返済した。しかし CBO は、政府にとっては 150 億ドルの純補助（コスト）となったと推定している。

（2）自動車産業救済

　2008 年 11 月に金融危機が実体経済に波及する中で、過剰な生産設備、負債による財政破綻、古い企業体質、売れる車の不在等が原因で、自動車産業ビッグスリーは苦境に陥った。政府は、GM などが倒れれば GDP の 1％が失われ、取引先を含め約 110 万人が失業するとの試算もあって、連邦破産法

第 11 条を使って債務を大幅に減じた後に、政府支援下に再建を目指すこととした。そして、2009 年 4 月 30 日にクライスラーが、6 月 1 日に GM が連邦破産法 11 条の適用申請をし、政府の管理下に法定整理を進め、再建の道を歩むこととなった。他方フォードは、そうしたコースではなく自主再建の道を選択した。

　自動車産業救済についても表 6-4 を見ながら説明する[16]。GM とクライスラーはその関係金融会社等とともに、TARP 資金 800 億ドルを受け取ったが、2014 年 4 月現在 60 億ドルがまだ回収されずに残っている。CBO は、自動車産業救済の補助コストは 140 億ドルになると推定している。財務省は、2013 年 12 月 9 日に GM 保有株をすべて売却した。株価の低迷で 105 億ドルの損失が出た。一方で、GM は救済資金を得て破綻時に休止した工場を次々に再稼働し、120 万人の雇用を維持した。このように、GM 救済には、回収されない多額の公金を私企業に使ってしまった側面と、救済資金で雇用を維持できた側面の功罪両面があると言える。

（3）ファニーメイとフレディマックの救済

　政府は、サブプライムローンの焦げ付きで巨額の損失を出したファニーメイとフレディマックを 2008 年 9 月に管理下に置き、両社に一定の基準を満たす住宅ローンを金融機関から買い取り、住宅ローン担保証券（MBS）化することで住宅ローンのリスクを引き受け、不良債権化を防いできた。そのために両社に 1874 億ドルの公的資金が投入されたが、しばらくは住宅市場への不信で両公社の債務超過が拡大した。

　しかし、2010 年には、住宅価格の底入れで担保不動産の価格が高まった上、ローンの延滞が減ったため、担保不足や返済の遅れで貸倒引当金を計上する必要が少なくなり、2012 年 7〜9 月期にはファニーメイとフレディマックがともに純利益が黒字となり、赤字体質から脱却できた。黒字転換時に、それまでこの住宅 2 公社に投入された公的資金 1874 億ドルのうち、優先株の配当などで政府が回収できたのは約 500 億ドルで、回収率は 3 割に留まっていた。その時点で、自動車産業救済資金の回収率約 5 割と比べても遅れが目立っていた[17]。

　2013 年になると、住宅市場の回復や担保物件の上昇、住宅ローンの貸倒れの減少などで利益が出たほか、差し押さえ物件の売却益が増え、保有するデリバティブの評価益も膨らんで、住宅 2 公社は大幅な増益となった。この

第 6 章　オバマ政権の経済復興・成長政策と医療保険制度改革　　247

ため政府は、住宅2公社に投入した公的資金を多額の配当という形で回収するようになっていく。住宅2公社は政府の持つ優先株への配当の名目で支払う。政府と住宅2公社の監督機関である連邦住宅庁との取り決めで、政府から優先株を買い戻すことができないからである[18]。これまでオバマ政権は、住宅バブルを増幅させたとの認識から住宅2公社の廃止や事業縮小を視野に、住宅2公社に公的資金を投入してきた。

オバマ大統領は、同年8月6日住宅市場の改革案を発表している。その柱の1つが、民業圧迫との批判もあるので、住宅2公社を縮小するという提案である。民間金融機関の潤沢な資金を市場に流し、中間層などの住宅取得を金融面から支援することが狙いである。ところが、2014年になると一転して、住宅2公社拡大論が強まっている。住宅市場が鈍化してきて、銀行は金融危機の「貸し手責任」を問われて新規住宅融資をためらうが、住宅2公社が銀行からローン債権を買い取り、証券化して投資家に販売する業務を拡大すれば、新規住宅融資に応じやすくなるからである。さらに、2008年秋以降、住宅2公社が政府に支払った配当額は累積で2100億ドルを超え、住宅2公社の救済に使った資金1874億ドルを大幅に上回るようになっている。財政再建を目指す政府にとっては、住宅2公社を縮小、廃止すれば貴重な財源を失いかねない[19]。こうして、住宅2公社の今後の扱いが政治問題となった。

第3節　経済復興・成長政策の成果と課題

1. 復興法・後続財政立法による財政出動の総括

オバマ政権は復興法および後続財政立法に基づく大規模な財政出動によって、2007-09年大不況からの復興を果してきたのであるが、当のオバマ政権自身はこれをどう総括しているのであろうか。オバマ政権は14年2月に「アメリカ復興・再投資法5年後のインパクト」と題する最終報告書を議会に提出している。これはまさにオバマ政権の復興政策の総括書である。その要点をここで紹介することにしよう[20]。

（1）経済諮問委員会（CEA）の推計によると、大統領の雇用諸立法は経済に相当な且つ持続的な影響を与えていることが分かる。

①年間雇用を1年間の1人のフルタイム雇用と定義するとき、復興法はそれ自体で約600万の年間雇用を維持または創出してきた。これは2012年末

までの4年間に当てはめると、1年間に平均160万の雇用を生み出すことになる。この推計値は、CBOやその他の機関によって提出された推計値の範囲内に収まっている。

②加えて、復興法はそれだけで2009年から2011年央までの期間に2%から3%ほどGDPの水準を引き上げた。この推計値もまたCBOとその他民間予測機関が出した推計値の範囲内にある。

③復興法と後続の追加的財政立法の効果を合せて、CEAは雇用の増加の累積量は、2012年の末までに約900万の年間雇用になったと推計している。

④2009年から2012年までGDPの累積増加額は2008年第4四半期のGDPの9.5%に匹敵する。

⑤他の経済研究に幅広く当たってみても、復興法は相当な経済的効果を発揮したことを確認している。それらの推計値は相当大きいが、財政立法の効果にだけ拠っているため、大不況に取り組んだ政府の経済政策のフルの効果（インパクト）を評価しきれていない。CEAの推計値は、FRBが取った独自の行動に加えて金融制度を安定化させ、自動車産業を救済し、住宅部門を支援した諸政策の幅広い対応を計算しきれていない。

（2）雇用立法には、様々な分野への投資、家族と企業のための減税、個人と州への救済措置が含まれていた。

①CBOの当初のコスト予想に示されるように、復興法の予算はかなり均等に配賦された。その中には、減税（2120億ドル）、メディケイドや失業保険給付のようなプログラムへの義務的支出（2960億ドル）、個人への援助からインフラ、エネルギー、教育、医療への投資までの幅広い分野における裁量的支出（2790億ドル）が含まれている。AMT（代替ミニマム税）の臨時の措置を除いて、復興法は2019年までに合計7630億ドルの財政的刺激を与えることが期待されている。その刺激の90%以上が2012年度末以前に生じることが期待されている。

②後続の財政対策の資金の3分の2以上（通常税の延長やその他予想される政策を除いて）は、個人および企業の減税に回された。2012年までの復興法に続く財政的支援6740億ドルのうち、最大の構成項目は、2011年から2012年までの給与税（社会保障税）減税（2070億ドル）と失業保険給付の延長（1610億ドル）であった。後続の財政措置のそれら以外のものには、州への財政援助、企業への租税優遇措置、教育・インフラへの投資が含まれ

第6章　オバマ政権の経済復興・成長政策と医療保険制度改革　　249

ている。

③復興法と後続の財政対策を合せると、経済に対する全財政的支援の半分すなわち6890億ドルは減税の形で実施され、ほとんどは家族の支援に向けられた。残りは橋や道路の再建、教職の支援、大不況の影響で失業した人々を一時的に助けるといった死活的に重要な分野への投資に回された。

(3) 復興法と後続の雇用対策は相異なった期間を通じて家族を経済的に助けるのに重要な影響を及ぼした。

①1億6000万人以上の労働者が毎年減税の恩恵を受けた。2009年と2010年の労働給与税額控除については、標準的な夫婦に800ドルが認められた。給与税減税ついては、平均的稼得者に1000ドルが認められた。追加の減税で、カレッジの学費が手頃なものになった。

②復興法と後続の諸対策は、貧困の大拡大を防いだ。単純に市場所得だけで見れば、貧困率は2007年から2010年までに4.5%ポイント上昇した。しかしながら、勤労所得税額控除、児童税額控除、栄養扶助のような項目を考慮に入れると、貧困率はちょうど0.5%ポイントほど上昇する。復興法の家計所得への支援がなければ、貧困率は1.7%ポイント上昇したであろう。それは、2010年に約530万人の人々を貧困に追いやってしまうことを意味する。

③復興法には、長年続いてきた失業保険制度の改革が含まれている。何十年もの間での失業保険制度改革の中の最も重要な2つが、まず復興法において、次いで2012年2月の緊急失業補償の拡大の一部分として実行された。これらの改革は、州ベースのプログラムを現代化し、過去には制度の隙間からこぼれ落ちていた人をカバーするようになり、失業保険制度が雇用を維持し、労働者を新しい職に結びつけるのを助けた。

(4) 復興法は長期の成長を大きく促すだろう——長期国債への影響はほとんどなしに。

①復興法の投資の見返りとして、復興法が認めた直接支出が完全になくなったずっと後で、アメリカ経済の生産性と産出高を高めるであろう。復興法と後続の雇用対策は長期成長を強化することを狙いとする多数の規定を含んでいた。物理的・技術的インフラ、教育と職業訓練、科学研究、クリーン・エネルギーのような分野へ相当な投資ができるような多数の規定を含んでいた。

②復興法は長期債にごくわずかの影響があっただけで、それが生み出した

成長はそのコストを一層軽減ないし削減したと思われる。

　以上が、オバマ政権自らが復興法および後続財政立法による財政出動の成果と考えるところであるが、同政権はこれで満足していたわけではない。オバマ大統領が、1期目の大統領選挙立候補時から課題として訴えているのは、ブッシュ共和党政権によって深刻となった連邦財政赤字問題と経済的格差問題への取組みであり、財政再建と中間層の強化である。そのための手段として最重要視したのが富裕層への増税である。それらについては、第7章および第8章で検討する。

2. オバマノミクス8年間の経済復興・成長政策の成果と課題

　ここでは、オバマ政権2期8年間に2007-09年大不況への対応として取られた、FRBの非伝統的金融緩和政策、復興法および後続の財政立法、金融機関規制と金融規制改革法、金融機関・自動車産業と住宅2公社への公的資金投入等の諸政策によって、どの程度までアメリカ経済が回復したのか検証してみよう。

　アメリカ経済は、表6-1に掲載されている主要な経済指標のほとんどが好転している。これを見ても分かるように、2009年6月に始まった景気拡大がトランプ政権に代わった2017年の6月で9年目を迎え、なお2018年、2019年と拡大基調は続いていた[21]。ただ実質GDPの対前年比は、表6-1に示されるように、2009年から2016年までの8年間で平均すれば2%にも満たない。成長率は、戦後の回復局面では最も低い。賃金の伸びも緩やかなものになっている。

　オバマ政権下の経済諮問委員会は、上述のように長い景気拡大局面を評価する。こうした息の長い景気拡大は、景気の過熱を抑えた成長が支えているともいえる。しかし、連邦議会多数派の共和党が主導する合同経済委員会は、経済諮問委員会の提出した『2017年大統領経済報告書』では、金融危機前のピーク時と比べて2016年第3四半期現在で、アメリカ経済は11.5%成長したというが、これは年率平均1.25%の成長で、過去50年間の年率平均実質GDPの成長率の半分以下だと批判している。さらに、同報告書は経済の回復が地理的にも、世代間でも不均等にしか起こっていないのにうわべだけ取り繕っていると批判している[22]。

　次に、雇用状況について見てみよう[23]。2007年12月から2009年6月ま

第6章　オバマ政権の経済復興・成長政策と医療保険制度改革　　251

での大不況期に、経済は 760 万人の民間部門の雇用を喪失した。雇用喪失は復興が始まった後でさえ続いていた。しかし、2010 年 3 月から非農業部門の雇用者数は再び増加し始めた。それ以来 2017 年 3 月までに、非農業部門の全雇用者数は 1630 万人増えた。また同じ期間に民間部門の雇用者数は 1650 万人増えた。

失業率は 2009 年 10 月に 26 年間で最も高い 10％のピークに達した。それは 2006 年と 2007 年の平均失業率 4.6％より 5.4％ポイント高かった。2009 年 10 月以降失業率は低下傾向を辿り、2017 年 4 月には 4.4％になった。IT バブル末期の 2001 年 5 月の 4.3％とほぼ同水準にまで低下している。

個人消費支出（PCE）総合物価上昇率および PCE コア物価（食品とエネルギーを除く）上昇率のいずれも長期的な目標である 2％に向かって高まってきているが、未だそこまで達していない[24]。

以上はアメリカの官庁データに依拠した分析であるが、これだけではオバマ政権下の経済復興・成長の達成度が、2008 年リーマン・ショックを契機とする金融危機から世界同時不況に陥った他の先進諸国と比べて、良いのか悪いのか分からない。そこで、OECD のデータを使って、アメリカを含む先進 5 カ国の主要経済指標の推移を表 6-5 にまとめてみた。

表 6-5 により、アメリカと他の先進 4 カ国との経済復興・成長のパフォーマンスを比較してみよう。実質 GDP、実質民間消費支出、実質民間非住宅固定資本、実質住宅総固定資本といった経済指標では、アメリカの実績が他の先進 4 カ国を総じて上回っているといえる。アメリカの消費者物価指数は、対前年度伸び率 2％を超える年は限られるが、それでもイギリスを除く他の先進 3 カ国よりは高い伸び率となっている。

他方、アメリカが他の先進 4 カ国と比較して、必ずしも優位とは言えない経済指標もある。産出量ギャップは、アメリカが一番悪い状態にある。労働生産性は、他の先進 4 カ国と比べてアメリカが悪いわけではないが、次第に労働生産性の上昇率が低下してきているのが問題である。アメリカの失業率は、アメリカの官庁データでは 2009 年・2010 年は 9％台であったが、2017 年第 2 四半期には 4.4％にまで下がっている。OECD は、各国の失業率の定義が違うので、OECD 基準で調整した失業率を算出している。それが表 6-5 に掲載した「調整済み失業率」である。調整済み失業率を国際比較すると、2011 年以降アメリカはフランスと並んで悪い数値となっている。労働

参加率については、アメリカの数値は男女ともに次第に低下し、2014年現在では、先進5カ国の中で男子が2番目に、女子が1番低い数値となっている。

アメリカの復興・成長がオバマ大統領退任後も続いているが、拡大過程が緩やかなのは、労働市場の状態に規定されている面が多分にある。低金利を背景に民間消費が引っ張る形で景気が拡大してきたが、ベビーブーマーが次第に労働市場から退場し、労働参加率が低下する中で、雇用の拡大は製造業よりも非製造業、サービス業分野で進み、しかも非正規労働者の雇用増に支えられているために、賃金上昇に力強さが欠け、消費者物価も期待されるほどには上がらないことがこのような経済指標の数値となっているのではないかと考えられる。

オバマ政権も、経済成長を力強くし、持続させるためには、悪い経済指標の背後にある構造の改革を提起している。チャレンジしなければならない構造問題として①労働生産性、②経済格差、③労働参加率、④経済的持続性問題（自動安定装置、財政健全化〔エンタイトルメント経費の抑制、高所得層の減税制限等を含めて〕、パリ協定のような地球環境問題への取組み）の4つを挙げ、これらの構造問題の改善がアメリカの中間層復活の鍵だと位置づけている[25]。

第4節　医療保険制度改革

1.　医療費負担適正化法（正式名「患者保護・医療費負担適正化法」、略称「オバマケア」）の成立

オバマ政権は、第1期目の最初から1年余り医療保険改革を最重要課題と位置づけ、とりわけ公的医療保険制度の創設を目指して取り組んできた。しかし、議会下院では医療保険改革法案に公的保険制度の創設を盛り込むことができたが、上院ではそうはいかなかった。2010年2月22日に、政府は局面を打開するために、新しい提案を行った。新しい提案は、上院案をベースに、下院案の一部を取り込む形になっているので、当然上院で排した公的医療保険制度の創設は見送られた。この下院案、上院案、政府の新しい提案の詳細については別稿等[26]で論じている。

オバマ大統領は、同年2月25日に民主、共和両党の議員を招いて「医療

単位：%

表 6-5　先進 5 カ国の主要経済指標の推移（2003-2018 年度）

			1992–02平均	2003	2004	2005	2006	2007	2008	2009	2010	2011	2012	2013	2014	2015	2016	2017	2018	2016 Q4/Q4	2017 Q4/Q4	2018 Q4/Q4
実質GDP（対前年度変化率）		アメリカ	3.4	2.8	3.8	3.3	2.7	1.8	-0.3	-2.8	2.5	1.6	2.2	1.7	2.4	2.6	1.6	2.1	2.4	2	2.1	2.5
		イギリス	3.0	3.5	2.5	3.0	2.5	2.6	-0.6	-4.3	1.9	1.5	1.3	1.9	3.1	2.2	1.8	1.6	1.0	1.9	1.1	0.9
		ドイツ	1.5	-0.7	0.7	0.9	3.9	3.4	0.8	-5.6	3.9	3.7	0.7	0.6	1.6	1.5	1.8	2.0	2.0	1.8	2.3	1.9
		フランス	2.2	0.8	2.6	1.7	2.5	2.3	0.1	-2.9	1.9	2.1	0.2	0.6	0.7	1.2	1.1	1.3	1.5	1.2	1.4	1.5
		日本	1.0	1.5	2.2	1.7	1.4	1.7	-1.1	-5.4	4.2	-0.1	1.5	2	0.3	1.1	1	1.4	1.0	1.7	1.3	1.0
実質民間消費支出（対前年度変化率）		アメリカ	3.8	3.1	3.8	3.5	3.0	2.2	-0.3	-1.6	1.9	2.3	1.5	1.5	2.9	3.2	2.7	2.4	2.4	3.1	2.0	2.5
		イギリス	3.9	3.7	3.4	3.0	1.6	2.9	-0.7	-3.2	0.6	-0.5	1.7	1.6	2.2	2.4	2.8	2.0	1.1	2.9	1.4	1.0
		ドイツ	1.4	0.2	0.4	0.5	1.6	0.0	0.5	0.3	0.3	1.3	1.3	0.9	1	1.9	1.9	1.3	1.4	1.7	1.4	1.4
		フランス	2.2	1.5	1.9	2.5	2.4	2.4	0.4	0.3	1.8	0.4	-0.2	0.6	0.7	1.5	1.8	1.2	1.4	2.0	1.2	1.4
		日本	1.4	0.7	1.3	1.2	1.0	0.9	-1.0	-0.7	2.4	-0.4	2.0	2.4	-0.9	-0.4	0.4	0.9	0.6	0.9	0.9	0.4
実質民間非住宅固定資本形成（対前年度変化率）		アメリカ	6.8	1.9	5.2	7.0	7.1	5.9	-0.7	-15.6	2.5	7.7	9	3.5	6	2.1	-0.5	4.4	4.3	-0.1	5.3	4.8
		イギリス	3.9	-0.3	-3.5	15.7	-7.3	9.2	-1.1	-16.0	6.0	4.3	7.2	2.6	3.9	5.1	-1.5	-0.6	-3.0	-0.9	-1.2	-3.3
		ドイツ	0.6	-0.9	1.6	3.6	8.5	7.8	2.1	-15.5	6.2	7.3	-1.7	-0.8	4.4	0.9	1.1	2.5	3.1	-0.3	4.4	3.0
		フランス	2.5	0.8	2.7	2.6	5.1	8.2	3.6	-11.6	3.0	4.8	1.0	-0.9	2.5	2.9	3.9	2.6	2.7	2.8	2.7	3.1
		日本	-0.5	2.4	3.8	8.5	2.1	1.0	-2.8	-13.4	-0.9	4	4.1	3.7	5.2	1.1	1.3	2.4	2.7	2.9	1.6	2.8
実質民間住宅固定資本形成（対前年度変化率）		アメリカ	4.5	9.1	10	6.6	-7.6	-18.8	-24	-21.2	-2.5	0.5	13.5	11.9	3.5	11.7	4.9	5.4	4.8	1.1	6.2	5.2
		イギリス	1.0	4.0	7.0	4.1	3.3	1.9	-23.2	-26.2	4.8	2.1	-1.5	9.5	13.2	3.6	3.7	3.4	-1.1	1.5	2.6	-1.5
		ドイツ	0.3	-1.9	-4.2	-4.1	6.8	-1.5	-4	-3.2	4.1	10	-2.0	-0.7	2.9	-1.5	3.8	2.9	3.2	3.4	3.4	2.9
		フランス	2.6	2.7	-4.3	4.3	4.9	2.6	-4	-11.9	1.6	1.1	-2.0	-0.3	-3.3	-0.7	2.1	3.5	3.6	2.7	3.6	3.6
		日本	-2.0	-1.3	1.7	-0.5	0.7	-9.5	-6.6	-16.4	-3.7	4.9	2.5	8	-4.3	-1.6	5.6	3.8	2.0	7.5	2.1	2.1
消費者物価指数（対前年度変化率）		アメリカ	2.5	2.3	2.7	3.4	3.2	2.9	3.8	-0.3	1.6	3.1	2.1	1.5	1.6	0.1	1.3	2.5	2.2	1.8	2.4	2.2
		イギリス	1.8	1.4	1.3	2.0	2.3	2.3	3.6	2.2	3.3	4.5	2.8	2.6	1.5	0.1	0.6	2.8	2.7	1.2	3.2	2.4
		ドイツ	—	1.0	1.8	1.9	1.8	2.3	2.8	0.2	1.1	2.5	2.1	1.6	0.8	0.1	0.4	1.9	1.6	1.0	1.7	1.7
		フランス	—	2.2	2.3	1.9	1.9	1.6	3.2	0.1	1.7	2.3	2.2	1	0.6	0.8	0.3	1.3	1.2	0.7	1.3	1.2
		日本	0.2	-0.3	0.0	-0.6	0.2	0.1	1.4	-1.4	-0.6	-0.3	0.0	0.3	2.8	0.8	-0.1	0.6	1.0	0.3	0.6	1.0

指標	国	1999	2000	2001	2002	2003	2004	2005	2006	2007	2008	2009	2010	2011	2012	2013	2014	2015	2016	2017	2018
産出量ギャップ（潜在 GDP に対する潜在 GDP と実質 GDP の差との比率）	アメリカ	1.6	2.4	0.4	-0.3	0.1	1.6	2.6	3.0	2.5	0.0	-4.6	-3.7	-3.8	-3.3	-3.2	-2.5	-1.6	-1.5	-0.8	0.1
	イギリス	-0.1	0.6	0.3	0.0	0.9	1.1	1.9	2.3	3.0	0.7	-4.7	-3.7	-3.2	-3.1	-2.4	-0.9	-0.3	0.2	0.4	0.4
	ドイツ	-1.0	0.4	0.8	-0.1	-1.6	-1.8	-1.7	0.8	2.7	2.0	-4.6	-1.9	0.4	0.0	-0.5	0.0	0.3	0.9	1.8	2.8
	フランス	0.5	2.1	1.7	0.7	-0.2	0.7	0.7	1.7	2.5	1.1	-2.7	-1.8	-0.7	-1.4	-1.8	-2.1	-2.1	-2.3	-2.2	-2.0
	日本	-4.1	-2.6	-3.2	-3.9	-3.2	-1.7	-0.7	0.2	1.4	-0.1	-5.8	-2.1	-2.6	-1.6	-0.2	-0.5	-0.2	0.2	0.9	1.1
労働生産性（対前年度変化率）	アメリカ	1.6	2.3	1.1	3.0	2.7	2.7	1.7	0.9	0.9	0.4	1.5	3.2	0.6	0.6	0.3	0.6	0.5	-0.1	0.8	0.9
	イギリス	1.9	2.6	1.9	1.5	2.4	1.4	1.8	1.5	1.7	-1.5	-2.8	1.7	1.0	0.2	0.7	0.7	0.5	0.4	0.9	1.2
	ドイツ	0.9	2.1	2.1	0.5	0.4	0.3	0.9	3.1	1.6	-0.5	-5.7	3.6	2.3	-0.5	0.0	0.8	0.6	0.5	0.5	0.9
	フランス	1.3	0.9	0.5	0.5	0.8	2.5	1.0	1.4	0.9	-0.4	-1.8	-1.8	1.3	-0.1	0.4	0.2	0.7	0.4	0.7	0.8
	日本	1.1	3.0	0.9	1.4	1.8	2.0	1.2	0.9	1.0	-0.8	-4.0	4.5	0.0	1.7	1.2	-0.4	0.6	0.1	1.1	1.2
調整済み失業率（民間労働力に対する比率）	アメリカ	4.5	4.2	4.7	5.8	6.0	5.5	5.1	4.6	4.6	5.8	9.3	9.6	9.0	8.1	7.4	6.2	5.3	4.9	4.4	3.9
	イギリス	6.1	5.9	5.4	5.1	5.0	4.7	4.7	5.4	5.3	5.7	7.6	7.8	8.1	7.9	7.6	6.1	5.3	4.8	4.4	4.1
	ドイツ	9.5	8.6	8.6	8.7	9.8	10.5	11.3	10.3	8.5	7.4	7.7	7.0	5.8	5.4	5.2	5.0	4.6	4.1	3.8	3.4
	フランス	12.1	11.3	8.6	8.7	8.5	8.8	8.9	8.8	8.0	7.4	9.1	9.3	9.2	9.8	10.3	10.3	10.4	10.1	9.4	9.1
	日本	4.1	4.7	5.0	5.4	5.3	4.7	4.4	4.1	3.8	4.0	5.1	5.1	4.6	4.3	4.0	3.6	3.4	3.1	2.8	2.4
労働参加率（生産年齢人口に占める労働力人口（就業者プラス失業者）の割合）	アメリカ 男	83.4	83.0	82.2	81.9	81.8	81.9	81.7	81.4	80.4	79.6	78.9	78.8	78.7	78.5	78.5	78.8				
	アメリカ 女	70.4	70.1	69.7	69.2	69.2	69.3	69.1	69.3	69.0	68.4	68.0	67.6	67.2	67.1	66.9	67.3				
	イギリス 男	83.7	83.5	83.8	83.3	83.1	83.4	83.3	83.5	83.2	82.5	82.5	83.1	82.9	83.1	82.8	83.4				
	イギリス 女	69.1	69.4	69.2	69.5	69.6	70.4	69.8	70.2	70.2	70.2	70.4	70.9	71.6	72.1	72.5	73.0				
	ドイツ 男	78.9	78.7	78.0	79.2	80.6	81.4	81.8	82.1	82.2	82.4	82.7	82.5	82.6	82.5	82.1	82.1				
	ドイツ 女	63.7	64.2	64.5	65.8	66.9	68.5	69.4	69.7	70.4	70.8	71.9	71.9	72.6	72.9	73.1	73.6				
	フランス 男	74.4	74.5	75.6	75.5	75.2	74.9	74.7	74.7	75.0	74.9	74.6	75.3	75.5	75.4	75.5	75.6				
	フランス 女	61.7	62.1	64.0	64.3	64.4	64.5	64.9	65.2	65.7	65.8	65.7	66.3	66.9	67.4	67.6	67.9				
	日本 男	85.0	84.8	84.6	84.2	84.4	84.8	85.2	85.2	84.8	84.8	84.4	84.3	84.6	84.9	85.0	85.4				
	日本 女	59.8	59.7	59.9	60.2	60.8	61.3	61.9	62.2	62.9	63.2	63.0	63.4	65.0	66.0	66.7	68.1				

注：（1）表中の Q4/Q4 は、前年度第 4 四半期に対する当年度第 4 四半期の変化率。
（2）各経済指標の 2003 年度以前の数値は、労働参加率以外は 1992-2002 年度の平均値。労働参加率だけは 2000-02 年度の平均。
（3）労働生産性は、雇用者 1 人当たりの GDP として算出。

出所：OECD（2017），Annex Table 1, 3, 6, 7, 12, 15, 18, 19, 22, 24；OECD Stat（2017）より作成。

保険サミット」を開いて、共和党に政府案をベースとした法案の一本化への協力を求めたが、両党の溝は埋められなかったので、3月3日に上下両院の民主党指導部に、3月末までに政府案をベースに修正を加えた医療費負担適正化法案を特例措置による過半数の賛成で成立させるよう求めた。こうしてオバマ政権悲願の医療費負担適正化法（オバマケア）が同年3月21日に成立した。その骨子は次の通りである[27]。

①国民に民間保険への加入を義務づける[28]。非加入者には罰金を科す。これによって、4600万人の無保険者が3200万人に減少し、医療保険加入率は83%から95%になる。

②総費用は今後10年間で4400億ドルになる。それを歳出抑制・実質増税でカバーする。財政赤字は今後10年間で1380億ドルの削減となる。

③高額の医療保険には消費増税を行い、年収25万ドル超の高所得層は増税する。

④公的支援の保険取引市場を創設し、民間保険への規制を強化する。低所得者などの加入を促進し、寡占を防ぎ競争を活性化させる。既往症を理由とする保険加入拒否を禁止する。

2. オバマケアの意義

オバマケアの意義は、上述のように施策を講ずることによって、次の①〜④のように、医療保険制度を抜本的に改革した点にある[29]。

①既往症のある人を含め全てのアメリカ人が適正で良質の医療を受けられることを保証するために個人医療保険市場を変革した。

②より一層多くの低所得のアメリカ人をメディケイドプログラムにカバーできるように、メディケイドプログラムを拡充する州に財政的支援を拡大した。

③大人になった若者が26歳まで親の医療保険でカバーされることを認めた。

④民間医療保険に加入している者は誰でも年間の自己負担支払いに制限が持てるよう保証する等によって、財政面での保証や医療へのアクセスを改善した。

このような内容の医療保険制度の改革は、民主党の長年の悲願である国民皆医療保険にほぼ近づけるものであり、経済格差の中で最も大きな格差であ

256

る医療格差の是正に大きく貢献したと言える。

3．オバマケア実施の成果

オバマケアは医療保険加入者を推定2000万人増やした。1960年代のメディケアとメディケイドの創設以来最大の無保険者率低下を記録した。確かに無保険者率は、2010年の16%から2016年の8.8%へとほぼ半減したのである[30]。また、医療コストは、オバマケアの成立以来、過去と比べて、下記のように例外的なほどに緩慢な伸びにとどまっている[31]。

公的部門と民間部門の医療保険における加入者1人当たりの医療費支出の伸びはオバマケア後にどう変化したのか。民間医療保険の場合医療費支出の年平均伸び率は、2005-10年期には3.4%であったが、2010-15年期には1.5%に鈍化した。メディケアの場合その伸び率は、2005-10年期には、2.4%であったが、2010-15年期には−0.3%に鈍化した。メディケイドの場合その伸び率は、2005-10年期には−0.2%であったが、2010-15年期には−0.3%に鈍化した。

また、家族をカバーする雇主提供医療保険について、医療費に被保険者の自己負担部分の費用も含めた場合に、実質的な医療コストの伸びはオバマケア後にどう変化したのか。雇主と被用者の保険料と被用者の自己負担費用を合せた実質医療コストの年平均伸び率は、2000-10年期には5.1%であったが、2010-16年期には2.4%に鈍化した。オバマケアの導入とそれに伴う医療コストの伸び率の鈍化は、アメリカの長期財政見通しやメディケア信託基金の持続可能性にプラスの影響を与えたといえるだろう。

4．オバマケア成立後の問題

しかし、共和党26州の知事が「同法が個人の選択の自由を侵害する」等の理由で訴訟を起こし、バージニアやフロリダの連邦高裁で国民への保険加入義務づけについて違憲判決が出たために、オバマ政権は連邦最高裁に上訴した。裁判の争点は、保険加入義務づけが米国憲法に規定する「通商行為」に当たるかどうかであった。連邦最高裁は2012年6月に医療改革法は合憲との判決を下した[32]。また、メディケア加入資格基準の拡大の合憲性についても争われ、連邦最高裁は合憲との判決を下した。

オバマケアの本格スタートは2014年1月からであるが、それに先立って

2013年10月1日からオンラインで簡単にできる保険市場「エクスチェンジ」で保険加入する登録が始まったが、大勢の人がウェブサイトの不具合で加入できない状態が続いた。この状態が続くとなぜ困るかというと、そもそもエクスチェンジ[33]は、正社員50人以上の企業から保険提供を受けられる者や低所得者向けの公的医療保険の対象者ではない人たちに、政府の補助金で手頃な保険を購入できるようにするもので、2014年1月までに保険に加入しないと、1人当たり95ドルの罰金を科せられることになっていたからである。

　ちょうどこの時期の連邦議会における与野党の政治的対立が医療保険義務化のこの混乱に一層拍車をかけることになる。2014年度の暫定予算案をめぐって下院共和党が、オバマケアの1年延期や補助金の財源となる医療機器への課税廃止明記を要求したために、オバマ政権は拒否した。その結果、暫定予算案は成立せず、2013年10月1日から政府機関が一部閉鎖となった。さらに、与野党の対立で政府債務の上限を引き上げることができず、同年10月17日にはデフォルトに陥る恐れが出てきた。そこで政府と上・下両院がぎりぎりの折衝をした結果、①債務上限を2014年2月7日まで引き上げる、②2013年11月15日までの暫定予算を認めるという内容の他に、③オバマケアで補助金の受給者の所得確認を厳格化するという内容の法案が成立し、デフォルトは回避され、政府機関の閉鎖も解除された。結局、共和党のオバマケアの1年延期や医療機器課税廃止といった要求は退けられた。

　なお、オバマケアでは州政府設置の医療保険市場での保険購入者に補助金を支給できることになっていたが、オバマケアに反対する共和党知事の州が医療保険市場を設置しないため、連邦政府が設置した医療保険市場で保険購入者にも補助金を出したことに対して法令違反だとする訴訟が起こされた。2015年6月25日に最高裁判決が出され、そのオバマケア連邦補助金支給を合憲とした。

　その他、医療保険加入義務づけ化が始まってから問題となった点に次のようなものがある。オバマケアによって2014年から保険契約者に不利な保険内容を是正することが保険会社に義務づけられる。このため加入者は既存の保険契約の打ち切りや保険料の引き上げを余儀なくされ、これまでオバマケアの基準に満たない安い保険契約をしていた人たちが不満を表明する事態となった。このため政府は、保険契約の打ち切りを通告された加入者も本人が

希望すれば 2014 年から 1 年間継続を認めることを表明した。

第 5 節　おわりに

　以上の検証の結果、オバマ政権の約 5 年半経過時点での経済・財政政策の成果と課題について単純化して言えば、経済復興は概ね達成し、財政再建も大分進んだが、大統領になる前から最大の経済問題としてきた経済格差の是正と中間層の復活の点では思うように成果を上げることができず、この問題が残る任期において取り組むべき最大の課題となっていた。

　FRB の事実上のゼロ金利政策および量的緩和政策という非伝統的金融政策に助けられた面もあるが、オバマ政権の復興法と後続財政立法に基づく財政出動によって、表 6-1 に示されるように経済的指標が大きく改善し、経済復興を概ね果たしたと言ってよいであろう。また、大規模な財政出動によって、巨額の赤字と債務が発生し、大きな政治問題になったが、2013 年度には財政再建への道筋も見えるようになってきた。金融システム安定化や基幹産業保護・雇用維持のために、破綻に瀕していた銀行業、自動車産業、住宅 2 公社への公的資金を投入したが、それらは皆復活し、公的資金もほぼ回収できた。このようにアメリカ経済は 2007-09 年大不況から抜け出しつつあり、FRB も非伝統的政策からの脱却に向けて、出口戦略を徐々に取り出していた。

　しかしながらアメリカ国民、とりわけ中間層の経済状態は景気回復の中で改善してきていたのであろうか。経済運営のもう一方の舵取りである FRB は、2014 年 9 月 4 日に 2010 年から 2013 年までのアメリカの家族の所得状況に関するレポートを公表した[34]。

　このレポートによると、2010 年からの 3 年間に、所得（税引前）の中央値は 4 万 9000 ドルから 4 万 7000 ドルに減った。平均所得（税引前、以下同じ）は、8 万 4100 ドルから 8 万 7200 ドルに 4% 増えた。全世帯の上位 10% 所得層の平均所得が 10% 増えたのに、下位 20% 所得層の平均所得が 8% 減った。中位から中上位の所得層（10 分位法で第 4 分位から第 9 分位）の実質平均所得はほとんど変わっておらず、2007 年から 2010 年の大不況期に被った損害を回復できていない。要するに、上位所得層と下位所得層の格差が広がり、中間所得層の平均所得水準は改善していないということである。資産分布についても格差拡大が指摘されている。

オバマ政権は、1期目は、2007-09年大不況からの経済復興に全力を尽くさねばならなかったために、富裕者を優遇するブッシュ減税を廃止した場合の景気の下振れを恐れて、廃止できずに2年間（2012年末まで）の延長を認めてしまった。オバマ大統領にしてみれば、ブッシュ減税は経済格差と財政赤字をもたらしてきた元凶であると考えているだけに、不本意な妥協であり、結局オバマ政権1期目は、オバマの税制ではなく、ブッシュの税制を実施してしまったのである。

　2012年は、11月に大統領2期目を賭けた選挙が行われ、また年末にはブッシュ減税の期限が来ることが分かっていたので、先手を打って最初から富裕者増税によるブッシュ減税の廃止と中間層の支援・復活を強く訴えている。2012年2月13日にオバマ大統領は、2013年年度の予算教書を議会に提出した。その中で、今後10年間で3兆ドルの財政赤字削減を求めたが、そのうち半分の1兆5000億ドルを富裕層への増税で賄うとしている。つまり、2012年末に期限の来るブッシュ減税について、世帯収入が25万ドル超の富裕層では延長せず増税することで財政赤字削減の財源とする方針を表明している。さらに、2012年11月の大統領選挙期間においてオバマ候補は、「25万ドル超の富裕層減税を含むブッシュ減税」の継続を訴える共和党ロムニー候補に対し、中間層への減税と25万ドル超の富裕層への増税を強く訴えている。そして、2012年末にブッシュ減税期限が来た時に、財政の崖の協議において共和党との妥協ながら、オバマ政権は、富裕者減税を含んだままのブッシュ減税の継続を拒否し、「2012年アメリカ納税者救済法」を成立させることで、限定的であるが年収45万ドル超の富裕者に対する減税を打ち切った。なお、「2012年アメリカ納税者救済法」については、第7章第2節第3項（2）および第7章第3節第1項で詳しく解説する。

　経済格差を是正し、中間層の復活を支援できるのは何も税制だけに限ったことではない。経済格差の中でも大きな格差領域である医療分野において、オバマケアを成立させたことは、本格的実施はまだ先なのですぐに成果は現れていないが、実施が進むほどに格差是正に大きな影響を与えることになる。また、金融機関に対する監視や罰則の強化、あるいは金融規制改革法による金融業務の規制は、金融危機を未然に防止するだけではなく、金融で法外な利得や報酬を得ることへの制限効果があり、これもまた経済格差是正の一助となったと思われる。

オバマ政権は 2 期目に入り、1 期目において経済復興に重点を置いたために必ずしも十分に取り組めなかった、中間層の底上げに政策の重点を置くようになってくる。オバマ大統領は第 2 期目の就任演説では、「アメリカの繁栄は、中間層の成長に基づかねばならない」と述べ、中間層を中心に経済回復を図る考えを表明している。同大統領は 2013 年 2 月 12 日の一般教書演説で、中間層の底上げを最重視する目標を掲げた。年々拡大傾向にある所得格差の是正とともに、富裕層や医療薬品業界にさらなる税負担を迫る姿勢を表明している。

　オバマ大統領は、2014 年 1 月 28 日の一般教書演説で、アメリカ経済の現状について「格差が拡大している」と指摘し、「私が提案するのは成長を加速させ、中間層を強くし、中間層に新たな機会を生み出す政策だ」と主張した。再就職先支援策の拡充や女性の雇用待遇の改善、勤労家族への税制優遇などを実現させると訴えた。オバマ大統領が格差是正のために重視しているのは、全国的な最低賃金の引上げである。しかし、それに必要な連邦法の改正に共和党が反対している。そこで、オバマ大統領は、連邦政府の契約職員に適用する最低賃金を時給 7 ドル 25 セントから 10 ドル 10 セントに引き上げる考えを示した。

　以上述べたように、オバマ政権 2 期目の半ばにはアメリカ経済は 2007-09 年大不況から脱しつつあるが、この間において、オバマ大統領が 1 期目就任以前から克服しなければならない最重要経済問題と考えていた経済格差問題に対して、評価できる成果も残しているが、国民には経済格差がかえって拡大しているイメージで、それが不満となって表出したのが、2014 年 11 月 4 日に投開票された米中間選挙である。オバマ政権の復興政策によって経済は成長軌道に乗り、雇用が増え、失業率も 6 年 3 カ月ぶりの低水準になっているにもかかわらず、オバマ民主党は大敗北し、共和党が上・下両院を制することになった。低賃金の仕事やパートは増えているが、中間層の実質所得が増えず、富裕層との格差が拡大していることがその背景にある。オバマ大統領自身これへの取組みが残る任期の最重要課題だと認識しているが故に、経済格差是正と中間層の底上げを訴えているが、下院を支配する共和党との政策理念の対立もあって、それを実現するのは容易ではなかった。そして、この問題はトランプ政権下では一層悪化するが、課題への積極的取組みはバイデン政権に引き継がれていくことになる。

第 6 章　オバマ政権の経済復興・成長政策と医療保険制度改革　　261

【注】

1) CEA（2014a）, pp.91-92.

2) Board of Governors of the Federal Reserve System（2014）, p.5；BFS（2017）, pp.6-7.

3) Board of Governors of the Federal Reserve System（2014）, p.5.

4) BFS（2017）, p.6；復興法による財政的支援については、片桐（2015）、261-264頁を参照。

5) 片桐（2009）、44-47頁。

6) 同上論文、47-48頁。

7) 片桐（2010b）、27頁。

8) 同上論文、27頁。

9) 朝日新聞（2014）。

10) 片桐（2010b）、27-28頁。

11) 横山（2014）、〔要約〕。

12) 鳥毛（2023）および谷口（2023）を参照。

13) TRAP開始後1年間の実施実態報告については、Keegan（2010）を参照。

14) 2008年金融危機における、ファニーメイとフレディマックの破綻の実態については、McDonald（2012）を参照。

15) CBO（2014a）, pp.3-5.

16) *Ibid.*, p.6.

17) 日本経済新聞（2012）。

18) 日本経済新聞（2013）；日本経済新聞（2014a）。

19) 日本経済新聞（2014b）。

20) Executive Office of the President and CEA（2014）, *Executive Summary.*

21) 2020年になって、新型コロナウイルスの感染拡大が全米に波及し、GDPが史上最悪のマイナスを記録するに至ると、遂に2009年6月に始まった景気拡大は2020年2月をもって、終焉を迎えた。トータル128カ月の景気拡大期間は1854年以来最長の景気回復であった。

22) House of Representatives（2017b）, pp.11-19.

23) BFS（2017）, pp.4-5.

24) 内閣府政管統括室（2017）、73頁、第2-2-23図　PCEデフレーターを参照。

25) CEA（2017a）, pp.57-64.

26) 片桐（2010b）、31-33頁；Chaikind（2010）.

27) 片桐（2012c）；The Henry J. Kaiser Family Foundation（2013）.

28) 民間保険と医療改革法との関係の詳細については、Riggs（2014）を参照。

29) CEA（2017a）, p.45.

30) Christin and Duke（2017）, p.9.

31) CEA（2017a）, p.46；Furman（2017）.

32) 個人が医療保険を取得する際に医療改革法が要求している条件規定についての憲法

上の問題点を指摘したものに、Staman et al.（2012）；Burrus（2013）がある。

33) エクスチェンジについては、Abernathy（2014）、第2章を参照。

34) Bricker, Jesse et al.（2014）.

第 **7** 章

オバマ政権の
財政健全化・税制改正の
成果と課題

第1節　はじめに

　本章は、2期8年間（2009年1月～2017年1月）のオバマ政権の財政健全化・税制改正の成果と課題について検討する。未曾有の大不況の真只中に大統領に就任したオバマは、経済が大恐慌に陥るのを防ぐために、まずは当初見積り総額7870億ドル（後に8310億ドルに引上げ）の2009年アメリカ復興・再投資法（以下復興法）を成立させたが、その後もアメリカ経済の加速化と成長・発展のために多くの財政立法を成立させている。

　アメリカ経済の復興・成長や経済格差縮小のための政策の多くは、予算付けされるので、連邦議会における、財政赤字問題、財政再建問題、税制改正問題と絡んで展開された。

　以下、第2節では、連邦政府の財政赤字問題と財政再建への歩み、2007-09年大不況以降の財政健全化状況、財政健全化をめぐる民主・共和両党の対立と妥協の末の4つの重要法案の成立、連邦福祉財政の膨張と連邦財政赤字の構造化について検討する。第3節ではオバマ政権1期目の租税政策の挫折と2期目税制改革の必要性の強調について検討する。具体的には、オバマ政権のブッシュ減税継続の苦渋と脱却、税の公平化の成果事例：中間層減税と富裕層増税、中間層経済学に立った抜本的税制改革の展望について述べる。第4節では、オバマ政権の財政健全化・税制改正の成果と課題についてまとめる。

265

なお、オバマ政権下の財政健全化問題については、第6章第1節で挙げた、オバマ政権の経済政策を全般的に論じている先行研究のいずれにおいても取り上げられているが、同政権下の税制改革案についての先行研究は、加藤（2015）、片桐（2016b）、諸富（2016）、吉弘（2016）等で、あまり多くはない。

第2節　財政赤字問題と財政健全化政策の成果と課題

1. 財政赤字問題と財政再建への歩み

　連邦政府の財政赤字は、2000年代ブッシュ（子）政権下の大規模減税とイラク・アフガニスタンへの派兵による軍事支出増大で大幅に膨らんでいた。その上に、2007-09年大不況で税収が大幅に落ち込むが、他方でその大不況から脱却するために、大規模な公共投資と減税を盛り込んだ2009年復興法や不良債権買取プログラム、住宅2公社（ファニーメイとフレディマック）の救済、さらには後続の景気対策のための財政立法等により、大規模な財政出動を行ったので、アメリカは巨額の財政赤字を抱えることになり、債務残高も年々膨らんでいくことになった。

　大不況からの復興が進むにつれ、当然連邦財政の再建が議会の重要アジェンダとなってくるが、オバマ政権発足当初、大統領と上・下両院ともに民主党が制していたのに、2010年中間選挙で共和党右派茶会系議員が大量当選して下院で共和党が多数政党となってしまった。これ以降、リベラルな民主党オバマ政権と「小さな政府」に極端にこだわる共和党とが、連邦財政再建の必要性では認識が一致しつつも、その方法をめぐって、特に予算の扱いをめぐって、2011年8月から13年12月まで、議会で激しいバトルを繰り広げることになる。主な争点となったのは、連邦債務上限問題と強制歳出削減措置、財政の崖回避のためのブッシュ減税の延長・恒久化問題、裁量的支出の歳出水準の設定問題等である。これらの争点をめぐって両党間でどう決着を付けられたのかは、後段で詳しく述べる。

2. 2007-09年大不況以降の財政健全化状況

　オバマ政権は2007-09年大不況からの脱却に全力を傾注せねばならなかったが、政権第1期に財政健全化を全く考慮しないで行動していたわけではな

い。2009 年 1 月の大統領就任当初に、オバマ大統領は第 1 期の任期が終わる 2013 年 1 月までに、ブッシュ（子）政権によって残された財政赤字 1.3 兆ドルを半減させると公約している。

表 7-1 の「収支尻」欄を見てみよう。連邦財政赤字は、2008 年度の 4586 億ドルから 2009 年度には 1 兆ドル近く増えて 1 兆 4127 億ドル（対 GDP 比 9.8%）となり、2012 年度までの 4 年間は 1 兆ドルを超えていたが、2013 年度には前年度から 4075 億ドル減って 6795 億ドル（対 GDP 比 4.1%）になっている。つまり、連邦財政赤字は、2009-13 年度期に半分以下にまで減少したのである。さらに、2015 年度にはリーマンショックのあった 2008 年度の水準まで財政赤字幅が減少している。

オバマ大統領の第 1 期目の終わりまでに、連邦財政赤字を半減させるという公約は達成できたといえる。では、2012 年度から 2013 年度へ連邦財政赤字が 4075 億ドルも減少した原因は何か、表 7-1 から計算すると、2012 年度から 2013 年度に歳入が 3251 億ドル増え、歳出が 824 億ドル減ったことが大きい。景気の回復で個人所得税収や法人税収が増えているには違いないが、2013 年 1 月 4 日に「財政の崖」回避法案である「2012 年アメリカ納税者救済法」が成立したことも税収増に貢献している。年収 45 万ドル超の高所得者には、ブッシュ減税が打ち切られ増税となった。また、給与税の減税延長も見送られたので、これも増税となったのである。歳出面では、これも表から計算すると 2012 年度から 2013 年度にかけて、国防費が 445 億ドル、国際関係費が 8 億ドル、その他経費が 1108 億ドル減っている。その主な原因は、2011 年予算管理法による裁量的経費（軍事費と民生費）に対するキャップ制が効力を発揮し、また「財政の崖」回避法案の成立で発動が延期された、裁量的経費に対する強制歳出削減措置が 2013 年 3 月 1 日から発動されることになったことにある。連邦財政赤字の削減が 2013 年度以降急激に進んだために、債務残高もそれまで毎年度 1 兆ドル以上増加してきていたが、2012 年度から 2013 年度にかけては 6655 億ドルの増加に留まった。

オバマ政権は、2013 年 4 月の 2014 年度予算教書で、10 年間で合計 4 兆ドルの連邦財政赤字削減の目標を掲げ、また 2014 年 3 月の 2015 年度予算教書では、2015-24 年度の 10 年間で約 1.4 兆ドルの連邦財政赤字削減を提案している。したがってオバマ政権は 2 期目に入っても、財政健全化の意欲は持っていたが、他方でアメリカ経済の回復が緩やかなことから景気の下振れが

第 7 章　オバマ政権の財政健全化・税制改正の成果と課題　267

表 7-1　連邦歳入・歳出、収支尻、連邦債残高

（1997-2017 年度）　　　　　　　　単位：10 億ドル、%

会計年度または期間	オンバジェットとオフバジェットの合計歳入額と内訳				
	合計金額	構成比（%）			
	（10 億ドル）	個人所得税	法人税	給与税・退職拠出金	その他
1997	1,579.2	46.7	11.5	34.2	7.6
1998	1,721.7	48.1	11.0	33.2	7.7
1999	1,827.5	48.1	10.1	33.5	8.3
2000	2,025.2	49.6	10.2	32.2	7.9
2001	1,991.1	49.9	7.6	34.9	7.6
2002	1,853.1	46.3	8.0	37.8	7.9
2003	1,782.3	44.5	7.4	40.0	8.1
2004	1,880.1	43.0	10.1	39.0	7.9
2005	2,153.6	43.0	12.9	36.8	7.2
2006	2,406.9	43.4	15.1	34.8	7.1
2007	2,568.0	45.3	14.4	33.9	6.4
2008	2,524.0	45.3	12.1	35.7	6.9
2009	2,105.0	43.5	6.6	42.3	7.6
2010	2,162.7	41.5	8.9	40.0	9.6
2011	2,303.5	47.4	7.9	35.5	9.2
2012	2,450.2	46.2	9.9	34.5	9.4
2013	2,775.1	47.4	9.9	34.2	8.6
2014	3,021.5	46.2	10.6	33.9	9.4
2015	3,249.9	47.4	10.6	32.8	9.2
2016	3,268.0	47.3	9.2	34.1	9.4
2017	3,316.2	47.9	9.0	35.0	8.1

会計年度または期間	オンバジェットとオフバジェットの合計歳出額と内訳								
	合計金額	構成比（%）							
	（10 億ドル）	国防	国際関係	医療	メディケア	所得保障	社会保障	純利子	その他
1997	1,601.1	16.9	0.9	7.7	11.9	14.7	22.8	15.2	9.8
1998	1,652.5	16.2	0.8	8.0	11.7	14.4	22.9	14.6	11.4
1999	1,701.8	16.1	0.9	8.3	11.2	14.2	22.9	13.5	12.8
2000	1,789.0	16.5	1.0	8.6	11.0	14.2	22.9	12.5	13.4
2001	1,862.0	15.5	0.8	8.8	11.1	13.7	22.1	10.5	12.4
2002	2,010.9	17.3	1.1	9.8	11.5	15.6	22.7	8.5	13.6
2003	2,159.9	18.7	1.0	10.2	11.5	15.5	22.0	7.1	14.0
2004	2,292.8	19.9	1.2	10.5	11.7	14.5	21.6	7.0	13.6

268

2005	2,472.0	20.0	1.4	10.1		12.1	14.0	21.7	7.4	13.7
2006	2,655.1	19.7	0.1	9.5		12.4	13.3	20.7	8.5	14.8
2007	2,728.7	20.2	1.0	9.8		13.8	13.4	21.5	8.7	11.7
2008	2,982.5	20.7	1.0	9.5		13.1	14.5	20.7	8.5	12.2
2009	3,517.7	18.8	1.1	9.5		12.2	15.2	19.4	5.3	18.5
2010	3,457.1	20.1	1.3	10.7		13.1	18.0	20.4	5.7	10.8
2011	3,603.1	19.6	1.3	10.3		13.4	16.6	20.3	6.4	12.1
2012	3,536.9	19.2	1.3	9.8		13.3	15.3	21.9	6.2	13.0
2013	3,454.6	18.3	1.3	10.4		14.4	15.5	23.6	6.4	10.1
2014	3,506.1	17.2	1.3	11.7		14.6	14.6	24.3	6.5	9.7
2015	3,688.4	16.0	1.3	13.1		14.9	13.8	24.1	6.1	10.9
2016	3,852.6	15.4	1.2	13.3		15.4	13.3	23.8	6.3	11.4
2017	3,981.6	15.0	1.2	13.4		15.0	12.6	23.7	6.6	12.4

会計年度 または期間	収支尻 （10 億ドル）	連邦債	
		債務残高 （10 億ドル）	民間保有割合 （%）
1997	−21.9	5,369.2	70.3
1998	69.3	5,478.2	67.9
1999	125.6	5,605.5	64.8
2000	236.2	5,628.7	60.6
2001	128.2	5,769.9	57.5
2002	−157.8	6,198.4	57.1
2003	−377.6	6,760.0	57.9
2004	−412.7	7,354.7	58.4
2005	−318.3	7,905.3	58.1
2006	−248.2	8,451.4	57.1
2007	−160.7	8,950.7	56.3
2008	−458.6	9,986.1	58.1
2009	−1,412.7	11,875.9	63.5
2010	−1,294.4	13,528.8	66.7
2011	−1,299.6	14,764.2	68.6
2012	−1,087.0	16,050.9	70.3
2013	−679.5	16,719.4	71.7
2014	−484.6	17,794.5	71.9
2015	−438.5	18,120.1	72.4
2016	−584.7	19,539.4	72.5
2017	−665.4	20,205.7	72.6

出所：CEA（2014b), pp.32-33；CEA（2018), pp.32-33 より作成。

ないように、財政面からの景気対策を怠ることができなかったため、完全な緊縮政策に舵を切ることはなかった。表7-1によると、2016年度末で5847億ドルの財政赤字で、19兆5394億ドルの債務残高となっている。

　以上2007-09年大不況以降のオバマ政権の財政健全化の足跡を概観したが、さらにその過程を深掘したRiedl（2017）の「オバマの財政遺産：歳出、税収、財政赤字の包括的点検」という研究があるので、上述の概観を補足するものとして、その要点を8つ（下記の①〜⑧）紹介する[1]。

　①2009-19年度の累積財政赤字は、オバマ政権発足時に同期間について、議会予算局（CBO）が予測した累積財政赤字4.32兆ドルより、4.6兆ドル多い8.93兆ドルとなった。この4.6兆ドルは、新たに制定された財政関連の立法5兆ドルから一部経済的要因や計算上の技術的変更で節約された4000億ドル分を除外した金額である。

　②経済は、この10年間2009年に予測されたものよりも緩慢にしか成長しなかった。だが、オバマ政権期の財政赤字は拡大するどころか、伸びの低い税収は不況で利子率が下がったおかげで少ない公債利払費によって相殺されたように、経済の緩慢な回復と計算上の技術的な変更は、2019年1月のCBOのベースライン予測と比べて10年間に実際に4000億ドルを節約することになった。

　③新しい法律の成立で、2009-19年度期に5兆ドルコストがかかるようになった。しかしながら、このコストのうち4.1兆ドルは、基本的には期限のきた納税者救済措置の延長から生じたものである。経済対策には2兆ドルのコストがかかり、裁量的支出の制限や義務的支出の強制的削減は、6000億ドルのコスト削減をもたらした。

　④医療費負担適正化法（ACA）は、それによる急激な増税とメディケアの削減が新たな医療給付のコストを超えてしまったので、2009-19年度の財政赤字を2750億ドル減らした。同時にACAは、増税とメディケアの削減による財源のほとんどを財政赤字削減よりもあらたなエンタイトルメント支出に充てるために使ったので、その結果将来の議員たちには、膨らむ財政赤字を塞ぐ選択肢がほとんど無くなってしまった。

　⑤エンタイトルメントの拡大と裁量的支出制限の強化が合さって、全連邦支出に占める裁量的支出の割合を38%から31%に引き下げた。

　⑥事実上オバマ政権下の全ての純支出増は、民主党が上・下両院で多数議

席を占めていた 2009-10 年時に議決されたものである。共和党が下院の多数議席を占めた次の 6 年間には、期限の切れる政策を単に延長した法律を除けば、純支出削減額 8890 億ドルに上る法律が制定された。

　民主党政権・民主党多数議会下での連邦政府の大拡大は、2010 年秋の中間選挙直後に終わった。その時点より裁量的支出は著しく削減され、また義務的支出の増加は、民主・共和両党が賛成した執行中の政策の延長に大きく限定された。

　⑦オバマ大統領は、もともと予定していたよりも、多いエンタイトルメント支出、少ない裁量的支出、（一時的ながらも）低い純利払費を残して退任した。膨れ上がった国債は、利子が通常の水準に戻った時に過大な国債費負担の責任を納税者に負わせることになる。

　⑧長期的には、オバマ大統領の最も重大な財政遺産は、エンタイトルメントが悪化する事態である。オバマ大統領は、社会保障、メディケア、メディケイドの財政を強化することができなかったばかりか、新たに医療エンタイトルメント（ACA）を創設した。その結果、退職するベビーブーム世代の人々と医療支出の上昇は、遂に連邦予算を飲み込む恐れが出てきた。

　次に、果たして、アメリカの財政状態の 2007-09 年大不況による悪化とその後の健全化の程度は、他の先進 4 カ国や OECD 諸国全体と比較して、どう評価されるのか。表 7-2 を見てみよう。ここでいう「一般政府」とは、中央政府、地方政府、社会保障基金の各会計を含めてのものである。

　一般政府の財政収支の対名目 GDP 比を見ると、アメリカの財政赤字は、2007-09 年大不況期はもちろんのこと、回復過程に入った 2010 年度から 2012 年度まで、他の先進 4 カ国や OECD 諸国全体の財政赤字と比べても、一番悪い状態にある。ところが、2013 年度には、アメリカの財政赤字の状態は大きく改善する。ただ、それ以上大きく改善せず、少し改善しただけの状態が以後続いている。

　一般政府の基礎的財政収支（以下 PB と略す）の対 GDP 比を見ると、アメリカの PB 赤字は、他の先進 4 カ国や OECD 諸国全体の PB 赤字と比べて、ずっと一番悪い状態にあるわけではない。大不況以降 2018 年度までで、2009 年度以外で一番 PB 赤字が悪い状態にあるのは日本であって、先進 4 カ国や OECD 諸国と比べて、アメリカの PB 赤字は 2009 年度だけ表中の国々のうちで一番悪く、2008、2010、2011 年度は 2 番目に悪い状態にあるが、

第 7 章　オバマ政権の財政健全化・税制改正の成果と課題　　271

表7-2　一般政府の財政収支、基礎的財政収支、債務残高の国際比較　　　単位：%

		1999	2000	2001	2002	2003	2004	2005	2006	2007	2008
財政収支 （対名目 GDP 比）	アメリカ	0.0	0.8	-1.4	-4.8	-6.0	-5.5	-4.2	-3.1	-3.7	-7.2
	イギリス	0.7	1.1	0.4	-2.0	-3.3	-3.5	-3.4	-2.8	-2.9	-4.9
	ドイツ	-1.7	0.9	-3.1	-3.9	-4.2	-3.8	-3.4	-1.7	0.2	-0.2
	フランス	-1.6	-1.3	-1.4	-3.1	-3.9	-3.5	-3.2	-2.3	-2.5	-3.2
	日本	-6.8	-7.4	-6.2	-7.4	-7.5	-5.3	-4.4	-3.0	-2.8	-4.1
	OECD 全体	-1.2	-0.4	-1.8	-3.6	-4.3	-3.6	-2.8	-1.8	-1.6	-3.8
基礎的 財政収支 （対潜在 GDP 比）	アメリカ	2.4	2.5	1.0	-2	-3.2	-3.6	-2.7	-2.0	-2.2	-4.3
	イギリス	2.9	2.8	1.9	-0.6	-2.3	-2.9	-2.2	-2.9	-3.4	-3.8
	ドイツ	1.6	1.4	-0.3	-0.8	-0.3	-0.2	0.1	0.4	1.3	1.6
	フランス	0.9	-0.1	0.3	-0.8	-1.4	-1.5	-1.3	-0.9	-1.5	-1.0
	日本	-4.2	-4.7	-4.5	-5.1	-5.1	-4.9	-3.9	-4.5	-3.3	-4.6
	OECD 全体	1.5	1.3	0.3	-1.2	-1.9	-2.1	-1.5	-1.3	-1.2	-2.5
債務残高 （対名目 GDP 比）	アメリカ	58.6	52.8	52.7	55.1	58.3	65.5	65.1	64.0	64.4	73.4
	イギリス	47.8	48.8	44.8	47.4	46.7	49.5	51.1	50.8	51.4	63.4
	ドイツ	60.6	59.5	58.7	61.1	64.5	67.7	70.2	68.2	64.1	68.2
	フランス	73.5	71.9	70.9	74.6	78.5	80.2	81.7	76.9	75.6	81.6
	日本	122.7	132.3	137.7	145.1	152.7	157.1	156.7	154.5	154.4	159.1
	OECD 全体	71.4	69.2	69.1	71.4	73.3	76.8	76.9	74.9	73.6	79.2
		2009	2010	2011	2012	2013	2014	2015	2016	2017	2018
財政収支 （対名目 GDP 比）	アメリカ	-12.8	-12.2	-10.8	-9.0	-5.5	-5.0	-4.4	-5	-4.7	-5.2
	イギリス	-10.8	-9.6	-7.7	-8.3	-5.7	-5.6	-4.3	-3.3	-3.1	-2.4
	ドイツ	-3.2	-4.2	-1.0	0.0	-0.2	0.3	0.7	0.8	0.7	0.6
	フランス	-7.2	-6.8	-5.1	-4.8	-4.0	-3.9	-3.6	-3.4	-3.0	-2.8
	日本	-9.8	-9.1	-9.1	-8.3	-7.6	-5.4	-3.5	-4.6	-5.0	-4.4
	OECD 全体	-8.4	-8.0	-6.6	-5.8	-4.1	-3.5	-2.9	-3.0	-2.8	-2.7
基礎的 財政収支 （対潜在 GDP 比）	アメリカ	-6.9	-7.0	-5.4	-4.2	-1.7	-1.1	-1.1	-1.4	-1.3	-2.1
	イギリス	-5.7	-5.1	-3.5	-4.2	-3.7	-4.1	-3.4	-2.0	-1.8	-1.2
	ドイツ	1.5	-0.2	0.9	1.7	1.4	1.6	1.5	1.3	0.7	0.9
	フランス	-3.1	-3.4	-2.3	-1.5	-0.8	-0.5	-0.5	-0.1	0.1	0.0
	日本	-6.8	-7.9	-7.0	-6.6	-6.7	-5.1	-3.8	-4.5	-5.1	-4.6
	OECD 全体	-4.4	-4.6	-3.4	-2.3	-1.1	-0.7	-0.5	-0.5	-0.8	-1.1
債務残高 （対名目 GDP 比）	アメリカ	86.7	95.4	99.7	103.1	105.1	105.0	105.4	107.1	107.8	109.2
	イギリス	77.0	89.3	103.5	107.2	102.9	113.4	112.7	123.2	122.9	122.6
	ドイツ	75.5	84.6	84.4	88.2	83.1	83.6	79.3	76.6	73.5	71.0
	フランス	93.2	96.9	100.7	110.4	110.9	120.2	121.1	123.5	124.9	125.7
	日本	177.0	181.4	196.9	205.7	208.6	214.6	219.3	222.2	225.9	227.9
	OECD 全体	90.6	96.6	101.0	107.3	108.6	111.9	112.2	113.5	113.5	113.5

出所：OECD（2017), Annex Table 31, 34, 36 より作成。

2013 年度以降は大きく改善している。

　一般政府の債務残高の対名目 GDP 比を見ると、アメリカの債務残高は、2008 年度では先進 5 カ国の中で 3 番目に小さく（73.4%）、OECD 諸国全体と比べても小さい。経済復興過程でアメリカの債務残高の対名目 GDP 比は大きくなっていくが、2012 年度で見ると、先進 5 カ国の中で 2 番目に小さく（103.1%）、OECD 諸国全体と比べても小さい。2013 年度以降も財政収支の改善もあって、アメリカの債務残高の対名目 GDP 比はそれほど大きくなっておらず、先進 5 カ国の中で 2 番目に小さく、OECD 諸国全体と比べても小さい位置にある。

3. 財政健全化をめぐる民主・共和両党の対立と妥協の末の 4 つの重要法案の成立

　ここで、オバマ政権下において、財政健全化を巡って激しく対立した民主・共和両党間の争点と妥協の末に成立した 4 つの重要法案について検討する。

　大不況からの復興が進むにつれ、連邦財政の健全化が当然重要課題となっていくが、既述のように 2011 年以降、予算の扱いをめぐってオバマ政権と共和党は議会で激しいバトルを繰り広げることとなった。政策的に、民主党オバマ政権は、義務的経費の維持、軍事費を中心に裁量的経費の削減、富裕層増税、中・低所得層減税を重要視したのに対し、議会共和党は義務的経費削減、特にオバマケアの廃止と企業や富裕層減税の継続を重要視した。以下、財政赤字削減＝財政健全化の在り方をめぐって与野党が対立し、激論の末に妥協して成立した財政健全化策を、(1) 2011 年予算管理法、(2) 2012 年アメリカ納税者救済法、(3) 2013 年超党派予算、(4) 2015 年超党派予算法の順に述べる[2]。

(1) 強制歳出削減措置を盛り込んだ 2011 年予算管理法

　連邦政府の債務は 2011 年 5 月には法定上限にほぼ到達していたが、異例の措置を講じて債務上限引上げを先送りした。その後与野党が連邦債務上限と財政再建について協議したが、難航した。8 月 2 日に債務残高が法定上限（14 兆 2940 億ドル）に達したことからデフォルトの危機が迫ったため、それを回避するために「2011 年予算管理法」が成立した。この法律には、2 段階の財政赤字削減策が定められている。

第 7 章　オバマ政権の財政健全化・税制改正の成果と課題　　273

第 1 段階：2012-21 年度の 10 年間、裁量的経費に上限（キャップ）を設定し、10 年間合計で 9000 億ドルの歳出削減を実施するとともに、同額の債務残高の上限を認める。加えて 1.5 兆ドル程度の追加的財政赤字削減の手法を年内に決定する。

第 2 段階：追加的財政赤字削減をめぐる超党派の協議が合意に至らなければ、裁量的支出を中心に 1.2 兆ドルの財政赤字削減策が実施される。このトリガー条項が強制歳出削減措置と呼ばれるもので、2013 年 1 月から発動される。

この合意にもかかわらず、スタンダード・プアーズ社は財政再建の努力が足りないと見たのか、米国債の格付けを引き下げた。その後 2011 年 11 月～12 月にかけて、超党派の委員会で追加的財政赤字削減策について協議が続けられたが、結局決裂し、第 2 段階の規定により、2013 年 1 月から強制歳出削減措置が取られるはずとなった。ところが、後述の通り、2012 年アメリカ納税者救済法による 2 カ月の発動時期の先送り措置が取られたため、2013 年 3 月から強制歳出削減措置が講じられている。

（2）「財政の崖」回避のための 2012 年アメリカ納税者救済法

2012 年末から 2013 年初めにかけて、「財政の崖」が解決すべき大きな政治的課題となっていた。「財政の崖」とは、① 2010 年末に 2 年間の延長が決定されたブッシュ減税や、2012 年初めに延長が決められた給与税減税の措置が 2012 年末に期限切れとなり、② 2013 年 1 月から 10 年間で計 1.2 兆ドルの強制歳出削減措置が発動されると、景気への悪影響が懸念されたことを指す。ブッシュ減税の延長をめぐって与野党が対立したが、「財政の崖」問題の解決のために妥協がはかられて成立したのが、「2012 年アメリカ納税者救済法」である。同法の主な内容は、①所得 45 万ドル以下の世帯に限り、ブッシュ減税を延長・恒久化し、45 万ドル超の富裕層には減税を廃止し、事実上増税する。また、被用者の給与税減税は延長されない、②約 1.2 兆ドルの強制歳出削減措置の発動を 2 カ月延期するというものである。同法についての詳しい解説は、第 3 節第 1 項で行う。

（3）2 年予算を定めた 2013 年超党派予算法

2013 年 10 月に、2014 年度予算を巡って、特に医療保険改革（オバマケア）について民主党と共和党が対立し、2014 年度暫定予算も成立せず、1996 年以来 17 年ぶりに、2013 年 10 月 1 日から 16 日間政府機関の一部閉鎖

が発生した。10月16日に上院において超党派の合意がなされ、同日中にその合意内容に沿った法案が上下両院で可決され、オバマ大統領が署名して成立した。

　その合意内容は、①2014年度から2年間の連邦政府の裁量的支出の歳出水準を1兆120億ドルに設定すること、②2014年に450億ドル、2015年に180億ドルが予定されている強制歳出削減措置を緩和すること、③2014-23年度の10年間で、義務的経費の削減と増税によらない手数料収入等の税外収入の増加により約850億ドルの収支改善を行い、裁量的経費630億ドルの緩和と差し引きして、約220億ドルの財政赤字削減をすること等である。2013年12月にこの合意内容を盛り込んだ「2013年超党派予算法」が成立した。これによって、予算をめぐって与野党が対立し、連邦政府機関が閉鎖されるという事態は回避されたが、税制や社会保障制度の抜本改革といった課題は全て先送りされている。

（4）2015年超党派予算法

　2016年度予算をめぐって、2015年10月1日の2016会計年度開始前日に暫定予算が成立しており、12月11日までの財政運営は可能になっていた。ただ民主党と共和党の予算をめぐる対立は続いていたが、債務上限の引上げがないと11月3日に債務不履行になるリスクが迫っていたので、オバマ政権と民主・共和両党との間で財政に関する合意が急遽実現し、11月2日に「2015年超党派予算法」が成立した。

　その内容は、①2017年3月15日まで債務上限を適用しない、②2016年度、2017年度の裁量的支出のキャップが500億ドル、300億ドル引き上げられる、③裁量的支出のキャップの枠外で、追加の軍事費（海外緊急対応作戦費：OCO）が、2016年度、2017年度で、それぞれ160億ドルずつ上乗せされる、④裁量的支出のキャップを緩和する一方で、その財源として、義務的経費の上限設定の期限を2024年度から2025年度に1年延長し、戦略的石油備蓄の売却などを盛り込み、2025年度までの10年間で歳出増加分に相当する財源確保策を措置する、⑤2016年度について、46億ドル分のメディケアの保険料徴収の緩和が実施されるというものである[3]。

　以上、オバマ政権下における財政健全化過程を見てきたが、民主党と共和党の財政健全化の考え方の相違、それに単なる財政健全化ではなく景気対策を絡めての立場の相違があって、なかなか合意が得られない状態が新年度予

算の審議の度に発生している。そして、財政運営を規律する債務上限が政治的に使われ、債務不履行のリスクが迫ってようやく両党の妥協が成立するということを繰り返している。その中で、決められない時のやむをえざる措置として、2011年予算管理法で設けた強制歳出削減措置が、皮肉にも有効な財政健全化装置として作動している。ただ、財政健全化という点からすれば、2011年予算管理法で設けられたキャップ制と強制歳出削減措置によって、裁量的経費が相当削減されたが、義務的経費は増え続けたということである。また、「財政の崖」の議論に見られるように、強制歳出削減措置が作動し過ぎて景気の腰折れを招くことには、両党とも及び腰で、緩和措置を設けるというような複雑なことも行っている。それでも結果的に見れば、表7-1の収支尻に示されるように、オバマ政権期に連邦財政収支（赤字）は大幅な改善を見せている。

　しかしながら、オバマ政権も議会共和党も、連邦財政赤字の構造化の核心である社会保障と医療（メディケアとメディケイド）のエンタイトルメント・プログラムを持続可能なものにせねばならないとの問題意識は持ちつつも、その根本問題についての解決策は見いだせず終いであった。実際ベビーブーマー7700万人の退職や医療費の高騰に追い立てられて、2008年から2016年の間に社会保障と医療のエンタイトルメント支出は1兆2340億ドルから1兆9660億ドルへと、59％も膨張してしまったのである。しかもこれらのプログラムは2008-16年期の全連邦支出増の84％にもなる[4]。

　以下では、この連邦政府の福祉関連エンタイトルメントの膨張と構造的財政赤字問題について、より広く詳しく検討する。

4. 連邦福祉財政の膨張と連邦財政赤字の構造化

（1）福祉関連エンタイトルメント支出（＝見える福祉国家）の膨張

　連邦歳出の第二次世界大戦後の推移を図7-1で見て、その特徴を捉えてみよう[5]。連邦歳出は、裁量的支出、義務的支出、純利子の3つに分類される。裁量的支出は、毎年の歳出予算法でコントロールされている。義務的支出はエンタイトルメント・プログラムの支出や毎年の歳出予算法以外の法律でコントロールされている支出を含んでいる。ただ、社会保障、メディケア、メディケイドのようなエンタイトルメント・プログラムは、義務的支出の大半を占めている。議会は、毎年決まった金額を歳出予算に計上するよりもむし

図7-1 連邦歳出（対GDP比）の推移（1947-2027年度）

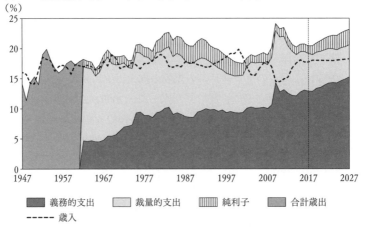

注：1947-2016年度の数値は実績値で、2017-27年度の数値は現行法を基準にした予測値である。1947-62年度は、OMBのデータがその期間の構成費目を区分していないので、合計支出だけを表示している。
出所：OMB(2020), Table 1.2；CBO (2017b) より作成。

ろ、エンタイトルメント・プログラムの資格要件や給付について決めている。したがって、特定の義務的プログラムについて、資格要件が満たされるならば、それ以上の議会の行動がなくても支出はなされる。

連邦歳出の対GDP比は1966年以降では、2000年度が17.6％と最も低く、2009年度が24.4％と最も高くなっている。2016年度は20.9％で、以後上昇していき、議会予算局のベースライン（現行制度を前提とした）予測では2027年度に23.6％になると見込まれている。つまり連邦経費の絶対的・相対的膨張が続くということである。

裁量的支出と義務的支出の定義が1962年に行われた時には、裁量的支出は最大の支出カテゴリーで、1968年度には13.1％のピークを記録した。その後裁量的支出の対GDP比は次第に下がっていき、2000年度には6.1％にまでなった。2000年度と2010年度の間は、2001年9月11日の同時多発テロを受けての国土安全保障支出増や2007-09年大不況の景気対策で、連邦支出は増加し、2010年度には対GDP比9.1％にまで上昇した。2016年度現在は、裁量的支出の対GDP比は6.4％となっている。議会予算局のベースライン予測では、裁量的支出は2027年度までにGDPの5.4％まで低下すると

第7章　オバマ政権の財政健全化・税制改正の成果と課題　277

見込まれている。

　図 7-1 を見ると、裁量的支出と義務的支出の推移は対照的である。義務的支出は、1962 年には対 GDP 比 4.7％で、裁量的支出よりずっと少なかった。その後、まず社会保障やメディケアのような大きな義務的プログラムの加入が増え、さらにこれらのプログラムの規模の拡大以上に人口や経済の変動が起こったため、義務的支出は一貫して増大した。2009-12 年度期は大不況対応で所得保障プログラムの支出が増えたため義務的支出水準は高く、特に2009 年度にはこれまでで最高の対 GDP 比 14.5％を記録した。2016 年度現在では 13.2％となっている。議会予算局の予測では、義務的支出は 2027 年度には対 GDP 比 15.4％になる見通しである。

　表 7-1 には、オンバジェットとオフバジェットの合計歳出額と内訳が示されている。連邦歳出を構成する主要費目のうち医療（メディケイド中心）、メディケア、所得保障、社会保障のほとんどが福祉関連エンタイトルメント支出であり、したがって義務的支出である。1997 年度から 2016 年度までの20 年間の変化を見てみよう。社会保障（公的年金）は 2 割超のシェアを持つが、構成比の上昇はわずかである。医療（メディケイド中心）とメディケアを合わせた構成比は、1997 年度に 19.6％であったが、2016 年度には 28.2％にもなっている。所得保障の構成比は 1997 年度 14.7％で 2016 年度 12.7％なので、これは構成比が幾分下がっている。福祉関連エンタイトルメント支出は全体として 1997 年度の 57.1％から 2016 年度の 65.8％へと大幅に構成比を高めている。オンバジェットとオフバジェットの合計歳出額の規模が1997 年度の 1 兆 6011 億ドル、2016 年度には 3 兆 8526 億ドルへと 2.4 倍にも拡大しているが、まぎれもなくそれを牽引しているのはこれら福祉関連エンタイトルメント支出である。福祉関連エンタイトルメント支出が連邦歳出合計の 65.8％を占めるのは、連邦政府の役割がそうした広義の福祉業務に向けられていることを意味し、「見える福祉国家」を形作っていると言える。しかもその「見える福祉国家」はなお膨張傾向にあり、中でも医療関係の経費の膨張は著しい。

（2）フラットな連邦歳入水準と連邦財政赤字の構造化

　連邦歳入の第二次世界大戦後の推移を図 7-2 で見て、その特徴を捉えてみよう[6]。連邦歳入の対 GDP 比は 1960 年代以来 15〜21％の間を動いていて、平均すれば約 18％（1947 年以来であれば 17.2％）となる。第二次世界大戦

図7-2 連邦歳入（対GDP比）の推移（1947-2027年度）

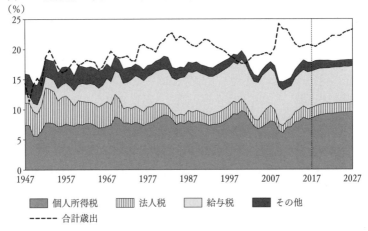

注：1947-2016年度の数値は実績値で、2017-27年度の数値は現行法を基準にした予測値である。
出所：OMB (2020), Table 1.2；CBO (2017b) より作成。

後の連邦歳入は2000年度の対GDP比約21％がピークである。逆に、2009年度に連邦歳入は対GDP比15％の最低水準になっている。大不況で連邦税収は落ち込んだが、景気の回復とともに、2016年度には対GDP比17.8％となり、1960年代以来の平均水準に近付いている。

次に図7-2で、連邦歳入の主な税目の推移を見て、特徴を捉えてみよう。1940年代中頃以来個人所得税が連邦歳入の最も重要な財源である。しかも個人所得税の対GDP比は、比較的安定している。ただ、2000年代に入ってかなり変動が見られる。2001年・2003年のブッシュ大型減税とその減税期限の2008年から2010年までの延長および2010年から2012年までの再延長、2007-09年大不況による減収と景気回復に伴う増収が変動の主因である。

法人税は、第二次世界大戦後第2位の連邦歳入源であったが、1960年代に給与税に第2位の地位を奪われ、それ以降第3位の地位のままである。給与税は、老齢・遺族・障害年金の給付を賄う社会保障税と、メディケア入院保険を賄うメディケア税、失業保険給付を賄う失業保険税から成る。老齢・遺族・障害年金の制度拡充、制度成熟やメディケアの制度導入、制度拡充等に対応するための財源確保の必要から、給与税の増徴が図られてきた。表7-1でオンバジェットとオフバジェットの合計連邦歳入額の内訳を見ておこ

第7章　オバマ政権の財政健全化・税制改正の成果と課題　279

う。2016年度現在、個人所得税47.3%、法人税9.2%、給与税・退職拠出金34.1%となっている。

　さてここで、連邦歳入の趨勢と連邦歳出の趨勢の両方を見ながら、アメリカ財政の今後を考えてみよう。連邦歳入の対GDP比が、これまでの平均約18%水準（最大でも21%水準）を維持し続けるとすれば、今後ベビーブーマーが続々と退職し、高齢化が一段と進むと医療を中心に福祉エンタイトルメント支出の圧力が高まり連邦歳出が対GDP比20%を超えざるをえず、その収支ギャップをどう埋めるのかが大きな問題となる。つまり連邦財政赤字は、構造化する可能性が高いのである。債務残高の対GDP比は、表7-2に示されるように先進5カ国の中では比較的低い方であるが、表7-1に示されるように、財政健全化努力の中でも債務残高は増え続けており、その傾向は一層進むように思われる。

　それだけに連邦歳入を強化していかねばならない。図7-2の連邦歳入の内訳を見ても明らかなように、これまでのように連邦歳入全体の対GDP比の水準が比較的変わらずに推移し、また個人所得税の対GDP比の水準もそう大きな変化がないとすれば、福祉関連エンタイトルメント支出の膨張を支える財源は給与税の増徴に求めざるをえず、逆に法人税は財源としてあまり期待できないものになっていかざるをえない。しかし、給与税の増徴にも限度がある。給与税の仕組みを変えなければ、現行のままだと逆進的な税となっているので、給与税の増徴は逆進的な税の拡大を意味し、一方で福祉関連エンタイトルメント支出拡大により所得再分配機能の強化がはかられながら、他方で連邦税制全体の累進性を弱めることによって所得再分配機能を弱体化させることになる。

　連邦政府の歳入面を強化するには、消費新税の導入を考えないとすれば、結局個人所得税の租税支出を整理して課税ベースを広げるか、給与税を累進的な税に変えていくかにかかっているということになる。

(3) 福祉関連の租税支出（＝隠れた福祉国家）の拡大と連邦歳入の侵食

　連邦財政の考察において、財源調達機能の面からも所得再分配機能の面からも、見落とせないのは巨額の租税支出の存在である。租税支出は、税法上の非課税、所得控除、税額控除、軽減税率などの特別措置によって生じる税収の喪失のことである。連邦政府の歳入が侵食されるだけなく、特定の個人や法人に特別の減免税による便益が生じる。しかしその租税便益の帰着には

偏りがある。

　第2章の図2-1で見たように、連邦政府の租税支出の対GDP比および対連邦歳入比は、1986年レーガン税制改革以降低水準に留まっていたが、2000年代に入ると急上昇し、2001-03年ブッシュ減税法制定後もかなりの高水準を維持している[7]。

　租税支出はときに「租税コードを通した支出」と呼ばれる。そこで、序章の図0-4により、連邦政府の租税支出（による歳入喪失額）と実際の支出（義務的支出と裁量的支出）の金額的伸びを比較してみよう。1986年レーガン税制改革で租税支出が大きく整理された頃は、租税支出と義務的支出と裁量的支出の三者の金額にはそれほどの差がない。しかしその後、メディケイド、社会保障（年金）等福祉関連エンタイトルメント支出が牽引する義務的支出は一番大きく伸びている。裁量的支出と租税支出の金額的伸びは義務的支出と比べて緩慢ではあるが、そして裁量的支出の方が租税支出を金額的に上回る年が多いが、2015年度には租税支出の方が裁量的支出を金額的に少し上回るようになる。だが、それも束の間2019年度には再度逆転して裁量的支出の方が租税支出を少し上回るようになる。その原因は、トランプ政権下に成立した2017減税・雇用法の成立によって租税支出額が減少したことにある。

　また2015年度において、租税支出と義務的支出を金額的に比較すれば、租税支出は義務的支出の半分をやや上回る規模となっている。つまり租税支出によって、義務的支出の半分を上回る程度、裁量的支出を少し上回る程度の連邦税収が侵食されているのである。

　管理予算局（OMB）の2015年度の租税支出推計を見ると、合計1兆3390億ドル超の金額になるが、そのうち個人所得税の租税支出が1兆2080億ドル（90.2%）、法人税の租税支出が1310億ドル（9.8%）となり、個人所得税の租税支出が圧倒的に大きい[8]。

　では、この大きな個人所得税の租税支出はどのような所得再分配機能を果しているのであろうか、あるいは主要な個別租税支出の便益がどの所得階層に帰着しているのか。こうした問題については、第8章第2節第2項で検討する。

第3節　オバマ政権のブッシュ減税継続の苦渋と脱却、
　　　税の公平化の成果事例、
　　　中間層経済学に立った税制改革の展望

1．ブッシュ減税継続の苦渋と脱却

　2009年に発足したオバマ政権は、ブッシュ（子）政権の租税政策を転換せねばならないことは強く認識していた。しかしオバマ政権がブッシュ（子）政権の租税政策の転換にかじを切ることができるようになったのは、政権2期目になってからである。ブッシュ減税は2010年までの時限立法であったためにオバマ政権第1期の前半2年間はそのまま実施せざるをえず、さらに後半2年間は景気の下振れを恐れ、多数派の下院共和党に妥協してブッシュ減税を延長して実施したために、結局オバマ政権第1期は、オバマの租税政策ではなく、ブッシュ（子）の租税政策を行っていたのである。

　とはいえ、オバマ政権は租税政策についてはその考えを早くから示している。『2010年大統領経済報告書』にその基本的考えが次のように書かれている。

　「2001年と2003年の減税は、釣り合いを欠くほどに富裕な納税者を優遇した。減税の約67%はトップ20%の納税者のものとなり、26%がトップ1%の納税者のものになった。…大統領は、年に25万ドル以上得ている人にも減税をしていて、減税はやりすぎであり、この国は過去8年間その所得層に与えてきた減税をもう与える余裕はないと一貫して主張している。これが、財政責任の枠組みの1つの公約が税法を釣り合いのとれたものにするということになった理由である。だからそれは、年に25万ドル以上を得ている人々に対して1990年代にあったものと同様のものになることである。特に政府は、年に25万ドル以上の所得を得ている人々に対する通常所得およびキャピタル・ゲインにかかる限界税率を2000年当時の水準に戻すことを提案している。またそれは、高所得納税者の配当にかかる税率をキャピタル・ゲインに適用される20%の税率と同じようにすること―それは1990年代の税率より低いが―およびこれらの納税者に対して2001年と2003年の減税のその他全ての特典を打ち切ることも提案している。加えて、それは、高所得納税者に対する控除率を28%に制限することも提案している。そうすれば、富裕層は、他のアメリカ人以上に所得控除から不釣り合いに多くの利益を得

282

ることはなくなる。…これらの改革のほとんどは、ただ単に高所得納税者に
かかる税率を 1990 年代水準に戻そうとしているだけである。」[9]

　ブッシュ（子）政権の租税政策を転換する機会は、2012 年末から 2013 年
初めにかけての「財政の崖」危機を契機に訪れた。その仔細はすでに説明済
みであるが、2 年間延長されていたブッシュ減税の再延長を巡って、民主党
と共和党が対立し、難渋の末両党の妥協で成立したのが、「2012 年アメリカ
納税者救済法」（ATRA）である。

　オバマ政権は当初、2010 年末にブッシュ減税の期限切れが来た時と同様に、
夫婦合算申告の場合 25 万ドル以下の所得層向け減税だけは残すが、25 万ド
ル超の富裕層向けの減税を廃止し、その税収を財政再建に充てることを主張
した。だが、経済の悪化を恐れ、また下院共和党と対峙せねばならず、結局
ブッシュ減税を全面廃止せず、夫婦合算申告の場合 45 万ドル以下の所得層
の減税は続行するが、45 万ドル超の所得層の減税は廃止し事実上の増税と
することで決着をはかった。25 万ドル超の富裕層増税を狙っていたが、共
和党の反対で 45 万ドル超の富裕層増税で妥協せざるをえなかったが、2010
年末にはできなかったブッシュ減税の廃止を限定的ながらも実現できた。最
高所得税率は 35％からクリントン政権期の 39.6％に戻された。キャピタル・
ゲインと配当の限界税率は 15％から 20％に引き上げられた。遺産税の最高
税率は 35％から 40％に引き上げられた。こうして目指す公平な税制への前
進が図られた。

2.　税の公平化の成果事例：中間層減税と富裕層増税

　オバマ政権は、上述のブッシュ減税の改正以外にも、勤労・中間層世帯に
対する減税と富裕層に対する増税で税制の公平化を図ろうとする努力を続け
ていた。税の公平化の成果事例をいくつか、The White House（2016）を参
考に紹介しよう[10]。

　勤労世帯向けの減税措置として、景気対策として制定した復興法（ARRA）
において就労支払税額控除制度を創設し、勤労世帯の 95％─ 100 万以上の
納税者─に 1 人当たり 400 ドル、夫婦だと 800 ドルの減税を 2009 年と 2010
年に実施した。加えて、2010 年減税・失業保険再認可・雇用創出法は、2％
ポイントほど 1 億 6000 万人の労働者の給与税を軽減している。これは年間
5 万ドルを稼ぐ典型的な世帯にとって 1000 ドルほど税負担を軽減するもの

第 7 章　オバマ政権の財政健全化・税制改正の成果と課題　　283

で、2011年と2012年に実施された。これらを合わせて、典型的な中間層世帯は2009-12年期の4年間で3600ドルの減税の恩恵を受けている。

その上に、ARRAで拡充された勤労所得税額控除（EITC）と児童税額控除（CTC）および同法で新設されたアメリカ機会税額控除は、後に恒久化されるが、2400万の勤労・中間層世帯に年間約1000ドルの減税の恩恵を与えた。また、2010年医療費負担適正化法は、医療保険料税額控除制度を創設した。これはアメリカ史上最大の医療のための減税で、低所得世帯が医療保険を購入する助けとなっている。

他方、富裕層には一定の増税措置が取られている。2010年医療費負担適正化法では、高所得者に対して、0.9％ポイントだけ賃金所得にかかるメディケア給与税を増税することになった。さらに、同法は高所得者に対して3.8％の純投資所得税（NIIT）を創設した。

3. 中間層経済学に立った抜本的税制改革の展望

（1）政権1期目の国家財政責任・改革委員会の創設と挫折

オバマ政権は、1期目は上記のような事情からブッシュ減税を継続せざるをえなかったが、2010年末にブッシュ減税が期限切れとなることを睨み、大きな財政赤字を生み不公平税制となっているブッシュ減税を見直し、連邦財政を2015年までに利払費を別にして収支を均衡させる勧告を出させるために、超党派の国家財政責任・改革委員会（ボウルズ＝シンプソン委員会）を2010年2月に設置した[11]。この委員会は、2010年12月に報告書を公表した。しかし、この報告書は、議会で勧告書として提出されるための条件となっている同委員会での賛成票が得られず、議会に提出されなかった。それにもかかわらず、影響力を持ちうる内容のものであった。

その報告書のうち税制改革に関わる内容を、Slemrod and Bakija（2017）によって紹介しておこう[12]。

この委員会の税制改革の基本的な考え方は、1986年の税制改革の伝統に則って税率を引き下げ、課税ベースを拡大するものである。個人所得税の最高税率を28％に引き下げている。また、代替ミニマム税（AMT）とキャピタル・ゲインおよび配当の優遇税率を廃止している。法人所得の二重課税を解決するための法人税と個人所得税の統合には取り組んでいない。諸項目別控除が削除され、代わりに住宅ローン利子や慈善寄附金には12％の非還付

付き税額控除が設けられている。勤労所得税額控除（EITC）や児童税額控除（CTC）といった目立った例外は別にして、ほとんど全ての所得税の租税支出は削除されている。租税政策研究所の分配分析では、この税制改革は全体的には、税制が少しばかり累進的になることを明らかにしている。法人税については、28％の単一税率と全ての企業向け税額控除や法人税租税支出の廃止を含んだ特徴的な提案をしている。また同報告書は、多国籍企業課税の全世界所得課税ベースの放棄とその代わりの領土主義課税制度の採用を勧告している。

（2）政権2期目の税制改革の必要性強調の背景

オバマ政権は、1期目は上記のような事情からブッシュ減税を継続せざるをえなかったために、大統領が演説で税制改革の必要性と理念を語ることがあっても、それほど具体的包括的な税制改革案を提示したわけではない。

しかし、ブッシュ減税政策の取り扱いについて、「2012年アメリカ納税者救済法」で一応の政治的決着をみたこともあり、また「2009年アメリカ復興・再投資法」による5カ年の復興事業も終了し、アメリカ経済の復興も確実となったので、オバマ政権は、積極的に独自の連邦所得税改革案と連邦法人税改革案を打ち出してくる。その背景にある問題意識は、2期目の就任演説やそれ以降の毎年の一般教書演説で表明されているが、年々拡大傾向にある所得格差を是正するために、中間層の底上げをはかることであり、復興の成ったアメリカ経済の成長を加速化させるため国際競争力を高めることである。『2013年大統領経済報告書』と2012年の『オバマ大統領の企業税改革のフレーム・ワーク』および『2015年大統領経済報告書』に税制改革の基本方向が示されているので、以下ではそれを取り上げることにする。

（3）『2013年大統領経済報告書』に示された連邦所得税改革の方向

『2013年大統領経済報告書』は、「2012年アメリカ納税者救済法（ATRA）」について、妥協を迫られたにもかかわらず、前向きに「ATRA —中間層の減税を恒久化し、代替ミニマム税を物価スライドさせ、従来の政策見通しよりも赤字を減らすために高所得者に対する税率を引き上げる—はアメリカ経済が直面している税に関する不確実性を取り除いた」[13]と評価している。

連邦税制改革について、同報告書は、「オバマ大統領は、赤字削減と経済成長に税制改革が果たす重要な役割を認識しており、2011年9月に包括的な税制改革に向けての原則を示している。この原則に含まれるのは、税率の

引下げ、非効率で不公平な減税を除去すること、税の公平性を高めるために『バフェット・ルール』を守ること、米国内の雇用創出・成長の拡大である」[14]と述べている。バフェット・ルールというのは、大富豪ウォーレン・バフェットが2011年8月に富裕層への増税で財政再建を急ぐよう訴えたことを指す。

さて、同書で訴えている具体的な連邦所得税改革案の具体的内容を拾い出して箇条書きにしてみよう[15]。

（ⅰ）租税支出について

控除と非課税の税額は納税者の限界税率に応じて増加するので、これらの租税支出は一定額の控除と非課税については、中低所得納税者より高所得納税者に大きな利益をもたらす。大統領は、税の公平性を改善し、効率性を高め、赤字を削減するために、高所得納税者に対する個別租税支出の合計額を28％にまで減らし、中低所得層に対して税法が認めている税額に相当する水準にするよう提案している。

（ⅱ）垂直的公平性について

バフェット・ルールでは100万ドル超の世帯は、中所得世帯が払う税の所得に対する割合より少なくてはいけないとしている。幾つかの研究は、現行税制がバフェット・ルールに違反しており、多くの高所得世帯が中所得家族より少ない割合でしか連邦税を払っていないことを明らかにしている。したがって、バフェット・ルールを実行するか、税制改革の指針としてこのルールを採用することが税の公平性を改善することになるだろう。

（ⅲ）効率性と簡素化について

多くの特別規定を持つ複雑な税法の現状に照らして、特別規定の削除と税率引下げを同時に行うことは税制を簡素で効率的なものにする。税率を引き下げ、不公平で非効率な減税を廃止し税制を簡素化することは、大統領が税制改革に求めた原則である。高い税率は、狭い課税ベースと相まって納税者に経済的に非効率な行動を取らせる原因にもなる。

『2015年大統領経済報告書』では、「租税支出」にもう少し踏み込んで、個人と家族に対する税法を改善する具体案を提示している。中間層の復活を強く意識してのことであるのは次の文章からも分かる。

「個人と家族に対する税法を改善するプランは、最大のループ・ホールの幾つかを削除することによって、また中間層家族が前進するのを助ける投資

すなわち大統領が中間層経済学と呼んだ全体アプローチの一部、に対して支払うために貯蓄を使うことによって、税法をより公平にするものである。」[16]

主な提案には次のようなものがある[17]。

①児童・養育税額控除の恩恵の簡素化と拡大

2016年度予算は、所得が12万ドルまでの家族にフルに児童・養育税額控除を利用できるようにすることを提案し、また5歳以下の子供を持つ家族に6000ドルまでの養育費の半分（最大3000ドルの税額控除）まで支払えるよう税額控除を拡大している。

②雇用の支援

復興法において制定された勤労所得税額控除（EITC）と児童税額控除（CTC）の拡大を基礎に、2016年度予算は、子供のいない労働者に対し、また子供の親権（養育権）を持たない親に対して、EITCの拡大を提案している。

③教育に対する租税便益の統合と改善

2016年度予算は、経済的支援なしには大学に通えそうにない個人に狙いを定めた拡大と併せて、教育租税便益の意味ある簡略化を提案している。現在の教育費用をベースとする租税便益は、アメリカ機会税額控除、生涯学習税額控除、授業料・手数料所得控除の3つの中から1つ選べることになっているが、2016年度予算は、それらを1つの改善されたアメリカ機会税額控除に統合されることを提案している。

④資本所得課税の改革

2016年度予算は、資本所得が非課税のままになっている単一の最大のループ・ホール（相続資産の未実現キャピタル・ゲイン）を死亡時に課税ベースを上げることによって塞ぐことを提案している。また、2016年年度予算はキャピタル・ゲインと配当にかかる税率を現行法の23.8%から28%に引き上げる。

⑤ループ・ホールを塞ぎ、租税支出を制限

2016年度予算は、高所得家族の租税支出に制限を加えることを提案している。租税便益の価値を28%に制限するように提案している。加えて、バフェット・ルールつまり毎年100万ドル以上稼ぐ世帯は中間層の家族が支払うより少ない割合の税を支払うべきではないという原則を実行するよう提案している。

ここで、オバマ政権の連邦所得税改革の方向性について簡単に批評しておこう。

　第1に、年々拡大傾向にある所得格差を是正して、中間層の底上げを図る方針は当を得ている。そのために富裕層への増税と中低所得層への負担軽減を打ち出している。それに税率と租税支出からアプローチしている。

　第2に、税率の面では、2013年より連邦所得税最高税率が4.6％引き上げられ、現在は10〜39.6％の7段階となり、累進性を高めている。ただ、一部の富裕層は租税優遇措置によって実質的には負担が大きく低下していることから、100万ドル以上の富裕層には実質30％程度の所得税負担率になるようにしようとしている。また、配当所得・有価証券譲渡所得（キャピタル・ゲイン）にかかる税率は2003年のブッシュ減税で、2003年から2007年までは5％、15％で、2008年から2012年までは0％、15％であったが、2013年より0％、15％、20％となり、最高税率が引き上げられている。2016年予算ではそれらにかかる税率を28％に引き上げる方針であった。このように、税率面での富裕者増税を進展させようとしていた点で評価できる。

　第3に、非効率で不公平な租税支出（ループ・ホール）を塞いで税収を確保しようとしていて、方向性としては正しいがそう簡単ではない。Marples（2015）は、課税ベースの幅を広げる改革には広範な支持があるように思えるかもしれないが、中には著しく問題を複雑にするかもしれない障害もあると述べて、いくつかのケースを検討している[18]。数多くある租税支出にそれぞれ複雑に利害が絡んでいるので、富裕層だけを狙い撃ちするのは確かに難しい面がある。そこで、オバマ政権は高所得家族の租税支出（所得控除）を28％に制限する提案を行っている。28％という税負担軽減率は、中所得層の平均と同じ率であり、富裕者増税のうまい方法だと評価できる。

　他方で、オバマ政権は中低所得層の家族向きで、アメリカの生産力向上や雇用促進、子育て支援、格差是正に関わるような租税支出は単純にループ・ホールとは見なしておらず、無駄な部分は簡素化しつつも、積極的に拡大しようとしているが、これも評価してよい。

　第4に、連邦所得税ではないが給与税は連邦税制の二大支柱となっている。ところが、この税は逆進的で中低所得層には大きな負担となっている。この負担を緩和する提案がないのは問題である。Wolff（2011）が述べているように、①寿命の延びに合わせて給与税とリンクしている年金の支給開始年齢を

引き上げ、②給与税の逆進性の元になっている所得上限を撤廃し、③社会保障税をもっと累進的な税にすること[19]が必要ではないかと考える。オバマ政権の税制改革案にはこの点が抜けている。

（4）2012年『フレーム・ワーク』と『2015年大統領経済報告書』に示された連邦法人税改革の方向性

オバマ大統領の企業税改革のフレーム・ワークは、2012年2月に『オバマ大統領の企業税改革のフレーム・ワーク』（以下『フレーム・ワーク』と略す）という報告書の形で、ホワイトハウスと財務省から出されている。『2015年大統領経済報告書』では、第5章「企業税改革と経済成長」という見出しで、2012年の報告書を踏まえた上で、2016年予算に組み込んだ企業税改革案を中心に企業税改革を包括的に論じている[20]。

まず『フレーム・ワーク』における企業税改革の趣旨と改革の要点を見ておこう。改革の趣旨は次の通りである。

「アメリカの企業課税制度は改革が必要である。アメリカは他国と比較して相対的に狭い法人課税ベースしか持っていない。ループ・ホール、租税支出、タックス・プラニングによって課税ベースが減らされている。これは、先進諸国の中でまもなく最も高くなることが予想される法定税率と結びついている。この相対的に狭い課税ベースと高い法定税率が組み合わさっている結果、アメリカの税制は非競争的で非効率的である。この税制はどこで生産するのか、何に投資するのか、企業金融を如何に行うのか、どのような企業形態を使うのかといった選択を歪めている。それは企業が海外に生産を移し利潤を移転するインセンティブから利益を得るのを許しながら、アメリカでの雇用創出や投資を促すためにはあまりにも何もしなさすぎる。またこの税制は、アメリカの特に中小企業にもあまりにも複雑すぎる。これらの理由で、大統領は財政責任を負いながらも、税率引下げ、租税支出の削減、税の複雑性の縮小、大・中小企業の競争性を支援し、アメリカにおける投資と雇用のインセンティブを高める改革に着手する。」[21]

『フレーム・ワーク』は改革の要素として次の（i）〜（v）までを挙げている。その中の要点も併せて紹介しよう[22]。

（i）数多くの税の抜け穴や租税補助金を削除し、課税ベースを広げ、アメリカの成長を促すように法人税を引き下げる

①法人税率を35％から28％に引き下げる。

第7章　オバマ政権の財政健全化・税制改正の成果と課題　289

②数多くの企業税のループ・ホールと租税支出を削除する。

LIFO（後入先出法）会計をなくす、石油・ガスの租税優遇措置の廃止、保険産業と保険商品の取り扱い改革、ヘッジファンドの成功報酬を通常所得として課税、会社の飛行機購入に対する特別減価償却ルールの廃止。

③税率を引き下げ、有害な歪みを減らすことで節約したものを投資するために課税ベースの改革を行う。

減価償却表の正常化、社債金融に対するバイアスの軽減、大法人と大きな非法人事業体の均衡を一層図ること。

④透明性を改善し、会計の偽装を減らす。

（ⅱ）アメリカ製造業の強化とイノベーションの奨励

①製造業所得にかかる法人税最高税率を25％まで引き下げ、また国内生産活動のための控除を改革することによって、先進的製造活動からの所得に対し、法人税率を25％にさらにそれ以下に引き下げる。

②研究・開発税額控除の拡大、簡素化、恒久化。

③クリーン・エネルギーへの投資を促進するために、鍵となる租税インセンティブを延長し、統合し、高める。

（ⅲ）国内投資を促進するための国際課税制度の強化

①会社に海外利潤についてミニマム税の支払いを要求する。

②生産を海外に移すための移転費控除を取り除き、生産を米国に取り戻す新しいインセンティブ（アメリカに活動を戻すのにかかる費用について20％の所得税額控除）を与える。

③国際課税制度を見直し、所得と資産を移転するインセンティブと機会を減らすその他の改革。

（ⅳ）中小企業のための税の簡素化と減税

①中小企業に100万ドルまでの投資を費用化できるようにする。

②粗収益1億ドルまで企業に現金主義会計を認める。

③立ち上げコストのための控除の2倍化。

④中小企業のための医療保険税額控除の改革と拡大。

（ⅴ）財政責任の回復

中間層を増税から守りながら、富裕層と企業部門に財政責任の回復のための貢献を求める。

『2015年大統領経済報告書』は、『フレーム・ワーク』に示された企業税

改革の5つの要素を踏まえつつ、2016年予算における税収中立的企業税改革として次のような改革プランを示しているので、以下にその要点を記す[23]。

〈1〉税のループ・ホールを塞ぎ、構造改革をすることで得た財源で法人税率を28％に引き下げる。

アメリカの法人税率は35％から28％に引き下げることによって、一般的にはアメリカ以外のOECD諸国の大きな経済と肩を並べる。この税率引下げは、税のループ・ホールを塞ぐだけでは資金不足なので、追加的な構造改革が必要になる。それには、加速度減価償却制度の見直しや社債金融のための租税優遇措置の削減などがある。

〈2〉鍵となるインセンティブを恒久化し、拡大し、改革する。

2016年度予算には、正の外部性が期待できるものとして、研究・開発税額控除と再生電力生産税額控除を恒久化し、改善することとクリーン・エネルギー・プロジェクトに対する投資税額控除を恒久化することなどが含まれている。また、大きな投機的金融機関への罰金も含まれている。

〈3〉中小企業の税を簡素化し、減税する。

多くの課税ベースを広げる改革は法人および通り抜け事業体に適用されるが、税率引下げは法人を利するだけである。中小企業の多くは通り抜け事業体として組織されているので、法人税率引下げの利益が及ばない。2016年度予算は、中小企業の複雑な会計規則を簡素化し、また中小企業に寛大な減価償却を認める案を含んでいる。これは中小企業の税を簡素化し、減税することになる。企業税改革を実行可能にする措置である。

〈4〉従属外国子会社の所得にミニマム税を課すハイブリッドな国際課税制度を設ける。

現在のアメリカの制度は、海外所得に法定税率をフルに適用している。しかし、適用されるのは、それらの所得が送金されるならば、あるいは送金される時にだけである。大統領のアプローチは、現在のあいまいな猶予制度を、ミニマム税を基本とする新しいハイブリッドな制度に、取り替えようとするものである。ミニマム税は、アメリカの会社の積極的海外所得に対してそれが稼得された時点で、19％の税率が適用される。ミニマム税がひとたび支払われると、所得はさらなる税負担を招かずに送金されうる。外国税額控除は、外国税が支払われる国についてのミニマム税負担に対してのみ、しかも支払った外国税の85％にのみ認められる。企業は、法人自己資本控除（ACE）

も受けられる。ミニマム税の課税ベースからのこの控除は、企業に積極的企業資産に投資された自己資本に適度な収益をもたらす。この制度は、現行制度より課税ベースの侵食を防ぎ、アメリカの法人のグローバルな競争力を改善する可能性を維持しながら、何らかの立地選択の意思決定のために税を考慮に入れる重要性を下げることになる。このスマートなハイブリッド制度は、純粋な領土主義課税制度—全ての海外所得を免税にする—と純粋な全世界所得課税制度をともに拒絶して、競い合っている中立性の概念をうまくバランスさせていることを表している。

〈5〉新しい国際課税制度への移行の一部分として、蓄積された海外利潤の現在の蓄積に課徴金を課し、その収入をインフラ投資の財源のために使う。

現行法の下では、現在蓄積されている利潤のストックは、送金の必要がない場合を除いて、もし送金されるなら課税される。新しい制度の下では、送金は何の税負担も招かない。「移行」からのたなぼた的利益を回避するために、2016年度予算は海外に蓄積されている利潤に14%の臨時課徴金を課すことを提案している。この課徴金で得られた収入はインフラ投資の支払いに充てられる。

〈6〉大統領の企業税改革の方法は、長期であれ、短期であれ、赤字に何も付け加えない。

『2015年大統領経済報告書』では、以上のようなオバマ大統領の企業税改革の方法は、国内投資の推進、投資の質の改善、国際課税制度の非効率性の軽減、インフラ投資の4つのチャンネルを通して生産性と生活水準を高めると主張し、その説明を詳細に行っている[24]。

さらに、『2015年大統領経済報告書』は、企業税改革のオバマ政権の方法以外に4つの代替的方法を検討している。4つの代替的方法として、①法人所得税の廃止、②個人所得税最高税率を法人税率に合わせるように引き下げる、③領土主義課税制度を採用する、④新規投資に費用化を認めるなどを挙げて、長所と問題点を検討している[25]。

さてここで、オバマ政権の連邦法人税改革の方向性についても簡単に批評しておこう。

第1に、アメリカの税制は、相対的に狭い課税ベースと高い法定税率が組み合わさっている結果、非競争的で非効率的だという判断だから、税率を引き下げ、租税支出を削減して課税ベースを拡大する改革を行うという方向性

は当を得ている。

　第2に、現在法人税の基本税率は35％で、その下に15％、25％、34％の軽減税率が置かれて超過累進構造を取っている。オバマ政権は、基本税率を35％から28％に引き下げることで、OECD諸国と肩を並べると考えている。しかし、仮に法人税率を28％に引き下げた場合に軽減税率をどうするのか、取り扱いが全く分からない。さらに、製造業所得にかかるトップの法人税率を25％まで引き下げるとまで言っているが、他との取り扱いの違いについても説明がない。

　第3に、税率の引下げと引き換えに、①加速度減価償却の見直し、②社債金融に対するバイアスの軽減、③大法人と大きな非法人事業体の均衡を図る方針が出されている。①に関しては、150％定率法、200％定率法、一部250％定率法があるが、これを利用している製造業界に対し見直しを説得できるかどうかがポイントとなる。②に関しては、マーリーズ・レビュー等でも議論になっているところであり、アメリカがこの改革を進めれば国際的影響は出る。③に関しては、企業所得に法人税がかかるのはC法人だけで、非法人事業体の企業所得には法人税がかからず個人所得税だけがかかるので、企業所得課税の負担が事業形態の違いで異なったものになって公平性を欠くものになってはならない。

　オバマ政権は『フレーム・ワーク』に載っているように、数多くの租税支出を非効率として削減を提案する一方、アメリカ製造業の強化とイノベーションの奨励の観点から、研究開発税額控除、再生電力生産税額控除、クリーン・エネルギー投資税額控除等は恒久化し、拡大しようとしており、オバマ政権の環境と成長を結びつける戦略として評価できる。

　第4に、中小企業に100万ドルまでの投資の費用化を認めることや企業立ち上げコスト控除の2倍化を図るなどの提案は中小企業対策として注目される。

　第5に、国際課税制度の改革として、①従属外国子会社の所得にミニマム税を課すハイブリッドな国際課税制度を設けることと、②蓄積された海外利潤の現在の蓄積に課徴金を課し、その収入をインフラ投資の財源に充てること、という2つの提案は、領土主義課税か全世界所得課税か二項対立で議論されてきた国際課税制度論争に一石を投じるものであった。

第7章　オバマ政権の財政健全化・税制改正の成果と課題　　293

第4節　おわりに

　本章では、オバマ政権8年間の財政健全化・税制改正の成果と課題を検証してきた。

　財政健全化の面では、アメリカは2007-09年大不況期における経済の落込みと大規模な財政出動によって大きな財政赤字に陥ったが、その後の景気回復と財政健全化努力によって特に2012年度から2013年度にかけて連邦財政赤字を大幅に削減させている。財政健全化策として、民主党オバマ政権が義務的経費の維持と中・低所得者減税は擁護しつつ、軍事費を中心に裁量的経費の削減や富裕層増税を重要視したのに対し、共和党議会が義務的経費の削減、特にオバマケア廃止と企業や富裕層減税を重要視して対立していたが、その中で連邦財政赤字削減に大きく貢献できたものが2つある。

　1つは2012年アメリカ納税者救済法で、これによって、オバマ政権が望んだほどではないにしても、ブッシュ減税の富裕層優遇措置を廃止したために、事実上彼らに対する増税となったことが大きい。もう1つは、2011年の夏に与野党対立の中で生まれた予算管理法に規定されたキャップ制と強制歳出削減措置が、2013年以降予算をめぐる与野党の対立を越えて進む、歳出面からの財政健全化装置として作動したことが大きい。ただし、キャップ制と強制歳出削減措置によって大きく削減されたのは、裁量的経費（軍事費と民生費）であって、義務的経費（福祉エンタイトルメント支出）は増加しており、今後の連邦財政赤字の構造化要因として残っていることを見落としてはならない。

　オバマ民主党政権も議会共和党も、経常的な財政健全化には妥協の末一定の前進を図ったが、福祉関連エンタイトルメント支出（＝見える福祉国家）の膨張による連邦財政赤字の構造化問題や福祉関連の租税支出（＝隠れた福祉国家）の拡大による連邦歳入の侵食問題に対して、抜本的な解決策を打ち出すことはできなかった。

　税制改正の面で、オバマ政権の実績はどうであろうか。オバマ大統領の問題意識は終始一貫していて、ブッシュ減税により低下した連邦税制の財源調達機能と所得再分配機能を回復させることであり、中間層減税と富裕層増税で税の公平化を目指した。ただ、議会上下両院ともに民主党が議席多数で政

策法案を成立させ易かったのは、最初の2年間で、後の6年間は多数議席を握る議会共和党の抵抗にあって、思い通りの政策法案を成立させることができず、成立させても共和党との妥協を強いられたものであった。税制改正法についてもそうであったが、それでも連邦税制を公平なものにする税制改正が行われており、かなりの成果を確認することができる。The White House（2016）はその成果を次の6点にまとめている[26]。

　①2009年復興法（ARRA）の勤労所得税額控除や児童税額控除の拡充、アメリカ機会税額控除は、年間約2400万の勤労・中間層世帯に約1000ドルの減税便益を与え、ブッシュ減税の期限の切れるアメリカ人の98％に対して減税の恒久化を行った。

　②中小企業支援を含め、典型的な世帯に4年間に3600ドルを援助するような、経済復興にとって決定的となる租税救済措置を制定した。

　③コストのかかる富裕層のためのブッシュ減税を破棄する戦いに勝利し、次の10年間に8000億ドル財政赤字を削減することになった。加えて、所得税最高税率をクリントン政権時水準の39.6％に引き上げ、投資所得や遺産に対する減税を撤廃した。

　④最富裕のアメリカ人はオバマ大統領の政策の結果、非常に高い税率で支払うことになった。2013年の税制改正措置の実施後、合衆国の0.1％の最高所得者は平均6％以上税率が上がったが、それは彼らが旧税法の時に支払っていたよりも500億ドル以上多く支払ったことを意味する。

　⑤特別な利益を生むループ・ホールを塞ぎ、オフショアで課税逃れをすることに打撃を与えることで、連邦税制をより公平なものにした。

　⑥オバマ大統領の税制改革の諸提案は、不効率な税の抜け穴を塞ぎ富裕層に相当の公平な税を払わせることを確実にしたことで成し遂げたこれまでの進展を基に展開されている。

【注】

1)　　Riedl（2017), Executive Summary.

2)　　片桐（2015）、279-281頁；窪田編著（2016）、402-409頁；財政制度等審議会財政制度分科会（2014）、11-17頁。

3)　　財政制度等審議会財政制度分科会（2014）、資料2-2「税制健全化に向けた取組

②」；三菱 UFJ モルガン・スタンレー証券（2015）、2 頁。

4) Riedl（2017）, p.14.

5) Driessen（2017）, pp.5-7.

6) *Ibid.*, pp.9-11；Sherlock and Marples（2014）, pp.14-15.

7) Marples（2015）, pp.7-8.

8) OMB（2014b）, pp.205-219, Table 14-1〜Table 14-4.

9) CEA（2010）, pp.151-152.

10) The White House（2016）.

11) 吉弘（2016）は、2013 年に下院歳入委員会が行った税制改革の議論において参考とされた 12 の包括的税制改革提案の内、3 つの超党派提案の概要と比較を通じて、そのビジョン内容を検討している。そして、3 つの提案の何れも、86 年以降膨張した租税支出の大幅な整理により課税ベースを拡大し、税率の引下げを図ることで、90 年代、2000 年代に複雑化した税制のリストラクチャリングを目指しているが、このような包括的所得税を中心に据えた改革の実現は、現実には難しいとの判断を示している。

12) Slemrod and Bakija（2017）, p.400.

13) CEA（2013）, p.51.

14) CEA（2014a）, p.96.

15) CEA（2013）, pp.96-106.

16) CEA（2015）, p.220.

17) *Ibid.*, pp.220-222.

18) Marples（2015）, pp.10-12.

19) Wolff（2011）, p.271.

20) オバマ政権による 2012 年法人税改革提案から同政権の 2016 年予算教書における法人税改革提案へと、アメリカの法人税改革の議論の焦点が国際課税制度の改革に移ってきていることを明らかにした研究として、諸富（2016）を参照。なお、オバマ政権下において、政府の報告書の他にも議会への提出法案等かなりの数の法人税改革案が出されているが、加藤（2015）は、その中の主な法人税改革案を取り上げ、議論の経過を紹介している。そして、公表された法人税改革案は、いずれも広い課税ベースと低い税率の組み合わせを基本的な方針に据えている点では、一致しているが、租税支出の見直しを中心とする課税ベースの拡大を実現するのは容易ではないとし、その理由と背景を詳しく検討している。

21) The White House and Department of the Treasury（2012）, p.1.

22) *Ibid.*, pp.1-18.

23) CEA（2015）, pp.217-219.

24) *Ibid.*, pp.219-234.

25) *Ibid.*, pp.235-238.

26) The White House（2016）.

――――第 **8** 章――――

アメリカ中間層の衰退と
オバマ政権の中間層経済学、
経済格差縮小政策

第1節　はじめに

　本章は、ブッシュ（子）政権・オバマ政権期におけるアメリカの経済格差
（所得・資産格差）拡大、中間層の経済的衰退とそれに対するオバマ政権の
中間層経済学、および経済格差縮小政策の取組みと成果について検討する。

　経済のグローバル化が進む中で、経済格差が国内外で拡大し、それへの対
応が国際的・国内的重要課題となっている。OECD は 2015 年 5 月に、加盟
34 カ国の所得格差に関する報告書を公表したが、それによれば人口の上位
10％の富裕層と下位 10％の貧困層を比較すると、OECD 諸国で 9.6 倍に格
差が拡がり、大半の国では格差は過去 30 年で最大になっている[1]。

　アメリカでもこの格差問題は相当深刻化してきており、同国における所得
上位 1％の総所得のシェア拡大を明らかにした、トマ・ピケティの著書『21
世紀の資本』の英語版[2]が出版された時、アメリカで熱狂的に受け入れられ
たことは、そのことの裏返しの証明である。ピケティとその共同研究者サエ
ズの研究は、クズネッツの逆 U 字型仮説を覆した[3]点で大きな学問的貢献を
したことは間違いない。だが、彼らの研究には 3 つの難点がある。第 1 に、
所得上位 1％層に焦点を当てるあまり、経済格差の他方の極にある貧困層の
分析が欠けている。第 2 に、税務調査に基づく経済格差拡大論となっている
が、市場所得の世帯間格差を緩和するのは累進税制だけではない。今日先進
諸国はアメリカを含めて皆程度の差こそあれ福祉国家化しており、社会保障

297

制度と税制を大きな手段として所得再分配機能を果たしている。しかし、彼らの研究には、社会保障制度を通じた所得再分配機能の分析がない。第3に、彼らの研究は税制の累進性問題に焦点を当てているが、課税ベースを侵食する租税支出の分析がない。租税支出もそれ自体再分配効果を持つので、経済格差分析には不可欠の分析対象である。

　経済学的再分配分析にするためには、市場所得の世帯間格差を社会保障制度や税制の再分配機能でもって、どれだけ平等化できているのか、また、租税支出の便益がどのような再分配効果を持っているのか、さらには「見える福祉国家」と「隠れた福祉国家」との関係が相互補完の再分配効果を有するのか、それとも相克する関係にあるのかを明らかにせねばならない。その際、所得格差問題だけでなく資産格差問題の実態も明らかにする。資産格差を是正する手段としては遺産税・贈与税がある。第4章でこれらについて論じているが、資産格差是正効果は小さい。ただ、遺産税は2010年に一旦廃止され、2011年から復活し、その意義が改めて問われているので本章で補足しておきたい。

　ところで、貧富の格差拡大は、言い換えれば中間層の衰退ということになる。ITバブルがはじけた2000年代初頭以降学界やマスメディアでこの問題が盛んに取り上げられるようになったが、これに対し中間層の復活を政府が取り組むべき重要課題として訴え続けてきたのはオバマ大統領である。オバマは1期目の大統領候補であった2008年の選挙運動中から、経済的格差と連邦財政赤字を生み出している2001年と2003年のブッシュ大型減税を廃止し、富裕層増税と医療保険改革などの社会保障制度改革によって中間層の復活を図ることを訴えている。

　ところが、2009年のオバマ政権発足直後から大不況からの復興が最優先課題となり、それに1期目はかかりきりとなっていたこともあって、経済格差縮小、中間層の復活という課題については、評価に値する成果は確認できるが、必ずしも十分な成果を上げたとまではいえない。特に目標とした、2001-03年ブッシュ減税の廃止と富裕層増税は、第7章ですでに述べたことではあるが、「2012年アメリカ納税者救済法」において、所得45万ドル超の富裕層には減税を廃止し、事実上増税するという形で、不満足な決着になってしまった[4]。

　オバマ大統領は、政権第2期目に入って経済の回復が目に見えてきつつも、

中間層の経済的回復感は乏しいので、その底上げを 2013 年の一般教書で改めて強く訴えている。さらに、2015 年の『一般教書』と『大統領経済報告書』では、中間層経済学を唱え、中間層所得の 3 つの変動要因である労働生産性、所得不平等、労働参加の改善を計画することを呼びかけている[5]。なおオバマ政権の中間層再生政策を論じた先行研究としては、管見の限り松村（2014）が 1 つある。ただ、この論文は 2014 年に公表されているので、2015 年になってオバマ政権が打ち出した「中間層経済学」については、当然言及されていない。

　以下、第 2 節では、政府移転と連邦税による所得再分配機能の作動実態と限界を明らかにし、さらに所得税主要租税支出の所得再分配機能を検証し、ブッシュ（子）政権・オバマ政権期の所得不平等化、中間層の衰退を明らかにする。第 3 節では、ブッシュ（子）政権・オバマ政権期を中心に資産の不平等化と遺産税の弱い復活について述べる。第 4 節では、オバマ政権が 2015 年に打ち出した中間層復活のための中間層経済学について述べる。第 5 節では、オバマ政権の経済格差縮小政策の取組みと成果について検証する。第 6 節では、本章の検討課題についてまとめた上で、オバマ政権に代わって成立した共和党トランプ政権のトリクルダウン経済学の行方について展望する。

第 2 節　ブッシュ（子）、オバマ政権期の所得格差の拡大、中間層の衰退

1. アメリカの所得格差の拡大と中間層の衰退

（1）市場所得、ミーンズ移転前・課税前所得の伸びの長期的趨勢

　社会保障制度による政府移転や税制による累進性作用等の所得再分配機能が働く前の市場所得の伸びの長期的趨勢を表 8-1 で見ておこう。ただし、市場所得の内容説明は表 8-1 の注で行っている。

　表 8-1 より計算すると、1981 年から 2016 年までの 36 年間における物価調整済みの市場所得の伸びは、第 1 分位（63.6%）、第 5 分位（103.0%）と比べて、中間層の第 2 分位（17.3%）、第 3 分位（19.8%）、第 4 分位（35.0%）の伸びが低い。まさに中間層の衰退である。対照的に、第 5 分位の市場所得の伸びが一番大きいが、中でもトップ 1%（最富裕層）の市場所得の伸びは、同期間において 233.8%できわだって大きい。

表 8-1　所得源泉別および所得階層別に見た平均世帯所得（1981-2016 年）　　単位：ドル

	第1分位	第2分位	第3分位	第4分位	第5分位	全世帯	トップ1%
1981 年（2018 年ドル）							
市場所得	9,900	29,500	51,400	74,200	143,300	61,400	552,300
社会保険給付	5,400	7,100	5,400	4,700	4,400	5,400	6,300
ミーンズ移転前・課税前所得	15,300	36,700	56,800	78,900	147,700	66,800	558,600
ミーンズ移転	5,700	1,100	400	200	100	1,600	200
連邦税	1,500	5,600	11,000	17,600	39,300	15,100	170,300
ミーンズ移転後・課税後所得	19,500	32,200	46,200	61,500	108,500	53,300	388,500
2000 年（2018 年ドル）							
市場所得	14,900	36,200	61,300	95,000	263,200	94,800	1,752,100
社会保険給付	5,100	8,900	8,800	7,500	7,100	7,500	8,200
ミーンズ移転前・課税前所得	20,000	45,100	70,100	102,500	270,300	102,300	1,760,400
ミーンズ移転	8,800	2,900	1,200	600	400	2,700	400
連邦税	1,300	6,100	12,100	21,200	75,100	23,600	568,200
ミーンズ移転後・課税後所得	27,500	41,900	59,200	81,900	195,500	81,500	1,192,500
2008 年（2018 年ドル）							
市場所得	17,000	34,800	61,100	97,300	272,100	95,100	1,771,900
社会保険給付	5,000	11,200	11,600	10,800	8,900	9,500	9,000
ミーンズ移転前・課税前所得	22,000	45,900	72,700	108,100	281,000	104,600	1,780,900
ミーンズ移転	10,900	4,800	2,100	1,000	600	3,900	600
連邦税	200	3,600	8,900	17,300	66,700	19,400	499,600
ミーンズ移転後・課税後所得	32,700	47,200	65,900	91,800	214,900	89,100	1,282,000
2016 年（2018 年ドル）							
市場所得	16,200	34,600	61,600	100,200	290,900	98,200	1,843,500
社会保険給付	5,200	12,500	13,700	13,600	11,300	11,300	9,900
ミーンズ移転前・課税前所得	21,400	47,100	75,300	113,800	302,200	109,500	1,853,500
ミーンズ移転	15,300	7,200	3,600	1,800	1,000	5,800	1,100
連邦税	300	4,400	10,400	20,300	79,900	22,900	613,400
ミーンズ移転後・課税後所得	36,400	49,900	68,500	95,300	223,300	92,500	1,241,200

注：（1）ミーンズテスト移転前・課税前所得は、市場所得プラス社会保険給付から成る。
　　（2）市場所得は、労働所得、事業所得、資本所得（キャピタル・ゲインを含む）、退職所得、
　　　　その他非政府機関からの所得から成る。
　　（3）社会保険給付は、社会保障（老齢・遺族・障害年金保険）とメディケアから成る。
　　（4）ミーンズ移転とは、連邦・州・地方政府のミーンズテスト付き支援プログラムからの現金
　　　　給付や現物給付のことである。メディケイド、児童医療保険、補足的栄養補助プログラム
　　　　がとりわけ大きなプログラムである。
　　（5）連邦税は、個人所得税、給与税、法人税、内国消費税から成る。
出所：CBO（2021a), Table 3 より作成。

2001年から2016年までのブッシュ（子）・オバマ両政権期において、中間層の市場所得の伸びにどのような特徴が見られるのか。第2分位の市場所得が2000年から2008年へ1400ドル減少し、さらに2008年から2016年に200ドル減少しており、また第3分位の市場所得が2000年から2008年へ200ドル減少している。中間層の衰退が特に第2分位と第3分位に顕著に見られる。2009年から2016年までのオバマ政権期には、低所得者（第1分位）の市場所得が800ドルも低下している。オバマ政権は2007-09年大不況からの復興政策に心血を注いだが、景気回復は遅く緩やかで、中所得層と低所得層には景気回復の恩恵があまり及んでいなかった。

上述の市場所得に社会保険給付を加えたものが、ミーンズ移転前・課税前所得になる。それを所得階層別に見た平均世帯所得金額は表8-1に示されている。この所得階層別に見たミーンズ移転前・課税前所得の源泉の内訳は、表8-2に示されている。

表8-2を見てみよう。全世帯の1981-2016年期の推移として、ミーンズ移転前・課税前所得の二大要素である市場所得が9割超で、社会保険給付が1割未満であるが、2016年には前者が9割を切り、後者が1割台に乗せている点は注目される。ただそれは、全世帯について言えることであって、所得階層別に見ると違った様相になる。

特に中間層（第2-第4分位）の市場所得の構成比が下がり続け、社会保険給付の構成比が上がり続ける傾向が読み取れる。勿論低所得層（第1分位）の市場所得の構成比も低いので、その分社会保険給付の構成比も高い水準で推移している。逆に高所得層（第5分位）の社会保険給付の構成比は低く3%前後で、最富裕層（トップ1%）では、0.5%にも満たない状態にある。

さて、ミーンズ移転前・課税前所得を構成する市場所得の比重が上述のように、特に中間層（第2-第4分位）で低下している要因は何か。それは、表8-2を見れば、市場所得の内訳の中で、一番大きい（60%以上）労働所得の比重が傾向的に低下してきていることが主たる要因であることが分かる。なお、ここでいう労働所得には、現金賃金、医療保険料雇主拠出、給与税従業員負担分等が含まれている。

したがって、労働所得の格差が市場所得の格差を大きく規定する。『2015年大統領経済報告書』は、1970年代以降の賃金格差の実態を次のように説明している[6]。

表 8-2　所得階層別に見たミーンズ移転前・課税前所得源泉の内訳
（1981-2016 年）

単位：%

	ミーンズ移転前・課税前所得	市場所得	労働所得	事業所得	資本所得	その他市場所得	社会保障給付
全世帯							
1981	100.0	91.9	71.0	3.0	14.4	3.5	8.1
2000	100.0	92.7	65.0	5.5	15.5	6.7	7.3
2008	100.0	90.9	66.3	6.0	11.7	6.9	9.1
2016	100.0	89.7	64.3	7.3	10.2	7.9	10.3
第 1 分位							
1981	100.0	64.7	53.6	1.3	5.2	4.6	35.3
2000	100.0	74.5	61.0	5.0	3.0	5.5	25.5
2008	100.0	77.8	65.0	5.5	2.3	4.5	22.7
2016	100.0	75.7	62.1	8.4	1.9	3.3	24.3
第 2 分位							
1981	100.0	80.4	67.6	2.5	4.9	5.4	19.6
2000	100.0	80.3	66.1	2.9	3.6	7.7	19.7
2008	100.0	75.8	64.5	2.6	2.0	6.7	24.2
2016	100.0	73.5	62.6	3.2	1.5	6.2	26.5
第 3 分位							
1981	100.0	90.5	76.9	2.1	6.5	5.0	9.5
2000	100.0	87.4	70.9	2.3	5.1	9.1	12.6
2008	100.0	84.0	69.5	2.2	3.2	9.1	16.0
2016	100.0	81.8	67.2	2.5	2.0	10.1	18.2
第 4 分位							
1981	100.0	94.0	80.2	2.2	7.9	3.7	6.0
2000	100.0	92.6	75.2	2.4	6.0	9.0	7.4
2008	100.0	90.0	73.8	2.1	3.8	10.3	10.0
2016	100.0	88.0	70.8	2.5	2.9	11.8	12.0
第 5 分位							
1981	100.0	97.0	65.9	4.9	23.0	3.2	3.0
2000	100.0	97.3	59.0	8.3	23.9	6.1	2.7
2008	100.0	96.8	61.2	10.6	18.3	6.7	3.2
2016	100.0	96.3	60.4	11.4	16.6	7.9	3.7
トップ 1%							
1981	100.0	98.9	35.6	7.0	54.3	2.0	1.2
2000	100.0	99.5	36.3	13.3	47.2	2.7	0.5
2008	100.0	99.5	34.9	20.5	41.3	2.8	0.5
2016	100.0	99.5	34.5	23.0	38.9	3.1	0.5

出所：CBO (2021a), Table 5 より作成。

賃金上昇の鈍化は、ほとんど賃金分布の中間層とボトム層で見られる。す
べての層で急速な賃金上昇のあった 1990 年代後半を別にすれば、ここ 30 年
のほとんどの時期で、最高所得者層以外すべての層の賃金は停滞ないし低下
してきた。1979 年から 2014 年の間に最高所得層（賃金分布の 90％層）の実
質賃金は 35％程度増加した。同時に賃金分布 10％層の賃金はわずかに下落
したが、中位の賃金は 8％上昇した。結果として、賃金分布 90％層と 10％
層との賃金比率は 37％程拡大した。賃金分布の下半分の層の賃金下落の主
要な原因は、過去 30 年間最低賃金の実質価値が侵食されてきたことにある
とする。

　他方、表 8-2 により高所得層（第 5 分位）の市場所得の内訳に目を向ける
と、他の分位層より資本所得と事業所得の構成比は大きく、かつ 2000 年以
降資本所得の構成比は 2 割を切り、事業所得の方は 1 割を超えるようになっ
ている。なお、ここでいう資本所得には、キャピタル・ゲイン、免税利子、
課税利子、配当、賃貸所得等が含まれる。また、事業所得には、自営業の企
業および農業の純所得、パートナーシップ所得、S 法人の所得が含まれてい
る。トップ 1％層（最富裕層）では、そうした傾向が顕著で、表 8-2 の市場
所得の内訳を見ると、労働所得より資本所得の方が構成比が高いのは特徴的
である。だが、それだけではなく、資本所得の構成比が 1981 年 54.3％から
2016 年には 38.9％に低下し、代わりに事業所得の構成比が 1981 年の 7％か
ら 2016 年の 23.0％へと大きく上昇している。

　トップ 1％層世帯の市場所得の構成の変化については、過去何十年かの間
に起こった企業の組織構造の重要な変化が反映しているという CBO
(2016b) の以下のような指摘があるので紹介しておく。

　「1986 年税制改革法は法人所得にかかる最高法定税率以下に個人所得税最
高法定税率を引き下げたのを受けて、（法人税が課せられている）多くの C
法人は、（配当に個人所得税を支払う株主に法人所得を通り抜けさせる）S
法人、あるいは法人税のかからない他のタイプの事業体に転換された。その
結果、過去に（C 法人からの）キャピタル・ゲインや配当として報告されて
いた所得の幾つかは、（S 法人あるいは他の通り抜け事業体からの）事業所
得として報告されることになった。この転換はまた、C 法人は利益を確保で
きるが、S 法人の利益は毎年完全に株主に分配されることが要求されるため
に、所得の実現を加速化した。こうした転換が始まった 1986-88 年期には事

業所得が跳ね上がり、資本所得は下落した。それ以来さらなる転換が起こるにつれ、また新たな事業がＣ法人を設立して行われることが少なくなるにつれ、事業所得のシェアは増加し続けている。」[7]

(2) ミーンズ移転、政府移転の伸びの長期的趨勢

上では、市場所得の所得階層間格差を均す政府移転の柱として社会保険給付があり、市場所得と社会保険給付を合せた世帯所得は、ミーンズ移転前・課税前所得として、所得階層別に時系列的変化を考察した。ここでは、市場所得の所得階層間格差を均す政府移転のもう１つの柱であるミーンズ移転について検討する。なお、ミーンズ移転に含まれるのは、低所得や少額資産しか持たない個人や家族を支援するために指定されている、連邦・州・地方政府からの現金支払や現金給付である。

表 8-1 に戻って、ミーンズ移転の動きを見てみよう。まず気付くのは、ミーンズ移転は所得格差是正という目的からして所得階層の低い世帯に多く、高い世帯に少なく配分されている点である。しかも、低所得や少額資産しか持たない個人や家族を支援するのが主眼なので、ミーンズ移転は第１分位と第２分位の所得階層に多く傾斜配分されている。第１分位と第２分位の1981-2016 年期のミーンズ移転の推移を全世帯の推移と対比して見てみよう。

全世帯のミーンズ移転は、1981 年が 1600 ドルで、2016 年は 5800 ドルなので 4200 ドルの増額である。これに対し、第１分位と第２分位のミーンズ移転は、同期間で前者が 9600 ドル、後者が 6100 ドルの増額でより強い増額措置が取られている。

また、ミーンズ移転をブッシュ（子）政権期に重なる 2000-08 年期とオバマ政権期に重なる 2008-2016 年期とを対比してみると、第１分位では前者が2100 ドル、後者が 4400 ドルの増額であり、第２分位では前者が 1900 ドル、後者が 2400 ドルの増額で、２つの分位のいずれにおいても、ミーンズ移転の増額幅に関しては、オバマ政権期の方がブッシュ（子）政権期より大きい。オバマ政権が 2007-09 年大不況からの景気回復の遅れによる低所得者の経済的困窮に積極的に対応した結果だと考えられる。

次に、ミーンズ移転は政府移転の１つの柱であるが、もう１つの政府移転の柱である社会保険給付と合せて、これらは市場所得の格差を是正する所得再分配機能を発揮しているので、合せてその長期趨勢を表 8-3 で見ておこう。

社会保険給付とミーンズ移転を合せた平均政府移転額は、1981 年から

304

2016 年にかけて大幅に増えているが、第 1-第 5 分位のいずれの分位におい
ても、社会保険給付の割合が下がり、ミーンズ移転の割合が高まっている。
とはいえ、ミーンズ移転の割合がいつも 50％を超え、2016 年には 74.6％に
もなっているのは第 1 分位においてだけで、次にその割合の高い第 2 分位に
おいては、2016 年にその割合が高まっているとはいえ、36.5％にとどまっ
ている。ミーンズ移転は、圧倒的に第 1 分位に対して行っているのであり、
それは第 1 章の表 1-4 の平均ミーンズ移転率を見ても分かる。

　ただ、幾つかのミーンズ移転プログラムの受給資格が 1980 年代以来拡大
されてきたので、第 2 分位や第 3 分位のミーンズ移転の割合も高まってきて
いる。それを牽引している最大のミーンズ移転プログラムはメディケイドで、
それへの支出が膨張してきている。2016 年現在の全世帯のミーンズ移転の
7 割がメディケイドと児童医療保険向けとなっている。

　他方、社会保険給付の構成比は上位分位の方が高いが、いずれの分位でも
1981-2016 年期に低下してきている。とはいえ、それが第 2 分位から第 5 分
位までの所得階層にとって大きな頼みとなる政府移転であることには変わり
はない。ただ、社会保険給付の内訳を見ると、いずれの分位においても社会
保障（年金）の割合が低下し、総じてメディケアの割合が高まっていること
が分かる。

　では、ブッシュ（子）政権期と重なる 2000-08 年期とオバマ政権期と重な
る 2008-16 年期において、2 つの政府移転（社会保険給付とミーンズ移転）
にどのような相違が見られるのか。表 8-1 を見れば、ミーンズ移転の増加額
は、いずれの分位においてもオバマ政権期の方がブッシュ（子）政権期より
大きい。また、社会保険給付の増加額は、第 2 ～第 4 分位において、ブッシ
ュ（子）政権期の方がオバマ政権期より大きいことが分かる。

（3）連邦税負担の長期的趨勢

　市場所得の格差を政府移転と課税で均した後の世帯所得の所得階層別分布
を知るためには、ミーンズ移転後・課税後所得を導き出さねばならない。ミ
ーンズ移転後・課税後所得は、表 8-1 に示されるように、ミーンズ移転後・
課税前所得から連邦税負担を差し引くことで産出される。

　ここでは、この連邦税負担の長期的趨勢について検討する。ここでいう連
邦税には、個人所得税、給与税、法人税、内国消費税が含まれている。2018
年現在、これら 4 つの税の収入は、全連邦税収の 93％になる。ここでいう

表 8-3　所得階層別に見た源泉別政府移転内訳（1981-2016 年）　　　　　　　　　　単位：ドル

		全世帯	第 1 分位	第 2 分位	第 3 分位	第 4 分位	第 5 分位	トップ 1%
1981 年								
平均政府移転（2018 年ドル）		7,000	11,100	8,200	5,800	4,900	4,500	6,500
内訳（％）	社会保険給付	77.1	48.6	86.6	93.1	95.9	97.8	96.9
	社会保障（年金）	54.3	32.4	62.2	63.8	65.3	68.9	70.8
	メディケア	15.7	12.6	17.1	17.2	18.4	20.0	24.6
	その他	7.1	4.6	7.3	12.1	12.2	8.9	1.5
	ミーンズ移転	22.9	51.4	13.4	6.9	4.1	2.2	3.1
	メディケイドと児童医療保険	7.1	14.4	3.7	1.7	2.1	2.2	1.6
	その他	15.8	37.0	9.7	5.2	2.0	0	1.5
2000 年								
平均政府移転（2018 年ドル）		10,200	13,900	11,800	10,000	8,100	7,500	8,600
内訳（％）	社会保険給付	73.5	36.7	75.4	88.0	92.6	94.7	95.3
	社会保障（年金）	47.1	20.9	48.3	57.0	60.5	64.0	67.4
	メディケア	22.5	14.4	23.7	27.0	27.2	25.3	26.7
	その他	3.9	1.4	3.4	4.0	4.9	5.4	1.2
	ミーンズ移転	26.5	63.3	24.6	12.0	7.4	5.3	4.7
	メディケイドと児童医療保険	16.7	35.3	16.9	9.0	6.2	4.0	3.5
	その他	9.8	28.0	7.7	3.0	1.2	1.3	1.2
2008 年								
平均政府移転（2018 年ドル）		13,400	15,900	16,000	13,700	11,800	9,500	9,600
内訳（％）	社会保険給付	70.9	31.4	70.0	84.7	91.5	93.7	93.7
	社会保障（年金）	41.0	14.5	40.0	49.6	55.0	57.9	58.3
	メディケア	25.4	13.8	26.3	30.7	31.4	30.5	32.3
	その他	4.5	3.1	3.7	4.4	5.1	5.3	3.1
	ミーンズ移転	29.1	68.6	30.0	15.3	8.5	6.3	6.3
	メディケイドと児童医療保険	18.7	40.3	20.6	11.7	6.8	4.2	5.2
	その他	10.4	28.3	9.4	3.6	1.7	2.1	1.1
2016 年								
平均政府移転（2018 年ドル）		17,100	20,500	19,700	17,300	15,400	12,300	11,000
内訳（％）	社会保険給付	66.1	25.4	63.5	79.2	88.3	91.9	90.0
	社会保障（年金）	40.4	12.2	38.6	49.1	55.8	57.7	56.4
	メディケア	24.0	12.2	23.9	27.7	19.9	30.9	33.6
	その他	1.7	1.0	1.0	2.4	2.6	3.3	0
	ミーンズ移転	33.9	74.6	36.5	20.8	11.7	8.1	10.0
	メディケイドと児童医療保険	24.0	48.8	26.9	16.2	9.1	6.5	8.2
	その他	9.9	25.8	9.6	4.6	2.6	1.6	1.8

出所：CBO（2021a), Table 5, Table 6 より作成。

連邦税には、遺産税や関税は含まれていない。

　表 8-4 を見てみよう。平均連邦税率はレーガン政権期からオバマ政権期まで政権で時期区分して示してある。第 1 分位の平均連邦税率がレーガン政権期の 10.9％からオバマ政権の 1.1％まで大きく低下している。中間層（第 2-第 4 分位）の平均連邦税率も同期間に 18.6％から 12.8％に低下している。他方 81-99％層とトップ 1％層の高所得層の平均連邦税率は、同期間において前者が 23.7％から 22.6％に少し低下し、後者が 27.6％から 31.2％に幾分上昇しているが、低所得層・中所得層程には大きな変化は見られない。ただ、前者で 25.2％、後者で 34.8％とクリントン政権期に平均連邦税率がどの政権期よりも一番高くなっている。ちなみにクリントン政権 2 期目に連邦財政は黒字転換している。

　2000 年代に入って以降、ブッシュ（子）政権、オバマ政権下での平均連邦税率にどのような特徴が見られるのか。ブッシュ（子）政権によって 2001年と 2003 年に大型減税法が成立し、オバマ政権が成立した後の 2010 年末まで実施され、さらに 2 年間延長されて 2012 年末まで実施されたため、平均連邦税率にかなりの影響が見られる。2008 年のリーマン・ショックがあって不況が深刻化して以降、低所得層（第 1 分位）の平均連邦税率はブッシュ（子）政権期の 5％からオバマ政権期の 1.1％に大きく低下し、中間層（第 2-第 4 分位）の平均連邦税率も 15.3％から 12.8％へかなり低下している。他方、高所得者である 81-99％層では 23.2 から 22.6％へ、トップ 1％（最富裕層）では 30.1％から 31.2％へとほとんど変化がないように見える。表 8-4 に示されるように、前者は 2008-12 年期は 21％台に、後者は 2007-09 年および2012 年に 28％台にまで低下しており、ブッシュ大型減税が最富裕層を優遇していたことを見落とすべきではない。

　2013 年は枠組が大きく変わる。どの所得階層の平均連邦税率も上昇しているが、特にトップ 1％層の平均連邦税率が 5.0％ポイントも上昇している。それにはすでに述べたように、2013 年初めに「2012 年アメリカ納税者救済法」が成立し、45 万ドル以下の世帯に限りブッシュ減税を延長・恒久化し、45 万ドル超の富裕層には減税を廃止し、事実上増税となったことが大きく影響している。最富裕層（トップ 1％）の平均連邦税率は、オバマ政権 2 期目にレーガン政権期以来のどの政権期よりも高くなっていることに注目すべきである。

表 8-4　課税前所得分位（五分位法、百分位法）で見た平均連邦税率
（1981-2018 年）

単位：%

	第 1 分位	第 2-第 4 分位 （20-80%層）	81-99%層	トップ 1%層
1981-1988 年（レーガン政権期）	10.9	18.6	23.7	27.6
1989-1992 年（ブッシュ（父）政権期）	10.1	18.4	24.1	28.5
1993-2000 年（クリントン政権期）	7.5	18.2	25.2	34.8
2001-2008 年（ブッシュ（子）政権期）	5.0	15.3	23.2	30.1
2009-2016 年（オバマ政権期）	1.1	12.8	22.6	31.2
2000 年	6.6	18.1	25.7	32.3
2001 年	6.1	16.6	24.5	32.0
2002 年	5.6	15.8	23.8	31.9
2003 年	5.7	15.1	22.7	30.3
2004 年	5.3	15.3	23.0	30.0
2005 年	5.5	15.6	23.3	30.2
2006 年	5.9	15.6	23.4	29.8
2007 年	5.3	15.5	23.0	28.2
2008 年	0.9	13.1	21.8	28.1
2009 年	-0.3	12.6	21.3	28.7
2010 年	0.0	12.9	21.8	29.3
2011 年	0.6	12.9	21.3	29.0
2012 年	0.9	13.1	21.8	28.6
2013 年	2.3	14.5	23.3	33.6
2014 年	1.9	14.8	23.7	33.6
2015 年	1.5	14.9	23.8	33.3
2016 年	1.6	14.8	23.7	33.1
2017 年	1.2	14.8	23.6	31.7
2018 年	0.0	13.7	22.0	30.2

注：平均連邦税率は、各所得階層の連邦税収をミーンズ移転前・課税前所得合計で除して算出
　してある。
出所：CBO (2021a), Exhibit 11 より作成。

　以上低所得層、中所得層、高所得層の平均連邦税率の推移について述べた
が、なおその補足として各所得階層の平均連邦税率の推移について、CBO
（2016b）の解説を参考に述べておこう[8]。
　第 1 に、第 1 分位（低所得層）の平均連邦税率についてである。表 8-4 に
示されるように 1981 年度以来、2007 年まで第 1 分位（低所得層）の平均連
邦税率はかなり着実に低下しているが、これはクリントン政権が 1996 年個
人責任・就労機会調整法による福祉改革で AFDC を TANF に転換した時に、

勤労所得税額控除を拡大したことが大きく影響している。もっともその影響を平均給与税率の引上げが減らしたが。また2007年から2009年にかけて第1分位（低所得層）の平均連邦税率が著しく低落しているのは、低所得層の税負担の軽減を狙った2008年景気刺激法や2009年アメリカ復興・再投資法が成立したからである。2011年から低所得層の平均連邦税率が上がり始めるのは、主には2011年に就労支払税額控除が期限切れとなり、2013年に社会保障給与税従業員負担部分の臨時引下げが満期に達したためである。

第2に、第2-第4分位（中所得層）の平均連邦税率についてである。2000年と2003年の間に中所得層の平均連邦税率が3.0%ポイント下落している。これは、特に児童税額控除の拡充、法定税率の引下げ、夫婦に対する標準控除の拡大によるものである。

第3に、トップ1%（最富裕層）についてである。2013年に個人所得税率が引き上げられ、医療費負担適正化法の一部として制定された新しい税が実施されるようになり、この所得層の平均連邦税率が5.0%ポイント上がって33.6%になった。2013年から税率引上げが実施されるのを予想して、最富裕層の納税者は、他の所得よりも低い税率で課税されている特にキャピタル・ゲインのような幾つかの所得を2013年から2012年に移した。そうした所得移転のために、税法の変更がなかった場合よりも、この最富裕層の2012年の平均連邦税率は低くなり、2013年の平均連邦税率は33.6%という高い税率になった。

次に、表8-5で連邦税の世帯当たりの負担額を、4つの連邦税についてミーンズ移転前・課税前所得分位別に見てみよう。第1-第5分位までのどの所得階層で見ても、4つの連邦税の中で世帯当たりの負担の重いのは、個人所得税と給与税である。だが、トップ1%の最富裕層では負担の重いのは個人所得税と法人所得税である。以下では、連邦税負担の世帯間格差を引き起こしている、個人所得税、給与税、法人税について説明する。

まず表8-5で2000年代に注目すると、この時期は2001年と2003年にブッシュ大型減税が行われ、また2007-09年大不況の影響もあって、第1分位と第2分位の世帯当たり個人所得税負担は大きくマイナスの値になるが、世帯当たり給与税は、2000年と比べて2008年と2016年において第1分位は若干負担増で第2分位は若干負担軽減になっているものの、そう大きな変化はない。しかも世帯当たり給与税負担額は第1〜第4分位まで世帯当たり個

第8章　アメリカ中間層の衰退とオバマ政権の中間層経済学、経済格差縮小政策　　309

表 8-5　ミーンズ移転前・課税前所得分位別の世帯当たり連邦税負担額
（1981-2016 年）

単位：ドル

	全世帯	第 1 分位	第 2 分位	第 3 分位	第 4 分位	第 5 分位	トップ 1%
1981 年（2018 年ドル）							
連邦税合計	15,100	1,500	5,600	11,000	17,600	39,300	170,300
個人所得税	8,100	100	1,800	4,700	8,700	24,700	122,500
給与税	5,000	1,000	3,000	5,100	7,100	9,000	7,300
法人税	1,500	100	400	800	1,200	4,700	38,400
内国消費税	500	200	400	500	600	800	2,000
2000 年（2018 年ドル）							
連邦税合計	23,600	1,300	6,100	12,100	21,200	75,100	568,200
個人所得税	12,100	−1,200	800	3,600	8,300	47,700	434,800
給与税	8,100	1,900	4,200	6,800	10,300	17,100	34,400
法人税	2,500	200	500	900	1,600	8,900	95,200
内国消費税	900	500	600	800	1,000	1,400	3,900
2008 年（2018 年ドル）							
連邦税合計	19,400	200	3,600	8,900	17,300	66,700	499,600
個人所得税	8,400	−2,600	−1,200	1,000	5,200	39,600	364,600
給与税	8,400	2,200	4,000	6,700	10,400	18,500	36,000
法人税	2,000	200	300	600	1,100	7,500	95,200
内国消費税	600	400	500	600	700	1,100	3,800
2016 年（2018 年ドル）							
連邦税合計	22,900	300	4,400	10,400	20,300	79,900	613,400
個人所得税	10,900	−2,300	−500	2,300	7,600	48,500	440,000
給与税	8,600	2,000	4,000	6,700	10,600	19,900	43,100
法人税	2,600	200	400	700	1,300	10,200	126,500
内国消費税	800	500	500	700	800	1,300	3,800

出所：CBO（2021a），Table 7 より作成。

人所得税負担額を上回っている。世帯当たり個人所得税負担額が世帯当たり給与税負担額を上回っているのは第 5 分位の高所得層だけである。給与税は課税対象給与に上限があり、当然高所得層世帯の負担は所得に対して軽くなる。個人所得税はブッシュ減税で弱められたものの依然累進的であるが、給与税はこのように逆進的で低所得層・中所得層の世帯に重く、高所得層の世帯に軽い負担となっている。

　個人所得税に関しては、すでに述べたようにオバマ政権は、2013 年から

富裕層への増税で累進性を強化する方向に動いた。個別申告する場合40万ドルを超える所得のある納税者、夫婦合算申告の場合45万ドルを超える所得のある納税者に対しては、最高法定限界税率が35％から39.6％に引き上げられ、長期キャピタル・ゲインと配当に対する法定税率は15％から20％に引き上げられた。さらに、調整総所得が個別申告の場合25万ドル、夫婦合算申告の場合30万ドルを超える納税者に対して人的控除や項目別控除の利用についての制限が再度復活した。また、納税者の投資所得と（個別申告の場合20万ドル、夫婦合算申告の場合25万ドルを超える）総所得の少ない方に、3.8％の付加税が課せられている[9]。

給与税の負担軽減について少し詳しく説明しておこう。2007-09年大不況に苦しむ低所得層、中所得層のために「2010年減税・失業保険再認可・雇用創出法」が制定され、2年間社会保障給与税の被用者負担部分が2％ポイント引き下げられた。この臨時の給与税軽減措置は2012年末で期限が切れた。加えて、2013年から医療費負担適正化法の一部としてメディケア給与税が、個別申告の場合20万ドル以上、夫婦合算申告の場合25万ドル以上稼いでいる納税者に対して0.9％ポイント引き上げられた[10]。

表8-5に示されるようにトップ1％層は、法人税の負担が大きい。では、ここでいう世帯負担の法人税とは何か。議会予算局（CBO）は、調整済みキャピタル・ゲインを含めた全資本所得の各世帯受取割合に比例して法人税のほとんどを世帯負担の平均法人税として割り当てている[11]。資本所得の保有割合は高所得層程高くなるので、法人税負担の割合も高所得層で当然高くなる。CBOの推計によれば、2013年では、全法人税負担のほぼ80％が第5分位の高所得層世帯が担い、全法人税負担の約47％をトップ1％層の富裕層世帯が担っていた[12]。

（4）ミーンズ移転後・課税後所得の長期的趨勢と政府移転および税制による所得再分配効果の評価

上記（1）～（3）で市場所得、ミーンズ移転前・課税前所得、ミーンズ移転、政府移転、ミーンズ移転後・課税前所得、連邦税、の長期的趨勢を見てきたが、最後にミーンズ移転後・課税後所得の長期的趨勢として何が言えるのか。表8-1を見て、1981-2016年期のミーンズ移転後・課税後所得の伸び率を、所得階層別に算出すると、第1分位86.7％、第2分位55.0％、第3分位48.3％、第4分位55.0％、第5分位105.8％、トップ1％層319.5％とな

第8章　アメリカ中間層の衰退とオバマ政権の中間層経済学、経済格差縮小政策　　311

る。政府移転（社会保険給付やミーンズ移転）や累進課税といった所得再分配装置の作動後の世帯所得であるミーンズ移転後・課税後所得の伸びを、2000-08 年期について所得階層別に比較した結果、第 2-第 4 分位の中間層の伸びが第 1 分位と比べてさえ低く、第 5 分位なかんずくトップ 1%層の伸びとは格段の差があり、中間層の衰退を示している。

　以下では、市場所得の不平等に対する政府移転と連邦税の平等化（平準化）効果についてより詳しく検討する。その前提として、①市場所得、②ミーンズ移転前・課税前所得、③ミーンズ移転後・課税前所得、④ミーンズ移転後・課税後所得の不平等をジニ係数で表わす必要がある。それを 1979-2018 年期について時系列的に示したのが第 1 章の表 1-3 であり、それをグラフ化したのが図 8-1 である[13]。上述の①～④の 4 種類の所得の不平等度を示すジニ係数の推移を、表 1-3 と図 8-1 を見ながら、1979-2018 年期について追跡してみよう。

　ベースとなる市場所得のジニ係数は、年によって多少の増減があるが、1979 年の 0.472 から 2018 年の 0.600 へと増加トレンドを辿っており、市場所得の不平等化が進んでいる。その背景には、大きくは産業構造が製造業からサービス業へと転換し、製造業でも IT 産業が中心となり、アウトソーシング、オフショアリングが進み、また金融自由化で金融サービス業が発達したこと等による雇用構造の大きな変動がある。格差の直接的原因としては、技術革新による労働需要格差、労働組合の組織率低下、最低賃金引上げの遅れ、非正規労働の拡大、法外な役員報酬などを挙げることができる。

　次に、ミーンズ移転前・課税前所得のジニ係数を見てみよう。市場所得に社会保険給付（1 つの政府移転）を加えるとミーンズ移転前・課税前所得になるが、そのジニ係数は社会保険給付に所得再分配効果があるため、市場所得のジニ係数より小さく、1979 年が 0.412 で 2018 年が 0.521 となっている。しかし、その数値は増加トレンドをたどっており、ミーンズ移転前・課税前所得の不平等化も進んでいる。

　さらに、市場所得プラス社会保険給付の上に、ミーンズ移転を加えると、ミーンズ移転後・課税前所得になるが、そのジニ係数も、ミーンズ移転に所得再分配効果があるために、ミーンズ移転前・課税前所得のジニ係数より小さく、1979 年が 0.391 で 2018 年が 0.479 となっている。しかし、その数値は増加トレンドを辿っており、ミーンズ移転後・課税前所得の不平等化も進

図 8-1　4 種類の所得についてのジニ係数で見た所得不平等度（1979-2018 年）

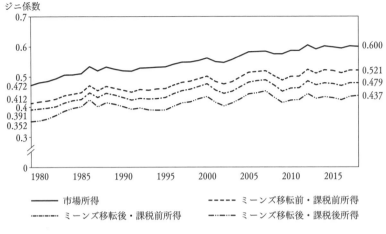

出所：CBO (2021a), p.37 に加筆修正。

んでいる。

　最後にミーンズ移転後・課税前所得から租税負担を差し引くと、ミーンズ移転後・課税後所得になるが、そのジニ係数も、租税負担に所得再分配効果があるために、ミーンズテスト移転後・課税前所得のジニ係数より小さく、1979 年が 0.352 で 2018 年が 0.437 となっている。しかし、その数値は増加トレンドを辿っており、ミーンズ移転後・課税後所得の不平等化も進んでいる。

　以上の結果、1979-2018 年期において、市場所得の不平等化の程度が非常に大きいために、社会保険給付やミーンズ移転といった政府移転、および課税による所得再分配機能が作動しているものの、市場所得の不平等化を抑え込むことができず、最終的にミーンズ移転後・課税後所得の不平等化も進んできているものと判断する。

　では次に、1979-2018 年期において急激な勢いで進んでいく市場所得の不平等化に対し、社会保険給付やミーンズ移転といった政府移転、および課税の再分配効果でどの程度所得格差を平等化（平準化）できたのか、第 1 章の表 1-3 を使って検証してみよう。

　政府移転と連邦税の所得格差平等化の程度を表したのが、表 1-3 にある平準化係数（市場所得のジニ係数の変化率）である。1979 年から 2018 年の期

間において、政府移転と連邦税を合せての平準化係数が最も低かったのは、1986年の20.4％であり、最も高かったのは、2016年の28.9％である。したがって、1979年から2018年の期間において、8.5％ポイントの幅の中で市場所得の平等化（平準化）が図られてきたといえる。しかし、それではアメリカでほぼ一貫して進行している市場所得の不平等化に歯止めをかけることができていない。

アメリカの市場所得の不平等化に歯止めをかけるには、労働所得が市場所得の過半を占めていることに鑑みれば、労働市場の在り方を根本的に問い直すか、所得再分配装置である政府移転（社会保険給付とミーンズ移転）と課税（連邦税）の在り方を根本的に問い直すことが必要である。

ここで、市場所得の世帯間不平等を平等化する政府移転と連邦税の平等化（平準化）効果の相違について、検討しておこう。第1章の表1-3に示されるように、平準化係数は政府移転と連邦税に分けて見ることができる。平準化係数の概ね7割前後が「政府移転」（うち5割前後が社会保険給付、2割前後がミーンズ移転）によるもので、3割前後が「連邦税」によるものである。言い換えれば、市場所得格差の平等化（平準化）に一番貢献しているのが、社会保険給付で、2番目が課税（連邦税）で、3番目がミーンズ移転ということである。あるいは、2つの政府移転を合せた場合、政府移転の方が課税より市場格差の平等化（平準化）にはるかに貢献しているともいえる。ただ、所得平準化に貢献しているその三者のいずれに力点を置くかは政権によって差が出るところである。

そこで、平準化係数の高低を政権間で比較してみよう。第1章の表1-3より計算すると、平準化係数の4年間平均値が25％を超えるほど高いのは、クリントン政権第1期の26.3％、ブッシュ（子）政権期第1期の25.4％、オバマ政権第1期の27.7％と同政権第2期の28.3％である。特にオバマ政権2期8年を通して、平準化係数は高い数値を示している。逆に、平準化係数の低い数値としては、レーガン政権第1期の23.7％、同政権第2期の21.7％、ブッシュ（父）政権の23.5％、クリントン政権第2期の23.4％、ブッシュ（子）政権第2期の23.8％を挙げることができる。

総じていうならば、クリントン、オバマ両民主党政権期の方がレーガン、ブッシュ父子共和党政権期より平準化係数の数値が高い。オバマ政権期の平準化係数が高いのは、2000-09年大不況の経済対策もあって、中・低所得者

314

向けの政府移転を拡大したことや2012年アメリカ納税者救済法で連邦税の累進性を強化したこと等が大きく影響している。レーガン政権の平準化係数が低いのは、1981年経済再建税法や1986年レーガン税制改革で連邦税制の累進性が弱められたことが影響している。

　以上見てきたように、アメリカの市場所得の不平等化が長期間に亘って進行してきているが、それに歯止めをかけて平準化させる政府移転と連邦税の所得再分配機能が弱いためミーンズ移転後・課税後所得の不平等化が進んできている。ブッシュ（子）政権による2003年メディケア処方薬改善・近代化法の成立やオバマ政権による2010年医療費負担適正化法の成立等社会保障制度の改善拡大が進められているが、それでもこうした「見える福祉国家」は、西欧福祉国家に比べて依然劣っている。それだけでなく、それと補完関係にある租税支出を通しての「隠れた福祉国家」が肥大しているのがアメリカと西欧福祉国家との大きな違いである。

　第1章の表1-3に示されるように、アメリカの連邦税制による所得再分配機能はあまり強くない。税制の累進性を高める必要がある。オバマ政権が進めたように、富裕者増税として税率を引き上げることもその1つであろう。しかし、税制の累進性を高めるのはそれだけではない。各種の非課税、所得控除、税額控除も制度の整理次第で累進性を高めうる。各種の非課税、所得控除、税額控除等の租税支出は、福祉関連のものが多いので、一見これらの福祉関連の租税支出は、「隠れた福祉国家」として「見える福祉国家」を補完しているように見えるが、実際にはどうなのか。租税支出の便益が低所得層に重点的に及んでいるのであれば、税制の所得再分配機能を果していることになるが、高所得層を優遇するものになっているのであれば、税制の所得再分配機能を弱めることになる。そこで次に租税支出の所得再分配機能について検討することにしよう。

2. 所得税主要租税支出の所得再分配機能の検証

（1）所得税主要租税支出便益の過半が高所得層へ

　オバマ政権期の「隠れた福祉国家」が、「見える福祉国家」のような所得再分配機能を果しているのであろうか、あるいは果していないのであろうか。非事業個人所得の全租税支出（減免税）の租税便益がどの所得階層に帰着したのかを明らかにした研究に、Baneman et al.（2012）と Toder et al.（2016）

の2つがある。いずれも租税政策研究所（TPC）のシミュレーションモデルを使っており、全租税支出額を推計するのに個々の減免税の単純合計ではなく、減免税規定間の相互作用によってそれより増える収入コストを採用している。

Baneman et al.（2012）は、2011年度の全租税支出は、1兆806億ドルと推計し、その便益は、トップ1% 23.9%、95-99%層16.7%、90-95%層11.5%、80-90%層14.1%、第4分位層13.8%、第3分位層9.5%、第2分位層7.8%、第1分位層2.8%の割合で帰着していることを明らかにしている[14]。これを見ても明らかなように、租税支出の便益は第5分位（高所得層）に66.2%が帰着し、しかもトップ1%層（最富裕層）に23.9%も帰着している。

Toder et al.（2016）は、2015年の全租税支出は、1兆1678億ドルと推計し、その租税便益は、トップ1%層27.5%、95-99%層12.2%、90-95%層9.3%、80-90%層12.6%、第4分位層15.8%、第3分位層10.8%、第2分位層7.9%、第1分位層3.6%の割合で帰着していることを明らかにしている[15]。これを見ると、租税支出の便益は2011年には第5分位層にその66.2%が帰着していたのに、2015年には減って61.6%だけ帰着している。逆にいえば、第1-第4分位層への租税便益帰着割合が高まったといえる。ただし、第5分位層の中では、トップ1%層（最富裕層）の租税支出の便益帰着割合が、2011年の23.9%から2016年の27.5%へと上昇していることは見過ごすべきではない。

さて、個人所得税租税支出は、主にどのような目的の個別租税支出に配分・利用されているのか、また個々の租税支出の租税便益は、どの所得階層に有利に配分されているのだろうか。

CBOは、2013年に個人所得税租税支出の便益の帰着を分析した資料（CBO（2013a））を公表しているので、主にその資料を使って個人所得税租税支出の特徴を明らかにする。CBOは200以上ある個別租税支出の中から10個の主要租税支出を取り上げている。10個の主要租税支出は合せると、2013年度全租税支出予算の大体3分の2になり、金額的には9000億ドルで、2013年度GDPの5.7%になる（10個の主要租税支出については、表8-6の注（1）参照）。

表8-6の「10個の主要租税支出の内訳」欄を見れば明らかなように、第5分位（高所得層）が租税支出の50.6%も分配されている。高所得層の中

表 8-6　10 個の主要租税支出の内訳、対課税前所得比、4 タイプの対課税前所得比
（2013 年）　　　　　　　　　　　　　　　　　　　　　　　　　　　　単位：%

10 個の主要租税支出の内訳（%）					
		81-90%層	91-95%層	96-99%層	トップ1%層
第1分位	7.7				
第2分位	10.1				
第3分位	13.3				
第4分位	18.2				
第5分位	50.6	12.4	8.6	13.0	16.6

10 個の主要租税支出の対課税前所得比（%）		
	所得税	給与税
第1分位	9.5	2.2
第2分位	5.8	2.2
第3分位	5.0	2.3
第4分位	5.0	2.2
第5分位	8.3	1.2
81-90%層	5.5	1.9
91-95%層	6.4	1.4
96-99%層	9.0	0.9
トップ1%層	12.8	0.3

10 個の主要租税支出4タイプの対課税前所得比（%）					
	第1分位	第2分位	第3分位	第4分位	第5分位
非課税所得	4.2	4.5	5.0	5.2	4.7
所得控除	＊	0.2	0.4	0.8	2.5
キャピタル・ゲイン、配当優遇税率	＊	＊	0.1	0.2	1.7
税額控除	8.1	3.3	1.5	0.7	0.1

注：（1）10 個の主要租税支出とは、雇主医療拠出金、医療保険料、長期療養保険料の非課税、年
金純拠出金・積立金投資収入の非課税、死亡時移転資産のキャピタル・ゲイン非課税、社
会保障給付・鉄道退職給付の非課税、住宅ローン利子控除、非営利州・地方政府所得税、
売上税、不動産税、勤労所得税額控除、慈善寄附金控除、配当および長期キャピタル・ゲ
インの優遇税率、勤労所得税額控除、児童税額控除のことである。
　　（2）雇主医療拠出金、医療保険料、長期療養保険料の非課税および年金純拠出金・積立金投資
収入の非課税といった租税支出には給与税への影響を含んでいる。勤労所得税額控除や児
童税額控除といった租税支出には支出への影響を含んでいる。
　　（3）租税支出の推計は、租税支出が実施された時の人々の行動をベースに行われているために、
その推計は、税法上の租税支出規定が廃止され、納税者がそうした変化に対応して自分の
活動を調整するならば生じるであろう収入金額を反映していない。
　　（4）＊印：0〜0.05%。
出所：CBO（2013a）, Supplement data より作成。

でもトップ1%層が16.6%も分配されている。同表の「10個の主要租税支出の対課税前所得比」欄を見ると、所得分位の第5分位（高所得層）と第1分位（低所得層）が課税所得に対する租税支出の比率が中所得層の第2、第3、第4の各分位のその比率より高いのが注目される。さらに第5分位（高所得層）の中でもトップ1%層（最富裕層）のその比率が12.8%にもなっている。

さらに同表の「10個の主要租税支出4タイプの対課税前所得比」欄を見ると、所得層によって利用している租税支出のタイプが違うことがわかる。非課税所得は、いずれの所得層でも比較的多く利用されているが、中でも第3分位と第4分位の中所得層の利用度が高い。第5分位（高所得層）は、非課税所得の他に、所得控除、キャピタル・ゲインおよび配当優遇税率の利用度も他の分位と比べれば高い。税額控除の利用は、第1分位（低所得層）での利用度が一番高く、次いで第2分位（低中所得層）でも比較的多く利用されている。

(2) 個別に見た個人所得税租税支出の所得階層間分布

表8-7で個別に所得税租税支出の特徴を見てみよう[16]。

雇主提供医療保険非課税は、所得税では単独で最大の租税支出で、CBO（2013a）の推計ではその規模は2480億ドルである。表8-7によればこの租税支出は、第5分位34%、第4分位26%、第3分位19%、第2分位14%、第1分位8%の割合となっている。だが、課税後所得に対するこの租税支出の割合は、第1分位から第4分位までは3.1〜3.5%の範囲内にあって分位間ではかなりフラットである。第5分位（高所得層）は、所得の1.9%とかなり低い割合しか示しておらず、さらにトップ1%層では0.5%という低い割合になっている。

年金純拠出金および積立金投資収入非課税も大きな租税支出で、2013年で1370億ドルにのぼる。第5分位が租税支出の60%と全体の3分の2を受け取っている。課税後所得に対するこの租税支出の割合は、第1-第3分位の所得層では0.4〜0.8%程度であるが、第5分位は2.0%となっている。

死亡時移転資産キャピタル・ゲイン非課税は2013年430億ドルの租税支出である。これも第5分位が66%と全体の3分の2を受け取っている。しかもトップ1%層がこの租税支出の21%を受け取っている。ただ課税後所得に対するこの租税支出の割合は第5分位が0.7%、トップ1%層が0.9%で、

表 8-7　課税前所得分位で見た主要租税支出の分布（2013 年）　　　　　　　　単位：10 億ドル、%

租税支出項目	金額 (10億ドル)	対GDP比 (%)	第1 分位	第2 分位	第3 分位	第4 分位	第5 分位	全世帯	トップ 1%層
			租税支出の割合（%）						
非課税所得									
雇主提供医療保険（①）	248	1.5	8	14	19	26	34	100	2
年金純拠出金・積立金投資収入(①)	137	0.9	2	5	9	18	66	100	14
死亡時移転資産のキャピタル・ゲイン	43	0.3	＊	3	15	17	65	100	21
社会保障給付・鉄道退職給付	33	0.2	3	15	36	33	13	100	1
全非課税所得			5	10	16	23	45	100	7
項目別控除									
州・地方税	77	0.5	＊	1	4	14	80	100	30
住宅ローン利子	70	0.4	＊	2	6	18	73	100	15
慈善寄附金	39	0.2	＊	1	4	11	84	100	38
全項目別控除			＊	1	4	13	81	100	30
キャピタル・ゲインおよび配当優遇税率	161	1.0	＊	＊	2	5	93	100	68
税額控除									
勤労所得税額控除	61	0.4	51	29	12	6	3	100	＊
児童税額控除	57	0.4	22	29	26	18	4	100	＊
全税額控除			37	29	19	12	3	100	＊
全租税支出			8	10	13	18	51	100	17
			課税後所得に対する租税支出の割合（%）						
非課税所得									
雇主提供医療保険			3.5	3.2	3.1	3.1	1.9	2.6	0.5
純年金拠出金および収入			0.4	0.7	0.8	1.2	2.0	1.4	1.7
死亡時移転資産キャピタル・ゲイン			＊＊	0.1	0.5	0.4	0.7	0.5	0.9
社会保障給付・鉄道退職給付			0.2	0.5	0.8	0.5	0.1	0.3	＊＊
全非課税所得			4.2	4.5	5.0	5.2	4.7	4.9	3.2
所得控除									
州・地方税			＊＊	0.1	0.2	0.5	1.4	0.8	2.2
住宅ローン利子			＊＊	0.1	0.3	0.6	1.1	0.7	0.9
慈善寄付金			＊＊	＊＊	0.1	0.2	0.7	0.4	1.4
全所得控除			＊＊	0.2	0.4	0.8	2.5	1.4	3.9
キャピタル・ゲインおよび配当優遇税率			＊＊	＊＊	0.1	0.4	1.7	0.9	5.3
税額控除									
勤労所得税額控除（②）			5.8	1.7	0.5	0.2	＊＊	0.7	＊＊
児童税額控除（②）			2.3	1.5	0.9	0.5	0.1	0.6	＊＊
全税額控除			8.1	3.3	1.5	0.7	0.1	1.3	＊＊
全租税支出			11.7	7.9	7.3	7.3	9.4	8.7	13.1

注：雇主提供医療保険の非課税所得には、雇主の医療保険拠出金、医療保険料、長期療養医療保険
　　料を含む。
　　①は給与税への影響も含んでいる。②は支出への影響も含んでいる。
　　＊印：0〜0.5%、＊＊印：0〜0.05%。
出所：CBO（2013a), Table1, Table2 より作成。

いずれもあまり高くない。

　社会保障給付・鉄道退職給付の非課税は、2013年330億ドルでそれ程規模の大きくない租税支出である。この租税支出はもっぱら中所得層（第2-第4分位）の納税者に受け取られ、合せれば中間3分位でこの租税支出全体の84％を受け取っている。高所得層（第5分位）は、この租税支出の13％しか受け取らず、トップ1％層はこの租税支出の1％しか受け取っていない。高所得層の受取割合が低いのは、現行法の下では社会保障給付のほとんどを課税所得に含めることが要求されているからである。低所得層（第1分位）はこの租税支出の恩恵にほとんど浴していない。

　州・地方税控除は、3つの項目別控除の中で一番規模が大きく、2013年で約770億ドルにもなる。これは低所得世帯よりも高所得世帯の所得に大きな租税便益を与える。課税後所得に対する2013年のこの租税支出の割合は第1分位（低所得層）では0.1％であり、第3分位（中所得層）では1.4％で、トップ1％層では2.2％となっている。

　2番目に大きい項目別控除は、自宅の住宅ローン利子控除で、2013年で700億ドルになる。それは、一部は法律で利払費控除ができる最大住宅ローン控除額に制限を設けているためであり、また一部は住宅ローンが他の項目別控除よりも急激に所得とともに上昇するからである。この租税支出は他の所得層の世帯以上に高所得層世帯に便益を与えている。第5分位（高所得層）は、この項目別控除の便益の75％を受け取っている。

　慈善寄附金控除は、2013年で390億ドルになる項目別控除対象租税支出である。高所得層世帯は彼らの所得の大きな部分を慈善に寄付し、見返りに大きな補助金（租税支出）を受け取る傾向がある。結局この租税支出の便益は高所得層（第5分位）に集中し、この所得層が84％の便益を得ており、そのうちの38％がトップ1％層の便益となっている。トップ1％層にとって、この租税支出の課税後所得に対する割合は3.9％にもなっている。

　長期キャピタル・ゲインおよび配当の優遇税率適用による租税支出は、2013年で1610億円となり、10項目の個別租税支出の中では2番目の大きさである。この租税支出の93％は第5分位（高所得層）が受け取っており、さらにトップ1％層がこの租税支出の68％も受け取っている。トップ1％層にとって、この租税支出の課税後所得に対する割合は5.3％と、どの租税支出項目よりも高い割合になっている。

勤労所得税額控除と児童税額控除は子供のいる世帯を一般的に対象としており、2013年度で前者は610億ドル、後者が570億ドルとなっている。勤労所得税額控除は低所得者向けで、第1分位（低所得層）がこの租税支出の51%、第2分位（低中所得層）が29%を受け取り、両方でこの租税支出の8割を占める。児童税額控除は、第1–第4分位まで特定の分位にあまり集中せずに利用されている。特に第1分位（低所得層）にとっては、課税後所得に対するこの2つの租税支出の割合が合せて8.1%にもなっており、第2分位（低中所得層）でも2つの租税支出の割合が3.3%になっており、低所得層には大きな、低中所得層にはそれなりの租税救済になっていると言える。

　以上10個の租税支出の便益がどの所得層の世帯に帰着しているか詳しく検討したが、概ね次のように言えよう。

　第1に、年金純拠出金・積立金投資収入非課税、死亡時移転資産のキャピタル・ゲイン非課税、州・地方税控除、住宅ローン控除、慈善寄附金控除、キャピタル・ゲインおよび配当の優遇税率が、高所得層（第5分位）にその便益の大半が帰着している租税支出である。この6つの租税支出の2013年の合計金額は5270億ドルになる。10個の租税支出の合計金額は9260億ドルなので、10個全体の56.9%が高所得層向けの租税支出ということになる。

　第2に、第2、第3、第4分位の3つの分位を中所得層とすると、中所得層に租税支出の大半が帰着しているのは、年金純拠出金・積立金投資収入非課税と社会保障給付・鉄道退職給付非課税、児童税額控除の3つの租税支出で、その合計金額は3380億ドルとなる。10個の租税支出の合計額に対するこの3つの租税支出の合計額の割合は、36.5%となる。10個全体の36.5%が、中所得層向けの租税支出ということになる。

　第3に、明らかに低所得層（第1分位）を対象としている租税支出は、勤労所得税額控除だけで、2013年では610億ドルの金額である。この金額の10個の租税支出の合計金額9260億ドルに対する割合は6.6%である。10個全体の6.6%が、低所得層向けの租税支出ということになる。

　以上の結果、10個の租税支出の便益の多くは高所得層に帰着していたということになるが、そうなるのは非課税や項目別控除は、限界税率の高い高所得層に有利になるからである。それでも連邦所得税制が緩い累進性を維持できているのは、税率が累進的であることも与って力あるからであろう。

　いずれにせよ、租税支出はC.ハワードによって「隠れた福祉国家」と呼

ばれて社会保障制度の「見える福祉国家」の所得再分配効果を補完している
ように見えているが、実は「見える福祉国家」のような所得再分配効果を発
揮せず、むしろ連邦所得税制の再分配機能を弱めていると見なければならな
い。連邦所得税の税率の累進性を租税支出は削ぐ役割を果たしていることに
なる。そればかりか、租税支出の拡大は連邦政府の税収を大きく減少させ、
財政赤字要因にもなっている。連邦政府の財源を租税支出が食ってしまえば、
連邦政府の社会保障費支出の増加に抑制圧力がかかってしまい、「隠れた福
祉国家」が「見える福祉国家」を食ってしまう。そういう意味で、アメリカ
の所得格差拡大に財政面から歯止めをかけるため所得再分配機能を強化せね
ばならないが、それには社会保障制度を充実させるだけでなく、そのための
財源と所得再分配機能を強化するためにも租税支出を改革し、連邦税制を再
建しなければならない。

第3節　ブッシュ（子）、オバマ政権期の資産格差の拡大、中間層の衰退と遺産税の弱い復活

1. 資産格差の拡大と中間層の衰退

　議会予算局は、CBO（2022）の報告書において、1989年から2019年まで
の世帯資産の分布トレンドを明らかにしている。その要点は次の通りであ
る[17]。

　①アメリカの世帯保有資産の合計額は、1989年の38兆ドルから2019年
の115兆ドルへと約3倍に膨れ上がり、GDPの約5倍に規模になっている。

　②1989-2019年期30年間の世帯資産の分布はどう変化したのか。資産分
布10％層の合計資産は、24.3兆ドルから82.4兆ドルへ240％増加し、全世
帯資産に占める割合は、63％（1989年）から72％（2019年）へと上昇した。
資産分布トップ1％層に限定すれば、この層の合計資産が全世帯資産に占め
る割合は、27％（1989年）から34％（2019年）に上昇した。他方、資産分
布51-90パーセンタイル層の合計資産は、12.7兆ドルから30.2兆ドルへ
137％増加したものの、全世帯資産に占める割合は、33％（1989年）から26
％（2019年）に低下した。資産分布下位50％層の合計資産は、1.4兆ドル
から2.3兆ドルへ65％増加したものの、全世帯資産に占める割合は、4％
（1989年）から2％（2019年）に低下した。以上のように、過去30年間に、
資産分布10％層、1％層といった富裕層に世帯資産が集中し、資産分布下位

322

50％層との資産格差が拡大している。

③1989-2019年期に世帯資産・負債の内容構成にどういう変化が生じたのか。CBOは世帯資産・負債を5タイプの資産と非住宅負債に分類して、1989-2019年期30年間の増加率を示している。確定拠出年金資産は59.2％、非退職金融資産は238％、確定給付年金資産は159％、その他資産は164％、住宅資産は127％、非住宅負債は1.9％であった。このような資産価値の変動によって、全世帯資産に占める、非退職金融資産と退職年金資産の構成比は増加したが、住宅資産およびその他資産の構成比は減少した。いずれにせよ、1989-2019年期に価値を大きく高めたタイプの資産は、富裕な資産家世帯に集中したのである。

④世帯資産の増加を世帯の特性で見ると何が言えるのか。過去30年間にわたって、高所得層、高教育層、高齢者層の世帯の中位の資産は、低所得層、低教育層、若年層の世帯の中位の資産より早く増加している。白人世帯の資産は、当該期間を通じて、相当額他の民族・人種の世帯の資産を上回っていた。1950年以降に生まれた各コホートの中位の資産は、コホートが同じ年齢であるときには、1950年以前に生まれた各コホートの中位の資産より少なかった。

では次に、アメリカの中間層の所得・資産等の財政基盤が崩れてきていることを論じた、ピュー・リサーチセンターの論文（Pew Research Center (2015)）やヴォルフの論文（Wolff (2014)）があるので、それらを参考に、資産格差拡大、中間層の衰退について、もう少し掘り下げて検討してみよう。

表8-8は、1983年から2013年までの所得階層別の中位世帯純資産の推移を示している。上欄の「中位世帯純資産額の推移」を見ると、1983年から2007年まで、1990年代後半のITバブルや2000年代前半の住宅バブルの影響もあって、中位世帯純資産は7万7890ドルから13万7955ドルへと77.1％も増加している。ちなみに1983-2007年の世帯平均市場所得の伸びをCBO（2016b）のデータ（2013年ドル）で見ると、1983年の6万1100ドルから9万2300ドルへと51％の伸びとなっている。1983年から2013年の間に所得の増加を上回る資産の増加が起こっているのである。しかし中位世帯純資産額は2007-09年大不況で大きく下落し、8万3637ドルになった。2007年から2010年のその下落率は、39.2％である。2013年もなお下落が続き、中位の世帯純資産額は、8万2756ドルまで落ちている。これは、1992

第8章　アメリカ中間層の衰退とオバマ政権の中間層経済学、経済格差縮小政策　　323

表 8-8　所得階層別の中位世帯純資産の推移（1983-2013 年）　　　　　単位：ドル、%

	1983	1992	2001	2007	2010	2013
中位世帯純資産額の推移（2014 年ドル）						
中位の世帯純資産額	77,890	82,195	116,031	137,955	83,637	82,756
所得階層別の中位世帯純資産額の推移（2014 年ドル）						
低所得層（第 1 分位）	11,544	14,024	19,397	18,264	10,688	9,465
中所得層（第 2-第 4 分位）	95,879	95,657	136,455	161,050	98,084	98,057
高所得層（第 5 分位）	323,402	344,162	600,089	729,980	605,228	650,074

	1983-92	1992-2001	2001-07	2007-10	2010-13
所得階層別の中位世帯純資産額の変化率（%）					
低所得層（第 1 分位）	21	38	-6	-41	-11
中所得層（第 2-第 4 分位）	0	43	18	-39	0
高所得層（第 5 分位）	6	74	22	-17	7

注：純資産は、1 世帯保有の資産額と負債額の差額である。世帯は、規模調整済所得をベースに所
　　得階層で区分されている。純資産は世帯規模で調整されていない。
出所：Pew Research Center (2015), pp.41-43 より作成。

年の水準に近い。

　次に表 8-8 の中欄にある所得階層別の中位世帯純資産額の推移を見てみよ
う。同表から計算すると、1983 年から 2007 年までに、中位世帯純資産額は
低所得層（第 1 分位）で 58.2%、中所得層（第 2-第 4 分位）で 17.9%、高
所得層（第 5 分位）で 125.7%の増加となっている。高所得層世帯の純資産
額の増加が顕著である。では 2007-09 年大不況で各所得層の純資産はどの程
度下落したのか。同様に計算すると、低所得層で 41.5%、中所得層で 39.1%、
高所得層で 17.0%の純資産額の下落となっている。2013 年において、純資
産額は、低所得層と中所得層でなお下落が続いているが、高所得層では増加
に転じている。かくして高所得層の純資産額は、1983-2007 年期に他の所得
層以上に増加し、2007-09 年大不況によって 2007-10 年期に下落したものの
他の低所得層ほど下落せず、2013 年には他の所得層と違って回復軌道に乗
っていると言える。他方低所得層の純資産額は、表 8-8 の下欄の所得階層別
の中位世帯純資産額の変化率を見ると、2000 年代に入って下落が続き、特
に 2007-10 年期は他の所得層以上に下落している。

　以上のようにアメリカの資産格差拡大傾向が 2007-09 年大不況を経て、あ

表 8-9　世帯純資産の分布（1962-2013 年）　　　　　　　　　　　　　　　　単位：%

	ジニ係数	トップ 1%	次の 4%	次の 5%	次の 10%	トップ 20%	第 4 分位 20%	第 3 分位 20%	ボトム 40%	全世帯
1962	0.803	33.4	21.2	12.4	14.0	81.0	13.4	5.4	0.2	100.0
1969	0.811	34.4	20.3	14.0	12.0	80.7	12.8	4.9	1.5	100.0
1983	0.799	33.8	22.3	12.1	13.1	81.3	12.6	5.2	0.9	100.0
1989	0.832	37.4	21.6	11.6	13.0	83.5	12.3	4.8	-0.7	100.0
1992	0.823	37.2	22.8	11.8	12.0	83.8	11.5	4.4	0.4	100.0
1995	0.828	38.5	21.8	11.5	12.1	83.9	11.4	4.5	0.2	100.0
1998	0.822	38.1	21.3	11.5	12.5	83.4	11.9	4.5	0.2	100.0
2001	0.826	33.4	25.8	12.3	12.9	84.4	11.3	3.9	0.3	100.0
2004	0.829	34.3	24.6	12.3	13.4	84.7	11.3	3.8	0.2	100.0
2007	0.834	34.6	27.3	11.2	12.0	85.0	10.9	4.0	0.2	100.0
2010	0.866	35.1	27.4	13.8	12.3	88.6	9.5	2.7	-0.8	100.0
2013	0.871	36.7	28.2	12.2	11.8	88.9	9.3	2.7	-0.9	100.0

注：世帯は、純資産に従ってランク付けされている。
出所：Wolff（2014），p.50 より作成。

る程度経済復興を果した時点でもなお続いているのであるが、その格差拡大の程度をもう少し正確に把握するために作成したのが表 8-9 である。ジニ係数で世帯純資産の格差の拡大傾向を確認できる。世帯純資産のジニ係数は、1983 年の 0.799 から 2007 年には 0.834 にまで上昇したが、その後 2007-09 年大不況を経て経済復興をある程度果した 2013 年には、さらに上昇して 0.871 になっている。非常に資産格差が拡大している。第 1 章の表 1-3 に戻って市場所得のジニ係数を見ると、1983 年 0.505 で、2013 年 0.592 であり、ミーンズ移転後・課税後所得のジニ係数は、1983 年が 0.387 で 2013 年が 0.427 である。いずれのジニ係数も上昇していて、所得格差も拡大しているが、純資産の格差と所得の格差を比較すれば、断然純資産の格差の方が大きい。

　純資産保有の格差が、また所得格差を生む。そこで、表 8-10 を見てみよう。Pew Research Center（2015）の説明を参考に、解説しておこう[18]。

　1983 年から 2013 年にかけて、各所得層の資産構成には大きな変化は見られない。ただ所得層間には資産構成に違いが見られる。中所得層、低所得層にとって住宅が最も重要な資産で、中所得層で 40% 台、低所得層で 50% 前後の資産構成比を示している。高所得層では、住宅、株式・債券、事業用資

第 8 章　アメリカ中間層の衰退とオバマ政権の中間層経済学、経済格差縮小政策　　325

表 8-10　所得階層別保有資産内訳の推移（1983-2013 年）　　　　　　　　単位：%

	年	住宅	株式・債券	事業用資産	取引口座	その他全て
高所得層	1983	21	22	25	7	25
（第 5 分位）	2007	23	22	25	5	25
	2013	21	26	22	6	26
中所得層	1983	48	6	12	11	24
（第 2-第 4 分位）	2007	48	17	7	6	22
	2013	44	21	6	7	22
低所得層	1983	54	2	18	7	20
（第 1 分位）	2007	51	7	14	5	23
	2013	48	7	15	7	23

注：この表は資産を保有しない家族を含めた家族の中位の資産価値の内訳を示している。株式・債
　　券は、ミューチュアル・ファンドや個人口座等にある間接的な株式・債券保有も含んでいる。
　　取引口座には、流動資産口座、小切手口座、貯蓄口座、コール口座、預金証書を含んでいる。
　　その他全てには、自動車、第二住宅、動産、生命保険の現金価値を含んでいる。家族は規模を
　　調整した所得で階層区分されている。
出所：Pew Research Center (2015), p.45 より作成。

産がほぼ均等に（20％台）、重要な資産構成要素となっている。中所得層と
低所得層の資産構成の違いとしては、前者では次第に株式・債券の構成比を
高めて重要な資産となっているのに対し、後者では事業用資産が重要な資産
構成要素となっている。中所得層や低所得層で株式・債券の資産構成比の上
昇が見られるのは、401（k）プランのような確定拠出金が普及したことが影
響している。

　2006 年に住宅市場の崩壊、2007-08 年に金融市場の崩壊、それが実体経済
に及んで 2007-09 年大不況（2007 年 12 月〜2009 年 6 月）に陥る。その後経
済復興する中で株式市場が活況となり、金融資産の価値は大幅に上昇してき
たが、住宅市場の回復は遅く、住宅資産の価値の上昇も株式のような勢いが
ない。このため、住宅資産に多くを依存している中所得層、低所得層と高所
得層との間で資産格差が拡大しているのである。

　ここで表 8-11 を見てみよう。この表では、高資産家層とりわけトップ 1
％層の 2013 年の資産構成や中資産家層の 1983 年から 2013 年までの資産構
成が示されている。表 8-10 と資産分類の大きな違いは、表 8-10 では「株
式・債券」という資産分類に個人口座等にある間接的な株式・債券保有も含
めているが、表 8-11 では「個人年金口座」として独立した資産分類にして

ある。したがって中資産家層は一見株式・債券（金融証券）の保有割合が少ないように見えるが、個人年金口座の割合と合せれば十数％となり、表8-10と平仄は合う。

トップ1％の高資産家層は、2013年で住宅資産の割合がわずか8.7％しかなく、株式・債券等の割合が27.3％、さらに非法人事業純資産、その他不動産の割合が46.9％もあるのが大変特徴的である。中資産家層の資産構成としては、流動資産の構成が1983年には20％を超えていたのに、次第に下がって2010年代には8％程度にまでなってしまっている。代わりに、個人年金口座の割合が1983年には3％程度であったのに、2013年には16％程度にまで上昇している。これは既に上で証明したように、401（k）プランのような確定拠出年金が普及したことによる影響が大きいと考えられる。

以上ブッシュ政権・オバマ政権期に高所得層と中所得層との資産格差が拡大し、中間層の衰退が所得の面以上に、資産の面で顕著となっていることが確認できた。

2. 遺産税の弱い復活

財政サイドから資産格差を均しうる連邦税制としては、遺産税が思い浮かぶ。しかし、現在の遺産税は期待できるほどのそのような役割をほとんど果していない。2013年現在遺産の99.8％は税負担を負っていない。それでも連邦税制の中では最も累進的な税で、資産再分配効果を全く持たないわけではない。2010年の連邦遺産税廃止に至るまでの遺産税・贈与税については、第4章でその改革実態について詳しく論じている。遺産税は2010年に廃止された後、2011年からまた復活する。2011年復活後の遺産税の動きについては、第4章を補足する意味でCBPP（2016）の資料を参考にしながら説明しておこう[19]。

連邦遺産税は、故人から相続人に移転される財産（現金、不動産、株式、その他資産）にかかる税である。基礎控除額の水準が高いので、遺産税を支払わねばならないのは大体1000の資産のうち2つ程度である。最も高額な資産だけにかかるので、遺産税は累進的である。

基礎控除額を超えた遺産価額から慈善寄附金のような控除項目の価額を差し引いた残額にのみ課せられる。2013年のデータによれば、課税遺産額は平均遺産額の16.6％に過ぎない。

表 8-11 資産階層別に見た世帯純資産の内訳 (2013年)

単位：%

	資産階層別に見た世帯純資産の内訳 (2013年)				中資産分位（第2-第4五分位）の世帯純資産内訳の推移 (1983-2010年)						
	全世帯	トップ1%	次の19%	第2-第4五分位	1983	1989	1998	2001	2004	2007	2010
主たる住居	28.5	8.7	28.0	62.5	61.6	61.7	59.8	59.2	66.1	65.1	64.8
流動資産（銀行預金、MMF、生命保険の解約払戻金、個人信託）	7.6	6.1	8.4	8.1	21.4	18.6	11.8	12.1	8.5	7.8	8.0
個人年金口座	16.5	9.2	21.7	16.1	1.2	3.8	12.3	12.7	12.0	12.9	13.9
法人株式、金融証券、ミューチュアル・ファンド、個人信託	17.4	27.3	16.3	3.4	3.1	3.5	5.5	6.2	4.2	3.6	3.1
非法人事業純資産、その他不動産	28.5	46.9	24.2	8.6	11.4	9.4	8.8	8.5	7.9	9.3	8.9
雑多な資産	1.5	1.9	1.4	1.2	1.3	2.9	1.8	1.2	1.4	1.3	1.3
合計資産	100.0	100.0	100.0	100.0	100.0	100.0	100.0	100.0	100.0	100.0	100.0

注：トップ1%：純資産額 7,766,500 ドル以上、次の19%：純資産額 401,000 ドル～7,766,500 ドル、第2-第4五分位：純資産額 0 ドル～401,000 ドル。
出所：Wolff (2014), pp.54-55 より作成。

ただ、遺産税はキャピタル・ゲイン税を補強するものとしても役立つ。遺産税がないと、長い年月が経過するうちに値上りした未売却資産の価値増加分が、これからずっと課税されないままになってしまう。ちなみに、2009年のデータであるが、未実現キャピタル・ゲインは500万～1000万ドルの資産では32%を占め、1億ドル以上の資産では55%も占めている。

　さて、遺産税は2001年ブッシュ減税によって2010年に一旦廃止された。ただ、2011年には2001年のルール（基礎控除100万ドル、最高税率55%）で復活する予定であった。ところが議員たちは、代わりにそれをもっと弱めた形で遺産税の恒久化を図った。つまり、1人当たりの基礎控除額500万ドル、最高税率35%で再出発した。その後2012年アメリカ納税者救済法が成立し、この法律で基礎控除額は毎年2011年の基礎控除額に物価調整を施すこととし、最高税率は40%として、遺産税の恒久化が図られた。2016年現在、遺産税の最高税率は40%のままであるが、基礎控除額は物価調整を受けて545万ドルになっている。ただオバマ政権は資産課税を強化しようと、2016年度予算および2017年予算教書では基礎控除額を2009年水準の350万ドルまで引き下げ、最高税率を45%に引き上げることを提案した。しかし、それは実現しなかった。その後も遺産税最高税率は40%のままで改訂されていないが、基礎控除額は毎年物価調整され、2022年には1206万ドルとなっている[20]。

第4節　オバマ政権の中間層経済学

　第2節で実証したように、レーガン政権以来オバマ政権まで所得と資産のいずれにおいても、社会保障制度や累進税制があるにもかかわらずそれらの階層間格差は一貫して拡大してきた。特に2000年代に入ってからの2001年と2003年の富裕層優遇のブッシュ減税がオバマ政権1期目末近くまで延期されたこともあって、その間に所得格差、資産格差は拡大した。こうした所得と資産の拡大は、裏返して言えば、中間層の衰退と表現できる。オバマ政権は、第2期目にこの問題に本腰を入れざるをえなくなった。そこで『2015年一般教書』で初めて中間層経済学という方針を打ち出し、富裕層や大企業を優遇する共和党のトリクルダウン経済学に対抗することを表明した。

　衰退する中間層を復活させようとすれば、社会保障制度と累進税制を抜本

的に改革して所得および資産の再分配機能を格段に強化することはもちろん考えられる。しかし、その機能強化は認めつつもそれには財政問題や政治問題があって一挙にできることでもなく、オバマ政権は所得・資産の格差の根元にある市場所得格差とりわけ労働所得格差に焦点を当てた改革方針を打ち出した。簡単に言えば、それが中間層経済学である。

オバマ政権の打ち出した中間層経済学の内容は、『2015年一般教書』および『2015年大統領経済報告書』の中で明らかにされている。さらに、中間層経済学の内容をコンパクトに書いたホワイトハウス文書「21世紀の中間層経済学—勤労者世帯の前進の支援」という文書も公表されている。

では、オバマ政権の中間層経済学の中身は何か。3つの方針が提起されており、要点がよく整理されているホワイトハウス文書「21世紀の中間層経済学」を参考に、3つの方針と具体的提案を紹介する[21]。

第1に、勤労者世帯が一生懸命働いて報われるよう支援する。医療費、子供の養育費、住宅費、退職後安心して暮せる費用が賄えるほどに給料がもっと上がるよう支援する。

〈このための具体的提案〉

①信託基金の抜け穴を塞ぎ、その積立金を中間層世帯が前進するのを支援するような諸政策に責任を持って充てるようにする。

②勤労者世帯向けに新たな第2の勤労者税額控除制度を創設する一方、子供の養育施設の利用がもっとし易くかつ手頃な費用でできるように児童1人当たり3000ドルの税額控除を与える。

③すべてのアメリカ人が自分の保養や家族の世話のために時間が取れるよう、有給休暇制度を採用し、有給病気休暇を保障するために州と連携して取り組む。

④最も厳しい状態にあるアメリカの勤労者の賃金が上がるように、最低賃金を引き上げる。

⑤適格住宅ローン保険料を切り下げて、中間層世帯が住宅をもっと手頃な値段で手に入れられるようにする。

第2に、すべての働くアメリカ人が高い賃金を稼ぐのに必要な教育や職業訓練を受けられるようにする。

〈このための具体的提案〉

①信頼のおける学生に2年間コミュニティカレッジの授業料を無料にする。

こうすることで、アメリカ人は誰でも少なくとも 2 年以上高等教育が受けられるようになる。

②学生ローンの債務負担を減らし、カレッジ通学の中間層減税を拡大することによって、勤労学生が教育からはじき出されることがなくなる。

③企業と連携して職業訓練を受けたり技能見習いをしたりする機会を多く作るようにすれば、勤労者は良い職業や高い給料の職業に就くのに必要な技能を身につけることができ、また職業訓練を受けながら賃金を稼ぐこともできるようになる。

④働くアメリカ人が、雇主が良い給料を払える職を抱えている、急成長し高給が支払われる分野に転職できる機会を拡大する。

第 3 に、中間層経済学は、アメリカを企業が技術革新を起こし、成長し、高い給料の職を創り出す場所にすることに断固としてこだわる。

〈このための具体的提案〉

①わが国のこわれた法人税法を整備し直し、崩れた道路や橋を修理し、インフラストラクチャーを最新化する。そうすれば、企業はわが国で良い雇用を生み出すことができる。

②新しい貿易協定に署名することによって、アメリカ人の雇用と労働者を増進させる。そうすれば、中国ではなくアメリカが公正な賃金、安全な職場、通商のクリーンな環境税制を整えることができる。

③適切な患者に適切な治療を施す医療革新を活性化させる。

④アメリカの製造業部門が将来に亘って世界をリードするのを保証するために、先進的製造業への投資を継続しながら、クリーン・エネルギー技術でアメリカがリーダーシップを発揮するよう促す。

⑤アメリカの労働力を強化するような包括的移民改革法を議会で成立させる。

⑥企業家や中小事業者が事業を発展させ、雇用を創出するのに必要な手段が取れるように保証する。

ところで、『2015 年大統領経済報告書』は、第 1 章で中間層経済学には、労働生産性、所得分配、労働参加率の三要素が不可欠だとし、その三要素の作用の仕方によって戦後を次のように 3 つの時期に区分した。労働生産性、労働参加率、所得分配が揃って動いた 1948 年から 1973 年までの協同成長の時代、女性が急速に労働力に参入したが、労働生産性は鈍化し所得分配は悪

第 8 章 アメリカ中間層の衰退とオバマ政権の中間層経済学、経済格差縮小政策　　331

化した、1973年から1995年までの労働参加率拡大の時代、少なくとも金融
危機までは生産性は改善されたが、労働参加率は減少し所得分配の悪化が継
続した、1995年から2013年までの労働生産性回復の時代、に時期区分した。

　中間層経済学が目指すところは、1948年から1973年の時期のように、三
要素が揃って良好な状態になることである。したがって、上記の中間層経済
学の3つの方針に示された具体的な提案は、労働生産性を上昇させ、所得不
平等を平等化させ、労働参加率を上昇させるという目標に収斂させたもので
なければならないことになる。

　オバマ政権は、中間層経済学の3つの方針を実施するべく、それを体現し
た予算要求を2016年度予算教書と2017年度予算教書に盛り込んだ。ただオ
バマ政権が予算要求に盛り込んでも、予算を決めるのは上・下両院であり、
両議会ともトリクルダウン経済学を政策の支柱としてきた共和党が多数派を
形成しており、しかもオバマ大統領の任期は2017年初めに切れてしまい、
中間層経済学はほとんど実施されずじまいに終わってしまった。

　しかし、長年アメリカ政界に強い影響を与えてきたトリクルダウン経済学
に対抗して、オバマ政権から中間層経済学がまとまった形で提起されたこと
と、その基本精神がオバマ政権の副大統領を務めたバイデン大統領に引き継
がれていることの意義は、大変大きいと考える。

第5節　オバマ政権の経済格差縮小政策の成果と課題

1．オバマ政権の経済格差縮小政策の結果

　アメリカの連邦財政には、歳出面での義務的支出（福祉関連エンタイトル
メント支出）という形での「見える福祉国家」と歳入面（連邦税制）での租
税支出（福祉目的の減免税）という形での「隠れた福祉国家」が存在し、し
かも2つの「福祉国家」は拡大し続けている。その2つの「福祉国家」の所
得再分配効果が、アメリカの所得格差をどの程度縮めているのかについては、
第1章で一定の分析を行い、4つの重要点を指摘している。

　ここでは、その分析に利用した第1章の表1-3を使って、オバマ政権とブ
ッシュ（子）政権の所得格差是正対応の結果を比較してみよう。

　2001年から2008年までのブッシュ（子）政権期の政府移転（社会保険給
付およびミーンズテスト移転）と課税による平準化係数は、8年間の平均

24.6％であり、また一番値の高い 2002 年は 26.2％であるのに対し、オバマ政権期の政府移転と課税による平準化係数は 2009 年から 2016 年までの 8 年間平均で 28％であり、一番高い値の 2016 年では 28.9％となっている。したがって、オバマ政権は 2007-09 年大不況からの経済復興・成長を実現しつつ、ブッシュ（子）政権より経済格差縮小の実績を上げたということになる。

政府移転後課税後所得のジニ係数の推移を比較すると、両政権ともに大統領任期 1 年目は 0.413 であるが、ブッシュ（子）政権は、7 年間連続して上昇して行き 2007 年には 0.453 になり、2008 年には少し下がって 0.430 で任期を終えている。これに対し、オバマ政権の方は、政権 1 期目末の 2012 年まで上昇して 0.445 まで達するが、政権 2 期目は減少に転じ、2016 年に 0.423 で終えている。政府移転後課税後の世帯所得格差は両政権が同じジニ係数で出発しながら、政権最終年度には、オバマ政権の方がブッシュ（子）政権より低いジニ係数で、つまり世帯所得格差がより縮まった形になっている。

2. オバマ政権の経済格差縮小政策の取組み

ここで改めてアメリカの各種格差拡大の進行状況を見ておこう。表 8-12 はアメリカの各種格差の程度を 1980 年と情報の得られる最近年とで比較したものである。所得、資産、消費のいずれの格差もこの三十数年の間に拡大している。ただ、賃金に関してジェンダー間支払格差、健康に関しては 0〜4 歳児死亡率のカウンティ間格差等で、格差が縮まっている面も見られる。

さて、オバマ政権は 2007-09 年大不況からの復興・成長政策の推進過程で、経済格差縮小にどのように取り組んだのであろうか。結論的に言えば、①2009 年復興法に代表される復興・成長政策により経済回復がもたらされ、大きく失業率が下がり、失業者の多い低所得層の所得水準が上昇したこと、②一連の租税政策によって高所得層の税負担が増え、低所得層の税負担が軽減されたこと、③2010 年医療費負担適正化法（オバマケア）が 2014 年から本格的に適用されるようになって、低所得層にとっての医療格差が大きく改善したことで、経済格差は縮まったと言える。この 3 つの経済格差縮小要因を根拠づけたのは、オバマ政権が成立させた法律である。それを一覧表にしたのが、表 8-13 である。この 3 つの経済格差縮小要因について説明しよう。

第 8 章　アメリカ中間層の衰退とオバマ政権の中間層経済学、経済格差縮小政策　　333

表 8-12　格差不平等の程度（1980 年、2016 年）

	区分	1980 年	情報の得られる最近年(2016年)
所得	トップ 1%層の所得割合		
	市場所得（政府移転前所得）	10%	18%
	課税所得（政府移転所得を含む）	9%	15%
	課税後所得（課税前所得－連邦税）	8%	12%
	下位 90%層の所得割合		
	市場所得（政府移転前所得）	67%	57%
	課税前所得（政府移転所得を含む）	70%	62%
	課税後所得（課税前所得－連邦税）	72%	66%
	90%層に対する 10%層の所得倍率	9.4	12.1
	50%層に対する 10%層の所得倍率	3.9	4.2
	ジニ係数		
	市場所得（政府移転前所得）	0.48	0.60
	課税前所得（政府移転所得を含む）	0.40	0.48
	課税後所得（課税前所得－連邦税）	0.36	0.44
	CEO 報酬の労働者報酬に対する倍率	34	276
資産	トップ 1%層の資産割合		
	消費者の家計調査	30%	36%
	2016 年のビトカー他の調査	27%	33%
	2016 年のサエズ＝ズックマンの調査	24%	42%
	トップ 10%層の資産割合	68%	76%
消費	第 5 分位層の第 1 分位層に対する所得倍率	2.46	3.35
	ジニ係数	0.22	0.26
賃金	ジェンダー間支払格差	0.40	0.20
	人種間支払格差		
	黒人と白人	0.25	0.20
	ヒスパニック系と白人	0.24	0.30
	85 歳まで生きる可能性の点での 50 歳の第 5 分位所得層と第 1 分位所得層の間の可能性割合の開差(パーセント・ポイント)		
	男	18	40
	女	14	45
健康	0～4 歳児死亡率の最貧困カウンティの最富裕カウンティに対する倍率		
	男	1.9	1.6
	女	1.9	1.6

出所：CEA (2017a), p.157.

（1）復興・成長政策による失業率の低下と経済格差の縮小

もう一度第6章の表6-1に戻って見てみよう。2007-09年大不況に対する、公共投資と減税を柱とする2009年復興法およびその後続財政立法によって、民間雇用者数は2009年の1億3987万7000人から2016年の1億5143万6000人へと1155万9000人も増えている。失業率は2009年の9.3％から2016年の4.9％へと大幅に低下している。民間賃金・給与は、2009年の6億2514万ドルから2016年の8億852万ドルへと1億8338万ドルも増えている。経済回復によって、このように労働市場が好転したため、低所得層の所得は押し上げられた。

また、2009年復興法に定められたセーフティネット強化等の個人に対する臨時の支援措置（失業保険給付延長・拡大、補足的栄養支援プログラムの拡大、ペル補助金の拡大等）も、低所得層の所得を押し上げた。

他方、高所得層は投資所得が多いが、経済回復が緩やかであったことに加えて2010年金融規制改革法が成立したため、バブル期のような投機的行動に走ることもできなくなって、また2012年税法で高所得層に対する税負担が重くなったこともあって、彼らの所得シェアを上げることにはならなかった。

（2）医療費負担適正化法（オバマケア）の実施による経済格差の縮小

CEA（2017a）を参考に説明しよう[22]。オバマケアは、2010年3月に制定され、2014年から本格的に実施されている。2008年には、4400万人が医療保険に加入していなかった。既往症のある人は医療保険からしばしばはじき出されていた。多くの人々にとっては手頃な値段で医療保険に加入するのは難しかった。オバマケアの導入によって、2016年の初めまでに2000万人が新たに医療保険に加入し、無保険者率は8.9％にまで下がった。オバマケアは、若者、少数人種、低所得者を含む、加入率の低い人々に対して無保険者率を大きく引き下げたので、年齢、人種、所得毎の医療保険加入の格差を減らした。

オバマ大統領は2010年3月に、オバマケアを成立させることで包括的な医療保険制度改革を行った。オバマケアは、全ての医療保険申請者に、健康状態にかかわらず同じ条件で医療保険を提供するよう保険者に求めた。家族は保険加入を拒絶されないし、また法律は医療保険加入が手頃な値段でできることを保証するために財政的支援を与えてくれると確信が持てるので、医

表 8-13　主な経済復興法、医療改革法、税法（2009-2015 年）

主な法律	制定日	不平等に関係する重要規定
2009 年 アメリカ 復興・再投資法 （復興法）	2009 年 2 月 17 日	経済に対する反循環的財政支援を定めた。復興法は、 ①就労支払税額控除を創設。 　これは、2009 年と 2010 年に個人には 400 ドル、夫婦には 800 ドルまでの 　給付付き税額控除を与えるものである。 ②勤労所得税額控除（EITC）と児童税額控除（CTC）を拡大。 　これは、2009 年と 2010 年に就労している家族に給付付き税額控除を与え 　るものである。 ③アメリカ機会税額控除（AOTC）を創設。 　これは、2009 年と 2010 年に高等教育費の支払いを支援するための給付付 　き税額控除である。 ④個人に対する臨時の支援措置を講じた。 　・失業保険給付を延長し、拡充した。 　・補足的栄養支援プログラムを拡大した。 　・ペル補助金を拡充した。 　・その他個人に対する援助を拡大した。 ⑤州に対する臨時の財政救済措置を講じた。 　・メディケイド支払いやイノベーションを促し、教育労働者の解雇を防ぐ 　　ための教育補助金を増額した。
患者保護・ 医療費負担 適正化法 （医療費負担 適正化法）	2010 年 3 月 23 日	アメリカの医療制度を改革した。医療保険加入者を拡大し、医療費を削減し、 医療の質を改善するために医療制度改革を行った。財源は、医療政策と租税 政策の改革で賄うこととした。医療費負担適正化法（ACA）は、 ①貧困水準の 138% まで個人をカバーするためにメディケイドプログラムを 　拡大する州への連邦支援を定めた。 ②低所得、低中所得、中所得層のアメリカ人が医療保険に加入するのを支援 　するために、保険料税額控除制度や患者負担軽減制度を創設した。また、 　医療保険改革や個人責任要件の設定を行った。 ③高所得世帯に対して 0.9% ポイントメディケア給付税率を引き上げ、高所 　得世帯の投資所得への課税を延長した。
2010 年減税・ 失業保険再認可 ・雇用創出法	2010 年 12 月 17 日	2001/2003 年所得税減税を 2012 年まで延長した。 遺産税を基礎控除 500 万ドル、税率 35% で再導入した。 給与税を 2011 年について 2% ポイント軽減した。 復興法の EITC と CTC の改正および AOTC を 2012 年まで延長した。
2012 年中間層 租税負担軽減・ 雇用創出法	2012 年 2 月 22 日	給与税の 2% ポイント軽減措置を 2012 年まで延長した。
2012 年 アメリカ納税者 救済法	2013 年 1 月 2 日	高所得世帯に対しては、2001/2003 年所得税減税措置を廃止し、その他の所 得層の世帯に対しては、その措置の恒久化をはかった。 遺産税の税率を 40% に引き上げた。 復興法の EITC と CTC の改正および AOTC を 2017 年まで延長した。
2015 年 アメリカ国民 増税保護法	2015 年 12 月 18 日	復興法の ETIC と CTC の改正および AOTC を恒久的に延長した。

出所：CEA（2017a），p.155.

療保険市場を利用して医療保険を比較して購入することができるようになった。オバマケアはまた、低所得者にメディケイドを拡大するために州への財政的援助を定めた。

医療保険の劇的な拡大を促すために、オバマケアは、メディケイド・プログラムを拡大する州への財政的支援と、全てのアメリカ人に手頃な値段で医療保険に加入できるように、個別市場で医療保険を購入するのに財政的支援を行うことを併せて行った。これらの政策は、直接的に貧困と所得格差を減らすことになった。財務省の推計では、2017年にオバマケアへの加入で第10分位の最低所得者の所得が25％上がり、第5分位の最低所得層の所得が16％上がる。また、第2分位の世帯の所得は5％上がる。

（3）オバマ政権の減税政策による経済格差の縮小

CEA（2017a）を参考に説明しよう[23]。オバマ大統領は就任以来表8-13に示されるように、勤労者や中間層世帯の就労を支援し、貧困を減らし、多くの機会が得られるようにするために新しい租税法を制定し、高所得者に対するクリントン時代の税率を復活し、全てのアメリカ国民が最適な医療保険に加入できるようにするために新しい税額控除を創設し、オバマケアの加入者拡大を高所得者に対する責任のある増税で完全に支払えるようにした。

これらの租税政策は、主に低所得の勤労者世帯には児童税額控除を、子供が2～3人いる家族には勤労所得税額控除（EITC）を拡大した。これらの政策は、2008年のブッシュ（子）政権の政策が続いていた場合よりも、2017年には2％程第1分位の所得を引き上げることになる。

オバマ政権が実施した増税は最も所得の高い階層に負担が集中した。2017年に平均して800万ドル以上の課税前所得があると想定される、トップ0.1％所得階層の世帯は、その年に平均して50万ドル以上の増税と税引後所得の9％の減収を被ることになる。トップ1％の世帯は、平均して3万ドルの増税と税引後所得の5％の減収を被ることになる。これらの高所得者への増税は、財政赤字削減とオバマケアで可能になった医療保険の加入者拡大の財源確保を支えることに加えて、直接的に税引後所得の格差を縮小させたのである。

（4）オバマ政権の減税政策とオバマケアによる経済格差の縮小効果

表8-14は、2009年以来の租税政策の変化と医療費負担適正化法（オバマケア）の所得再分配効果を示したものである。同表の現金所得欄は、市場所

表 8-14　2009 年以来の租税政策の変化と医療費負担適正化法の所得再分配効果

調整済現金所得分位（100分位）	世帯数（100万世帯）	現金所得分布（％）	平均連邦税率		2008年政策から現行政策までの政府移転・租税の平均変化額（ドル）	2008年政策から現行政策までの課税後所得の変化率（％）	課税後所得分布	
			2008年政策（％）	現行政策（％）			2008年政策（％）	現行政策（％）
0-10	16.4	1.0	-0.6	-10.3	-2,080	27.1	1.1	1.4
10-20	17.2	2.1	0.7	-4.5	-2,289	13.9	2.4	2.7
20-30	17.2	2.8	4.7	1.4	-2,079	9.4	3.2	3.5
30-40	17.2	3.7	7.4	5.5	-1,005	3.4	4.3	4.5
40-50	17.2	5.0	10.0	9.2	-410	1.1	5.7	5.7
50-60	17.2	6.6	12.7	12.3	-243	0.5	7.3	7.3
60-70	17.2	8.5	14.9	14.9	-7	0.0	9.2	9.2
70-80	17.2	11.2	17.5	17.6	70	-0.1	11.6	11.6
80-90	17.2	15.5	20.7	20.8	135	-0.1	15.5	15.5
90-100	17.2	45.1	26.4	28.9	9,710	-3.4	41.8	40.5
合計	172.1	100.0	20.2	20.9	180	-0.3	100.0	100.0
90-95	8.6	11.2	22.9	23.2	541	-0.4	10.8	10.8
95-99	6.9	15.2	24.6	25.4	2,706	-1.1	14.4	14.3
99-99.9	1.5	9.4	29.0	32.6	31,863	-5.0	8.4	8.0
トップ 0.1％	0.2	9.4	31.0	37.7	548,941	-9.7	8.2	7.4

出所：CEA（2017a）, p.193, Appendix.

得の他に政府移転所得が入っている。平均連邦税率は、個人所得税だけではなく、法人税、給与税（社会保障税、メディケア税、失業保険税）、内国消費税、関税、遺産税・贈与税を含めての平均税率である。「2008 年政策」欄はブッシュ（子）政権最後の年の平均税率を表示し、「現行政策」はオバマ政権終了年（2017 年）の平均税率を表示している。オバマ政権下の平均税率は、中低所得者減税と高所得者増税の主なものが含まれている。そのため「現行政策」欄の平均税率は、「2008 年政策」欄の平均税率より、中低所得層で低下し、高所得層で上昇している。つまり、オバマ政権の租税政策で連邦税制全体の累進性が高まったのである。

　「2008 年政策から現行政策までの政府移転・租税の平均変化額」の欄と「2008 年政策から現行政策までの課税後所得の変化率」は、ブッシュ（子）政権からオバマ政権に変ることによって政府移転と租税を合わせた金額にどのような変化が生じたのか、また課税前所得と比べて課税後所得がどう変化したのかを表示している。これも見ての通り、中低所得層とりわけ低所得層

は政府移転額（マイナス表示：税の逆と捉える）が大きくなっており、高所
得層は税額が大きくなっている。また、課税前所得と比較して課税後所得は、
中低所得層とりわけ低所得層で上昇率が大きく、最高所得層で下落率が大き
い。

　以上の結果として、課税後所得分布は、ブッシュ（子）政権下の「2008年
政策」よりオバマ政権下の「現行政策」の方が、当初の現金所得分布を中低
所得層に有利に、高所得層に不利に作用している。つまりオバマ政権の租税
政策や医療保険改革（オバマケア）は、経済格差を同表に示された程度にし
たと言える。特に、トップ0.1％の最高富裕層は、大きく所得分布のシェア
を下げている。「2012年アメリカ納税者救済法」による富裕層増税とオバマ
ケアによる富裕層に対する給与税引上げ等が影響しているものと思われる。

第6節　おわりに

　本章では、アメリカの経済格差（所得・資産格差）の拡大、中間層の衰退、
オバマ政権の中間層経済学、経済格差縮小政策について検討してきた。
　アメリカの経済格差の拡大、中間層の衰退の原因はどこにあるのだろうか。
アメリカ財政に経済格差を縮小させる所得再分配機能は歳出面では義務的支
出（福祉エンタイトルメント支出中心）＝「見える福祉国家」を通して、歳
入面では連邦税制（特に連邦所得税）の累進構造を通してそれなりに発揮さ
れてはいる。しかし、1980年代以降で見て、経済のグローバル化に伴う産
業構造の変化とそれに合わせての労働市場の変化の中で、市場所得の所得階
層間格差が大きく広がってきたため、連邦財政の歳出・歳入面での所得再分
配効果は、ジニ係数を2割程度引き下げる効果はあるものの、市場所得の所
得階層間格差を縮めることができていない。特に連邦税制は累進税構造を取
っているが、所得再分配効果の発揮は弱い。それは、連邦所得税の法定税率
が累進的になっているものの、各種控除が多くあり、これが租税支出という
形で裁量的支出に匹敵する程の規模で、しかもその控除の中身が広義の福祉
分野なので、「隠れた福祉国家」と呼ばれることもあるが、非常に高所得者
に有利な制度（低所得者向けの税額控除より高所得者が利用しやすい所得控
除が多い）になっていて、連邦税制の累進性を削ぐ作用をしている。さらに
また給与税が連邦税制の中で、所得税に次ぐ大きな比重を持つようになって

いるが、この税は大変逆進的な税なので、連邦税制の累進性を削ぐ作用をしている。以上のような理由から、アメリカは、早くから国民皆医療保険を実施してきた他の先進諸国と違って「見える福祉国家」の所得再分配機能も弱く、連邦税制も上記のように所得再分配機能が弱いため、市場所得の階層間格差を縮める力が先進国の中で最も弱い国になっている。その結果、先進国の中で最も経済格差の大きな国になっている。

　それはそうだとしても、オバマ政権はこの状態に対して財政の再分配機能を少しでも強化できたのであろうか。その答えは、表8-13に掲げた経済復興法、医療改革法、税法に含まれる、貧困対策やオバマケアと一連の租税政策によって、第1章の表1-3に示されるように政府移転と連邦税制の累進性を強化し、財政の所得再分配機能を高めたので、1970年代以降のどの政権よりも経済格差縮小に貢献しているとは言えるだろう。詳しくは第5節で検証している。

　しかし、経済が長期成長軌道に乗ったにもかかわらず、市場格差は拡大している。財政の所得再分配機能は、オバマ大統領の努力は別にしてアメリカは総じて弱いので、中間層は衰退している。そこで、オバマ大統領が就任2期目の後半に打ち出したのが中間層経済学である。それによると、中間層所得は生産性向上、労働参加率上昇、結果の平等によって増えるという。特に、効率的に不平等を縮小するような政策に合わせて包括的な成長を促すような経済政策を選ぶことが決定的に重要だとする。具体的には、総需要の強化、機会均等の促進、市場支配力集中やレントシーキング行動の削減、移動性を促しながら不平等の結果から家族を護るといった諸政策を重視する[24]。つまり、中間層経済学は、経済格差の縮小が成長を促すというトリクルアップ経済学である。オバマ政権は、中間層経済学の3つの方針に基づく予算要求を2016年度予算教書と2017年度予算教書に盛り込んだが、議会共和党が上下両院の多数議席を占めている状況の中では、中間層経済学はほとんど実施されずじまいに終わってしまった。

　こうした、民主党オバマ政権のトリクルアップ経済学に対し、政権を奪還した共和党トランプ政権は、レーガン政権以来のトリクルダウン経済学に相変わらず固執していた。共和党主導の連邦議会の合同経済委員会は、オバマ政権の経済政策をトリクルダウン経済学の観点から全面的に批判した上で、トランプ政権に期待して次のような勧告を出している[25]。

①抜本的で成長促進的な税法になるように包括的な税制改革を行うこと。

②企業や事業者にかけている不必要な規制コストを削減すること。

③オバマケアを廃止し、代替案によって、患者本位で医療負担を適正化する方向に改善すること。

④自由貿易を支持し、時宜に適った透明な方法で通商法を運用すること。

⑤高等教育や州独自のインフラ計画への連邦政府の関与を減らして州に権限を戻すこと。

トランプ政権は「アメリカ第一」の保護貿易主義の立場なので、④の共和党議会指導部の考えをそのまま受け入れていないが、①は法人税を15％にまで引き下げ、②は代表的には2010年にオバマ政権が成立させた金融規制改革法の金融規制（ボルカー・ルール）を大幅に緩和し、環境保護を主張したオバマ政権が推進しようとしたパリ協定から離脱し、③はオバマケアを廃止する等の公約を掲げて実施しようとしている。⑤はオバマ政権が経済格差の背後にある労働者の教育格差（特に高等教育格差）の是正に積極的に関わろうとしたことに対する対抗意識が感じられる。

トランプ政権は2017年の春から秋にかけて、最優先課題としてオバマケア廃止法案と代替法案の可決を議会に強く働きかけたが、共和党内の意見の対立から合意案が得られず、法案採決の断念に追い込まれた。

しかし、これでオバマケアが安泰となったわけではなく、幾つかの骨抜きないし弱体化が図られている。2017年末に大急ぎで成立させた減税・雇用法（TCJA）において、個人の医療保険加入義務が廃止されている。それだけでなく、大統領令等を使って、低所得者が医療保険購入時に受け取れる補助金や医療保険加入を促す広告費等を削減したり、医療保険加入期間の短縮を図ったりしている[26]。

ただ、共和党トリクルダウン経済学の再開の突破口となる、オバマケア廃止という目標自体は挫折した。これによって、法人税率を15％に引き下げるというトランプ政権の公約のための財源捻出も難しくなった。トランプ政権と議会共和党は、輸出企業の法人税を軽くして輸入企業の税負担を重くする国境税を税制改革の目玉にしようとしていたが、ウォルマートなどの輸入業者等が強く反対したために課税を断念した。国境税によって得られる税収が10年間で1兆ドルと見込まれていただけに、この面からも法人税減税のための財源捻出が困難になった。

レーガン政権以来のトリクルダウン経済学は 2007-09 年大不況へと導き、オバマ政権が取り組まざるをえない多くの経済的難問・難題を残した。この苦境からの脱却を目指したオバマ政権の改革は、決してトリクルダウン経済学に依拠したものではなく、経済格差を縮小させる中間層経済学に拠るものであり、トリプルアップ経済学であった。ところが、またしてもトリクルダウン経済学に依拠したトランプ政権は、減税・雇用法（TCJA）を中心とした経済政策を断行したが、経済成長、財政再建、経済格差是正のいずれの面においても、政権が期待したような成果を上げることができなかった。それについては、第 9 章、第 10 章で詳しく検討する。

【注】

1)　OECD（2015）, p.15.

2)　Piketty（2014）.

3)　Piketty and Saez（2007）, pp.141-225 参照。クズネッツの逆 U 字型仮説を覆したこの論文の要点については、本書第 1 章第 2 節で説明している。

4)　本書第 7 章第 2 節第 3 項（2）と第 3 節第 2 項を参照。

5)　CEA（2015）, pp.3-6, pp.21-40.

6)　*Ibid.*, pp.143-144.

7)　CBO（2016b）, p.16.

8)　*Ibid.*, pp.20-21.

9)　*Ibid.*, p.19.

10)　*Ibid.*, p.20.

11)　*Ibid.*, p.11.

12)　*Ibid.*, p.12.

13)　第 1 章表 1-3 と第 8 章図 8-1 の世帯所得のジニ係数は、世帯所得を 2018 年ドルに換算して算出している。

14)　Baneman et al.（2012）, p.13 Table 1, p.16 Table 4.

15)　Toder et al.（2016）, p.8 Table 1, Table 2.

16)　CBO（2013a）, pp.12-20.

17)　CBO（2022）の本文と図表より要点を整理。

18)　Pew Research Center（2015）, pp.45-46.

19)　CBPP（2016）.

20)　JCT（2022）, pp.20-21.

21)　The White House, Office of the Press Secretary（2015）.

22)　CEA（2017a）, pp.165-170.

23) *Ibid.*, pp.171-176.
24) CEA（2015), pp.21-40 ; CEA（2016), pp.21-50.
25) House of Representatives（2017a), pp.29-30.
26) トランプ政権・共和党のオバマケアの撤廃・代替方法の挫折過程を詳しく分析した
    ものとして、河音（2018) を参照。

第**9**章

トランプ政権下の
2017年減税・雇用法の概要と
個人・法人課税改革の内容検討

第1節　はじめに：2017 年減税・雇用法（TCJA）の成立過程

　本章では、トランプ政権下で 2017 年 12 月 22 日に成立し 2018 年 1 月 1 日
から実施されている、減税・雇用法（TCJA）の個人所得課税改革と法人課
税改革の内容を検討し、その問題性を明らかにする。それに先立って、この
第 1 節では 2017 年減税・雇用法（TCJA：トランプ減税）の成立経過につい
て述べておこう。

　1980 年代以来、共和党政権は減税政策を経済政策の柱にして成長を図る
供給サイド経済学の考えに立って、レーガン政権期、ブッシュ（子）政権期、
トランプ政権期に大型の税制改革を断行してきた。

　2017 年 TCJA のフレーム・ワークは、2017 年 9 月 27 日にトランプ政権と
共和党幹部の間での合意事項として形作られ、両院における税制改革法案の
土台となった。その骨子は次の通りである。連邦法人税に関しては、現行の
最高税率 35％を 20％に引き下げる。海外所得に対しては現行法では全世界
所得課税方式により米国へ資金還流時に 35％を課税していたが、これを改
めて課税しないこととする。ただし既存の留保資金には 1 回限りの課税を行
う。個人所得税に関しては、現行の最高税率 39.6％を 35％に引き下げる。
税率区分は現行の 10〜39.6％の 7 段階を改めて、12％、25％、35％の 3 段
階にする。標準控除は、現行より倍増させる[1]。

　トランプ大統領と共和党幹部の意見が対立したのは、法人税率の引下げ幅

345

を巡ってである。トランプ大統領は、法人税率を 15％まで引き下げるという選挙公約に固執したが、それでは財政赤字を拡大しすぎるという上院共和党の批判もあって 20％への引下げで妥協した。トランプ政権は選挙公約であるオバマケア廃止に失敗したために、廃止によって得た資金を法人税率の 15％への引下げに充てようと目論んでいたが、結局実現できなかった。

その後上・下両院共和党は、上記の TCJA のフレーム・ワークを前提としつつも、独自の税制改革法案を議会に上程し、可決成立させることになる。下院の税制改革法案は、①連邦法人税率を 2018 年に 20％に引き下げ、②海外所得の還流時の課税を廃止し、③個人所得税の税率を 12〜39.6％の 4 段階に簡素化するといった骨子で、2017 年 11 月 16 日に可決された。上院の税制改革法案は、①連邦法人税率を 2019 年に 20％に引き下げ、②海外所得の還流時の課税を廃止し、③ 10〜38.5％までの 7 段階の個人所得税率を維持し、④個人減税を 2025 年までの時限措置とするといった骨子で、2017 年 12 月 2 日に可決された。

可決された上・下両院の税制改革法案の骨子に相違がみられるため、両院協議会で一本化のための調整が行われ、2017 年 12 月 15 日に、共和党は 10 年間で 1 兆 4560 億ドルを減税する最終の税制改革法案を公表した。最終案の骨子は、①連邦法人税率を 35％から 21％に 2018 年から引き下げ、②海外所得の還流時の課税を廃止するが、これまで企業が海外にため込んだ現金等の資産は一度限りで 8〜15.5％を課税する、③個人所得税の最高税率を 39.6％から 38.5％に引き下げる、④個人標準控除を 2 倍増やす、⑤遺産税を減税する、⑥オバマケアの一部を廃止するといった内容のものである。

この最終の税制改革法（2017 年減税・雇用法）案は、2017 年 12 月 19 日・20 日に上・下両院で可決され、12 月 22 日にトランプ大統領が署名して成立した。

なお、2017 年減税・雇用法あるいはトランプ財政に関する先行研究としては、片桐（2018a）、片桐（2018b）、片桐（2019）、片桐（2020）、神山（2018）、中村（2018）、瀬古（2019）、河音（2019）、河音（2020）、渋谷（2023）等がある。

以下、第 2 節では、TCJA の概要と同法による歳入変動の推計で見た特徴点を明らかにする。第 3 節では、TCJA の税制改革の方向性について触れた上で、個人課税改革の主な内容について検討する。第 4 節では、法人税負担

の実態とTCJAの法人課税改革の主な内容について検討する。第5節では、本章で検討した個人・法人課税改革内容の問題性についてまとめを行う。

第2節　TCJAの概要と同法による歳入変動の推計で見た特徴点

1. TCJAの概要

成立した2017年減税・雇用法（TCJA）の概要はいかなるものなのか。それを示したのが表9-1である。要点を挙げると次のようになる。

企業課税関係の主な項目としては、法人税率の最高35％から21％への引下げ、代替ミニマム税の廃止、繰越欠損金使用制限と繰戻・繰越期間の撤廃、設備投資の100％即時償却、支払利子の損金不算入制限、国内製造控除制度の廃止などがある。

国際課税関連の主な項目としては、海外配当益金不算入制度（領土主義課税）の採用、強制みなし配当課税、従属外国子会社（CFC）の定義拡大、税源侵食濫用防止税（BEAT課税）などがある。

個人課税関連の主な項目としては、2025年までの期限付きで個人所得税最高税率の37％への引下げ、標準控除の倍増、2025年までの期限付きで人的控除の廃止、2025年までの期限付きで項目別控除の一部廃止または縮小（その中には、住宅ローン利子控除の規模の縮小、州・地方税控除額の年間1万ドルまでの制限等を含む）、通り抜け（パススルー）所得の20％所得控除、2025年までの期限付きで代替ミニマム税の控除額引上げ、児童税額控除の拡大、遺産税の縮小、オバマケアの未加入者への罰則金撤廃等がある。全ての臨時規定は2025年まで有効で、それ以降期限切れとなる。

TCJAは、1986年レーガン税制改革依頼30年ぶりの大型税制改革といわれるが、議会民主党の支持がまったくないままトランプ政権と議会共和党だけで成立させたTCJAと議会民主・共和両党が超党派で成立させた1986年レーガン税制改革とではその性格はまったく違う。1986年レーガン税制改革は、包括的所得税理論に立脚し、簡素、公正、成長を理念としたものであるが、TCJAは供給サイド重視のトリクルダウン経済学に立脚し、経済成長を図ろうとした1981年経済再建税法の考え方に近い。しかし、1981年経済再建税法は基本的に失敗した。その反省の上に超党派で成立させたのが1986年レーガン税制改革である。したがって、TCJAも、後述のような問題

第9章　トランプ政権下の2017年減税・雇用法の概要と個人・法人課税改革の内容検討　347

表 9-1　2017 年減税・雇用法（TCJA）の主な改正項目の概要

項目	概要	適用開始日
企業課税関連		
法人税率の引下げ	連邦法人所得税の税率を最高 35％から一律 21％に引下げ	2018 年 1 月 1 日以降
代替ミニマム税（AMT）の廃止	連邦法人所得税に関して AMT を廃止。過年度からの AMT クレジットの繰越額について通常税額との相殺並びに還付を認める	2018 年 1 月 1 日以降開始課税年度
繰越欠損金使用制限と繰戻・繰越期間の撤廃	繰越欠損金の控除額を課税所得の 80％に制限する一方で無期限の繰越を認める。繰越欠損金の繰戻還付を撤廃する	使用制限は 2018 年 1 月 1 日以降開始課税年度、繰戻・繰越期間の撤廃は 2018 年 1 月 1 日以降終了課税年度
設備投資の 100％即時償却	適用対象となる固定資産について 5 年間の即時償却および 2023 年以降の消失控除（80％〜20％）を認める	2017 年 9 月 28 日以降に取得かつ事業供用された資産
支払利子の損金不参入制限	現行の過大支払利子税制を全面的に改正し、控除制限額を超える事業上の支払利子は損金算入が制限される	2018 年 1 月 1 日以降開始課税年度
国内製造控除制度の廃止	現行制度上の国内製造控除制度を撤廃する	2018 年 1 月 1 日以降開始課税年度
国際課税関連		
海外配当益金不算入制度（領土主義課税）	一定の海外法人からの受取配当金を全額免除するとともに当該配当に係る外国税額控除を撤廃する	2018 年 1 月 1 日以降に支払われる配当
強制みなし配当課税	特定外国法人の累積海外留保所得について、金銭・金銭同等物に帰するものは 15.5％、それ以外は 8％の税率で一回限りで課税する	2018 年 1 月 1 日より前に開始する最後の課税年度
従属外国子会社（CFC）の定義拡大	CFC の判定上、米国法人の親会社の保有する他の外国法人も当該米国法人によって保有されているものとみなす	2017 年 12 月 31 日以前に開始する直近課税年度
税源侵食濫用防止税（BEAT 課税）	適用対象法人の関連者に対する税源侵食的な支払いに関して、一定の算式で計算される額を課税する	2018 年 1 月 1 日以降開始課税年度
個人課税関連		
個人所得税率の引下げ	連邦個人所得税の税率を、10、12、22、24、32、35、37％の 7 つに区分する	2018 年（暦年）
標準控除の倍増	標準控除額を、単身者 12,000 ドル、夫婦合算申告者 24,000 ドルにそれぞれ倍増させる	
人的控除の廃止	現行制度上の 1 人当たり 4,050 ドルの人的控除（扶養控除）を撤廃する	
項目別控除の廃止または縮小	現行制度上認められる項目別控除について、一部項目を撤廃又は縮小させる	
パススルー所得に対する所得控除	パススルー事業体（S 法人、パートナーシップ、個人事業主）からの国内適格事業所得の 20％相当額について所得控除を認める	
代替ミニマム税（AMT）の存続	AMT を存続させる一方で、AMT 計算上の人的控除額を増額することで AMT 適用による影響が緩和する	
児童税額控除の拡大	17 歳未満の子供 1 人当たり税額控除額の 2 倍化。17 歳以上の扶養家族について、500 ドルの税額控除導入	
遺産税の縮小	大部分の家族的農業および事業について、遺産税を廃止	
オバマケア罰則金の撤廃	健康保険未加入者に対する罰則金が廃止される	2019 年（暦年）

出所：PwC 税理士法人（2017）2-3 頁の表に、PWC（2017）を参照して加筆修正。

が予測されるだけに、それを是正するような税制改革がバイデン政権によって提起されている。

2. TCJA による歳入変動の推計で見た特徴点

さて、この TCJA によって、2018 年度以降連邦予算は大きな影響を受けるが、議会合同租税委員会は、その影響を表 9-2 のように TCJA による歳入変動額として推計しているので、それによって特徴点を捉えてみよう。2018-27 年度の 10 年間の個人課税改革による歳入変動額は、1 兆 1266 億ドルの減収である。同期間の企業課税による歳入変動額は、6538 億ドルの減収である。国際課税改革による歳入変動額は、3244 億ドルの増収である。したがって、個人・企業・国際課税改革による合計歳入変動額は、10 年間で 1 兆 4560 億ドルの減収となる。つまり、トランプ減税は 10 年間で約 1.5 兆ドルの減税規模となっている。

その約 1.5 兆ドルの減税は、毎年均等額となって分割されているわけではなく、2020 年の 2588 億ドルの減税が最大でかつ 10 年間のうち前半 5 年間で 1 兆 736 億ドルの減税（総額の 73.7%）となっていて、この期間に集中している。後半 5 年間で減税規模は大きく縮小する。特に、10 年間約 1.5 兆ドルの減税のうち、個人課税改革による減税は 1 兆 1266 億ドルとなっており、しかも個人課税改革の大半の規定が 2025 年度までの期限付きなので、2026 年度以降は大きく規模的に縮小し、トランプ減税全体を大きく縮小させている。

なお、表 9-2 には、2018-27 年度期における個人課税改革の主要項目 A～G の歳入変動額の推計値が記されているが、これについては後段で触れることにする。

以下、第 3 節で TCJA の個人課税改革について、第 4 節で法人課税改革について、それぞれの内容を検討する。

第 3 節　TCJA の個人課税改革内容の検討

1. TCJA：方向性の定まらない税制改革

TCJA の成立はレーガン政権の 1986 年税制改革以来 30 年ぶりの本格的税制改革のようにいわれた。しかしながら、税収中立で、包括的所得税理論を

表9-2 TCJA による歳入変動額の推計 (2018-2027 年度)

単位：10 億ドル

	2018	2019	2020	2021	2022	2023	2024	2025	2026	2027	2018-27
個人課税改革による歳入変動額	-75.3	-188.8	-171.9	-156.3	-150.8	-144.0	-140.9	-139.2	-41.4	83.0	-1,126.6
A 税率、標準控除、人的控除の簡素化と改革											
1. 10～37% 7段階の所得税率に変更	-94.1	-135.3	-140.9	-146.4	-152.0	-158.1	-164.3	-171.2	-52.0	＊	-1,214.2
2. 標準控除改正（単身者 12,000 ドル、夫婦合算申告 24,000 ドル、特定世帯主 18,000 ドル）	-57.2	-82.6	-84.7	-87.5	-90.7	-92.9	-95.7	-99.1	-30.0	＊	-720.4
3. 人的控除の廃止	93.3	137.1	141.6	146.4	151.8	157.6	163.3	169.2	51.3	…	1211.5
4. 物価調整の変更	0.8	2.1	5.5	8.2	10.4	12.8	16.6	20.0	25.6	31.5	133.5
B 個人、信託、遺産財団の事業所得の扱い											
1. 適格事業所得、個人への一定の配分、農業協同組合・園芸協同組合の20%控除許可	-27.7	-47.1	-49.9	-51.8	-52.8	-52.2	-53.6	-53.2	-24.2	-1.9	-414.5
2. 夫婦合算申告については50万ドル、その他の申告者には25万ドルを超える、積極的通り抜け損失の不許可	9.5	16.2	17.2	18.0	18.8	19.6	20.4	19.4	9.3	1.3	149.7
C 児童税額控除の改正											
1. 児童税額控除の拡大	-29.3	-67.7	-69.2	-70.4	-71.4	-73.8	-74.9	-76.0	-40.7	…	-573.4
2. 所得制限の改正	…	3.9	3.8	3.8	3.7	3.8	3.7	3.7	3.0	0.5	29.8
D 控除や非課税の簡素化と改革											
1. 州・地方税や住宅ローン利子等の項目別控除縮小	43.5	70.4	72.0	77.1	82.3	87.9	94.0	100.2	41.1	…	668.4
2. 慈善寄附金控除上限の引上げ（税収変動額は 1. に含まれている）	…	…	…	…	…	…	…	…	…	…	…
E 遺産税基礎控除額の倍増	-1.2	-8.1	-8.8	-9.1	-9.6	-10.1	-10.7	-11.1	-11.0	-3.3	-83.0
F 個人代替ミニマム税の控除額拡大	-6.9	-82.5	-69.9	-74.9	-80.5	-81.6	-85.6	-90.1	-65.2	＊	-637.1
G オバマケア税制の変更	…	6.0	9.7	28.4	37.0	40.7	43.5	46.1	49.6	53.3	314.1
企業課税改革による歳入変動額	-129.3	-133.8	-112.9	-92.5	-50.4	-16.4	-15.9	-24.1	-28.4	-49.4	-653.8
国際課税改革による歳入変動額	68.9	42.6	26.0	28.0	22.9	22.5	36.7	48.7	29.1	-0.8	324.4
合計歳入変動額	-135.7	-280.0	-258.8	-220.8	-178.3	-137.9	-120.1	-114.6	-40.6	32.9	-1,456.0

注：＊印は 5000 万ドル未満の歳入減。
出所：JCT (2017), p.1 より作成。

背景に超党派で成立させた 1986 年税制改革法とは違って、TCJA はバックボーンとなる租税理論が不明確で、ただ成長促進と中間層減税をスローガンとした、法人と個人に対する大規模減税が先行する税制改革法となった。このため、第 2 節で明らかにしたように、官民の研究諸機関の経済成長、予算（財政収支）効果、租税負担効果の将来予測では、短期的に景気刺激効果はあるものの、長期的には成長効果はあまり望めず、かつ次第に効果が薄れていき、財政赤字と公債残高は累積し、減税便益は富裕者層に大半が帰着し、中・低所得層には少ししか及ばず、場合によっては増税となるケースもあるという予測が出されている。

TCJA の税制改革の個々の改正項目については、以下で詳しく検討するが、バックボーンとなる租税理論が見えないため、税制改革の方向性がはっきりしない。その意味では、TCJA は、規模はともかく、抜本的税制改革とはとてもいえない。

抜本的税制改革となるには、減収とならないよう税収が確保でき、かつ効率性、公平性、簡素性といった性格が備わったものでなければならない。それには 2 つの選択肢がある。1 つは、所得課税の課税ベースを広げ、税率を引き下げる方法である。もう 1 つは、所得課税を消費ベース課税に転換する方法である。

前者の代表的改革として、1986 年レーガン税制改革を挙げることができる。最近の提案を 2 つ挙げておこう[2]。まず、ボウルズ＝シンプソン（国家財政責任・改革委員会）の 2014 年税制改革案がある。これは 1.1 兆ドルまで租税支出を削減して課税ベースを拡大し、その税収を使って税率を引き下げ、財政赤字を削減する案である。ドメニチ＝リブリン（債務削減特別委員会）の税制改革案も同様のもので、赤字削減の手段として課税ベースを広げるのが特徴で、標準控除や人的控除を撤廃し、キャピタル・ゲインや配当を通常所得として課税し、勤労所得税額控除を簡素化し、項目別控除の数を減らし、医療費控除に制限を設けるものである。

後者には、幾つかのタイプがある[3]。まずラブシュカ＝ホールが 1983 年に提案したフラット税がある。この案は企業には賃金以外の全付加価値に 19％のフラット税を課し、家計には一定の控除額を超える全賃金および年金給付額に 19％のフラット税を課すものである。ナン＝ドメニチは 1995 年に所得税に代わる消費所得税を提案している。この案では、家計は、一定の教

育費、住宅ローン利子、慈善寄附金を控除した後、累進消費所得税が課せられる。企業は約11％の控除型の付加価値税が課される。また、2005年大統領税制改革諮問委員会報告では、Xタックスの修正版が提案されている。Xタックスというのは、ブラッドフォードが唱えたものでフラット税の一変種であって、同委員会報告では、所得税に代えて企業と上位賃金稼得者に30％の課税を行うことを提案している。

さて、TCJAの税制改革の方向性に関してであるが、こうした包括的な税制改革に米国税制の舵を切って行こうとする明確な方針があるわけではない。一部例えば100％特別償却を期限付きながら認めているが、これは企業課税を消費所得税の方向に向けた行動だといえなくもない。他方、人的控除の廃止や一部項目別控除の廃止・縮小のように、租税支出を削減・縮小して課税ベースを拡大する包括的所得課税の方向も見られる。しかしまた、包括的所得課税の方針で一貫しているかというと、通り抜け（パススルー）所得の所得控除を新設する等、それに逆行するような改革内容となっている。このように、TCJAは税制改革の方向性が定まらないものであり、今後その経済成長効果、予算（財政収支）効果、租税便益効果が、トランプ政権の掲げる経済成長、財政収支改善、中間層への恩恵とは違ったものになっていくにつれ、改めて米国税制の抜本的改革がその課題となってくるであろう。

以下、TCJAの個人課税改革の主な内容について検討する。財源問題の制約から個人所得税関連の改正事項の多くは、2025年末までの時限措置とされている。遺産税・贈与税の改正事項も2025年末までの時限措置である。

2. 個人所得税率の引下げと平均限界実効税率の低下

TCJAによって個人所得税率は、これまでの10、15、25、28、33、35、39.6％の7区分の累進税率から10、12、22、24、32、35、37％の7区分の税率に変更された。この変更については、第1節のTCJAの成立過程の説明の中で触れているが、ここで改めて変更の経緯を整理しておこう。

2016年11月の大統領選キャンペーン以来、トランプと共和党指導部は、個人所得税率を上記10〜39.6％（7区分）から12、25、33％（3区分）に変更する提案を行っていた。だが、政権の最重要政策と位置づける税制改革法案をすぐには公表せず、最大公約としてきたオバマケアの廃止に優先的に2017年8月まで取り組んだがこれが失敗した後、トランプ政権と共和党指

導部の統一案として、税制改革案を同年9月27日に発表した。連邦法人税率を35％から20％に引き下げ、連邦個人所得税率を上記10〜39.6％（7区分）から12、25、35％（3区分）に簡素化するといった内容のものである。

　その後連邦議会で税制改革法案は上院と下院に分かれて審議され、上院案と下院案がかなりの違いを含んで可決されたため、両院調整の上で上・下両院統一の税制改革法案が2017年12月22日に成立した。この約3カ月にわたる議会上下両院における審議過程で、個人所得税率の改正案が上院案では7区分を維持するが、最高税率を38.5％に引き下げ10〜38.5％とするという内容なのに対し、下院案では最高税率を39.6％に据え置くが区分は4区分に簡素化し、12〜39.6％とするという内容であった。しかし、両院で調整した統一税制改革法案では、最高税率は両院案より抑えられ37％となり、区分は7区分として、10〜37％の税率となった。

　さて、このようにTCJAによって2018年から個人所得税率が引き下げられたのであるが、同法はまた表9-1に示されるような改正項目によって課税ベースを拡大も縮小もしている。その純結果はどうか。表9-3に示されるようにTCJAは平均限界実効税率を引き下げている。表9-3-Aは賃金・給与所得の平均限界実効税率の経年推移の予測であるが、その数値は2017年と比べ2018年以降低下している。表9-3-Bは事業主所得の平均限界実効税率の経年推移の予測であるが、この数値も2017年と比べ2018年以降低下している。法定税率の引下げ規定や標準控除の拡大規定等で平均限界実効税率が引き下げられたのである。もっともそれは、項目別控除の制限規定や人的控除の廃止規定によって、部分的には相殺されてはいる。

　ここで3点指摘しておかねばならない。第1に、TCJAによって2018年以降賃金・給与所得および事業主所得の平均限界実効税率は低下するが、低所得層よりも高所得層の方が低下の程度が大きいことである。これは、TCJAによる減税の恩恵が高所得層に厚く及び、低所得層には薄くしか及んでいないからである。その結果として、第2に、賃金・給与所得および事業主所得の平均限界実効税率の累進性が低下していることである。第3に、TCJAは2025年までの時限立法なので、2026年には賃金・給与所得および事業主所得の平均限界実効税率は、2017年に近い状態に戻っており、したがってまた累進性も回復していることである。

　以下の第3項〜第8項では、TCJAの個人課税改革に関わる主な改正項目

表 9-3　賃金・給与所得および事業主所得の平均限界実効税率（2017-2026 年）　単位：%

所得階層	2017	2018	2020	2022	2024	2026
A：賃金・給与所得の平均限界実効税率						
10,000 ドル未満	6.1	6.0	6.0	5.8	5.7	6.1
10,000-20,000 ドル	13.8	12.2	13.0	13.3	14.0	16.8
20,000-30,000 ドル	23.9	22.0	22.1	22.7	23.3	26.6
30,000-40,000 ドル	28.1	25.8	26.2	26.7	27.0	29.5
40,000-50,000 ドル	29.8	27.6	27.8	28.1	28.8	30.6
50,000-75,000 ドル	31.9	29.4	29.4	30.6	31.6	32.9
75,000-100,000 ドル	31.9	29.4	30.0	29.8	30.0	33.9
100,000-200,000 ドル	34.5	31.7	31.8	32.1	32.4	35.4
200,000-500,000 ドル	38.5	33.9	34.0	34.3	34.6	39.4
500,000-1,000,000 ドル	41.7	41.2	41.1	41.2	41.2	41.0
1,000,000 ドル以上	44.4	41.7	41.8	41.9	42.0	44.7
合計（全納税者）	29.1	26.7	27.1	27.6	28.1	30.9
B：事業主所得（スケジュール C 所得）の平均限界実効税率						
10,000 ドル未満	5.1	4.0	4.9	4.6	4.3	4.7
10,000-20,000 ドル	7.6	4.2	5.6	5.9	6.7	12.2
20,000-30,000 ドル	20.6	16.4	18.0	18.3	18.8	23.8
30,000-40,000 ドル	25.6	21.4	22.5	22.6	22.8	26.8
40,000-50,000 ドル	29.0	25.0	25.3	25.2	25.1	30.5
50,000-75,000 ドル	30.3	25.0	25.7	25.7	26.2	31.0
75,000-100,000 ドル	30.6	25.4	26.6	25.8	26.3	31.2
100,000-200,000 ドル	34.8	28.5	27.7	28.0	28.2	35.3
200,000-500,000 ドル	39.0	31.2	31.4	31.8	32.1	40.3
500,000-1,000,000 ドル	42.0	41.6	41.6	41.6	41.7	41.6
1,000,000 ドル以上	44.2	41.9	41.8	41.9	41.9	44.3
合計（全納税者）	24.7	19.8	20.7	20.8	21.2	26.3

注：ここで使われている所得概念は調整総所得（AGI）に次の①〜⑨を加えたものである。①免税利子、②医療保険や生命保険の雇主拠出金、③連邦保険拠出税、④労働者の報酬、⑤非課税の社会保障給付、⑥メディケア給付額、⑦代替ミニマム税優遇項目、⑧事業課税の個人負担分、⑨海外で生活する米国民の除外されている所得。
出所：JCT（2018a）, pp.2-3 より作成。

（表 9-1 参照）を検討する。

3. 標準控除の倍増、項目別控除の廃止または縮小、主要項目別控除の動向と TCJA による影響

(1) 標準控除の倍増と項目別控除の廃止または縮小

　納税者は個人所得税の申告をするときに、一定額を控除できる標準控除を選ぶか、州・地方税、住宅ローン利子、慈善寄附金、何らかの医療費のような一定の経費を控除する（これを項目別控除という）かのいずれかを選択できる。自己の控除額が標準控除額を超えるときは、項目別控除を選ぶ方が得になる。

　租税政策研究所の調べによると、2014 年時点で納税者の 60％が標準控除を選び、10％が標準控除プラス高齢者・視覚障害者控除を選び、項目別控除を選んだのは 30％に過ぎなかった。ほとんどの納税者が標準控除を選ぶのは、その方が項目別控除額より大きいからである[4]。

　さて、TCJA は標準控除額を、これまでの単身者 6350 ドル、夫婦合算申告者 1 万 2700 ドルから、単身者 1 万 2000 ドル、夫婦合算申告者 2 万 4000 ドルへとほぼ倍増した。また、同法はこれまで課税所得が一定の金額を超える場合に項目別控除額が制限されていたが、高額所得者に対するこの控除制限制度を廃止している。しかし同法は小さな項目別控除を廃止したり、広く利用されている州・地方税控除や住宅ローン利子控除には控除額を縮小したりもしている。項目別控除の改正点を見てみよう[5]。

(ⅰ) 州・地方税控除額

　従来所得税や財産税の控除には上限が設けられていなかったが、TCJA において支払われた所得税・財産税・売上税の合計額に対して 1 万ドルの控除限度額が設定された。

(ⅱ) 慈善寄附金控除

　従来と同様、TCJA においても慈善寄附金は一定限度まで控除可能である。主な改正点は、公共慈善団体等への現金寄附の上限が所得の 50％から 60％へ変更されたことである。

(ⅲ) 医療費控除

　従来医療費は調整後課税所得の 10％を超えた医療費が控除可能であったが、TCJA においては、2017 年および 2018 年の医療費について基準値が調整後課税所得の 7.5％まで引き下げられた。ただし、2019 年以降再び 10％に戻された。

第 9 章　トランプ政権下の 2017 年減税・雇用法の概要と個人・法人課税改革の内容検討　　355

表 9-4　項目別控除を選択する納税者の分布推計（2017-2026 年）　　　単位：1000 件、%

所得階層	申告件数（1000 件）				同構成比（%）			
	2017	2018	2024	2026	2017	2018	2024	2026
10 万ドル未満	178	65	80	264	0.4	0.4	0.4	0.5
1 万 -2 万ドル	517	154	149	611	1.1	0.9	0.7	1.1
2 万 -3 万ドル	933	237	255	1,038	2.0	1.3	1.2	1.9
3 万 -4 万ドル	1,595	410	460	1,765	3.4	2.3	2.2	3.3
4 万 -5 万ドル	2,222	635	698	2,330	4.8	3.5	3.3	4.3
5 万 -7.5 万ドル	6,683	2,135	2,495	7,354	14.3	11.9	11.9	13.6
7.5 万 -10 万ドル	6,622	2,442	2,850	7,567	14.2	13.6	13.6	14.0
10 万 -20 万ドル	17,959	6,513	7,732	21,467	38.6	36.2	36.8	39.6
20 万 -50 万ドル	8,207	4,185	4,940	9,937	17.6	23.2	23.5	18.3
50 万 -100 万ドル	1,089	791	878	1,296	2.3	4.4	4.2	2.4
100 万ドル以上	509	444	472	592	1.1	2.5	2.2	1.1
合計（全納税者）	46,514	18,012	21,009	54,221	100	100	100	100

注：（1）所得階層の所得概念は表 9-3 注を参照。
　　（2）申告件数には、期日までに納税申告しない人も含むが、扶養者の納税申告や負の所得税の
　　　　ある納税申告者は含まない。
出所：JCT（2018a), p.6 より作成。

（ⅳ）住宅ローン利子控除

　従来 100 万ドルまでの住宅取得借入金を対象として借入金利子が控除可能
であったが、2018 年から 2025 年の課税年度では対象となる借入金限度額が
75 万ドル（夫婦合算申告の場合）まで引き下げられた。ただし、2017 年 12
月 15 日までに生じた借入金は従来同様 100 万ドルを限度とされている。

（ⅴ）住宅エクイティローン利子控除

　これまで住宅を担保とする住宅エクイティローンに関わる利子控除は認め
られていたが、TCJA においては控除不可となった。

（ⅵ）その他の控除項目

　一定の自然災害を防ぐ災害損失や現行制度上で調整後所得（AGI）の 2%
制限が適用される雑損失項目（確定申告作成費用など）が廃止された。

　さて、以上のような標準控除の倍増と項目別控除の廃止または縮小の結果、
どのようなことが起こると予想されるのか。第 1 に、表 9-4 に示されるよう
に、項目別控除を選択する納税者の数は、2017 年の 4651 万人から 1801 万
人に激減すると予想される。中でも項目別控除を選択する納税者が多い、5

万～50万ドルの中間所得層において、2018年に項目別控除を選択する納税者の数が激減している。ただし、TCJAの標準控除や項目別控除に関わる規定は2025年までの時限立法なので、2026年には2017年以上に項目別控除を選択する納税者が増え、5422万人になると予想されている。

第2に、標準控除の倍増によって過去に項目別控除を選択しなかった多くの納税者の税引後所得が増える。特に項目別控除を放棄し、標準控除を選んだ納税者が多くいる5万～50万ドルの中間所得階層についてそういえるのではないか。また、項目別控除を多く選択する高所得の納税者も、項目別控除全体の上限が撤廃されたので、州・地方税控除や住宅ローン控除の金額の制限で多少租税便益の効果が削がれることがあっても、全体的には税引後所得は上昇する。

(2) 主要項目別控除（州・地方税、住宅ローン利子、慈善寄附金）の動向とTCJAによる影響

租税政策研究所が議会合同租税委員会のデータを使って行った2017年の項目別控除額推計によると、州・地方税控除1053億ドル、住宅ローン利子控除843億ドル、慈善寄附金控除3690億ドルとなっている[6]。

2014年現在全納税申告者の30％が標準控除ではなく、項目別控除を選択している。表9-5は2014年の納税申告者による項目別控除平均申請額と各項目別控除を申請している各所得グループの全体納税申告者に占める割合（％）を示している。この表によって何が分かるのか[7]。

第1に、高所得層の納税申告者の方が低所得層の納税申告者より高い割合で州・地方税控除、慈善寄付金控除の申請を行っていることである。第2に、住宅ローン利子控除に関しては、最富裕層（100万ドル所得層）の方が中所得層・上位所得層（10万～100万ドル所得層）と比べて住宅ローン利子控除申請する者の割合が低いことである。これはおそらく、最富裕層には住宅購入代金を現金払いできる大きな財力のあるものがいることによるものと思われる。第3に、控除平均額で見て住宅ローン利子控除は、調整総所得（AGI）50万ドル未満層において単独で最も大きい控除項目となっている。慈善寄附金控除と州・地方税控除は、AGI100万ドル以上層で最も大きい控除項目となっている。

さて、先に述べたように、これまで州・地方の所得税や財産税に連邦所得税からの控除の上限は設けられていなかったが、TCJAにおいて、支払われ

表 9-5　納税申告者による項目別控除平均申請額（2014 年）　　　　単位：上段ドル、下段%

調整総所得 （AGI）	住宅ローン 利子	慈善 寄附金	州・地方税			医療費	雇主不払いの 従業員の 仕事上経費
			所得税 選択	売上税 選択	不動産税		
0-2 万ドル	6,951	1,677	484	386	3,776	9,136	6,147
	(2)	(3)	(1)	(3)	(3)	(3)	(1)
2 万 -5 万ドル	6,335	2,557	1,151	363	2,998	8,121	6,874
	(11)	(13)	(10)	(6)	(13)	(6)	(6)
5 万 -10 万ドル	7,296	3,162	2,879	338	3,494	9,850	6,046
	(35)	(37)	(35)	(10)	(39)	(9)	(17)
10 万 -20 万ドル	9,270	4,130	6,033	383	4,883	11,559	5,813
	(63)	(68)	(63)	(12)	(70)	(7)	(27)
20 万 -50 万ドル	13,180	7,424	14,402	575	8,078	25,454	6,555
	(73)	(86)	(77)	(14)	(86)	(3)	(21)
50 万 -100 万ドル	18,775	18,615	38,802	818	13,991	66,131	8,889
	(67)	(87)	(77)	(14)	(86)	(1)	(12)
100 万ドル以上	22,088	172,529	233,582	1,677	28,317	151,750	29,735
	(57)	(87)	(79)	(11)	(86)	(<1)	(7)

注：各項目別控除を申請している各所得グループの全体納税申告者に占める割合（%）。
出所：Lowry（2017），p.5.

た州・地方の所得税または売上税と財産税の合計額に対して 1 万ドルの限度額が設けられ、また、これまで 100 万ドルまでの住宅取得借入金を対象にして借入金利子が連邦所得税から控除可能であったが、TCJA によって 2018 年から 2025 年まで対象となる借入金限度額が 75 万ドル（夫婦合算申告の場合）まで引き下げられた。

　この結果はどうなると予想されるか。表 9-6 と表 9-7 は議会合同租税委員会の資料を整理したものである。表 9-6 は州・地方税控除の租税便益の分布を、表 9-7 は住宅ローン利子控除の租税便益の分布を TCJA 実施の前と後とで比較している。

　表 9-6 を見ると、州・地方税控除の申告件数も租税便益の金額も 2017 年から 2018 年へといずれの所得階層でも大きく減少している。特に注目すべきは、100 万ドル以上の富裕層の申告件数はそれほど落ち込んでいないが、税法改正による州・地方税控除制限の影響が租税便益の金額面での激減となって現れている。申告件数が最も多い 10 万-20 万ドル所得階層と 2 番目に多い 20 万-50 万ドルの所得階層でも租税便益の金額が大きく減少しているが、

表 9-6　州・地方税控除の租税便益の分布（2017-2026 年）

所得階層	2017		2018		2024		2026	
	申告件数 (1000 件)	金額 (100 万ドル)	申告件数 (1000 件)	金額 (100 万ドル)	申告件数 (1000 件)	金額 (100 万ドル)	申告件数 (1000 件)	金額 (100 万ドル)
1 万ドル未満	3	**	5	**	3	**	2	**
1 万 -2 万ドル	161	17	50	7	48	9	204	25
2 万 -3 万ドル	477	92	109	25	120	31	541	128
3 万 -4 万ドル	1,027	275	214	64	264	87	1,182	388
4 万 -5 万ドル	1,635	531	421	128	467	175	1,774	756
5 万 -7.5 万ドル	5,799	3,220	1,811	846	2,158	1,236	6,514	5,048
7.5 万 -10 万ドル	6,189	5,576	2,286	1,734	2,667	2,442	7,131	8,680
10 万 -20 万ドル	17,650	27,878	6,382	6,920	7,590	9,333	21,075	46,195
20 万 -50 万ドル	7,816	26,160	4,148	7,081	4,893	9,323	9,371	40,296
50 万 -100 万ドル	1,015	11,491	780	2,191	864	2,571	1,225	19,394
100 万ドル以上	490	34,202	418	1,287	446	1,436	574	52,099
合計（全納税者）	42,262	109,443	16,624	20,282	19,520	26,643	49,593	173,009
	同構成比（%）							
1 万ドル未満	—	—	0.03	—	0.02	—	—	—
1 万 -2 万ドル	0.4	0.02	0.3	0.03	0.2	0.03	0.4	0.01
2 万 -3 万ドル	1.1	0.08	0.7	0.1	0.6	0.1	1.1	0.07
3 万 -4 万ドル	2.4	0.3	1.3	0.3	1.4	0.3	2.4	0.2
4 万 -5 万ドル	3.9	0.5	2.5	0.6	2.4	0.7	3.6	0.4
5 万 -7.5 万ドル	13.7	2.9	10.9	4.2	11.1	4.6	13.1	2.9
7.5 万 -10 万ドル	14.6	5.1	13.8	8.5	13.7	9.2	14.4	5.0
10 万 -20 万ドル	41.8	25.5	38.4	34.1	38.9	35.0	42.5	26.7
20 万 -50 万ドル	18.5	24.0	25.0	34.9	25.1	35.0	18.9	23.3
50 万 -100 万ドル	2.4	10.5	4.7	10.8	4.4	9.6	2.5	11.2
100 万ドル以上	1.2	31.3	2.5	6.3	2.3	5.4	1.2	30.1
合計（全納税者）	100	100	100	100	100	100	100	100

注：(1) 所得階層の所得概念は表 9-3 注を参照。
　　(2) ** 50 万ドル未満。
出所：JCT（2018a），p.8 より作成。

租税便益の所得階層間分布では、TCJA 実施後の方が実施前よりも構成比が高くなっていることに注目すべきである。TCJA の州・地方税控除の制限規定は 2025 年までの時限立法なので、同表の 2026 年の欄を見ると、州・地方税控除の申告件数と租税便益の金額がともに 2017 年の欄と同様の数値に戻っている。

　表 9-7 を見てみよう。50 万-100 万ドルおよび 100 万ドル以上の所得階層

表 9-7　住宅ローン利子控除の租税便益の分布（2017-2026 年）

所得階層	2017		2018		2024		2026	
	申告件数 (1000 件)	金額 (100 万ドル)	申告件数 (1000 件)	金額 (100 万ドル)	申告件数 (1000 件)	金額 (100 万ドル)	申告件数 (1000 件)	金額 (100 万ドル)
1 万ドル未満	*	1	*	**	*	**	2	14
1 万 -2 万ドル	105	25	42	10	41	23	133	32
2 万 -3 万ドル	244	88	73	29	78	39	267	124
3 万 -4 万ドル	540	249	143	81	181	114	641	362
4 万 -5 万ドル	961	462	281	127	309	193	1,067	686
5 万 -7.5 万ドル	3,967	2,843	1,343	878	1,555	1,383	4,167	4,393
7.5 万 -10 万ドル	4,563	4,649	1,826	1,732	2,111	2,753	4,914	7,466
10 万 -20 万ドル	14,227	21,831	5,402	7,216	6,375	11,254	15,961	37,939
20 万 -50 万ドル	6,575	22,279	3,681	8,954	4,348	15,001	7,382	39,791
50 万 -100 万ドル	797	4,866	657	3,610	721	5,590	870	8,066
100 万ドル以上	328	2,579	314	2,377	330	3,547	358	4,328
合計（全納税者）	32,307	59,872	13,762	25,012	16,049	39,897	35,762	103,199
	同構成比（％）							
1 万ドル未満	—	—	—	—	—	—	—	0.01
1 万 -2 万ドル	0.3	0.04	0.3	0.04	0.3	0.06	0.4	0.03
2 万 -3 万ドル	0.8	0.1	0.5	0.1	0.5	0.1	0.7	0.1
3 万 -4 万ドル	1.7	0.4	1.0	0.3	1.1	0.3	1.8	0.4
4 万 -5 万ドル	3.0	0.8	2.0	0.5	1.9	0.5	3.0	0.7
5 万 -7.5 万ドル	12.3	4.7	9.8	3.5	9.7	3.5	11.7	4.3
7.5 万 -10 万ドル	14.1	7.8	13.3	6.9	13.2	6.9	13.7	7.2
10 万 -20 万ドル	44.0	36.5	39.3	28.9	39.7	28.2	44.6	36.8
20 万 -50 万ドル	20.4	37.2	26.7	35.8	27.1	37.6	20.6	38.6
50 万 -100 万ドル	2.5	8.1	4.8	14.4	4.5	14.0	2.4	7.8
100 万ドル以上	1.0	4.3	2.3	9.5	2.1	8.9	1.0	4.2
合計（全納税者）	100	100	100	100	100	100	100	100

注：（1）所得階層の所得概念は表 9-3 注を参照。
　　（2）＊ 500 件未満、＊＊ 50 万ドル未満。
出所：JCT（2018a），p.7 より作成。

　では、2017 年から 2018 年に住宅ローン利子控除の申告件数も租税便益もそれほどひどく減少しているわけではない。かえって、住宅ローン利子控除の租税便益の所得階層間の分布で構成比は上昇している。住宅ローン利子控除の申請件数が一番多い 10 万-20 万ドルの所得層と 2 番目に申請件数の多い 20 万-50 万ドルの所得層において、租税便益の金額はかなり落ち込み、租税便益の所得階層間の分布でも構成比は低下している。

ここで TCJA の州・地方税控除制限の設定に伴って注目すべき事柄が発生しているので触れておかねばならない[8]。

　ニューヨーク、ニュージャージー、コネチカットの東部 3 州は、2017 年 TCJA が成立するや、これまで制限なく州・地方税を連邦所得税から控除できたが、新税制でその控除に 1 万ドルの上限を設けたため、州・地方税率が高いこれらの州の住民にとって連邦税の支払が増え、打撃となるとし、我々の州と経済、住民に対する差別だと連邦政府を非難し、TCJA は違憲だと訴えた。そして、新税法に対抗するために、ニューヨーク州は新たな法律を制定し、ニュージャージー、コネチカット、オレゴン州は相次いで同様の法律を成立させた。ニューヨーク州の新たな法律には、次のような特徴がある[9]。州はニューヨーク州民のための医療、栄養、その他サービスを支援する寄附金を受け取ることができる州管理の慈善信託基金を設ける。州基金や指定の非営利組織に資金を出す納税者は、その拠出金額の 85％相当を州所得税から控除してもらえる。もしその資金拠出者が連邦所得税申告において項目別控除をするならば、その拠出金を慈善寄附金として連邦課税所得から控除できる。これは、TCJA では慈善寄附金が従来通り制限を課せられずに、項目別控除できることに目をつけたものである。

　もちろん連邦歳入庁も黙っておらず、諸州のこうした動きに対して警戒し、警告を発している。

　次に、住宅ローン控除の制限についてであるが、制限もやむをえない面がある。住宅ローン利子控除が住宅所有の増大に必ずしもつながっていないからである[10]。住宅所有が増えないのは、所有そのものに直接補助を与えるのではなく、住宅ローン利子に補助を与える仕組みになっているのも 1 つの理由である。2018 年についていえば、項目別控除をしない納税者のほぼ 90％にはこの制度は利用できないこともある。また、この制度は租税便益が逆進的で、租税便益のほとんどが高所得者にいき、中所得層には限られた租税便益しかいかない。

4．人的控除の廃止と児童税額控除の拡大

　人的控除は、基礎的水準を超える人の所得だけが税に服するという考え方から 1913 年に設けられたものである。これは、最貧困世帯には所得税がかからないことを保障することになっている。ただ 1913 年に人的控除が設け

られたときには 3000 ドルであったが、2017 年現在 4050 ドルという低い水
準にとどまっている。1913 年の 3000 ドルは現在ドル価値に直せば 7 万ドル
以上なので、2017 年現在 4050 ドルの人的控除水準は極めて低い[11]。

　TCJA はこの人的控除を廃止した。貧困者にとってはその代わりに標準控
除が倍増されたのである程度はカバーできるが、人的控除が使えると納税者
は自らのみならず扶養者も人的控除の対象にできるので、子供の多い家族に
は有利であったが、人的控除の廃止でそれができなくなって不利になったと
考えられる。

　ただ、一定の所得水準以下の納税者には、17 歳以下で資格要件を満たし
ている子供がいれば 1 人につき 1000 ドルまで税額控除してもらえる児童税
額控除（CTC）制度がある。もし児童税額控除額が納税者の租税負担額よ
り大きい場合には、還付してもらうことができる。CTC は 1997 年に創設さ
れ、2001 年以来超党派の支持で拡大されてきた。

　TCJA においては、児童税額控除額は 2000 ドルに増額されており、また
1400 ドルまで当該控除は還付請求可能となっている。ただし、40 万ドル
（夫婦合算申告）または 20 万ドル（それ以外）の課税所得がある場合は控除
額が逓減される。また、子供以外の扶養者 1 人につき 500 ドルの税額控除
（還付不能）が認められている[12]。

　さて、人的控除の廃止や児童税額控除の拡大の影響は、納税者間でどのよ
うに違ってくると予想されるのか。CBO は次のような予測をしている[13]。
人的控除からもはや何の便益も得られなくなった扶養者のいない納税者や、
拡大された児童税額控除では、人的控除のなくなった分を埋め合わせられな
いその他多くの納税者を含めて、税引後所得は減ると予想される。しかし、
子供のいる多くの低所得納税者については、税引後所得は増加するであろう。
このような結果が生ずるのは、低所得の多くの人々は所得税を支払わず、そ
れゆえに人的控除の廃止の影響も受けず、ただもし子供がいれば、拡大され
た還付付き税額控除からなお便益を得ることになるからである。

5．代替ミニマム税の控除額の増額

　1969 年に代替ミニマム税（AMT）と同様の趣旨の追加（アッドオン）ミ
ニマム税が創設されている。当時 20 万ドル以上の所得のある 155 人の納税
者が連邦所得税をまったく支払っていないことが発覚し、議会はそれに対応

するために彼らに通常税の外に、追加ミニマム税を課す制度を設けた。この追加ミニマム税は、代替ミニマム税創設後も別途実施されていたが、1983年に廃止されている[14]。

代替ミニマム税（AMT）は1979年に創設され、1986年税制改革法や2012年アメリカ納税者救済法でかなり大きな見直しが行われたが、今日まで高所得者が累進税率と租税優遇措置を使って多額の税負担を回避しようとするのを防ぐことを政策目標としている制度である。

納税者は通常の所得税とAMTの両方の税額を計算し、AMTの方が通常の所得税より大きければ、AMTを納税しなければならない。2017年時点で比べて、通常の所得税とAMTでは次のような点が違う。通常の所得税の税率は、10〜39.6%の7段階の累進税率を取っているが、AMTの税率は26%と28%の2段階税率である。通常の所得税で認められているような標準控除、州・地方税控除、人的控除といった控除は、AMTには認められていない。その代わりAMTにはAMTの課税ベースから差し引くことができるAMT控除がある[15]。

AMTはこれまで2つの事柄が問題になってきた。1つは、AMTはもともと富裕層の税逃れ対策として生まれたが、次第に中間所得層までも課税されるようになり、不評を買うようになってきたことである。もう1つは、AMTは通常の所得税とは逆に単身者よりも夫婦に税負担が重くかかり、結婚ペナルティ問題を抱えていることである。

まず前者の問題について述べよう[16]。AMTの前身ともいうべき追加ミニマム税が始まってすぐの1970年において、この税からの収入は1億2200万ドル（所得税収総額の0.14%）で、1万9000人の納税者から徴収したものである。それが、租税政策研究所の推計では、2017年にはAMT380億ドル（所得税収総額の約2.5%）を約480万人の納税者が支払うとしている。AMTの納税者数と納税額の驚くべきほどの増加である。その原因の第1は、通常所得税と違って、AMTは2012年アメリカ納税者救済法で2013年1月から物価自動調整が制度化されるまで、物価調整減税が行われなかったからである。第2は、ブッシュ減税の通常所得課税の税率は引き下げられたが、AMTの税率は引き下げられなかったからである。第3は、2013年以降好景気で所得が増えたことを挙げることができる。

そして注目すべきは、AMTの納税者の大半が最富裕層ではなく、比較的

高い所得層だということである。中間所得層がますます AMT に巻き込まれてきたのである。ちなみに AMT 納税者の約 3 分の 2 は 20 万〜50 万ドルの所得層であり、約 5 分の 1 が 50 万〜100 万ドルの所得層である。1 万ドル以上の所得層は 3％にも満たない。

後者の問題について述べよう[17]。通常の連邦所得税の下では、多くの夫婦は彼らが単身者である場合よりも所得税の支払いが少なくてすむために「結婚ボーナス」を受け取っているようなものである。これは AMT の下では妥当しない。AMT の課税ブラケットは納税者が結婚していようが単身者であろうが同じである。夫婦の AMT 控除額は単身者の約 1.5 倍に過ぎない。反対に、通常の所得税の下においては、夫婦の標準控除額は単身者の場合の 2 倍である。夫婦の 10％と 15％の課税ブラケットは単身者の場合の 2 倍である。夫婦にはしばしば子供がおり単身者より高い所得を得ている傾向があるという事実と結びついて、AMT 結婚ペナルティのために夫婦は単身者と比べて 6 倍以上 AMT を支払いそうである。

さて、TCJA は AMT をどう変えたのか。連邦法人税の AMT は廃止したが、連邦個人所得税の AMT は存続させ、人的控除額を増額させた。AMT 控除は TCJA 前の税法のままであれば、2018 年は単身者 5 万 5400 ドル、夫婦合算 16 万 4000 ドルであった。そして消失控除は、単身者では 12 万 3100 ドルから、夫婦合算では 16 万 4100 ドルから始まった。TCJA は AMT 控除額を、単身者については 7 万 3000 ドルに、夫婦合算の場合には 10 万 9400 ドルに増額した。消失控除は、単身者については 50 万ドルから、夫婦合算の場合は 100 万ドルから始まることになった。以上の TCJA の新たな措置によって、AMT の納税者数と納税額が減り、また単身者と比べて夫婦にかかる結婚ペナルティが緩和されるであろうと思われる。ただそれが 2025 年までの時限措置でもあり、どの程度に落ち着くのか予測は難しい。

6. 通り抜け（パススルー）事業所得に対する 20％の所得控除制度の新設

TCJA では、通り抜け（パススルー）事業所得を事業構成員の課税所得に合算した上で、通り抜け事業体からの国内適格事業所得の 20％相当額を課税所得から控除できるようになった。ただ、この制度において構成員の課税所得が 31 万 5000 ドル（夫婦合算）または 15 万 7500 ドル（それ以外）を超

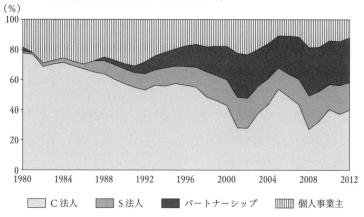

図9-1 事業体別事業所得の内訳(1980-2012年)

出所:The White House and Department of the Treasury (2016), p.11, Figure 4 に加筆修正。

える場合は一定の控除制限が行われる[18]。

　この新制度をどう評価するべきかを問う前に、理解しておくべき事柄がある。通り抜け事業所得課税は、個人所得課税であって、法人所得課税ではないことである。事業所得であっても法人段階では課税されず、個人段階で課税される。図9-1の事業体別事業所得の内訳を見てみよう。C法人の事業所得には法人税がかかり、通り抜け事業体(S法人、パートナーシップ、個人事業主)の事業所得には個人所得税がかかるのであるが、1990年以降C法人の事業所得の構成比が低下し、逆に通り抜け事業体の事業所得の構成比は上昇していき、2012年現在大体4対6の比率となっている点が注目される。事業所得の申告数の割合を事業体別に見ると、2015年でC法人4.4％、S法人12.2％、パートナーシップ10.1％、個人事業主68.3％、農業者5.0％となっており、C法人の割合が極めて低くなっている[19]。こうなったのには理由がある。C法人が適用される法定法人税率は、1990年代初め以来最高税率が35％に据え置かれ、しかも累進税率であった。加えて、C法人の株主の配当やキャピタル・ゲインには個人所得税がかかり、二重課税が調整されてこなかったのに対し、通り抜け事業体の場合には、個人段階でしか課税されないので有利であった。限界実効税率で比較しても、2015年でC法人が30.1％であるのに対し、通り抜け事業体は25.3％であった[20]。このためC法

人を選択せず通り抜け事業体を選ぶ事業者が増えてきたのである。

さて、TCJA は通り抜け事業所得に対して 20%の所得控除を認めた。新たな事業所得租税支出の誕生である。この租税支出は 2018 年から 2022 年までの 5 年間 2030 億ドルになると予測されている[21]。実際の事業所得の大半を受け取っている富裕な事業体所有者を極めて優遇することになる。通り抜け事業所得控除の便益総額は 2018 年で 446 億 2200 万ドルと相当大きな金額であるが、第 5 分位（高所得層）がその減税便益の 95.3%を占め、その中でもトップ 1%（最富裕層）がその 59.1%を占めている。第 1-第 3 分位の低・中所得層（全体の 6 割）はわずか 1.7%しか占めていない。

7. 遺産税・贈与税の基礎控除の引上げ

2017 年 TCJA は、遺産税基礎控除額を 2018 年から 2025 年までの期間についてのみ、単身者につき 549 万ドルから 1118 万ドルに、約 2 倍引き上げた。この基礎控除額は、物価調整されるので 2019 年には 1140 万ドルに、2020 年度には 1158 万ドルになっている[22]。

この TCJA 減税によって、遺産税申告件数は 2017 年の 5500 件から 1900 件に、さらに遺産税額は 2017 年の 200 億ドルから 2020 年の 160 億ドルに、それぞれ低落した。2020 年に死亡が予想される 280 万人の 0.1%の人しか遺産税を支払わないのである。2001 年には、遺産税申告件数は 10 万 9100 件、課税される申告件数は 5 万 500 件、遺産税額は 2370 億ドルであったので、この 20 年間に連邦遺産税は、大きく弱体化させられた[23]。

もう 1 つ指摘しなければならないのは、遺産税・贈与税の基礎控除額の引上げによる減税便益が最富裕層に帰着する点である。第 10 章の表 10-5-A を見てみよう。TCJA による 2018 年の租税変動の構成要素において、所得トップ 1%層（56 万ドル超）だけが、遺産税軽減による総額 74 億 5600 万ドルの減税便益を享受する見込みとなっている。トランプ減税が富裕層優遇という批判を免れない分かりやすい事例となっている。富裕者が受け取る遺産には、TCJA によって遺産税があまりかからなくなるばかりでなく、受け取る遺産にはこれまで課税されたことのない未実現のキャピタル・ゲインが多く含まれており、これも課税されないので富裕層にますます富が集中していくことになる。トランプ政権の TCJA は、所得格差だけでなく資産格差も助長する。

8. オバマケア罰則金の撤廃

　オバマ政権の時に成立した2010年医療費負担適正化法（ACA）は、多くの人々に定められた基準を満たす医療保険に加入すること、またその免除もないのに加入しない人には罰則金を科すことを要求する、個人の義務と一般的には呼ばれる規定を含んでいる。罰則金を科す程度は、法律で定められた一定額か、家計所得の一定部分かのいずれか大きい方になる。TCJAはこの罰則金をゼロにした。つまり撤廃した[24]。これは2019年以降の恒久措置とされている。

　TCJAによるオバマケア罰則金の撤廃は、TCJAによる租税変動にどう影響したのか。これについては、第10章の表10-5-Aの2018年の「租税変動の構成要素」欄を見てみよう。すべての所得階層で、オバマケア撤廃の影響が増税の形で現れ、かつ比較的所得階層の低い方が、増税金額が多くなっている。これはなぜだろうか。罰則金がなくなればそれは減税と同じ作用を持つのではないかと疑問が湧く。しかし、多くの人たちは、医療保険をなくすと、医療費負担適正化法の下で彼らが医療保険料を支払うときに役立っていた税額控除をもはや受けられないために、高い税金を支払わねばならなくなるためである[25]。低所得の人たちほど医療保険に加入しない割合が高くなるがゆえに、彼らは高い税金を支払わねばならなくなる。

第4節　法人税負担の実態とTCJAの法人課税改革内容の検討

1. アメリカの法人税負担の実態

　2017年TCJAまでのアメリカの法人税率が高かったのか低かったのか、表9-8によって国際比較してみよう。まず最高法定法人税率であるが、アメリカは確かに20カ国の中で一番高い。アメリカの連邦最高法定法人税率は、1993年以来35％であった。この上に、州法定法人税率の平均を加えると、39.1％となる。この39.1％という税率は、G20の最高法定法人税率の平均より10％ポイントも高い。平均法人税率は、アメリカとその他のOECD諸国では計算方法が違うので単純な比較はできないが、表9-8ではG20諸国の中で3番目に高い位置にある。そうはいっても、2012年のアメリカの平均法人税率は29.0％であって、最高法定法人税率39.1％と比べれば、約10ポイントも低い。

表 9-8　G20 諸国の法人税率（2012 年）　　　　　　　　　　　　　　　単位：%

最高法定法人税率（注1）		平均法人税率（注2）		限界実効法人税率（注3）	
アメリカ	39.1	アルゼンチン	37.3	アルゼンチン	22.6
日本	37.0	インドネシア	36.4	日本	21.7
アルゼンチン	35.0	アメリカ	29.0	イギリス	18.7
南アフリカ	34.6	日本	27.9	アメリカ	18.6
フランス	34.4	イタリア	26.8	ブラジル	17.0
ブラジル	34.0	インド	25.6	ドイツ	15.5
インド	32.5	南アフリカ	23.5	インド	13.6
イタリア	31.4	ブラジル	22.3	メキシコ	11.9
ドイツ	30.2	ロシア	21.3	インドネシア	11.8
オーストラリア	30.0	韓国	20.4	フランス	11.2
メキシコ	30.0	メキシコ	20.3	オーストラリア	10.4
カナダ	26.1	フランス	20.0	中国	10.0
中国	25.0	トルコ	19.5	南アフリカ	9.0
インドネシア	25.0	中国	19.1	カナダ	8.5
韓国	24.2	オーストラリア	17.0	サウジアラビア	8.4
イギリス	24.0	カナダ	16.2	トルコ	5.1
ロシア	20.0	ドイツ	14.5	ロシア	4.4
サウジアラビア	20.0	イギリス	10.1	韓国	4.1
トルコ	20.0			イタリア	-23.5

注1：最高法定法人税率＝税法に定められている法人税率の中で一番高い税率。
注2：平均法人税率＝法人所得に対する支払法人税総額の比率。ただし、米国と他の OECD 諸国
　　　では計算方法に違いがある。詳しい説明は、CBO（2017a）Appendix A 参照。
注3：限界実効法人税率＝限界投資収益に対する、限界投資収益にかかる法人税負担額の比率。
出所：CBO（2017a），p.2.

　また、限界実効法人税率は、G20 諸国の中で 4 番目に高い位置にある。
とはいえ、2012 年のアメリカの限界実効法人税率は、最高法定法人税率と
比べれば、約 20％ポイントほど低い。この法人税率の低下は、特別減価償
却制度や利子控除ができる社債金融による投資などによって説明することが
できる。
　ところで、連邦法人税は全ての事業所得に課税されるわけではない。すで
に述べたように、投資活動によって事業所得を得ている事業体は、Ｃ法人、
Ｓ法人、パートナーシップ、個人事業主の 4 つのタイプに大別できるが、連
邦法人税が課税されるのはこれらの事業体の中でＣ法人だけである。残り
3 つの事業体には、法人税は課税されず、個人所得税だけが課税される。こ
こで再度強調したいのは、図 9-1 に示されるように、1980 年代初めには全

表 9-9　連邦法人税の対連邦税収比と対 GDP 比および税引後利益の
　　　　対 GDP 比（1952-2015 年度）　　　　　　　　　　　単位：%

会計年度	法人税の対連邦税収比	法人税の対 GDP 比	税引後利益の対 GDP 比
1952	32.1	5.9	5.5
1955	27.3	4.4	6.6
1960	23.2	4.0	5.9
1965	21.8	3.6	7.8
1970	17.0	3.1	4.8
1975	14.6	2.5	5.2
1980	12.5	2.3	4.8
1985	8.4	1.4	5.9
1990	9.1	1.6	4.5
1995	11.6	2.1	6.3
2000	10.2	2.0	5.0
2005	12.9	2.2	8.1
2010	8.9	1.3	9.2
2015	10.8	1.9	8.5

出所：Clemente, Blair and Trokel（2016），pp.28-29 より作成。

事業所得の約 8 割が C 法人の事業所得であったのが、30 年後の 2010 年代初めには、C 法人の事業所得は全事業所得の約 4 割しか占めなくなり、比重が半減していることである。

　ここで、表 9-9 を見てみよう。法人税は、1952 年には対連邦税収比で 32.1%、対 GDP 比で 5.9% を占めていたが、2015 年には対連邦税収比で 10.8%、対 GDP 比で 1.9% にまで縮小している。1980 年代初めから 2015 年に至るまでの期間でみても、C 法人の事業所得の全事業所得に占める割合の低下もあって、法人税は対連邦税収比や対 GDP 比で後退傾向にある。他方、表 9-9 で法人税のかかる C 法人の税引後利益の対 GDP 比を見ると、1980 年代初めと比べて、2015 年現在その数値が大きく上昇していることが分かる。つまり、連邦法人税の負担が軽くなって、C 法人の利益が増えているのである。

　図 9-2 は、アメリカの非金融法人の税引き前利益率と税引き後利益率の推移を示したものである。アメリカの非金融法人の税引き前利益率も税引き後利益率も、1990 年代後半からは、2000 年代初めと 2007-09 年大不況期の下落はあるものの、トレンドとしては上昇傾向にある。アメリカの非金融法人は、法人税の負担が重くて利益が上がらない状態にはなっていない。むしろ、

第 9 章　トランプ政権下の 2017 年減税・雇用法の概要と個人・法人課税改革の内容検討　　369

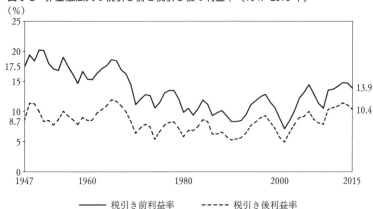

図9-2 非金融法人の税引き前と税引き後の利益率（1947-2015年）

出所：Clemente, Blair and Trokel (2016), p.4

　税引き前利益率も税引き後利益率もともに、1960年代後半以来の高水準にある。したがって、もっと競争的になるために法人税減税が必要ということは言えないのではないか。

　ここで、利益を上げている大企業が最高法定法人税率35％よりはるかに低い税負担しか負っていないことを明らかにした、租税・経済政策研究所の2017年3月の報告書によって、大企業の租税負担の実態に迫ってみよう[26]。

　表9-10は、その報告書の概括表である。フォーチューン500社の中で2008年から2015年までの期間において、1年たりとも欠損を出さずに一貫して利益を出し続けている258社の実効税率の実態を示している。

　258社の平均実効税率は、21.2％で35％よりはるかに低い。とりわけ税率の低いのは48社（全体の約2割）で、そのうち平均実効税率がゼロかそれ未満であるのが18社、平均実効税率が0-10％の間にあるのが30社である。さらに詳しくいうと、100社は8年間のうち少なくとも1年間は利益があるのに、実効税率がゼロかそれ未満である。また24社は8年間のうち少なくとも4年は、実効税率がゼロである。

　258社は、2008-15年期に税引き前利益3兆8000億ドル超を稼いでいた。もしこの税引き前利益3兆8000億ドルにもろに35％の法定法人税率が適用されているとすると、258社は1兆3300億ドルの税を支払わねばならなかったであろうが、実際に支払ったのはその60.4％にあたる8030億ドルであ

表 9-10　フォーチューン 500 社中 258 社の税率（2008-2015 年）

実効税率グループ	会社数	同割合 (%)	2008-15 年（10 億ドル）			8 年間の平均利潤 （100 万ドル）	
			利潤	法人税	平均税率 (%)	課税前	課税後
17.5％未満	83	32	1274.2	107.5	8.4	15,352	14,057
17.5-30%	109	42	1627.2	393.7	24.2	14,929	11,317
30％超	66	26	909.2	305.7	33.6	13,775	9,143
全 258 社	258	100	3810.6	806.9	21.2	14,770	11,642
とりわけ税率の低い 48 社							
0 かそれ未満	18	7	178.0	-7.2	-4.0	9,889	10,289
0-10%	30	12	584.0	40.5	6.9	19,467	18,117

出所：Gardner et al.（2017), p.3.

った。租税・経済政策研究所の報告書は、この本来支払うべき税額 1 兆 3300 億ドルと実際に支払った税額 8030 億ドルの差額 5270 億ドルを 8 年間の租税補助金（租税支出）とみなしている。しかもこの金額の半分超になる 2860 億ドルが 25 社に行き、1 社当たりでは 54 億ドルの租税補助金を受け取ったことになるという。

　同報告書は、258 社の実際の法人税負担を軽減する租税補助金の内訳を明らかにしていないが、主な租税補助金項目として、オフショア・タックス・プラニング、加速度減価償却、ストック・オプション、特定産業減税措置などを挙げている。これらの中で、ストック・オプションを使っての租税負担軽減額が明らかにされている。2008-15 年期に 258 社でストック・オプションを使って、516.9 億ドルの租税負担が軽減されている。

　以上のように、企業の実際の法人税負担が 35％の法定法人税率よりはるかに低く、かつ利益を上げている企業でも実際に税金を全く払っていないものもあることが分ったが、租税補助金（租税支出）がそれに大きく関わっていたのである。そこで、今度は連邦法人税全体に関しての租税支出がどの程度で、どのような内容なのかを表 9-11 で見てみよう。

　2016 年度の連邦法人税租税支出合計額は 2672 億ドルで、そのうち金額の大きい上位 10 個の法人税租税支出が 8 割を超えている。中でも、従属外国子会社の能動的所得の繰り延べが 38.4％、179 条事業償却資産即時費用化が 12.7％で、両者を合わせると 50％を超える。そこで当然のことながらアメ

表 9-11　法人税租税支出と個人所得税租税支出（2016 年度）　　　　単位：10 億ドル、％

	金額（10 億ドル）	構成比（％）
上位 10 個の法人税租税支出		
従属外国子会社の能動的所得の繰り延べ	102.7	38.4
179 条事業償却資産即時費用化	34.2	12.7
代替的減価償却制度を超過した設備の償却	17.3	6.5
国内製造活動控除	14.5	5.4
同種資産の交換取引に係る利得の繰り延べ	11.1	4.2
公共目的で発行する州・地方債の利子の除外	9.8	3.7
研究開発費税額控除	9.4	3.5
能動的金融所得の繰り延べ	9.1	3.4
低所得住宅税額控除	7.9	3.0
非ディーラー割賦販売に係る利得の繰り延べ	6.8	2.5
上位 10 個の法人租税支出の合計	222.8	83.4
全ての法人租税支出の合計	267.2	100.0
上位 10 個の個人所得税租税支出		
年金拠出金および運用収入非課税	156.1	12.8
雇主提供医療保険非課税	155.3	12.7
キャピタル・ゲインおよび配当軽減税率適用	130.9	10.7
勤労所得税額控除	73.0	6.0
州・地方税控除	65.4	5.4
住宅ローン控除	59.0	4.8
慈善寄附金控除	55.2	4.5
児童税額控除	55.0	4.5
179 条事業償却資産即時費用化	53.0	4.3
医療給付エクスチェンジで購入した保険に対する補助金	41.3	3.4
上位 10 個の個人所得租税支出の合計	844.2	69.2
全ての個人所得租税支出の合計	1219.8	100.0

出所：Sherlok and Marples（2017），pp.24-25 より作成。

リカの法人は、当時の好況下において、税引き後所得が増え続けている中で法定税率を引き下げ、かつ法人税租税支出をも拡大するような改革を果たして必要としていたのかという疑問が湧いてくるのである。

2. TCJA の法人課税改革内容の検討

　TCJA は、アメリカの大企業 500 社の税負担を 2018 年に 750 億〜1000 億ドル引き下げ、利益を 8％ほど引き上げると予想されている。また、2018 年

早々に約300社が、ボーナス、給与、401（k）拠出金の引上げを発表した。CNBC/Fed の経済学者の意見調査を受けて、ファンド・マネージャー、企業戦略家は、TCJA の減税の恩恵の約半分は、株主の配当金の引上げ、自社株買い、債務償還に充てられることになろうと予想している[27]。

以下では、TCJA の法人課税改革の主な内容について検討する。法人課税の改正事項はほぼ全て恒久的措置とされた。

（1）法人税率の引下げ

従来連邦法人税は最高税率35％の累進税率を採用していたが、TCJA で税率は一律21％に引き下げられた。OECD のデータ（2016年）で法人税収の対 GDP 比を35カ国で国際比較すると、ニュージーランドが一番高く4.7％で、スロベニアが一番低く1.6％で、アメリカを除く34カ国の平均は2.9％である。アメリカは2.2％で他の34カ国の平均より低く、35カ国中24番目の低い位置にあったアメリカの法人税の最高税率が2016年時点で35％で高すぎると言われたが、実際のところ国民経済（GDP）に対しての法人税負担は国際的には決して重くはなかったのである。それにも関わらずアメリカの法人税率は高すぎるという批判を受けて、一律21％にまで引き下げられた。税制・経済政策研究所（ITEP）は、アメリカの法定法人税率だけ一律21％に変わったが他は変わらなかったとして、OECD35カ国で国際比較した場合、法人税収の対 GDP 比は、アメリカが1.5％となり最も低い国になると試算している[28]。

法定法人税率の上述のような引下げで誰が最も大きな恩恵を受けるのかという疑問が当然湧く。これについて、予算・政策優先研究所は、次のような見解を示している[29]。

①この大規模減税によって株主が大きな恩恵を受ける、②法人税率引下げの恩恵の3分の1は所得上位1％層の世帯に流れ込む、③この法人減税の恩恵は主に労働者に行くというトランプ政権の主張とは反対に、その恩恵の75％以上が株主に行く、④賃金や給与に行く恩恵の大部分も、CEO やその他高給取りの執行役員に行く、⑤ほんのささやかな恩恵が、ここ何十年間の遅い賃金上昇で最も痛めつけられてきた中間・下層の労働者に行く。

ところで、前のオバマ政権も企業課税改革の必要性を認識し、2012年2月に財務省と共同で『オバマ大統領の企業税改革のフレーム・ワーク』という報告書を発表し、2016年4月にその改訂版を公表してきた。オバマ政権

の改革の枠組みは、生産性や成長を損なっている経済的歪みを減らすために、数多くの租税支出を削除し、企業の課税ベースを根底的に改革するのとセットで法人税率を引き下げるというものであった。しかしながら、トランプ政権と議会共和党が成立させた TCJA の法人課税改革は、税率の大幅引下げだけでなく、勿論それによって租税支出のコストあるいは規模を減少させるが、法人税法上の租税優遇措置でみれば、租税支出を拡大して課税ベースを侵食する内容のものもあった。次にその内容を少し詳しく検討してみよう。

（2）法人税租税支出条項の変更点

法人税租税支出の総コストは、2017 年には GDP 比 1.3％になっていたが、TCJA によって主には法人税最高税率が 35％から 21％に引き下げられたため、各種控除の価値（租税便益）が下がり、2019 年には GDP 比 0.4％まで低下した[30]。ただ、個々の法人税租税支出条項を見ると、控除を拡大したものもあれば、縮小したものもある。

次の（ⅰ）は租税支出縮小条項と租税支出拡大条項の両方を含む。（ⅱ）（ⅲ）は租税支出を拡大する。（ⅳ）（ⅴ）（ⅵ）は租税支出を縮小する。（ⅶ）は勿論新たな租税支出の拡大である[31]。

（ⅰ）繰越欠損金使用制限と繰戻・繰越期間の撤廃

これまで繰越欠損金で控除できる課税所得に制限はなかったが、TCJA では当期課税所得の 80％までに制限される。また、これまで繰越期間は 20 年まで、繰戻期間は 2 年までとされていたが、TCJA では繰越期限を無期限に、繰戻は廃止される。なお、2017 年までに発生した繰越欠損金は従来のルールが適用される。

（ⅱ）固定資産（設備投資）の即時償却制度の創設

これまで、内国歳入法第 168（k）条の下で、特定要件を満たす固定資産購入に対し 50％の一括償却が認められていた。TCJA ではこれが 100％となった。ただし、2022 年以降毎年この償却率が段階的に縮小していく。

（ⅲ）固定資産（設備投資）の即時償却選択の拡大

これまで、内国歳入法第 179 条の下で当年度の固定資産購入金額の合計が 200 万ドルを超えない限り、最大 50 万ドルまでを即時損金算入することができた。200 万ドルを超える場合即時償却額は逓減された。TCJA では当年度の購入金額合計が 250 万ドルを超えない限り、最大で 100 万ドルの一括損金算入が可能となった。当年度の購入金額合計が 250 万ドルを超えると即時

償却額が逓減され、350万ドル以上になると適用されなくなる。

（iv）支払利子の損金算入制限

これまで、内国歳入法第163条に基づき海外関連法人への支払利息の損金算入に制限が設けられていた。TCJAでは調整後課税所得（課税所得に支払利息や税金、減価償却等を加えた所得）の30％を超えるネット支払利息の損金算入制限制度が導入された。

（v）国内製造控除制度の廃止

これまで、内国歳入法第199条の下で、国内で製造に従事する者に、最大で所得額の9％の所得控除が認められていたが、TCJAではこれが廃止された。

（vi）国内受取配当控除の改定

これまで、株式持ち分に応じて70〜80％の配当所得控除が認められていた。TCJAではこれが50〜65％へと縮小された。

（vii）オポチュニティ・ゾーン租税優遇措置の新設

経済的に困窮している地域における適格な新規投資に対して税負担を軽減する優遇措置が新設された。5年間で約70億ドルの減税規模になると見込まれている。

（3）代替ミニマム税（AMT）の廃止

従前の制度上は、15〜35％の累進税率による通常の税額とは別に、課税所得に一定の調整を加えた額に対して20％の税率による代替ミニマム税（AMT）の計算を行い、いずれか多い税額が最終的な法人税額とされていた。TCJAではこれが廃止された。最高法定法人税率が35％のときには、企業が研究開発費税額控除を含め、多くの所得控除や税額控除を使って税負担逃れをするのを制限するために、負担すべき税を計算する際に通常の法人税に代替する20％税率のAMTが置かれてきた。

だがTCJAで最高法定法人税率が、AMTの税率20％とほとんど同じ一律21％にまで引き下げられたときには、研究開発費を多く使うハイテク企業や製薬企業の強い反対もあって、法人に対するAMTは廃止となった。つまりこれまで各種控除に制限（税優遇項目の取消し）のあったAMT支払い企業は、TCJA実施後は通常の法人税を支払う代わりに、取り消されていた税優遇項目を利用できるようになったのである。これもTCJAにおける法人税の租税支出の拡大＝課税ベースの縮小と捉えることができる。

3. 国際課税の改革（領土主義課税への移行）

以下の（1）と（2）がTCJAの国際課税改革の主要項目である[32]。

（1）海外配当益金不算入制度（領土主義課税の創設）

これまでの制度は、全世界所得課税制度を採用しており、従属外国子会社からの配当はアメリカで最高35％の高税率で課税されるとともに、外国税額控除により二重課税を排除する措置が採られていた。

しかし、多くの多国籍企業は高税率の課税を嫌って海外に2.5兆ドルもの資金をため込んでいた。TCJAではこの配当への課税を原則なくすことになった。もう少し詳しくいうと、アメリカ法人が10％以上の株式を保有する外国法人から受け取る配当の全額が益金不算入となった。つまりアメリカは領土主義課税に移行した。そうしたのは、アメリカの企業が海外留保資金を本国に戻してM&A（合併・吸収）や自社株買いなどで実態経済と株式市場を活性化させることを期待してのことである。そうなればその恩恵に最も浴するのは大企業と株主になることはいうまでもない。

ただこの制度は、アメリカの多国籍企業が帳簿上の利益ではなく、実際の投資を海外に移そうとする大きな、かつ恒久的な誘因を生み出す危険性もある。これはまた、米国への投資を減らし、詰まるところアメリカの労働者の賃金削減に行きつく可能性がある。表9-11を見ても分かるように、TCJA成立1年前の法人租税支出の最大の項目は、従属外国子会社の能動的所得の繰り延べで、構成比は4割近かった。もしTCJAの下で海外留保資金が共和党政権の期待に反してアメリカに戻されずに海外に留保され続ければ、法人租税支出を一段と大きくする可能性もある[33]。もっとも、TCJAはこうした誘因が招くダメージを抑えようとする幾つかの最低限の国際課税規定は盛り込んではいる。

（2）最低限の国際課税規定

（ⅰ）海外留保所得にかかる強制みなし配当課税制度の創設

海外配当益金不算入制度導入以前に蓄積された未課税の海外利益については、同制度導入直前に配当されたとみなされ（強制みなし配当）、アメリカの株主レベルで課税の対象となる。みなし配当のうち金銭・金銭同等物から成るとみなされる部分は15.5％の税率で、それ以外は8％の税率で課税される。

（ⅱ）従属外国子会社（CFC）認識の定義拡大

従来アメリカ人が50%超の持分を有する外国法人は、従属外国子会社（CFC）と認識されていた。この定義に加え、TCJAでは、外国子会社を海外親会社を通じて保有する場合でも、その外国子会社がアメリカ法人のCFCと認識されることになる。

（iii）国外無形資産低課税所得（GILTI）への課税

従来からサブパートF所得と呼ばれて、従属外国子会社が生み出す所得のうち基準を満たすものはアメリカ親会社でも課税所得として認識するルールが存在した。TCJAでは新たに国外無形資産低課税所得（GILTI）を課税所得に合算することが義務づけられた。GILTIは、CFCで発生した一定以上の所得をアメリカ親会社の株式持ち分に応じて特定の方法で算出される。GILTIにかかる外国税額はグロスアップされて課税所得に算入され、当該外国税額の80%を限度として外国税額控除が適用される。

（iv）税源侵食濫用防止税（BEAT）の制定

TCJAでは海外の関連者への支払いがある場合、特定の方法で税源侵食濫用防止税（BEAT）が算出され、課税される。ただし、50%超の関連グループで過去3年の平均売上げ5億ドル超が対象となる。海外関連会社の売上げはアメリカの事業所得に関連する売上げのみが含まれる。

第5節　おわりに

本章では、トランプ減税といわれる2017年減税・雇用法（TCJA）の個人・法人課税改革の内容を検討し、その問題性を明らかにした。

アメリカは長年経済成長力低下問題、財政再建問題、経済格差問題という課題に直面してきたが、1980年代のレーガン政権以来共和党は供給サイド重視のトリクルダウン経済学の立場に立ち、経済政策の柱は常に減税政策を中心的手段としてきた。特に共和党が政権についたレーガン政権、ブッシュ（子）政権、トランプ政権において大規模な減税を行うための税制改革を行っている。

トランプ政権も成立させたTCJAによって大型減税政策を実施し、米国の経済成長力低下問題、財政再建問題、経済格差問題に向き合っているかのようなキャンペーンを展開したが、過去のレーガン政権、ブッシュ（子）政権の大減税政策と同様に、それらの解決に失敗し、問題を一層悪化させたので

はないかと思われる。それについては第 10 章で詳しく検証する。

　さてここで、本章で検討した TCJA の個人・法人課税改革内容の問題性について まとめておこう。

　TCJA は、トリクルダウン経済学に立った大企業や富裕層を優遇することに力点を置いた大減税改革なので、大規模減税ではあるが、明確な租税理論に立った包括的な税制改革ではなく、租税論的に方向性の不明確な税制改革といわざるをえない。1986 年税制改革法のような包括的所得税理論に立った抜本的税制改革でもなければ、消費ベース課税論で一貫させた抜本的税制改革でもない。ただ近年盛んになっている消費ベース課税の考えを法人税において一部取り入れているところがある。特別即時償却を認めることで、消費所得税への動きが見られる。また同様に、営業純損失控除や利払費、連邦預金保険料、住居費、一定の法人の費用のような所得を生み出すコストの控除を否定することによって、TCJA は伝統的な課税ベースから離れるような動きが見られる[34]。

　従来から望ましい税制改革の基準として、適正な税収入、効率性、公平性、簡素性が挙げられてきた。個人所得税、法人税等の大減税を行う場合には、それらの法定税率を引き下げる代わりに、課税ベースを拡大することがそうした税制改革の基準に適うものと一般的には受け止められてきた。課税ベースを拡大するためには、税収喪失、非効率、不公平、煩雑だと批判される租税支出を整理・縮小するのが適切と考えられてきた。そこで、TCJA の個人課税改革において租税支出の整理・縮小が進んだのかどうか検討しておこう[35]。

　まず TCJA によって租税支出総コストの GDP 比がどう変わったのであろうか。Calame and Toder（2021）によれば、それは 2017 年度の 8.5％から 2019 年度の 6.6％へとかなり大きく減少した。また、また、個人所得税租税支出総コストの GDP 比はどう変わったのであろうか。同じく Calame and Toder（2021）によれば、それは 2017 年度の 7.2％から 2019 年度の 6.0％へと減少した。個人所得税租税支出の規模がこのようにかなり縮小したのは、TCJA によって主には最高所得税率が 39.6％から 37％に引き下げられたことによって、各種控除の租税便益を減らしたからである[36]。

　Sherlock and Marples（2017）によると、2016 年度の個人所得税の租税支出は総額 1 兆 2198 億ドルで、法人税の租税支出は総額 2672 億ドルで、両方

を合せると1兆4870億ドルにもなる。個人所得税と法人税の租税支出総額の比率は、前者82%、後者18%であって前者が圧倒的である[37]。そこで個人所得税租税支出のうち金額的に見て上位の10個を選び出すと表9-11の下段のようになる。10個の租税支出は個人所得税租税支出合計額の約7割になる。この10個の租税支出の中で、TCJAによって縮減対象となったのは、州・地方税控除と住宅ローン利子控除だけである。個人所得税租税支出の中で2016年度現在、前者は5.4%、後者は4.5%で両方合せても全体の約1割に過ぎない。高所得者の税逃れにも利用されているこれらの控除が縮減されるのは悪くはないが、規模も小さく廃止されたわけでもなく、慈善寄附金控除の枠が拡大されているので、高所得者はそちらにスイッチするかもしれない。あるいは倍増された標準控除にスイッチするかもしれない。

逆に控除が拡大されたものに児童税額控除がある。低所得世帯にとってこの減税便益の拡大は有意義だと思うが、租税支出としては未だ規模は大きくない。

高所得者に有利に利用されている、年金拠出金および運用収入非課税、雇主提供医療保険非課税、キャピタル・ゲインおよび配当軽減税率適用といった規模で上位3位までの租税支出は、2016年度で個人所得税の租税支出合計額の36.2%を占めるが、TCJAはこれらの租税支出にまったく手をつけていない。

表9-11に掲げた個人所得税の租税支出項目は、Sherlock and Marples（2017）の中で、議会合同租税委員会の資料に基づいて取り上げたものであるが、租税政策研究所は財務省租税政策局のデータによって、表9-11に掲載されていないが規模の大きな租税支出を2つ挙げている。2018年度の金額であるが、純帰属家賃非課税1127億ドル、死亡時遺産に含まれる未実現キャピタル・ゲイン（遺産キャピタル・ゲイン）541億ドルを挙げている[38]。これらについても、TCJAは何も触れていない。それどころか、TCJAは富裕層に有利な税制を導入さえしている。通り抜け事業所得に20%もの所得控除を新たに認めている。代替ミニマム税の控除を引き上げている。そして遺産税・贈与税の基礎控除を大幅に引き上げている。

まことに、2017年TCJAは富裕層に減税便益の大半が帰着する、トリクルダウン経済学に立った税制改革法であるといわざるをえない。

法人課税改革については、本当に法人は国際的競争に耐えられないほど負

担を負っていて、法人減税は喫緊の課題なのかという問題がある。確かに、アメリカの連邦最高法定法人税率だけ見れば、G20 の中で一番高いようにみえるが、実際の法人の税負担はそうではない。そもそも、法定法人税率が適用されるのは、事業所得のうち C 法人（普通法人）の事業所得にだけである。ところが、C 法人の事業所得の割合が次第に減少して今や全体の 4 割程度でしかない。C 法人以外の S 法人、パートナーシップ、個人事業主などの通り抜け事業体の事業所得は、法人税がかからず、個人所得課税の対象となる。1990 年代以降それ以前と比べれば、連邦法人税の対連邦税収比や対GDP 比は、低下しているのに対し、非金融法人の税引き後利益率は上昇傾向にある。また、フォーチューン 500 社中利益を上げている大企業 258 社の8 年間の税率を調査した研究では、平均税率は 21.2％で、ゼロ未満から 10％までの低い税率の会社は 48 社もある。C 法人の税負担の実態がこのようなのに、果して大幅な法人減税が必要なのかという疑問が湧く。

　大企業の実際の法人税負担が法人税率よりずっと低いのは、法人税租税支出が大きいからである。したがって、オバマ民主党政権の下では、法人税率をある程度下げる代わりに、法人税租税支出（ループホール）を塞ぐことで、課税ベースの拡大を図る提案をした。しかるに、2017 年 TCJA では、最高法定法人税率を 35％から一気に 21％まで引き下げたが、法人税租税支出（ループホール）を積極的に塞ごうとしなかった。

　特に法人税租税支出の中で一番構成比の大きい「従属外国子会社の能動的所得の繰り延べ」に関し、これまで課税するとしていた建前（全世界所得課税）も放棄し、課税しない領土主義課税に移行した。トランプ政権は、これによって多国籍企業の米国内への投資が活発化することを期待するが、逆に一層多国籍企業が資金を海外に留保する可能性も否定できない。

　その他、法定法人税率の適用を免れている、S 法人、パートナーシップ、個人事業主等の通り抜け（パススルー）事業所得の課税において、20％の所得控除が新たに設けられた。これらの減税の恩恵は、大企業の株主や富裕層に多く帰属することが間違いなく、米国における経済格差を一層拡大することになった。

　トリクルダウン経済学に拠った大規模減税路線は、トランプ減税で 3 度目の失敗を迎えることになるが、それに取って代わって、バイデン政権は中間層（低所得層底上げ・中所得層拡大）経済学を経済戦略として、バイデノミ

クスを展開することになった。それについては、終章で詳しく検討する。

【注】

1) PwC 税理士法人（2017）。
2) TPC（2017a), p.2.
3) TPC（2017b), pp.2-3.
4) TPC（2017c), p.2.
5) PwC 税理士法人（2017）、13 頁；PWC（2017), pp.18-19.
6) Lu（2017), p.2.
7) Lowry（2017), pp.4-7.
8) 中村（2018）でも紹介されている。
9) Sammartino（2018）；Rosenthal（2018).
10) Harris and Looney（2018), p.17.
11) TPC（2017d).
12) PwC 税理士法人（2017）、12 頁；PWC（2017), pp.19-20.
13) CBO（2018a), p.113.
14) TPC（2017e).
15) Sherlock and Marples（2018a), Table 2；Sherlock and Marples（2018b), p.9.
16) TPC（2017f)；Williams（2017).
17) TPC（2017g).
18) 通り抜け事業所得に対する 20％の所得控除の解説は、PwC 税理士法人（2017）、13-14 頁；PWC（2017), pp.13-16 による。
19) JCT（2018b), p.32 より算出。
20) The White House and the Department of Treasury（2016), p.10.
21) Harris, Steuerle and Quakenbush（2018), p.3.
22) 遺産税基礎控除額の数値は、TPC（2020c）による。
23) 遺産税の申告件数や遺産税額の数値は、TPC（2020d）による。
24) CBO（2018a), p.113.
25) ITEP（2018a), p.5.
26) Gardner, McIntyre and Philips（2017), pp.1-72.
27) Zaretsky（2018), p.2.
28) ITEP（2018b) 参照。
29) Marr, Duke and Huang（2018), p.5.
30) Calame and Toder（2021), pp.5-6.
31) (1) と (2) の (ⅰ) ～ (ⅵ) の解説は、PwC 税理士法人（2017）、1-6 頁；PWC（2017), pp.3-8. (ⅶ) については、Harris, Steuerle and Quakenbush（2018), p.3 を参照。

32) PwC 税理士法人（2017）、8-11 頁；PWC（2017），pp.8-13.

33) Marr, Duke and Huang（2018），p.18.

34) Mazur（2018），p.5.

35) TCJA の法人課税改革における租税支出については、片桐（2018b）、第 3 節を参照。

36) Calame and Toder（2021），pp.4-6.

37) Sherlock and Marples（2017），pp.24-25.

38) TPC（2017h）.

―――第**10**章―――

トランプ政権下の
2017年減税・雇用法の
経済・財政効果と分配効果

第1節　はじめに

　本章では、減税規模約1.5兆ドルの2017年減税・雇用法（TCJA）の経済・財政効果と分配効果を検証する。

　このトランプ政権の大型減税は、レーガン政権以来共和党の伝統的政策となった、供給サイド重視のトリクルダウン経済学（序章第4節で詳述）に拠ったものである。トランプ政権は、A. ラッファーとS. ムーアのトリクルダウン経済学（トランポノミクス）の筋書き[1]に従って、アメリカの経済は成長し、財政健全化が進み、中間層・低所得層にその恩恵が及ぶと公言した。果してこの大型減税で、それが本当に実現できたのかどうか、検証してみよう。

　以下、第2節では、トランプ政権下の政府機関（経済諮問委員会、財務省租税局）、超党派の議会予算局（CBO）、有力民間機関である税制・経済政策研究所（ITEP）のTCJAによる経済成長、財政収支、租税（減税）便益分配への中期的な影響予測結果をサーベイし、トランプ政権の楽観的な将来見通しが実現の見込みのないことを明らかにする。第3節では、TCJAの2018-19年の実施結果が、トランプ政権の主張とは違ったものになってしまったことを、議会調査局（CRS）報告書、ゲイル＝ホルデマンのTCJA批判的研究、議会合同租税委員会（JCA）報告書をもとに明らかにする。第4節では、TCJA実施後の個人所得税租税支出の分配効果と最大の非事業個人所

383

得税租税支出の特徴および便益の分布を明らかにする。第5節では、TCJA
を恒久化しようとするトランプ政権と共和党の動きと経済格差是正の諸方策
を打ち出していた民主党の動きを検討し、その意義を考える。

第2節　TCJA による経済・財政・租税（減税）便益効果

1.　トランプ政権の TCJA による経済効果・財政収支影響予測

（1）経済諮問委員会の TCJA による経済効果予測

　連邦政府は 2018 年 2 月 21 日に大統領経済報告書の要約報告を行っている。
その中での、TCJA の経済成長効果に関わる要点を取り出すと次のようにな
る[2]。

　①政府の経済諮問委員会の予測では、実質 GDP 成長率は 2018 年には 3.1
％に上昇し、それから 2020 年までは 3％を超える状態が続き、実質 GDP 累
積額で 1.1 兆ドルにもなる。

　②経済諮問委員会の予測では、トランプ大統領の法人税改革によってアメ
リカ人労働者には年に平均 4000 ドルの賃金引上げがもたらされる。

　③個人所得税に対しての TCJA 改革と減税は、今後 30 年間に推定で 1.3〜
1.6％ほど GDP を押し上げる。

　④これまでに、税制改革の結果として 370 以上の会社が新規投資、賃金引
上げ、ボーナス、その他の給付を発表しており、そのプラスの影響は 410 万
人の労働者に及ぶであろう。

（2）財務省租税政策局の TCJA による経済効果・財政収支影響予測

　トランプ政権下の財務省租税政策局は、上・下両院案の一本化最終法案と
して成立した 2017 年 TCJA の少し前に、上院案（連邦法人税率を 2019 年に
35％から 20％に引き下げる案）をベースに、経済成長と税収増の見込推計
を 2017 年 12 月 11 日に公表した[3]。その要点は次の通りである。

　①租税政策局は、2018 年度政府予算案に含まれている、今後 10 年で
GDP 比上昇率約 2.9％という政府予測を踏襲した。

　②租税政策局は、GDP 上昇率 2.2％という以前の予測と税制改革により上
振れすると考えられる GDP 上昇率 2.9％を比較し、その差の 0.7％ポイント
の半分は法人税率の引下げにより残り半分は通り抜け（パススルー）所得課
税や個人所得税の改革、その他規制改革やインフラ投資や福祉改革を合せた

384

経済効果等からもたらされると期待する。

③この上振れした 0.7% ポイントの経済成長は、10 年間で約 1.8 兆ドル税収増を生む。そうすると 1.5 兆ドルの減税による減収を 3000 億ドル上回ることになる。

ただ、トランプ政権のこうした楽観的な TCJA による経済効果予測も、2010 年ペイゴー原則制定法を適用除外できていたからいえる事柄である。ペイゴー原則というのは、財政悪化を抑えるために、新法や法改正で新たに財政赤字が発生する場合に、同額を他の歳出予算から強制削減せねばならないルールのことである。TCJA では年約 1500 億ドル規模で財政赤字が増えるため、ペイゴー原則を適用除外にしないと、2018 年からほぼ同額の歳出を強制削減する必要があった。そうなると減税による経済効果も縮小してしまう。そこで共和党指導部は 2018 年 1 月 19 日までのつなぎ予算法案に TCJA にはペイゴー原則を適用しない条項を含めて、その法案を 2017 年 12 月 21 日に上・下両院で成立させた。そのため、トランプ大統領は 12 月 22 日に署名して TCJA を成立させることができたのである。なお、2001 年のブッシュ減税のときも、適法措置で 1997 年財政収支均衡法に含まれていたペイゴー原則を適用除外とした。

2. 議会予算局（CBO）の TCJA による経済効果・財政収支影響予測

（1）CBO の TCJA による経済効果予測

議会予算局（CBO）は、CBO（2018a）で TCJA の経済展望への影響を詳細に分析している[4]。その中で、他の官民研究諸機関の TCJA の経済効果推計を取り上げ、比較検討して、概ね共通するマクロ経済予測を導出している。それは次のようなものである[5]。

表 10-1 を見てみよう。同表では、TCJA の実質 GDP 水準に対する経済効果の官民研究諸機関の推計値が示されている。2018-22 年期の諸機関の予測では、実質 GDP への TCJA の予想される平均的経済効果は 0.3〜1.3% の範囲内にある。CBO の予測では、それは 0.7% である。2023-27 年期では、予想される平均的経済効果は 0.3〜2.9% の範囲内にある。CBO の予測では、それは 0.8% である。2027 年では、予想される経済効果は、−0.1〜2.9% の範囲内にある。CBO の予測では、それは 0.6% である。かなり高い成長率を公表している Tax Foundation の予測を除外すれば、TCJA の実質 GDP 水準

第 10 章　トランプ政権下の 2017 年減税・雇用法の経済・財政効果と分配効果　　385

表 10-1　2017 年 TCJA の実質 GDP 水準への経済効果の官民研究諸機関の
推計値　　　　　　　　　　　　　　　　　　　　　　　　　　　　　単位：%

	最初の 5 年間					10 年目	期間平均		
	2018	2019	2020	2021	2022	2027	2018-2022	2023-2027	2018-2027
ムーディーズの分析	0.4	0.6	0.2	0.1	0.0	0.4	0.3	0.3	0.3
マクロ経済アドバイザー、LLC	0.1	0.3	0.5	0.6	0.6	0.2	0.4	0.5	0.5
租税政策研究所（TPC）	0.8	0.7	0.5	0.5	0.5	*	0.6	0.3	0.5
国際通貨基金（IMF）	0.3	0.9	1.2	1.2	1.0	-0.1	0.9	0.3	0.6
合同租税委員会（JCT）	—	—	—	—	—	0.1-0.2	0.9	0.6	0.7
議会予算局（CBO）	0.3	0.6	0.8	0.9	1.0	0.6	0.7	0.8	0.7
ゴールドマンサックス	0.3	0.6	0.7	0.7	0.7	0.7	0.6	0.7	0.7
タックス・ファウンデーション	0.4	0.9	1.3	1.8	2.2	2.9	1.3	2.9	2.1
ペンウォートン予算モデル	—	—	—	—	—	0.6-1.1	—	—	—
バークレイズ	0.5	—	—	—	—	—	—	—	—

注：―印はデータ利用不可を示す。＊印は -0.05 ～ 0 の間の数値を示す。租税政策研究所の数値は、
　　会計年度についての数値である。
出所：CBO（2018a），p.117.

に対する 10 年間の経済効果は、その他の機関ではすべて 1％未満である。
しかも、10 年間のうち最初の数年間は経済効果が比較的大きいが、次第に
緩やかになり、2027 年までには弱い効果しか持たなくなっている。IMF の
予測では、2027 年には－0.1％にまで下がっている。
　いずれにせよ、トランプ政権がファクト・シートで示した「実質 GDP 成
長率は 2018 年には 3.1％に上昇し、それから 2020 年までは 3％を超える状
態が続き、実質 GDP 累積額で 1.1 兆ドルになる。[6]」といった TCJA の経済
効果予測や 2018 年度政府予算案と 2019 年度政府予算案で示された今後 10
年間（2018-27 年期）で実質 GDP 成長率年平均前者 2.9％、後者 2.98％とい
う経済効果予測[7]は実現されそうにもない。
（2）CBO の財政赤字予測と TCJA による財政収支影響予測
（ｉ）CBO のベースラインおよび 2019 年度大統領予算案の財政収支予測
　CBO は 2018 年 4 月に 2018-28 年度のベースライン予算予測を公表し[8]、
同年 5 月にそれを若干修正した調整ベースライン予測を発表している[9]。こ
こでいうベースライン予測とは連邦歳出・歳入に関する現行法が一般的には
変わらずにそのままの状態にあると仮定した場合の予測のことである。その

内容は表 10-2 に示されている。また表 10-2 には、2018 年 2 月にトランプ政権が連邦議会に提出した 2019 年度大統領予算案について、今後 10 年間の財政収支を CBO が推計したものも掲載されている。

まず表 10-2 における CBO の 2018 年 4 月調整ベースライン予算予測の欄を見てみよう。連邦政府の財政赤字は、2017 年度が 6650 億ドル（対 GDP 比 3.5％）であったものが、2028 年度には 1 兆 5270 億ドル（対 GDP 比 5.1％）にまで膨らみ、2019-28 年度期合計では 12 兆 4010 億ドル（対 GDP 比 4.9％）になる見通しである。ただ財政赤字は 2021 年度までは急速に拡大するが、それ以降は緩やかな拡大となる見通しである。いずれにせよ、今後 10 年間の財政赤字の拡大は、債務の増加と累積を引き起こす。連邦債務残高の対 GDP 比は、2017 年度の 76.5％から 2028 年度には 96.1％にまで上昇する見通しである。

次に表 10-2 における CBO の 2019 年度大統領予算案財政収支推計の欄を見てみよう。ベースライン予算予測と違って、大統領予算案財政収支推計の方が明らかに財政赤字の規模が小さい。2028 年度において財政赤字を比較すると、前者が 1 兆 5270 億ドルなのに対し、後者は 1 兆 870 億ドルで前者の約 7 割に過ぎなくなっている。当然公債残高の対 GDP 比も前者より後者の方が 2028 年度で 9.7 ポイントも低くなっている。

このようにベースライン予算予測と大統領予算案財政収支推計との財政赤字見通しの大きな相違は何によって生じているのか。表 10-2 の真ん中に両者の差異を示す数値が表示されているのでそれを見ると、歳入面での両者の相違は少なくとも 2025 年度まで小さい。両者の相違が年を追うごとに広がっているのは、歳出面でのことである。ベースライン予算予測では、現行法の歳出・歳入規定を前提にしているのに対し、大統領案財政収支推計では、トランプ政権の大きな歳出削減提案がカウントされているために、財政赤字が大きく減少しているのである。

トランプ政権が 2019 年度予算案において削減しようとしていた主な歳出項目は何か。CBO の資料を使って説明しよう[10]。義務的経費の中では、医療費支出を 10 年間で 1 兆 2510 億ドルすなわち 8％削減しようとしている。その中でも、医療費負担適正化法（オバマケア）によって設けられた連邦医療補助金制度に代えて、新たな医療プログラムを制定した州にブロック補助金を与えることでオバマケアの規定の一部を修正するという提案によって、

表10-2　CBO調整ベースラインと2019年度大統領予算案における予想歳入、歳出、赤字（2019-2028年度）

単位：10億ドル、%

	実績 2017	2018	2019	2020	2021	2022	2023	2024	2025	2026	2027	2028	合計 2019-23	合計 2019-28
A：CBOの2018年4月の調整ベースライン（10億ドル）														
歳入	3,316	3,339	3,490	3,680	4,016	4,016	4,232	4,448	4,667	5,003	5,301	5,520	19,246	44,186
歳出	3,982	4,131	4,463	4,683	5,290	5,290	5,505	5,693	6,020	6,324	6,616	7,047	24,888	56,587
赤字	-665	-793	-973	-1,003	-1,275	-1,275	-1,245	-1,245	-1,352	-1,321	-1,314	-1,527	-5,642	-12,401
B：CBOの2019年度大統領予算案の推計（10億ドル）														
歳入	3,316	3,339	3,493	3,682	4,016	4,016	4,232	4,446	4,659	4,886	5,063	5,264	19,253	43,571
歳出	3,982	4,131	4,448	4,548	5,055	5,055	5,202	5,305	5,553	5,778	6,029	6,351	24,029	53,045
赤字	-665	-792	-955	-866	-1,039	-1,039	-971	-859	-895	-893	-965	-1,087	-4,776	-9,474
C：BとAとの差額（10億ドル）														
歳入	NA	*	3	3	1	*	*	-2	-9	-117	-238	-256	7	-615
歳出	NA	*	-15	-134	-173	-235	-302	-388	-466	-546	-587	-696	-859	-3,542
赤字	NA	*	17	137	174	235	302	386	458	429	349	440	866	2,927
赤字の対GDP比（%）														
CBOベースライン	-3.5	-3.9	-4.6	-4.6	-4.9	-5.4	-5.2	-4.9	-5.1	-4.8	-4.6	-5.1	-4.9	-4.9
CBOの大統領予算案推計	-3.5	-3.9	-4.6	-3.9	-4.1	-4.4	-3.9	-3.4	-3.4	-3.2	-3.4	-3.6	-4.2	-3.7
公債残高の対GDP比（%）														
CBOベースライン	76.5	78.0	79.2	80.8	82.9	85.6	87.8	89.5	91.4	93.0	94.4	96.1	NA	NA
CBOの大統領予算案推計	76.5	78.0	79.1	80.1	81.5	83.2	84.3	84.6	85.0	85.3	85.7	86.4	NA	NA

注：(1) 調整ベースラインはCBO（2018a）の予測にいくらかの相対的に小さな変更を加えている。
(2) プラスの数値はCBOのベースラインに関わって赤字の減少を示している。
(3) ＊印は-5億ドル～5億ドルの間の数値。
(4) NA＝利用不可。
出所：CBO（2018b）, p.2.

2019-28 年度期で 9540 億ドルという最大の医療費節約をしようとしている。また、2019-28 年度期に連邦学生ローン補助金プログラムを 1030 億ドル節約する提案をしている。加えて、補足的栄養援助プログラム（SNAP）を含む所得保障プログラムへの支出を、2019-28 年度期に 970 億ドル（約 2%）削減する提案を行っている。

　その他、大統領提案では、非軍事裁量的支出が、2019-28 年度期に 2 兆 1180 億ドル節減されることを求めている。いずれにせよ、大統領予算案は、そのまま議会に提案されて議決されるものではないので、議会共和党がせいぜいその一部を予算化できればよい方で、歳出削減の多くは、中間層・低所得層に打撃を与えるものだけに、議会民主党が抵抗することは必定で、実現見通しはまったく立っていなかったし、その後実現もしていない。そうであるとすれば、TCJA の大減税下において、10 年後に向って財政赤字が拡大していく CBO のベースライン予測の方が、より説得的である。

　CBO のベースライン予算予測に信頼を置くとすれば、CBO が TCJA のベースライン予算予測への影響をどのように推計して、ベースライン予算予測を行ったのか知る必要がある。次にそれについて述べる。

（ⅱ）CBO の TCJA による財政収支影響予測

　CBO は、表 10-3 に示されるように、TCJA の影響で 2018-28 年度期（11 年間）のベースライン予算がどうなるのか予測を公表している[11]。同表は、三段階に分けられている。表 10-3-A は、TCJA によって経済全体が（賃金、利潤、利子増のような形で）変化するフィードバック効果で予算が影響を受けることをまったく考慮せず、ただ税率の引下げで連邦税収が減るような直接的影響だけを推計したものである。フィードバック効果を組み込まない場合、基礎的財政赤字は 2026 年まで増えていき、それ以降減少するが、TCJA は 11 年間全体で基礎的財政赤字を 1 兆 8430 億ドルほど増やすと CBO は推計している[12]。これらの基礎的財政赤字の増加は毎年公債費を増やし、11 年間に全部で 4710 億ドルになる。

　表 10-3-B には、フィードバック効果が示されている。CBO の予測では、フィードバックは、2018-28 年期の累積額で 5710 億ドル基礎的財政赤字を減らす。そうした基礎的財政赤字の減少は、TCJA が課税所得を増加させ、それによって税収入を増やすことから主に生じる。基礎的財政赤字への影響は比較的早い時期に最も大きく 2019 年にピークに達し、その後次第に小さ

表 10-3　2017 年 TCJA の CBO のベースライン予算予測への影響
（2018-2028 年度）　　　　　　　　　　　　　　　　　　単位：10 億ドル

| | 2018 | 2019 | 2020 | 2021 | 2022 | 2023 | 2024 | 2025 | 2026 | 2027 | 2028 | 合計 | |
												2018-22	2018-28
A：マクロ経済フィードバック抜きの影響													
基礎的財政赤字への影響	194	281	307	304	263	218	183	164	36	-60	-46	1,349	1,843
公債費への影響	3	8	17	29	39	48	55	63	68	70	71	97	471
財政赤字への影響	197	289	325	333	302	266	238	227	104	10	25	1,445	2,314
B：マクロ経済フィードバックの影響													
基礎的財政赤字への影響	-33	-67	-65	-58	-55	-49	-47	-49	-48	-50	-51	-278	-571
公債費への影響	0	5	12	18	23	27	23	13	3	-4	-11	59	110
財政赤字への影響	-33	-61	-53	-41	-31	-22	-24	-36	-44	-54	-62	-219	-461
C：AとBを合せたベースライン予算予測への影響													
基礎的財政赤字への影響	160	214	243	246	208	169	136	115	-12	-110	-97	1,071	1,272
公債費への影響	3	14	29	47	63	74	78	76	71	66	60	156	582
財政赤字への影響	164	228	272	292	271	243	214	191	59	-43	-37	1,226	1,854

注：(1) マクロ経済フィードバックとは、2017 年税法が経済を変化させることによって予算に影響を与える過程を指している。
　　(2) 基礎的財政赤字は財政赤字額から公債費を除外したものである。
　　(3) プラスの数値は財政赤字の増加を、マイナスの数値値は財政赤字の減少を表す。
出所：CBO（2018a), p.129.

くなっていく。フィードバック効果はまた、次の 11 年間に 1100 億ドルほど公債費予測を増加させることになる。

　表 10-3-C には、TCJA のベースライン予算予測への直接的影響とフィードバック効果を合せた影響が示されている。2018-28 年期 11 年間の基礎的財政赤字への影響は 1 兆 2720 億ドル、同期間の公債費への影響が 5820 億ドル、その結果同期間の財政赤字への影響は 1 兆 8540 億ドルとなっている。

いずれにせよ、CBO の今後 10 年間の予測では、連邦財政赤字の大幅拡大
は、歳出増に歳入増が全然追いつかないからであり、歳入増の緩慢さは
TCJA による大幅税収減を景気浮揚効果による税収増が全然埋めきれていな
いところに原因がある。

3. 税制・経済政策研究所（ITEP）の TCJA による所得階層別租税負担の変化と租税（減税）便益分配効果の予測

（1）ITEP の TCJA による所得階層別租税負担の変化予測

　表 10-4 は連邦・州・地方全体の実効税率を TCJA の実施前と実施後で比
較したものである。まず、「全体の構成比」の欄を見てみよう。この場合
「全体」とは、連邦税と州・地方税を合せたものを指している。連邦税の主
なものは、所得税、法人税、給与税だが、所得税、法人税は累進的なのに対
し給与税は逆進的である。州・地方税の主なものは、財産税、小売売上税、
州・地方所得税であるが、財産税・小売売上税は逆進的である。州・地方所
得税は比例的である。したがって、それらの連邦税と州・地方税を合せた全
体的租税負担は緩やかに累進的となっている。

　さて、TCJA の実施に伴って、連邦税と州・地方税を合せた全実効税率が、
どのように変化するのか、表 10-4 の「TCJA による全実効税率低下」の欄
を見てみよう。TCJA の租税（減税）便益が実効税率の低下となって表現さ
れているが、第 1 分位から第 4 分位までは、実効税率の低下が 5.3〜5.7％の
範囲なのに対し、所得階層トップ 1％層で 7.4％、次のトップ 4％層で 8.4％
も実効税率が低下し、租税（減税）便益が富裕層に有利に帰着していること
がわかる。

（2）ITEP の TCJA による租税（減税）便益の分配効果予測

　表 10-5-A は、TCJA の 2018 年における影響を見たものである。「TCJA
の全体的影響」の欄を見てみよう。TCJA は中に増税規定も含んでいるが、
全体として減税規定が中心である。そこで、租税（減税）便益がどの所得階
層に多く分配されるのか、同表を見てみよう。ただその前に、2018 年の租
税便益 3329 億 8000 万ドルのうち 474 億 3200 万ドル（14.2％）が海外投資
家に帰着しているので、アメリカ国内の各所得階層に分配されるのは流出分
以外の租税便益 2855 億 4800 万ドルであることを指摘しておかねばならない。

　さて、アメリカ国内では高所得層である第 5 分位層が TCJA による租税便

第 10 章　トランプ政権下の 2017 年減税・雇用法の経済・財政効果と分配効果　　391

表 10-4 連邦・州・地方全体の実効税率の TCJA 実施前と実施後の比較

所得グループ		全体の構成比（%）		TCJA法以前の租税の対所得比（%）			TCJA法下の租税の対所得比（%）			TCJAによる全実効税率低下（A）から（B）への変化率（%）
グループ	平均現金所得（ドル）	所得	TCJA法以前の租税	TCJA法下の租税	連邦税	州・地方税	合計（A）	連邦税	州・地方税	合計（B）	
第1分位	14,000	3.5	1.9	1.9	5.1	11.8	16.9	4.1	11.8	15.9	-5.5
第2分位	31,400	7.1	5.0	5.0	10.5	11.6	22.0	9.2	11.6	20.8	-5.6
第3分位	50,900	11.3	9.8	9.8	15.7	11.2	26.9	14.2	11.2	25.4	-5.7
第4分位	82,700	18.8	18.6	18.8	19.5	11.1	30.6	17.8	11.1	29.0	-5.3
次の15%層	150,300	24.6	25.8	26.2	21.2	10.8	32.0	19.7	10.8	30.5	-4.6
次の4%層	337,500	14.4	15.4	15.1	22.1	10.1	32.2	19.4	10.1	29.5	-8.4
トップ1%層	1,828,000	20.3	23.2	22.9	23.8	9.0	32.8	21.4	9.0	30.4	-7.4
全所得層	88,300	100.0	100.0	100.0	19.8	10.5	30.3	17.9	10.5	28.5	-5.9
ボトム99%層	72,600	79.7	76.4	76.7	18.5	10.9	29.5	16.9	10.9	27.8	-5.8

注：(1) この表には、全ての連邦税、州・地方税（個人・法人所得税、給与税、財産税、売上税、個別消費税、遺産税）を含んでいる。

(2) 州・地方政府の租税政策は 2017 年 12 月 31 日まで連邦税法を反映しているが、2018 年 TCJA の規定による変化を反映できていない。

(3) 所得の分位間構成比、租税の対所得比の計算において、所得には雇主支払の社会保障税・メディケア税と課税される配当部分を除いた法人の利益が含まれている。ただし、その両者とも平均現金所得には含まれていない。

出所：ITEP (2018c), pp.4-5 より作成。

益の70％を受け取っている。トップ5％層で租税便益の約50％を受け取っている。逆に第1〜第3分位までの低・中所得層は合せても租税便益の15％しか受け取っていない。

　トップ1％層あるいはその次の4％層といった最富裕層が大きな租税便益を享受できる要因は何であろうか。表10-5-Aの「租税変動の構成要素」や「平均的租税変動の構成要素」の欄を見れば明らかなように、トップ1％層と次の4％層とがともに大きな租税便益を得ているのが法人減税と通り抜け事業所得控除によってである。その他にトップ1％層だけ大きな租税便益を得ているのは遺産税軽減によってである。この所得層は、家族や個人に対する所得課税からは租税便益を得ておらず、むしろ増税負担を負っている。次の4％層は、遺産税軽減から租税便益を得ていないが、家族や個人に対する所得課税からは租税便益を得ている。

　第1〜第3分位の低・中所得層にとって、租税便益が高所得層と比べて断然低い。その原因は家族と個人に対する所得税の租税便益が少ないのに加えて、オバマケアの加入義務撤廃で、医療保険なしで済ます者は、これまで医療保険を支払うのを支援するために設けられていた税額控除を受けられなくなる分税負担が重くなり、租税便益全体を低く抑えるからである[13]。

　以上見てきたように、TCJAはトランプ政権が強調するような「中間層減税」ではなく、高所得層に租税便益の大半が帰着する著しく格差拡大的な減税であることが分かる。

　TCJAの支持者たちは、この税法の2025年までの時限規定は中間層に租税便益をもたらすものだとして、この時限規定を延長ないし恒久化する提案を行っている。TCJAの法人減税に関しては、恒久化規定がほとんどであるが、個人減税に関しては2025年までの時限規定が多い。具体的には個人所得税では、限界税率の引下げ、標準控除の2倍化、人的控除の廃止、項目別控除の廃止または縮小、児童税額控除の拡大、代替ミニマム税の控除拡大、通り抜け事業所得に対する20％の所得控除許可、遺産税では基礎控除の引上げ等を挙げることができる。

　では、TCJAの支持者たちがいうように、TCJAの2025年までの時限規定を延長ないし恒久化すれば、租税便益が中間層に多く及ぶ「中間層減税」になるのだろうか。表10-5-Bはそれを検証するための推計を示している。TCJAの定め通りに2026年に実施した場合の影響とTCJAの時限規定を恒

第10章　トランプ政権下の2017年減税・雇用法の経済・財政効果と分配効果　　393

表 10-5　TCJA の 2018 年における影響と TCJA 時限規則恒久化の場合の 2026 年における影響

所得			TCJA の全体的影響					
A. TCJA の 2018 年における影響								
所得 グループ	所得の範囲 （1000ドル）	平均所得 （1000ドル）	合計租税 変動 （100万ドル）	平均租税 変動 （ドル）	租税変動 の割合 （％）	租税変動の 対課税前所 得割合（％）	減税の ある割合 （％）	増税の ある割合 （％）
第 1 分位	23 未満	14	-3,595	-120	1	-0.9	68	5
第 2 分位	23-40	31	-12,943	-430	5	-1.4	86	5
第 3 分位	40-64	51	-24,401	-810	9	-1.6	90	6
第 4 分位	64-108	83	-42,266	-1,400	15	-1.7	91	8
次の 15%	108-232	150	-61,206	-2,710	21	-1.8	87	13
次の 4%	232-560	338	-71,331	-11,780	25	-3.5	95	5
トップ 1%	560 超	1828	-69,886	-48,320	24	-2.6	89	11
全体		88	-285,548	-1,870	100	-2.1	84	7
ボトム 60%	64 未満	32	-40,940	-450	14	-1.4	81	5
	海外投資家		-47,432					
	合計		-332,980					
B. TCJA の 2026 年における影響と TCJA の時限規定を恒久化した場合の 2026 年における影響を合せた影響								
第 1 分位	29 未満	18	1,807	50	-1	0.3	82	6
第 2 分位	29-51	40	-8,829	-260	3	-0.7	83	8
第 3 分位	51-81	65	-22,763	-670	9	-1.0	85	10
第 4 分位	81-136	105	-43,927	-1,290	17	-1.2	87	12
次の 15%	136-290	189	-57,246	-2,240	22	-1.2	81	19
次の 4%	290-690	417	-74,200	-10,950	29	-2.6	94	6
トップ 1%	690 超	2085	-50,028	-29,910	20	-1.4	79	21
全体		110	-254,476	-1,480	100	-1.3	84	10
ボトム 60%	81 未満	41	-29,785	-290	12	-0.7	83	8
	海外投資家		-23,488					
	合計		-277,965					

注：データの限界で減税のある割合と増税のある割合には、医療義務撤廃の影響を含んでいない。
出所：ITEP（2018a），p.6 より作成。

久化した場合の 2026 年における影響を合せた影響を表示している。

　表 10-5-B の「TCJA の全体的影響」の欄を見てみよう。ここでもまず指
摘しなければならないのは、2026 年の TCJA による租税便益 2779 億 6500
万ドルのうち 234 億 8800 万ドル（8.4％）が海外投資家に帰着していること
である。その分を除いた租税便益 2544 億 7600 万ドルは、米国内でどのよう
に分配されているのだろうか。トップ 1％層は 2018 年よりシェアが 4 ポイ

租税変動の構成要素（100万ドル）					平均的租税変動の構成要素（ドル）				
家族と個人	遺産税減税	医療義務撤廃	通抜け事業体所得控除	法人減税	家族と個人	遺産税減税	医療義務撤廃	通抜け事業体所得控除	法人減税
-2,910	—	397	-40	-1,042	-100	—	10	—	-30
-10,764	—	431	-301	-2,310	-360	—	10	-10	-80
-19,905	—	376	-424	-4,449	-660	—	10	-10	-150
-32,218	—	143	-1,444	-8,747	-1,060	—	—	-50	-290
-38,851	—	15	-6,177	-16,192	-1,720	—	—	-270	-720
-45,031	—	3	-9,992	-16,311	-7,440	—	—	-1,650	-2,690
2,933	-7,456	1	-26,356	-39,010	2,030	-5,150	—	-18,220	-26,970
-146,774	-7,456	1,394	-44,622	-88,091	-960	-50	10	-290	-580
-33,579	—	1,204	-765	-7,800	-370	—	10	-10	-90
-4,018	—	6,919	226	-1,320	-120	—	200	10	-40
-12,508	—	6,155	187	-2,662	-370	—	180	10	-80
-21,234	—	2,637	400	-4,566	-620	—	80	10	-130
-35,995	—	53	503	-8,488	-1,060	—	—	10	-250
-39,153	—	-520	-3,341	-14,232	-1,530	—	-20	-130	-560
-55,706	—	-188	-7,030	-11,276	-8,220	—	-30	-1,040	-1,660
9,058	-11,515	-125	-26,726	-20,722	5,420	-6,880	-70	-15,980	-12,390
-159,597	-11,515	15,349	-35,422	-63,292	-930	-70	90	-210	-370
-37,760	—	15,711	-812	-8,548	-370	—	150	10	-80

ント下がって20％となり、次の4％層は2018年よりシェアが4ポイント上がって29％となっているので、トップ5％層全体のシェアは49％で変化はない。むしろ第1-第3分位層は合せると2018年には15％のシェアであったが、2026年には4ポイント下がって11％のシェアとなっている。中間層である第3分位のシェアは9％のままで変わっていないが、第1分位と第2分位の低所得層のシェアは、2018年の6％から2026年の2％へと低下している。

しかも第1分位層は租税便益を受ける以上に租税負担を負うようになっている。以上見てきたように、TCJAの2025年までの時限規定を延長した場合に、中間層に多くの租税便益が行くようになるわけではなく、むしろ低所得層の租税負担が増す傾向が見られるのである。

2026年時点において、上述のようにトップ1％層あるいはその次の4％層といった最富裕層が大きな租税便益を享受でき、また第1-第3分位の低・中所得層にとって租税便益が高所得層と比べて断然低い要因は何であろうか。表10-5-Bの「租税変動の構成要素」や「平均的租税変動の構成要素」の欄を見れば明らかなように、2018年とほぼ同じ要因を挙げることができるので、ここでは繰り返さない。

4．トランプ政権のTCJAによる経済目標達成の困難

上記第2節第1項は、トランプ政権による経済効果予測である。経済諮問委員会は、1.5兆ドルのトランプ大型減税による実質成長率は2020年までは3％を超えると主張し、財務省租税政策局は今後10年間でGDP上昇率約2.9％という2018年度政府予算案における政府予測を踏襲した上で、トランプ大型減税で税収が10年間で1.8兆ドル増えると分析した。つまり3000億ドルのお釣りがくるというのである。

しかし、表10-1に示されるように、また片桐（2018a）において議会合同租税委員会のマクロ経済分析、IMFの経済見通し、租税政策研究所（TPC）のマクロ経済分析、責任ある連邦予算委員会の歳入予測、CBOの予算と経済の展望等の紹介で明らかにした[14]ように、トランプ政権および同政権下の政府機関のように、大型減税で3％に近いような経済成長が継続し、そのことによって減税による税収減を上回るほどの税収増を確保できるというような甘い見通しを打ち出している研究機関はどこにもない。CBOは2018年だけ3.3％の実質成長率を予測するが、2019年以降は成長率の低下と大幅な財政赤字と債務残高の累積を予測している。他は皆政府予想より低い経済成長率と財政赤字の拡大を打ち出している。

また、トランプ大統領は2017年9月27日に共和党指導部と合意したTCJAの骨格案を発表したときに、大型法人減税によって、企業の設備投資や雇用拡大が進み、賃上げ等で中間所得層に恩恵が及ぶあるいは個人所得税率の簡素化や児童税額控除の拡大などで中間層に最大の恩恵が及ぶと強調し

た。しかし、片桐（2018a）において紹介したように、議会予算局の TCJA による所得分布への影響分析結果（CBO（2017c））や租税政策研究所の TCJA による所得分布への影響分析結果（TPC（2017i））を見る[15]と、減税の恩恵は所得階層が上がるほど大きく、かつ租税負担は増えない。中間所得層（特に第 3 五分位の納税者）は、減税の恩恵に浴さないわけではないが、高所得層ほどではなく、個人所得税率の引下げ適用が 2025 年までなので、その後は純負担が発生する。

第 3 節　トランプ政権の主張とは違う実施結果となった TCJA

1. 議会調査局（CRS）の報告書「2017 年税制改正の経済効果：予備的観測」の要点

　この CRS の報告書は、TCJA 実施 1 年目すなわち 2018 年におけるその経済効果を分析している。1 年経過後に利用できるようになったデータに照らして、TCJA の経済効果の起こりうる帰結について論じている。以下、同報告書の要点について述べる[16]。

　（1）経済成長、投資、賃金への TCJA の影響

　　（ i ）経済成長への影響

　2018 年の実質経済成長率は TCJA 成立前の 2017 年に CBO が公表した予測とほぼ同じの 2.9％であった。2018 年の 2.9％という成長率は、2017 年の成長率 2.2％、2016 年の成長率 1.6％よりは高い。過去 2015 年には 2.9％、2014 年には 2.5％経済が成長している。かくして、2018 年の成長率は、図 10-1 に示されるように、2013-18 年期の成長率のトレンドと同程度のものである。しかも 2018 年の経済成長には、TCJA の影響だけでなく、2018 年統合歳出予算法や 2018 年超党派予算法による歳出増の刺激が幾分かはあった。全体として言えば、TCJA の 1 年目の経済効果は相対的に小さなもの（GDP 成長率 0.3％）に止まっている。

　　（ ii ）投資への影響

　TCJA の主唱者たちは 2018 年の投資は 7％増加すると述べていたが、CRS の報告書は、TCJA はそれと関係なかったことを明らかにしている。投資の最大の増加は 2018 年の前半期に起こったが、それは TCJA の効果というよりも 2017 年末に TCJA が成立する以前に企業が多くの新規投資を計画して

図 10-1　実質国内総生産（GDP）の伸び（2013 年第 1 四半期-2018 年第 4 四半期）

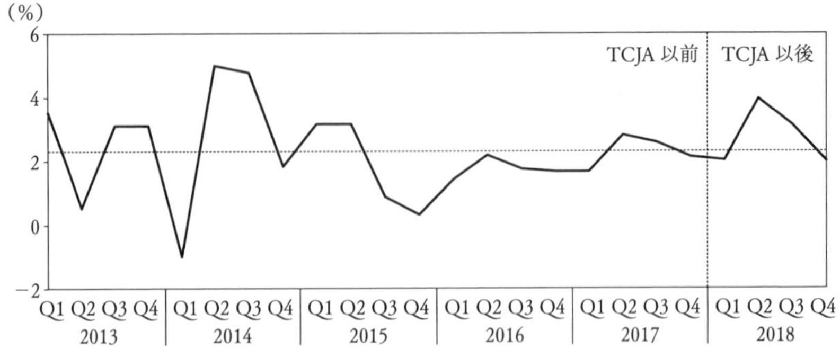

出所：Gravelle and Marples (2019), p.4.

いたことの結果であることを示唆している。2018 年の全期間を通しての投資の伸びは、知的財産が 7.7％と最も大きく、設備が 7.5％、建造物は 5.0％となっている。このように投資は大きく伸びたが、設備、建造物、知的財産の投資の伸びと TCJA のインセンティブ効果との間に相関はないと述べている。このことから果して TCJA からどの程度大きな経済成長が生じるのか疑問に思えるとする。

（iii）賃金への影響

2018 年の実質賃金の伸びは、GDP デフレーターで調整して 2.0％で実質 GDP の伸び 2.9％よりずっと緩慢であった。生産・非管理職労働者の実質賃金はわずか 1.2％の伸びにすぎなかった。2017 年末から 2018 年初めにかけて会社が従業員に支払ったボーナスは、「税の公平を目指すアメリカ人」という団体の調べでは、合計 44 億ドルであった。米国の就業者は 1 億 5700 万人なので、労働者 1 人当たりのボーナスは 28 ドルとなる。この金額は法人減税の 2〜3％にすぎない。また TCJA の結果、米国に還流した資金のごく一部にすぎなかった。

（2）連邦税収への影響

CBO は、2018 年度に連邦税収が全体で約 1630 億ドル減少すると予想していた。CRS の報告書では、連邦税収はそれより減少額が 90 億ドル増えて 1720 億ドルの減少となったと計算している。トランプ政権は繰り返し、TCJA による大規模減税で経済成長が加速化され、それに伴って減税額を上回る税収がもたらされると約束してきた。しかし、現実には、TCJA の大規

模減税が目立って経済成長を促すということはほとんどなく、TCJA の自償性が失敗したことを CRS の報告書は示唆している。

この連邦税収の減少に特に大きな影響を与えたのは法人減税で、当初の CBO の見積りでは、940 億ドルの減収であったが、実際にはそれよりさらに約 400 億ドル多い減収となった。

(3) 実効税率への影響

連邦法人税の法定税率は、TCJA 前は 35％であったが、TCJA 下では 21％になった。TCJA によって課税ベースも変化したが、それも入れて計算した結果、法人税の平均実効税率は 2017 年には 23.4％であったが、2018 年には 12.1％に低下した。法定税率の下落は 40％だが、平均実効税率の下落はそれを上回る 48％であった。

個人所得税の最高法定税率は、TCJA 前は 39.6％であったが、TCJA 下では 37.0％に引き下げられた。実効所得税率（個人所得に対する連邦所得税の割合）は、2017 年の 9.6％から 2018 年の 9.2％へとわずかに低下しただけである。

(4) 国際課税への影響：配当の本国還流とその投資先

TCJA は、海外子会社から米国の親会社に支払われる配当の課税を免除し、これまで非課税の海外所得のみなし配当金に 21％の新しい法人税率より低い税率で課税し、また無形資産所得に最低限の課税をすることになった。その結果、2018 年に、本国への配当金の送還が顕著になった。2015-17 年の 3 年間の配当金送還額は 1440 億〜1580 億ドルであったのに、2018 年には 6640 億ドルになった。しかし、海外から流入した資金によって米国内で再投資が顕著になったというデータはないようである。減税や還流収入のいずれかから自社株買いが顕著になったことを示すデータはあるが、労働者へのボーナス支払いに充てられたというデータはあまりない。

2. ゲイル＝ホルデマンの TCJA の供給サイド効果に関する批判的研究

ゲイル＝ホルデマンの「減税・雇用法：供給サイドの効果を求めて」という論文[17]は、2017 年 TCJA が供給サイドの租税誘因を拡大することによって経済を活性化しようとした税制改革であったと捉え、その効果を検証しようとするものである。特に、トランプ政権の経済諮問委員会が、「新規投資に対する実効税率の引下げは投資を増大させ、それが労働者をより生産的に

第 10 章　トランプ政権下の 2017 年減税・雇用法の経済・財政効果と分配効果　　　399

して、生産高と賃金を増加させる」と主張していることに疑問符をつけ、次のような結論に導いている。TCJA の GDP に対する短期的な影響を見分けるのは難しいが、連邦歳入を著しく減少させたのは明らかであり、また TCJA の供給サイドの租税誘因が投資、賃金、利益移転にほとんど影響を与えていない幾つもの証拠があるとしている[18]。

以下、ゲイル＝ホルデマン論文の要点について述べる[19]。ただし、2017年 TCJA の実体経済への影響分析は、2018年と2019年に限られる。2020年春から新型コロナウイルスの感染拡大がアメリカ経済に深刻な影響を及ぼすことになったが、その影響を取り除いて TCJA の影響だけを分離して見ることは困難だからである。

著者たちは、TCJA に対する供給サイドの反応はいくらよく見ても弱いもので、消えてしまいそうなほど小規模なものであったようだとの結論に至っているが、その証拠として下記のような諸点を挙げている[20]。

第1に、TCJA による税収増効果についての熱のこもった主張にもかかわらず、TCJA はこの法案が議会で承認されなかった場合と比べて、著しく連邦歳入を減らした。2018年と2019年に連邦歳入全体は TCJA 制定前に生み出すと CBO が予測していた場合よりも5450億ドルつまり7.4％少なかった。TCJA 実施前の予測と比べて所得税収が6.9％下落し、法人税収が37％以上下落した。

第2に、TCJA の GDP 成長率への影響は判断が難しい。実質 GDP は、TCJA 実施直前2年間と実施後2年間とは同じ年2.4％の成長率であったが、TCJA 実施後2年間の実質 GDP 成長率（年2.4％）は、TCJA を含んでいない CBO のベースラインの下で予想されていた年1.7％よりも早い成長率であった。しかし、TCJA の供給サイドの影響は TCJA 実施前には含まれていなかったその他の幾つかの要因すなわち TCJA が可処分所得の増加で生み出した需要サイドの影響、同時期に生じた石油価格の変動、金融・財政・国際通商政策の変化と混合してしまっている。本分析では、これらの要因を解きほぐすことはしていない。

第3に、投資のパターンを見ると、TCJA の供給サイドのインセンティブは、2019年までほとんど効果がなかったことをはっきりと示している。2017年後投資の伸びが拡大しているが、幾つかの問題点を点検してみると、これは実効税率の低下に反応したものではないことが分かる。投資の反応の

タイミングが供給サイドの反応と一致していない。投資増加の多くは石油価格の上昇に反応して、石油および関連産業に集中していた。確かにそれ以外の投資は、たいして増加していなかった。資産のタイプ（設備、建物、知的財産）にかかわらず、投資の相対的な伸びは、限界実効税率の変化と相関関係はない。さらに、新規産業の創出は TCJA 制定後に生じていない。調べたところ、ごく少数の企業が TCJA のインセンティブに反応した投資を行っているだけである。

第 4 に、雇用と中位の賃金の伸びは、2016-17 年と比べて 2018-19 年は緩やかであった。TCJA 実施後非農業の全雇用の伸び率は 0.22％ポイント低下した。その間全ての賃金・給与被用者の中位の実質所得の伸び率は 0.21％ポイント低下した。ただ、賃金・給与に対する雇主のコスト指数（ECI）の伸び率は 0.56％ポイント上昇している。この場合、雇主のコスト指数は中位の賃金ではなく平均賃金である。ここで、中位の賃金と平均賃金の動きの違いをどう理解するべきか。著者たちの解釈では、ECI の変化は高所得の労働者のトレンドに押されたものであり、低・中所得の労働者には賃金の伸び率の上昇が見られなかったということである。

なお、TCJA 制定後 2017 年末までの短い間に、幾つかの企業が従業員にボーナスを提供している。これは、ひどく宣伝されたが、わずかなものに過ぎなかった。その主な動機は、慈善に名を借りた節税や政治的思惑によるものであった。

第 5 に、法人税率のかなりの引下げや国をまたいだ租税回避に狙いを付けた新たな規定があるにもかかわらず、TCJA はせいぜいわずかの金額だけ国際的な利益移転を減少させた。

TCJA が還流海外所得課税を廃止した後の還流資金の一時的な急増は、投資や賃金を上昇させることにはならなかった。代わりに、それは自社株買い（買戻し）の急増を引き起こした。2018-19 年に、2010-17 年期平均と比較して、実質的に年 4700 億ドルほど還流資金は増加した。株式の買戻し増加額は、2016-2017 年平均と比べて、年に 2820 億ドルにもなり、それは還流資金増の約 60％にもなったのである。

第 6 に、TCJA は法人税率を引き下げ、その他の税制改正も行ったので、確かにインバートするインセンティブを減らした[21]。それ故に、TCJA が制定されて以来法人の大きなインバートは発生していない。

3. 議会合同租税委員会（JCT）の報告書「公法 115-97 号（TCJA）の 租税負担配分効果」

　このJCTの報告書は、連邦議会の議員が租税政策を評価するのを助ける ためにJCTが用意したものである。いかに租税政策の変更が幅広い所得階 層の納税者に異なった影響を与えるのかを示した表を作成している[22)]ので、 ここではその表を利用して、TCJAによる所得階層別の租税負担配分の変化 を明らかにする。

　表 10-6 を見てみよう。この表は各所得階層の TCJA による総租税負担軽 減の程度を示している。連邦税合計で見た場合、2万〜5万ドルの中・低所 得層では連邦税負担の軽減率が 10％を超えていて他の所得階層より高い。 しかし、連邦税負担軽減の便益の多くは、個人課税と企業課税とともに 10 万ドル以上の高所得層に帰属している。では、全所得階層を通じて TCJA と TCJA 前の税法とを比較した場合、平均税率で見て連邦税制の累進度はどう 変わったか。見ての通り、TCJA においてかなり低下している。特に 20 万 ドル以上の富裕層の平均税率の低下が顕著である。要するに、トランプ政権 と共和党がわざわざ中間層のための減税と断って実施した TCJA ではあるが、 実際は租税便益の大半が富裕層のものとなり、その結果連邦税制の累進性が 弱まってしまったのである。

　次に表 10-7 を見てみよう。この表によって水平的公平性の達成度を知る ことができる。表 10-7 を見て分かるように、大多数の納税者は租税負担を 減らすと予想されるが、各所得階層には租税負担増を経験する納税者も何人 かは出てくるものと予想される。所得階層が上がるにつれて、租税負担減の 申告割合が減り、逆に租税負担増の申告割合が増えてくるが、特に 100 万ド ル以上の所得階層において、500 ドル以上の租税負担増となる納税申告の割 合が 13.8％と最も高くなっている。ただ、TCJA の下で最富裕所得層におい て大きな租税負担減の恩恵を受けている中で、一部の納税者に租税負担増と なる割合が他の所得階層より高くなることがあっても、連邦税が累進性を取 っている以上問題はない。

　以上、議会調査局（CRS）報告書、ゲイル＝ホルデマンの TCJA 経済・財 政効果の批判的研究、議会合同租税委員会（JCT）報告書のそれぞれの要点 を見てきたが、それらによって明らかになったのは、TCJA 施行後の実績評 価として、TCJA は経済成長、投資、賃金にほとんど効果がなく、したがっ

表10-6　TCJAの租税負担配分への影響（2019年）

単位：1000件, 100万ドル, %

所得階層	納税件数 (1000件)	連邦税負担の変化						平均税率		
		連邦税合計		個人課税		企業課税		TCJA前の税法 (%)	TCJA (%)	TCJA前後の差 (%ポイント)
		金額 (100万ドル)	変化率 (%)	金額 (100万ドル)	変化率 (%)	金額 (100万ドル)	変化率 (%)			
10,000ドル未満	19,260	-396	-5.6	-127	0.1	-269	0.3	9.1	8.6	0.5
10,000-20,000ドル	20,566	-1,792	*	-1,206	0.7	-586	0.7	-0.7	-1.2	0.5
20,000-30,000ドル	21,510	-2,982	-13.5	-2,279	1.3	-703	0.9	3.9	3.4	0.5
30,000-40,000ドル	16,011	-5,416	-11.5	-4,469	2.5	-947	1.2	7.9	7.0	0.9
40,000-50,000ドル	12,841	-6,728	-10.0	-5,533	3.1	-1,195	1.5	10.9	9.9	1.0
50,000-75,000ドル	27,393	-23,046	-8.7	-18,887	10.5	-4,158	5.2	14.8	13.5	1.3
75,000-100,000ドル	17,835	-22,437	-8.0	-17,279	9.6	-5,158	6.5	17.0	15.6	1.4
100,000-200,000ドル	30,667	-70,372	-7.5	-51,409	28.5	-18,964	23.9	20.9	19.4	1.5
200,000-500,000ドル	9,152	-65,485	-9.0	-47,008	26.1	-18,476	23.3	26.4	23.9	2.5
500,000-1,000,000ドル	1,147	-23,947	-9.4	-16,031	8.9	-7,916	10.0	30.9	27.8	3.1
1,000,000ドル以上	572	-36,853	-5.9	-15,871	8.8	-20,983	26.4	32.5	30.2	2.3
合計（全納税者）	176,955	-259,454	-8.0	-180,100	100.0	-79,354	100.0	20.7	19.0	1.7

注：(1) JCTは元表作成に当たっては、拡大所得概念を使っている。「拡大所得」とは、調整総所得、免税利子、医療保険や生命保険の雇主拠出金、給与税の雇主負担分、労災保険拠出金、非課税社会保障給付、支払保険料超過のメディケア給付分、代替ミニマム税優遇措置分、企業課税の個人負担分の合計額から海外在住の米国民の所得を除外したものである。

(2) ここでいう「連邦税」には、個人所得税（還付付き税額控除の支出部分を含む）、給与税従業員負担分、内国消費税（消費者負担分）、法人所得税が含まれている。

(3) 平均税率は、(1) で定義した「拡大所得」で (2) で定義した「連邦税」を除したものである。

(4) ＊印の注釈：10,000-20,000ドルの所得階層の納税申告書については、連邦税は-2兆4120億ドルから-4兆2040億ドルへ減少するであろう。

出所：JCT (2019b), p.5, Table 1, p.9, Table 2 より作成。

表 10-7　TCJA による租税負担変化の規模別申告割合（2019 年）　　　　　　単位：%

| 所得階層 | 申告割合（%） | | | | | |
| | 租税負担減 | | 100 ドル未満の税負担の変化 | 租税負担増 | | |
	500 ドル以上	100-500 ドル		100-500 ドル	500 ドル以上	小計
10,000 ドル未満	0.7	3.5	95.6	0.1	0.1	0.2
10,000-20,000 ドル	5.6	38.9	52.4	0.4	2.7	3.1
20,000-30,000 ドル	17.2	30.5	47.1	1.0	4.1	5.1
30,000-40,000 ドル	30.1	32.0	32.4	1.9	3.7	5.6
40,000-50,000 ドル	51.2	21.7	20.2	2.8	4.2	7.0
50,000-75,000 ドル	67.7	14.7	10.2	2.8	4.6	7.4
75,000-100,000 ドル	77.8	10.4	4.1	3.0	4.8	7.8
100,000-200,000 ドル	87.0	4.1	1.7	2.0	5.1	7.1
200,000-500,000 ドル	93.0	1.8	0.6	0.9	3.7	4.6
500,000-1,000,000 ドル	93.5	0.3	0.1	0.3	5.9	6.2
1,000,000 ドル以上	85.3	0.3	0.2	0.3	13.8	14.1
合計（全納税者）	48.3	17.2	28.9	1.7	3.8	5.5

注：JCT は元表作成に当たっては、拡大所得概念を使っている。拡大所得概念の定義は、表 10-6
　　と同じである。
出所：JCT（2019b), p.7, Table 2-A に加筆修正。

て自償的にならずに財政赤字を拡大したということと、大規模減税の恩恵は中・低所得世帯にあまり回らずにもっぱら大企業や富裕な世帯にいってしまい、経済格差は一層拡大したということである。つまり、トランプ政権や共和党が主張したトリクルダウン経済は実現しなかったのである。

　ところで、序章で述べたように、経済格差問題を分析しようと思えば、連邦政府の広義の福祉関連歳出すなわち「見える福祉国家」の側面と広義の福祉関連の連邦租税支出すなわち「隠れた福祉国家」の側面を見なければならないが、本章はトランプ減税である 2017 年 TCJA を分析対象としているので、次の第 4 節では、TCJA 後の連邦租税支出の再分配効果について、主に租税政策研究所（TPC）の最新の 2 つの報告書を参照しつつ、検討することにする。2 つの報告書とは、D. バーガー・E. トダー著『2017 年減税・雇用法後の個人所得租税支出の分配効果』と F. サンマルティーノ・E. トダー著『最大の非事業租税支出とは何か』のことである[23]。

404

第4節　TCJA 下の個人所得税租税支出の分配効果と最大の非事業個人所得税租税支出の特徴および便益の分布

1．TCJA 下の個人所得税租税支出の分配効果

（1）タイプ別個人所得税租税支出の規模と租税便益の分布

　まず TCJA 下 2019 年現在の個人所得税租税支出の規模を表 10-8 で確認しておこう。表 10-8 の最左欄の各タイプの租税支出による収入喪失額を加算すると、2019 年の総コストは 1 兆 1419 億ドルとなる。この金額は、税法上の租税支出規定の相互作用のない場合の全コストである。もし税法上の租税支出規定の相互作用を考慮した場合には、すべてのタイプの租税支出の総コストは 1 兆 1942 億ドルとなり、相互作用のない場合より 4.6% 増加する。

　租税支出規定の相互作用のある場合で見ると、租税支出のタイプ別に見て、一番規模の大きいのが非課税で、その総コストは 5363 億ドルになる。非課税の中で規模の大きいのは、医療保険料雇主拠出金非課税、適格退職年金プラン発生所得非課税である。二番目に規模の大きな租税支出は、キャピタル・ゲインと適格配当の軽減税率で、その総コストは 3295 億ドルである。これには、死亡時移転キャピタル・ゲインや持家住宅のほとんどのキャピタル・ゲイン等の免除も含まれている。三番目に規模の大きな租税支出は、還付付き税額控除で、その総コストは 1802 億ドルである。還付付き税額控除の中で規模が大きいのは勤労所得税額控除、児童税額控除、医療費負担適正化法に基づく医療保険料税額控除である[24]。

　次に、表 10-9 を見てみよう。表 10-9-A は、課税前所得に対する租税便益の割合の現金所得階層別分布を、表 10-9-B は租税便益の現金所得階層別分布を、個人所得税租税支出のタイプ別に見たものである。

　まず、すべてのタイプの個人所得税租税支出の現金所得階層別分布を表 10-9-A と表 10-9-B で見ると、いずれの表においても、上位 20%（第 5 五分位）とりわけトップ 1% の富裕層に高い比率の租税便益分布が見られる。

　では、表 10-8 で見た個人所得税租税支出の中で規模の大きな 3 つのタイプについて、表 10-9-A と表 10-9-B で租税便益の現金所得階層別分布を見てみよう。規模の一番大きい租税支出タイプ「非課税」において表 10-9-A でも表 10-9-B でも租税便益の分布比率が第 3 五分位、第 4 五分位、トップ 1% を除く上位 20%（第 5 五分位）において高い。このことは雇主提供保険

表 10-8　非事業租税支出による租税負担減の推計に及ぼす税法規定の
　　　　　相互作用の影響（2019 年）　　　　　　　　　　　　　単位：10 億ドル、%

租税支出の税法規定のタイプ	税法規定の相互作用のない場合の総コスト		税法規定の相互作用のある場合の総コスト		税法規定の相互作用による総コストの変化
	金額（10億ドル）	割合（%）	金額（10億ドル）	割合（%）	変化率（%）
非課税	537.8	47.0	536.3	44.9	-0.3
調整総所得前控除	13.1	1.1	13.0	1.1	-0.5
キャピタル・ゲインと適格配当の軽減税率	251.3	22.0	329.5	27.6	31.1
項目別控除	97.4	8.5	70.2	5.9	-27.9
非還付付き税額控除	9.1	0.8	9.5	0.8	4.8
還付付き税額控除	177.0	15.5	180.2	15.1	1.8
種々の規定	56.3	4.9	55.1	4.6	-2.2
全タイプの総額	1,141.9	100	1,194.2	100	4.6
全税法規定の合計（注1）	1,141.9		1,200.5		5.1

注1：財務省が推計しているある種の租税支出は除外してある。そのうちの最も顕著なものは、持
　　家住宅の帰属家賃所得の非課税である。
出所：Berger and Toder（2019），p.4 より作成。

（ESI）や退職貯蓄のような雇主提供給付の租税便益の分布を反映している。
「非課税」タイプの租税支出は中所得階層・高所得階層の世帯にとっては比
較的重要である。トップ 1%層の租税便益の分布比率が低いのは、適格退職
貯蓄プランに拠出できる金額に法的制限があるためである[25]。

　規模の二番目に大きい租税支出タイプ「キャピタル・ゲインと配当の税率
軽減」において表 10-9-A でも表 10-9-B でも、トップ 1%層の租税便益の
分布比率が非常に高い。逆に低所得層の租税便益の分布比率は低い。

　規模の三番目に大きい租税支出タイプ「還付付き税額控除」において表
10-9-A でも表 10-9-B でも、低所得層である第 1 五分位、第 2 五分位の租
税便益の分布比率が非常に高い。

（2）TCJA の租税支出のコストと分布への影響

　まず表 10-10-A で、2019-27 年度期の租税支出の全費用への TCJA の影響
を見てみよう。2019 年度の租税支出の総額は TCJA 施行前の 1 兆 6090 億ド
ルから TCJA 施行後の 1 兆 3800 億ドルへ大きく減少している。GDP 比では
7.6%から 6.5%へ低落している。2019-25 年度期の租税支出の総額は、TCJA
施行前の推計では 12 兆 8990 億ドル（GDP 比 7.7%）であったものが、

単位：%

表10-9 タイプ別個人所得税租税支出の租税便益分布（2019年）

	非課税	キャピタル・ゲインと配当の税率軽減	項目別控除	調整総所得前控除	非還付付き税額控除	還付付き税額控除	その他	全てのタイプの個人所得税租税支出
A. 個人所得税租税支出諸タイプの課税前所得に対する租税便益の割合の現金所得階層別分布								
第1五分位	0.8	0.0	0.0	0.0	0.1	5.9	0.0	7.1
第2五分位	2.7	0.2	0.0	0.1	0.1	3.6	0.0	6.7
第3五分位	3.5	0.4	0.1	0.1	0.1	1.4	0.1	5.4
第4五分位	3.6	0.5	0.2	0.1	0.1	0.8	0.1	5.3
80-90パーセンタイル	4.0	0.8	0.3	0.1	0.1	0.6	0.2	5.9
90-95パーセンタイル	4.1	1.0	0.5	0.1	0.0	0.4	0.3	6.2
95-99パーセンタイル	3.6	1.4	0.7	0.1	0.0	0.2	0.5	6.3
トップ1%	1.8	5.7	1.1	0.1	0.0	0.0	1.1	9.8
合計	3.2	1.5	0.4	0.1	0.1	1.0	0.3	6.5
B. 個人所得税租税支出諸タイプの租税便益の現金所得階層別分布								
第1五分位	0.9	0.1	0.0	1.1	4.5	22.3	0.1	4.3
第2五分位	7.1	0.9	0.7	7.0	16.8	29.2	0.8	8.6
第3五分位	15.0	3.4	3.7	18.5	22.4	18.4	2.6	11.6
第4五分位	22.9	7.2	11.2	24.7	26.5	15.8	6.5	16.7
80-90パーセンタイル	17.9	7.5	11.4	15.3	13.2	8.8	7.7	13.0
90-95パーセンタイル	12.7	6.6	10.8	9.4	6.9	3.4	7.5	9.3
95-99パーセンタイル	14.5	12.1	21.7	14.1	6.1	1.8	19.3	12.4
トップ1%	8.9	62.1	40.4	9.9	3.5	0.0	55.4	24.1
合計	100.0	100.0	100.0	100.0	100.0	100.0	100.0	100.0

注：各タイプの個人所得税租税支出を全部足し合わせても、租税支出規定間の相互作用があるために「全てのタイプの個人所得税租税支出」欄の数値とは合わない。

出所：Berger and Toder (2019), p.7, Table 2, Table 3 より作成。

TCJA 施行後の推計では、10 兆 6550 億ドル（GDP 比 6.4％）に減少している。TCJA の個人所得税関連のほとんどの部分が期限切れとなった後の 2027 年度には、予想租税支出総額は TCJA 施行前の水準 2 兆 3380 億ドル（GDP 比 8.1％）から 2 兆 1100 億ドル（GDP 比 7.3％）へ減少している。

次に、2019-25 年度期の主要な租税支出への TCJA の影響について、表 10-10-B を見てみよう。租税支出額が TCJA 施行前から施行後に大きく減少したものを順に挙げて、変化の原因をさぐることにする[26]。

非事業州・地方所得税、小売売上税、財産税（SALT）の控除額が 1 兆 1878 億ドル（施行前の 87.2％）減少した。その原因は何か。TCJA は SALT 控除額を 1 万ドルに制限したので、個人が請求できる額を直接的に減らした。また TCJA は、標準控除額をほぼ 2 倍にしたので、SALT 控除を請求する人の数とそれを請求し続ける人にとっての租税便益を減らした。さらに TCJA は、個人所得税の限界税率を引き下げたので、SALT 控除を請求し続ける人の租税便益を減らした。これらの影響は、高所得納税者には代替ミニマム税の免税額が引き上げられたので部分的に相殺された。つまり、代替ミニマム税の免税額の引上げは SALT 控除を認めていない代替ミニマム税を払わざるをえない納税者の数を減らしたからである。

従属外国子会社の能動的所得に対する税率軽減（これまでは繰り延べ）額が 7396 億ドル（施行前の 76.9％）減少した。その原因は何か。TCJA は、本国送還利潤課税を廃止し、代わりに国外無形資産低課税所得（GILTI）への新たな年間ミニマム税を設けた。国外無形資産低課税所得とは、有形固定資産の減価償却額の 10％収益を超える外国源泉所得と定義される。TCJA は、企業に国外無形資産低課税所得の 50％の控除を請求できるようにした。この新しいルールの下での収入不足は、外国源泉所得に新しい法人税率を完全に適用課税した場合と比較して、租税支出にカウントされる。このコストは、以前の還流繰り延べ課税のコストより少なくなる。

持家住宅のローン利子控除額が 4237 億ドル（施行前の 62.6％）減少した。その原因は何か。TCJA は、控除請求できる住宅ローンの債務額の上限を 100 万ドルから 75 万ドルに引き下げ、家の改築には使えない住宅・エクイティ・ローンの控除を廃止した。しかし、住宅ローン利子控除のコスト減は、大きくは TCJA の標準控除引上げ、SALT 控除の制限、限界所得税率の軽減によって生じたものである。

表 10-10　租税支出の全費用および主要な租税支出への
　　　　　TCJA の影響　　　　　　　　　　　　　　　　　単位：10 億ドル、%

A.　租税支出の全費用への TCJA の影響（2019-27 年度）				
	2019	2025	2019-25	2027
租税支出の総額（10 億ドル）				
TCJA 施行前	1,609	2,130	12,899	2,338
TCJA 施行後	1,380	1,657	10,655	2,110
租税支出の対 GDP 比（%）				
TCJA 施行前	7.6	8.0	7.7	8.1
TCJA 施行後	6.5	6.2	6.4	7.3

B.　主要な租税支出への TCJA の影響（2019-25 年度）	金額 （10 億ドル）	変化率 （%）
租税支出額の減少（2019-25 年度）		
非事業州・地方所得税、小売売上税、財産税（SALT）の控除	−1,187.8	−87.2
従属外国子会社の能動的所得に対する税率軽減（これまでは繰り延べ）	−739.6	−76.9
持家住宅のローン利子控除	−423.7	−62.6
医療保険料や医療費に対する雇主負担の控除	−361.2	−17.6
寄附金控除	−170.6	−30.6
租税支出額の増加（2019-25 年度）		
児童および扶養家族税額控除	505.7	136.1
一定の通り抜け事業体の適格事業所得の 20%控除	454.3	減税・雇用法 による新規定
機械・設備の加速度減価償却	295.2	803.5
死亡時キャピタル・ゲインの自動的増額取得価額	109.8	38.0

注：（1）A 欄の租税支出額は、2017 年 10 月と 2018 年 10 月の財務省推計による。GDP は 2018 年
　　　　8 月の議会予算局（CBO）の経済推計による。
　　（2）B 欄は、2017 年 10 月と 2018 年 10 月の財務省租税支出推計を比較したものである。租税
　　　　支出の変化はほとんど減税・雇用法によるものであるが、経済予測の変化も反映している。
出所：Berger and Toder（2019）, pp.8-9 より作成。

　同じ間接的影響によって、寄附金控除額は 1706 億ドル（施行前の 30.6
%）減少した。TCJA は、2018 年に項目別控除件数を納税件数の約 26%か
ら約 11%に減らした。
　医療保険料や医療費に対する雇主負担の控除額が 3612 億ドル（施行前の
17.6%）減少した。その原因は何か。雇主提供医療保険（ESI）非課税額の
減少は、大体は限界所得税率の軽減によるものである。
　今度は、表 10-10-B から租税支出額が TCJA 施行前から施行後に大きく

第 10 章　トランプ政権下の 2017 年減税・雇用法の経済・財政効果と分配効果　　409

増加したものを順に挙げて、変化の原因をさぐることにする[27]。

児童および扶養家族税額控除が5057億ドル（施行前の136.1%）増加した。その原因は何か。TCJAは、児童税額控除を児童1人当たり1000ドルから2000ドルに倍増し、加えて通常の児童税額控除の資格のないその他の扶養家族や子供に新たに500ドルの税額控除を設けた。またTCJAは、税額控除が消失控除する所得水準を相当引き上げ、税額控除額が個人所得税負担を超えると還付金として請求できる税額控除額を増やした。しかし、TCJAが人的控除を廃止したために、児童税額控除の増加は、TCJAがどれほど子供のいる家族の恩恵になっているかを誇張することになる。財務省もJCTも人的控除を租税支出としてよりも通常の税制の一部と考えている。

機械・設備の加速度減価償却が2952億ドル（施行前の803.5%）増加した。その原因は何か。TCJAが5年間のボーナス償却制度を制定したことである。この制度の下では、企業はそのコストを資本化し、資産価値が下がるにつれ、一定期間それらを控除する代わりに、適格の機械や設備への投資コストを即時控除できる。2022年以降、ボーナス償却は1年に20%の比率で消失していく。これは、企業が2023年に適格投資の80%を、2024年に60%を、2025年に40%を、2026年に20%を即時控除できることを意味する。

TCJAで新たに導入された大きな租税支出は、適格事業所得について20%の控除を認めるものである。この租税支出は、2019-25年度間に4540億ドルに達する見通しである。この控除は、適格事業所得にかかる最高所得税率を37%から29.6%に減らす。この租税支出には、単身者申告については15万7500ドル以上の課税所得のある納税者に、夫婦合算申告については31万5000ドル以上の課税所得のある納税者に様々な制限が課せられている。

最後に、非事業個人所得税租税支出の租税便益の分布結果の変化を表10-11によって見ておこう。同表最右欄の「全てのタイプの個人所得税租税支出」を見て分かるように、ほとんどTCJAが原因だが、全体的には所得階層の中でトップ1%の下落率が2.8%と一番大きく、第1分位層だけが0.3%上昇している。以下その原因を検討する[28]。

トップ1%層の租税支出の租税便益の課税前所得割合の2.8%下落を牽引しているのは、キャピタル・ゲインと配当の税率軽減の1.6%下落、項目別控除の1.0%下落、非課税の0.9%下落である。そして租税便益の課税前所得割合の下落を決定的にしているのが、個人所得税率の引下げで、（キャピ

表 10-11　タイプ別個人所得税租税支出の租税便益の課税前所得割合の変化
（2015-2019 年度）　　　　　　　　　　　　　　　　　　　　　　単位：%

現金所得階層	非課税	キャピタル・ゲインと配当の税率軽減	項目別控除	調整総所得前控除	非還付付き税額控除	還付付き税額控除	その他	全てのタイプの個人所得税租税支出
第 1 五分位	0.0	-0.2	0.0	0.0	0.0	0.5	0.0	0.3
第 2 五分位	0.0	-0.2	-0.1	0.0	-0.1	-0.4	0.0	-0.8
第 3 五分位	0.0	-0.2	-0.3	0.0	0.0	-0.1	0.1	-0.5
第 4 五分位	0.3	-0.4	-0.5	0.0	0.0	0.2	0.1	-0.3
80-90 パーセンタイル	0.0	-0.5	-0.9	0.0	0.0	0.3	0.1	-1.0
90-95 パーセンタイル	-0.3	-0.4	-1.0	0.0	-0.1	0.4	0.2	-1.2
95-99 パーセンタイル	-0.7	-0.5	-1.0	0.0	0.0	0.2	0.4	-1.6
トップ 1%	-0.9	-1.6	-1.0	0.0	-0.1	0.0	0.8	-2.8
合計	-0.2	-0.6	-0.7	0.0	0.0	0.1	0.2	-1.2

出所：Berger and Toder（2019），p.12.

タル・ゲインと配当の軽減税率がそのままでも）それからの租税便益を減少させ、また非課税や項目別控除からの租税便益も減少させている。トップ 1％層の項目別控除からの租税便益は、SALT 控除に制限が設けられたために下落した。これらの租税便益の下落は、その他カテゴリーの 0.8％の租税便益の増加によって部分的には相殺されている。その他カテゴリーの 0.8％租税便益の増加は、主に適格事業所得の新たな 20％控除を反映している。

　項目別控除の租税便益は 80-90 パーセンタイル層において約 1％下落しているが、これも大きくは SALT 控除の制限と標準控除の引上げを反映している。還付付き税額控除の租税便益は、第 1 分位層において増加しているが、これは大体は児童税額控除の還付部分の増加を反映している。

　結論的には、次のような点を指摘できる[29]。第 1 に、租税支出の便益分布は、TCJA 制定後やや逆進性が緩和されているけれども、租税負担配分はやや累進性が低下している。法人税率および個人所得税率の軽減と代替ミニマム税控除の引上げは、低所得の納税者より高所得の納税者に対所得比で見た租税便益の拡大をもたらした。税率引下げと標準控除の引上げはまた、最富裕層に租税便益を与えていた租税支出の価値を低下させた。

第2に、納税者はすべての所得階層において、ある程度租税支出の便益を受けているけれども、租税支出の税法上の規定は、他の所得階層の納税者に対してよりも、最も高所得の納税者に気前の良いものとなっている。トップ1％の所得階層は、キャピタル・ゲインや配当の軽減税率、死亡時に移転される財産利得の免税、項目別控除、通り抜け（パススルー）事業所得に対する新たな20％控除から最大限便益を得ている。中所得階層、中所得上位層の納税者は「非課税」から、特に個人退職勘定所得非課税やESI非課税から最大限便益を得ている。第1分位と第2分位の低所得層の納税者は還付つき税額控除から最大限便益を得ている。

　次の第2項では主な非事業個人所得税租税支出の特徴と便益分布について、より詳細な分析を行う。

2. 最大の非事業個人所得税租税支出の特徴および便益の分布

（1）最大の非事業個人所得税租税支出の特徴

　財務省租税分析局（OTA）と議会合同租税委員会（JCT）は毎年租税支出推計のリストを公表している。2017年TCJAが完全に適用されるようになる会計年度は2019年度で、JCTがより最新の租税支出推計を出しているのは2022年度である。したがって、2019-22年度期に関するOTAとJCTの非事業個人所得税租税支出リストの中から主なものを選び出して、一覧表にしたのが表10-12である。この表には、規模の大きい順に10部類の租税支出項目が掲載されている。

　最大10部類の非事業個人所得税租税支出の総額は、JCTによると、2019-22年度で約4兆8000億ドルになる。これら10部類で全非事業租税支出の約95％になる。OTAの10部類の租税支出推計合計も約4兆6000億ドルなので、JTCの数値と近い。しかし、OTAの推計は、医療への租税支出ではJCTの推計より高く、退職諸貯蓄への租税支出ではJCTの推計より低くなっている[30]。以下では、表10-12に掲げた10部類の租税支出のうち規模の大きな上位5部類について、その概要を説明する[31]。

（ⅰ）退職諸貯蓄への租税支出

　退職貯蓄租税優遇措置は、租税支出の部類の中で単独で最大のものであり、JCTによれば2019-22年度期に1兆1411億ドルになる。この部類の中の最大の租税支出項目は、確定拠出年金制度と確定給付年金制度の年金拠出金と

投資収益を非課税所得とするものである。JCT のデータでは、前者は 5225 億ドル、後者は 4307 億ドルになる。自営業者にも自営業者年金制度（キーオプラン）があり、雇主提供確定拠出年金制度と同様に、拠出金と投資収益にかかる税は、引き出しまで繰り延べされる。自営業者退職年金制度の予想される租税支出は、JCT によると 695 億ドルである。

　個人は自分の個人退職勘定（IRAs）を開設できる。これには、伝統的な IRAs とロス IRAs の 2 つのタイプがある。ほとんどの 401（k）プランと同様に、伝統的 IRAs は、納税者にその時点の限度額まで、拠出金の控除を認めている。逆に、ロス IRAs やロス 401（k）は拠出金を控除できないが、退職者への分配金（累積投資所得を含めて）は非課税である。その他、低・中所得労働者は、IRAs やその他退職年金プラン拠出金の 50％まで非還付付き貯蓄者控除を請求できる。なお、TCJA は、退職貯蓄租税支出に重大な変更を加えることはなかった。

（ii）医療への租税支出

　第 2 部類の医療への租税支出は、JCT によれば 2019-22 年度に推計合計 1 兆 680 億ドルになる。この部類の中で最大の単一租税支出項目は、従業員医療保険料、医療費、長期療養保険料に対する雇主拠出金の非課税であり、そのコストは 2019-22 年度では JCT によれば 7235 億ドルにもなる。雇主はこれらの拠出金を事業経費として控除できるけれども、これらの拠出金は従業員の総所得から除外（非課税）される。

　医療費への雇主拠出金の非課税は、給与税収を相当減らす。もっともそのインパクトは公式の租税支出推計には含まれていない。

　次に大きな項目は、医療費負担適正化法（ACA）の下で医療保険取引所を通じて医療保険を購入するための補助金である。補助金は、雇主提供医療保険か公的医療保険に資格のない人々に利用可能である。TCJA は、医療保険のない人にかかる課徴金を廃止することによって、それ故に補助金付医療保険を購入することが予想される人々の数を減らすことによって補助金の全体コストを減らした。

　適格高額控除医療保険制度に加入する個人は、適格医療費を支払うため医療貯蓄口座（HSA）を開設できる。雇主も従業員もともに医療貯蓄口座に拠出金を出すことができる。雇主が出す拠出金は連邦所得税と給与税が免除される。HSA 所有者は連邦所得税のかかる所得から彼らの拠出金額を控除

表 10-12　主な非事業個人所得税租税支出（2019-2022 年度）　　　　　　単位：10 億ドル

租税支出 10 部類とその中の項目	合同租税委員会 （JCT）	財務省租税分析局 （OTA）
1.　退職諸貯蓄への租税支出		
年金拠出金と年金収益の純非課税	1022.7	757.5
確定拠出年金制度	522.5	348.2
確定給付年金制度	430.7	296.1
自営業者年金制度（キーオプラン）	69.5	113.2
個人退職勘定（IRAs）	113.6	95.5
伝統的 IRAs	78.7	NA
ロス IRAs	34.9	NA
退職貯蓄拠出金税額控除	4.8	4.7
合計	1,141.1	857.7
2.　医療への租税支出		
非課税（課税所得から除外）	731.3	896.4
従業員医療保険料、医療費、長期療養保険料のための雇主拠出金	723.5	885.2
民間非営利病院施設のための民間適格活動債利子	7.8	11.2
税額控除	244.5	174.7
ACA（医療費負担適正化法）市場を通して購入される保険のための補助金	244.5	174.7
控除	68.1	63.4
自営業が支払う医療保険料	34.2	32.8
医療費および長期療養費	33.9	30.6
医療貯蓄勘定	24.1	35.1
合計	1,068.0	1,169.6
3.　キャピタル・ゲインと配当への租税支出		
配当および長期キャピタル・ゲインに係る税の税率軽減	518.1	533.1
死亡時未実現キャピタル・ゲイン非課税	167.0	211.6
不動産投資物件のキャピタル・ゲイン課税繰り延べ	27.1	8.0
贈与に係るキャピタル・ゲインの繰り延べ	9.0	11.8
一定の小規模企業株式利得の非課税	6.7	5.8
合計	727.9	770.5
4.　児童・扶養家族への租税支出		
児童・その他扶養家族税額控除（CTC）	491.4	491.8
児童・扶養家族養育税額控除（CDCTC）および雇主提供育児非課税	18.6	21.1
一定の養育費非課税	2.1	2.1
養子縁組税額控除と雇用の養子縁組給付の非課税	1.2	2.8
合計	513.3	517.8

5. 所得保障への租税支出		
勤労所得税額控除（EITC）	293.6	299.8
視覚障害者および高齢者に対する標準控除の追加	23.5	21.9
非課税	63.6	52.6
団体定期生命、事故および傷害保険	33.5	13.3
労働者災害補償給付	30.1	39.3
その他	7.6	5.8
合計	388.3	380.2

6. 持家住宅への租税支出		
主たる住居売却に係るキャピタル・ゲインの非課税	151.8	126.1
持家住宅のローン利子控除	129.4	191.5
合計	281.2	317.6

7. 州・地方政府への租税支出		
公共目的の州・地方債利子の非課税	97.5	95.9
アメリカ建設債	3.6	14.4
州・地方政府の非企業税の控除	94.7	87.3
合計	195.8	197.7

8. 慈善寄附金への租税支出		
教育・医療目的以外の慈善寄附金控除	128.1	159.6
教育施設に対する慈善寄附金控除	30.4	16.0
医療機関に対する慈善寄附金控除	13.5	17.8
合計	172.0	193.4

9. 社会保障への租税支出		
課税されていない社会保障給付や鉄道退職給付の非課税	162.1	127.4

10. 教育への租税支出		
税額控除	79.7	85.2
中等後教育（主に大学）のため授業料の税額控除	76.5	80.4
学校再建・改修事業債税額控除	3.2	4.9
非課税（課税所得から除外）	41.4	35.3
奨学金、特別研究員奨学金	14.0	12.2
適格教育積立制度収入	5.8	10.2
雇主提供教育支援金および授業料減額	7.0	3.9
カバーデル教育貯蓄口座	0.4	0.2
一定の学生ローン債務の免除で生じる所得	0.8	0.4
教育施設や学生ローンのための民間活動債の利子	13.4	8.6
控除	10.3	8.9
学生ローン利子	9.5	8.2
教員のクラス担当手当	0.8	0.8
合計	131.4	129.5

出所：Sammartino and Toder（2019), pp.5-21 より作成。

できる。HSA 積立金で得られた所得には税金がかからない。また適格医療費支払いのための HSA からの引出し金にも税はかからない。適格でない費用に充てるための引出し金には所得税とそれに加えて 20％の罰金がかかる。しかし罰金は、HSA 所有者が障害者か 65 歳以上か死亡したかのいずれかであれば、撤回される。未使用の HSA 残金は限度なしで繰り延べ可能である。その他に主な租税支出項目としては、自営業者のための医療保険料控除や、患者自己負担医療費・医療保険料控除がある。納税者は、調整総所得の 10％を超える患者自己負担医療費・医療保険料について、項目別控除を請求できる。

（iii）キャピタル・ゲインと配当への租税支出

第 3 部類のキャピタル・ゲインと配当への租税支出は、JCT によると、2019-22 年度期には推計 7279 億ドルのコストがかかる。この部類の租税支出の中で最大の項目はキャピタル・ゲインと適格配当に対する軽減税率制度である。これによって、通常は 10〜37％の個人所得税率が適用されるのに、0〜20％の軽減税率で課税される。

死亡時未実現キャピタル・ゲイン非課税とは、故人の死亡時に移転された資産について故人の生存中に発生した未実現のキャピタル・ゲインが恒久的にすべて非課税となる租税支出で、JCT によれば 1670 億ドルのコストとなる。

キャピタル・ゲインは、連邦所得税史のほとんどの期間を通じて通常の所得より低い税率で課税されてきた。2003 年以来、適格配当もまた同様に低い税率で課税されてきた。低い税率を適用する理由には、法人段階で既に支払われた税を相殺すること、経済を刺激すること、リスクを取り起業するのを促すこと、インフレの影響を打ち消すこと、資産を売却しようとしない封じ込め（ロック・イン）を防ぐこと、所得税の下で貯蓄にかかる租税ペナルティを緩和することを含んでいる。税率軽減の提唱されている経済的恩恵の中には議論の余地のあるものもあるが、キャピタル・ゲインへの軽減税率の適用は、賃金や給付のような通常所得をキャピタル・ゲインに転換するために洗練された金融テクニックを使う多くのタックス・シェルターの要となっている。このような調節が行われてしまうと、資源の効率的配分を低下させ、その結果経済成長を阻害することになる。

（iv）児童・扶養家族への租税支出

第 4 部類の児童・扶養家族への租税支出は 2019-22 年度期には、JCT によると、合計 5133 億ドルに達する見込みである。この部類の租税支出の中で最大の項目は、児童・その他扶養家族税額控除（CTC）である。TCJA は CTC のコストを著しく引き上げた。TCJA は CTC を適格児童 1 人当たり 2000 ドルにし、最大還付税額控除限度額を 1400 ドルに引き上げ、税額控除が消失し始める所得を夫婦合算申告の場合には 40 万ドル（単身者申告の場合には 20 万ドル）に引き上げ、新たに非児童扶養家族に 500 ドルの税額控除を導入した。同時に、TCJA は、納税者とその扶養家族のための人的控除を廃止した。

児童・扶養家族養育税額控除は、13 歳以下の児童あるいは自立が身体的にも精神的にもできない扶養家族に対して、共稼ぎの両親に児童養育費の 20～35％に相当する金額の控除を認めるものである。認められる児童養育費は、扶養家族 1 人につき 3000 ドル（2 人以上の扶養家族がいる場合は 6000 ドルまで）に制限されている。少ない調整総所得しかない家族には、高い控除率が適用される。税額控除は非還付付きなので、負担を負う所得税を相殺するのに使われるだけで、税額を超える超過税額控除というものはない。

（v）所得保障への租税支出

第 5 部類の所得保障への租税支出は、2019-22 年度期に JCT によれば 3883 億ドルになると見積もられている。そのコストのうち 2936 億ドル（75.6％）は勤労所得税額控除（EITC）のコストである。EITC は、子供のいる低所得と中所得の勤労世帯に主に便益を与えるものである。2019 年度の最大税額控除額は 3 人の資格のある児童のいる家族では 6557 ドルで、児童 1 人の家族では 3526 ドルの範囲にある。資格のある子供のいない 25 歳から 65 歳までの勤労者には、もっと少ない税額控除（最大 529 ドル）が使える。税額控除は収入があれば受けられるようになるが、収入が一定額を超えると消失していくようになっている。この税額控除は、完全に還付付きである。もし税額控除額が所得税負担額を超えるならば、納税者は内国歳入庁（IRS）からの支払いとして超過税額控除を受けられる。税額控除予算費用のほとんどは、所得税負担額を超える部分から生じる。

EITC に加えて、所得保障への租税支出の部類には、視覚障害者や 65 歳以上の納税者に利用できる追加標準控除や種々の雇用関連給付の非課税措置も含まれている。

（2）最大の非事業個人所得税租税支出の特徴および便益の分布

表 10-13 は、主な非事業個人所得税租税支出の租税便益が 2018 年にどの所得階層に帰着したのか、その分布を見たものである。第 5 分位（高所得層）に租税便益のシェアが集中している租税支出項目を順に挙げると、長期キャピタル・ゲインと適格配当への軽減税率 93.2％、慈善寄附金項目別控除 91.5％、住宅ローン利子項目別控除 79.3％、州・地方税項目別控除 75.2％、退職貯蓄奨励 62.5％、雇主提供医療給付非課税と自営業者医療保険料控除 45.8％となっている。中でもトップ 1％層の租税便益のシェアが高いのが長期キャピタル・ゲインと適格配当への軽減税率 75.0 と慈善寄附金項目別控除 56.4％の 2 つである。さらにトップ 0.1％（最富裕）層の租税便益のシェアが高いのも長期キャピタル・ゲインと適格配当への軽減税率 56.7％と慈善寄附金項目別控除 35.0％の 2 つである。

租税便益のシェアが低所得層の第 1 分位と第 2 分位に集中しているのが勤労所得税額控除で、両分位合せたシェアは 88.1％になる。租税便益のシェアが低・中所得の第 2 分位と第 3 分位に集中しているのが社会保障給付の部分非課税で、両分位合せたシェアは 81.4％になる。児童税額控除と教育税額控除および学生ローン利子控除は、租税便益が比較的分位間で分散している。

こうして、表 10-13 の主な非事業個人所得税租税支出の租税便益の分布を眺めての結果をまとめれば、次のようになる。第 1 に、主な租税支出全体としては、高所得層に大変有利に租税便益が分配されている。第 2 に、最富裕層に特段に有利に租税便益が分配されているのが、長期キャピタル・ゲインと適格配当への軽減税率と住宅ローン利子、州・地方税、慈善寄附金の 3 つの項目別控除である。第 3 に、退職貯蓄奨励や雇主提供医療給付非課税のような規模の大きな租税支出も、高所得層に租税便益が多く分配されているには違いないが、第 3 分位や第 4 分位の中所得層にも租税便益の恩恵がかなり及んでいる。第 4 に、完全に低所得層向けの租税支出項目といえば、勤労所得税額控除に限定される。

次に、表 10-13 の主な非事業個人所得税租税支出項目の租税便益の分配について、順に解説していくことにする[32]。

（ⅰ）退職貯蓄奨励の租税便益

退職貯蓄奨励の租税支出の便益のほとんどが高所得納税者のものとなる。

表10-13　主な非事業個人所得税租税支出の租税便益（2018年）

単位：ドル、%

拡大現金所得階層	退職貯蓄奨励 租税便益のシェア(%)	退職貯蓄奨励 平均租税便益額(ドル)	雇主提供医療給付・非課税と自営業者医療保険料控除 租税便益のシェア(%)	同 平均租税便益額(ドル)	長期キャピタル・ゲインと適格配当への軽減税率 租税便益のシェア(%)	同 平均租税便益額(ドル)	児童税額控除 租税便益のシェア(%)	同 平均租税便益額(ドル)	勤労所得税額控除 租税便益のシェア(%)	同 平均租税便益額(ドル)
第1五分位	0.4	20	0.5	20	0.1	極少額	6.5	180	43.6	630
第2五分位	3.7	180	7.6	350	0.4	20	19.0	640	44.5	760
第3五分位	10.9	600	19.4	980	2.0	80	24.5	900	11.2	210
第4五分位	22.5	1,470	26.7	1,610	4.0	200	25.9	1,140	0.3	10
全体	100	1,100	100	1,010	100	820	100	740	100	380
〈補遺〉（上位20%）										
80-90パーセンタイル	19.9	2,990	19.2	2,660	3.1	350	13.8	1,390		
90-95パーセンタイル	16.6	5,200	11.2	3,250	3.9	910	6.3	1,330		
95-99パーセンタイル	19.4	7,880	11.7	4,400	11.3	3,440	3.8	1,050		
トップ1%	6.6	10,950	3.7	5,630	75.0	93,730	0.0	10		
トップ0.1%	0.6	10,080	0.4	5,420	56.7	698,290	0.0	極少額		

拡大現金所得階層	住宅ローン利子項目別控除 租税便益のシェア(%)	同 平均租税便益額(ドル)	州・地方税項目別控除 租税便益のシェア(%)	同 平均租税便益額(ドル)	慈善寄附金項目別控除 租税便益のシェア(%)	同 平均租税便益額(ドル)	社会保険給付の部分的非課税 租税便益のシェア(%)	同 平均租税便益額(ドル)	教育税額控除および学生ローン利子控除 租税便益のシェア(%)	同 平均租税便益額(ドル)
第1五分位	0.1	0	0.0	0	0.0	0	6.1	30	13.2	60
第2五分位	0.7	10	1.0	10	0.3	極少額	38.1	240	20.2	110
第3五分位	4.3	40	5.2	30	1.6	20	43.3	300	24.1	150
第4五分位	15.6	160	18.6	140	6.5	90	11.8	100	28.3	200
全体	100	170	100	120	100	230	100	140	100	120
〈補遺〉（上位20%）										
80-90パーセンタイル	17.1	400	19.6	330	8.0	250			13.6	230
90-95パーセンタイル	15.8	770	17.1	600	8.5	560			0.5	20
95-99パーセンタイル	29.7	1,890	26.1	1,190	18.6	1,590			0.1	極少額
トップ1%	16.7	4,370	12.4	2,320	56.4	19,810			0.0	0
トップ0.1%	1.8	4,710	1.4	2,630	35.0	121,070			0.0	0

出所：Sammartino and Toder (2019), pp.6-22 より作成。

これは、彼らが雇主提供退職制度を利用しやすく、提供される年金プランやIRAs に拠出金を出し、（限界所得税率が高いために）拠出金1ドルごとに中所得・低所得の納税者より大きな租税便益を受け取ることになりそうだからである。もっともトップ1％層やトップ0.1％層の租税便益のシェアが小さくなっているのは、適格確定拠出年金プランに拠出できる金額や適格確定給付年金プランから得られた退職所得の金額に法律で定められた制限が課されているためである。租税優遇退職貯蓄口座は人気がある。勤労成人の半分は雇主提供年金プランに加入しており、また労働者の約30％は IRAs を持っている。しかしながら、それらの口座が退職貯蓄全体にとって大きな効果があるのかどうかははっきりしない。

（ⅱ）雇主提供医療給付と自営業者医療保険料控除の租税便益

医療保険料の非課税や控除は、課税所得を減らすためには、低所得層の納税者より高所得層の納税者により多くの価値がある。また給与税や州・地方所得税も節税できるので、それが医療保険の課税後コストを引き下げる。

雇主提供医療保険加入の高い見込みや高所得労働者にとっての高い保険料と相俟って、保険料1ドル当たりの補助の増加で非課税による租税便益は所得階層の上位層に傾くことになる。

租税政策研究所（TPC）は、医療向け租税支出の便益の45％以上が高所得層の納税者に分配されていると推計している。しかし課税後所得に対する平均租税便益の割合は第5分位より第3分位、第4分位の方が高い。ある所得水準を超えると、医療支出は所得の上昇に合せて増えることはない。だから所得に対する租税便益の割合は、中所得世帯や上位中所得世帯よりも最高所得層でずっと低くなる。

医療保険料に対する租税優遇措置は、勤労している年代の成人に医療保険加入を広げるのに貢献した。19～64歳の勤労している成人の約80％は雇主や組合を通して医療保険に加入している。

医療費負担適正化法（ACA）は、一定限度を超える雇主提供医療保険に内国消費税を課した。その狙いは、医療費の高騰を抑え、雇主提供医療保険の優遇税制の利用を減らし、医療費負担適正化法の財源確保に役立てることにあった。ただ、この「キャデラック税」は、もともと2018年から効力を持つ予定であったが、法律で二度延期され、2022年からの実施予定となった。だが、それを待たずに2019年に公式に廃止されてしまった。

（ⅲ）長期キャピタル・ゲインと適格配当への軽減税率適用による租税便益

「長期キャピタル・ゲインと配当への軽減税率適用による租税便益」のほとんどは最高所得層の納税者に発生している。TPC は、租税便益の 75% がトップ 1% 所得層の納税者に発生していると推定している。その租税便益は、トップ 1% 所得層の納税者にとって平均で課税後所得の 5.9% になる。また、トップ 0.1% 所得層の納税者にとって平均で課税後所得の 9.3% になる。

修正調整総所得が一定金額（単身者申告の場合 20 万ドル、夫婦合算申告の場合 25 万ドル）を超える納税者には、3.8% の追加純投資所得税が配当、キャピタル・ゲイン、その他投資所得にかけられる。それは、通常の税率より高い特別税率である。合同租税委員会（JCT）は、その純投資所得税を負の租税支出として扱い、それは 2019-22 年度期に 1298 億ドルの追加収入を生み、長期キャピタル・ゲインと配当への軽減税率適用にかかるコストの幾らかを相殺するとの推計を出している。

（ⅳ）児童税額控除（CTC）の租税便益

TCJA が始まる前は、CTC が消失控除を始める所得水準は、夫婦で 11 万ドル、単身者で 7.5 万ドルとずっと少なかった。TCJA はこの限度額を引き上げることによって、CTC の租税便益を高所得の納税者にも拡大した。今や租税便益が中・高所得階層である第 3 分位、第 4 分位、第 5 分位それぞれに約 4 分の 1 ずつ分配されている。

（ⅴ）勤労所得税額控除（EITC）の租税便益

EITC は、低所得の勤労家族・単身者を支援することを意図しているために、租税便益のほとんど（88%）は下位の 2 つの分位（第 1 分位と第 2 分位）の家計に分配されている。下位 2 つの所得分位の全家計の約 4 分の 1 だけが EITC を受け取るけれども、TPC はそれら所得階層の子供を持つ家計の約 80% が EITC から租税便益を得ているとの推計を出している。また EITC が単身者や夫婦のうちの主たる稼ぎ手が労働力市場に参加するのを促進していることを明らかにしている。

（ⅵ）住宅ローン利子、州・地方税、慈善寄附金の項目別控除の租税便益
①住宅ローン利子

現在の持家住宅に対する租税支出は、おそらく自宅所有をほとんど増やしていない。アメリカの持家率は、そのような租税支出のないオーストリア、

カナダ、イギリスのような他の多くの先進国より低い。米国の租税支出の便益の大半は、何であれ住宅を持ちそうな中所得層や高所得層の家計に分配されている。そのため、これらの補助は単に、大きな住宅、セカンド・ハウス、多くの不動産抵当債の取得を促進しているだけである。加えて、そうした租税便益は住宅コストを引き上げ、項目別控除をせず住宅ローン利子や財産税の控除を請求できない家計の約90％に対して住宅所有のコストを引き上げているという証拠がある。

②州・地方税（SALT）

SALT控除はほとんど高所得の納税者に租税便益を与えているとしても、その控除の州予算への影響を考える時には、話はもっと複雑になる。多くの州は、低所得・中所得の家計に大きな便益を与える州のプログラム財源調達のために、高所得の住民が支払う州・地方税に大きく依存している。SALT控除による租税便益（補助）がなければ、高所得住民はそれらの税に反対し、そのために州政府支出への政治的支持を危うくしそうである。

③慈善寄附金

高所得の個人は高い限界税率が適用されるために、また項目別控除を多く行う傾向があり、節税手段も利用しているために、低所得の個人よりも慈善事業に寄附することによってより多くの税を節約する。TPCは、慈善寄附金控除による租税便益の90％以上は高所得層（第5分位）に回り、租税便益の56％がトップ1％所得層にいくと推計している。TCJA以前には、租税便益の83％が高所得層（第5分位）の納税者にいき、また租税便益の38％がトップ1％所得層の納税者にいっていた。

（vii）社会保障給付の部分的非課税、教育税額控除および学生ローン利子控除の租税便益

社会保障給付の部分的非課税と教育税額控除および学生ローン利子控除の租税便益は、主に五分位法で第2分位、第3分位、第4分位に分配されており、広義の中間層向けの租税支出になっている。しかし、これらの租税支出の規模はさほど大きくはない。

第5節　おわりに：経済格差是正か否かに関わる主要法案

本章で検証してきたように、トランプ政権と共和党による2017年TCJA

の大規模減税は、政権側の期待や喧伝とは裏腹に、さしたる経済成長を生まず、財政赤字は拡大し、わざわざ中間層のための減税と銘を打ったにもかかわらず、租税便益のほとんどは高所得層と大企業に帰着し、中間層や低所得層にはあまり分配されず、経済格差はかえって拡大した。しかも、今後経済成長は一層鈍化し、財政赤字は一層累積し、経済格差はさらに拡大することが予想されていた。要するに、トランプ政権と共和党は、レーガン政権、ブッシュ（子）政権に次ぐ3度目の大減税によるトリクルダウン経済学を試みていたのであるが、前の2つの政権と同様に早くも失敗の歴史を積み重ねているだけであった。

　しかし、それにもかかわらず、トランプ政権と共和党は、2017年TCJAの延長に乗り出している。まだ下院の多数派であった共和党は、2018年9月末に「税制改革2.0」という名前で3つの租税法を成立させている。9月27日には「2018年家族貯蓄法」と「アメリカ技術革新法」を成立させている。9月28日に成立させた「2018年家族・中小企業保護減税法（PFSBTCA）」は、2017年TCJAの個人減税条項を恒久化することを狙いとしている。2017年TCJAでは、法人税減税や国際課税に関わる条項は恒久的な税制改革となっていたのに、個人減税にかかわる条項のほとんどは2025年までの時限立法となっているからである。ただ、同年11月の中間選挙で共和党は下院の多数派の地位を失い、2019年から民主党が多数派となったこともあり、PFSBTCAは議会上下両院で、一致して承認される見通しは全く立たなくなっていた。ただ、2024年大統領選挙で共和党大統領が誕生したり、あるいは共和党が連邦議会上下両院で議席の多数を制した場合、PFSBTCAに類似の税制改革案（減税法案）が提案される可能性はある。

　以下第1項では、PFSBTCAの概要を紹介し、それが実施された場合の連邦税負担配分の変化について述べる。第2項と第3項では、下院で多数派となった民主党で経済格差是正のために成立させようとしていた、最低賃金引上げ法案と新しい税額控除提案について検討する。

1. 2018年家族・中小企業保護減税法（PFSBTCA）の概要と減税効果予測

（1）2018年家族・中小企業保護減税法（PFSBTCA）の概要[33]

　（ⅰ）税率軽減と租税構造の変更

最高所得税率39.6％から37％への引下げ、標準控除の引上げ、児童・扶養家族税額控除の引上げ、人的控除の廃止。

（ii）州・地方税（SALT）控除の1万ドル制限やその他所得控除・非課税の制限

SALT控除額1万ドルに制限、住宅ローン控除額75万ドルに制限、一定のホーム・エクイティ・ローン利子控除廃止、ほとんどの災害・盗難控除の廃止、寄附金控除上限の50％から60％への引上げ等。

（iii）通り抜け事業体事業所得控除、非法人事業損失控除制限

パートナーシップベースで課税される自営業者、パートナーシップ、S法人を含めて法人税ではなく個人所得税が課せられる事業には、適格通り抜け（パススルー）所得の20％控除を認可。夫婦合算申告の場合50万ドル、単身者申告の場合25万ドルを超える非法人事業の損失控除の制限。

（iv）代替ミニマム税の緩和

代替ミニマム税の控除額を夫婦は8万6200ドルから10万9400ドルへ、単身者は5万5400ドルから7万300ドルへ引上げ。

（v）遺産税控除

遺産税の控除額を2倍化。控除額は1118万ドルで、物価調整される。

（2）2018年PFSBTCAの連邦税収への影響[34]

2018年PFSBTCAは、合同租税委員会（JCT）によれば2019年度から2028年までの10年間に連邦税収を6310億ドル減らすと予測されている。また租税政策研究所（TPC）は、2029-38年度期に連邦税収を3兆1500億ドル減らすとの推計を出している。

（3）2018年PFSBTCAの経済成長への影響[35]

TPCは、この法案は2025年までは経済にほとんど影響を与えないが、2026年に約0.5％、2028年に0.4％、2038年に0.1％GDPを増やすと予測する。産出量の増加は主に2025年以降現行法と比べて、労働所得と資本所得にかかる税率が下がるからだという。こうした変化が、勤労や貯蓄への意欲をかきたて、GDPを増大させるが、こうした前向きの影響は、時間とともに財政赤字の拡大が民間投資を押し出すにつれ、相殺されていくとする。

（4）2018年PFSBTCAの分配への影響[36]

Rohaly et al.（2018）は、2018年PFSBTCAが2026年に実施された場合、所得階層別に連邦税変化の配分がどうなるのか、また所得分配への影響がど

うなるのかを、Table2 で試算している。それによると、税は平均的に見て、第1〜第5分位のどの拡大現金所得階層でも低下している。しかし、連邦減税のシェアで第5分位層（高所得層）は63.0%、トップ1%は16.2%を占めている。課税後所得に対する平均減税額の割合も高所得階層は高い。なお、すべての納税者が減税となるわけではない。納税者の3分の2は平均約2930ドルの減税の恩恵を受け、約9%が平均約3810ドルの増税となる。それは主に、人的控除の喪失、州・地方税控除やその他の控除の制限のためである。

2. 最低賃金引上げ法案の下院での可決

　2019年7月18日に、低中所得者対策の強化を訴えてきた民主党が多数を占める下院は、労働者の最低賃金を2025年までに時給15ドルに倍増させる「2019年賃金引上げ法案」を可決した。連邦政府の最低賃金は2009年に時給7.25ドルになって以来引き上げられていない。この法案は、それを段階的に引き上げ、2025年には時給15ドルにすることを狙いとしている。

　2019年現在29州とワシントンD.C. が連邦最低賃金水準を超える最低賃金を設定しているが、連邦最低賃金水準に準拠している州は多くあり、米国全体での底上げを期待してのものである。ただし、トランプ政権や上院多数派の共和党は、コスト増につながるとして同法案に不賛成で、成立の見通しはなかった。

3. 各種連邦税額控除法案

　トランプ政権と共和党が2017年TCJAを実施し、さらに2018年PFSBTCAのような形でその恒久化を図ろうとしているのに対し、民主党の議員達は、このまま何もしなければ経済格差はますます広がるとの危機感からTCJAではあまり光の当たらない低中所得層に租税便益が配分されることを狙った連邦税額控除法案を続々と発表している。具体的に言う[37]と、生計費還付金法案は、勤労所得税額控除（EITC）の拡大を目指している。アメリカ家族法案は児童税額控除（CTC）を拡大しようとしている。勤労家族租税負担軽減法案は、EITCとCTCのゆるやかな拡大を図ろうとする。中間層引上法案と税額控除引上法案は、新しい税額控除の創設を提案している。これらの税額控除案の中で、コスト規模が大きいのが、中間層引上法案

（2709 億ドル）と税額控除引上法案（2505 億ドル）の 2 つである。

　以上見てきたトランプ政権と共和党が 2017 年 TCJA の恒久化を目指していた 2018 年家族・中小企業保護減税法（PFSBTCA）も、民主党が低・中所得層の経済力の底上げを狙う「最低賃金引上げ法」や新しい連邦税額控除法案も、連邦議会上下両院で成立する見通しは立たず、廃案になってしまった。

4. 経済格差是正か否かに関わる主要法案のその後

　2020 年には、新型コロナウイルス不況に見舞われ、経済の落ち込みからの脱却と格差拡大への対応が喫緊の課題となった中で、経済成長と経済格差是正、それに財政健全化を目指す政策が、トランプ政権と共和党の減税政策を中心としたこれまでのトリクルダウン経済学の推進で達成できるのか、それとも最低賃金引上げ法や新しい税額控除法案を含んだ、民主党のトリクルアップ経済学あるいは中間層経済学の推進で達成できるのか、大統領選挙に向けて、アメリカ選挙民とりわけ、低中所得層の人々の判断が問われたのである。大統領選挙の結果成立した民主党バイデン政権は、中間層（低所得層引上げ・中所得層拡大）経済学を戦略目標とする、バイデノミクスを展開することになった。

　バイデン政権の経済・税財政政策の展開については、終章で詳細に論ずるが、バイデン政権下における上記 3 つの経済格差是正か否かに関わる法案のその後についてだけ、ここで述べておくことにする。

　まず、2018 年 PFSBTCA は廃案になったが、2024 年大統領選挙において、トランプが共和党の大統領候補となった場合、あるいは大統領選挙で再選された場合、この PFSBTCA かそれと類似の法案を持ち出すかもしれない。ただ、仮に PFSTBCA のようなものが 2017 年 TCJA の現行個人所得税条項に 2026 年以降代置されるようになったとしても、それによって経済格差是正等の良い減税効果を期待することはできない。

　次に、最低賃金引上げ法案に関して述べる。2021 年 1 月には民主党バイデン政権が発足し、上・下両院とも民主党が議席の過半数を占めることになったため、民主党は「2021 年賃金引上げ法案」を議会に提出した。この法案は、連邦最低賃金を 2025 年までに段階的に 7.25 ドルから 15 ドルへ引き上げることを狙いとしている。バイデン大統領は、新型コロナウイルス不況に対応するため、アメリカ救済計画法の中に、2021 年賃金引上げ法案を含

めた。そして、共和党のアメリカ救済計画法案の成立阻止をかいくぐるために、財政調整制度を利用した。ところが、財政調整制度の規則では、最低賃金条項を含めるのは規則違反になるため、上院はその条項を削除した[38]。そこで改めて、2028年までに最低賃金を時給17ドルに引き上げることを目指す2023年賃金引上げ法案を成立させようとする動きが出てきている。ただ、共和党が下院の過半数議席を占めている以上は、実現は困難である。

　さらに、連邦税額控除法案についても述べておこう。バイデン政権になっても、新型コロナウイルス不況対策として、一時的に、EITCやCTCの拡充を図ったが、時限立法のため、恒久的な低中所得者向け税額控除の拡充は行われていない。2024年大統領選挙キャンペーンの中で、恒久化や抜本化を含めて、2020年の大統領選挙を前にした時のような連邦税額控除法案が提案されてくるであろう。

【注】

1) 1980年代のレーガン政権期に供給サイドの経済学を唱導しレーガン大減税に導いた、A. ラッファーは、『ウォール・ストリート・ジャーナル』の元編集委員であったS. ムーアとともにトランプ政権の経済諮問委員会の委員となり、共著『トランポノミクス』(Moore and Laffer (2018)) を出版し、トランプ政権の経済政策を推進した。これに対し、N. グレゴリー・マンキューは「トランプ政権のいかさま経済学—間違った予測と大言壮語」と題した論文を発表し、次のように批判している。「経済をもっと急速に成長させれば、あらゆる問題への解決策になるようだし、この経済成長は減税措置と規制緩和によって必然的に実現すると確信しているようだ。それが可能なら素晴らしいが、これは希望的観測である可能性が高い。」と述べている（マンキュー (2019)、62-63頁）。

2) The White House (2018).

3) Department of the Treasury (2017).

4) CBO (2018a), pp.11-130. CBOのマクロ経済予測の一部は、片桐 (2018b)、第2節で紹介している。

5) *Ibid.*, p.117.

6) The White House (2018), pp.1-2.

7) OMB (2018), p.13.

8) CBO (2018a).

9) CBO (2018b).

10) *Ibid.*, pp.4-9.

11) CBO（2018a), pp.128-129.

12) CBO の基礎的財政収支への TCJA の影響推計は、第 9 章の表 9-2 に示される JCT（2017）のコスト推計を反映している。

13) ITEP（2018a), p.5.

14) 片桐（2018a)、162-167 頁。

15) 同上論文、167-169 頁。

16) Gravelle and Marples（2019), pp.1-18.

17) Gale and Haldeman（2021).

18) *Ibid.*, p.895, p.910.

19) *Ibid.*, pp.890-910.

20) *Ibid.*, pp.896-897.

21) インバートとは、企業が税負担を軽くするために、税率の低い国の企業を買収し、その国の本社などを移すことをいう。

22) JCT（2019b), pp.1-30.

23) Berger and Toder（2019), pp.1-23；Sammartino and Toder（2019), pp.1-23.

24) Berger and Toder（2019), p.3.

25) *Ibid.*, p.6.

26) *Ibid.*, pp.10-11.

27) *Ibid.*, pp.11-12.

28) *Ibid.*, pp.12-13.

29) *Ibid.*, p.13.

30) Sammartino and Toder（2019), pp.1-2.

31) *Ibid.*, p.5, pp.7-12.

32) *Ibid.*, pp.6-22

33) CRS（2018), pp.1-2.

34) Rohaly et al.（2018), p.2.

35) *Ibid.*, p.3.

36) *Ibid.*, p.4, Table 2.

37) Wamhoff, Schieder and Wiehe.（2019), p.1, p.9；Wamhoff（2019), p.2 を参照。

38) 窪谷（2021b)、5-6 頁を参照。

―――― 終章 ――――

バイデン政権の
経済・税財政政策の展開

第1節　はじめに：バイデン政権の中間層（ボトムアップ・
　　　　ミドルアウト）経済学

　これまで明らかにしてきたように、1980年代のレーガン政権以来ブッシュ（子）政権、トランプ政権と引き継がれてきたトリクルダウン経済学による減税や規制緩和を軸とした共和党の経済政策では、それらの政権が喧伝したほどには経済は成長せず、成長の果実は大企業や富裕層に届いても、中間層・低所得層に行き届かず、経済格差は拡大し、中間層は衰退してきた。また政策の自償性は実現せず、財政赤字は拡大した。

　2020年の大統領選挙においてトランプに勝利したバイデンは、当然のことながらトランプのトリクルダウン経済学とその帰結を全否定した。そして、オバマ政権の副大統領として「中間層タスクフォース」の議長を務めていた経験からも中間層を重視しており、経済戦略として中間層（ボトムアップ・ミドルアウト＝低所得層底上げ・中所得層拡大）経済学[1]を打ち出し、政権につくとそれをアメリカ経済の「より良き再建計画」として具体的に国民に提示した。

　「より良き再建計画」は次の3つの計画から成る。第1の柱は「アメリカ救済計画」で、新型コロナウイルスで打撃を受けた企業や国民に対する包括的救済策である。税財源として、児童税額控除、勤労所得税額控除等の引上げ要件緩和を盛り込んでいる。第2の柱は、「アメリカ雇用計画」でアメリカのインフラ投資と雇用創出および供給網の強化を目指すものである。税財

429

源として、法人税率の21％から28％の引上げや国外無形資産低課税所得に対する実効税率の21％への引上げ等を盛り込んでいる。第3の柱は、「アメリカ家族計画」で、子育てや教育に関連した分野への投資や気候変動対策の強化を目指すものである。児童税額控除拡充の2025年以降への延長、高所得者への課税執行強化、所得税最高税率の37％から39％への引上げ、キャピタル・ゲイン課税の強化等が盛り込まれている。

　これらの「より良き再建計画」は、実施するには連邦議会の承認が必要であるが、1.9兆ドル規模の「アメリカ救済計画法」はバイデン政権の計画通り、民主党のみの賛成で2021年3月に成立した。だが、他の2つの計画は、そのままでは議会で成立しなかった。「アメリカ雇用計画」のうちインフラ分野に特化した5500億ドル規模の「インフラ投資・雇用法」が超党派法案として提出され、2021年11月に成立している。ただ、当初バイデン政権が提示した「アメリカ雇用計画」の2兆2500億ドルの規模に比すれば、大幅に縮小されている。さらに、「アメリカ家族計画」を受け、民主党は社会政策や気候変動対策を盛り込んだ「より良き再建法案」の成立を目指そうとしたが、上院で二人の民主党議員が反対し、最終的には大幅に規模を縮小（7370億ドル）し、名称も「インフレ抑制法」と変えて、財政調整措置によって2022年8月に民主党単独でかろうじて成立にこぎつけた。

　その他、バイデン政権の重要政策であるアメリカ産業再生を目指す「CHIPS・科学技術法」を2022年8月に超党派の賛成で成立させている。半導体や科学技術分野に多額の補助金が投じられるようになった。国内に半導体工場を誘致する製造に関する補助金としては390億ドルを投じることになった。

　なお、バイデン政権の経済・税財政政策に関する先行研究としては、窪谷（2021a）、窪谷（2021b）、岳梁（2021）、滝井（2021）、中岡（2021）、中島（2021）、樋口（2023）、みずほフィナンシャルグループ（2021）、PwC Japanグループ（2021）、安井（2022）等がある。

　以下、第2節では、バイデン政権とFRBのパンデミック不況およびインフレとの戦いの実績を検証する。第3節では、バイデン政権の「より良き再建計画」提案を受けて成立した3つの法律の概要とそのマクロ経済効果について検討する。第4節では、2024年度予算教書とバイデノミクスの課題について検討する。第5節では、バイデン政権の経済成長戦略の「現代供給サ

イド経済学」による理論づけと政策実施の政治的困難について述べて、むすびとする。

第2節　バイデン政権とFRBのパンデミック不況および　　　インフレとの闘いの実績の検証

1．新型コロナウイルスと不況・インフレへの対応

（1）新型コロナウイルスへのトランプ政権とバイデン政権の対応の相違、およびバイデン政権によるオバマケアの拡充と医療保険加入者の著増

　2020年3月11日に世界保健機関（WHO）が新型コロナウイルスのパンデミック認定を行い、3月13日にはトランプ大統領が国家非常事態宣言を発出して、スタフォード法に基づき500億ドルに上る連邦予算を州政府等が新型コロナウイルス検査や治療体制の拡充に充てる支援措置を取った。しかし、それも焼け石に水で、新型コロナウイルス感染者と死者の数が世界一となり続けた。

　トランプ政権も議会も連邦準備制度理事会（FRB）も、何も財政的・金融的措置を取らなかったわけではないが、コロナ対策が後手に回り、アメリカ経済はパンデミック不況に陥った。こうなった要因としては、ワクチンがまだ利用できなかったことが大きいが、トランプ政権の非科学的な場当り的対策・失策、公的医療保障制度の不備、経済格差問題の存在等を挙げることができる。2021年1月にバイデン政権が発足した時には、1日約30万人の感染者、約3400人の死者が生じる危機的な状況にあった。

　バイデン政権は、政権発足後直ちに、公的機関におけるマスク着用の義務化等の積極的感染対策の推奨だけでなく、使用可能となったワクチンの接種を対新型コロナウイルス戦略の中心に据え、ワクチン接種の超加速化を推進した。おかげで、2021年末には2億700万人（人口の62%）が免疫を獲得していた。ただし、2021年6月にデルタ株、11月にオミクロン株が確認され、コロナ感染の大きな波が12月から22年1月にかけて再び襲ってきた。1月には1日当たり感染者数過去最大の140万人を記録している。

　バイデン政権は、ブースター接種の推進、子供へのワクチン接種推奨、検査能力の拡充等を進めたため、1月中旬には感染のピークを脱し、感染者数は急減した。3月には感染者数は1日当たり数万人程度まで減少した[2]。

　それだけではない。バイデン大統領は、就任早々の2021年1月28日に、

終章　バイデン政権の経済・税財政政策の展開　　431

新型コロナウイルス感染拡大による失業で無保険者が増えている現実を踏ま
え、医療保険への特別加入期間（2021年2月15日から3カ月）を設けて、
国民に医療保険への加入を促す大統領令を発した。また、トランプ政権下で
厳格化された、低所得者向けのメディケイドの加入要件の見直し等の措置も
指示している[3]。

　加えて、バイデン政権の経済戦略として成立にこぎつけた2021年3月の
アメリカ救済計画法や2022年8月のインフレ抑制法において、オバマケア
の保険料負担を軽減するための補助金増額の予算付けも行っている。

　こうして、新型コロナウイルスの感染拡大がきっかけとなって、国民の間
にオバマケアに対する支持が広がっていく。さらに、2021年6月17日に、
最高裁判所が、オバマケアの無効化を求める共和党側の訴えを7対2で退け
た。オバマケアの無効化は、テキサス州や他の17州の共和党の州知事らが
訴えたものである。最高裁判事の構成が6対3で保守派優勢となっている中
で、7対2でテキサス州等のオバマケア無効化の訴えを却下し、最高裁がオ
バマケアの存続を3度目も支持した意義は、極めて大きい[4]。

　バイデン政権は、2023年1月25日、オバマケアに基づく2023年の医療
保険加入者が1600万人を超えたと発表した。前年比で12%以上の大幅増で、
2010年にオバマケアが成立して以降最高を記録した。バイデン大統領は、
医療保険加入者の拡大と医療費負担の削減において記録的な進歩を遂げたと
する声明を出した[5]。

（2）新型コロナウイルス不況への財政的・金融的対応の全体像

　さて、新型コロナウイルス不況との戦いにおいて、どのような財政・金融
政策的対応が取られたのか。表11-1に示されるように、対応は大きく分け
ると①連邦準備制度による対応、②連邦議会の承認を受けた法律による対応
と、③連邦議会の承認を受けず行われる行政府による対応の3つになる。

　許可額の合計は、①が7.15兆ドル、②が5.99兆ドル、③が1.01兆ドルで、
①②③を合せた総許可額は、14.15兆ドルである。つまり、許可額で見た新
型コロナウイルス不況への財政的・金融的対応総額は14.15兆ドルである。
法律による対応と行政的対応は、財政的対応として合わせると7兆ドルにな
る。金融的対応が7.15兆ドルなので、財政的対応と金融的対応は、金額的
には7兆ドル規模で互角になる。

　ただ、許可額が直ちに事業引受／支払額になるわけではない。そこで、事

表 11-1　新型コロナウイルス不況への財政的・金融的対応

新型コロナウイルス不況への対応	許可額	引受/支払額	財政赤字への影響
①連邦準備制度による対応	7.15 兆ドル	4.70 兆ドル	利用不可
資産買入れ	4.06 兆ドル	4.06 兆ドル	利用不可
流動性対策	2.14 兆ドル	4470 億ドル	利用不可
他のタイプの融資プログラム	8060 億ドル	1100 億ドル	
貸出制度	1410 億ドル	880 億ドル	利用不可
国債利子や準備要件の変更			
②法律による対応	5.99 兆ドル	5.62 兆ドル	5.22 兆ドル
企業支援	1.56 兆ドル	1.41 兆ドル	9950 億ドル
セーフティ・ネットプログラム	9830 億ドル	9550 億ドル	9630 億ドル
州・地方への直接・間接の財政的支援	8700 億ドル	8640 億ドル	8680 億ドル
直接家計支援	8590 億ドル	8590 億ドル	8590 億ドル
医療従事者・機関への財政的支援	7000 億ドル	6130 億ドル	6900 億ドル
企業や家計への租税負担軽減措置	5680 億ドル	5320 億ドル	4180 億ドル
その他財政的支援	4540 億ドル	3850 億ドル	4280 億ドル
③行政府による対応	1.01 兆ドル	8480 億ドル	2320 億ドル
トランプ政権	6050 億ドル	4840 億ドル	770 億ドル
バイデン政権	4030 億ドル	3630 億ドル	1550 億ドル

出所：Covid Money Tracker (2023), pp.2-3.

業引受/支払額の合計を見てみよう。事業引受/支払額の合計は、①が4.70兆ドル、②が5.62兆ドル、③が8480億ドルで、①②③を合せた事業引受/支払額は11兆1680億ドルとなる。計算すると、①②③を合せた事業引受/支払総額は、①②③の許可総額の78.9%となる。①②③それぞれ単独だとその比率は、①が65.7%、②が93.8%、③が84.0%となる。こう見ると、財政的対応の方が金融的対応より、許可額をより高い割合で引受/支払額に充てていることが分かる。なお、表11-1には返納額が表示されていないが、引受/支払額に計上されても、後で返納される資金があることに留意しなければならない。

（3）新型コロナウイルス不況とインフレへの財政的対応

　ここで、法律による財政的対応の中身を見ておこう。許可額で見ると、企業支援が全体の26.0%、家計へのセーフティネットと直接支援が30.8%、州・地方支援が14.5%、医療支援が11.7%となる。租税負担軽減による支援は9.5%になるが、企業と家計の配分は分らない。いずれにせよ、財政的支援の支援先では、租税負担軽減も含めて、企業と家計への支援が全体の6

終章　バイデン政権の経済・税財政政策の展開　　433

割を超え、両者を比較すれば家計への支援により重点が置かれていたと言える。

　さて、2020年3月から2021年3月までの1年間に表11-2に示されるように、連邦議会は6回も新型コロナウイルス救済法を成立させ、それに基づいた財政的支援を行っている。トランプ政権期に5度成立した法律によって、合計3兆8353億ドルの財政的支援予算が計上されており、中でもCARES法による支援予算規模は大きく、2兆2300億ドルにも上っている。そしてバイデン政権に交代してから一度2021年アメリカ救済計画法という1兆9000億ドルの大型の財政的支援法を成立させている。全6度の財政的支援金額は、5兆7353億ドルにも上る。表11-1の「②法律による対応」と少し金額が違うが、全6度の財政的支援金額は表11-1に示されるような使途に配分されたと考えてよい[6]。

　ところで、2021年バイデン政権発足後、大規模な財政出動による需要喚起策で、アメリカ経済は急速な回復を見せてきた。ただ、2021年後半からインフレが高進し、2022年にはそれが急加速するようになった。経済が回復する一方、新型コロナウイルス禍で国内供給網の寸断や人手不足、資源エネルギー価格の高騰が起き、その上にロシアによるウクライナ侵攻で世界的に供給網が混乱し、石油や食料品等の価格が上昇し、企業と家計へのインフレ圧力が高まり続けた。

　バイデン政権は、2022年6月には、インフレ高進を放置すれば11月の中間選挙で連邦議会の過半数議席を失うことになることを恐れ、インフレ対策を最優先の経済対策とすると明言した。そして、連邦議会にエネルギー対策や処方箋薬、輸送コストの低減法案の成立を呼び掛けている。しかし、抜本的インフレ対策を打ち出したわけではない。ただ、これまでのように、新型コロナウイルス対策として大規模な財政出動を推進することはできなくなってしまった。その端的な表れが、同年8月に成立させたインフレ抑制法である。バイデン政権は当初10年間で3兆5000億ドルの歳出法案の成立を目指したが、共和党と一部民主党議員の反対で、10年間で4370億ドルの歳出法案に縮小してやっと「インフレ抑制法案」を成立させたのである。ただ、バイデン政権は、今後10年間で3000億ドル以上の財政赤字削減効果があり、財政赤字削減によってインフレが抑制されると説明するが、直面するインフレ高進に対して即効を期待することはできなかった。なお、インフレ抑制法

434

表 11-2　新型コロナウイルス救済法による財政的支援（2020-2023 年度）

法律名	成立時期	財政支出	主な内容	連邦財政赤字への影響 各年度の対名目GDP比(%)			
				2020	2021	2022	2023
コロナウイルス準備と対応補正予算	2020年3月6日	83億ドル	ワクチン開発支援、中小企業への低利融資など	0.0	0.0	0.0	0.0
家族第一コロナウイルス対応法	2020年3月18日	1930億ドル	税額控除（コロナ休暇の従業員への給与支払い分）、コロナ検査無料化、各州への財政支援など	0.6	0.3	0.0	0.0
コロナウイルス援助・救済・経済保障(CARES)法	2020年3月27日	2兆2300億ドル	個人向け現金給付（最大 1200 ドル）、失業手当拡充（週 600 ドル上乗せ）、給与保護プログラム（PPP）など	7.7	2.0	-0.5	-0.6
給与保護制度と健康増進法	2020年4月24日	4840億ドル	PPP、中小企業への運転資金融資、マスクなどの医療体制に対する追加予算など	2.1	0.2	0.0	0.0
統合予算歳出法	2020年12月27日	9200億ドル	個人向け現金再給付（最大 600 ドル）、失業手当拡充延長（週 300 ドル上乗せ）、PPP 再開など	0.0	3.3	0.3	0.1
2021年アメリカ救済計画法	2021年3月11日	1兆9000億ドル	個人向け現金再々給付（最大 1400 ドル）、失業手当拡充延長（週 300 ドル上乗せ、9 月まで）、州政府支援、ワクチン普及支援など	0.0	5.2	2.2	0.4
合計		5兆7353億ドル		10.4	11.0	2.0	0.0

注：大統領令（3 月 13 日、8 月 8 日）による対策の金額を含む。
出所：CEA (2022), p.50；磯部・宮野（2021）添付資料より作成。

の特徴と問題点については、後段で詳述する。いずれにせよ、インフレ対策は FRB の金融引締め政策頼みに終始することになったのである。

（4）新型コロナウイルス不況とインフレへの金融的対応

　次に、新型コロナウイルス不況への金融的対応について、もう一度表 11-1 を見てみよう。連邦準備制度による対応が 7.15 兆ドルにも上っているが、許可額を見ると、資産買入れと流動性対策の 2 つで全体の 86.7％にもなる。そして、「国債利子や準備要件の変更」欄には金額は表示されていないが、これが連邦準備制度の金融的対応の重要な柱であることは言うまでもない。

　では、それについての新型コロナウイルス不況へ金融的対応はいかなるものであったのか。連邦準備制度理事会（FRB）は、2020 年初めから①ゼロ

終章　バイデン政権の経済・税財政政策の展開　　435

金利政策、②量的金融緩和、③コマーシャル・ペーパー（CP）買入など短期オペを通じた企業金融支援を軸に政策を総動員して新型コロナウイルスとの戦いに立ち向かった。FF金利誘導範囲は、2020年3月15日に0.00〜0.25％にまで引き下げられている。

　ただ、FRBは2021年にはインフレが高進してきたにもかかわらず、それは「一時的」とのスタンスを取っていた。しかし、2022年になってロシアのウクライナ侵攻やエネルギー・食糧価格の高騰でインフレが急加速する事態となり、もはや放置できなくなった。後手に回ってしまったが、はっきりと金融引締めに転じた。FRBは2022年3月にゼロ金利政策を解除し、FFレートの誘導目標の範囲を0.25ポイント引き上げて0.25〜0.50％にしている。その後、FRBはインフレ対策のためにFFレートを継続して強力に引き上げていく。5月には0.50ポイント引き上げて0.75〜1.0％にする。その後6月、7月、9月、11月と4回連続して0.75ポイントずつ引き上げて、11月には3.75〜4.00％にする。さらに22年12月に0.50ポイント、23年2月、3月、5月と3回連続して0.25ポイントずつ引き上げて5月には5.00〜5.25％になった。6月には政策金利を一旦据え置いたが、7月には0.25％の再利上げを決定した。その結果、政策金利の誘導目標は5.25〜5.50％となり、22年ぶりの高水準となった。以上のFFレートの誘導目標範囲の引上げの他に、長期金利に上昇圧力をかけるためにFRBの保有資産の圧縮を22年6月から開始し、1年半で約1.3兆ドル減らしている。

　なお、インフレが一定程度の落ち着きを見せてきたので、FRBは23年9月、11月、12月、24年1月と4会合連続で、政策金利の誘導目標を5.25〜5.50％に据え置いている[7]。パウエル議長は、23年12月には政策金利が利上げから利下げの局面に移ったことを示唆し、24年に3回の利下げを予想した。ただ、24年1月には、「インフレ率が目標の2％に向け、より確かな自信を得るまで利下げは適切でない」と発言している。24年3月には、FRBは5会合連続で政策金利の据え置きを決めた。インフレ率が下がり切らないため高い政策金利でインフレの抑制を続けることになった。また年3回としていた利下げの見通しも変えなかった。5月には、FRBは「この数ヶ月間は2％の物価目標に向けた進展がなかった」との声明文を出し、政策金利の誘導目標を6会合連続で5.25〜5.5％に据え置いた。また、米国債の保有額を圧縮する量的引き締めのペースを6月から緩めることを決定した。さ

436

図 11-1　2018-2022 年期のアメリカ経済

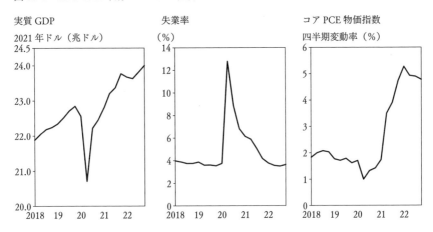

注：PCE は個人消費支出のこと。コア PCE 物価指数は食料品やエネルギー物価を除いている。
出所：CEA (2023), p.51.

らに FRB は、6 月と 7 月の決定会合でも政策金利を据え置いた。ただ 7 月にはインフレ・雇用の勢い鈍化に言及し、9 月利下げを示唆した。

2．バイデン政権下のアメリカ経済・財政の実績とその後の予測

(1) アメリカ経済の実績とその後の予測

さてここで、2020 年にパンデミックに見舞われ、新型コロナウイルス不況に陥り、それらへの対応とその中で深刻になってきたインフレへの対応に追われることになった 2020-22 年期のアメリカ経済の実態を検討してみよう。

図 11-1 は、2018-22 年期のアメリカ経済の動態を実質 GDP、失業率、コア PCE 物価指数の 3 つの指標で見たものである。トランプ政権下にあった 2020 年にアメリカはパンデミック不況に陥り、特に第 2 四半期に実質 GDP は大きく落ち込み、失業率は 2 桁を記録し、経済危機に陥ったが、比較的短期間に実質 GDP は V 字型に回復し失業率が急激に低下している。

バイデン政権下の 2021-22 年期には実質 GDP は、パンデミック前の 2019 年の水準をはるかに上回るようになり、失業率はパンデミック前と同等の低い水準に戻っている。他方、2022 年にはロシアによるウクライナ侵攻がエネルギー、食糧、その他商品に厳しい供給制約を課すことになったため、全世界的にインフレを引き起こし、アメリカもその大波をかぶることになり、

表 11-3　アメリカ経済の実績（2017-2022 年）と予測（2023-2033 年）

	実績値						予測値		
	2017	2018	2019	2020	2021	2022	2023	2024	2033
実質 GDP 成長率（%）（対前年比）	2.8	2.3	2.6	-1.5	5.7	1.0	0.1	2.5	1.7
賃金雇用者月平均変動数（1000 人）	177	192	164	-755	549	427	9	66	63
失業率（%）（年平均）	4.4	3.9	3.7	8.1	5.4	3.6	4.7	4.9	4.5
労働参加率（%）（年平均）	62.9	62.9	63.1	61.8	61.7	62.2	62.2	62.1	61.3
賃金上昇率（%）（年平均）	2.7	3.1	3.0	2.8	4.9	5.1	4.5	3.8	3.1
総合インフレ率（%）（対前年比）	1.9	2.0	1.5	1.2	5.7	5.5	3.3	2.4	1.9
コアインフレ率（%）（対前年比）	1.7	2.0	1.6	1.4	4.7	4.7	3.4	2.7	2.0
FF レート（%）（年平均）	1.2	2.2	1.6	0.1	0.1	4.1	4.8	3.0	2.7
10 年国債利回り（%）（年平均）	2.4	3.0	1.8	0.9	1.5	3.6	3.9	3.8	3.8

出所：CBO（2023a）より作成。

コア PCE 物価指数は急上昇し、FRB はその火消しに追われることになった。

　表 11-3 は、アメリカ経済のこれまでの実績と今後の予測の経年変化を、実質 GDP、失業率、コアインフレ率にそれ以外の指標も幾つか加えて見たものであるが、バイデン政権下の前半 2 年間（2021-22 年）は、高インフレを除けば経済実績は良かったと言えるだろう。しかし、後半 2 年間（2023-24 年）は、FF レートと 10 年国債利回りの長短金利は高めと予想され、賃金上昇率やインフレ率も高目で、経済成長は鈍化するかもしれないと多くの民間調査機関は見ていたが、実際には、予想を上回る成長を見せている。

（2）アメリカ財政の実績とその後の予測

　次に、アメリカ財政のこれまでの実績と今後の予測を表 11-4 で見てみよう。連邦政府の財政赤字、基礎的財政収支赤字、国債残高は、パンデミック前の 2019 年度までも増加傾向をたどってはいたが、2020-21 年度にはパンデミックの経済への悪影響と戦うために多角的に財政出動したので急激に膨らんだ。財政赤字（対 GDP 比）は、2019 年度が 4.6%であったのに、20 年度は 14.9%、21 年度は 12.3%と非常に高くなったが、22 年度には 5.2%にまで急低下している。基礎的財政収支赤字も 2019 年度が 2.9%であったのに、20 年度は 13.2%、21 年度は 10.7%と非常に高くなったが、22 年度には 3.3%にまで急低下している。

　財政赤字および基礎的財政収支赤字が、特に 2020-21 年度に大きく膨らんだのは、パンデミックを抑え、家計や企業へのその悪影響を緩和するための

表11-4　アメリカ財政の実績（2017-2022年度）と予測（2023-2033年度）

単位：10億ドル、%

| | GDP比（%） | | | | | | | | | | 金額（10億ドル） | | | | |
| | 実績値 | | | | | | 1973-2022 の平均 | 予測値 | | | 実績値 | | | 予測値 | |
	2017	2018	2019	2020	2021	2022		2023	2024	2033	2019	2022	2023	2024	2033
歳入合計	17.2	16.4	16.4	16.2	17.9	19.6	17.4	18.3	17.7	18.1	3,463	4,896	4,812	4,838	7,098
個人所得税	8.2	8.3	8.1	7.8	9.0	10.5	8.0	9.6	9.0	9.7	1,718	2,632	2,523	2,467	3,803
給与税	6.0	5.8	5.9	6.2	5.8	5.9	6.0	6.0	6.0	5.9	1,243	1,484	1,562	1,633	2,307
法人税	1.5	1.0	1.1	1.0	1.6	1.7	1.8	1.8	1.8	1.4	230	425	475	479	539
その他	1.4	1.3	1.3	1.4	1.4	1.4	1.6	1.0	1.0	1.1	272	356	251	260	449
歳出合計	20.7	20.5	21.0	31.1	30.1	24.8	21.0	23.7	23.8	24.9	4,447	6,208	6,206	6,493	9,799
義務的支出計	13.1	12.6	12.9	21.7	21.3	16.3	10.9	14.6	14.3	15.3	2,734	4,076	3,825	3,885	5,997
社会保障	4.9	4.8	4.9	5.2	5.0	4.8	4.4	5.1	5.3	6.0	1,039	1,213	1,336	1,450	2,355
主要医療プログラム	5.4	5.1	5.3	6.2	5.7	5.6	3.3	5.7	5.6	6.7	1,127	1,404	1,508	1,528	2,629
その他	2.8	2.7	2.7	10.3	10.6	5.8	3.2	3.7	3.3	2.6	568	1,459	981	908	1,014
裁量的支出計	6.2	6.2	6.3	7.7	7.2	6.6	8.0	6.6	6.9	6.0	1,338	1,657	1,741	1,868	2,373
国防費	3.1	3.1	3.2	3.4	3.3	3.0	4.3	3.1	3.1	2.8	677	746	800	848	1,105
非国防費	3.2	3.1	3.1	4.3	4.0	3.6	3.8	3.6	3.7	3.2	661	910	941	1,022	1,269
純利払費	1.4	1.6	1.8	1.6	1.6	1.9	2.0	2.4	2.7	3.6	375	475	640	739	1,429
財政赤字合計	-3.4	-4.1	-4.6	-14.9	-12.3	-5.2	-3.6	-5.3	-6.1	-6.9	-984	-1,312	-1,394	-1,655	-2,702
基礎的財政収支赤字	-2.1	-2.5	-2.9	-13.2	-10.7	-3.3	-1.5	-2.9	-3.4	-3.2	-609	-837	-755	-916	-1,273
民間保有国債残高	76.2	77.6	79.4	99.8	98.4	97.0	46.9	98.0	100.4	118.2	16,801	24,257	25,716	27,370	46,445

注：主要医療プログラムには、メディケア（保険料およびその他の相殺収入を除く）、メディケイド、児童医療保険プログラム、オバマケアで設けられた市場を通して購入される医療保険や関連費用に対する補助金等への支出が含まれている。
出所：CBO（2023a）より作成。

緊急の財政的対策を講じたからである。それは表 11-4 の歳出欄の数値を見れば分かる。義務的支出とりわけその中の「その他」経費が異常に膨張しており、裁量的支出の中の非国防費もかなりの程度膨らんでいる。そして 22 年度にはこれらの経費への支出は、平時の水準に戻りつつある。22 年度には景気の回復もあって、個人所得税、給与税、法人税も増収となり、歳出減と相俟って財政赤字と基礎的財政収支赤字は大きく収縮したのである。国債残高（対 GDP 比）も財政赤字が急拡大した 2020-21 年度には、増大しているが、財政赤字が縮小した 22 年度には、少し減少している。

その後の予測であるが、高い経済成長が望めないところから税収の大幅増は望みえない一方、高齢化対応の歳出増が避けて通れなくなると予想され、財政赤字、基礎的財政収支赤字、国債残高の増加に備えた対策が不可避となってこよう。

財務省の借入制限問題について一言触れておこう。これまで、何度も連邦議会で財務省の借入制限問題が政治問題化し、民主・共和両党の妥協で何とか切り抜けてきた。近くは 2023 年 1 月 19 日、連邦政府の債務残高が法的限度枠に達した。その時財務省は特別措置を講じて、米国債が債務不履行に陥らないようにした。しかし、これらの臨時措置も 2023 年 6 月初めには尽きてしまうところから、民主党と共和党の間で対応策を協議したが、折り合いがつかなかった。その後両党は歩み寄って 2023 年財政責任法を成立させるが、その仔細は第 4 節第 3 項（3）で述べる。

（3）パンデミック不況下の経済・財政実績の先進 5 カ国比較

次に、パンデミック不況に見舞われた先進 5 カ国の中で、アメリカの受けた打撃と回復の程度がどうであったのか、表 11-5 で他の先進 4 カ国と比較してみよう。まず 2020 年の実質 GDP 成長率を比較すると、先進 5 カ国のいずれにおいても、成長率はマイナスになっているが、経済の落ち込みの程度はアメリカが一番緩やかである。そして 2021 年における実質 GDP 成長率は、20 年に経済の落込みの激しかったイギリスやフランスにおいて高い数値となっているが、アメリカは 20 年に経済の落ち込みが最も緩やかであったにもかかわらず、三番目に高い数値となっている。失業率は、2020 年ではアメリカはフランスと並んで一番高い値（8.1％）を付けていたが、2021 年 5.4％、2022 年 3.7％に大きく低下し、経済の好調さを維持している。

個人消費支出指数およびコア個人消費支出指数に関しては、いずれの国も

440

表 11-5　先進 5 カ国の主な経済指標　　　　　　　　　　　　　　　　　　単位：%

	主な経済指標	2020	2021	2022	2023	2024
アメリカ	実質 GDP 成長率	-2.8	5.9	1.8	0.5	1.0
	個人消費支出指数	1.1	4.0	6.2	3.5	2.6
	コア個人消費支出指数	1.3	3.5	5.0	3.6	2.6
	失業率	8.1	5.4	3.7	4.2	4.7
	家計貯蓄率（対可処分所得比）	17.5	12.4	4.1	4.2	4.4
	一般政府財政収支の対 GDP 比	-14.9	-12.1	-4.1	-3.7	-3.7
	一般政府総債務残高の対 GDP 比	133.3	126.1	121.9	121.9	122.3
イギリス	実質 GDP 成長率	-11.0	7.5	4.4	-0.4	0.2
	個人消費支出指数	0.9	2.6	8.9	6.6	3.3
	コア個人消費支出指数	1.4	2.4	6.2	6.4	3.4
	失業率	4.6	4.5	3.7	4.3	4.8
	家計貯蓄率（対可処分所得比）	15.8	12.5	7.9	7.6	7.5
	一般政府財政収支の対 GDP 比	-13.1	-8.2	-6.2	-7.6	-6.8
	一般政府総債務残高の対 GDP 比	152.0	145.6	142.6	145.9	149.9
ドイツ	実質 GDP 成長率	-4.1	2.6	1.8	-0.3	1.5
	個人消費支出指数	0.4	3.2	8.5	8.0	3.3
	コア個人消費支出指数	0.7	2.2	3.6	4.4	3.0
	失業率	3.7	3.6	3.1	3.5	3.5
	家計貯蓄率（対可処分所得比）	16.0	15.3	9.3	9.0	10.6
	一般政府財政収支の対 GDP 比	-4.3	-3.9	-2.7	-3.2	-2.2
	一般政府総債務残高の対 GDP 比	78.5	77.6	78.3	78.8	79.4
フランス	実質 GDP 成長率	-7.9	6.8	2.6	0.6	1.2
	個人消費支出指数	0.5	2.1	5.9	5.7	2.7
	コア個人消費支出指数	0.6	1.3	3.5	3.8	2.2
	失業率	8.1	7.9	7.4	7.7	8.1
	家計貯蓄率（対可処分所得比）	20.5	18.3	16.3	16.2	16.0
	一般政府財政収支の対 GDP 比	-9.0	-6.5	-4.9	-5.2	-4.7
	一般政府総債務残高の対 GDP 比	146.2	138.4	138.6	140.1	141.9
日本	実質 GDP 成長率	-4.6	1.6	1.6	1.8	0.9
	個人消費支出指数	0.0	-0.2	2.3	2.0	1.7
	コア個人消費支出指数	0.1	-0.7	0.3	1.6	1.7
	失業率	2.8	2.8	2.6	2.5	2.4
	家計貯蓄率（対可処分所得比）	12.1	8.7	6.1	3.8	2.3
	一般政府財政収支の対 GDP 比	-9.0	-5.5	-6.7	-5.9	-4.3
	一般政府総債務残高の対 GDP 比	241.3	241.6	248.0	250.6	251.8

注：（1）各経済指標は、アメリカが 2012 年ドル、イギリスが 2019 年ポンド、ドイツが 2015 年ユー
　　　 ロ、フランスが 2014 年ユーロ、日本が 2015 年円で計算してある。
　　（2）コア個人消費支出デフレーターは、食料とエネルギーを除く個人消費支出デフレーターで
　　　 ある。
出所：OECD（2022），p.126, p.130, p.161, p.222, p.226 より作成。

終章　バイデン政権の経済・税財政政策の展開　　441

2020年は2%物価目標値を下回っているが、2021年にはアメリカが抜きん出てその水準を超えて行き、2022年にかけてインフレ抑制が最大の経済的問題となる。同年にはイギリス、ドイツ、フランスもインフレ抑制が大きな課題となった。

家計貯蓄率に関しては、パンデミック下の消費低迷と財政による家計支援でいずれの国でも2020年には高い数値を示しているが、2021年、2022年と経済の好調が維持できたアメリカでは、消費も活発となり、家計貯蓄率は2022年には他の4カ国よりも低い数値となっている。

一般政府財政収支の対GDP比を国際比較すると、2020年にいずれの国も財政赤字でマイナスの値を示しているが、中でもアメリカが一番赤字幅が大きい。しかし、アメリカの赤字幅は2022年には急激に縮小し、ドイツに次いで小さな数値となっている。さらに、一般政府総債務残高の対GDP比を国際比較してみよう。2020年現在5カ国の中で、アメリカはドイツに次いでその値は低いが、2021年、2022年と着実にその数値も低下しているのに対し、他の国はその数値の低下テンポが遅いか、あるいはほとんど変わらない状態となっている。2020-22年期にアメリカ一般政府財政収支の対GDP比が大きく低下し、また一般政府総債務残高の対GDP比も低下しているのは、パンデミック不況を乗り越えて、経済回復が本格化してきているからであることは言うまでもない。

以上検討したように、アメリカは強力な新型コロナウイルス救済政策を打って、他の先進国より早く経済的打撃を乗り越え、何百万人もの人々の困苦を減らした。その中での一つの特徴として、予算・政策優先研究所（CBPP）のレポートが指摘している次の点は注目に値する。

「年間貧困者数は一般的には不況期に上昇するものであるが、2020年にはむしろ1000万人程減少した。これは、1967年まで遡れるデータ上で最大の記録であり、2021年にはさらに減少した。無保険者の数は、大きな雇用喪失にもかかわらず最初安定していて2021年に減少し、2022年も同様であったが、それは人々がメディケイドの保障がそのまま受け続けられるような救済政策が取られたことと医療費負担適正化法のマーケットプレイスの適用範囲がより手頃なものになるように補助金を拡大したことによるものである。種々のデータは、救済政策が貧困を減らし、人々の医療保障へのアクセスを助け、食物や住宅にゆとりが持てないとかその他の基本的な欲求を満たしえ

ないような困窮を減らしたことを示している。」[8]

第3節　バイデン政権の「より良き再建計画」提案を受けて　成立した3つの法律の特徴および問題点と　そのマクロ経済効果の検証

1．バイデン政権の「より良き再建計画」提案を受けて成立した　3つの法律の特徴および問題点

（1）アメリカ救済計画法の特徴と問題点

　2021年アメリカ救済計画法は、民主党が単独過半数可決を目的に「財政調整措置」という特別な法案審議の方法を採り、2021年2月に下院で、3月に上院で可決され、大統領の署名を得て成立した。この法律は、新型コロナウイルスパンデミックの経済と医療を破壊してしまうような影響からアメリカが立ち直るのを促すことを狙いとしている。このアメリカ救済計画の総費用は約1.9兆ドルで、アメリカ史上最大の経済救済計画の1つとなった。この救済計画は、パンデミックからの経済的影響を柔らげる活動と、新型コロナウイルス自体と戦う対応が混じっている。

　新型コロナウイルス救済法は、表11-2に示されるように、2020年3月以来同年10月までにトランプ政権下で5回成立しており、2021年アメリカ救済計画法と合せて計6回の財政的支援の規模は5兆7353億ドルとなり、名目GDPの3割弱にもなる程で、2007-09年大不況期の経済対策費1.5兆ドルと比べても巨額である。

　さて、アメリカ救済計画法に基づく救済活動の重点がどこに置かれていたのか、表11-6で確かめてみよう。同表では、救済活動は①ワクチン普及プログラム、感染抑制、学校再開、②個人・家計向け支援、③州・地方、中小企業向け支援、④連邦政府のサイバーセキュリティ強化の4グループに大別されるが、予算規模は②個人・家計向け支援が予算総額の54.0%を占めていて一番大きく、③州・地方政府、中小企業向け支援が二番目の23.9%、①ワクチン普及プログラム、感染抑制、学校再開が三番目の21.6%の順になっている。単独の救済計画項目で予算規模の大きいのは順に、現金の追加給付が4020億ドル（21.7%）、州・地方政府の緊急対応者、エッセンシャルワーカー向け資金が3530億ドル（19.0%）、勤労所得税額控除（EITC）の拡充が2300億ドル（12.4%）、失業保険の追加給付の拡充・延長が2060億ド

終章　バイデン政権の経済・税財政政策の展開　　443

表 11-6　アメリカ救済計画法の予算概要（主な内訳）　　　　　　　　単位：億ドル、％

内訳	金額 （億ドル）	構成比 （％）
ワクチン普及プログラム、感染抑制、学校再開	4,000	21.6
ワクチン普及、検査拡大など、新型コロナ対策費	1,600	8.6
学校再開の対策費用	1,700	9.2
その他（感染者向け有給休暇の拡充など）	—	…
個人・家計向け支援	10,000	54.0
現金の追加給付（支給が決定している 600 ドル/人に 1400 ドル/人を上乗せ）	4,020	21.7
失業保険の追加給付の拡充・延長（300 ドル/週を 3 月まで→ 400 ドル/週で 9 月まで延長）	2,060	11.7
住居の強制退去の猶予措置の延長（1 月末→ 9 月末）	—	
低所得者向け家賃・公益費補助プログラムの拡充	350	1.9
食糧補助プログラム	40	0.2
養育サービス関連	400	2.2
養育関連支出向け税額控除の拡充	(80)	(0.4)
児童税額控除（CTC）の全額還付（1 年間）	(1,100)	(5.9)
勤労所得税額控除（EITC）の拡充	(2,300)	(12.4)
各州の貧困家族一時扶助（TANF）への追加資金	10	0.1
その他医療サービス向け資金	248	1.3
州・地方政府、中小企業向け支援	4,430	23.9
中小企業向け補助金融資	500	2.7
州・地方政府の緊急対応者、エッセンシャルワーカー向け資金	3,530	19.0
公共交通手段向け資金	200	1.1
原住民向け資金	200	1.1
連邦政府のサイバーセキュリティ強化	102	0.6
サイバーセキュリティ・インフラストラクチャー・セキュリティ庁(CISA)、一般調達局（GSA）向け技術現代化の拡充	90	0.5
情報技術監視・改革基金の拡充	2	0.01
GSA の技術変革サービス部の予算拡充	3	0.02
CISA による監視・有事対応活動向け予算拡充	7	0.04
合計	18,532	100

注：（1）各支援策の予算額は明示されている項目のみ記載。計画内では合計額は 1 兆 9000 億ドル
　　　　と表記。
　　（2）「個人・家計向け支援」欄の 7〜9 番目の 3 種類は税額控除に関しては、ジェトロの資料で
　　　　は空欄となっているが、目安として、CRFB の推計資料から（　）書きで金額を記載。別
　　　　資料からの金額の転載なので、それら 3 種類の税額控除の金額を他の個人・家計向け支援
　　　　項目の金額を合せると、「個人・家計向け支援」合計額 1 兆ドルを超えてしまっている。
出所：磯部・宮野（2021）添付資料に、Investopedia（2022）；CRFB (2021), p.2 の数値を加筆して
　　　修正。

ル（11.7%）となっている。

　このような予算配分の下に、アメリカ救済計画法は、短期的政策として新型コロナウイルス対策に取り組み、個人・家計、州・地方政府、中小企業への経済的支援を拡大する活動を促進した。中でも、バイデン政権の経済戦略である「より良き再建計画」の基本方針が「ボトムアップ・ミドルアウト」であることからして、より良き再建計画の第1の柱であるアメリカ救済計画の焦点が経済格差の是正に充てられたのは当然であり、コロナ禍で雇用危機に直面している低・中所得層の個人および家計向け支援に予算の過半を割り当てている。特に注目すべきは、パンデミック不況の中で失業して生活費もままならず、住む場所を失い、医療も受けられない、子育てもできないような低所得者に、この救済の恩恵が及ぶように大きな配慮がなされている[9]。

　ただ、この巨額の経済対策に対し、これまで民主党政権を支えてきたクリントン政権の元財務長官でオバマ政権の元国家経済会議議長のサマーズが強烈な批判を展開した。これに対し、バイデン政権のイエレン財務長官が強く反論した。またパウエルFRB議長はインフレ懸念を退けた[10]。

　サマーズ元財務長官は、アメリカ経済が新型コロナウイルス危機前の水準に戻りつつあるときに、議会予算局（CBO）の推計によれば2024年までの累計需給ギャップが約7000億ドルなので、約1.9兆ドルの新型コロナウイルス対策（アメリカ救済計画）法案は景気を過熱させかねず、インフレリスクがあると警告した。これに対し、イエレン財務長官は、1.9兆ドルの追加経済対策がなければ、2025年まで失業率は4%に戻らないが、1.9兆ドルの大型対策なら2022年には完全雇用が実現できると訴えた。また、パウエルFRB議長は、インフレが亢進しても一時的なものに止まると反論した。しかし、その後サマーズ元財務長官の懸念が現実のものとなり、2022年11月30日にパウエルFRB議長は、高インフレを「一時的」とする発言を事実上撤回した。

（2）インフラ投資・雇用法の特徴と問題点

　バイデンは、2020年の大統領選挙キャンペーンの間、積極的なインフラ投資を約束し、大統領就任後それを優先政策にした。慢性的な投資不足のために、崩れそうになっているアメリカのインフラは、公共の安全の問題でもあり、経済面での責任問題にもなっている。これを解決することは、成長とアメリカの競争力を高めながら、何百万人もの雇用を生み出すと一貫して主

表 11-7　インフラ投資・雇用法（新規支出）の概要　　　　　　　　単位：億ドル、％

歳出	金額（億ドル）	構成比（％）	歳入	金額（億ドル）	構成比（％）
輸送部門インフラ整備	2,830	51.5	未使用のコロナ対策資金	1,944	41.7
道路・橋梁整備プロジェクト	1,100	20.0	電波使用手数料の流用	772	16.6
交通安全性確保整備	110	2.0	未使用の失業保険給付金	530	11.4
公共交通整備	390	7.1	医療給付（メディケア）余剰金	510	10.9
旅客および貨物鉄道整備	660	12.0	暗号資産の徴税強化	280	6.0
EV インフラ、低排出車整備	150	2.7	政府機関使用料の増額	210	4.5
空港整備	250	4.5	その他	415	8.9
港湾・水路整備	170	3.1	（経済底上げによる増収分）	(530)	
非輸送部門インフラ整備	2,560	46.5			
水道インフラ整備	550	10.0			
ブロードバンド網整備	650	11.8			
送電網整備	650	11.8			
レジリエンス、サイバーセキュリティ	500	9.1			
放棄鉱山、ガス田修復	210	3.8			
計	5,500	100	計（経済底上げ分は含めず）	4,660	100

注：内訳は主な項目のみ記載、金額は概算。歳出のうち、5500億ドルから輸出部門インフラ整備
（2830億ドル）と非輸送部門インフラ整備（2560億ドル）を差し引いた金額（約100億ドル）
については、ホワイトハウス発表資料中の記載はない。
出所：宮野（2021）添付資料より作成。

張している[11]。

　これを実現するためにバイデン政権が当初提示したアメリカ雇用計画は 2
兆 2500 億ドルもの大規模なものであったが、既述のように 2021 年 11 月に
超党派の賛成を得て成立したインフラ投資・雇用法では、今後 5 年間で
5500 億ドルと大幅に規模が縮小された[12]。

　表 11-7 で 5500 億ドルの使途を見てみよう。輸送部門インフラ整備に
2830 億ドル（51.5％）、非輸送部門インフラ整備に 2560 億ドル（46.5％）を
割り当てる。輸送部門インフラ整備では、道路・橋梁整備に 1100 億ドル
（20.0％）、旅客・貨物鉄道整備に 660 億ドル（12.0％）、EV 充電施設整備な
どに 150 億ドル（2.7％）を充てる。非輸送部門インフラ整備では、水道イ
ンフラ整備に 550 億ドル（10.0％）、ブロードバンド網整備、送電網整備に
各 650 億ドル（11.8％）を充てる。

　表 11-7 で新規支出に充てられる財源を見てみよう。一番大きな金額は未

使用のコロナ対策資金で、1944億ドル（41.7％）を予定している。その他、電波使用手数料の流用が772億ドル（16.6％）、未使用の失業保険給付金が530億ドル（11.4％）、医療給付（メディケア）剰余金が510億ドル（10.9％）等となっている。法人税率の引上げなどの税制改正は含まれていない。

このインフラ投資・雇用法には2つの大きな問題がある。1つは、バイデン政権が構想していた総額2兆2500億ドル規模のアメリカ雇用計画当初案が、超党派の合意案にするために、インフラ投資・雇用法案では狭義のインフラ事業予算に縮小され、幾つかの重要事業予算が削られてしまった点である。具体的には、滝井（2021）によれば、①在米製造業支援・エネルギー関連の調整研究等5660億ドル、②公共住宅建設・コミュニティカレッジ支援・公立学校近代化等3870億ドル、③医療・障害者施設勤務者の待遇改善等4000億ドル、④公益事業のうちクリーンエネルギー税額控除3630億ドルが全額削除された[13]。

もう1つは、インフラ投資・雇用法に基づくインフラ事業を実施するための財源問題である。表11-7に示されるように、未使用のコロナ対策資金が4割強で、他に1割台の財源が3種類、1割以下の財源が3種類掲げられているが、いずれも増税による安定財源にはなっていないだけでなく、歳出総額5500億ドルと歳入総額4660億ドル（経済底上げ分は含めず）の差額が840億ドルもあり、この840億ドルをどう調達するのかも明示されていない。CBOの予測では、今後10年間で約2560億ドルの財政赤字が発生する恐れがあるとしている[14]。

（3）インフレ抑制法の特徴と問題点

2022年インフレ抑制法は、民主党によれば、インフレを抑制し、エネルギー生産に投資し、医療費コストを引き下げて、10年後に3000億ドル以上の財政赤字削減を実施することを狙いとしており、2022年8月16日に成立した。

もともと民主党とバイデン政権は、2021年7月段階では、超党派のインフラ投資・雇用法には含まれていない気候関連投資やアメリカ家族計画に盛り込まれた人的投資関連の支出を柱とする、3兆5000億ドル規模の投資計画からなるより良き再建法案を成立させることを考えていた。しかし、規模をめぐって民主党内で対立があり、下院では主張が入れられなければ上院を通過している超党派のインフラ投資・雇用法案を通過させないといった抵抗

表 11-8　インフレ抑制法の概要　　　　　　　　　　　　　　　　単位：億ドル

歳入合計	7,370
15％最低法人税率	2,220
処方箋薬価改革	2,650
内国歳入庁の税務執行強化	1,240
自社株買いに対する 1％課税	740
超過事業損失制限の延長	520
歳出合計	4,370
エネルギー安全保障・気候変動	3,690
医療費負担適正化法（ACA）の延長	640
西部の干ばつ対策	40
赤字削減合計	3,000＋

出所：Probasco（2022a）, pp.2-3 に加筆修正。

もあり、バイデン政権は、規模を半減したより良き再建法案の成立を目指す
ことに切り替えた。より良き再建法案は、今後 10 年間で 1 兆 7500 億ドル
（移民対策を除く）規模としたが、家計支援や教育支援、医療支援など法案
の大枠は維持した。しかし、与野党の議席が拮抗している上院で民主党のマ
ンチン議員が 2021 年 12 月に同法案への反対を表明したため、同法案の成立
は目途が立たず、頓挫してしまった。そしてようやく、バイデン政権が
2021 年に提案したより良き再建法案の縮小修正版として、名称も変えてイ
ンフレ抑制法が 2022 年 8 月 16 日に成立した。

　さて、表 11-8 でインフレ抑制法の予算概要を見ておこう。同法で歳入合
計額 7370 億ドルの徴収と歳出合計 4370 億ドルの要求、結果として 3000 億
ドル以上の財政赤字の削減が期待されていることが分かる[15]。

　歳出面では、エネルギー安全保障・気候変動対策に 3690 億ドルが計上さ
れている。国内エネルギー事業や送電網事業を促進し、支援することを狙い
としており、最終目標は消費者に対してコストを引き下げ、またアメリカが
温室効果ガス排出量を 2030 年までに 40％減らすという長期目標を達成する
のを助けることにある。また、同法は、医療費負担適正化法の拡大プログラ
ムを 3 年間、つまり 2025 年まで延長することを認め、そのための歳出予算
として 640 億ドルを予定している。

歳入面では、かなり積極的な税制改正措置等が盛り込まれている。同法は気候変動や医療対策への支払いに充てるために、年間10億ドル以上の収益のある法人に15％の最低法人税率を適用し、2220億ドル徴収することを予定している。ただし、40万ドル以下の稼ぎしかない家族あるいは小規模事業には新たな税は課さない。また、メディケアが処方箋薬の薬価引き下げ交渉をすることを認めている。CBOの推計では、10年間で2650億ドルの節約になることが期待されている。さらに、税の徴収漏れを塞ぐために、内国歳入庁の税務行政を強化し効率化を図ることによって、CBOの推計によれば1240億ドルを回収する。その他、自社株買いに対する内国消費税1％の課税から向こう10年間に740億ドルを徴収し、超過事業損失制限を延長して520億ドルまで徴収することを予定している。

　さて、インフレ抑制法の問題は何か。それが成立した経緯を見ても分かるように、インフレ抑制法の問題の焦点は、その財政的規模からくるインフレへの悪影響の懸念にあった。

　より良き再建法案の予算規模は当初3兆5000億ドルであったものが、途中で1兆7500億ドル（移民対策は除く）に半減され、最終的にはインフレ抑制法の名の下、予算規模が歳出4370億ドル、歳入7370億ドルにまで縮小されたのであるが、仮に当初案がそのまま実施されておれば、大幅な赤字とインフレ高進を招いたことは間違いなかろう。

　では、当初の巨額のより良き再建法案が大幅に規模縮小されてインフレ抑制法になったことが現状以上のインフレを防いだという意味で、民主党とバイデン政権はインフレ抑制法という名称を新たに作ったのであろうか。いやそうではない。規模の縮小したインフレ抑制法でもそれ自体にインフレを抑制する効果があると期待し、あるいは政治的な思惑を込めてインフレ抑制法と名を付けたのではないか。ではインフレ抑制に本当に効果を期待できるのであろうか。

　この疑問に対し、共和党のグラム上院議員は「議会予算局（CBO）の分析によれば、インフレ抑制法案の効果はあったとしても取るに足りないものだ。推計では、近い将来インフレを0.1％引き下げるかあるいは0.1％引き上げる範囲内のことである。この税と歳出の提案がインフレを鈍らせるという考えは、この時CBOによって拒否された。民主党のインフレ抑制法案についての声明は、率直に言って全く誤っており、ミスリーディングなもの

終章　バイデン政権の経済・税財政政策の展開　　449

だ」[16]と批判している。

2. 「より良き再建」立法3つ（アメリカ救済計画法（ARP）、インフラ投資・雇用法（IIJA）、より良き再建法案（BBBA））およびインフレ抑制法（IRA）のマクロ経済効果の検証

（1）「より良き再建」立法3つ（ARP、IIJA、BBBA）のマクロ経済効果

先に、ムーディーズの「より良き再建」立法3つのマクロ経済効果の推計を利用して、それらのマクロ経済効果を検証してみよう。ここでいう「より良き再建」立法3つとは、アメリカ救済計画法（ARP）、インフラ投資・雇用法（IIJA）、より良き再建法案（BBBA）の3つである。前者二者は連邦議会を通過して成立した法律であるが、最後のより良き再建法案は法律として成立していない。3つの法律の予算規模は、ARP（歳出1兆9000億ドル、歳入（国債収入）1兆9000億ドル）、IIJA（歳出5792億ドル、歳入5260億ドル）、BBBA（歳出1兆7500億ドル）である。BBBAの予算規模は、バイデン政権の当初案を軽減した数値である。

経済支援のためにこれらの法律に基づく財政措置を講じた場合、成長、雇用、物価にどのようなマクロ経済効果が出るのか推計したのが表11-9である。ただし、BBBAは法律としては成立していないので、あくまで提案された時の予算規模を仮置きしてそのマクロ経済効果を推計してある。

まず実質GDPの年成長率は、ARP、ARPとIIJA、ARPとBBBA、ARPとIIJAとBBBAのいずれにおいても2021年が共通に5.7％で、2022年以降2025年まで次第に低下して行き、2025年には1.7％か1.8％程度になっている。それ以降幾分上昇するが、2031年には2.0％か2.1％程度までの回復となっている。では、各法律の予算規模の差がどの程度実質GDP成長率の差となって表れているのか。2021-25年期の実質GDP成長率を表11-9より計算すると、ARP：10.6％、ARPとIIJA：11.3％、ARPとBBBA：11.8％、ARPとIIJAとBBBA：12.5％となる。ARP単独で10.6％の実質GDP成長率は大きいが、それにIIJAかBBBAのいずれかを追加しても、せいぜい0.7％ポイントか1.2ポイント実質GDP成長率が増えるだけであり、またARPにIIJAとBBBAの両方を追加しても、1.9ポイント増える程度である。さらに2025-31年期の実質GDP成長率を比較すると、ARP：12.7％、ARPとIIJP：12.2％、ARPとBBBA：12.6％、ARPとIIJAとBBBA：12.2％となり、

450

表 11-9 「より良き再建」立法 3 つのマクロ経済効果

実質 GDP

	政府の追加支援なし		ARP		ARP と IIJA		ARP と BBBA		ARP、IIJA、BBBA	
	2012年ドル (10億ドル)	年成長率 (%)	2012年ドル (10億ドル)	年成長率 (%)	2012年ドル (10億ドル)	年成長率 (%)	2012年ドル (10億ドル)	年成長率 (%)	2012年ドル (10億ドル)	年成長率 (%)
2020	18,385	-3.7	18,385	-3.7	18,385	-3.7	18,385	-3.7	18,385	-3.7
2021	18,924	2.9	19,428	5.7	19,428	5.7	19,428	5.7	19,428	5.7
2022	19,739	4.3	20,192	3.9	20,170	3.8	20,374	4.9	20,352	4.8
2023	20,448	3.6	20,658	2.3	20,757	2.9	20,910	2.6	21,009	3.2
2024	20,927	2.8	21,109	2.2	21,256	2.4	21,348	2.1	21,495	2.3
2025	21,361	2.1	21,494	1.8	21,626	1.7	21,732	1.8	21,864	1.7
2028	22,699	2.2	22,797	2.1	22,866	2.0	22,981	2.1	23,050	1.9
2031	24,136	2.1	24,243	2.1	24,275	2.0	24,470	2.1	24,502	2.1

非農業雇用

	政府の追加支援なし		ARP		ARP と IIJA		ARP と BBBA		ARP、IIJA、BBBA	
		変化		変化		変化		変化		変化
	(100万人)	(1000人)	(100万人)	(1000人)	(100万人)	(1000人)	(100万人)	(1000人)	(100万人)	(1000人)
2020	142.3	(8,683)	142.3	(8,683)	142.3	(8,683)	142.3	(8683)	142.3	(8683)
2021	144.0	1,740	146.2	3,899	146.2	3,899	146.2	3,899	146.2	3,899
2022	147.5	3,545	150.7	4,585	150.7	4,545	151.1	4,940	151.1	4,900
2023	150.8	3,282	152.3	1,521	152.5	1,840	152.9	1,819	153.2	2,139
2024	152.6	1,745	153.3	994	153.9	1,355	154.4	1,461	155.0	1,822
2025	153.4	838	153.9	638	154.7	840	155.4	1,043	156.3	1,245
2028	155.8	855	156.1	878	156.5	670	157.4	614	157.8	406
2031	158.7	945	159.1	1069	159.2	946	160.1	1,110	160.2	987

失業率（%）／労働参加率（%）

	政府の追加支援なし	ARP	ARP と IIJA	ARP と BBBA	ARP IIJA BBBA	政府の追加支援なし	ARP	ARP と IIJA	ARP と BBBA	ARP IIJA BBBA
2020	8.1	8.1	8.1	8.1	8.1	61.7	61.7	61.7	61.7	61.7
2021	6.6	5.5	5.5	5.5	5.5	61.6	61.7	61.7	61.7	61.7
2022	5.8	4.4	4.5	4.0	4.1	62.0	62.6	62.6	62.6	62.6
2023	4.6	4.3	4.2	3.6	3.5	62.1	62.7	62.7	61.7	62.7
2024	4.4	4.3	4.2	3.5	3.4	62.3	62.7	62.7	62.8	62.8
2025	4.4	4.4	4.2	3.7	3.5	62.4	62.7	62.7	62.8	62.8
2028	4.5	4.5	4.3	4.1	3.9	62.2	62.6	62.6	62.7	62.8
2031	4.5	4.5	4.4	4.0	4.0	62.2	62.4	62.4	62.7	62.7

消費者物価指数

	政府の追加支援なし		ARP		ARP と IIJA		ARP と BBBA		ARP、IIJA、BBBA	
	指数	年伸び率 (%)	指数	年伸び率 (%)	指数	年伸び率 (%)	指数	年伸び率 (%)	指数	年伸び率 (%)
2020	258.8	1.2	258.8	1.2	258.8	1.2	258.8	1.2	258.8	1.2
2021	267.1	3.2	270.3	4.4	270.3	4.4	270.3	4.4	270.3	4.4
2022	278.5	4.3	280.4	3.7	280.5	3.8	280.9	3.9	281.1	4.0
2023	284.8	2.2	286.4	2.1	286.8	2.2	287.8	2.4	288.2	2.5
2024	290.7	2.1	292.9	2.3	293.4	2.3	294.6	2.4	295.1	2.4
2025	297.0	2.2	299.7	2.3	300.2	2.3	301.4	2.3	302.0	2.3
2028	317.1	2.1	320.1	2.2	320.7	2.2	321.9	2.1	322.5	2.1
2031	337.6	2.1	341.0	2.2	341.7	2.1	342.9	2.1	343.4	2.1

注：ARP＝American Rescue Plan（アメリカ救済計画法）、IIJA＝Infrastructure Investment and Jobs Act（インフラ投資・雇用法）、BBBA＝Build Back Better Act（より良き再建法案）。
出所：Moody's Analytics（2021）, pp.8-11 より作成。

終章　バイデン政権の経済・税財政政策の展開　　451

あまり差がなくなってしまう。

　次に、非農業雇用者数を ARP、ARP と IIJA、ARP と BBBA、ARP と IIJA
と BBBA で比較してみよう。2021-25 年期において年間雇用者数が、パンデ
ミック不況からの脱出と景気の好調の持続の程度に合せて増加しており、
ARP では 770 万人、ARP と IIJA で 850 万人、ARP と BBBA で 920 万人、
ARP と IIJP と BBBA で 1010 万人、雇用者数が増えている。2025-31 年期に
なると、ARP：520 万人、ARP と IIJP：450 万人、ARP と BBBA：470 万人、
ARP と IIJP と BBBA：390 万人しか雇用者数が増えていない。

　失業率を見ると、ARP、ARP と IIJA、ARP と BBBA、ARP と IIJA と BBBA
のいずれも 2021 年の 5.5％から 22 年の 4％台に大きく低下しているが、
2023-25 年期に ARP、ARP と IIJA はなお 4％台であるのに対し、ARP と
BBBA、ARP と IIJA と BBBA は 3.5％前後まで低下している。2025-31 年期
では、ARP、ARP と IIJP は 4％台のままであり、ARP と BBBA、ARP と
IIJA と BBBA は 4.0％前後の状態になっている。

　労働参加率は ARP、ARP と IIJA、ARP と IIJA と BBBA のいずれにおいて
も、2021 年の 61.7％から 2022 年に 62.6％に上昇して以降、62％台で推移し
ており大きな変化はない。

　消費者物価指数の年間伸び率は ARP、ARP と IIJA、ARP と BBBA、ARP
と IIJA と BBBA のいずれにおいても 2021 年の 4.4％から 22 年には 3.7〜4.0
％程度に低下し、23 年以降は 2.1〜2.4％程度で推移している。その中で、
2021-25 年期では、ARP と IIJA と BBBA、ARP と IIJA、ARP の順に消費者
物価指数の年間伸び率が幾分高くなっているが、2025-31 年期では順位差が
あまりなくなって、2.1〜2.3％程度となっている。

（2）インフレ抑制法（IRA）のマクロ経済効果

　先の表 11-9 の検証の中で使った ARP と IIJA は連邦議会で成立した法律
であるが、BBBA は成立しなかった法律案である。BBBA は、法律として成
立せず予算規模や内容を大幅に縮小した形で、インフレ抑制法（IRA）と名
称を変えて成立した。したがって、この IRA のマクロ経済効果はどのよう
なものと予測されるのか、検証してみる必要がある。

　表 11-10 は、IRA の物価上昇と実質 GDP への影響についてムーディーズ
の推計より作成したものである。消費者物価指数も実質 GDP も、起点の
2022 年第 1 四半期以外は暦年の第 4 四半期毎に、IRA を実施していないべ

表 11-10　インフレ抑制法の物価上昇と実質 GDP への影響

	消費者物価指数（1982-84 年＝100）			実質 GDP（2012 年ドル（10 億ドル））		
	ベースライン	インフレ抑制法	ポイント差	ベースライン	インフレ抑制法	ポイント差
2022 年第 1 四半期	284.6	284.6	0.00	19,727.9	19,727.9	0.00
2022 年第 4 四半期	296.1	296.1	0.00	19,922.8	19,923.2	0.00
2023 年第 4 四半期	302.6	302.5	−0.01	20,355.0	20,349.2	−0.03
2024 年第 4 四半期	309.7	309.6	−0.01	20,934.6	20,916.8	−0.09
2025 年第 4 四半期	316.8	316.7	−0.03	21,491.0	21,499.0	0.04
2026 年第 4 四半期	324.0	323.7	−0.08	22,068.3	22,074.5	0.03
2027 年第 4 四半期	330.8	330.3	−0.13	22,617.8	22,638.9	0.09
2028 年第 4 四半期	337.9	337.2	−0.19	23,166.5	23,195.8	0.13
2029 年第 4 四半期	345.2	344.3	−0.25	23,688.5	23,720.6	0.14
2030 年第 4 四半期	352.8	351.7	−0.29	24,184.2	24,223.1	0.16
2031 年第 4 四半期	360.6	359.4	−0.33	24,692.2	24,740.7	0.20

出所：Moody's Analytics（2022），p.7 より作成。

ースラインと IRA を実施した場合とのポイント差の推移を見たものである。消費者物価指数のポイント差は 2023 年第 4 四半期以降マイナスの値で、しかも少しずつマイナスの値は 2031 年第 4 四半期まで大きくなっている。したがって、IRA は、インフレ抑制にわずかではあるが効果があり、かつ年々効果程度を少しずつ上げていくと予想される。

　他方、IRA の実質 GDP 成長への貢献はどうであろうか。表 11-10 を見れば分かるように、2023 年第 4 四半期と 2024 年第 4 四半期には、実質 GDP はベースラインの貢献と IRA の貢献とのポイント差がマイナスの値になっていて、IRA は実質 GDP 成長の足を引っ張っている。しかし、2025 年第 4 四半期以降は、ポイント差がプラスの値となり、しかもその値が少しの程度であるが次第に大きくなっている。したがって、その期間においては、IRA の実質 GDP 成長への効果は少しずつではあるが上昇していくものと予想される。

　次に、表 11-11 で IRA の財政赤字削減効果を見ておこう。2022-27 年期と 2022-31 年期の 2 期に分けて見てみよう。2022-27 年期において、気候およびエネルギー条項とオバマケア保険料補助金引上げの延長に係る歳出増が合計 1732 億ドルであり、15％の法人代替ミニマム税、処方箋薬価格交渉改革、内国歳入庁の税務行政、非課税利子の課税に係る歳入増が 2023 億ドルなの

終章　バイデン政権の経済・税財政政策の展開　　453

表 11-11　2022 年インフレ抑制法の財政赤字削減効果

単位：10 億ドル

	2022	2023	2024	2025	2026	2027	2028	2029	2030	2031	2022-27	2022-31
純予算効果	0.2	-27.2	-7.4	6.6	-1.2	-18.9	-42.3	-57.3	-73.2	-84.0	-24.1	-304.8
投資（歳出増）	0.1	24.7	43.7	56.6	48.1	52.1	55.1	52.6	50.5	49.6	173.2	433.0
気候およびエネルギー条項	0.1	12.6	20.7	32.5	43.3	52.1	55.1	52.6	50.5	49.6	109.2	369.0
オバマケア保険料補助金引上げの延長	0.0	12.1	23.0	24.0	4.9	0.0	0.0	0.0	0.0	0.0	64.0	64.0
国への支払い（歳入増）	0.1	-52.0	-51.1	-50.0	-49.3	-71.1	-97.4	-109.6	-123.6	-133.6	-202.3	-737.8
15％の法人代替ミニマム税	0.0	-50.3	-47.4	-31.8	-26.8	-26.8	-29.0	-31.4	-33.7	-36.0	-156.2	-313.1
処方薬価格交渉改革	0.0	-2.0	-3.0	-13.1	-12.1	-28.4	-47.6	-53.3	-61.5	-66.6	-30.2	-287.6
租税ギャップを防ぐ内国歳入庁の税務執行	0.1	1.6	0.8	-3.6	-9.1	-14.4	-19.3	-23.7	-26.9	-29.5	-10.2	-124.0
非課税利子の課税	0.0	-1.2	-1.6	-1.5	-1.4	-1.4	-1.4	-1.5	-1.5	-1.5	-5.7	-13.0

出所：Moody's Analytics (2022), p.2.

で、歳出増と歳入増を差し引きすると 291 億ドルの剰余金が生まれ、この分を財政赤字削減に回せることになる。これが 2022-27 年期の IRA の予算効果（財政赤字削減効果）である。2022-31 年期では、歳出増が 4330 億ドル、歳入増が 7378 億ドルなので、歳出増と歳入増を差し引きすると、3048 億ドルの剰余金が生まれ、この分を財政赤字削減に回せることになる。これが 2022-31 年期の IRA の予算効果（財政赤字削減効果）である。

3. アメリカ救済計画法（ARP）とインフレ抑制法（IRA）の所得再分配効果

(1) アメリカ救済計画法（ARP）の所得再分配効果

　表 11-6 に示されるように、アメリカ救済計画法（ARP）の成立で現金給付や減税（児童税額控除、勤労所得税額控除等）の形で、パンデミック下において苦境に陥っている低・中所得層に救済を施すことができるようになったが、それによる所得再分配効果はどのようなものであったか、表 11-12 を使って Clegg（2021）を参考に検証してみよう[17]。

　現金給付と税額控除の拡充を合せた救済措置は、年間 6 万 5000 ドルかそれ以下の所得の家計を特にターゲットにしている。表 11-12 によれば、年所得 2 万 1300 ドルかそれ以下の所得しかない低所得層は、平均所得の 32.9% を引き上げてもらっている。第 1-第 4 分位までの世帯は平均で 3400 ドルを現金給付や減税で支援を受けているのである。

　成人 5 人中 4 人以上が現金給付を受けていて、個人に対する 1400 ドルの支援は広い支持を得ている。平均で、第 1-第 3 分位までの所得階層の家計は 2460 ドルの現金給付を受ける。違う所得分位層の家計に行く金額は全く同じでも、そのインパクトは特に低・中所得世帯には意義深いものがある。表 11-12 によれば、第 1-第 3 分位の所得層は、全世帯にとっての平均的インパクトより 3 倍もの所得引上げの恩恵を受けている。

　表 11-12 によれば、2001-18 年期においては、連邦減税便益の 65% は第 5 分位（高所得層）が、22% はトップ 1% が受け取っていた。逆にこの間の連邦減税は、低・中所得層にあまり便益をもたらさず、連邦税収入を 5 兆ドルも減らした。ARP による減税は、2001-18 年期の減税と違って、分位間で比較的均等にその便益が分配されている。そして第 1 分位から第 4 分位までで、全減税便益の 85.9% を占めている。

終章　バイデン政権の経済・税財政政策の展開　　455

表 11-12　アメリカ救済計画法の現金給付および減税の所得再分配効果　　　　　　　　単位：%

	第1分位	第2分位	第3分位	第4分位	81-95パーセンタイル	96-99パーセンタイル	トップ1%	全分位	下位60%
現金給付と減税の平均便益の対所得比（％）	32.9	11.0	6.6	4.2	1.8	0.1	0.0		
現金給付便益の対所得比（％）	20.3	8.1	5.2	3.4	1.4	0.1	0.0	2.6	7.9
減税便益の所得比（％）									
アメリカ救済計画法	22.3	21	20.9	22.0	13.2	0.4	0.0		
2001-18年期の連邦減税	3.0	7.0	9.0	16.0	27.0	16.0	22.0		

注：減税便益とは、アメリカ救済計画法に定められた児童税額控除や勤労所得税額控除等の減税規
　　定を合せたものである。
出所：Clegg（2021），pp.2-3, p.6 より作成。

以上、ARP の予算措置のうち、個人・家計向け支援として、現金給付（表
11-6 では 4020 億ドル計上）と各種税額控除（表 11-6 では各種税額控除合
計 3480 億ドル計上）の所得再分配効果を検証してみたが、低・中所得層の
所得水準の引上げに大きな効果を発揮したことに加えて、各種税額控除を大
規模に行って、所得再分配効果を高めた点で評価できるものであった。

（2）インフレ抑制法（IRA）の所得再分配効果

IRA は予算 7370 億ドルで、約 1 兆 9000 億ドルの ARP と比べて規模が小
さく、また ARP のように、所得再分配に大きな影響を及ぼす個人・家計向
けの現金給付規定もない。しかし、IRA の予算事項の中に所得再分配効果に
大きな影響を及ぼすものがないかと言うとそうではない。

IRA は、大きな増税法となっていて、主な増税事項として、表 11-8 に示
されるように 15％の最低法人税率の導入、内国蔵入庁の税務執行強化、自
社株買いに対する 1％の課税、超過事業損失制限の延長等がある。バイデン
政権は、これらの増税事項の導入によって、応分の税負担をしていない富裕
層や大企業への課税を強化し、すなわち税の累進性を高めることで、低所得
層の底上げと中所得層の拡大を図り、深刻な所得格差の是正を前進させよう
としたのである。租税研究所の推計をまとめた表 11-13 を使い、また Buhl
（2022）を参考にしつつ[18]、IRA に基づく課税の所得再分配効果を検証して
みよう。

表 11-13 を見る前に、上述の増税事項以外の留意点を書いておこう。表

表 11-13　2022 年インフレ抑制法による連邦税変更の所得再分配効果および
　　　　　租税負担配分効果（2023 年）

拡大現金所得の階層 （2022 年ドル）	課税単位		課税後所得の変化率 （％）	連邦税の平均変化額 （ドル）	平均連邦税率	
	課税単位数 （1000 件）	構成比 （％）			変化 （％ポイント）	インフレ抑制法を実施した場合
第 1 五分位（0-30,500 ドル）	47,910	26.4	0.2	-40	-0.2	1.0
第 2 五分位（30,500-59,700 ドル）	40,130	22.1	0.4	-150	-0.3	7.1
第 3 五分位（59,700-105,800 ドル）	37,170	20.4	0.1	-100	-0.1	13.8
第 4 五分位（105,800-193,300 ドル）	30,090	16.6	0.0	-20	0.0	17.8
第 5 五分位（193,300-4,400,700 ドル超）	24,970	13.7	-0.1	440	0.1	25.6
全体（0-4,400,700 ドル超）	181,810	100.0	0.0	-10	0.0	19.9
80-90%（193,300-281,400 ドル）	12,780	7.0	0.0	70	0.0	21.0
90-95%（281,400-409,100 ドル）	6,260	3.5	-0.1	170	0.1	23.0
95-99%（409,100-989,400 ドル）	4,780	2.6	-0.1	410	0.1	25.5
トップ 1%（989,400-4,400,700 ドル）	1,150	0.6	-0.3	6,060	0.2	31.3
トップ 0.1%（4,400,700 ドル超）	120	0.1	-0.4	41,580	0.3	32.0

注：(1) 表のベースラインは、2022 年 8 月 10 日現在施行されている税法である。表の推計には、
　　保険税額控除が含まれている。
　　(2) 課税後所得は、拡大現金所得から次の①〜⑤を差し引いたものである。①還付付き税額控
　　除を除く個人所得税、②法人税、③給与税（社会保障税とメディケア税）、④相続税、⑤
　　内国消費税。
　　(3) 平均連邦税率とは、平均連邦税（個人所得税、法人税、給与税（社会保障税とメディケア
　　税）、相続税、内国消費税）の平均拡大現金所得に対する比率のことである。
出所：TPC（2022b）に加筆修正。

11-13 の推計には、他に幾つかのクリーン・エネルギー減税事項や医療費負
担適正化法（ACA）による医療保険プランに対する、拡充医療保険料税額
控除（PTC）等は反映されている。しかし、処方箋薬価改革やその他歳出
規定の潜在的便益は、推計に反映されていない。

　表 11-13 を見てみよう。第 1 分位から第 4 分位層までは、減税の恩恵を受
けているのに対し、第 5 分位層だけは増税となっている。とりわけ、トップ
1％の富裕層（所得約 100 万ドル以上の家計）は、2023 年に 6060 ドル（課
税所得の 0.3％）、トップ 0.1％の超富裕層（所得 440 万ドル以上の家計）は
4 万 1580 ドル（課税後所得の 0.4％）の負担増となっている。逆に、第 2
分位層 150 ドル、第 3 分位層 100 ドル、第 1 分位層 40 ドル、第 4 分位層 20
ドルの順に連邦税が負担減となっている。その結果表 11-13 の右端の欄に見
られるように、IRA の完全実施により、連邦税の累進性がかなり高められ、
その分各所得階層間の所得格差の是正（所得再分配効果）に一定の前進が得

終章　バイデン政権の経済・税財政政策の展開　　457

られることを確認することができる。

第4節　2024年度予算教書とバイデノミクスの課題

　ここでは、バイデン政権がその経済戦略である「より良き再建計画」が未完に止まっているためそれを完遂すべく2024年度予算教書で改めて方向付けをしたので、その特徴と意義、再分配効果予測等について明らかにする。その上で、バイデン大統領が自らの政策体系をバイデノミクスと命名し、中間層重視の経済学であり、共和党の伝統的トリクルダウン経済学を覆そうとするものだとしたが、その中核に税制改革があること、また税制改革の実施には租税支出の見直しが必要なことを明らかにする。さらに、バイデン政権の課題として債務上限問題には、共和党との妥協で「財政責任法（FRA）」を成立させひとまずデフォルト危機は脱しただけで、それ以上の政策的前進はなかったことを明らかにする。今後の長期的課題として、手つかずの社会保障（年金）とメディケアの財源涸渇問題がある。メディケアについては、一定の改革案は提示しているが、社会保障（年金）については、具体策が示されていないことについて述べる。

1．2024年度予算教書の政策提案：特徴と意義

　100年で最悪のパンデミック、大不況以来の最悪の経済危機に直面する中で発足したバイデン民主党政権は、連邦議会上・下院両院も民主党が多数議席を占めたことも背景に、大胆かつ大規模な「より良き再建計画」を打ち出した。それは、アメリカ救済計画、アメリカ雇用計画、アメリカ家族計画の3つから成る。

　総額5.75兆ドル超の3つの「より良き再建計画」の導入は、大変野心的なプランであったが、新型コロナウイルス対策とパンデミック不況対策という緊急事態を背景に大規模な財政出動を可能にするアメリカ救済計画法の成立ではほぼ成功したと言えるが、他の2つの計画であるアメリカ雇用法計画とアメリカ家族計画の導入は、インフレが高進する中での中長期の構造改革だけに、バイデン政権の思惑通りの法律として成立させることはできなかった。

　しかし、バイデン政権はこれで終わったわけではない。バイデン大統領は

1期目の後半に入って間もなく、さらに2期目を目指すことに強い意欲を表明している。何としてでも未完成の「より良き再建計画」を今後完成させたいと当然思っていたのであろう。それが証拠に、バイデン政権は、残された計画課題と方針を2024年度予算教書において詳細に展開している。以下では、その内容と財政的・経済的効果を検証する。

（1）2024年度予算教書の政策提案の特徴

バイデン政権は、2024年度予算教書がアメリカに投資し、労働者家族に係る諸費用を低下させ、彼らに減税を施し、メディケア・年金制度を強化するための計画を詳述したものであると、「ファクト・シート」で述べている[19]。

さらに、バイデン政権は、別の「ファクト・シート」で詳細に2年間の実績を強調しているように[20]、政権発足2年間でかなりの成果を上げることができたと自信を深め、まだ達成できていない経済戦略の重要部分を集めて、今後の経済戦略として再構成し、2024年予算教書の形で改めて政策提案した。それを一覧表にしたのが、表11-14である。

当初の3つの戦略的計画の中で、最も実現できていないのが、子育て・教育等の施策と富裕層課税案を軸とするアメリカ家族計画である。また、アメリカ雇用計画の財源に予定していた「アメリカ製租税計画（Made in America Tax Plan）」の法人増税案も宙に浮いたままになっていた。そこで、アメリカ家族計画の施策と富裕層課税案、それにアメリカ製租税計画の法人増税案[21]を中心に組み合わせて作ったのが表11-14に示される2024年度予算教書の政策提案である。

政策は、表11-14に示されるように、10年間の総コスト2兆8490億ドルで、その内訳は子育て、教育、医療等の分野への施策に78.4%、その他中間層育成・強化のための減税措置が21.6%という形で構成されている。

この政策は、もともとバイデン政権が3つの経済戦略の1つとして構想したアメリカ家族計画を、より良き再建法として法制化しようとしたが、規模も内容も縮小したインフレ抑制法としてしか実施できなかったため、改めてアメリカの中間層を拡大・強化する人への投資を重視し、子育て、教育、医療その他経済的支援等の施策を盛り込んだものである。

他方、この政策を賄うための財源をどう捻出するのか、表11-14を見てみよう。総財源は10年間5兆5230億ドルで、その内訳は経費削減10.4%、増

終章　バイデン政権の経済・税財政政策の展開　459

税89.8％となっている。増税が約9割を占めるが、それは法人税か所得税かいずれによるものなのか。法人税増税項目は、「増税」欄の上から4つの項目と下から2番目の項目が該当すると思われるので、合計してみると57.6％になる。所得税増税項目は、「増税」欄の上から5番目から8番目の項目が該当すると考えられるので合計すると30.1％となる。財源の6割近くを占める法人税課税収入は、もともとアメリカ雇用計画の法制化を図ろうとした際に、財源として予定していたものであり、それが2024年度予算教書の政策提案の財源に活用されている。また財源の3割を占める所得税課税収入はもともとアメリカ家族計画の法制化を図ろうとした際に、財源として予定していたものであり、それが2024年度予算教書の政策提案のいま1つの大きな財源として活用されている。

　提案された政策の総コストは2兆8490億ドルであり、総財源はそれを大きく上回る5兆5230億ドルにも上るので、差し引き2兆6740億ドルの剰余金が出る。この他に純利子が3300億ドル入ってくるので、合せると3兆40億ドル（表では3兆140億ドルとなっている）の剰余金になる。バイデン政権はこの剰余金を財政赤字の削減に充てることができるとしている。

（2）2024年度予算教書の政策提案の意義

　バイデン政権は、2024年度予算教書の冒頭で、過去2年間における政策実績を誇示しつつも[22]、低所得層底上げ・中所得層拡大で経済成長を図るという課題を中心にその課題が未達成であることは十分理解した上で、今後の課題として、改めて経済戦略を「2024年度予算教書の政策提案」に整理し直した。その概要は表11-14の通りであるが、その内容は2024年度予算教書に詳述されている[23]。

　ただ、詳細な政策提案が公表されたからと言って、共和党が議会下院の多数議席を占めている現状では、それが実現する見込みは全くない。それでもバイデン政権がそうしたのは、近づく2024年大統領選挙のキャンペーン綱領としての意味を持たせることを狙っていたからであろう。

　バイデン政権は、アメリカと国民への投資を行い、労働者家族のために諸コストを引き下げ、また税負担を軽くし、メディケアと社会保障（年金）を護り強化することで、つまりはトップダウンではなく、「低所得層引上げと中所得層拡大」で経済成長を図ることを最重要課題としている[24]。その財源として、巨額の利益を得ている大手製薬会社や大手石油会社に対する無駄な

460

表 11-14　2024 年度予算教書の政策提案（2024-2033 年度）

政策	コスト / 貯蓄（−）	
	金額 （10億ドル）	構成比 （％）
支出増	2,234	78.4
保育園や育児のためのアクセスや財源の拡大	600	21.1
国の有給家族・医療休暇制度の創設	325	11.4
無料コミュニティ・カレッジの提供とその他高等教育支出の増額	217	7.6
医療費負担適正化法による補助金と適用範囲の拡大と延長	383	13.4
インディアン医療業務財源の増額	185	6.5
その他医療と長期療養支出の増額	309	10.8
低所得世帯が手頃な家賃の住宅を取得できるようにする住宅バウチャープログラムに資金提供	105	3.7
その他支出増のための法律の制定	111	3.9
減税、税額控除、優遇税制措置	615	21.6
2023 年から 2025 年まで児童税額控除（CTC）拡充と CTC 完全還付付きの恒久化	435	15.3
勤労所得税額控除（EITC）拡充	156	5.5
その他減税、税額控除、優遇税制措置の拡充	23	0.8
総コスト小計	2,849	100
経費削減	−574	10.4
処方箋薬およびその他医療費コストの引下げ	−227	4.1
国防費（裁量的支出）の将来増の抑制	−211	3.8
使用料や電波競争入札の拡大	−69	1.2
強制歳出削減措置の延長	−49	0.9
他の支出削減措置と並んで、不正や乱用の削減	−18	0.3
増税	−4,957	89.8
法人税率の 21％から 28％への引上げ	−1,415	25.6
国際課税ルールの改革	−1,113	20.2
法人の自社株買いにかかる税率の 1％から 4％への引上げ	−242	4.4
その他法人増税法の制定	−202	3.7
高所得納税者の全ての通り抜け事業所得に NIIT 税か SECA 税がかかるように NIIT のベース拡大	−678	12.3
未実現所得に 25％の億万長者ミニ税創設	−437	7.9
最高個人所得税率を 37％から 39.6％に引き上げ	−255	4.6
キャピタル・ゲイン税および相続税の増徴	−291	5.3
種々の化石燃料、デジタル通貨等に対する減税や優遇税制措置の打ち切り	−207	3.7
内国歳入庁への資金付けを 2031 年度以降に延長することを含めて租税ギャップの削減	−119	2.2
総財源小計	−5,523	100
純利子	−330	
2024 年度予算教書の政策貯蓄合計	−3,014	

注：（1）数字は端数切上げのため合計が合わない。
　　（2）NIIT 税＝純投資所得課税、SECA 税＝個人事業主拠出金課税。
出所：CRFB（2023），p.4 より作成。

終章　バイデン政権の経済・税財政政策の展開　　461

支払いを打ち切らせる等のことは行うが、主要には40万ドル以上の所得のある富裕層と大企業に公平な税負担を求めたのである。言い換えれば、真に「低所得層底上げ・中所得層拡大」で表現されるアメリカ中間層の復活は、富裕層と大企業に公正な負担を求め、低・中所得層に児童税額控除や勤労所得税額控除等の拡充で負担を軽減する大規模税制改革を行い、アメリカ税制の累進性を大きく強化することでしか成しえないことを明確にした点で、この2024年度予算教書は大変画期的である。

　さらに、2024年度予算教書特にそこに盛り込まれた抜本的税制改革案にはもう1つ重要な意義がある。2025年末には、2017年減税・雇用法（TCJA：トランプ減税）の個人所得税課税条項の全てが期限を迎える。加えて法人税についても臨時に改正した幾つかの重要な課税規定もある[25]。議会下院の議席を奪還した共和党は、2024年の大統領選挙とも絡ませて、2025年税制改革を争点化し、共和党伝統のトリクルダウン経済学に立つ2017年TCJAの恒久化を経済戦略として早くも押し出そうとしている。バイデン政権は、共和党のこのTCJAの減税恒久化という経済戦略こそが、アメリカの低成長、格差社会、財政赤字・債務累積の元凶と見るところから、富裕層と大企業に減税の恩恵が偏るTCJAの個人所得税、法人税を中心にその課税規定を抜本的に骨抜きし、経済成長、格差是正＝中間層の復活、財政健全化が一体で進められる税制改革案を経済の中長期構造改革の戦略として打ち出したところに画期的意義がある。

2. 2024年度予算教書の税制改革案による所得再分配効果と租税負担配分効果の予測

　表11-15は、2024年度予算教書の税制改革案による所得再分配効果と租税負担配分効果を租税研究所が推計したものである。Gleckman（2023a）を参考に[26]、それらの効果の予測結果を見てみよう。五分位法で見て、課税後の所得が増えているのは第1分位（3.2%増）と第2分位（0.9%増）で、第3分位は変化がなく、課税後の所得が減っているのが第4分位（−0.4%）と第5分位（−5.0%）である。特筆すべきは、全所得階層で平均2290ドルの増税なのに対し、トップ1%が29万9260ドル、トップ0.1%で平均198万410ドルの増税で、富裕層、中でも超富裕層の連邦税負担増が際立っている。連邦増税分の82.9%がトップ1%層の負担となり、56.4%がトップ0.1

％層の負担となった結果、トップ1％層の所得が14.1％、トップ0.1％層の所得が20.5％も減る見通しとなっている。

2024年度予算教書の税制改革案は、上述のようにトップ1％の富裕層、特にトップ0.1％の超富裕層にきわだって大きな税負担を求め、彼らの課税後所得を大幅に減ずるものであるが、一体どの税制改正条項がそういう結果を生じせしめると考えられるのか。それは表11-14に示されているが、少し詳しく見てみよう。

個人所得税増税に関しては、次のような税制改正条項が挙げられる[27]。

・富裕層への単独で最大の増税要因として、キャピタル・ゲインに適用される最高税率を20％から39.6％に引き上げる。

・高所得の個人に適用される最高税率を37％から39.6％に引き上げる。

・純投資所得税のかかる範囲と税率を引き上げる：メディケア財源の確保。

・資産1億ドル以上保有する富裕層（全世帯の0.01％）の所得（株式の含み益など投資による未実現キャピタル・ゲインを含む所得）に対する25％の最低税率課税：該当するのは約2万世帯と少ないが、富裕層には打撃となる増税。

また、2024年予算教書の税制改革案には、児童税額控除（CTC）や勤労所得税額控除（EITC）の拡充が含まれており、これらは、主に低所得層や中所得層の租税負担を軽減し、課税後所得の増加に大きく貢献するはずであるが、租税研究所は、表11-15の推計には、それをモデル化できなかったために、減税の便益が政府期待より少なくしか表記されていない可能性があるという[28]。

なお、投資家や高給取り労働者のように、高所得の世帯は税制改正による法人税増税分の大部分を負担することになる。その税制改正による法人税増税条項には、法人税率の引上げや合衆国籍の多国籍企業に適用される新たな厳しい課税規則が含まれている。主な税制改正条項は次の通りである[29]。

・法人税税率を21％から28％に引き上げる。

・国際課税ルールの改革：低税率の管轄区域で利益を計上する誘因を減らし、タックスヘイブンへの企業インバージョンを阻止し、米国多国籍企業の海外所得にかかる税率を10.5％から21％に引き上げる。

・法人の自社株買いにかかる税率を1％から4％へ引上げる。

終章　バイデン政権の経済・税財政政策の展開　　463

表11-15 2024年度予算教書の税制改革案による所得再分配効果および租税負担配分効果の予測（2024年）

拡大現金所得の階層 （2022年ドル）	課税単位		課税後所得の変化率 （％）	連邦税変化額合計に占める割合（％）	連邦税の平均変化額 （ドル）	平均連邦税率	
	課税単位数 （1000件）	構成比 （％）				変化 （％ポイント）	2024年度予算教書を実施した場合
第1五分位 （0-30,800ドル）	48,010	26.2	3.2	-6.5	-570	-3.0	0.7
第2五分位 （30,800-60,400ドル）	40,610	22.2	0.9	-3.8	-390	-0.8	8.2
第3五分位 （60,400-107,300ドル）	37,470	20.5	0.0	0.2	20	0.0	14.3
第4五分位 （107,300-194,800ドル）	30,300	16.6	-0.4	3.4	470	0.3	18.2
第5五分位 （194,800-4,459,900ドル超）	25,110	13.7	-5.0	106.0	17,700	3.7	29.4
全体 （0-4,459,900ドル超）	183,030	100.0	-2.3	100.0	2,290	1.9	22.1
80-90％ （194,800-284,400ドル）	12,870	7.0	-0.9	5.2	1,680	0.7	21.7
90-95％ （284,400-410,200ドル）	6,280	3.4	-1.2	5.0	3,360	1.0	24.1
95-99％ （410,200-993,700ドル）	4,810	2.6	-2.5	13.0	11,310	1.9	27.5
トップ1％ （993,700-4,459,900ドル）	1,160	0.6	-14.1	82.9	299,260	9.7	41.1
トップ0.1％ （4,459,900ドル超）	120	0.1	-20.5	56.4	1,980,410	13.9	45.9

注：(1) 表のベースラインは、2022年12月28日現在施行されている税法である。
　　(2) 所得階層には申告納税する課税単位と申告納税しない課税単位の両方を含んでいるが、他の課税単位の扶養者は除外している。負の調整総所得のある課税単位は、それぞれの所得階層から除外されているが、合計には含められている。
　　(3) 課税後所得については、表11-13注(2)参照。
　　(4) 平均連邦税率については、表11-13注(3)参照。
出所：TPC（2023）.

3. バイデノミクスの推進方針と課題

(1) バイデノミクスの推進宣言

　バイデン大統領は、2023年6月28日にシカゴにおける経済演説で、大統領就任以来の経済政策の高実績を根拠に、第2期を目指す選挙キャンペーン戦略として、自らの名を冠した経済政策「バイデノミクス」の推進の方針を強く打ち出した。その内容はいかなるものか、The White House（2023d）の

中から要点を剔出してみよう[30]。

バイデノミクスは、中間層（重視の）経済学であるとし、過去何十年間に亘ってアメリカの中間層を衰退させてきたトリクルダウン経済学を打破する経済政策であるとする。トリクルダウン経済学は、アメリカ経済をダメにし、財政赤字を積み上げ、経済格差を拡げ、インフラを弱体化させ、地域から威厳、誇り、希望を奪ってしまったと批判する。レーガン政権以来共和党が採用してきたトリクルダウン経済学の基本は富裕層と大企業に対する減税で供給サイドを刺激すれば、減税の恩恵で経済は活性化し、その恩恵は大企業から中小企業、家計にも次第に及ぶとするが、実際はそうならず、中間層は衰退したと批判する。トップダウンのトリクルダウン経済学を覆すのがバイデノミクスだという。

したがってバイデノミクスは、トップダウンではなく、中間所得層拡大・低所得層底上げの観点から経済を再建しようとするものだとする。そのために、次の3つの基本的な変革を行うとする。①アメリカへの賢明な投資、②中間層になるためアメリカの労働者の教育と能力向上、③中小企業を支援するために、競争を促してコスト削減を図ることである。

①に関しては、道路や橋、送電網、空港や港湾等の基礎インフラ整備（公共投資）、半導体、電池、電気自動車、クリーンエネルギーの国内生産促進のための投資、高速インターネットを全米に整備等が挙げられる。このような賢明な投資によって成長を促そうというのである。②に関しては、ニューエコノミーに加わるための職業訓練と教育、労働組合の活性化等が挙げられる。③に関しては、消費者を犠牲にした大企業の市場独占を打破し、中小企業者に対する支援や資金提供を優先的に行うこと、メディケアに薬価交渉力を与え処方箋薬の価格を引き下げること、所得40万ドル未満の中間層には増税を求めず、富裕層、超富裕層、大企業に応分の税負担を求め、所得格差を縮め財政赤字を減らすこと等を挙げることができる。

（2）バイデノミクス推進の要：税制改革—富裕層・大企業増税と租税支出の見直し

上述のバイデノミクスの具体的政策を実行に移すには税財政予算が連邦議会で承認されなければならないが、バイデン政権の方針は2024年度予算教書に明らかにされており、その概要は表11-14に示されている。富裕層と大企業を中心に累進性を高める増税で税の公平化による所得格差の是正と歳出

終章　バイデン政権の経済・税財政政策の展開　　465

を上回る歳入増を得て、財政赤字と累積債務を減らす計画である。

　バイデン政権のこの方針と予算計画は、とりわけ 2000 年代に入ってから
のブッシュ（子）、トランプ両共和党政権がトリクルダウン経済学に立って
実施した大規模減税の結果、経済成長は緩慢で、財政赤字と債務は累積し、
減税の恩恵は大企業と富裕層に過大に分配され、中間層の衰退を招いたとの
認識から、その逆の発想をもって導き出されたものである。バイデン政権は
富裕層と大企業への増税で、アメリカ経済・財政の再建と中間層の復活を図
ろうとしている。富裕層・大企業増税の具体的プランは、2024 年度予算教
書における税制改正案において示されており、第 4 節第 2 項でその概要を検
討したところである。そこに示された富裕層や大企業への増税によって、表
11-15 の「課税後所得の変化率」欄を見れば明らかなように、階層間の所得
格差の是正に一定の前進が見られる。ただ、本書で焦点を当ててきた税制に
よる所得格差への影響を考える場合、それだけで終わるわけにはいかない。
ここで改めて、格差是正に貢献するはずのアメリカの税制の累進性を弱めて
いる租税支出について、改革の方向性を考えておきたい。

　2001-03 年のブッシュ減税や 2017 年のトランプ減税の減税便益をどの所
得階層が一番受けてきたのかを知るには、優遇税率、非課税、所得控除、税
額控除、免税等の主な租税支出を点検してみることが大事である。ただ、バ
イデン政権期のデータがないので、バイデン政権発足直前の 2019 年の主要
租税支出の所得階層間分布に関する、議会予算局のデータを利用して作成し
たのが表 11-16 である。租税政策研究所（TPC）のデータによる、第 10 章
の表 10-13 とは違い、表 11-16 には事業個人所得税租税支出が含まれており、
また個人所得税租税支出だけでなく給与税租税支出の金額と分位別割合も表
示されている。なお、表中の個々の租税支出の金額には、各種控除以外に所
得税率引下げの影響も反映している。

　2019 年の個人所得税の租税支出総額（給与税租税支出を含む）は 1.2 兆
ドルになる。表 11-16 に挙げられている 13 個の個別租税支出（給与税租税
支出を含む）の合計金額は、1 兆 1720 億ドルなので、全体の約 81％になる。
とりわけ規模の大きいのが雇主提供医療保険非課税と年金・退職金の拠出
金・給付金非課税で、前者が 23.9％、後者が 23.5％を占め、合せて全体の
半分近くになる。

　さて、13 個の個別租税支出の中で、第 5 分位（高所得層）その中でもト

ップ1%層（富裕層）の割合が高いのは、キャピタル・ゲインおよび配当の軽減税率、慈善寄附金控除、適格事業所得20%控除である。トップ1%層の割合はそれ程高くないが、第5分位（高所得層）の割合の高いのは、雇主提供医療保険非課税、年金・退職金の拠出金・給付金非課税、相続時遺産キャピタル・ゲイン非課税、持家住宅キャピタル・ゲイン非課税、持家住宅ローン利子控除、州・地方税控除を挙げることができる。高所得層に租税便益が一番多く帰属しているこれら9個の租税支出の金額を合せると9040億ドルとなり、租税支出合計の77.1%になる。逆に、中所得層の割合が高いのが児童税額控除であり、中低所得層の割合が高いのが保険料税額控除であり、低所得層の割合が高いのが勤労所得税額控除である。これらの税額控除の他に中所得層の割合が高いのは、社会保障年金・鉄道退職金非課税である。中所得層、低所得層向けのこれら4つの租税支出の合計金額は2680億ドルで、租税支出合計の22.9%となる。

　以上により、個人所得税（給与税を含む）と法人税を合せて全租税支出のうち、2019年では個人所得税（給与税を含む）が約88%、法人税が約12%を占めるが、割合の大きい個人所得税租税支出に注目すると、その総額の約81%になる13個の主要租税支出が存在し、13個のうち9個の租税支出は、租税便益の大半（金額では77.1%）が高所得層向けに重点分配され、4個の租税支出は金額全体の22.9%が中所得層か低所得層向けに重点分配されていることが分かった。

　C. ハワードのいう「隠れた福祉国家」という表現に全く信憑性がないとまでは言わないが、現実をよく見る必要がある。上述の通り、アメリカの個人所得税の主要租税支出の約8割弱が租税便益として高所得層向けに分配されており、中・低所得層向けには約2割強の租税便益しか分配されていない。所得再分配の機能が弱く、高所得層、富裕層優遇税制になってしまっているので、全体として逆所得再分配的な租税支出を「隠れた福祉国家」と言ってしまうと、誤解を招きかねない面がある。したがって、バイデン政権が、経済格差を縮小し中間層を再興するために税制を大きな手段として、その累進性を真に高めようとするならば、所得税の最高税率の引上げだけでなく、課税ベースを規定する租税支出の高所得層、富裕層優遇税制を縮小し、中所得層・低所得層優遇税制を拡大する明確な税制改革の方針を打ち出す必要がある。では、バイデン政権の対応はどうか。

表 11-16　主要な個人所得税租税支出と給与税租税支出の金額と分位別割合（2019 年）

単位：10 億ドル、％

	個人所得税租税支出金額（2019 ドル）（10 億ドル））	個人所得税租税支出と給与税租税支出の分位別割合（%）								
		第 1 五分位	第 2 五分位	第 3 五分位	第 4 五分位	第 5 五分位	第 5 分位内のパーセンタイル（%）			
							81-90	91-95	96-99	トップ 1%
雇主提供医療保険非課税（個人所得税租税支出）	159	1.9	9.4	16	29	44	20	11	11	2.9
雇主提供医療保険非課税（給与税租税支出）	121	4.0	14	23	30	28	16	6.6	4.4	0.9
年金・退職金の拠出金・給付金非課税（個人所得税租税支出）	202	0.7	3.8	8.9	24	63	22	16	19	5.3
年金・退職金の拠出金・給付金非課税（給与税租税支出）	74	2.9	6.7	15	30	45	23	11	9.0	1.5
キャピタル・ゲインおよび配当の軽減税率	140	0.1	0.4	1.3	3.4	95	3.4	3.8	12	75
児童税額控除（CTC）	118	19	23	23	21	14	8.2	4.1	1.7	0.0
勤労所得税額控除（EITC）	70	56	25	11	5.1	2.5	1.5	0.6	0.3	0.1
保険料税額控除（PTC）	53	29	35	19	9.9	5.6	3.2	1.3	1.0	0.2
慈善寄附金控除	43	0.1	0.3	1.5	5.2	93	7.3	7.1	15	63
適格事業所得 20％控除	41	0.3	1.6	3.2	6.7	88	8.1	9.0	21	50
相続時遺産キャピタル・ゲイン非課税	39	1.0	7.5	16	19	56	15	9.4	13	18
社会保障年金・鉄道退職金非課税	27	11	28	42	15	4.1	2.5	1.1	0.5	0.1
持家住宅キャピタル・ゲイン非課税	35	3.1	9.1	17	26	44	17	9.9	11	5.3
持家住宅ローン利子控除	28	0.1	0.9	3.2	12	84	16	15	28	25
州・地方税控除	22	0.2	1.2	4.4	16	78	21	18	27	11

注：(1) キャピタル・ゲインおよび配当の軽減税率には、キャピタル・ゲインと配当にかかる軽減税率および高所得納税者に対する純投資所得付加税の純効果を含んでいる。

(2) 3 つの還付付き税額控除すなわち児童税額控除、勤労所得税額控除、保険料税額控除には、連邦予算の支出として分類されるそれらの税額控除の該当部分が含まれている。

出所：CBO (2021e), p.12, p.14 より作成。

表 11-16 を見て具体的に言えば、高所得層（第 5 分位）、トップ 1%（富裕層）が圧倒的に高い割合で便益を受けている、キャピタル・ゲインおよび配当の軽減税率、適格事業所得 20% 控除、慈善寄附金控除等の租税支出は縮小するべきであるが、表 11-14 の「増税」欄に、前二者の縮小による対富裕層増税提案が含まれている。ただ、慈善寄附金控除の縮小提案は含まれていない。逆に中所得層、低所得層、中低所得層が高い割合の便益を受けている、児童税額控除、勤労所得税額控除、医療保険料税額控除等の租税支出は拡充を図るべきであるが、表 11-14 の「減税、税額控除、優遇税制措置」欄にそれらの各種税額控除の拡充提案が含まれている。これらの提案が実現すれば、アメリカの連邦所得税の累進性はもっと改善するであろう。

　法人税の租税支出についても一言しておこう。2019 年では、法人税と個人所得税を合せた全租税支出に占める法人税租税支出の割合は、わずか約 12% に過ぎない。法人税租税支出の中で、規模の大きな租税支出は、従属外国子会社の能動的所得への軽減税率、代替的減価償却制度を超えた設備の減価償却、国外無形資産所得 37.5% 控除の 3 つである[31]。大企業に有利なこれらの法人税租税支出についても、見直しが必要である。

　さらにもう 1 つ付言しておこう。2019 年時点で、個人所得税（給与税を含む）と法人税を合せた租税支出の数は 200 以上あるが、その中には規模の小さな個別の租税支出は数多くある。その中で、Smmartino and Toder (2020) はコストに見合って社会に便益をもたらすことができていない、補助効果の薄い小さな租税支出を 44 個挙げていて、その合計金額は 254 億ドルにもなる[32]。費用対効果の低いこれらの小さな租税支出を整理するための税制改革が必要であろう。

　結論として、累進税制を強化して経済格差を縮小し、中間層の復活・拡充を図ろうとするのであれば、高所得層や大企業への税率を引き上げるとともに、高所得層や大企業に減税便益の大半が分配されうるような租税支出は可能な限り削減し、中間層や低所得層に減税便益の大半が分配されるような租税支出を拡大し、また費用対効果の低い数多くある小規模な租税支出は廃止するような抜本的税制改革が不可欠である。現在の高所得層と大企業に減税便益の大半が行く租税支出が続けば、それがますます経済格差を拡げる方向に作用する。そればかりでなく、人種間教育格差もますます悪化させることになる[33]。

終章　バイデン政権の経済・税財政政策の展開　　469

（3）債務上限危機と財政責任法の成立および 2024 年度つなぎ予算

イエレン財務長官は 2023 年 1 月に連邦政府債務が新型コロナウイルス対策などの影響で 31 兆 4000 億ドルの法定上限に達したので、債務不履行（デフォルト）を回避するために、基金の運用変更などの特別措置を講じて当座の資金需要に対応してきたが、5 月 26 日に 6 月 5 日までに上限を引き上げたり、停止したりしなければ政府の資金繰りが行き詰まると警告した。政府債務の上限問題に関しては、共和党のマッカーシー下院議長と民主党のバイデン大統領との間で解決の協議が続けられて来たが、警告を受けて、債務不履行になれば連邦機関の閉鎖および職員のレイオフ・給与凍結、金融危機、景気後退や雇用喪失、世界経済の混乱に見舞われるとの危機感が高まり、両者は土壇場で債務上限の棚上げ案に合意し、債務不履行は回避された。この棚上げ案は、財政責任法案として 5 月 31 日に下院で、6 月 1 日に上院で可決され、6 月 3 日にバイデン大統領の署名を得て成立した。

その概要は次の通りである[34]。

① 2023 年財政責任法（FRA）は、連邦政府債務の上限の効力を 2025 年 1 月 1 日まで停止する。停止期間中に発行された公債を公認するために 2025 年 1 月 2 日に法的債務上限を引き上げる。

② FRA は、社会保障（年金）やメディケア等のエンタイトルメント・プログラムの財政すなわち義務的支出については何ら変更を加えていない。またメディケイドは裁量的支出に分類されるが、この条項にも変更を加えていない。

③ 2024 年度の国防費を除く裁量的支出は 23 年度並みに抑え、25 年度は前年度比 1% 増とする。

④インフレ抑制法に基づく気候変動対策への投資は維持する。

⑤新型コロナウイルス対策に充てる予算で未使用分は国庫に返納する。

⑥ 2023 年財政責任法（FRA）は新たな増税条項は何も含んでいない。

⑦ 2022 年インフレ抑制法で内国歳入庁に 800 億ドルの予算増額が認められたが、このうち 200 億ドルを他の使途にも回せるようにした。

⑧低所得者向けの食糧支援プログラム（SNAP）の支給条件で、就労義務の適用年齢の上限が 49 歳から 54 歳に引き上げられた。

⑨学生ローン免除措置の見直し。

議会予算局（CBO）は、この合意内容による財政赤字の削減効果は 1.5 兆

ドルになると見込んでいる[35]。

　ここで、債務上限問題と財政責任法の内容について簡単なコメントをしておこう。アメリカではこれまでも連邦債務の上限引上げを巡って政治的混乱が発生し、アメリカと世界を金融と経済の危機に陥れかねない事態をしばしば招いてきた。このことに鑑み、国際通貨基金（IMF）は、2023年5月26日に今後は予算の承認時に債務上限を引き上げる仕組みを提唱した[36]。債務不履行危機を繰り返さないためには、当然そうすべきだと考える。

　2023年財政責任法に関しては、民主・共和両党にとって完全な満足になっていないのは仕方がない。ただ、政権が中間層の再興を最大の課題としてバイデノミクスを推進するとの方針からすると、当座の債務不履行危機を回避し、2024年大統領選挙における再選キャンペーンの妨げにならないようにしただけで、それ以上の政策的前進はなかったといえる。確かに中・低所得層のセーフティネットである、社会保障（年金）、メディケア、メディケイド、それに目玉の気候変動対策等の歳出削減に手をつけさせなかった点で、バイデン政権としては守るべきは守ったと言えるかもしれない。しかし、バイデン政権は、共和党との合意の決裂と債務不履行への突入を恐れてか、バイデノミクス展開の核心である、大企業と富裕層に対する増税提案の記載を断念した。減税路線の共和党との対峙はこれからということになった。もう1つ問題に感じるのは、バイデン政権は、社会保障（年金）、メディケア、メディケイド等の福祉エンタイトルメント・プログラムを守り抜いたには違いないが、これらが深刻な財政問題を抱えているにもかかわらず、協議の対象から外してしまっている点である。

　こうした根本的な問題を抱えている債務上限問題の解決を先送りさせただけの財政責任法（FRA）に不満を覚えたのか、大手格付け会社フィッチ・レーティングは突如8月1日に、米国債の格付けを最上位の「AAA」から「AAプラス」に一段階引き下げた。

　フィッチは、米国債格下げの理由として、今後3年間に予想される財政悪化、高水準の政府債務と利子負担の増加、債務上限を巡る政治的対立によるガバナンスの低下等を挙げている。これに対し、イエレン財務長官は、フィッチの決定は恣意的で、古いデータに基づくものだ、強靭な米経済情勢が考慮されていない、今後10年間で財政赤字を2兆6000億ドル削減する予算案を提案した、ガバナンスは超党派の財政責任法の成立で改善を示した等と反

終章　バイデン政権の経済・税財政政策の展開　　471

論した[37]。

なお、連邦政府予算は、2024 会計年度（23 年 10 月～24 年 9 月）が始まって何カ月も経つのに、下院共和党保守派の大規模な歳出削減要求が原因で成立しない状態が続いていた。ただ、政府機関が閉鎖に追い込まるのを回避するために、これまで 2 度つなぎ予算を、民主・共和両党のギリギリの妥協で成立させてきた。そしてまた、24 年 1 月 19 日に 3 度目のつなぎ予算を成立させた。それは、一部予算について 3 月 1 日と 8 日まで前年度と同じ水準で執行できるというものである。つなぎ予算の期日が迫った 2 月 29 日に、それを延長できなければ政府機関が閉鎖になるリスクに再度直面して、上・下両院は「つなぎ予算」期限を一部は 3 月 8 日、残りは 22 日に延ばす法案をそれぞれ賛成多数で可決した。そして、3 月 6 日に下院で、8 日に上院で司法省、運輸省、エネルギー省などの 6 本の 2024 年度予算案をそれぞれ可決した。さらに、下院は 3 月 22 日に、上院は 23 日にまだ成立していなかった国防や国境警備等の 6 本の 2024 年度予算案を一括でそれぞれ採決し賛成多数で可決した。すでに成立している予算を含めて、2024 年度予算総額は1.6 兆ドルとなった。

（4）社会保障（年金）とメディケアの財源涸渇問題

Durante（2023）の警告論文を参考に、社会保障（年金）とメディケアの財源涸渇問題とバイデン政権のそれへの対応について検討する[38]。

社会保障（老齢・遺族・障害年金保険：OASDI）信託基金とメディケアパート A（入院保険：HI）信託基金は、給与税を財源とし、賦課方式で運営されている。社会保障とメディケアの支出は、毎年議会承認を必要とする国防費のような「裁量的支出」と違って、毎年度の議会承認を必要とせず法律に基づいて行われるので「義務的支出」と呼ばれている。社会保障とメディケアの支出は 2022 年度予算の構成比で見て、前者が 21%、後者が 13% となっており、予算全体の約 3 分の 1 になる。その他にも義務的支出が 27% あるので、義務的支出を全部合せると、予算全体の約 3 分の 2 になる。アメリカでも人口の高齢化が進み、退職者に対する現役労働者の比率は低下し（現在 3 対 1）、社会保障とメディケアの両信託基金の財政は、賦課方式で運営しているため、財政状態は悪化し、近い将来債務不履行の恐れが強まっている。OASDI 信託基金は 2033 年までに、メディケア HI 信託基金は 2031 年までに支払不能になるという[39]。

Durante（2023）によれば、両信託基金の改革がないと、社会保障年金給付は自動的に一律 20％削減され、メディケア病院保険支払いは 11％カットされるという。また、改革がなければ、OASDI とメディケアの経常財政赤字を埋め合わせるために、給与税を 4.2％と著しく引き上げることが要求されることになるという[40]。

　社会保障とメディケアは、アメリカの社会保障制度の根幹であり、中間層の命綱であるにもかかわらず、それら 2 つのプログラムは CBO の予測によれば、2023-32 年期の連邦財政赤字のほぼ 80％に責任を負わねばならなくなるだろうと Durante（2023）はいう[41]。連邦政府の長期財政悪化の原因となっているため社会保障とメディケアの財政改革が避けられなくなっているにもかかわらず、債務上限問題の交渉過程においては、今後の課題として棚上げされてしまった。それでは、バイデン政権は何の方針も持っていないのだろうか。

　Tankersley（2023）によれば、バイデンは 2020 年の大統領選挙キャンペーン中は、社会保障プログラムの魅力を高め、安定化させるため社会保障救済の提案をしていた。社会保障プログラムの財源支援となる 12.4％の給与税を年所得 16 万ドルまでの人にも適用しようというものである。またバイデンは、40 万ドルを超える年所得に対する制限を引き上げることを提案していたが、これは効率的に高所得者に給与税をかなり多く支払わせることになる[42]。しかしバイデンは大統領に就任以降は、社会保障について何も具体的なプランを提案していない。

　他方、メディケアについては、2024 年度予算教書やファクト・シートで、次のような財源確保の具体的提案を行っている[43]。

　給付削減やメディケア患者のコスト増を招かずに、メディケア HI 信託基金が支払可能となる期間を少なくとも 25 年間延ばす。高所得の個人が応分の負担を HI 信託基金に払い込むのを保証できるように税法を改正する。また、純投資所得税の税収を HI 信託基金に振り込む。加えて、処方箋薬改革によるコスト節約分を HI 信託基金に振り込む。

　これらの財源確保の具体的提案の中で、メディケア HI 信託基金の財源確保のために高所得者に対し 2 つの税の増税を求めている点について説明しておこう[44]。現在、高所得者は給与所得と純投資所得に 3.8％の税を納めている。1 つは、給与収入に最高税率 3.8％で課せられるメディケア給与税である。

終章　バイデン政権の経済・税財政政策の展開　　473

これは HI 信託基金の財源となっている。もう 1 つは、専ら高所得者のみ 3.8％の税率で課せられる純投資所得税である。こちらは一般会計の財源となっている。バイデン大統領は、40 万ドル以上の収入のある人々に対して現状より 1.2％だけ高い税率で、その 2 つの税を支払わせるため、5％ブラケットを設けることと、純投資所得税も HI 信託基金の財源にするよう提案している。もう 1 つ重要なのは、これまで純投資所得税の抜け穴となっていた事業収入も課税の対象とすることを求めている点である。

　いずれにせよ、バイデン政権としては、社会保障の財源確保プランも具体的に提示して、社会保障（年金）とメディケア入院の両信託基金の支払い能力が長期間維持できるような財源案を国民に示す必要がある。その提案内容は、長期間の両信託基金の健全性を保証し、かつ連邦財政の赤字や債務の累積を生まず、また財政確保の方法が中間層の負担とならずに、富裕層と大企業の負担になるようにしなければならない。つまり、連邦税制の累進性をもっと高めなければならない。

第 5 節　おわりに：現代供給サイド経済学による理論づけと
　　　　政策実施の政治的困難

　イエレン財務長官がバイデノミクスを現代供給サイド経済学の観点から理論づけたので多くの関心を呼んでいる。民主党の政策と言えば、ケインズ理論をよりどころに、バラマキ政策によって需要サイドを刺激する「大きな政府」の政策をイメージする人が多いからである。同財務長官のいう現代供給サイドの経済学とはどういうものなのか。

　同財務長官は 2022 年 1 月に世界経済フォーラムのオンライン会議で、米国の経済復興を維持し、所得不平等、人種的格差、気候変動といった長期構造問題に取り組むバイデン政権の経済成長戦略を「現代供給サイド経済学」と命名し、そのアプローチはケインズ経済学とも伝統的供給サイド経済学とも違うとして、現代供給サイド経済学の内容を明らかにした。その要点は次のとおりである[45]。

　第 1 に、現代供給サイド経済学は、労働供給、人的資本、公共投資、研究・開発、持続可能な環境への投資を優先課題としている。これらの領域に焦点を当てるのは、全て経済成長の増進と長期構造問題とりわけ格差問題への取組みを目指しているからである。超党派で成立したインフラ・投資法や

474

審議未了となってしまったより良い再建法案等は、この現代供給サイド経済学を具現したものである。

第2に、現代供給サイド経済学のアプローチは、失敗した成長戦略である既存の供給サイド経済学よりずっと有望である。旧来のアプローチでは、資本に対して相当な減税を行ったが、何ら約束した成果を挙げることができなかった。そして規制緩和は、一般的には同様に乏しい実績しか挙げなかった。環境政策に関して、特に二酸化炭素排出量削減に関してそうであった。さらに、既存のアプローチは、税負担を資本から労働に転嫁することによって、所得と富の格差を拡げた。一国の長期的な成長可能性は、労働力の規模、労働者の生産性、資源の再生可能性、政治的安定性にかかっている。現代供給サイド経済学は、格差と環境被害を減らしながら、労働供給を増やし生産性を上げることによって経済成長を促進しようとしている。基本的に持続不可能な高い成長率の達成に焦点を合わせているのではなく、包括的で環境に優しい成長を目指している。

第3に、現代供給サイド経済学のアプローチを例証するバイデン政権の3つの課題を挙げる。

①「より良き再建計画」の核心をなす労働供給の拡大。低下し続ける労働参加率を反転させるために、2年間の幼児教育や勤労所得税額控除で、勤労者両親の労働市場への参加を促すことを推奨する。

②労働生産性を高め、賃金上昇の格差問題に取り組むこと。新たな科学技術が利用できるように、労働者の技能を高めることを重視する。そのために、早期児童教育からコミュニティカレッジ、実習制度、職業訓練まで幅広い投資を提案する。加えて、ブロードバンド、港湾、道路、鉄道のようなインフラへの長い間遅れていた投資、新規エネルギー投資、再生可能エネルギー技術のイノベーションを促進する研究・開発支援が持続的成長を促すはずである。

③企業の海外収益にグローバルミニマム税を課すこと。過去数十年間に国家間の租税競争のために、税負担は企業から中間層に転嫁されてきた。137カ国が同意したグローバルミニマム税で、利益を得ている多国籍企業に税負担を負わせることによって、国家間の租税競争を終わらせ、その財源を政府は国民と経済に投資できるようになる。

イエレン発言の要旨は上述の通りである[46]。

終章　バイデン政権の経済・税財政政策の展開　　475

2024年大統領選挙を控え、共和党はドナルド・トランプをその候補者に選んだが、再びレーガノミクス以来の党の経済戦略の基本となっているトリクルダウン経済学を押し出してくることは間違いないであろう。このトリクルダウン経済学を経済理論で説明するのがこれまでの供給サイド経済学である。

　しかし、この供給重視のトリクルダウン経済学を実践したレーガン政権、ブッシュ（子）政権、トランプ政権の実績を見ると、経済は政権の期待ほどには成長せず、減税で財政赤字が深刻化し債務は累積して財政悪化が進み、トリクルダウンは生じず、所得や資産は高所得者や大企業に偏在し、中・低所得層との格差は拡大してきた。

　この歴史的事実を踏まえ、トリクルダウン経済学を覆すべく立ち上がったバイデン政権は、それに対抗して中間層（ボトムアップ・ミドルアウト）経済学あるいはトリクルアップ経済学を唱え、その経済戦略を「より良き再建計画」として具体化し、不十分ながらも実施に移そうとしてきた。この「より良き再建計画」に具体化された経済政策の束をバイデン大統領はレーガノミクスの向こうを張ってバイデノミクスと自ら命名した。

　イエレン財務長官は、このバイデノミクスを供給サイドから、潜在成長率の押上げとインフレ圧力緩和につながる労働供給の拡大や、インフラ・教育・研究の改善を推進するものとして理論的に説明し、それを既存の「供給サイド経済学」と区別して「現代供給サイド経済学」と名付けた。バイデン政権としても、共和党の「トリクルダウン経済学」の向こうを張って「トリクルアップ経済学」や「中間層経済学」と表記するのは分かりやすくて良いとしても、経済理論的に既存の供給サイド経済学とは全く違う現代供給サイド経済学として、バイデン政権の経済戦略を理論的に根拠づけた意義は大変大きい。

　だが、この話も2024年11月の大統領選挙と連邦上下両院選挙の結果次第で、一過性の議論に終わってしまう可能性もないとは言えない。11月の大統領選挙3カ月前に、選挙情勢が大きく変わったので以下その点について述べておきたい。

　11月の大統領選挙での再選に強い意欲を示していたバイデン大統領が、7月21日に突如同選挙からの撤退を表明した。そして、同大統領からの支持を受けたカマラ・ハリス副大統領が、民主党から急遽大統領候補者として指

名されることになった。それに合わせて、民主党はシカゴでの党大会の初日
（8月19日）に大統領選挙に向けての政策綱領を採択している。ただし、
2024年7月16日に民主党の委員会で可決されていた政策綱領が、バイデン
の撤退表明後も内容変更がなされないまま、党大会で採択されている。つま
り、大統領選挙でハリス候補が勝利した場合、ハリス政権はバイデン政権の
政策路線をそのまま引き継ぐことになる。経済戦略、経済政策は、基本的に
中間層経済学に立つバイデノミクスの推進ということになる。残された課題
は多い。

　民主党の経済・財政分野の政策綱領には、①〜④のような重点項目が挙げ
られている[47]。①アメリカの労働者、雇用、家庭に投資し、国内へ工場を呼
び戻すことで中間層の底上げ・拡大（ボトムアップ・ミドルアウト）を図る。
②富裕層には25%の最低所得税率を導入し、連邦法人税率を28%に引き上
げる。富裕層・大企業が悪用する税制度の抜け穴を塞ぐ。③児童税額控除を
復活させ、連邦最低賃金の時給15ドルへの引上げで貧困をなくす。所得40
万ドル以下の世帯を対象に減税を延長する。④1人当たりの医療保険料を年
平均800ドル削減したように、継続して医療費削減を行う。

　このような民主党の経済・財政分野の政策綱領の中で、予算づけの必要な
ものについては、2024年度予算教書、2025年度予算教書でほとんど提案さ
れている。バイデン政権として、何としてでも実現したいが議会共和党の反
対で実現していない経済政策を、改めて大統領選挙向けに民主党の政策綱領
として提案しているのである。

　さて、ハリス副大統領は、民主党のこの政策綱領を踏まえた上で、大統領
選挙に向けて、物価高（高インフレ）に苦しむ中間層の負担軽減を最優先課
題として、生活コストの削減に重点を置いた次のような政策を打ち出してい
る[48]。①最大3600ドルの児童税額控除の復活と生後1年までの子供がいる
世帯には6000ドルの児童税額控除を新設、低所得層の所得税控除を最大
1500ドルとする、結果「1億人以上が恩恵を受けられる中間層への減税」、
②新築住宅の建設促進、住宅取得時の平均2万5000ドルの頭金支援、③イ
ンフレ対策として、食料品価格のつり上げを禁じる法案、④法人税率を21
%から28%に引き上げる。ハリス副大統領は、8月22日の民主党大統領候
補者受託演説で、これらの政策を包括する基本的考えとして、「機会の経
済」を創り出すと述べ、「機会の経済はすべての人々が競争し、成功する機

会を持つことを意味する」と説明している。

対する共和党の政策綱領はいかなるものか[49]。政策的スローガンが並んでいるが、それを実現するための制度や法律が詳らかにされていない。経済政策としては、インフレ対策が重要視されており、石油・天然ガスの採掘を進めるとともに、エネルギー生産に係る規制を撤廃し、グリーン・ニューディールを廃止することで、エネルギー価格の引下げを実現する等の取組みを事例として挙げている。また、インフレの中で問題となっている住宅価格については、①上記施策によるインフレ低下を通じた住宅金利の引下げ、②国有地の開放による建設用地の確保、③税制優遇や初めての住宅を購入するものへの支援、④規制緩和による住宅建設コストの削減等を挙げている。インフレ以外の経済政策としては、①規制の緩和、②トランプ減税の恒久化と、チップ課税の廃止等が挙げられている。まとめて言えば、相変わらず、規制緩和と減税が柱のようである。そのベースにあるのは、勿論「トリクルダウン経済学」である。

いずれにせよ、11月の大統領選挙において、民主党のハリス候補が勝利しようが、共和党のトランプ候補が勝利しようが、自党の政策綱領に則った政策は、具体的な法案として連邦上下両院で可決されなければ、実施できない。それは、大統領と上下両院の多数議席を民主・共和の何れの政党が制するかによって決まるのであり、その選択は大統領選挙と両院選挙におけるアメリカ国民の投票に委ねられている。各政権の経済戦略を体した政策は、このような政治的困難さと税財政の裏付けの困難さを乗り越えて実施されるのである。中間層経済学とトリクルダウン経済学の政治的決着は、ひとまず11月の選挙で図られるが、選挙後も両者のバトルは長く続くものと思われる。

【注】

1) 中間層（ボトムアップ・ミドルアウト）経済学については、次の文献を参照。The White House（2023a）；Rubin（2023）；Cohen（2021）.

2) バイデン政権下の新型コロナウイルス対策や財政・金融的支援については、CEA（2023）, pp.45-53 参照。

3) 樫葉（2021）.

4) BBC News（2021）.

5) Reuters Staff（2023）.

6) 各新型コロナウイルス救済法の内容については、片桐（2021）、170-173頁で詳しく説明している。

7) 外為どっとコム（2022-2023）。

8) CBPP Staff（2023), p.1.

9) アメリカ救済計画法の格差対策としての性格を強調した論文として、安井（2022）がある。

10) 日本経済新聞（2021a)；日本経済新聞（2021b)；中岡（2021)；リコー経済社会研究所（2022)；中島（2021)。

11) Probasco（2022b), p.2.

12) *Ibid.*, p.1.

13) 滝井（2021)、1頁。

14) CBO（2021c)．

15) Probasco（2022a), p.1.

16) U.S. Senate Committee on the Budget, Ranking Member, Newsroom, Press（2022), p.1.

17) Clegg（2021), pp.1-6.

18) Buhl（2022)．

19) The White House（2023c)．

20) The White House（2023a)．

21) バイデン政権の「アメリカ製租税計画」の法人増税案については、田近（2021）の解説を参照。

22) OMB（2023), pp.5-17.

23) *Ibid.*, pp.17-47.

24) *Ibid.*, p.17；The White House（2023c)．

25) Gleckman（2023b)；Marr and Jacoby（2023)；CAP（2023)．

26) Gleckman（2023a)．

27) *Ibid.*, pp.4-5.

28) *Ibid.*, p.4.

29) Wamhoff（2023), pp.3-9.

30) The White House（2023d)．

31) JCT（2019c), Table 1.

32) Sammartino and Toder（2020), pp.22-23.

33) 租税支出の減税便益の人種間配分格差を詳細に検証したものとして次の論文がある。Cronin, DeFilippes and Fisher（2023)．

34) 宮野（2023)；CED（2023)；NAC（2023)．

35) CBO（2023b)．

36) 日本経済新聞（2023a)。

37) 日本経済新聞（2023b)；ロイターニュース（2023)。

38) Durante（2023), pp.1-3.

39) Department of the Treasury（2023)．

40) Durante（2023）, pp.1-2.

41) *Ibid.*, p.1.

42) Tankersley（2023）, p.2.

43) Wamhoff（2023）, pp.9-10.

44) OMB（2023）, p.76；The White House（2023b）.

45) Department of the Treasury（2022）.

46) イエレン財務長官の「現代供給サイド経済学」を解説したものとして、樋口（2023）や Hartley（2022）がある。またイエレン財務長官の「現代供給サイド経済学」に対する批判に Gramm and Solon（2022）がある。

47) 日本経済新聞（2024b）；赤平（2024a）。

48) 日本経済新聞（2024a）；加藤（2024b）。

49) 加藤（2024a）；赤平（2024b）。

参考文献

【英語文献】

Abernathy, S.R. ed. (2014), *The Affordable Care Act*, Nova Science Publishers, Inc.

Aghion, P. et al. (1999), "Inequality and Economic Growth: The Perspective of the New Growth Theories," *Journal of Economic Literature*, XXXVII.

Ahern, W. ed. (2010), "The Federal Estate Tax: Will It Rise from the Grave in 2011 or Sooner?," *Special Report*, No.179, Tax Foundation, May.

Alesina, A. and F. Giavazzi (2013), *Fiscal Policy after the Financial Crisis*, National Bureau of Economic Research.

Alford, R.D. and R. Reilly eds. (2012), *Income Inequality: An Alarming U.S. Trend*, Nova Science Publishers, Inc.

Altshuer, R. and R.D. Dietz (2008), *Reconsidering Tax Expenditure Estimation: Challenges and Reform*, The Paper for Presentation at the NBER Conference, "Incentive and Distributional Consequences of Tax Expenditures," held in Bonita Springs, FL on March 27–29, 2008.

Aron-Dine, A. (2008a), *KYL Estate Tax Amendment Would Cost Nearly As Much As Estate Tax Repeal*, Center on Budget and Policy Priorities, March 12.

Aron-Dine, A. (2008b), *Well-Designed, Fiscally Responsible Corporate Tax Reform Could Benefit the Economy: Unpaid-For Rate Cuts Would Likely Hurt Most Americans in the Long Run*, Center on Budget and Policy Priorities, June 4.

Aron-Dine, A., C. Stone, and R. Kogan (2008), *How Robust was the 2001–2007 Economic Expansion?*, Center on Budget and Policy Priorities, Updated April 29.

Atkinson, A.B. and T. Piketty (2007), *Top Incomes over the Twenty Century: A Contrast between Continental European and English-Speaking Countries*, Oxford University Press.

Auerbach, A.J. and R.S. Belous eds. (1998), *The Inequality Paradox: Growth of Income Disparity*, National Policy Association.

Auerbach A.J., J.R. Hines Jr. and J. Slemrod eds. (2007), *Taxing Corporate Income in the 21st Century*, Cambridge University Press.

Autor, D., D. Dorn, L.F. Kats, C. Patterson, and J.V. Reenen (2020), "The Fall of the Labor Share and the Rise of Superstar Firms," *The Quarterly Journal of Economics*, Vol.135, Issue 2, May, pp.645–709.

Bakija, J.M. and W.G. Gale (2003), "Effects of Estate Tax Reform on Charitable Giving," *Tax Policy Issues and Options*, No.6, Urban-Brookings Tax Policy Center, July.

Baneman, D., J. Nunns, J. Rohaly, E. Toder and R. Williams (2011), *Options to Limit the Benefit of Tax Expenditures for High-Income Households*, Tax Policy Center, Urban Institute and Brookings Institution.

Baneman, D., J. Rosenberg, E. Toder and R. Williams (2012), *Curbing Tax Expenditures*, Tax Policy Center, Urban Institute and Brookings Institution, January 30.

BBC News (2021), *US Supreme Count rejects Trump-backed Challenge to Obamacare*, June 17.

Berger, D. and E. Toder (2019), *Distributional Effects of Individual Income Tax Expenditures after the 2017 Tax Cuts and Jobs Act*, Tax Policy Center, Urban Institute & Brookings Institution, June 4.

Bernhein, B.D. (1987), "Does the Estate Tax Raise Revenue?," in Summers L.H. ed. *Tax Policy and the Economy*, Vol.1, pp.113–138.

Bivens, J. and J. Irons (2008), "A Feeble Recovery: The Fundamental Economic Weakness of the 2001–07 Expansion," *EPI Briefing Paper*, Updated December 9, pp.1–9.

Bluestone, B. (1995), "The Inequality Express," *the American Prospect*, 20, Winter.

Board of Governors of the Federal Reserve System (2014), *Quarterly Report on Federal Research Balance Sheet Developments*, August.

Bricker, J. et al. (2014), "Changes in U.S. Family Finances from 2010 to 2013: Evidence from the Survey of Consumers Finances," *Federal Reserve Bulletin*, September 4.

Brunori, D. (2011), *State Tax Policy Third Edition*, The Urban Institute Press.

Brumbaugh, D.L. (2005), *Federal Business Taxation: The Current System, Its Effects, and Options for Reform*, CRS Report for Congress, RL33171.

Buhl, J. (2022), *The Inflation Reduction Act Primarily Impacts Top 1 Percent of Taxpayers*, Tax Policy Center, Urban Institute and Brookings Institution, August 11.

Bureau of the Fiscal Service (BFS), Department of the Treasury (2017), *Treasury Bulletin*, June.

Burman, L.E. (2003), "Is the Tax Expenditure Concept Still Relevant," *National Tax Journal* Vol.LVI, No.3, September, pp.613–627.

Burman, L.E. and W.E. Gale (2001), "The Estate Tax Is Down But Not Out," *Tax Policy Issues and Options*, No.2, Urban Institute, December.

Burman, L.E. and M. Phaup (2011), "Tax Expenditures the Size and Efficiency of Government, and Implication for Budget Reform," The Paper Submitted to the 67th Annual Congress of International Institute of Public Finance.

Burman, L.E., K. Lim and J. Rohaly (2008), *Back from the Grave: Revenue and Distributional Effects of Reforming the Federal Estate Tax*, Tax Policy Center, Urban Institute and Brookings Institution, October 20.

Burman, L.E., E.J. Toder and C. Geissler (2008), "How Big are Total Individual Income Tax Expenditures, and Who Benefits from Them?," *The Urban-Brookings Tax Policy Center Discussion Paper* No.31, December.

Burrus, T. ed. (2013), *A Conspiracy Against Obamacare*, Palagrave Macmillan.

Calame, S. and E. Toder (2021), *Trends in Tax Expenditures: An Update*, April 20, Tax Policy Center, Urban Institute and Brookings Institution.

Carasso, R. and C.E. Steuerle (2003), "Tax Expenditures: Revenue Loss Versus Outlay

Equivalents," *Tax Notes*, October 13, p.287.

Carlitz, R. and J. Friedman（2005）, *An Estate Tax with A 15 Percent Tax Rate Does Not Represent A Resesonable Compromise*, Center on Budget and Policy Priorities, September 22.

Carroll, R.J.（2006）, *Testimony of Robert J. Carroll Deputy Assistant Secretary（Tax Analysis）United States Department of the Treasury Before the Senate Committee on Finance United States Senate*, September 20, HP 106.

Carroll, R.J.（2010）, "Income Mobility and the Persistence of Millionaires, 1999 to 2007," *Special Report*, No.180, Tax Foundation, June.

Cashell, B.W.（1993）, "Recent Trends in the Distribution of Income in the United States," *CRS Report for Congress*, No.93-229E, February 11.

CBPP Staff（2023）, *Robust COVID Relief Bolstered Economy and Reduced Hardship for Millions*, Center on Budget and Policy Priorities, March 6.

Center for American Progress（CAP）（2023）, "Biden Tax Proposal's Would Correct Inequality Created by Trump Tax Cuts and Raise Additional Revenues," *Report of Center for American Progress*, April 14.

Center on Budget and Policy Priorities（CBPP）（2008）, *Tax Cuts: Myths and Realities*, Revised May 9.

Center on Budget and Policy Priorities（CBPP）（2009a）, *Testimony of Robert Greenstein, Executive Director, Center on Budget and Policy Priority before the Senate Committee on Finance*, March.

Center on Budget and Policy Priorities（CBPP）（2009b）, *Policy Basics: The 2001 and 2003 Tax Cuts*, March 5.

Center on Budget and Policy Priorities（CBPP）（2010）, *Policy Basics: The Estate Tax*, Revised June 14.

Center on Budget and Policy Priorities（CBPP）（2012）, *Policy Basics: Top Ten Facts about Social Security*, November 6.

Center on Budget and Policy Priorities（CBPP）（2014）, *Policy Basics: Federal Payroll Taxes*, March 31.

Center on Budget and Policy Priorities（CBPP）（2016）, *Policy Basics: The Federal Estate Tax*, July 5.

Centers for Medicare and Medicaid Services（CMMS）（2013）, *Brief Summary of Medicare and Medicaid*, November 1.

Centers for Medicare and Medicaid Services（CMMS）（2020）, *Brief Summary of Medicare and Medicaid*, November 23.

Centers for Medicare and Medicaid Services（CMMS）（2021）, "Historical Operations of the Hospital Insurance Trust Fund for Calendar Years" in Trustees Report & Trust Funds, August 31.

Chaikind, H.（2010）, "Health Reform and the 111th Congress," *CRS Report for Congress* R40581, February 25.

Chamberlain, A. (2006), "2006 Annual Survey of U.S. Attitudes on Tax and Wealth: Majority of U.S. Adults Support Major Tax Reform, Willing to Give Up Some Deductions to Make Tax System Simple," *Special Report*, No.140, Tax Foundation, April.

Chamberlain, A., G. Prante and P. Fleenor (2006), "Death and Taxes: The Economics of the Federal Estate Tax," *Special Report*, No.141, Tax Foundation, May.

Christian, E. and B. Duke (2017), "Obama's Legacy on the Economy Is Anything But a Mess," Report of Center for American Progress, June.1.

Citizen for Tax Justice (CTJ) (2007), *Bush Administration Gets It Half Right on Corporate Reform*, August 9.

Clegg, S. (2021), *Targeted Relief and the American Rescue Plan in Five Charts*, Institute on Taxation and Economic Policy, March 10.

Clemente, F., H. Blair, and N. Trokel (2016), *Corporate Tax Chartbook: How Corporations Rig the Rules to Dodge the Taxes They Owe*, Economic Policy Institute, September 19, pp.1-31.

Cohen, P. (2021), "Biden's Proposals Aim to Give Studier Support to the Middle Class," *The New York Times*, May 2.

Committee for a Responsible Federal Budget (CRFB) (2020), *The Cost of the Trump and Biden Campaign Plans: US Budget Watch 2020*, October 7.

Committee for A Responsible Federal Budget (CRFB) (2021), *Five Ways to Improve the House COVID Relief Package*, February 22.

Committee for A Responsible Federal Budget (CRFB) (2023), *Analysis of the President's FY 2024 Budget*, March 9.

Committee for Economic Development (CED), The Public Policy Center of the Conference Board (2023), *Policy Brief: Fiscal Responsibility Act*, June 2.

Committee on the Budget, United States Senate (2008), *Tax Expenditures: Compendium of Background Material on Individual Provisions*, S. Prt.110-667, Congressional Research Service.

Congressional Budget Office (CBO) (2001), *Social Security: A Primer*.

Congressional Budget Office (CBO) (2004), *The Estate Tax and Charitable Giving*, July.

Congressional Budget Office (CBO) (2005a), *Effects of the Federal Estate Tax on Farms and Small Businesses*, July.

Congressional Budget Office (CBO) (2005b), *Corporate Income Tax Rates: International Comparisons*.

Congressional Budget Office (CBO) (2005c), *Taxing Capital Income: Effective Rates and Approaches to Reform*.

Congressional Budget Office (CBO) (2006), *Computing Effective Tax Rates on Capital Income*, Background Paper.

Congressional Budget Office (CBO) (2009), "Federal Estate and Gift Taxes," *Economic and Budget Issue Brief*, December 18.

Congressional Budget Office (CBO) (2011), *Trends in the Distribution of Household Income*

Between 1997 and 2007, October 1.

Congressional Budget Office（CBO）（2012）, *Economic Effects of Reducing the Fiscal Restraint That Is Fiscal Restraint That Is Scheduled to Occur in 2013*, p.1.

Congressional Budget Office（CBO）（2013a）, *The Distribution of Major Tax Expenditures in the Individual Income Tax System*, May.

Congressional Budget Office（CBO）（2013b）, *The 2013 Long-Term Projection for Social Security: Additional Information*, December.

Congressional Budget Office（CBO）（2014a）, *Report on the Troubled Asset Relief Program*, April.

Congressional Budget Office（CBO）（2014b）, *Answers to Questions from Senator Hatch About Various Options for Payroll Taxes and Social Security*, July.

Congressional Budget Office（CBO）（2014c）, *The Distribution of Household Income and Federal Taxes, 2011*, November.

Congressional Budget Office（CBO）（2014d）, *The 2014 Long-Term Projection for Social Security: Additional Information*, December.

Congressional Budget Office（CBO）（2015）, *The Budget and Economic Outlook: 2015 to 2025*, January.

Congressional Budget Office（CBO）（2016a）, *The Distribution of Household Income and Federal Taxes,2013, Supplement: Source of Income for All Households, by Market Income Group,1979 to 2013*.

Congressional Budget Office（CBO）（2016b）, *The Distribution of Household Income and Federal Taxes, 2013*, June.

Congressional Budget Office（CBO）（2016c）, *Options for Reducing the Deficit 2017 to 2026*, December.

Congressional Budget Office（CBO）（2017a）, *International Comparisons of Corporate Income Tax Rates*, March.

Congressional Budget Office（CBO）（2017b）, *An Update to the Budget and Economic Outlook 2017 to 2027*, June 29.

Congressional Budget Office（CBO）（2017c）, *Distributional Effects of Changes in Taxes and Spending Under the Conference Agreement for H.R.1*, December 21.

Congressional Budget Office（CBO）（2018a）, *The Budget and Economic Outlook: 2018 to 2028*, April.

Congressional Budget Office（CBO）（2018b）, *An Analysis of the President's 2019 Budget*, May.

Congressional Budget Office（CBO）（2019）, *The Effects on Employment and Family Income of Increasing the Federal Minimum Wage*, July.

Congressional Budget Office（CBO）（2020）, *An Update to the Budget Outlook: 2020 to 2030*.

Congressional Budget Office（CBO）（2021a）, *The Distribution of Household Income 2018*, August.

Congressional Budget Office（CBO）（2021b）, Supplement Data of CBO（2021a）.

Congressional Budget Office（CBO）（2021c）, *Cost Estimate: Senate Amendment 2137 to H.R.*

3684, *THE Infrastructure and Jobs Act, as Proposed on August 1*, Revised August 9.

Congressional Budget Office (CBO) (2021d), *The Distribution of Major Tax Expenditure in 2019*, October.

Congressional Budget Office (CBO) (2022), *Trends in the Distribution of Family Wealth 1989 to 2019*, September.

Congressional Budget Office (CBO) (2023a), *The Budget and Economic Outlook 2023 to 2033*, February.

Congressional Budget Office (CBO) (2023b), *How the Fiscal Responsibility Act of 2023 Affects CBO's Projections of General Debt*, June.

Congressional Research Service (CRS) (2018), "Tax Reform 20: The Ways and Means Tax Proposals," *In Focus*, October 4.

Congressional Research Service (CRS) (2019), "Spending and Tax Expenditures: Distinctions and Major Programs," *CRS Report* R44530, Updated July 9.

Congressional Research Service (CRS) (2020a), "Wage Inequality and the Stagnation ofEarnings of Low-Wage Workers: Contributing Facts and Policy Options," *CRS Report* R46212, February 5.

Congressional Research Service (CRS) (2020b), "Overview of the Federal Tax System in 2020," *CRS Report* R45145, Updated November 10.

Council of Economic Advisers (CEA) (2003), *Economic Report of the President, Together with the Annual Report of the Council of Economic Advisers*, U.S.GPO, February.

Council of Economic Advisers (CEA) (2004), *Economic Report of the President, Together with the Annual Report of the Council of Economic Advisers*, U.S.GPO, February, Chapter 4.

Council of Economic Advisers (CEA) (2005), *Economic Report of the President, Together with the Annual Report of the Council of Economic Advisers*, U.S.GPO, February.

Council of Economic Advisers (CEA) (2007), *Economic Report of the President, Together with the Annual Report of the Council of Economic Advisers*, U.S.GPO, February.

Council of Economic Advisers (CEA) (2008), *Economic Report of the President, Together with the Annual Report of the Council of Economic Advisers*, U.S.GPO, February.

Council of Economic Advisers (CEA) (2009), *Economic Report of the President, Together with the Annual Report of the Council of Economic Advisers*, Bernan Press, January.

Council of Economic Advisers (CEA) (2010), *Economic Report of the President, Together with the Annual Report of the Council of Economic Advisers*, Bernan Press, February.

Council of Economic Advisers (CEA) (2013), *Economic Report of the President,Together with the Annual Report of the Council of Economic Advisers*, Bernan Press, March.

Council of Economic Advisers (CEA) (2014a), *Economic Report of the President, Together With the Annual Report of the Council of Economic Advisers*, Bernan Press, March.

Council of Economic Advisers (CEA) (2014b), *Economic Indicators August 2014* prepared for the Joint Economic Committee by the Council of Economic Advisers.

Council of Economic Advisers (CEA) (2015), *Economic Report of the President, Together with the*

Annual Report of the Council of Economic Advisers, Bernan Press, February.

Council of Economic Advisers（CEA）（2016）, *Economic Report of the President, Together with the Annual Report of the Council of Economic Advisers*, Bernan Press, February.

Council of Economic Advisers（CEA）（2017a）, *Economic Report of the President, Together with the Annual Report of the Council of Economic Advisers*, Bernan Press, January.

Council of Economic Advisers（CEA）（2017b）, *Economic Indicators July 2017 prepared for the Joint Committee by the Council of Economic Advisers*.

Council of Economic Advisers（CEA）（2018）, *Economic Indicators April 2018 prepared for the Joint Economic Committee by the Council of Economic Advisers*.

Council of Economic Advisers（CEA）（2020）, *Economic Report of the President, Together with the Annual Report of the Council of Economic Advisers*, Bernan Press, February.

Council of Economic Advisers（CEA）（2022）, *Economic Report of the President, Together with the Annual Report of the Council of Economic Advisers*, Bernan Press, April.

Council of Economic Advisers（CEA）（2023）, *Economic Report of the President, Together with the Annual Report of the Council of Economic Advisers*, Bernan Press, March.

Covid Money Tracker（2023）, *Tracking the COVID Response*, April 19.

Crandall-Hollick, M.L. and J.S. Hughes（2018）, "The Earned Income Tax Credit（EITC）: An Economic Analysis," *CRS Report* R44057, Updated August 13.

Crasso, G.A. ed.（2014）, *Federal Discretionary Spending and Budget Authority: Elements and Trend*, Nova Science Publishers, Inc.

Cronin, J., P. DeFilippes, and R. Fisher（2023）, *Tax Expenditures by Race and Hispanic Ethnicity: An Application of the U.S. Treasury Department's Race and Hispanic Ethnicity Imputation*, Office of Tax Analysis Working Paper 122, January.

Danzinger, S. and P. Gottschalk（1995）, *American Unequal*, Russell Sage Foundation.

Davies, J.B., S. Sandstrom, A. Shorrocks, and E.N. Wolff（2009）, "The Level and Distribution of Global Household Wealth," *EPRI Working Paper #2009-1*, The University of Western Ontario, September.

Davis, P.A.（2021）, "Medicare: Insolvency Projections," *CRS Report* RS20946, Updated October 25, p.8.

Department of the Treasury（2007）, *Treasury Conference on Business Taxation and Global Competitiveness*, Background Paper.

Department of the Treasury（2012）, *Joint Statement of Timothy Geithner, Secretary of the Treasury, and Jeffery Zients, Deputy Director for Management of the Office of Management and Budget, on Budget Results for Fiscal Year 2012*, October 12.

Department of the Treasury, Office of Tax Policy（2016）, *Tax Expenditures — FY2018*.

Department of the Treasury（2017）, *Analysis of Growth and Revenue Estimates Based on the U.S. Commerce on Finance Tax Reform Plan*, December 11.

Department of the Treasury（2022）, *Remarks by Secretary of the Treasury Janet L. Yellen at the 2022 'Virtual Davos Agenda' Hosted by the World Economic Forum*, January 21.

参考文献　　487

Department of the Treasury (2023), *Facts Sheet: 2023 Social Security and Medicare Trustees Reports*.

Desmond, M.L. ed. (2014), *Federal Budget Issues, Carryover Balances, and Sequestration Questions*, Nova Science Publishers, Inc.

Devereux M.P. and P.B. Sorensen (2005), *The Corporate Income Tax: International Trends and Options for Fundamental Reform*, the Paper for the Working Party No.2 of the Committee on Fiscal Affairs of the OECD.

Dilley, P.E. (2000a), "Taking Public Rights Private: The Rhetoric and Reality of Social Security Privatization," *Boston College Law Review*, Vol.XLI, No.5.

Dilley, P.E. (2000b), "Breaking the Glass Slipper-Reflection on the Self-Employment Tax," *The Tax Lawyer*, Vol.54, No.1.

Driessen, G.A. (2017), "The Federal Budget: Overview and Issues for FY2018 and Beyond," *CRS Report for Congress*, R44881, June 30.

Durante, A. (2023), *Tackling America's Debt and Deficit Crisis Requires Social Security and Medicare Reform*, Tax Foundation.

Executive Office of the President and Council of Economic Advisers (CEA) (2014), *The Economic Impact of the American Recovery and Reinvestment Act Five Years Later: Final Report to the Congress*, February.

Favreault, M. and G.B.T. Mermin (2008), *Are There Opportunities to Increase Social Security Progressivity despite Underfunding?*, Discussion Paper No.30, Tax Policy Center, Urban Institute and Brookings Institution, November.

Feldstein, M., D. Feenberg, and M. MacGuineas (2011), "Capping Individual Tax Expenditures Benefits," NBER Working Paper No.16921, April.

Fieldhouse, A. and E. Pollack (2011), *Tenth Anniversary of the Bush-Era Tax Cuts: A Dacade Later, the Bush Tax Cuts Remain Expensive, Ineffective, and Unfair*, Economic Policy Institute, June 1, pp.1-7.

Fleenor, P., G. Prante, and A. Chamberlain (2006), "Death and Taxes: The Economics of the Federal Estate Tax," *Special Report*, No.142, Tax Foundation, June 2, p.8.

Freeman, R.B. (2007), *America Works: The Exceptional U.S. Labor Market*, Rusell Sage Foundation.

Friedman, J. (2005), *Capital Gains Tax Cuts Unlikely to Yield Touted Economic Gain*, Center on Budget and Policy Priorities, Revised October 7.

Friedman, J. (2006), *The High Cost of Estate Tax Repeal*, Center on Budget and Policy Priorities, June 5.

Friedman J. and A. Aron-Dine (2006a), *Thomas Estate Tax Proposal Still "Near Repeal,"* Center on Budget and Policy Priorities, June 23.

Friedman J and A. Aron-Dine (2006b), *New Joint Tax Committee Estates Show Modified KYL Proposal Still Very Costly: True Cost Partially Masked*, Center on Budget and Policy Priorities, Revised June 13.

Furman, J. (2017), *The Affordable Care Act: Seven Years Later*, Peterson Institute for International Economics, II, Cost, March 23.

Gale, W.G., J.R. Hines Jr., and J. Slemrod (2001), *Rethinking Estate and Gift Taxation*, Brookings Institution Press.

Gale, W.G. and P.R. Orszag (2004), "Bush Administration Tax Policy: Distributional Effects," *Tax Notes* 104, No.14, September.

Gale, W.G. and B.H. Harris (2011), *Reforming Taxes and Raising Revenue: Part of the Fiscal Solution*, the Brookings Institution and the Tax Policy Center.

Gale W.G. and J. Slemrod eds. (2012), "Rhetoric and Economics in the Estate Tax Debate," *A Paper for the National Tax Association Spring Symposium*, Washington DC, May 7-8.

Gale, W.G. and C. Haldeman (2021), "The Tax Cuts and Jobs Act: Searching for Supply-Side Effects," *National Tax Journal*, Vol.74 No.4, December, pp.897-914.

Gardner, M., R.S. McIntyre, and R. Phillips (2017), *The 35 Percent Corporate Tax Myth: Corporate Tax Avoidance by Fortune 500 Companies, 2008-2015*, Institute on Taxation and Economic Policy, March, pp.1-72.

Geier, Deborah A. (2002), "Integrating the Tax Burden of the Federal and Payroll Taxes on Labor or Income," *Virginia Tax Review*, Vol.22, No.1.

Geier, Deborah A. (2003), "Integrating the Tax Burdens on Labor Income," *Tax Notes*, Vol.98, No.4.

Gist, J.R. and AARP Public Policy Institute (2007a), *Population Aging, Entitlement Growth, and the Economy*, AARP.

Gist, J.R. and AARP Public Policy Institute (2007b), *Spending Entitlement and Tax Entitlement*, AARP.

Gleckman, H. (2011), "Fixing Social Security Isn't Hard," *Tax Box*, Tax Policy Center, Urban Institute and Brookings Institution, June 21.

Gleckman, H. (2023a), "Biden's Budget World Raise Taxes on High-Income," *Tax Vox: Federal Budget and Economy*, Tax Policy Center, Urban Institute and Brookings Institution, March 23.

Gleckman, H. (2023b), "Buckle up, 2025 Promises to be an Historic Year in Tax and Budget Policy," *Tax Vox: Federal Budget and Economy*, Tax Policy Center, Urban Institute and Brookings Institution, June 7.

Gokhale, J. (2010), *Social Security: A Fresh Look at Policy Alternatives*, The University of Chicago Press.

Gokhale, J. (2014), "Social Security Financial Outlook and Reforms: An Independent Evaluation," in Diamond, John W. and George R. Zodrow eds., *Pathway to Fiscal Reform in The United States*, The MIT Press.

Gould, E. (2020), *State of Working America, Wages 2019: A Story of Slow, Uneven, and Unequal Wage Growth over the Last 40 Years*, Economic Policy Institute, February 20.

Governmental Accounting Office (GAO) (2001), *Federal Taxes Information on Payroll Taxes and Earned Income Tax Credit Noncompliance.*

Government Accountability Office (GAO) (2005a), *Government Performance and Accountability: Tax Expenditures Represent a Substantial Federal Commitment and Need to Be Reexamined,* GAO-05-690, September.

Government Accountability Office (GAO) (2005b), *Understanding the Tax Reform Debate: Background, Criteria & Questions.*

Government Accountability Office (GAO) (2008), *U.S. Multinational Corporations: Effective Tax Rates Are Correlated with Where Income Is Reported,* GAO-08-950.

Government Accountability Office (GAO) (2016), "Tax Expenditures: Opportunities Exist to Use Budgeting and Agency Performance Processes to Increase Oversight," *Report to Congressional Requesters,* GAO-16-622, July.

Government Accountability Office (GAO) (2020), *Key Issues: Tax Expenditures Data.*

Graetz, M.J. (2011), "Tax Reform 1986: A Silver Anniversary, Not a Jubilee," *Tax Analysis.*

Gramm, P. and M. Solon (2022), "The Folly of Modern Supply-Side Economics," *The Wall Street Journal,* February 7.

Gravelle, J.G. (2004), "Historical Effective Marginal Tax Rates on Capital Income," *CRS Report for Congress,* RS 21706, January 12.

Gravelle, J.G. (2006), "The Advisory Panel's Tax Reform Proposals," *CRS Report for Congress,* RL33545, July 13.

Gravelle, J.G. (2018), *Capital Gains Taxes: An Overview,* CRS REPORT, March 16.

Gravelle, J.G. and S. Maguire (2007), "Estate and Gift Taxes: Economic Issues," in Yoshov, B.L. ed. *Taxation and Policy Issues,* Nova Science Publishers, Inc.

Gravelle, J.G. and T.L. Hungerford (2007), "Corporate Tax Reform: Issues for Congress," *CRS Report for Congress,* RL34229, October 31.

Gravelle, J.G. and D.J. Marples (2019), "The Economic Effects of the 2017 Tax Revision: Preliminary Observations," *CRS Report for Congress,* R45736, May 22.

Hacker, J.S. (2002), *The Battle over Public and Private Social Benefits in the United States,* Cambridge University Press.

Harris, B.H. and A. Looney (2018), *The Tax Cuts and Jobs Act: A Missed Opportunity to Establish a Sustainable Tax Code,* Urban Institute and Brookings Institution, May 24.

Harris, B.H., E. Steuerle, and C. Quakenbush (2018), *Evaluating Tax Expenditures: Introducing Oversight through the Tax Code,* Tax Policy Center, Urban Institute & Brookings Institution, July 10, pp.1-19.

Hartley, J.S. (2022), *The New Supply-Side Economics,* Niskanen Center, March.

Hines Jr., J.R. (2009), *International Tax Seminar for Congressional Staff,* International Tax Policy Forum, February 20.

House of Representatives (2017a), *The 2017 Joint Economic Report: Report of the Joint Economic Committee, Congress of the United States on the 2017 Economic Report of the President together with Minority Views,* February 28.

House of Representatives (2017b), "The Federal Budget: Overview and Issues for FY 2018 AND Beyond," *CRS Report for Congress*, R44881, June 30.

Howard, C. (1997), *The Hidden Welfare State: Tax Expenditures and Social Policy in the United States*, Princeton University Press.

Huang, C. (2009), *The High Cost of Estate Tax Repeal*, Center on Budget and Policy Priorities, January 28.

Huang, C. (2012), *Senate and House GOP Leaders' Tax Proposals Would Give Windfall to Heirs of Largest Estates*, Center on Budget and Policy Priorities, Revised July 24.

Huang C. and C. Stone (2008), "Bonus Depreciation Tax Cut Unlikely to Provide Effective Economic Stimulus," *Center on the Budget and Policy Priorities*, September 10.

Hufbauer, G.C. and P.L. Grieco (2005), *Reforming the US Corporate Tax*, Institute for International Economics.

Hufbauer, G.C. and J. Kim (2009), "US Taxation of Multinational Corporations: What Makes Sense What Doesn't," *Policy Brief*, Number PB 09-7, Peterson Institute for International Economics, March.

Hughes, J.A. ed. (2012), *Estate and Gift Taxes: Economics and History*, Nova Science Publishers, Inc..

Hungerford, T.L. (2006), "Tax Expenditures: Trends and Critiques," *CRS Report for Congress*, RL 3361, September 13.

Hungerford, T.L. (2013), "Increasing the Social Security Payroll Tax Base: Options and Effects on Tax Burdens," *CRS Report for Congress* RL 3393, February 5.

Huston, B.F. (2021), "Social Security: The Trust Funds," Updated September 21, CRS REPORT RL33028.

Internal Revenue Service (IRS), Statistics of Income (2012), *Compendium of Federal Estate Tax & Personal Wealth Studies*.

Internal Revenue Service (IRS) (1913-2018), *SOI Tax Stats — Historical Tables 23. U.S, Individual Income Tax*.

Institute on Taxation and Economic Policy (ITEP) (2018a), *Extension of the New Tax Law's Temporary Provisions Would Mainly Benefit the Wealthy*, April 10.

Institute on Taxation and Economic Policy (ITEP) (2018b), *Trump Tax Cuts Likely Make U.S. Corporate Tax Level Lowest Among Developed Countries*, April 11.

Institute on Taxation and Economic Policy (ITEP) (2018c), *Who Pays Taxes in America in 2018?*, April 11.

Investopedia (2022), *American Rescue Plan (Biden's 1.9 Trillion〜Stimulus Package)*, September 21.

Johnson, R.M. and J. Rohaly (2009), *The Distribution of Federal Taxes, 2009-12*, Tax Policy Center, Urban Institute and Brookings Institution, August.

Johnson, R., J. Nunns, J. Rohaly, E. Toder, and R. Williams (2011), *Why Some Tax Units Pay No Income Tax*, Tax Policy Center, Urban Institute and Brookings Institution, July.

Joint Economic Committee (JEC), United States Congress (1998), *The Economics of the Estate Tax*, December.

Joint Committee on Taxation (JCT) (2001), *Estimate of Federal Tax Expenditure for Fiscal Years 2001-2005*, JCS-1-01, April 6.

Joint Committee on Taxation (JCT) (2006a), *Estimate of Federal Tax Expenditure for Fiscal Years 2006-2010*, JCS-2-06, April 25.

Joint Committee on Taxation (JCT) (2006b), *Present Law and Background Relating to Selected Business Tax Issues*, JCX-41-06.

Joint Committee on Taxation (JCT) (2007), *History, Present Law, and Analysis of the Federal Wealth Transfer Tax System*, JCX-108-07.

Joint Committee on Taxation (JCT) (2008a), *A Reconsideration of Tax Expenditure Analysis*, JCX-38-08, May 12.

Joint Committee on Taxation (JCT) (2008b), *Estimates of Federal Tax Expenditures for Fiscal Years 2008-2012*, JCS-2-08, October 31.

Joint Committee on Taxation (JCT) (2008c), *Tax Reform: Selected Federal Tax Issues Relating to Small Business and Choice of Entity*, JCX-48-08.

Joint Committee on Taxation (JCT) (2010), *Estimate of Federal Tax Expenditure for Fiscal Years 2010-2014*, JCS-3-10, December 21.

Joint Committee on Taxation (JCT) (2011), *Background Information on Tax on Tax Expenditure Analysis and Historical Survey of Tax Expenditure Estimates*, JCX-15-11, February 28.

Joint Committee on Taxation (JCT) (2017), *Estimated Budget Effects of the Conference Agreement or H.R.I, The "Tax Cute and Jobs ACT," Fiscal Years 2018-2027*, JCX-67-17, December 18.

Joint Committee on Taxation (JCT) (2018a), *Tables Related to the Federal Tax System as in Effect 2017 through 2026*, JCX-32R-18, April 24.

Joint Committee on Taxation (JCT) (2018b), *Overview of the Federal Tax System as in Effect for 2018*, JCX-3-18, February 7.

Joint Committee on Taxation (JCT) (2019a), *Overview of The Federal Tax System As In Effect for 2019*, JCX-9-19, March 20.

Joint Committee on Taxation (JCT) (2019b), *Distributional Effects of Public Law 115-97*, JCX-10-19, March 25.

Joint Committee on Taxation (JCT) (2019c), *Tax Expenditure Estimates by Budget Function, Fiscal Years 2019-2023*.

Joint Committee on Taxation (JCT) (2022), *Overview of The Federal Tax System As In Effect for 2022*, JCX-14-22, June 28.

Joulfaian, D. (2005), "The Behavioral Response of Wealth Accumulation to Estate Taxation: Time Series Evidence," *DTA Paper* 96, November.

Joulfaian, D. (2007), "The Federal Gift Tax: History, Law, and Economics," *OTA Paper* 100, November.

Keegan, A.L. ed. (2010), *Taking Stock of the Troubled Relief Program*, Nova Science Publishers Inc.

Kleinbard, E.D. (2010), "Tax Expenditure Framework Legislation," Presented at Train Wreck: A Conference on America's Looming Fiscal Crisis, January 15.

Komlos, John (2018) "Reaganomics: A Historical Watershed," CESifo *Working Paper No.7301, Category 6: Fiscal Policy, Macroeconomics and Growth.*

Kopcke, R., L. Zhenyu, and A. Webb (2014), *The Effect of Increasing Earnings Dispersion on Social Security Payroll Tax Receipts*, The Center for Retirement Research at Boston College, May.

Kopczuk, W. (2010), "Economics of Estate Taxation: A Brief Review of Theory and Evidence," *NBER Working Paper* No.15741, February.

Leiserson, G. and J. Rohaly (2008), "The Distribution of the 2001-2006 Tax Cuts: Updated Projections, July 2008," Urban-Brookings Tax Policy Center.

Lowry, S. (2017), "Itemized Tax Deductions for Individuals: Data Analysis," *CRS Report*, R43012 December 21.

Lu, C. (2017), *Itemized Deduction*, Tax Policy Center, Urban Institute & Brookings Institution, January 26.

Luckey, J.R. (2009a), *Federal Estate, Gist, and Generation-Skipping Taxes: A Description of Current Law*, Congressional Research Service, CRS-95-416, January 5.

Luckey, J.R. (2009b), *A History of Federal Estate, Gift, and Generation-Skipping Taxes*, Congressional Research Service, CRS-95-444, January 16.

Maguire, S. (2007), "Asset Distribution of Taxable Estates: Analysis," *CRS Report for Congress*, RS 20593, February 7.

Mankiw, N.G. (2003), *Remarks at National Bureau of Economic Research Tax Policy and Economy Meeting*, National Press Club, November 4.

Manyika, J., J. Mischke, J. Bughin, J. Woetzel, M. Krishnan, and S. Cudre (2019), "A New Look at the Declining Labor Share of Income in the United States," *Discussion Paper*, McKinsey Global Institute, May.

Marples, D.J. (2015), "Tax Expenditures: Overview and Analysis," *CRS Report for Congress*, R44012, April 30.

Marples, D.J. and J.G. Gravelle (2009), *Estate and Gift Taxes: Economic Issues*, November 27, *CRS Report for Congress* RL 30600.

Marr, C. (2010), *Change in Medicare Tax on High-Income People Represent Sound Additions to Health Reform.*

Marr, C. and G. Brunet (2010), *Stalled Proposal to Cut Estate Tax Further is Deeply Flawed and Should not be Revived*, Center on Budget and Policy Priorities, Revised May 21.

Marr, C. and C. Huang (2012), *Misconceptions and Realities about Who Pays Taxes*, Center on Budget and Policy Priorities, September.

Marr, C., B. Duke, and C. Huang (2018), *New Tax Law Is Fundamentally Flawed and Will*

Require Basic Restructuring, Center on Budget and Policy Priorities, April 9.

Marr, C. and S. Jacoby (2023), "President Biden's Budget Charts a Needed Course Correction as 2025 Tax Debate Begins," *Center on Budget and Policy Priorities*, March 29.

Mazur, M.J. (2018), *Reflecting on the Tax Cuts and Jobs Act*, Tax Policy Center, Urban Institute & Brookings Institution, April 11.

McClelland, R. (2017), *Capital Gain*, Tax Policy Center, Urban Institute and Brookings Institution, February.

McDonald, O. (2012), *Fannie Mae & Freddie Mac: Turning the American Dream into a Nightmare*, Bloomsbury Academic.

McIntyre, R.S. and T.D.C. Nguyen (2000), *Corporate Income Taxes In the 1990s*, The Institute on Taxation and Economic Policy.

McIntyre, R.S. and T.D.C. Nguyen (2004), *Corporate Income Taxes in the Bush Years*, Citizens for Tax Justice and The Institute on Taxation and Economic Policy.

McNichol, E.C. (2000), *Report of the Federal Estate Tax Would Cost Governments Billions in Revenue*, Center on Budget and Priorities, December 12.

McNichol, E.C. (2006), *Estate Tax "Compromise" Proposals May Engender State Estate and Inheritance Taxes*, Center on Budget and Policy Priorities, June 23.

McNichol, E.C., I.J. Lav, and D. Tenny (2000), *Repeal of the Federal Estate Tax Would Cost State Governments Billions in Revenue*, Center on Budget and Policy Priorities, Revised: December 12.

Mermin, G.B., J. Holtzblatt, S. Khitatrakun, C. Lu, T. Matheson, and J. Rohaly (2020), *An Updated Analysis of Former Vice President Biden's Tax Proposals*, October 15.

Mishel, L., J. Bernstein and H. Shierhelz (2009), *The State of Working America 2008/2009*, Economic Policy Institute.

Mitrusi, A. and J. Poterba (2000), "The Distribution of Payroll and Income Tax Burdens, 1979–1999," *National Tax Journal*, Vol.LIII, No.3, Part 2, September.

Mitrusi, A. and J. Poterba (2001), "The Changing Importance of Income and Payroll Taxes on U.S. Families," in Poterba, J. ed., *Tax Policy and the Economy*, Vol.15, The MIT Press.

Moore, S. and A.B. Laffer (2018), *Trumponomics: Inside the American First Plan to Revive Our Economy*, St. Martin's Press.

Moody's Analytics (2021), *Macroeconimic Consequences of the Infrastructure Investment and Jobs Act & Build Back Better Framework*, November 4.

Moody's Analytics (2022), *Assessing the Macroeconomic Consequences of the Inflation Reduction Act of 2022*, August.

Mozumi, Seiichiro (2022), "Tax Expenditures and the Tax Reform Act of 1969 in the United States," *Social Science History* Vol.46 Issue 1, Spring.

Munnell, A.H. (2003), *Death and Dollars: The Role of Gifts and Bequests in America*, Brookings Institution Press.

National Association of Counties (NAC) (2023), *Legislative Analysis for Counties: The Fiscal*

Responsibility Act of 2023.

National Commission on Fiscal Responsibility and Reform（NCFRR）（2010）, *Final Plan.*

Nellen, A. and J.A. Porter（2016）, "30 Years after the Tax Reform Act: Still Aiming for a Better Tax System," *Journal Accountancy*, October 1.

Nuschler, D.（2013）, "Social Security Primer," *CRS Report for Congress* R42035, June 17.

Nuschler, D. and G. Sidor（2013）, "Social Security: The Trust Fund," *CRS Report for Congress* RL 33028, June 4.

OECD（2007）, *Fundamental Reform of Corporate Income Tax*, OECD Publishing.

OECD（2010a）, *Tax Expenditures in OECD Countries*, OECD Publishing.

OECD（2010b）, "Restoring Fiscal Sustainability in the United States," *Economic Department Working Paper*, No.806.

OECD（2010c）, *Revenue Statistics 1965–2009.*

OECD（2015）, *In It Together: Why Less Inequality Benefits All.*

OECD（2017）, *Economic Outlook*, No.101 database, Annex Tables, June.

OECD（2022）, *OECD Economic Outlook*, Volume 2022 Issue 2, November.

OECD Stat（2017）, *LFS by sex and age-indicators: Labour force participation rate*, August.

OECD Stat（2020）, *Income Distribution Database by Country-Inequality and Wealth Distribution by Country.*

Office of Management and Budget（OMB）（2001a）, *Analytical Perspectives, Budget of the U.S. Government, Fiscal Year 2002.*

Office of Management and Budget（OMB）（2001b）, *A Blueprint for New Beginnings: A Responsible Budget for America's Priorities.*

Office of Management and Budget（OMB）（2007）, *Analytical Perspectives, Budget of the U.S. Government, Fiscal Year 2008.*

Office of Management and Budget（OMB）（2009）, *Historical Tables, Budget of the United States Government, Fiscal Year 2010.*

Office of Management and Budget（OMB）（2011）, *Analytical Perspectives, Budget of the U.S. Government, Fiscal Year 2012.*

Office of Management and Budget（OMB）（2014a）, *Historical Tables, Budget of the United States Government, Fiscal Year 2015.*

Office of Management and Budget（OMB）（2014b）, *Analytical Perspectives, Budget of the U.S. Government Fiscal Year 2015.*

Office of Management and Budget（OMB）（2017）, *Historical Tables, Budget of the United States Government, Fiscal Year 2018.*

Office of Management and Budget（OMB）（2018）, *Analytical Perspectives, Budget of the U.S. Government, Fiscal Year 2019.*

Office of Management and Budget（OMB）（2020）, *Historical Tables, Budget of the United States Government, Fiscal Year 2021.*

Office of Management and Budget（OMB）（2023）, *Budget of the U.S. Government, Fiscal Year*

2024.

Office of Tax Policy (OTP), U.S. Department of the Treasury (2007), *Approaches to Improve the Competitiveness of the U.S. Business Tax System for the 21ˢᵗ Century.*

Office of Tax Policy (OTP), U.S. Department of the Treasury (2011), *A State-by-State Look at the President's Payroll Tax Cuts for Middle-Class Families*, November.

Patashnik, E.M. (2000), *Putting Trust in the US Budget: Federal Trusts Funds and the Politics of Commitment*, Cambridge University Press.

Peterson, W.C. (1991), *Transfer, Spending, Taxes and the American Welfare State*, Kluwer Publishers.

Perese, K. (2017), "CBO's New Framework for Analyzing the Effects of Means-Tested Transfers and Federal Taxes on the Distribution of Household Income," *CBO Working Paper 2017-09*, December, p.36.

Pew Research Center (2015), *The American Middle Class Is Losing Ground: No Longer the Majority and falling behind financially*, December 9.

Piketty, T. and E. Saez (2003), "Income Inequality in the United States: 1913-1998," *Quarterly Journal of Economics*, Vol.118, issue 1, February.

Piketty, T. and E. Saez (2007), "How Progressive is the U.S. Federal Tax System? a Historical and International Perspective," *Journal of Economic Perspectives*, 21 (1), Winter.

Piketty, T. (2014), *Capital in the Twenty-First Century*, The Belknap Press of Harvard University Press. (トマ・ピケティ著、山形浩生・守岡桜・森本正史訳 (2014)、『21世紀の資本』みすず書房)。

Pollack, S.D. (1996), *The Failure of U.S. Tax Policy: Revenue and Politics*, The Pennsylvania State University Press.

Poterba, J.M. and S. Weisbenner (2000), "The Distributional Burden of Taxing Estates and Unrealized Capital Gains at the Time of Death," *NBER Working Paper*, No.7811, July.

Prante, G. and A. Chamberlain (2007), "Who pays Taxes and Who Receives Government Spending? An Analysis of Federal, State and Local Tax and Spending Distribution, 1994-2004," *Tax Foundation Working Paper*, No.1, March.

President's Advisory Panel on Federal Tax Reform (PAPFTR) (2005), *America Needs a Better Tax System.*

Press Room, U.S. Department of the Treasury (2008), *Approaches to Improve the Competitiveness of the U.S. Business Tax System: A Summary.*

Probasco, J. (2022a), "Inflation Reduction Act of 2022," *Investopedia*, August 16.

Probasco, J. (2022b), "Infrastructure Investment and Jobs Act: Definition and Summary," *Investopedia*, Updated November 29.

Purcell, P. (2009), "Income and Poverty Among Older Americans in 2008," *CRS Report for Congress*, RL32697, October 2.

PWC (2017), "Congress Gives Final Approval To Tax Reform Conference Committee Agreement" *Tax Insights from Washington National Tax Services*, December 20, pp.1-37.

Randolph, W.C. (2006), "International Burdens of the Corporate Income Tax," *Working Paper Series*, Congressional Budget Office.

Riedl, B. (2017), *Obama's Fiscal Legacy: A Comprehensive Overview of Spending, Taxes, and Deficits*, Manhattan Institute, September.

Riggs, D. ed. (2014), *Private Health Insurance and the Affordable Care Act: Provisions and Reforms*, Nova Science Publishers Inc.

Rogers, A. and E. Toder (2011), *Trends in Tax Expenditures, 1985–2016*, Tax Policy Center, Urban Institute and Brookings Institution.

Rohaly, J. (2011), *The Distribution of Federal Taxes, 2008–11*, Tax Policy Center, Urban Institute and Brookings Institution.

Rohaly, J., J. Rosenberg, B.R. Page, and D. Berger (2018), *Analysis of the Protecting Family and Small Business Tax Cuts of 2018*, Tax Policy Center, Urban Institute & Brookings Institution, September 12.

Rosen, H.S. and T. Gayer (2014), *Public Finance*, Tenth Edition, McGraw-Hill/Irwin.

Rosenthal, S.M. (2018), "IRS Warns States to Slow Down on Charitable SALT Workrounds," *Tax Vox: Federal Budget and Economy*, Tax Policy Center, Urban Institute & Brookings Institution, May 24.

Roth, M.G. (2010), *Social Security Solvency: Issues and Projections*, Nova Science Publishers, Inc.

Rubin, J. (2023), "Biden is Succeeding Building the Economy from 'Bottom Up, Middle Out'," *The Washington Post*, February 13.

Ryscavage, P. (1999), *Income Inequality in America: An Analysis of Trends*, M.E.Sharpe.

Saez, E. and G. Zucman (2016), "Welfare Inequality in the United States since 1913: Evidence from Capitalized Income Tax Data," *Quarterly Journal of Economics*, Vol.131, May.

Saez, E. and G. Zucman (2019), *The Triumph of Injustice, How the Rich Dodge Taxes and How to Make Them Pay*, W.W. Norton & Company.（エマニュエル・サエズ／ガブリエル・ズックマン著、山田美明訳（2020）、『つくられた格差　不公平税制が生んだ所得の不平等』光文社）。

Sammartino, F. (2018), "How New York State Responded to the SALT Deduction Limit," *Tax Vox: State and Local Issues*, Tax Policy Center, Urban Institute & Brookings Institution, May 14.

Sammartino, F. and E. Toder (2019), *What Are the Largest Nonbusiness Tax Expenditures*, Tax Policy Center, Urban Institute & Brookings Institution, July 17.

Sammartino, F. and E. Toder (2020), *Are Tax Expenditures Worth the Money?*, Tax Policy Center, Urban Institute & Brookings Institution.

Sanders, B.C. ed. (2013), *Financial Regulation Reform: Benefits, Costs and Challenges of the Dodd-Frank Act*, Nova Science Publishers Inc.

Scott, C. (2011), "Social Security: Calculation and History of Taxing Benefits," *CRS Report for Congress* RL 32552, August 4.

Seip, J. and D.W. Harper (2016), *The Trickle-Down Delusion*, University Press of America, ®

Inc.

Shapiro, R.J. and A. Mathur (2009), *The Economic Benefits of Provisions Allowing U.S. Multinational Companies to Defer U.S. Corporate Tax on their Foreign Earnings and the Costs to U.S. Economy of Repealing Deferral*, SONECON.

Sherlock, M.F. and D.J. Marples (2014), "Overview of the Federal Tax System," *CRS Report for Congress*, RL32808, November 21.

Sherlock, M.F. and D.J. Marples (2017), "The Federal Tax System for the 2017 Tax Year," *CRS Report* R45053, December 26.

Sherlock, M.F. and D.J. Marples (2018a), "The 2017 Tax Revision (P.L.115-97): Comparison to 2017 Tax Law," *CRS Report* R45092, February 6.

Sherlock, M.F. and D.J. Marples (2018b), "Overview of the Federal Tax System in 2018," *CRS Report* R45145, March 29.

Slemrod, J. and J. Bakija (2017), *Taxing Ourselves: A Citizen's Guide to the Debate over Taxes*, fifth edition, The MIT Press.

Slemrod, J. ed. (2000), *Does Atlas Shrug?: The Economic Consequences of Taxing the Rich*, Harvard University Press.

Smith, K.E. and E. Toder (2014), *Adding Employer Contributions to Health Insurance to Social Security's Earnings and Tax Base*, Working Paper 2014-3, Center for Retirement Research at Boston College.

Social Security Administration (SSA) (2014), *Annual Statistical Supplement to the Social Security Bulletin, 2013*, February.

Social Security Administration (SSA) (2021), *Annual Statistical Supplement, 2021-OASDI Trust Funds*.

Staman, J., C. Brougher, E.C. Liu, E.K. Lunder, and K.R. Thomas (2012), "Requiring Individual to Obtain Health Insurance: A Constitutional Analysis," *CRS Report for Congress* R40725, April 6.

Steuerle, C.E. (2005), "Estate Tax Reform-A Third Option," *Tax Notes*, July 18.

Steuerle, C.E. (2008), *Contemporary U.S. Tax Policy*, second ed., The Urban Institute Press.

Steuerle, C.E. (2013), *Statement of C. Eugene Steuerle on Reforming Social Security Benefits*, House Ways and Means Committee Subcommittee on Social Security, May 23.

Steuerle, C.E. (2014), *What Every Worker Needs to Know About an Unreformed Social Security System*, Statement before the Subcommittee on Social Security Committee on Ways and Means United States House of Representatives, July 29.

Steuerle, C.E. and C. Quakenbush (2012), *Social Security and Medicare Taxes and Benefits over a Lifetime*, Urban Institute, October.

Stone, C., D. Trisi, A. Sherman, and J. Beltran (2018)(2020), *A Guide to Statistics on Historical Trends in Income Inequality*, Center on Budget and Policy Priorities, Updated December 11 and January 13.

Sunley, E. (2004), "Tax Expenditures in the United States," in Briki, H.P., C.M.A. Valenduc and Z.L. Swift eds.（2004）, *Tax Expenditures — Shedding Light on Government Spending through the Tax System: Lessons from Developed and Transition Economies*, The World Bank.

Surrey, S.S.（1973）, *Pathways to Tax Reform*, Harvard University Press.（スタンリー・S. サリー＆パウル・R. マクダニエル著、八木原大訳（2023）、『租税支出』文眞堂）。

Surrey, S.S. and P.R. McDaniel（1985）, *Tax Expenditures*, Harvard University Press.

Tankersley, J.（2023）, "Missing From Biden's Budget: His Plan for Social Security," *The New York Times*, March 10.

Tax Foundation（2009）, *Social Security and Medicare Tax Rates, Calendar Years, 1937-2009*, May 5.

Tax Foundation（2021a）, *Federal Capital Gain Tax Collection, Historical Data（1954-2018）*, April 26.

Tax Foundation（2021b）, *2022 Tax Brackets*, November 10.

Tax Policy Center（TPC）, Urban Institute and Brookings Institution（2000-2009a）, *Estate Tax Return Filed in 2000, 2005, 2009; Deduction, by Tax Status and Size of Gross Estate.*

Tax Policy Center（TPC）, Urban Institute and Brookings Institution（2000-2009b）, *Estate Tax Returns Filed in 2000, 2005, 2009; Type of Property, by Tax Status and Size of Gross Estate.*

Tax Policy Center（TPC）, Urban Institute and Brookings Institution（2008）, *The Tax Policy Briefing Book: A Citizen's Guide for the 2008 Election and Beyond.*

Tax Policy Center（TPC）, Urban Institute and Brookings Institution（2008, 2010）, *Individual Income and Estate Tax Provisions in the 2001-08 Tax Cuts, Distribution of Federal Tax Change by Cash Income Percentile, 2008; Distribution of Federal Tax Change by Cash Income Percentile, 2010.*

Tax Policy Center（TPC）, Urban Institute and Brookings Institution（2010a）, *Earned Income Tax Credit: Number of Recipients and Amount of Credit, Tax Years 1995 to 2019*, February 7.

Tax Policy Center（TPC）, Urban Institute and Brookings Institution（2010b）, *Real Federal Spending on the EITC, Child Credit, and Welfare（AFDC/TANF）, FY 1976-2010.*

Tax Policy Center（TPC）, Urban Institute and Brookings Institution（2010c）, *Summary of Major Tax Legislation from 1940-2009.*

Tax Policy Center（TPC）, Urban Institute & Brookings Institution（2011）, *Table; Historical Returns as Percentage of Deaths*, 30-Nov-11.

Tax Policy Center（TPC）, Urban Institute & Brookings Institution（2012a）, "Wealth Transfer Taxes," *Briefing Book.*

Tax Policy Center（TPC）, Urban Institute & Brookings Institution（2012b）, *Table; Number of Estate Tax Returns Filed and Percentage Taxable, by Size of Gross Estate, Filing Years 2001-2010*, 11-Jan-12.

Tax Policy Center（TPC）, Urban Institute & Brookings Institution（2012c）, *Table; Distribution of Net Estate Tax by Size of Gross Estate, Filing Years 2001-2010*, 11-Jan-12.

Tax Policy Center（TPC）, Urban Institute and Brookings Institution（2014）, *Historical Social Security Rates*, April 28.

Tax Policy Center (TPC), Urban Institute & Brookings Institution (2017a), "What Would and Would Not Be Taxed Broad-Based Income Tax?," *Tax Policy Centers' Briefing Book.*

Tax Policy Center (TPC), Urban Institute & Brookings Institution (2017b), "What Are the Major Options for Comprehensive Tax Reform?," *Tax Policy Center's Briefing Book.*

Tax Policy Center (TPC), Urban Institute & Brookings Institution (2017c), "How Do the Standard Deduction and Itemized Deductions Compare?," *Tax Policy Center's Briefing Book.*

Tax Policy Center (TPC), Urban Institute & Brookings Institution (2017d), "What Is the Personal Exemption?," *Tax Policy Center's Brief Book.*

Tax Policy Center (TPC), Urban Institute & Brookings Institution (2017e), "What Is the AMT?," *Tax Policy Center's Brief Book.*

Tax Policy Center (TPC), Urban Institute & Brookings Institution (2017f), "How Much Revenue Does the AMT Raise?, *Tax Policy Center's Brief Book.*

Tax Policy Center (TPC), Urban Institute & Brookings Institution (2017g), "Who Pays the AMT?," *Tax Policy Center's Brief Book.*

Tax Policy Center (TPC), Urban Institute & Brookings Institution (2017h), "What Are the Largest Tax Expenditures?," *Tax Policy Center's Briefing Book.*

Tax Policy Center (TPC), Urban Institute and Brookings Institution (2017i), *Distributional Analysis of the Conference Agreement for the Tax Cuts and Jobs Act*, December 18.

Tax Policy Center (TPC), Urban Institute and Brookings Institution (2019), *Payroll Tax Rates*, July 15.

Tax Policy Center (TPC), Urban Institute & Brookings Institution (2020a), "What Are Tax Expenditures and How Are They Structured?," *Briefing Book: Some Background: Tax Expenditures.*

Tax Policy Center (TPC), Urban Institute and Brookings Institution (2020b), *Historical Marginal Income Tax Rates*, February 4.

Tax Policy Center (TPC), Urban Institute and Brookings Institution (2020c), "How Do the Estate, Gift, and Generation-Skipping Transfer Taxes Work?," *Briefingbook: Key Elements of the U.S. Tax System; Wealth Transfer Taxes.*

Tax Policy Center (TPC), Urban Institute and Brookings Institution (2020d), "How Many People Pay the Estate Tax," *Briefingbook: Key; Elements of the U.S. Tax System; Wealth Transfer Taxes.*

Tax Policy Center (TPC), Urban Institute and Brookings Institution (2022a), *Earned Income Tax Credit: Number of Recipients and Amount of Credit, Tax Years 1975 to 2019*, 7-Feb-22.

Tax Policy Center (TPC), Urban Institute and Brookings Institution (2022b), *Model Estimates: Table T22-0028 H.R.5376, The Inflation Reduction Act of 2022 As passed by the Senate including Premium Tax Credit by ECT Percentiles (2023)*, August 11.

Tax Policy Center (TPC), Urban Institute and Brookings Institution (2023), *Model Estimates: Table T23-0030, Tax Provisions in the Administration's FY 2024 Budget Proposal, Distribution of Federal Tax Change by Expanded Cash Income Percentile, 2024, Summary Table*, March 23.

Tempalski, J. (2011), *Revenue Effects of Major Tax Bills: Updated Tables for all 2010 Bills*, Office of Tax Analysis, Department of Treasury, Table 2, June.

The Board of Trustees, Federal Old-Age and Survivors Insurance and Federal Disability Insurance Trust Funds (2014), *2014 Annual Report of the Board of Trustees of the Federal Old-Age and Survivors Insurance and Federal Disability Insurance Trust Funds*.

The Board of Trustees, Federal Old-Age and Survivors Insurance and Federal Disability Insurance Trust Funds (2021), *2021 Annual Report of the Board of Trustees of the Federal Old-Age and Survivors Insurance and Federal Disability Insurance Trust Funds*.

The Board of Trustees, Federl Hospital Trustees, Federal Hospital Insurance and Federal Supplementary Medical Insurance Trust Funds (2014), *2014 Annual Report Of the Boards of Trustees of the Federal Hospital Insurance and Federal Supplementary Medical Insurance Trust Funds*.

The Board of Trustees, Federal Hospital Trustees, Federal Hospital Insurance and Federal Supplementary Medical Insurance Trust Funds (2021), *2021 Annual Report of the Boards of Trustees of the Federal Hospital Insurance and Federal Supplementary Medical Insurance Trust Funds*.

The Henry J. Kaiser Family Foundation (2013), *Summary of the Affordable Care Act*, April 25.

The National Commission on Fiscal Responsibility and Reform (NCFRR) (2010), *The Moment of Truth: Report of the National Commission on Fiscal Responsibility and Reform*.

The President's Advisory Panel on Tax Reform (PAPTR) (2005), *Simple, Fair, and Pro-Growth: Proposals to Fix America's Tax System*.

The White House, Office of the Press Secretary (2015), *Middle Class Economics for the 21ˢᵗ Century* — Helping Working Families Get Ahead, January 20.

The White House (2016), *Six Key Facts About How the President Has Made the Tax System Fairer*, April 16.

The White House (2018), "Fact Sheet: Growing the American Economy: The Economic Report of the President," February 21, pp.1-2.

The White House (2023a), "The Biden Economic Agenda, Two Years In," January 20.

The White House (2023b), "Fact Sheet: The President's Budge: Extending Medicare Solvency by 25 Years or More, Strengthening Medicare and lowering Health Care Costs," March 7.

The White House (2023c), "Fact Sheet: The President's Budget for Fiscal Year 2024," March 23.

The White House (2023d), "Remarks by President Biden on Bidenomics" Chicago, IL, June 28.

The White House and Department of the Treasury (2012), *President's Framework for Business Tax Reform*, February.

The White House and Department of the Treasury (2016), *President's Framework for Business Tax Reform: An Update*, April.

Toder, E.J. (2005), Tax Expenditures and Tax Reform: Issues and Analysis, *Proceedings of the 98ᵗʰ Annual Conference*, National Tax Association.

参考文献　501

Toder, E.J., B.H. Harris and K. Lim (2009), *Distributional Effects of Tax Expenditures*, Tax Policy Center, Urban Institute & Brookings Institution, Research Report, July 21.

Toder, E.J., D. Berger and Y. Zhang (2016), *Distributional Effects of Individual Income Tax Expenditures: An Update*, Tax Policy Center, Urban Institute & Brookings Institution, September.

U.S. Census Bureau (2010), *Income, Poverty, and Health Insurance Coverage in the United States: 2009*.

U.S. Census Bureau (2020), *Income and Poverty in the United States: 2019*, Appendix A for the Definition of Money Income.

U.S. Senate Committee on the Budget, Ranking Member, Newsroom, Press (2022), *CBO Confirms to Graham Dems' "Inflation Reduction Act" Won't Reduce Inflation*, August 4.

Van de Water, P. N. (2014), *Medicare Is Not "Bankrupt": Health Reform Has Improved Program's Financing*, Center on Budget and Policy Priorities, August 14.

Wamhoff, S. (2019), "New ITEP Data Shows the House Ways and Means Bill to ExpandEITC and Child Tax Credit Would Benefit Low and Moderate Income People and Families," *ITEP Report*, June 20.

Wamhoff, S. (2023), "Revenue-Raising Proposals in President Biden's Fiscal Year 2024 Budget Plan," *ITEP Report*, March.

Wamhoff, S., J. Schieder and M. Wiehe (2019), "Understanding Five Major Federal Tax Credit Proposals," *ITEP Report*, May 19.

Wikipedia (2014), *Patient Protection and Affordable Care Act*.

Wikipadia (2023), "Economic Growth and Tax Relief Reconciliation Act of 2001"

Williams, R.C. (2009a), "Why Pays No Income Tax?," *Tax Notes*, June 29, p.1583.

Williams, R.C. (2009b), "Where, Oh Where, Has the Estate Tax Gone?," *Tax Notes*, December, p.1353.

Williams, R.C. (2017), "Caught Again By the AMT," *Tax Vox: Individual Taxes*, Tax Policy Center, Urban Institute & Brookings Institution, May12.

Wolff, E.N. (2010), "Recent Trends in Household Wealth in the United States: Rising Debt and the Middle-Class Squeeze-an Update to 2007," *Levy Economics Institute of Bard College Working Paper*, No.589, March.

Wolff, E.N. (2011), "Inheritance and the Distribution of Wealth or Whatever Happened to the Great Inheritance Boom? Results from the SCF and PSID," *NBER Working Paper*, No.16840, February.

Wolff, E.N. (2011), *The Transformation of the American Pension System: Was It Beneficial for Workers*, W. E. Upjohn Institute for Employment Research.

Wolff, E.N. (2014), "Household Wealth Trends in the United States, 1962–2013: What happened over the Great Recession?," *National Bureau of Economic Research Working Paper*, No.20733, December.

Wolff, E.N. and M. Gittleman (2011), "Inheritances and the Distribution of Wealth or

Whatever Happened to the Great Inheritance Boom?," *BLS Working Paper* 445.

Wolters, K.（2021）, *A Historical Look at Capital Gains*, March 9.

Zaretsky, R.（2018）, "Will the Tax Cuts and Jobs Act grow US business?" *Tax Box: Business Taxes*, Tax Policy Center, February 7.

【日本語文献】

赤石孝次（2005）、「直接税の変革―個人所得税と社会保険料負担の調整」伊東弘文編『現代財政の変革』ミネルヴァ書房。

赤平大寿（2024a）、「米民主党が政策綱領案を発表、トランプ氏との違いに焦点（米国）」JETRO『ビジネス短信』7月17日。

赤平大寿（2024b）、「2024年共和党政策綱領、トランプ政策の実現可能性（米国）」JETRO『ビジネス短信』8月9日。

朝日新聞（2014）、「リーマン危機元凶　遠い解明　米住宅ローン証券　和解金4兆円」9月23日付朝刊。

天野拓（2013）、『オバマの医療改革』勁草書房。

石田道彦（2012）、「アメリカの医療保障における財源確保―メディケア、メディケイドの展開」『海外社会保障研究』No.179。

石橋未来（2013）、「米国の医療保険制度について：国民皆保険制度の導入と民間保険会社を活用した医療費抑制の試み」『大和総研経済社会研究班レポート』No.17、12月16日。

磯部真一・宮野慶太（2021）、「バイデン米大統領、1.9兆ドルの新型コロナ対策法案に署名、ワクチンの普及加速を次の目標」JETRO『ビジネス短信』3月16日。

伊藤公哉（2009）、『アメリカ連邦税法〔第4版〕：所得概念から法人・パートナーシップ・信託まで』中央経済社。

伊藤公哉（2021）、『アメリカ連邦税法〔第8版〕：所得概念から法人・パートナーシップ・信託まで』中央経済社。

岡田徹太郎（2013）、「21世紀アメリカ福祉国家システムの展開―ブッシュ共和党政権とオバマ民主党政権の財政政策」『香川大学経論叢』Vol.85（4）。

岡田徹太郎（2014）、「第1章　基軸国の動揺：アメリカ」持田信樹・今井勝人編著『ソブリン危機と福祉国家財政』東京大学出版会。

岡田徹太郎（2016）、『アメリカの住宅・コミュニティ開発政策』東京大学出版会、16-22頁、117-119頁、183-212頁。

岡本英男（2006）、「ブッシュ政権下におけるアメリカ福祉国家システムの展開」『東京経大学会誌・経済学』251号。

岡本英男（2011）、「オバマ政権の歴史的位置」新川敏光編著『福祉レジームの収斂と分岐―脱商品化と脱家族化の多様性』ミネルヴァ書房。

海外住宅・不動産税制研究会編著（2010）、『相続・贈与税制再編の新たな潮流』（財）日本住宅総合センター。

樫葉さくら（2021）、「バイデン米大統領、医療保険制度拡充の大統領令に署名、人口中絶

支援組織への資金援助禁止を撤回」JETRO『ビジネス短信』2 月 2 日。

片桐正俊（1995）、「アメリカ福祉国家の問題先鋭化」『東京経大学会誌』191 号、53-75 頁。

片桐正俊（2005）、『アメリカ財政の構造転換—連邦・州・地方財政関係の再編—』東洋経済新報社。

片桐正俊（2007）、「第 9 章　アメリカ州・地方税構造の脆弱性と連邦租税政策の州・地方財政への影響予測」片桐正俊・御船洋・横山彰編著『分権化財政の新展開』（中央大学経済研究所研究叢書 44）中央大学出版部、203-230 頁。

片桐正俊（2009）、「オバマ政権の金融安定化・財政（景気）・産業政策」『白門』第 61 巻第 9 号、9 月号。

片桐正俊（2010a）、「第 8 章　グローバル化下のアメリカの法人税負担— 2000 年代ブッシュ政権期を中心に」片桐正俊・御船洋・横山彰編『グローバル財政の新展開』（中央大学経済研究所研究叢書 48）中央大学出版部、193-240 頁。

片桐正俊（2010b）、「オバマ政権の金融安定化・財政（景気）・産業支援政策—その成果と今後の課題」『生活経済政策』No.159、26-34 頁。

片桐正俊（2010c）、「オバマ政権の今後の課題」『白門』第 62 巻第 4 号、4 月号。

片桐正俊（2012a）、「アメリカの所得分配の不平等化と税財政による所得再分配機能及び租税負担配分の実態— 2000 年代ブッシュ政権期を中心に」『経済学論纂』（中央大学）第 52 巻第 3 号、343-399 頁。

片桐正俊（2012b）、「アメリカの租税支出の実態と改革の方向— 2000 年代ブッシュ政権期を中心に」『経済学論纂』（中央大学）第 52 巻第 4 号、203-237 頁。

片桐正俊（2012c）、「オバマ政権の経済・財政政策の成果と課題」『研究：Chuo Online』4 月 25 日。

片桐正俊（2013）、「アメリカの遺産税・贈与税改革— 2000 年代ブッシュ政権期を中心に」『経済学論纂』（中央大学）第 53 巻第 5・6 合併号、335-375 頁。

片桐正俊（2015）、「オバマ政権の経済・財政政策の成果と課題」『経済学論纂』（中央大学）第 55 巻第 5・6 号、256-286 頁。

片桐正俊（2016a）、「第 5 章　アメリカ連邦給与税の受益と負担の関係及びその税負担構造の考察—ブッシュ政権期・オバマ政権期を中心に」片桐正俊・御船洋・横山彰編著『格差対応財政の新展開』（中央大学経済研究所研究叢書 64）中央大学出版部、113-162 頁。

片桐正俊（2016b）、「米国連邦税負担研究の総括とオバマ政権の税制改革の方向」『経済学論纂』（中央大学）第 56 巻第 3・4 合併号、1-25 頁。

片桐正俊（2017）、「米国の所得・資産格差拡大、中間層の衰退とオバマ政権の中間層経済学—ブッシュ・オバマ政権期を中心に」『経済学論纂』（中央大学）第 57 巻第 3・4 合併号、3 月、211-241 頁。

片桐正俊（2018a）、「オバマ政権の経済再生・財政健全化・経済格差縮小政策の成果と課題」『経済学論纂』（中央大学）第 58 巻第 3・4 合併号、3 月、151-184 頁。

片桐正俊（2018b）、「第 8 章　米国 2017 年減税・雇用法（トランプ減税）の政策効果予測および法人課税改革内容の検討」篠原正博編『経済成長と財政再建』（中央大学経

済研究所研究叢書 73）中央大学出版部、147-188 頁。

片桐正俊（2019）、「米国 2017 年減税・雇用法（トランプ減税）の経済・財政・減税便益効果と個人課税改革の検討」『経済学論纂』（中央大学）第 59 巻第 3・4 合併号、1 月、65-99 頁。

片桐正俊（2020）、「2017 年減税雇用法（トランプ減税）の経済効果と分配効果」『経済学論纂』（中央大学）第 60 巻第 5・6 合併号、3 月、121-153 頁。

片桐正俊（2021）、「第 7 章　パンデミック下の米国の州財政行動」関野満夫編著『現代地方財政の諸相』（中央大学経済研究所研究叢書 78）中央大学出版部、157-188 頁。

加藤慶一（2015）、「アメリカの法人税改革をめぐる議論—税率水準と課税ベースの在り方を中心に」『レファレンス』4 月号。

加藤翔一（2024a）、「米共和党政策綱領、インフレ対策や減税など打ち出すも、具体策は不明（米国）」JETRO『ビジネス短信』7 月 9 日。

加藤翔一（2024b）、「ハリス米副大統領、ノースカロライナ州での選挙キャンペーンで新たな経済政策発表（米国）」JETRO『ビジネス短信』8 月 19 日。

神山弘行（2010）、「アメリカにおける遺産税・贈与税改革の変遷と課題」『相続・贈与税制再編の新たな潮流』（財）日本住宅総合センター、31-66 頁。

神山弘行（2018）、「米国税制改正の国際的側面— Tax Cuts and Jobs Act の光と影」『ジュリスト：特集 国際課税の動向と展望』3 月号。

可部哲生編著（2014）、「第Ⅳ部諸外国の財政、第 2 章アメリカ」『図説 日本の財政（平成 26 年度版）』東洋経済新報社。

河音拓郎（2008）、「第 1 章　租税・財政政策—財政赤字への再転落の含意」河音琢郎・藤木剛康編著『G・W・ブッシュ政権の経済政策—アメリカ保守主義の理念と現実』ミネルヴァ書房、27-69 頁。

河音琢郎・藤木剛康編著（2016）、『オバマ政権の経済政策—リベラリズムとアメリカ再生のゆくえ』ミネルヴァ書房。

河音琢郎（2018）、「トランプ・共和党統一政府下の政策形成—オバマケアの撤廃・代替法の挫折を事例として」『大阪経大論集』第 69 巻第 23 号、7 月。

河音琢郎（2019）、「トランプ税制改革（2017 年減税・雇用法）の特徴と課題—企業課税、国際課税の側面を中心に」租税理論学会編『租税理論研究叢書 29：税制改革の今日的課題』財経詳報社、117-133 頁。

河音琢郎（2020）、「アメリカ 2017 年減税・雇用法（いわゆるトランプ減税）の企業課税、国際課税面の意義と課題」『国際経済』71 巻、121-143 頁。

川端康之（2004）、「アメリカ合衆国における相続税・贈与税の現状」『世界における相続税法の現状：日税研論集』56 号。

外為どっとコム（2022-2023）、「米国 FOMC の政策：過去の政策金利動向一覧」。

岳　梁（2021）、「発足 100 日を迎える米バイデン政権の経済政策」『DBJ Research』5 月 21 日。

窪田修編著（2016）、『図説日本の財政（平成 28 年度版）』東洋経済新報社、第Ⅳ部諸外国の財政第 2 章アメリカ。

窪谷　浩（2021a）、「バイデン政権が発足─安定政権も、新型コロナ対策と追加経済対策が喫緊の課題となる中で厳しい船出」『Weekly エコノミスト・レター』ニッセイ基礎研究所、1 月 25 日。

窪谷　浩（2021b）、「高まる米国の連邦最低賃金引上げ機運─バイデン大統領、民主党が 09 年以来の最低賃金引上げを模索」『基礎研レポート』ニッセイ基礎研究所、4 月 15 日。

経済企画庁（1987）、『昭和 62 年世界経済白書』第 2 章第 3 節「レーガン政権下の経済政策の評価」。

経済企画庁（1989）、『平成元年年次世界経済報告本編』第 1 章第 4 節「財政・金融政策の動向」。

経済企画庁（1990）、『平成 2 年年次世界経済報告本編』第 1 章第 1 節「景気拡大の減速」。

小林　篤（2011）、「米国における 2010 年ヘルスケア改革後の健康保険の新動向」損保ジャパン総合研究所。

五嶋陽子（2005）、「アメリカの遺産税・贈与税改革」『経済貿易研究：研究所年報』第 31 号、35-53 頁。

五嶋陽子（2006）、「アメリカの年金と医療の租税優遇措置」渋谷博史・中浜隆編『アメリカの年金と医療』日本経済評論社、227-269 頁。

坂井　誠（2007）、『現代アメリカの経済政策と格差─経済的自由主義政策批判』日本評論社。

坂井　誠（2012）、「オバマ政権下の諸政策に関する政治経済的分析（3）：金融規制改革と財政論争」『恵泉女学園大学紀要』24 号、27-48 頁。

坂井　誠（2014）、「オバマ政権下の諸政策に関する政治経済的分析（5）：連邦財政、医療制度改革、移民法改正」『恵泉女学園大学紀要』26 号、111-131 頁。

坂本成範（2006）、「欧米主要国における最近の税制改正の動向　Ⅱ. アメリカ」財務省財務総合研究所編『財政金融統計月報』第 648 号（租税特集）、1-6 頁。

佐古麻理（2016）、『米国における富の移転課税─連邦遺産税・贈与税・世代飛越移転税の法理』清文社。

財政制度等審議会財政制度分科会（2014）、『海外調査報告』「各国調査報告Ⅰ米国」、7 月。

財務省財務総合政策研究所編（2001-2010）、『財政金融統計月報』各年度版租税特集号。

篠原正博（2009）『住宅税制論』中央大学出版部。

新発田龍史（2002）、「欧米主要国における最近の税制改正の動向」財務総合政策研究所編『財政金融統計月報』第 600 号（租税特集）。

渋谷博史（2023）、『トランプ財政とアメリカ第一主義』東京大学出版会。

渋谷雅弘（2002）、「相続税制の動向─アメリカとドイツ」『税研』102 号、47-54 頁。

島畑与一（2011）、「米国金融規制改革とボルカー・ルール」『静岡大学経済研究』第 15 巻第 4 号。

G. エスピン-アンデルセン著、岡沢憲英・宮本太郎監訳（2001）、『福祉資本主義の三つの世界：比較福祉国家の理論と動態』ミネルヴァ書房。

徐　林卉（2012）、「アメリカ高齢者医療の現状およびオバマ医療改革の取り組み」『社会

システム研究』第 25 号。

関口　智（2007a）、「雇用主提供医療とアメリカ租税政策―雇用主提供年金との比較の視点から」『税務弘報』第 55 巻 10 号、11 号。

関口　智（2007b）、「アメリカ国際租税政策の一側面― CFC・サブパート F・外国事業体・エンロン」『立教経済学研究』第 60 巻第 4 号。

関口　智（2008）、「アメリカ租税政策と民間医療・年金保険」日本財政学会編『財政再建と税制改革―財政研究　第 4 巻』有斐閣、268-286 頁。

関口　智（2009）、「現代アメリカ租税論の展開―グローバル経済下の企業課税論」日本租税理論学会編『税制の新しい潮流と法人税』法律文化社。

関口　智（2015）、『現代アメリカ連邦税制：付加価値税なき国家の租税構造』東京大学出版会。

関野満夫（2015）、『福祉国家の財政と所得再分配』高菅出版。

瀬古雄祐（2019）、「トランプ政権下のアメリカにおける 2017 年税制改革の概要及び影響」国立国会図書館及び立法考査局『21 世紀のアメリカ―総合調査報告書（調査資料）』3 月 19 日、41-56 頁。

滝井光夫（2021）、「米、インフラ投資・雇用法制定：その内容と党内対立」『世界経済評論 IMPCT』No.2351、11 月 29 日。

田近栄治（2021）、「バイデン政権の法人税改革―目指すは海外子会社課税強化だ」『論考：税・社会保障改革』東京財団政策研究所、4 月 27 日。

谷　達彦・吉弘憲介（2011）、「アメリカ型福祉国家」井手英策・菊池登志子・半田正樹編『交響する社会：「自立と調和」の政治経済学』ナカニシヤ出版、251-280 頁。

谷口栄治（2023）、「米中堅銀行の破綻とわが国への示唆」『Research Focus』No.2023-013、日本総研、7 月 12 日。

塚谷文武（2009）、「第 4 章　アメリカの連邦所得税改革―所得税批判論の展開と大統領税制改革諮問委員会提案を中心に」諸富徹編著『グローバル時代の税制改革―公平性と財源確保の相克』ミネルヴァ書房。

鳥毛拓馬（2023）、「米国、中規模銀行に対する規制の見直しへ：FRB 等が報告書を公表。更なる銀行破綻で規制強化は待ったなしか」大和総研、5 月 2 日。

内閣府政策統括官（2002）、「海外諸国における抜本的税制改革の事例について」『政策効果レポート』No.14。

内閣府政策統括官（2008-2014）、『世界経済の潮流』。

内閣府政策統括官（2017）、『世界の潮流 2016 年Ⅱ』。

中岡　望（2021）、「"過大な"景気刺激の危うさ」『週刊エコノミスト』3 月 22 日。

中川秀空（2010）、「アメリカの年金財政の展望と課題」『レファレンス』2 月号。

中川秀空（2011）、「アメリカの高齢者医療制度の現状と課題」『レファレンス』2 月号。

中島精也（2021）、「『米国救済計画』とインフレ警戒論」『国際金融』1343 号、4 月 1 日。

中村広樹（2001）、「欧米主要国における最近の税制改正の動向」財務省総合政策研究所編『財政金融統計月報』第 600 号（租税特集）。

中村玲子（2018）、「トランプ政権の税制改革における州・地方税控除改革」『地方税』第

69 巻第 3 号、2-13 頁。

西野　健（2005）、「欧米主要国における最近の税制改正の動向」財務総合政策研究所編『財政金融統計月報』第 636 号。

日本経済新聞（2012）、「ファニーメイ、フレディマック財務悪化　歯止め」12 月 27 日付朝刊。

日本経済新聞（2013）、「米住宅公社、大幅増益、4〜6 月物件価格上昇追い風」8 月 9 日付夕刊。

日本経済新聞（2014a）、「公的資金を全額回収　住宅 2 公社救済　米政府、来月中」2 月 28 日付夕刊。

日本経済新聞（2014b）、「米住宅公社　拡大論強まる」6 月 10 日付朝刊。

日本経済新聞（2021a）、「米 200 兆円対策規模で論争」2 月 9 日付朝刊。

日本経済新聞（2021b）、「米、過熱覚悟の経済対策」2 月 28 日朝刊。

日本経済新聞（2023a）、「IMF、政治対立に警鐘：上限引上げ自動化措置を」5 月 27 日朝刊。

日本経済新聞（2023b）、「米政府、利払い 7 割増」8 月 4 日朝刊。

日本経済新聞（2024a）、「ハリス氏、中間層支援鮮明」8 月 18 日朝刊。

日本経済新聞（2024b）、「米民主党政策綱領の要旨」8 月 21 日朝刊。

日本公認会計士協会（2004）、「相続・贈与に係る税制について—相続税と贈与税の一体化の方向性」『租税調査会研究報告』第 13 号、12 月 6 日。

根岸毅宏（1999a）、「アメリカの EITC（勤労所得税額控除）と所得保障政策」『国学院経済学』第 47 巻第 1 号、21-71 頁。

根岸毅宏（1999b）、「アメリカの EITC（勤労所得税額控除）の政策的意義と問題点—税制を通じた所得保障（Tax-Base Transfer）の具体例として」『国学院経済学』第 48 巻第 1 号、35-89 頁。

野村容康（2010）、「第 5 章　アメリカにおける貯蓄優遇税制の新展開— Saver's Credit の実態について」証券税制研究会編『資産所得課税の新潮流』日本証券経済研究所、115-154 頁。

長谷川千春（2010）、『アメリカの医療保障—グローバル化と医療保障のゆくえ』昭和堂。

花尻卓（2000）、「欧米主要国における最近の税制改正の動向」財務総合政策研究所編『財政金融統計月報』第 576 号（租税特集）。

ハードマン、メイン著、監査法人サンワ東京丸の内事務所訳（1982）、『Economic Recovery Tax Act/1981 レーガンの経済再建税法—解説と注釈』財経詳報社。

林正寿（2007）、『アメリカの税財政政策』税務経理協会。

パールマン、ロナルド（2002）、「米国レーガン政権下における税制改革の経験」3 月 26 日税制調査会総会報告。

樋口清秀（2023）、「新しい供給サイド経済学と岸田政権の「新しい資本主義のグランドデザイン」」『2022 年度貯蓄・金融・経済研究論文集』一般財団法人ゆうちょ財団、3 月。

PwC 税理士法人（2017）、「米国税制改正：最終法案の法制化」『PwC Tax Japan Hot Topics』12 月 25 日、1-16 頁。

PwC Japan グループ（2021）、『米国バイデン政権の主要な政策』1月。

ベロウズ、ジョンL（2017）、「税制改革：1986年と今回の改革」『ウェスタン・アセット』12月、1-5頁。

本庄資（2007）、『アメリカの租税政策』税務経理協会。

本田浩邦（2005a）、「アメリカの所得格差における上位集中―下位ジニ係数による分析」『独協経済』第80号。

本田浩邦（2005b）、「アメリカにおける所得格差の長期的変化」萩原伸次郎・中本悟編『現代アメリカ経済―アメリカン・グローバリゼーションの構造』日本評論社。

松尾直彦（2010）、『Q&Aアメリカ金融改革法―ドッド＝フランク法のすべて』金融財政事情研究会。

松村博行（2014）、「衰退する米国中間層―オバマ政権の中間層再生政策の限界」『立命館国際地域研究』第39号、3月。

マンキュー、N・グレゴリー（2019）、「トランプ政権のいかさま経済学―間違った予測と大言壮語」『フォーリン・アフェアーズ・レポート』3月号。

右山昌一郎監修・長澤彰彦著（1992）、『アメリカの連邦遺産税・贈与税』中央経済社。

三菱UFJモルガン・スタンレー証券（2015）、『景気循環研究所レポート：米国超党派予算法可決、16、17年度景気を押し上げ』10月30日。

みずほフィナンシャルグループ（2021）、「バイデン政権の米国を考える」『One シンクタンクレポート　MIZUHO Research & Analysis』No.24、5月27日。

宮野慶太（2021）、「超党派インフラ法案が下院で可決、ビルド・バック・ベター計画は下院採決見送り」JETRO『ビジネス短信』11月9日。

宮野慶太（2023）、「バイデン大統領が債務上限停止法案に署名、デフォルトを回避（米国）」JETRO『ビジネス短信』6月5日。

村井英樹（2011）、「欧米主要国における最近の税制改革の動向」財務総合政策研究所編『財政金融統計月報』第712号（租税特集）。

茂住政一郎（2019）、「クリントン政権における2つの税制改正と「中間層」―近年の租税支出に対する評価を踏まえて―」『財政と公共政策』第66号、10月18日。

諸富　徹（2016）、「米国における法人税改革論争―グローバル化と法人課税の改革はどうあるべきか」『経済学論纂』（中央大学）第56巻第3・4合併号、3月。

安井明彦（2022）、「バイデン政権の財政政策と「コロナ後」に向けた論点」『世界経済評論』1月2月号。

山岸敬和（2014）、『アメリカ医療制度の政治史：20世紀の経験とオバマケア』名古屋大学出版会。

山本克也（2012）、「支給開始年齢からみたアメリカの年金制度」『海外社会保障研究』No.181。

横田信武（2002）、「2001年経済成長と減税調整法による資産移転税制改正」『早稲田商学』第395号、447-469頁。

横山　淳（2014）、『ボルカー・ルール（自己勘定取引の禁止編）』大和総研、7月31日。

吉田健三（2010）、「アメリカの年金システム」『海外社会保障研究』No.171。

吉弘憲介（2009）、「アメリカの近年の資産性所得減税―配当所得減税を中心に」諸富徹編著『グローバル時代の税制改革―公平性と財源確保の相克』ミネルヴァ書房、第5章所収。

吉弘憲介（2016）、「オバマ政権下の包括税制改革案を巡る議論とその特徴―第112議会における下院歳入委員会提案報告書を題材として」『桃山学院大学経済経営論集』第57巻第3号、3月。

吉弘憲介（2018）、「アメリカにおける産業構造の変化と法人税向け租税支出の変遷」四方理人・宮崎雅人・田中聡一郎編著『収縮経済下の公共政策』慶応義塾大学出版会、219-242頁。

若園智明（2013）、「米国における包括的金融規制改革法の全体像」『証券経済研究』第84巻、12月。

渡瀬義男（2008）、「租税優遇措置―米国におけるその実態と統制を中心として」『レファレンス』No.695、7-27頁。

リコー経済社会研究所（2022）、「米国FRBが利上げ開始＝過去の引き締め局面では」3月22日。

Reuters Staff（2023）、「米医療保険「オバマケア」、23年は過去最高1600万人が加入」1月26日。

ロイターニュース（2023）、「米債格下げ、ガバナンス悪化と二極化が一因＝フィッチ」8月2日。

事項索引

〔ア行〕

ITEP の TCJA による所得階層別租税負担
　の変化予測　391

ITEP の TCJA による租税（減税）便益の
　分配効果予測　391

アメリカ家族計画　430, 447, 458-460

アメリカ機会税額控除　284, 295

アメリカ救済計画　429, 458

アメリカ救済計画法（ARP）　430, 432,
　434-435, 443-445, 450-452, 455-456

アメリカ雇用計画　429-430, 446, 458-
　460

アメリカ雇用創出法（AJCA）　60, 221,
　224-225

アメリカ製租税計画　459

アメリカ納税者救済法　13, 16, 17, 20,
　46, 49, 65, 190, 238, 260, 267, 273-274,
　283, 285, 294, 298, 307, 329, 339, 363

（1970 年代以来続く）アメリカの経済格
　差拡大　3

アメリカの所得不平等化の原因　6-7

アメリカの租税支出の特徴　76

アメリカ復興・再投資法（ARRA 復興法）
　61, 83, 233, 238, 239, 248-251, 259,
　265-266, 283-285, 309

アメリカン・インターナショナル・グル
　ープ（AIG）　245-246

遺産キャピタル・ゲイン（非）課税
　183, 379, 467

遺産税と世代飛越移転税の段階的廃止
　158

「遺産税の経済学」　155-156

遺産税の弱い復活　327

遺産税廃止　154, 327

遺産税廃止恒久化の挫折　184

遺産税廃止法（案）　157

遺産税・贈与税改革の方向性　186-187

遺産税・贈与税に関する論争点　164

遺産税・贈与税の沿革　149

遺産税・贈与税の基礎控除の引上げ
　366, 379

遺産税・贈与税の再分配効果　172

遺産税・贈与税の負担　168

医療貯蓄口座（HAS）　413

医療費負担適正化法（オバマケア）　2,
　13, 40, 46, 49, 119, 124, 140-141, 253,
　256-258, 260, 270-271, 284, 309, 315,
　335, 337-338, 340-341, 367, 387, 413,
　420, 432, 442, 448, 457

医療費控除　355

医療への租税支出　413-414

医療保険改革　140-141

医療保険給付の所得再分配効果　127,
　129-131

医療保険料税額控除（PTC）制度　284,
　457, 469

インフラ投資・雇用法（IIJA）　445-
　447, 450-452, 474

インフレ対策　436, 477

インフレ抑制法（IRA）　430, 434, 447,
　457, 459, 470

FF レート　235, 237-238, 436

エクスチェンジ　258

オバマケアの拡充　431

オバマケアの実施による経済格差の縮小
　335

オバマケア罰則金の撤廃　347, 367

511

オバマケア（の）無効化（の訴え）　432

オバマ政権の経済格差縮小政策の結果　332

オバマ政権の経済格差縮小政策の取組み　333

オバマ政権の減税政策とオバマケアによる経済格差の縮小効果　338

オバマ政権の減税政策による経済格差の縮小　337

オバマノミクス　251

オフショア・タックス・プラニング　206, 211, 371

オフショア・タックス・ヘイヴン　206, 211

オポチュニティ・ゾーン租税優遇措置　375

〔カ行〕

海外配当益金不算入制度（領土主義課税の創設）　347, 376

（海外留保所得にかかる）強制みなし配当課税（制度の創設）　347, 376

隠れた福祉国家（福祉関連の租税支出）　2, 3, 7-9, 12, 73, 78, 80, 88, 104-105, 108, 280, 298, 315, 321, 339, 404, 467

加速度減価償却（制度）　202-203, 205-207, 210, 291, 293, 371, 410

家族経営農家および同族企業への遺産税・贈与税改革の影響　174

家族・中小企業保護減税法（PFSBTCA）　423-425

簡素な所得税収案（SIT）　225-227

学生ローン利子控除の租税便益　422

企業活動税　221, 227

企業税改革のフレーム・ワーク　289

基礎的財政収支赤字　389-390, 438-440

議会予算・執行留保統制法　74, 76

義務的支出（義務的経費）　8, 11, 15-16, 80, 81, 273, 275-278, 281, 294, 339, 387, 439

キャップ制　15, 56, 267, 274, 276, 294

キャデラック税　420

キャピタル・ゲインおよび配当軽減税率適用（による租税支出）　320, 379, 414, 416, 467

逆進的な給与税平均税率　137, 138

給与税租税支出　466

給与税の重大化：第2番目の基幹税　114-115

給与税の増徴　280

給与税率　118-120

教育税額控除の租税便益　422

強制歳出削減措置　16, 266-267, 273-274, 294

緊急経済安定化法　61, 239, 245

金融機関救済　245-246

金融危機責任料の徴収　241

金融規制改革法（ドッド＝フランク法）　2, 13, 239, 242-245, 260, 335, 341

勤労所得税額控除（EITC）　19, 50-52, 284-285, 287, 295, 319, 321, 417, 422, 426-427, 443, 462, 463, 467, 475

勤労所得税額控除（EITC）の租税便益　421

繰越欠損金使用制限と繰戻・繰越期間の撤廃　347, 374

クリントン政権下の税制改革　19

クズネッツの逆U字型仮説　26, 27, 297

グラス・スティーガル法　242

グラム＝ラドマン＝ホリングス法（1985年）　14, 55, 56

グラム・リーチ・ブライリー法　242

グローバルミニマム税　475

景気刺激法（ESA）　61, 203-204, 309

経済再建税法（ERTA81）　12-13, 18-

21, 45, 53, 57, 152, 215, 315, 347

経済成長・規制緩和・消費者保護法
（EGRRCA）　244

経済成長・租税負担軽減調整法
（EGTRRA）　12, 20, 46, 58-59, 60,
145, 157, 184-187, 190

結婚ペナルティ　363-364

研究開発税額控除　202, 204, 293

ゲイル＝ホルデマン（論文）　399

限界実効法人税率　368

減税・雇用法（TCJA）による個人課税改
革　349

減税・雇用法（TCJA）の概要　347-
348

減税・雇用法（TCJA）による歳入変動
349

減税・雇用法（TCJA）の成立過程　21,
345-346

減税・失業保険再認可・雇用創出法
16, 20, 46, 67, 106, 119, 160, 190,
283, 311

現代供給サイド経済学　430-431, 474-
476

項目別控除の廃止（縮小）　347, 355-
356

国家財政責任・改革委員会（NCFRR、ボ
ウルズ＝シンプソン委員会）　95,
105, 284, 351

国外所得免除制度（ETI）　60, 221, 224

国外無形資産低課税所得（GILTI）　377,
408, 430

国際課税（制度）　201, 219, 290, 292,
293, 376, 399, 463

国内製造控除制度の廃止　347, 375

個人所得税制の累進性　43-46

個人代替ミニマム税の控除額引上げ
208, 347, 362-364, 379

個人責任・就労機会調整法　308

個人退職勘定（IRAs）　413

国境税調整　219, 221

固定資産（設備投資）の即時（100％）償
却制度　347, 374

雇用・成長租税負担軽減調整法
（JGTRRA）　12, 20, 49, 58-60, 202-
203

雇用創出・労働者援助法（JCWAA）
59-60, 203

〔サ行〕

最大の非事業個人所得税租税支出の特徴
412

最大の非事業個人所得税租税支出の便益
の分布　418

最低賃金引上げ法案　425-427

債務上限ないし借入制限問題　266,
440, 458, 470-472

裁量的支出（裁量的経費）　8-11, 16,
80-81, 266-267, 270-271, 273-278,
281, 294, 439

サブパートF　221-223

サブプライムローン　16, 104, 241, 242

財政赤字（問題）　14-17, 56, 62-63, 69,
266-267, 270-271, 276, 278, 294-295,
385-387, 389-391, 404, 438, 440, 442

財政健全化（政策）　14-16, 55-57, 62,
270, 273

財政再建　55-57, 266

財政収支均衡法（BBA97）　15, 56, 112,
385

財政責任の回復　290

財政責任法（FRA）　440, 458, 470

CRSの「TCJAの経済効果」報告書　397

CRS報告書：経済成長、投資、賃金への
TCJAの影響　397

CRS報告書：国際課税へのTCJAの影響
399

CRS報告書：実効税率へのTCJAの影響

399

CRS 報告書：連邦税収への TCJA の影響 398

自営業者医療保険料控除の租税便益 420

資産格差の拡大と中間層の衰退　322

資産査定（ストレス・テスト）　239, 241

支払利子の損金不算入制限　347, 375

市場所得　30-38

市場所得の不平等化　312-314

市場所得、ミーンズ移転前・課税前所得の伸びの長期趨勢　299

社会保障給付・鉄道退職給付非課税 320, 467

社会保障給付と給与税の受益と負担の関係　132, 139

社会保障給付の部分的非課税　422

社会保障信託基金　113-121, 127, 139-140, 142

社会保障信託基金財政の将来見通し 119

社会保障信託基金の財政悪化（財源涸渇問題）　116, 139-140, 458, 472-473

社会保障年金改革　140-141

社会保障年金給付時課税　113, 119

社会保障年金給付の所得再分配効果 125, 128

州遺産税・贈与税の税額控除問題　167

州・地方税控除額（の制限）　347, 355, 357-358, 361, 379, 408

州・地方税控除の租税便益　320, 358-359, 421-422, 467

就労支払税額控除制度　283, 309

所得格差の拡大と中間層の衰退　299

所得税主要租税支出の所得再分配機能 315

所得税より負担の重い給与税　136, 138, 140

所得保障への租税支出　415, 417-418

新型コロナウイルスと不況・インフレへの対応　431

新型コロナウイルス不況とインフレへの金融的対応　435

新型コロナウイルス不況とインフレへの財政的対応　433

新型コロナウイルス不況への財政的・金融的対応　432

新グラム＝ラドマン＝ホリングス（GRH）法　14, 55, 56

CBO の財政赤字予測と TCJA による財政収支影響予測　386

CBO の TCJA による経済効果予測 385

自営業者医療保険料控除の租税便益 420

JCT の報告書「TCJA の租税負担配分効果」　402

慈善寄附金控除（の拡大）　361, 379, 467

慈善寄附金控除の租税便益　320, 421-422, 467

自動車産業救済　246-247

児童税額控除（の拡大）　208, 284, 285, 287, 295, 320, 347, 362, 379, 410, 426-427, 462, 463, 467, 477

児童税額控除（CTC）の租税便益　421

児童・扶養家族への租税支出　414, 416

従属外国子会社（CFC）　201, 222-223, 225, 291, 293, 347-348, 371, 376-377, 408-409, 470

住宅エクイティローン利子控除　356

住宅ローン担保証券　241, 247

住宅ローン利子控除の縮小　347, 356, 379, 408

住宅ローン利子控除の租税便益　320, 360, 421, 467

純投資所得税　284, 463, 473-474

人的控除の廃止　347, 361-362

ストック・オプション　206, 371

政府移転および税制による所得再分配効
　　果　313

成長・投資税制案（GIT）　225-227

世代飛越移転税　152-154, 158, 173,
　　189, 190

税源侵食濫用防止税(BEAT 課税)　347,
　　377

税制改革法（TRA86、レーガン税制改革）
　　6, 18-19, 45-47, 53-57, 78, 153, 160,
　　188, 196, 205, 210, 229, 281, 315,
　　347, 351, 363, 378

全世界所得課税　146, 194, 201-202,
　　219, 223, 226, 285, 292, 294, 345,
　　376, 380

相続時遺産キャピタル・ゲイン非課税(死
　　亡時移転資産キャピタル・ゲイン非
　　課税、死亡時未実現キャピタル・ゲ
　　イン非課税)　318, 416, 467

増税回避調整法（TIPRA）　49, 61, 202

贈与税の修正　158

租税支出改革の方向性　94

租税支出の改革案　97

租税支出の所得階層別便益帰着　82

租税支出のコスト　75

租税支出の定義　74

租税支出の論点　92

租税補助金　289, 371

〔タ行〕

退職諸貯蓄への租税支出　412, 414

退職貯蓄奨励の租税便益　419

大統領税制改革諮問委員会（PAPFTR）
　　95, 194-195, 225

CHIPS・科学技術法　430

中間層経済学（オバマ政権）　2, 13-14,
　　284, 299, 329-332, 340

中間層経済学（バイデン政権）　14, 22,
　　380, 426, 429, 465, 476-478

中間層の衰退　299, 301, 339

中小企業の経費化の拡大　202, 204

中小企業のための税の簡素化と減税
　　290

長期キャピタル・ゲイン減税（軽減税率）
　　46-47, 49-50, 421

長期キャピタル・ゲインと適格配当への
　　軽減税率適用による租税便益　421

超党派予算法（2013 年、2015 年）　273-
　　275

つなぎ予算　472

追加（アッドオン）ミニマム税　362-
　　363

TCJA 下の個人所得税租税支出の分配効
　　果　405

TCJA による経済・財政・租税（減税）便
　　益効果　384

TCJA による個人所得税率の引下げ
　　347, 352-353

TCJA による法人税租税支出条項の変更
　　点　374

TCJA による法人税率の引下げ　373

TCJA の減税恒久化　462

TCJA：方向性の定まらない税制改革
　　349

統合税額控除　153

通り抜け（パススルー）事業体　197-
　　199, 364-365, 379, 380

通り抜け（パススルー）事業所得の 20%
　　所得控除制　347, 364, 366, 379,
　　467

ドメニチ＝リブリン（債務削減特別委員
　　会）の税制改革案　351

トランプ政権の TCJA による経済効果・
　　財政収支影響予測　384

トランプ政権の TCJA による経済目標達
　　成の困難　396

事項索引　　515

トランポノミクス　383
トリクルダウン経済学　2, 3, 12-13, 21,
　　53, 68, 332, 340-342, 347, 377-380,
　　383, 458, 462, 465-466, 476-478

〔ナ行〕

ナン＝ドメニチの消費所得税　351
2007-09年大不況　137, 233, 235, 248,
　　251, 259-261, 265, 270, 294, 311,
　　324-326, 333, 369, 443
2013年超党派予算法　17, 273, 274-275
2015年超党派予算法　17, 273, 275
2024年度つなぎ予算　470
2024年度予算教書の政策提案　458-
　　461
2024年度予算教書の税制改革案　462-
　　463
2024年度予算教書の税制改革案による再
　　分配効果・租税負担配分効果
　　462-464
2年予算　274
年金拠出金および運用収入非課税　379
年金・退職金の拠出金・給付金非課税
　　466
年金保険給付の所得再分配効果　125,
　　127-128
納税者救済法（TRA97）　19, 153

〔ハ行〕

配偶者の遺産控除　182
ハリス副大統領　477
バイデノミクス　380, 426, 458, 464-
　　465, 476-477
バイデン政権下のアメリカ経済の実績
　　437
バイデン政権下のアメリカ財政の実績
　　438

バフェット・ルール　286
パンデミック不況下の経済・財政実績の
　　先進五カ国比較　440-441
ピケティとサエズ　26-29, 68, 297
ピックアップ遺産税　167-168
非伝統的金融政策　235, 251, 259
標準控除の倍増　347, 355
ファニーメイとフレディマック（の救済）
　　16, 245, 247, 266
福祉エンタイトルメント支出　17, 195,
　　276, 278, 280-281, 339
福祉関連の義務的支出　8-11
福祉関連の租税支出　9-12
復興・成長政策による失業率の低下と経
　　済格差の縮小　335
ブッシュ減税（2001年EGTRRA、2003
　　年JGTRRA）　3, 12, 15, 20-21,
　　58-59, 62-67, 69, 79, 137, 140, 145,
　　160, 202, 208, 260, 279, 282-284,
　　294-295, 298, 307, 329, 363, 466
ブッシュ減税継続の苦渋と脱却　282
ブッシュ減税による損失　207-208
ブッシュ減税の延長・恒久化　67, 266,
　　279
ブッシュ（子）政権の法人税改革の基本
　　方向　200
ブッシュ（子）政権下の企業減税改革に
　　対する経済諮問委員会の評価　202
ブッシュ（子）政権の企業減税に対する
　　批判的研究　204, 208
不良債権買取りプログラム（TARP）
　　16, 245, 247
ブラッドフォードのXタックス　352
平均実効税率　370
平準化　312-315
平準化係数　35-38, 57, 313-315
ペイゴー原則　15-16, 56, 385
米国債格下げ　471
ベビーブーマー　17, 121, 140, 142,

253, 276, 280

包括的所得税　19, 74, 347, 349, 378

包括的予算調整法（OBRA90）　15, 19, 56, 107

包括的予算調整法（OBRA93）　15, 19, 56, 107

法人所得の二重課税緩和　202-203

法人税改革に関する大統領税制改革諮問委員会報告書　225

法人税の限界実効税率（の国際比較）214-217

法人代替ミニマム税（AMT）の廃止　226, 347, 375

法人税（の）租税支出　82, 205, 207, 371-372, 374, 380, 469

法人税負担の国際比較　210

法人税の平均実効税率（の国際比較）212-213

法人税法定税率の国際比較　210-211

補足的医療保険（SMI）信託基金　112

ボルカー・ルール　243, 341

〔マ行〕

見える福祉国家（福祉関連の義務的支出）2, 7-9, 25, 78, 88, 105, 276, 278, 298, 315, 322, 339-340, 404

三つの福祉国家レジーム（G. エスピン＝アンデルセン）　67, 76

ミニマム税　291

ミーンズ移転　38-40

ミーンズ移転、政府移転の伸びの長期的趨勢　304-305

ミーンズ移転後・課税後所得　30-31, 313

ミーンズ移転後・課税後所得の長期的趨勢　311-313

ミーンズ移転後・課税前所得　31, 312

ミーンズ移転前・課税前所得　30-31,

312

メディケア給付と給与税の受益と負担の関係　134, 136-137, 139-140

メディケア給与税　473

メディケア処方薬改善・近代化法　112, 315

メディケア入院保険信託基金　113, 115, 122-124, 139, 140, 142

メディケア入院保険信託基金財政の将来見通し　123-125

メディケア入院保険信託基金の財政悪化（財源涸渇問題）　122-123, 139-140, 458, 472-474

持家住宅キャピタル・ゲイン非課税　473

〔ヤ行〕〔ラ行〕

雇主提供医療給付の租税便益　420

雇主提供医療保険（ESI）非課税　318, 379, 409, 466-468

予算管理法　16, 267, 273, 276, 294

予算教書（2024 年度）　458-464

より良き再建計画　2, 22, 429-430, 445, 458-459, 475

より良き再建法案　430, 447-452

ラブシュカ＝ホールのフラット税　351

リーマン・ショック　16, 119, 234

領土主義課税（海外配当益金不算入）146, 194, 201-202, 219-220, 223, 225-227, 229-230, 285, 292-293, 347, 376, 380

累進性（連邦税制、個人所得税制）　40-42, 43-46

累進的な所得税平均税率　41-43, 137

レーガノミクス　53-57, 70, 476

連邦給与税（社会保障税とメディケア税）の強化　114, 141-142

連邦給与税（社会保障税とメディケア税）

事項索引　517

の逆進性　135, 137-138, 140-142

連邦最高法定法人税率　367, 373, 375, 380

連邦所得税改革の方向性（オバマ政権）　288

連邦所得税の最高・最低限界税率　45-46

連邦準備制度理事会（FRB）　235, 251, 259, 435-437

連邦税負担の長期的趨勢　305

連邦租税構造の変化と税制改革　17-21

連邦法人税改革の方向性（オバマ政権）　292

連邦法定法人税率の引下げ　345, 347, 367, 375, 380

老齢・遺族・障害年金保険信託基金（OASDI）　112, 116

片桐正俊（かたぎり　まさとし）

1945 年	大阪府生まれ
最終学歴	東京大学大学院経済学研究科博士課程修了
学位	経済学博士（東京大学）
現在	中央大学名誉教授　中央大学経済研究所客員研究員
	東京通信大学名誉教授
	日本財政学会顧問
在外研究	1993・94 年度　アメリカン大学 KOGOD 経営大学院客員研究員
	2003 年　アメリカン大学国際関係大学院客員研究員
	2004 年　ロンドン・スクール・オブ・エコノミクス（LSE）
	サントリー・トヨタ国際センター客員研究員
主著	『アメリカ連邦・都市行財政関係形成論―ニューディールと大都市財政』（単著）、御茶の水書房、1993 年。
	『アメリカ財政の構造転換―連邦・州・地方財政関係の再編』（単著）、東洋経済新報社、2005 年。
	『財政学―転換期の日本財政（第 1 版）』（編著）、東洋経済新報社、1997 年。
	『財政学―転換期の日本財政（第 2 版）』（編著）、東洋経済新報社、2007 年。
	『財政学―転換期の日本財政（第 3 版）』（編著）、東洋経済新報社、2014 年。
	『分権化財政の新展開』（共編著）、中央大学出版部、2007 年。
	『グローバル化財政の新展開』（共編著）、中央大学出版部、2010 年。
	『格差対応財政の新展開』（共編著）、中央大学出版部、2016 年。

米国租税政策・税制展開の財政学的考察
ブッシュ（子）、オバマ、トランプ、
バイデン政権下の税財政分析

2024 年 11 月 30 日　第 1 版第 1 刷発行

著者⋯⋯⋯⋯片桐正俊
発行所⋯⋯⋯株式会社　日本評論社

　　　　　〒170-8474　東京都豊島区南大塚 3-12-4
　　　　　電話 03-3987-8621（販売）　振替 00100-3-16
　　　　　https://www.nippyo.co.jp/

印刷所⋯⋯⋯平文社
製本所⋯⋯⋯牧製本印刷
装幀⋯⋯⋯⋯デザインスタジオ・シープ

Ⓒ KATAGIRI, Masatoshi　2024　　ISBN978-4-535-54090-3

JCOPY　〈（社）出版者著作権管理機構委託出版物〉

本書の無断複写は著作権法上での例外を除き禁じられています。複写される場合は、そのつど事前に、
（社）出版者著作権管理機構（電話 03-5244-5088、FAX03-5244-5089、e-mail: info@jcopy.or.jp）の許諾を
得てください。また、本書を代行業者等の第三者に依頼してスキャニング等の行為によりデジタル化
することは、個人の家庭内の利用であっても、一切認められておりません。